企业合规全球考察

张远煌 等编著

撰稿人

（以姓氏拼音为序）

董 妍　龚红卫　李东方　刘 昊　秦开炎
王文华　印 波　张远煌　赵 赤　周振杰

北京大学出版社
PEKING UNIVERSITY PRESS

图书在版编目（CIP）数据

企业合规全球考察 / 张远煌等编著. —北京：北京大学出版社，2021.11
ISBN 978-7-301-32415-8

Ⅰ.①企… Ⅱ.①张… Ⅲ.①企业法—研究—中国 Ⅳ.①D922.291.914

中国版本图书馆 CIP 数据核字（2021）第 172670 号

书　　　名	企业合规全球考察 QIYE HEGUI QUANQIU KAOCHA
著作责任者	张远煌　等编著
责 任 编 辑	方尔埼
标 准 书 号	ISBN 978-7-301-32415-8
出 版 发 行	北京大学出版社
地　　　址	北京市海淀区成府路 205 号　100871
网　　　址	http://www.pup.cn　http://www.yandayuanzhao.com
电 子 信 箱	yandayuanzhao@163.com
新 浪 微 博	@北京大学出版社　@北大出版社燕大元照法律图书
电　　　话	邮购部 010-62752015　发行部 010-62750672　编辑部 010-62117788
印 刷 者	天津中印联印务有限公司
经 销 者	新华书店
	730 毫米×1020 毫米　16 开本　32.25 印张　632 千字 2021 年 11 月第 1 版　2021 年 11 月第 1 次印刷
定　　　价	98.00 元

未经许可，不得以任何方式复制或抄袭本书之部分或全部内容。
版权所有，侵权必究
举报电话：010-62752024　电子信箱：fd@pup.pku.edu.cn
图书如有印装质量问题，请与出版部联系，电话：010-62756370

序言：从企业合规到刑事合规

在《企业合规全球考察》一书即将付印之时，蒋浩先生多次叮嘱要补个前言。原本只想遵循常规简单交代几句编写本书的初衷与期待，但动笔时不禁联想到当下企业合规理论研究与实践探索的现状，以及十年来从事企业家及企业刑事风险防控研究，率先组织专业团队深入多家企业开展刑事风险排查、帮助企业构建合规管理体系的感悟与心得，还有近百场面向企业、律师和高校的刑事风险防控与企业合规讲座中人们提出的种种疑问与困惑，不禁有感而发，便借此机会，以"从企业合规到刑事合规"为题，并以之为序，针对本书中意犹未尽以及当前较突出的一些基本问题，如企业合规的本质何在，为何传统企业合规向刑事合规演进具有必然性，如何把握作为21世纪国际刑事政策显著趋势的刑事合规的深刻内涵与运行逻辑，以及应当如何理解刑事合规与刑法、刑事风险防控的关系等，略抒己见，以利读者澄清认识，在实践推动与理论研究中更好地领会企业合规问题。

一

"合规"（Compliance）本意为规则之遵守（外部之规与内部之规），但又并非一般意义上的遵纪守法，而是企业基于立法引导与司法推动自主构建的一套以防控违规风险、避免不利后果为直接目的的守法机制。原本发端于西方国家的企业合规，尤其是20世纪末期才出现的刑事合规，在全球范围内也是一个尚处于探索和发展阶段的新的理论领域与实践领域，但近两年在我国似乎成了时髦的话题。不仅律师界、企业界、法学界人士均展现出对企业合规的浓厚兴趣，而且学术期刊也热衷于合规类文章，甚至媒体也乐于报道这类新闻，尤其是我国刑事司法层面的企业合规试点已经开始，更是刺激了人们的合规热情，大有人人谈合规、人人关注合规之势。这对于自2012年就组建北京师范大学中国企业家犯罪预防研究中心，着手研究企业刑事风险防控的我们而言，确实有些意外的惊喜。一来形势发展之快，超出了我们的意料。突然有这样多的群体关注合规问题，我们因此不再感到孤单，更是有了继续推动的动力。二来也意味着我们前期持续的倡导与努力对今日形势之形成应该产生了些许的积极作用。毕竟，合规的本质即预防。企业合规，就是法律风险防控，其高端形态就是防控刑事法律风险。

在讲座和学术交流中，不时有人问到刑事风险防控与如今的刑事合规究竟是什么关系。其实,二者是形式与内容的关系。风险防控是合规的实质内容,合规是风险防控的制度化表现形式。具言之,立于国家层面,刑事合规就是以追究刑事责任为手段的激励企业自我预防犯罪的一套制度设置;立于企业层面,刑事合规就是参照立法指引有组织、有计划地防控自身刑事风险,主动避免颠覆性风险现实化的活动。这就是为什么在域外的刑事合规立法与司法层面的合规有效性评价标准中,伴随着"预防犯罪"概念出现的,还有"犯罪风险""犯罪诱因""风险识别"以及"风险防控"等术语。可以说,离开了风险识别与风险防控,预防就不成为预防,合规也就失去了灵魂,只剩一个空架子。但应当指出的是,较之作为理论概括的刑事合规概念中的追究刑事责任风险,刑事风险防控视野下的风险概念含义更为丰富,不仅包括企业被定罪量刑的风险,还包括遭受犯罪嫌疑调查的风险,以及遭受犯罪侵害(犯罪被害)的风险,后两种风险也往往使企业遭受重创。立于全面维护企业权益的立场,应侧重"风险防控"这一概念来把握刑事合规的实质。

　　企业合规在我国的初步兴起,其深刻的时代背景无疑在于我国全面改革开放的持续推进及与世界经济的深度接轨;重要的现实诱因则是我国企业在境外经营不合规,接连受罚的刺激。尤其是2018年的"中兴通讯违规事件"引发了社会对企业合规的广泛关注,从企业界到政府层面都日益认识到,合规不仅成为中国企业"走出去"不可逾越的门槛,也是企业提高发展质量、增强国民经济竞争力的重要保障;而以提供法律服务为己任的律师队伍也从中嗅到了新的极具诱惑力的商机——企业合规业务。2020年,基于贯彻落实保障民营经济健康发展的司法政策,最高人民检察院开始了名为"企业犯罪相对不诉适用机制改革"的企业合规试点探索,标志着刑事合规制度开始进入人们的视野,进一步使企业家们感受到了前所未有的合规压力。与之相呼应,则是越来越多的律师对开拓企业合规新业务表现得信心满满、跃跃欲试。但较之比较火热的实践场景,法学理论界对企业合规的反应却相对冷清与沉闷,真正潜心研究合规问题的人并不多,涉猎刑事合规问题的人自然就更少。由于起步较晚,虽然近两年见诸报端、杂志的合规文章明显增加,但整体上尚局限于对少数域外国家(尤其是美国)合规制度的初步学习、解读与借鉴;即使是对企业合规改革试点的总结,也因改革刚刚开始,只能是应急式的见招拆招的初步总结。这大致就是今日企业合规理论研究的现状。但总体上形势喜人,令人备受鼓舞,也是不争的事实。

　　应当说,企业合规制度虽然源于西方,但大力推进企业合规建设,也是我国进入新时期后强烈的内生性需求。中共中央、国务院先后发布的《关于完善产权保护制度依法保护产权的意见》(2016)、《关于营造企业家健康成长环境弘扬优秀企业家精神更好发挥企业家作用的意见》(2017),尤其是党的十九届四中全会通过的《关于坚持和完善中国特色社会主义制度 推进国家治理体系和治理能力现代化若干重大问题的决定》(2019),均蕴含着要为化解企业尤其是民营企业法律风险、激发企业家创业创新活力、促进企业健康发展提供更加有力的法治保障的政策意境与路径指引。在新的时代背景下,要为企业提供更加有力的法治保障,就不能只是在现有法律框架内打转和做文章,必须着眼于观念创新与制度创新。检察机关率先启动企业合规改革试点,无疑正是保障民营经济健康发展、更好参与社会治理的重大创新举措。在笔者看来,这可视为创建具有中国特色的刑事合规制度的重要起点。显然,在这方面,理论研究又再次落后于改革实践,成了改革实践的追赶者而不是领跑者。

就理论研究而言,刑事合规最显著的特点就是跨界性。刑事合规不属于任何单一的法学学科或立法门类,而是一个全新的交叉领域。刑事合规因与企业的刑事责任直接联系,因而首先是一个刑法学及刑事诉讼法学概念,但其所涉及范畴早已超出了传统的刑事规范领域,甚至也不再是一个单纯的法学概念。

较之作为规范性学科的刑法学和刑事诉讼法学,与刑事合规之间更具实质性联系的,是作为事实性学科的以预防犯罪为己任的犯罪学。刑事合规的展开,离不开犯罪学原理和原则的指导与直接运用。一方面,无论是立法上设定企业合规有效性的要素,还是司法中评价企业合规有效性的标准,所涉及的实质问题都是"如何把握预防的核心要素"与"如何保障预防效果的有效性",因而均不能偏离"预防"的基本含义,即"预防,是指国家、地方组织、社会团体,通过消除或限制致罪因素及其对孕育着利于犯罪机会的物质或社会环境的恰当管理,以达更好控制犯罪的目的"①。由此,刑事合规的实质,也就是国家与作为社会组织的企业携手合作开展的旨在"消除或限制企业内部致罪因素及其对孕育着利于犯罪机会的微观环境进行恰当管理的活动"。唯有专业地把握预防的要旨,自觉摒弃大而化之的预防概念,立法上合规要素的设定与司法中合规标准的判定,才不至于偏离方向,才会具备基本的科学性,才利于达成企业合规的政策目的。另一方面,企业制定和实施合规计划过程,也就是具体预防活动的组织和实施过程。而"犯罪预防由于涉及面广,协调性、计划性强,其实施需要比较高明的组织艺术。组织预防活动应当遵循一系列旨在保障预防活动达到预期目的的操作程序与活动准则"②。正是在这种意义上,企业构建合规体系,以及律师等中介机构为企业提供合规服务,绝非只建立一道所谓法律风险"防火墙"那样简单。

同时,刑事合规问题与公司法也存在较为密切的联系,尤其是其中的高管合规监管义务与责任的界定,对企业合规监管机制的设置与运行有直接的影响。企业合规的效果,深受企业内部治理结构的制约,因而刑事合规问题的展开,还需要企业治理理论的支持。因为,企业治理理论所关注的企业内部权力的配置与制衡,对如何设置企业内部的合规监督权有重大影响,直接关系到能否消除企业治理结构层面的深层犯罪诱因问题。

---

① Raymond Gassin, *Criminologie*, Paris: Dalloz, 1984, p. 587.
② 张远煌主编:《犯罪学》(第四版),中国人民大学出版社2020年版,第224页。

这对已习惯于"画地为牢",只满足于部门法"片面深刻"的我们而言,研究刑事合规问题无疑会遭遇思维习惯与研究路径上的障碍。如果不确立与刑事合规相适应的"刑事合规既在刑事规范之内,更在刑事规范之外"的整体性研究意识,养成与相关学科关联、呼应与衔接的自觉,理论研究注定只能是一知半解和支离破碎的,甚至是具有误导性的。尤其对我国而言,企业合规的观念与实践基础原本就比较薄弱,现在的企业合规改革试点"弯道超车"又一步从传统企业合规跨入更高形态的刑事合规,更需要理论界"多一分耕耘,少一分浮躁"。合规理论要迎头赶上,发挥对合规实践的建设性指导与促进作用,全面考察域外企业合规尤其是刑事合规理论与实践的发展,而不是局限于在某个国家"淘金",以便更理性地汲取经验、避免教训、获得启示,是必不可少的功课。这也正是笔者组织团队颇费气力地编写《企业合规全球考察》一书的重要初衷。

二

企业合规的概念早已有之,但刑事合规却是一个全新的概念。

作为一种经营风险监管措施的企业合规,于20世纪30年代发端于西方银行业,后扩展至其他行业,日渐成为现代企业完善内部治理与风险管控的基本手段,但直至20世纪90年代之前,合规问题始终只是一个非刑事领域的问题。对企业而言,不合规所引发的法律风险只限于民事法律风险与行政违法风险,与刑事责任风险没有联系。20世纪90年代初期,美国在《美国组织量刑指南》中专门针对组织(法人)犯罪引入"有效的合规计划"概念,将企业合规与企业刑事责任的追究直接联系起来,并使组织(法人)刑事责任首次独立于自然人刑事责任,刑事合规制度就此产生。进入21世纪,随着国际社会对刑事合规制度所蕴含的现代治理理念的高度认同,以及对刑事合规制度具有贯彻"惩防并举、预防为主"刑事政策思想保障功能的深刻领悟,众多国家不约而同地纷纷在自己的刑事立法中创设企业合规制度,合规概念也因此日益脱离原来单纯的企业治理语境下管控违规风险以避免民事责任、行政处罚及信誉损失这一狭隘的传统意境,升级为体现国家致力于与企业形成"合作预防"治理格局的全新制度设置,以致在当代语境下,言及企业合规已主要意指刑事合规。

当代刑事立法为何需要引入原本主要作为企业风险治理的合规机制?或者说,刺激传统企业合规向刑事合规升级发展的动因何在?一言蔽之,传统企业合规中蕴含着一套弥足珍贵但现行企业犯罪规制中却严重欠缺的企业守法的自我监管、自我约束机制。在应然意义上,如果这套机制能够切实发挥作用,不仅企业犯罪的一系列深层次结构性问题可以迎刃而解,而且国家与企业在治理企业犯罪方面还能形成双赢局面。因为,立于国家立场,企业合规本质上表现为企业内部的"法规忠诚"机制,客观上具有从企业内部消除犯罪诱因、限制犯罪机会的功效。企业如能自觉通过自我监管实现经营活动的合规性,就意味着国家"法之普遍遵守"的期待得到了企业的自我认同,企业及其员工的犯罪现象就此可以得到根本遏制,就不必频繁动用刑罚。从企业立场看,注重依法合规经营,就是在厚植企业自身存续的价值与合法性,就能增强在市场竞争中抵御重大法律风险的能力,从而获得可持续发展的"基因"。因此,只要企业合规机制能得到实质性展开,其结果必然是国家与企业双方受益。

但上述美好的策略构想,与传统企业合规长期实践的糟糕效果形成了强烈的反差。由于企业合规的外部牵引力严重不足,原本意境极佳的企业合规,其实际运行往往沦为形式化的合规或投机取巧型的合规,既难以在企业层面促进法的普遍遵守,更无助于有效预防和减少企业犯罪。企业合规的有名无实与企业犯罪危害日益加深的现实,在呼唤刑事制度与刑事程序的介入,以期发挥其独特的强力引导与激励企业合规的功能。

一方面,在传统企业合规语境下,即使企业有合规的意愿,也普遍面临着合规动力不足的问题。企业,作为制度化设置的营利机器,成本与收益永远是其关注的核心问题。实质性合规不仅意味着需要更大的成本投入,而且更需要改变"只有精于成本控制的财务而无专注风险防控的法务"的传统治理结构。这决定了,如果没有一套看得见、摸得着的"让合规者获利、让违规者付出代价"的强大牵引机制,装点门面的合规现象便无法避免。"监管制度满墙挂,合规风险照样发"就是世界各国企业合规的真实写照,也是企业重大犯罪频发的惨重教训。关键原因何在?就在于企业在合规成本与合规收益上难以达成现实的平衡。合规成本高、违规成本低,导致企业普遍缺乏实质性合规的内生动力。虽然先前的不合规也会引发针对企业的民事责任或行政处罚,但相对于企业与生俱来的追求利益最大化的强烈动因,这些法律责任大体上都能"花钱摆平",对企业而言往往无关痛痒,属于企业计划之内的或心甘情愿的一种成本付出,又怎能期待企业在激烈的市场竞争中真正做到"法规忠诚",而在巨大的商机和利益面前望而却步?!合规—违法—再合规—再违法,如此循环往复,一路伴随着不少企业的成长壮大,以致企业违法犯罪现象也日趋严重。如何借助刑事制度所具有的"花钱也不能了事"的力量,将合规与企业存续及其高管自身的安全直接联系起来,使得"法规忠诚"贯穿于企业经营理念、发展战略与业务环节,切实解决企业重短期盈利、轻法规遵守的结构性矛盾,并促使企业形成"生产经营与风险防控"两手抓的良性治理结构,兼收"预防企业犯罪与促进企业发展"的双重功效,就成为21世纪各国刑事政策层面必须予以回答的重大问题。而在这方面,当今国际社会唯一能达成高度共识的理性选择,就是企业合规的刑事化。正是在这样的政策意蕴下,刑法连同刑事诉讼法作为法律体系中的保障法,到了必须承担起引导和激励企业合规这一重任的时候了。

另一方面,传统企业合规虽然包含了企业自主性的"法规忠诚"要素,实践操作中一些企业制订和实施的合规计划表面上看也十分完备、细致甚至很是精妙,但相对于终极性法律风险——刑事法律风险而言,都只能是"花拳绣腿",都免不了成为吓唬人的"稻草人"。因为传统企业合规原本就只是定位于防控企业运营中的相关民商事违法风险,压根就不是针对"消除、抑制内生性犯罪诱因"设计和开发的,自然无力预防企业经营的犯罪行为,以致犯罪发生后再来被动应对,成为企业家们应对刑事风险的标准模式(这也催生了该领域刑事辩护业务的繁荣)。事实上,就企业刑事风险的结构特征而言,它并非一种单一的法律风险形态,而是企业在日常经营和管理活动中违反刑法前置性规范(产品质量法、反垄断法、证券法、环保法、安全生产法等)之累积或叠加的必然结果。或者说,企业刑事风险的隐患或前因,就存在于企业违反与其运营相关的各种法律和规范之中。"一次犯罪,九次违规",这就是企业刑事风险爆发的基本逻辑。考察企业犯罪现实不难发现,几乎在每起企业犯罪案件的背后,都存在着经营活动持续性或反复性违规的事实。这决定了,具备预防企业犯罪功能的合规或有助于企业避免刑事责任风险的合规,只能是立足于消除作为企业内生性犯罪根源的合规构架缺陷、合规制度缺陷与合规文化缺陷的系统性合规。舍此,便无法真正解决企业经营的诚信守法问题。就企业刑事合规的实践操作而言,如果不打破传统的部门法界限,不着眼于从企业内部及时发现有可能引发犯罪行为(刑事风险)的违规违法行为,并及时消除隐患,有效的企业合规就是一句空话。由此,破除长期以来形成的违规、违法、犯罪三者之间"泾渭分明"的思维定式,从前置性的违规、违法风险识别做起,强化刑事风险就存在于日常性或习惯性经营不合规之中的合规意识,构建监督"法规忠诚"的内部机制,就成为刑事合规的基本操作逻辑。也正是在这种意义上,传统的民商事与行政合规,如知识产权保护合规、反垄断合规、数据保护合规、进出口管制合规、反腐败合规等,也只有放置于刑事合规的整体视野之下加以重新审视和完善,才能避免就事论事的合规,才能切实发挥合规防控风险、保障企业安全运营的功能。

由上所述,刑事合规不是传统企业合规的翻版,更不是传统企业合规的分支,而是传统企业合规的高级发展形态,是企业合规发展到一定阶段的必然产物。这是把握从企业合规到刑事合规嬗变的前提性认识。

三

立于刑事政策层面,从企业合规到刑事合规,既是国家治理法人犯罪观念与实践的质的飞跃,也是国家与犯罪现象作斗争,从"重事后惩罚、轻事前预防"向"惩防并举、预防为本"制度化转型的显著标志。

刑事合规之所以在晚近二十余年呈现出强劲的全球化趋势,最直接的推动力无疑源于国家—企业合作预防这一新的刑事政策观念。但国家—企业合作预防的政策理念又是基于何种现实需要被激发的?在笔者看来,一个极为重要的现实动因,就是各国为了破解在治理企业犯罪方面共同面临的如下重大难题:

其一，采用传统的自然人犯罪追责方式应对法人犯罪，不仅难以预防法人犯罪，而且还会付出高昂的社会代价。虽然法人犯罪的能量与破坏力远胜于自然人犯罪，并且法人犯罪的机理较之自然人犯罪也全然迥异，但传统刑法中却并无专门针对法人刑事责任的规定，也即法人刑事责任是完全依附于自然人刑事责任而存在的。这对于达成预防企业犯罪的目标而言，无异于缘木求鱼，是策略方向与路径选择上的重大错误。因为就行为主体而言，自然人与其从属于其中的法人组织是两个性质完全不同的概念。无论个人的行为多么重要，都只是组织价值观与活动原则的产物。组织不仅有独立于个人意志的发展愿景、奋斗目标，而且还有体现发展愿景的组织文化、制度设置与管理构架，并因此规定着、影响着身处其中的成员的守法观念与行为方式。这决定了，在自然人刑事责任模式下，即使因法人犯罪对法人组织的负责人予以处罚，并对法人追加罚金，但法人组织依然存在，影响法人组织犯罪的内生性因素(守法文化淡漠、内部监督缺失以及"重盈利轻风控"的治理缺陷等)也依然存在，故而对企业中的责任人员予以再严厉的事后惩罚，也无助于企业犯罪的减少。不仅如此，将法人刑事责任放置于个人责任基础之上，还会产生出人意料的刺激法人犯罪的恶劣后果：被定罪的法人组织依然可以我行我素，继续为了利益最大化而无视甚至蔑视"市场经济是法治经济"的基本规训，并且不用担心组织体刑事责任风险问题。因为，一旦发生法律风险，可以轻易地通过牺牲直接涉案的中低层级的员工而转移犯罪风险，即使涉及法人组织决策人员犯罪，这也仅是其个人的责任而不是法人组织的责任。这样，虽然法律规制上名为"法人犯罪"，但真正承受惩罚的却是法人组织中的相关自然人，丝毫不能实现促使法人组织采取切实措施进行自我整改，努力消除、抑制内因性犯罪因素的组织改善功能，其结果只能是造成企业犯罪的恶性循环。这正是刑事合规制度产生之前，中外追究法人刑事责任效果的现实情景。在这里，也顽强地再现了刑事立法与犯罪生成之间的互动关系：立法不仅有预防犯罪的正功能，也有促成、诱发犯罪的负功能。① 可以说，刑事合规制度的产生，很大程度上正是为了矫正传统法人犯罪规制中"惩罚自然人、放过法人组织"的观念性错误。由此，有关企业合规就是"放过企业、严惩责任人"的理解，当属理论上的严重误解。

同时，采用以自然人刑事责任为基础的事后追责模式应对法人犯罪，还会付出高昂的社会代价：因查处一桩罪案而搞垮一个企业，进而引发广泛的负面效应。在强调单纯追究企业负责人刑事责任的传统法人治理模式下，除很容易造成企业(尤其是占企业绝大多数的民营企业)因负责人受罚而陷入经营困境甚至倒闭，以及引发员工失业、上下游关联企业和投资者权益受损的情形外，还会使企业丧失修复损害的能力，减少国家税收来源。还应意识到，企业家作为最活跃的市场要

---

① 参见张远煌：《犯罪解释论的历史发展与当代趋势：社会反应与犯罪关系论要》，载《法学家》2004年第5期。

素,正是他们在发挥着难以替代的提高资源配置效率的功能。企业家被定罪处罚,意味着企业家个人所累积的经验与技能发挥了反向作用,实为稀缺社会资源的一种严重内耗。为此,法人刑事责任的构造必须有不同于自然人刑事责任的新思路,必须着力于创制以事前预防为基本导向的包含"容错与自新"机制的新的刑事规制体系。实现这一政策构想的路径何在?引入现存的契合预防理念的企业合规概念,创设刑事合规制度,就成为当代各国刑事立法的自然选择。

其二,客观上仅靠国家力量监督企业犯罪已经愈发力不从心,亟待制度化地引入企业的力量,形成国家——企业合作预防格局。在全球经济一体化背景下,随着企业数量的增加、规模的扩大以及经营范围与地域的扩张,单纯依靠国家力量从外部监督企业犯罪已愈发困难。尤其随着国内经济活动不断竞争与国际经济活动不断深入的相互作用,不仅属于世界500强的超级企业拥有遍及全球的生产、销售与服务网点,就是各国的大公司,也已很难找出一家企业是完全在本土从事生产经营活动的。在这种情况下,仅凭各级各类国家力量零打碎敲地监督企业犯罪,不仅效率低下,而且必然捉襟见肘,并诱发选择性执法。较之国家的外部监督,企业作为精细化管理的经济组织,在预防和发现内部犯罪方面却有着明显优于国家的管理资源(信息资源、人力资源以及资金和技术优势等),这使得企业成为事实上的企业犯罪的最佳预防者。但作为"最佳预防者"的企业,长期以来真正关注的只是当下利润的实现,其自我预防犯罪的意愿始终处于"休眠状态"。原因何在?就在于国家层面缺乏有效的预防性制度牵引与激励,无法使企业将预防犯罪与维系自身生存发展直接联系起来。由此,需要创设一种新型刑事制度——企业如果不顺应主动预防、发现内部犯罪的刑法规劝,将会付出难以承受的代价——以最大限度地激发企业自我预防犯罪的意愿与行动力。因而,设置新的法人犯罪治理机制,使作为"最佳预防者"的企业制度化地参与犯罪治理,最大限度地增强与法人犯罪作斗争的社会力量,就进入了各国刑事政策的视野。

其三,伴随着资本力量的越发强大,企业犯罪的社会危害越发深重,迫切需要开发出强有力的预防制度,遏制资本力量的肆意掠夺与渗透,以此保障促进经济发展与实现社会公平正义、保持社会和谐稳定之间具有内在的一致性。在当代社会,企业很大程度上已成为不容忽视的政府之外的一大权力中心。一些大型企业,不仅富可敌国(相对于中小国家),在所在行业、领域享有很大的话语权和影响力,而且它们为谋求自身的发展和优势,往往有着与社会可持续发展和实现人类福祉并不完全契合的价值文化与发展战略。同时,大企业掌握着强大的物质基础,开发着影响人类未来的新产品、新技术,特别是互联网技术的发展,为大企业进行全球信息的收集、传播与操作利用提供了无限可能。在这种背景下,如果对法人犯罪依然采取等到犯罪发生后再来追责和惩罚的传统治理模式,法人犯罪将成为国家和社会难以承受之痛。

那么,刑事合规制度又是否只是国家在单向地科以企业自主预防犯罪的社会责任?答案是否定的。企业构建预防犯罪的内控机制,既是基于社会责任的履行,也是基于企业和企业家深层的自我发展与自我实现的需要。企业发展的历史经验已经反复告诉我们,专注于提高运营效率所获得的竞争优势只能是短暂的,唯有植根于"法规忠诚"的企业文化与运行机制,才能提升企业的内生性竞争力,并确保企业可持续的经济优势。企业顺应立法(社会)期待,结合自身实际制订和实施有效的合规计划,主动预防和发现犯罪,固然是履行良好企业公民责任的集中表现,但同时也利于通过主动避免颠覆性的刑事风险,掌控企业生存与发展的主动权,还能使企业收获克服治理短板、形成"生产经营与风险防控"相互促进的良性治理结构之红利,进而夯实企业行稳致远的根基。因此,本质上,刑事合规体现了国家与企业在犯罪治理中实现"共治、共享、共赢"这一现代治理理念的核心价值。正因如此,刑事合规较之传统企业合规有着更为深刻的政策意境与价值追求,也因此显著区别于传统的法人犯罪治理模式。

刑事合规的演进与政策意境决定了其不仅包含传统企业合规"自主防控法律风险"的目标导向与自我监管、自我约束的守法机制,而且有着比传统企业合规更为高远的价值导向,本质上是对传统企业合规的再造。由此,对刑事合规的理解,首先必须从国家与企业的良性互动角度予以把握,不能将刑事合规仅仅理解为一种"公司治理体系"或自在的风险治理手段。同时,预防企业犯罪并非刑事合规制度价值取向的全部。以针对企业自身合规缺陷(制度、机制及文化缺陷)的预防性刑事责任追究为立足点,以刑事及非刑事的预防激励措施为手段,激发企业自我预防的动力,形成国家—企业合作预防的治理格局,以此兼收增强国家防控企业犯罪能力、避免事后打击之负面效应、促进企业守法经营以及提升企业可持续发展能力的功效,才是刑事合规政策导向的精髓。只有遵循刑事合规的这一内在发展逻辑理解合规问题,才利于克服各种认识误区,建设性地推动企业合规理论与实践的发展。

四

刑事合规,作为各种形式的体现国家—企业合作预防犯罪政策导向制度设置的理论概括,其实质内容是将企业经营是否合规及其合规的努力程度,作为认定涉罪企业刑事责任的有无及轻重的核心要素的一套犯罪预防机制。刑事合规制度的性质和任务决定了,其运行过程有着较之事后惩罚更为复杂的逻辑结构,客观上涉及更多的参与主体及其各主体有序参与预防活动的制度化安排。纵观各国刑事合规制度与实践,无论其存在形态和表现形式如何,在笔者看来,其内在结构都包含不可或缺的三个层面,三者协同运行方能保障刑事合规制度政策目的的最终实现。

其一,国家层面创制刑事合规制度。国家作为社会生活的组织者,在创设刑事合规制度方面面临三项具体任务。首先,针对企业犯罪的特殊机理,基于"消除、抑制企业内生性犯罪因素"这一预防目的之达成,必须设立以"组织责任"为基础的刑事责任体系,并确立不同于自然人犯罪的举证责任(原则上,涉罪企业要想获得刑事处罚上的优待,应当自我证明"已尽勤勉合规之责任"),这是达成刑事合规政策目的的前提条件。其次,要在刑法中明确设立企业合规的有效性要素即合规通用要素(实为犯罪构成之前置性预防要素),为企业制订和实施旨在预防、发现犯罪的合规计划提供基本依据。最后,要针对涉罪企业是否勤勉合规的事实,配套设置从刑事实体法激励(有效合规出罪、无效合规入罪以及量刑减免或从重加重处罚)到程序法激励(附条件不起诉或起诉)直至非刑事法激励(享受政策优待或限制参与政府项目、解散涉罪的分支机构、改组企业决策层等)的体系化激励措施,以此为消解合规成本与合规收益的结构性矛盾、充分激发企业自我预防犯罪活力提供强力制度支持。显然,如何把握企业犯罪规律和特点及企业合规国际趋势,在平衡有效预防企业犯罪与赋以企业发展活力、促进企业健康发展之间达成动态平衡的基础上,创制具有我国特色的刑事合规制度,是对立法者担当与智慧的考验。

其二,企业层面参照立法中的合规有效性要素,拟订和实施合规计划。企业作为刑事合规实践主体的重要一方,其基本任务是在合规要素指引下,制订和实施用于预防、发现犯罪行为的合规计划。在这一过程中,企业并非机械地照搬立法指引,而是要根据合规要素的概括性指引,结合自身实际细化为具有针对性和实操性的措施体系与行动方案。就企业刑事合规计划的内容而言,基于预防犯罪的一般原理,结合企业犯罪原因的层次结构,应当涵盖如下三个维度的合规建设,方能形成一套有效的企业合规体系,即"合规制度建设""合规机制建设"与"合规文化建设"。其中,合规制度建设旨在重构、完善企业相关管理规定和行为规范,减少内部实施犯罪的机会,阻断犯罪动机外化的条件,同时提高发现犯罪行为的概率;合规机制建设旨在保障合规制度在企业内部得到上下一体的遵循,使合规制度"长牙齿",在员工思想上形成"违规必受罚"的内心确信;合规文化建设则旨在在企业内部倡导诚信守法、反对违规欺诈的文化氛围,同时夯实提高合规制度执行力、保障合规监督机制正常运行的基础。为此,三者之间存在着紧密联系、层层递进的关系:合规制度是前提,合规机制是关键,合规文化是根本。

应当强调指出,在企业合规中,日益强调合规文化建设,是各国刑事合规立法与司法呈现的最新趋势,也是克服企业刑事合规痼疾、提高合规效能的治本之策。大量企业合规实践案例与理论研究表明,企业合规的过程,最终应归结为企业合规文化的建设过程。企业犯罪最根本的共性原因,不在于某个具体成员的职业操守与守法意识淡漠,也不在于缺失合规制度或合规监督失灵,而在于组织体自身的"法规忠诚"意识淡漠甚至冷漠,对企业内部发生的利于实现企业利益的违规行为持放任、默许甚至纵容的态度。企业作为相对独立和自在的组织系统,有着体现企业组织性的比外在法律体系更为有效的规则系统,并由此形成了企业内部的特定风气即"无形之法"。不难想象,在一个一切活动都是为了"利益最大化"、所有考核指标一概"唯业绩论"的文化气氛中,很难有以诚信、守法为基本内涵的合规文化的容身之处,合规文化不彰,再多的制度也只能是摆设,企业违法犯罪的多发频发也因此在所难免。充分认识合规文化建设对于有效合规的重要性,对于立法上科学设立企业合规的有效性要素以及司法中正确确立企业合规的有效性标准,均具有重要的指导价值。

其三,社会组织协同参与企业刑事合规。企业刑事合规的运行,也离不开企业之外的其他社会组织的协同参与。这不仅具体表现为各类组织及社会成员作为第三方,以信息通报、公开谴责、集体抗议、舆论监督等形式参与企业的犯罪预防活动,而且还表现为基于特定制度安排,协助司法机关开展企业合规有效性考察。① 最高人民检察院连同其他八个部门共同研究制定的《关于建立涉案企业合规第三方监督评估机制的指导意见(试行)》(2021年6月3日),正是这种协同参与的初步制度化体现。从合规实践看,律师事务所、会计师事务所、学术机构等社会组织,除协助司法机关参与企业合规有效性评估外,在帮助企业制订和实施有效的合规计划方面也发挥着重要的作用。

基于刑事合规的政策意境与运行机制,在此可以简要概括出刑事合规规范与传统罪刑规范的主要区别。一是规范的性质不同:刑事合规规范与传统罪刑规范虽然都属于刑法规范范畴,但刑事合规规范属于前瞻性的预防规范,它位于犯罪构成规范的前置领域,目的在于防止符合犯罪构成的行为发生;而传统罪刑规范是回顾性的惩罚规范,是等到犯罪发生之后的评价规范。二是规制的对象不同:传统罪刑规范以规制自然人犯罪为基准,法人(单位)犯罪为例外。也即在传统刑法中,组织责任与个人责任是混淆的,不存在独立于自然人的组织刑事责任原则;而刑事合规规范,主要是针对企业法人设计的一套刑事责任体系。三是刑事责任的根据不同:对于传统罪刑规范,自然人承担刑事责任的根据在于个人责任,即行为人对危害行为的发生存在主观上的罪过(原本可以或应当不选择实施危害社会的行为,但基于自己的意识和意志还是实施了),因而具有刑法意义上的可谴责性;对于刑事合规规范,法人承担刑事责任的依据在于以违反合规义务为中心的"组织责任"。企业经营不合规,本质上是企业未履行诚信、守法的社会责任。由此,不合规作为认定企业刑事责任的标准,关键不在于企业有无合规计划,而在于合规计划的有效性。为此,在合规语境下,惩罚企业犯罪的方式有别于自然人犯罪,除了对犯罪企业予以经济制裁,更重要的是对企业施加强制性的合规整改义务,以消除导致其不能诚信守法经营的内部诱因。同时,企业从成立之日起直至破产清算为止,都承担着比个人更为重大的一系列法律规定的社会责任,赋以其勤勉合规、主动预防犯罪的社会责任,具有道义上的当然性。四是激励机制不同:

---

① 参见周振杰:《企业适法计划与企业犯罪预防》,载《法治研究》2012年第4期。

传统罪刑规范主要是禁止性规范,其运行的基本逻辑是"有罪必诉、有罪必罚",减免处罚只是特殊的例外,因而是一种以负向激励(惩罚)为主导、正向激励(奖励)为补充的激励机制,以此体现特殊预防和"杀一儆百"的政策导向;而刑事合规规范的激励机制,则以正向激励为主,但也不放弃负向激励,或者说,以惩罚威胁为手段促进企业自我预防、自我改良,是刑事合规激励机制的基本导向。五是治理犯罪的境界不同:从专注于制度化的事后追责与惩治,向制度化的事前预防转移,不仅意味着可以显著提高国家控制犯罪的效率,从根本上减少犯罪,而且还意味着国家和社会真正获得了对犯罪的主动控制权;同时,相对于事后惩罚难以避免的负面效应,刑事合规规范很大程度上是在化消极因素为积极因素。企业是犯罪了,但企业是由众多员工组成的企业,是众多投资者共同拥有的企业,不是企业家一个人的企业;并且,企业不仅创造社会财富,也是社会创新的重要引擎。对于社会危害不是十分严重并有改善可能的犯罪企业,尽量给予自我整改、消除内生性犯罪诱因的机会,利于避免国家与企业之间形成零和博弈。正是在这种意义上,作为制度化预防机制的刑事合规,与国家治理现代化具有内在的契合性,是国家治理体系与治理能力现代化在企业犯罪治理领域的表现形式。

五

于我国而言,刑事合规已不仅是一个业已超出传统刑事规范法学认知范畴的抽象概念,也不是可以等闲视之的域外立法和司法实践,而是当下正在着力推进的改革现实。自2020年3月最高人民检察院在4个省份的6个基层检察院开展企业合规改革试点以来,2021年3月,第二期试点的范围进一步扩大到10个省份的27个市级检察院、165个基层检察院。从企业合规改革试点的内容看,是将涉案企业是否承诺合规及其合规的实际效果,作为检察机关依法作出不批准逮捕、不起诉、变更强制措施等决定,以及提出宽缓量刑建议或者提出检察建议、检察意见的重要根据。也就是说,企业合规已经与涉案企业及高管的刑事责任追究发生了实质性联系,在性质上已属于典型的刑事合规。尽管目前的合规试点尚局限于公诉制度的改革阶段,只涉及刑事合规的一个侧面,但随着企业合规改革试点工作的不断深化,可以预见在我国刑法及刑事诉讼法中创设具有中国特色的刑事合规制度只是时间早晚的问题。因为,这既是21世纪国际刑事政策的主流趋势,更是国家治理现代化与促进经济社会高质量发展的内在要求。

本书的主要特色在于,一是以全面反映各主要国家及代表性国际组织的刑事合规制度、反腐败合规制度为主线,同时兼顾民商事合规与行政监管合规的发展,以便读者通过阅读本书,整体性了解全球企业合规的发展现状与最新趋势;二是对代表性国家的合规立法、司法及相关理论予以深入阐述和分析,以期在促进我国合规理论研究、助力正在推进的企业合规试点改革工作的同时,为加速构建我国的刑事合规制度、助力企业制订和实施有效的合规计划提供有益的借鉴和参考。

  在此,要对关心、关注企业合规的各界人士表示由衷的敬意。因为,刑事合规的确是一个充满挑战性、涉及面相当广泛并事关大局的前沿领域,需要各方面力量形成合力,方能有效推动。读者在阅读本书的过程中,如能有澄清认识、有所启示或引发联想之感,则是对我们的最大鼓励。

  最后,寄语为经济社会发展做出重要贡献的企业家们,21世纪的企业竞争,不再仅仅是产品研发、服务质量与市场营销的竞争,更是诚信守法能力与法律风险防控能力的竞争。致力于提升企业合规软实力,既是企业得以基业长青的基石,也是赢得更多社会尊敬并为国家强盛、民族复兴做出更好贡献的根本保障。

张远煌

2021年8月16日于北京师范大学后主楼

目 录

第一章 企业合规与刑事合规 ... 1
  第一节 企业合规的启蒙与发展 ... 1
    一、合规的含义与启蒙 ... 1
    二、域外合规制度的发展 ... 3
    三、我国合规制度的发展 ... 5
  第二节 刑事合规的兴起与主要形态 ... 7
    一、刑事合规的概念 ... 8
    二、美国的刑事合规制度 ... 9
    三、意大利的刑事合规制度 ... 13
    四、英国的刑事合规制度 ... 15
    五、西班牙的刑事合规制度 ... 17
    六、法国的刑事合规制度 ... 19
  第三节 刑事合规全球兴起的动力机制 ... 20
    一、观念牵引力：与社会治理理念高度契合 ... 20
    二、政策推动力：对企业犯罪预防无力的理性反思 ... 22
    三、内生性驱动力：能形成国家与企业双赢局面 ... 25
  第四节 刑事合规基本问题 ... 30
    一、刑事合规的基本要素 ... 30
    二、刑事合规与刑法 ... 33
    三、刑事合规与企业合规 ... 36

第二章 美国企业合规制度 ... 39
  第一节 美国企业合规制度的形成与发展 ... 39
    一、美国企业合规制度的形成背景 ... 39
    二、美国企业合规制度的发展历程 ... 41
  第二节 美国企业合规的基本内涵 ... 49
    一、美国企业合规的规范指引 ... 49
    二、美国企业合规的基本内涵 ... 52

第三节　美国刑事合规制度 …… 55
一、美国刑事合规的实体法基础 …… 55
二、企业刑事合规的美国模式解读 …… 57

第四节　美国企业合规的形成机理 …… 62
一、典型案件深刻反思推进了企业法治创新 …… 62
二、政企合作反腐是催生企业合规的观念指引 …… 65
三、企业合规属于现代企业风险管理体系的核心内容 …… 67
四、刑事合规是实施企业合规的最佳保障 …… 70

第五节　美国贸易管制合规及反贿赂合规 …… 73
一、美国的贸易管制法律制度 …… 73
二、美国反贿赂刑事制度概要 …… 77

第六节　美国企业合规的总体评价 …… 78
一、企业法治与企业合规注重创新发展 …… 78
二、企业法治与企业合规的实践特色：注重起诉策略 …… 82
三、企业法治与企业合规的全球关注：长臂管辖 …… 85
四、企业法治与企业合规的理论研究：注重政策性反思 …… 88

第三章　英国企业合规制度 …… 94

第一节　英国反贿赂合规 …… 94
一、英国预防行贿失职罪的充分程序抗辩事由 …… 95
二、构建充分程序的六项原则 …… 96
三、《英国司法部预防关联人贿赂指引》的评价 …… 100

第二节　英国反逃税合规 …… 103
一、《英国刑事金融法》的规定及其特点 …… 103
二、预防逃税失职罪 …… 108
三、长臂管辖原则 …… 109
四、合理程序 …… 111
五、英国税务与海关总署《处理逃税：预防逃税失职罪政府指引》的评价 …… 114

第三节　英国反垄断合规 …… 116
一、《英国竞争法合规指南》的规定及其特点 …… 117
二、竞争合规的体系 …… 119
三、竞争合规的信息反馈 …… 129
四、对《英国竞争法合规指南》的评价 …… 129

第四节　英国企业合规实践：BP公司HSSE合规框架 …… 130
一、HSSE合规框架的制定背景 …… 130

二、HSSE 合规框架的内容 …………………………………… 134
　　三、HSSE 合规框架对于企业文化的影响 …………………… 143
　　四、HSSE 合规文化的全球推广 ……………………………… 145

第四章　意大利企业合规制度 ………………………………… 148
第一节　意大利企业合规概述 ………………………………… 148
　　一、企业合规的产生与发展 …………………………………… 148
　　二、常见犯罪的企业合规制度 ………………………………… 156
第二节　意大利企业合规方案的司法审查 …………………… 180
　　一、企业合规方案的适格性审查 ……………………………… 180
　　二、最高法院对企业合规方案的司法审查 …………………… 187
第三节　意大利企业合规方案的实施状况 …………………… 201
　　一、企业合规方案实施状况的研究调查 ……………………… 201
　　二、企业合规方案实施状况的独立调查 ……………………… 202

第五章　德国企业合规制度 ……………………………………… 208
第一节　德国企业合规制度概述 ……………………………… 208
　　一、德国企业合规制度的发展 ………………………………… 208
　　二、德国企业合规制度的发展动因 …………………………… 213
　　三、德国企业合规制度的概念 ………………………………… 220
第二节　德国企业合规制度的规范体现 ……………………… 222
　　一、民事与行政法律中的相关规定 …………………………… 223
　　二、《德国违反秩序法》与《德国刑法典》的相关规定 …… 237
　　三、德国企业合规制度的整体特点 …………………………… 241
第三节　德国刑事合规的理论探讨 …………………………… 243
　　一、从传统监管、合规制度到刑事合规 ……………………… 243
　　二、德国刑事合规的理论基础 ………………………………… 245
　　三、合规计划引入刑事法律的理论路径 ……………………… 247
　　四、德国刑事合规二元法律基础的分析与比较 ……………… 250
第四节　德国西门子公司的合规实践 ………………………… 253
　　一、西门子公司贿赂案及其在德国、美国的法律后果 ……… 254
　　二、西门子公司合规系统的完善与最新进展 ………………… 257

第六章　日本企业合规制度 ……………………………………… 262
第一节　日本合规制度概述 …………………………………… 262
　　一、企业社会责任在日本的发展 ……………………………… 262

二、合规制度在日本的发展与现状 ·· 265
　第二节　日本刑事合规理论 ·· 267
　　一、旧过失论视角的分析 ·· 267
　　二、新过失论视角的分析 ·· 268
　第三节　日本有关企业合规的最新立法修正 ··································· 269
　　一、公司犯罪的发展趋势 ·· 270
　　二、《日本刑事诉讼法》的最新修正 ·· 272
　　三、《日本反垄断法》的最新修正 ··· 274
　第四节　日本企业合规的规范文件 ··· 278
　　一、出口贸易相关规定 ··· 278
　　二、《向外国公职人员行贿预防指南》 ··· 282
　　三、《日本内部监查基准》 ·· 287

第七章　其他国家的企业合规制度 ·· 301
　第一节　澳大利亚企业合规制度 ·· 301
　　一、法人责任的认定 ·· 301
　　二、澳大利亚企业反贿赂合规 ·· 303
　　三、澳大利亚企业其他合规 ··· 308
　第二节　加拿大企业合规制度 ··· 311
　　一、法人责任的认定 ·· 312
　　二、加拿大企业反贿赂合规 ··· 314
　　三、加拿大竞争法合规 ··· 319
　第三节　法国企业合规制度 ·· 321
　　一、法人责任的认定 ·· 322
　　二、法国企业反腐败合规 ·· 324
　　三、法国企业竞争法合规 ·· 327
　第四节　瑞士企业合规制度 ·· 330
　　一、法人责任的认定 ·· 331
　　二、瑞士企业反腐败合规 ·· 332
　　三、瑞士企业反洗钱合规 ·· 337
　第五节　巴西企业合规制度 ·· 340
　　一、法人责任的认定 ·· 340
　　二、巴西企业反腐败合规 ·· 343
　　三、巴西企业环境法合规 ·· 347
　第六节　南非企业合规制度 ·· 349
　　一、法人责任的认定 ·· 350

二、南非企业反腐败合规 ………………………………………… 351
三、南非企业反洗钱合规 ………………………………………… 355
小 结 …………………………………………………………………… 358

第八章 经合组织的企业合规制度 ………………………………… 359
第一节 经合组织企业合规制度概述 ………………………………… 359
一、经合组织及其影响 …………………………………………… 359
二、经合组织的合规制度 ………………………………………… 360
第二节 经合组织合规建议 …………………………………………… 362
一、《关于进一步打击国际商业交易中贿赂外国公职人员行为
的建议》 ……………………………………………………… 362
二、《执行〈打击国际商业交易中贿赂外国公职人员公约〉
具体条款的良好做法指南》 ………………………………… 365
三、《内部控制、道德和合规良好实践指南》 …………………… 366
第三节 《OECD 公司治理原则》 …………………………………… 368
一、《OECD 公司治理原则》的制定背景 ……………………… 368
二、《OECD 公司治理原则》的修订历程 ……………………… 370
三、《G20/OECD 公司治理原则》(2015)及其注解 …………… 372
第四节 经合组织合规制度的核心要素 ……………………………… 401

第九章 《欧盟一般数据保护条例》合规考察 …………………… 404
第一节 《欧盟一般数据保护条例》立法背景 ……………………… 404
一、欧洲个人信息保护的立法:从公约到条例 ………………… 404
二、欧洲刑事犯罪领域个人信息保护的立法实践 …………… 406
第二节 《欧盟一般数据保护条例》内容概述 ……………………… 407
一、GDPR 适用范围及原则性条款 …………………………… 407
二、GDPR 中关于权利与义务的规定 ………………………… 408
第三节 数据合规与隐私保护 ………………………………………… 409
一、爱尔兰数据保护委员会(DPC) …………………………… 410
二、DPC 对数据主体投诉的处理 ……………………………… 413
三、数据跨境收集、传输中的隐私保护问题 …………………… 415
第四节 责任与处罚 …………………………………………………… 418
一、波兰公司在 GDPR 下遭受的第一次处罚 ………………… 419
二、法国国家信息和自由委员会对谷歌公司判处高额罚款 … 423
三、德国 Knuddels 公司案中的减轻处罚 ……………………… 425
四、GDPR 下企业数据合规策略的完善 ……………………… 427

第五节　GDPR框架下中国企业数据保护的合规要点 …… 428
　　一、个人数据收集的最小化原则 …… 428
　　二、数据间接获取责任的划分 …… 429
　　三、数据保护专门管理人员的设置 …… 429
　　四、数据泄露时的通知义务 …… 430
　　五、数据的跨境处理 …… 431
　　六、数据授权撤销程序 …… 431
　　七、未成年信息数据保护 …… 432
第六节　中国企业对于GDPR的应对 …… 432
　　一、风险评估制度 …… 432
　　二、建立GDPR合规组织架构 …… 435
　　三、GDPR合规体系的设立与完善 …… 435
　　四、GDPR合规培训 …… 437
　　五、GDPR合规体系的监督和审计 …… 438

第十章　国际标准化组织企业合规制度 …… 439

第一节　ISO发布企业合规指南的全球背景分析 …… 440
　　一、经济全球化的客观需求 …… 441
　　二、经济大国间的经济政策往来推动 …… 442
　　三、"全球契约"计划的贡献 …… 444
　　四、CSR的倡导及发展 …… 445
第二节　《ISO 19600:2014指南》 …… 446
　　一、《ISO 19600:2014指南》的宗旨、原则与特点 …… 447
　　二、企业合规要素 …… 448
　　三、CSR对企业合规文化的要求 …… 451
第三节　《ISO 37001:2016反贿赂管理体系要求及使用指南》 …… 455
　　一、《ISO 37001:2016标准》的宗旨与特点 …… 457
　　二、反贿赂合规管理体系的要素 …… 458
　　三、《ISO 37001:2016标准》与国内法的相互作用分析 …… 464

缩略语对照表 …… 477

主题词索引 …… 481

参考文献 …… 483

后　记 …… 493

第一章 企业合规与刑事合规

第一节 企业合规的启蒙与发展

一、合规的含义与启蒙

(一)合规的基本含义

什么是"合规"(compliance)？最早提出合规概念的美国有不同的解释。美国《商业词典》(Dictionary of Business)对合规的解释是：为了确保政府法规得到遵守而由企业制订的系统性的步骤或做法。① 美国司法部(DOJ)制定的《美国律师手册》指出，合规计划由公司管理层制订，目的是预防和发现违法行为并确保公司按照刑法、民法等法律以及规章、规定开展活动。

美国理论界对合规概念的理解大致有以下三种观点。一是认为合规意味着旨在促进企业遵守政府指引、规范、规章和法律的程序、计划和政策的综合性措施。二是认为合规即遵守法律以及其他规范，其要求在任何情况下都要熟悉所有的法律和规章，包括联邦及各州法律、地方规章以及公司内部的规定，它是一个细致和复杂的过程。当代最新的合规已经将遵守法律、规章及规定与道德结合在一起，以保证总是做出正确的行为。三是认为真正的合规乃是旨在消除或者减少犯罪或其他违规(compliance failures)之机会的持续性行动。应当说，在对合规的理解上，美国联邦贸易委员会(Federal Trade Commission)主席保罗·兰德·狄克森于1966年为支持合规制度在企业推广运用所发表的如下见解，揭示了合规的要义：合规制度的精髓在于，使法令的遵守不再依靠严格的监管和个人自觉性与诚实性，而是用合理的事前计算来避免违法行为的发生，即使偶然发生了违法行为，这种机制也有能力将其扼杀在摇篮之中。②

同时，除了一般性合规概念，还有针对特定领域的合规概念，例如反垄断合规，即企业在经营中遵守反垄断法的全部要求，或者企业为使员工或相关从业者

---

① See Amanda Pinto Q. C. & Martin Evans(eds.), *Corporate Criminal Liability*, 3rd Edition, Thomson Reuters, 2013, p. 364.

② See Richard J. Maclaury, Compliance Programs under the Robinson-Patman Act and other Antitrust Laws—The Practical Effect of Such Programs or the Absence Thereof, *Antitrust L. J.*, Vol. 37, No. 96, 1967, p. 103.

遵守反垄断法的规定而实施的计划。

事实上,为了全面理解"合规"这一外来词汇的基本含义,应当考虑实质与形式两个方面。

就字面含义而言,合规即合乎规定或遵守规范。这里的"规定"或"规范"范围相当广泛,既包括国家法律、部门规章、行业监管规定,也包括行业自律规范、企业规章制度以及国家承认并执行的国际条约。由此,合规即企业在运营过程中对法律法规、商业规范、企业规章制度及国际条约的遵守。这种意义的合规,与通常意义上的"依法经营"或者"遵纪守法"并无本质区别。

从合规的实质层面看,合规即预防,合规的核心就是法律风险防控。或者说,"风险规避"与"风险治理"是合规的具体内容与直接目的。如果企业在运行过程中不能遵守各种法律和规定,就会引发违规风险,就会因遭受民事制裁、行政处罚而导致经济受损和信誉受损。由此,合规即企业为避免违规风险而建立的内部防控机制。正是在这种意义上,合规区别于我们所理解的"依法经营"或者"遵纪守法",并成为现代企业治理的基本方式。合规对于企业的特殊重要性,不仅在于可以帮助企业避免经济损失和信誉损失,更在于通过建立预防违规风险的内控机制,保障企业安全运营,实现可持续发展。

合规在表现形式上既可以体现为整体性和全方位的合规管理体系,也可以体现为突出重点的专项合规,如反欺诈合规、反腐败合规、反垄断合规、环境保护合规、知识产权保护合规等。不论哪种形式,其价值取向都不是等到违规风险发生后,面临制裁和损失再来被动应对,而是通过强化企业内部约束,提升守法能力,保障企业经营和管理活动与各种制度和规范相符合,从而防患于未然,避免法律风险与商业伦理风险现实发生。

以上是对20世纪90年代之前的合规概念的基本理解。但20世纪90年代之后,随着刑事合规的兴起,先前主要与企业行政责任风险、民事责任风险和信誉风险相关联的合规概念已经发生重大变化,不仅合规的质量要求更高,而且合规的必要性与重要性也显著增强。

(二)合规制度的启蒙

一般认为,合规概念起源于20世纪30年代美国金融行业的监管创新。此时的美国正处于经济大萧条时期,通货紧缩导致大量的实体企业遭受重创,银行纷纷濒临倒闭甚至破产。为确保银行系统的稳健运行,维持金融秩序,美国政府对银行业采取了更为严格的监管措施,监管的核心内容就是银行是否切实执行了监管部门制定的规章制度。鉴于合规监管在风险管控上取得的良好成效,美国政府开始制定与银行业合规监管相配套的合规监管制度。随后的数十年间,美国大多数的银行均构建了合规监管体系,设立了专门的合规管理机构,银行业的合规风险管理体系逐渐成熟,并逐渐扩展到其他行业。

在合规制度的创建方面,与1929年开始的经济大萧条相对应,美国的合规制度主要集中于反垄断和证券业两大领域。美国第一部反托拉斯法——《谢尔曼法》(Sherman Act)于1890年在对摩根、洛克菲勒和旺得比特垄断行为的抗议声中通过,但直至20世纪初期,《谢尔曼法》的影响实际上很小。1914年,美国另外两部主要的反托拉斯法问世:《美国联邦贸易委员会法》(FTC Act)和《克雷顿法》(Clayton Act)。这三部法律构成美国早期反托拉斯法体系的主体。美国制定反托拉斯法的目的在于:一是经济层面,通过保护竞争来最大限度地提高经济效益;二是政治层面,通过禁止经济权力的过度集中,保障政府的稳定;三是社会道德层面,旨在维护美国的民族道德,培养人们独立向上的性格与竞争精神。但前述三部反托拉斯法的实施在目标达成上差强人意。随着1936年《罗宾逊—帕特曼法》和1938年《惠勒—利法》的出台,先前的法律漏洞得以弥补。根据《罗宾逊—帕特曼法》,所有对交易对手实行价格歧视或其他方面的歧视,造成严重减少竞争的后果或者其目的是形成垄断的行为,均属违法行为;而《惠勒—利法》更进一步,对1914年的《美国联邦贸易委员会法》第5条进行了修订,明确规定,在商业活动中的不公正竞争或者不公正的、欺诈性的行为和做法,均为非法。由此,《美国联邦贸易委员会法》的适用范围不再限于用不公正的竞争方法损害竞争者的利益,同时确立了对消费者的双轨保护制度——维护公平竞争的间接保护与保护消费者的直接保护。① 基于合规立场,这是对企业诚信经营与公平竞争的更高要求,促进了相关企业合规意识的形成。

在证券投资领域,这一时期的美国加强了对证券发行和交易的立法,制定了一系列法规,包括1933年《美国证券法》、1934年《美国证券交易法》、1938年《马洛尼法》(the Maloney Act)、1940年《美国投资顾问法》等,对证券范围、政府监管机构的职权配置、公司信息披露等进行了明确规定,并赋予非公有制组织自主制定个人从业者行为规范的权力,遵守法规日益成为企业经营的风气。②

二、域外合规制度的发展

现代企业制度诞生于企业对法律的自觉遵守。较严谨的合规制度的发展,始于20世纪60年代,其标志性事件是20世纪50年代末60年代初美国电气设备业违反反托拉斯法引发的合规风险。当时,近30家电气设备公司之间建立了价格与市场范围的分割,导致29家企业以及包括公司董事会成员在内的44个自然人受到反垄断起诉,并被予以严厉的判决:7人被判处有期徒刑,24人被判处缓刑,对被告企业和自

---

① 参见黄进喜、朱崇实:《美国反托拉斯法中的经济学理论发展及启示》,载《厦门大学学报(哲学社会科学版)》2010年第3期;〔美〕马歇尔·C.霍华德:《美国反托拉斯法与贸易法规——典型问题与案例分析》,孙南申译,中国社会科学出版社1991年版,第35—36页。

② 参见杨朝华、祁成祥:《进一步完善债市信用评级制度》,载《金融时报》2017年12月23日;张冬阳:《索克斯法案——2002年美国公司治理和会计制度改革法案》,载《财经政法资讯》2003年第3期。

然人共判处罚金 200 万美元。其中,美国通用电气公司(GE)也是被起诉的企业之一,但它自 1946 年起就颁布了旨在遵守反托拉斯法的合规制度,不仅要求所有公司职员都必须在遵守反托拉斯法的宣言书上签字,将其作为企业员工的义务,而且还将该活动书面化,以让其他从业者知晓。通用电气公司以已经进行了适当的合规管理为由进行无罪辩护,但法院未予采纳,即合规的刑事法律意义在当时尚未得到司法确认,未能在有关企业刑事责任认定中起到鼓励企业合规的积极作用。

但以反垄断合规风险的爆发为契机,使企业负责人认识到预防违反反托拉斯法之风险的重要性,使企业增强核心竞争力,引入合规制度是必由之路。

进入 20 世纪 70 年代后,企业合规管理面临前所未有的新局面。这一时期以"水门事件"引出的企业捐款丑闻为导火线,先前主要局限于反托拉斯法的合规,扩展到了反托拉斯法以外的领域。

针对"水门事件"的发生,美国证券交易委员会(Securities and Exchange Commission, SEC)发起了关于美国企业海外行贿活动的调查和披露项目,调查发现,有近 400 家美国企业承认向外国官员行贿,总数超过 30 亿美元。美国众多企业通过海外贿赂获得优势竞争地位的行为,破坏了市场经济公平竞争的原则,腐蚀了民众对自由市场体系的信心,尤其经历了一系列贿赂丑闻后,美国企业的形象在国内外受到了极大损坏,引发民众对美国企业期望值的不断降低。为了修复民众对美国企业的信心,1977 年美国国会通过了《美国反海外腐败法》(Foreign Corrupt Practices Act, FCPA)。① 作为世界上第一部反腐败专门法律,美国 FCPA 的目的,在于限制和禁止美国本土企业及在美国上市或者与美国存在关联的外国企业贿赂美国以外其他国家的政府官员,用以打击美国企业在海外的贿赂行为,培育公平竞争的商业环境。

FCPA 在 1988 年修订时,在反贿赂条款中加入了两项有关抗辩的规定,借以适当减轻企业反贿赂的负担。第一种抗辩理由是:如果企业能说明该费用是依据外国官员或者政党候选人所在国的成文法(the written laws)认可的合法行为,则抗辩成立。② 第二种抗辩理由是:该付款行为是"合理善意有据的"(reasonable and bonafide expenditure)经费开支,例如,差旅开支和住宿费用,以及为了宣传展示产品或者为了履行与该国政府或代理商之间的合同事宜而产生的花费,并在文件中或账簿中如实记载了费用开支。③

进入 20 世纪 80 年代,美国的合规制度得到进一步的发展。具体表现有三:

---

① 参见《美国反海外腐败法》,载美国司法部网站(https://www.justice.gov/criminal-fraud/foreign-corrupt-practices-act),访问日期:2017 年 3 月 19 日。

② See 15 U. S. C. 78dd-1(c)(1), -2(c)(1), -3(c)(1).

③ See 15 U. S. C. 78dd-1(c)(2), -2(c)(2), -3(c)(2). 按照美国司法部发布的公告,在实践中多数情况采用合理善意支出的抗辩事由,如果招待、餐费、样品、差旅等费用合理,并披露给外国政府,并在文件或账簿中加以记载,就可达到该项标准。

一是1988年出台《内幕交易与证券欺诈施行法》,确立了明确具体的企业合规义务。例如,为防止内幕交易行为,要求企业采取防止未公开信息泄露、扩散的具体措施。这些措施包括:制定限制信息传播的措施;建立规范职员行为的规章和指南;对保存有重要信息的部门与其他部门进行物理隔离。

二是美国各州的环保立法不断出台,环保合规成为企业经营中必须重点关注的事项。在这方面,美国环保署确立了企业环保合规的七项基本原则:①经营者遵守法令,支持环保署的监督;②维持监督程序相对于其他机构的独立性;③监管部门中齐备合格的执行人员并拥有较高的研究水平与适当的预算;④监管程序中具备清晰的目的、范围、手段和频率;⑤有保障达到监管目的的信息收集、分析和整理的措施和手段;⑥能公正、明确地制作反映监管结果的监管报告,其中应包含公力救济的方案;⑦有确保监管部门不出现遗漏、不出错的纠偏机制。这一较为系统性的环保合规要求,对其他领域合规制度的建设具有重要的参考价值。

与此同时,20世纪80年代末期五角大楼舞弊案东窗事发后,作为美国国防部供货商的各公司为了持续实现商业利益而进行的自我改革,也推动了这一时期合规制度的发展。

1986年18家接受五角大楼订货的军火企业,联合起草了《国防工业的商业伦理与企业活动精神》①纲领,确立了五项自律性的合规准则:①供应商必须以成文化的商业伦理作为行动指南;②行动指南应包含企业或从业者达到较高商业伦理水平的具体要求;③供应商必须为员工举报不正当行为提供自由开放的空间;④为保持国防工业的廉洁性,供应商有遵守商业伦理的团体义务;⑤供应商承担遵守以上原则的公共责任。

三是合规制度在法律实务和企业管理领域开始受到关注。执法机关在处理企业违法案件时,开始注意运用合规制度预防企业再次发生违法行为;同时,一些美国大学的商学院也开始设置商业伦理课程,合规管理作为商业伦理实现的重要方式,为越来越多的人所理解。

合规计划自20世纪30年代源起于美国金融行业监管创新以来,时至今日不仅在全球流行开来,而且为包括联合国在内的众多国际及地区性国际组织所高度关注,使得"不注重合规的企业是非主流企业"的经营理念得到普遍确立,合规管理也因此成为全球企业内部治理的基本方式。

三、我国合规制度的发展

就我国而言,传统上人们熟悉的是"遵纪守法"概念,"合规"一词往往只为特定领域或行业的人员所熟知和使用,在合规制度建设方面较之域外起步较晚,同

---

① See Benjamin B. Klubes, The Department of Defense Voluntary Disclosure Program, *Public Contract Law Journal*, Vol. 19, 1990, p. 508.

时也遵循了首先在金融监管领域得到应用的发展轨迹。最早出现"合规"概念的文件,是1992年国家审计署与中国人民银行联合发布的《对金融机构贷款合规性审计的实施方案》;2002年,中国人民银行总行参照欧美银行合规管理模式和国际准则要求,将中国人民银行总行法律事务部更名为"法律与合规部",增加了合规监管职能,并设置了首席合规官。之后,我国金融监管机构相继出台相关法律文件,鼓励和引导金融机构内部构建合规监管体系和制度,如2006年中国银监会发布的《商业银行合规风险管理指引》,该指引成为银行业风险监管的一项核心制度。① 其后,合规的范围开始扩展到不同行业的企业层面,如2008年财政部联合证监会、审计署、银监会、保监会制定并印发《企业内部控制基本规范》,自2009年7月1日起在上市公司范围内施行,同时鼓励非上市的大中型企业执行;2010年财政部、证监会、审计署、银监会、保监会五部委又联合发布《企业内部控制配套指引》;2012年,为鼓励和支持我国企业更好适应实施"走出去"战略面临的新形势,内凝核心价值,外塑良好形象,实现企业在境外经营的持续健康发展,商务部、中央外宣办、外交部、发改委、国资委、国家预防腐败局、全国工商联联合发布了《中国境外企业文化建设若干意见》,对企业合规文化建设提出了整体规划与具体要求,标志着我国企业内部控制规范体系基本确立。

近年来,在国家重视经济社会高质量发展和大力推进国家治理现代化的时代背景下,随着企业重大违规事件的集中爆发,如为媒体披露的长春长生生物公司的假疫苗事件、滴滴公司管理缺陷引发的恶性事件、海底捞所属公司的食品安全风波等,尤其是中兴通讯因违反美国出口管制法遭受重罚,以及其他一系列中国公司因海外经营不合规所引发的合规风险,使得规范企业经营行为,补齐企业治理中的合规制度短板变得更为紧迫,国家监管机构为此密集出台了一系列更具针对性和可操作性的合规文件,加速了构建我国合规制度的进程:2015年国资委出台《关于全面推进法治央企建设的意见》;2016年国资委印发《关于在部分中央企业开展合规管理体系建设试点工作的通知》;2016年国务院配套发布《关于建立国有企业违规经营投资责任追究制度的意见》;2017年中央全面深化改革领导小组第三十五次会议审议通过了《关于规范企业海外经营行为的若干意见》,相应的国家合规标准《GB/T 35770-2017合规管理体系指南》也于2017年发布;2018年7月国资委印发《中央企业违规经营投资责任追究实施办法(试行)》;2018年11月国资委印发《中央企业合规管理指引(试行)》;2018年12月发改委、外交部、商务部、中国人民银行、国资委、外汇局、全国工商联联合发布《企业境外经营合规管理指引》。

除了前述合规制度建设,我国现行《反不正当竞争法》已明确无误地确立反贿

---

① 2005年,上海银监局发布了《上海银行业金融机构合规风险管理机制建设的指导意见》;2006年中国银监会正式出台了《商业银行合规风险管理指引》;2007年,中国保监会正式出台了《保险公司合规管理指引》(已失效);2008年,中国证监会颁布了《证券公司监督管理条例》(已于2014年修订)和《证券公司合规管理试行规定》(已失效)。

赂合规原则。该法第 7 条规定,经营者不得采用财物或者其他方式贿赂与交易活动相关的单位或个人,以谋取交易机会或者竞争优势;经营者的工作人员进行贿赂的,应当认定为经营者的行为,但是经营者能证明该工作人员的行为与为经营者谋取交易机会或者竞争优势无关的除外。依据该条规定,经营者如果不建立并实施反贿赂合规制度,将为工作人员在业务活动中所实施的所有贿赂行为买单,这将成为企业发展过程中的难以承受之痛。

同时,在合规实践推动方面,2019 年司法部、全国工商联联合印发了《关于深入开展民营企业"法治体检"活动的意见》。这一旨在推进民营企业"法治体检"活动常态化、制度化的部署,与推进民营企业合规治理具有高度的契合性。因为,"法治体检"活动旨在引导民营企业守法诚信经营,活动的重点集中于开展法治宣讲、防范法律风险、化解矛盾纠纷、完善公司治理、提出政策建议五个方面。由此可见,开展民营企业"法治体检"活动的过程,也就是推动法律保护关口进一步前移的过程。帮助企业主动避免法律风险,以此为企业经济健康发展提供更加有力的保障,这正是在国家和社会层面推动合规所追求的价值所在。

在刑事司法方面,已经出现受犯罪指控的企业通过合规抗辩出罪的判例。原雀巢(中国)公司员工郑某等人为推销婴儿奶粉,非法收集婴儿家长信息,2016 年 10 月 31 日,兰州市城关区人民法院一审判决郑某等人构成侵犯公民个人信息罪,郑某以自己的行为是公司行为为由提出上诉,其辩护人提出该案属于单位犯罪。2017 年 5 月 31 日,兰州市中级人民法院作出二审终审裁定:"雀巢公司政策、员工行为规范等证据证实,雀巢公司禁止员工从事侵犯公民个人信息的违法犯罪行为,各上诉人违反公司管理规定,为提升个人业绩而实施犯罪为个人行为。"①

同时,基于刑事政策上的考量,原先只适用于自然人犯罪的认罪认罚等制度,也出现了探索适用于企业犯罪的趋势。这意味着在我国不仅企业合规的制度建设与实践在快速发展,而且作为企业合规高端形态的刑事合规,也开始步入了我国全面深化改革进程中"先实践探索再制度确立"的创新发展轨迹。

这一切都预示着我国企业合规的新时代已经来临。这必将促进我国企业的高质量发展与我国经济竞争力的进一步提升。

第二节　刑事合规的兴起与主要形态

刑事合规于 20 世纪 90 年代发端于美国,其对刑事合规制度较为系统的规定,为其他国家刑事合规制度的确立提供了重要参照。进入 21 世纪,刑事合规的观念与实践迅速扩展,不仅众多发达国家纷纷出台刑事合规制度,而且一些发展

---

① 甘肃省兰州市中级人民法院(2017)甘 01 刑终 89 号刑事裁定书。

中国家也参与其中。① 除了国家层面刑事合规制度的蓬勃发展,以2002年生效的《OECD关于腐败的刑法公约》、2005年生效的《联合国反腐败公约》(UNCAC)以及2009年生效的《保护欧洲共同体金融利益公约的第二个协议》为代表的一系列国际文件,对刑事合规问题也予以了高度重视②,二者相互影响、相互促进,使刑事合规日益呈现出全球化态势。时至今日,刑事合规的发展已非个别国家的现象,而是突破了地域、文化与经济发展水平的限制,在不同法系之间呈现出政策导向高度趋同而不需要刻意证明的国际化法律现象,以致在当代意义上言及企业合规,其基本意境已指向刑事合规。如果切断了旨在促进法的普遍遵守的企业合规与旨在制度化预防犯罪的刑事合规制度之间的内在联系,对合规的理解就回到了过去,就失去了合规概念应有的时代价值。

纵观全球刑事合规制度的主要存在形态,除美国的刑事合规制度外,以意大利、英国、西班牙、法国为代表的刑事合规制度,在制度设置及运行机制上又有进一步的发展,并呈现出各自的鲜明特色。

一、刑事合规的概念

根据《美国组织量刑指南》(即《美国量刑委员会指南手册》中第八章"组织量刑",以下简称《美国组织量刑指南》)的定义,合规计划是指为预防和发现违法犯罪行为而设计的计划;《美国联邦商业组织起诉原则》(Principles of Federal Prosecution of Business Organizations)将合规计划解释为:企业建立的用以防止和发现不当行为,并确保企业按照适用的刑事和民事法律、法规和规则运营的合规计划。并且,除非法律另有规定,合规计划的存在和实施,可以使企业及其管理者免除犯罪指控或获得减轻处罚。③ 也即,在企业发生犯罪的场合,有效的合规计划作为一种积极的抗辩事由,可以帮助企业避免刑事风险或者减轻公司的刑事责任。

由此可见,刑事合规并非立法术语,而是一种理论概括,是在语义表述上将先前的"企业合规"与"刑事责任"相结合而形成的新概念,是基于旨在规避道德或

---

① 根据笔者对相关文献的统计,在刑事规范中确立合规制度的国家已经超过30个。不仅多数欧美国家在刑事立法中引入了企业合规计划,而且一些亚非拉国家,如日本、印度、韩国、南非、巴西等也以各自的方式确立了相应的刑事合规或准刑事合规制度。

② 例如,《联合国反腐败公约》第12条明确规定,各缔约国均应当根据本国法律的基本原则采取措施,防止涉及私营企业的腐败,同时加强针对私营企业的会计和审计标准;应当促进执法机构与私营企业之间的合作,体现了要求缔约国应当通过立法改进和加强企业反腐败内控机制建设和推动执法机关与企业之间反腐败合作的合规导向。而《OECD关于腐败的刑法公约》所包含的企业预防性责任理念更为明显,该公约第18条第2款规定:各成员国应当采取必要措施确保法人因其内部监督缺乏或者因对自然人控制不力而导致为了法人利益实施腐败犯罪而承担法律责任。此外,《OECD内控、道德与合规最佳行为指南》《世界银行集团诚信合规指南》等,对企业社会责任履行、依法合规、反商业贿赂等事项提出了很高的要求,对助推刑事合规的全球发展也发挥了作用。

③ See Principles of Federal Prosecution of Business Organizations.

一般法律风险的企业合规概念发展而来的,是对与刑事责任追究风险相关联的企业合规制度的总称,是对新的着力体现预防导向的刑事规制体系与运行机制的一种抽象表达。

对于刑事合规的内涵,需要从多个角度进行把握。基于国家立场,刑事合规是刑事立法规定的旨在引导和推动企业主动预防犯罪的制度设置,体现的是制度化推进犯罪预防活动与形成政府—企业合作预防格局的刑事政策思想;基于企业立场,刑事合规是企业遵从刑法规范中的合规指引建立的预防、发现与妥当应对犯罪的系统性对策措施与保障体系。在实践层面,刑事合规不仅是企业组织实施的旨在消除或者减少内部犯罪滋生或促成因素的持续性行动计划,而且是伴随着企业及其管理者因防控内部犯罪不力而承担刑事责任风险的强力型犯罪预防计划;在理论层面,刑事合规所代表的是一种既区别于先前的企业合规也区别于传统刑法的跨学科认知体系与政府—企业在制度框架下合作推进的新型犯罪预防形式。

纵观自20世纪90年代兴起随后在全球蓬勃发展的刑事合规运动,以美国、意大利、英国、西班牙、法国等国为代表的刑事合规制度,在制度设置及运行机制上又有进一步的发展,并呈现出各自的鲜明特色。从总体上考察这些代表性国家刑事合规制度,不仅有助于深刻把握刑事合规的基本属性,而且利于把握全球刑事合规的基本态势与主要特点。

二、美国的刑事合规制度

美国刑事合规制度的主要特点,一是起步最早并不断完善,因而制度设计较为系统并且操作性较强;二是注重量刑激励,尤其是注重通过罚金刑的减免激励企业实施有效的合规计划;三是在美国的刑事合规制度下,企业即使实施了有效的合规计划,一般也不具有出罪功能。就政策考量而言,美国的刑事合规制度存在着结构性缺陷。一方面,由于仅仅将实施合规计划作为对犯罪企业处罚上的优待事由,而缺乏应有的免罪激励,另一方面,实践中又缺乏严格的有效合规计划的司法审查制度,使得合规的预防理念贯彻不够彻底,对企业合规的程度缺乏应有的区分度,不能确立合规程度高的企业的优越感,从而不利于充分激发企业主动预防犯罪的内生性动力,容易出现表面的投机取巧的合规,同时还存在有失公平之嫌。如果不能克服这方面的缺陷,合规的功能将大打折扣。对此,已经有美国学者发出了如下的批评意见:合规计划减刑机制并没有实现促进企业自我监管,鼓励企业培养守法文化和制止员工犯罪行为的目的,并且依据指南判处的企业几乎没有有效的合规计划。[①]

---

① 参见〔美〕菲利普·韦勒:《有效的合规计划与企业刑事诉讼》,万方译,载《财经法学》2018年第3期。

1991年10月1日,美国为响应其1984年的《美国量刑改革法》,颁布了一套仅适用于以组织(单位)为被告人的《美国组织量刑指南》(即《美国量刑委员会指南手册》中第八章"组织量刑",以下简称《美国组织量刑指南》)。《美国组织量刑指南》首次在公司管理中切入合规理念,要求公司建立具有犯罪预防功能的公司结构,并将组织是否实施了有效的合规计划与对组织刑事责任的评价直接挂钩,开刑事合规制度之先河。

《美国组织量刑指南》不仅明确了合规计划在追究组织刑事责任中的地位和作用,而且全面规定了作为评价组织刑事责任轻重根据的"有效的合规计划"的实质条件与具体要求,从而再造了先前的企业合规计划,使之与组织的刑事责任评价发生了内在的关联性。①

首先,《美国组织量刑指南》明确了将合规计划引入刑法的宗旨以及实施有效的合规计划与组织刑事责任之间的关系。《美国组织量刑指南》规定,将组织是否存在并实施了"有效的合规计划"作为评价组织刑事责任的要素,旨在通过组织替代责任,课以组织合理预防和发现犯罪行为的义务,以此促进组织的结构性改革。基于此立法目的的达成,在组织被认定犯罪的情形下,对该组织为预防犯罪行为而进行的勤勉努力在罪责评价上予以积极考虑,即在组织存在有效的合规计划的情况下,可以减轻该组织罪责,获得罚金刑上的减免;同样,组织主动报告犯罪行为并配合调查和积极承担责任,也可以减轻罪责从而降低罚金数额。反之,该组织将不得适用与合规计划有关的减轻处罚。由此,组织是否实施了有效的合规计划与组织刑事责任的轻重得以直接联系起来。

其次,《美国组织量刑指南》明确规定了组织拥有"有效的合规计划"的两个实质条件,即开展尽职调查以预防和发现犯罪行为;促进和鼓励道德行为和信守法律的组织文化。组织应当合理地设计、贯彻和执行这样的合规计划,使之在预防和发现犯罪行为方面总体有效。

再次,为了保障尽职调查以及促进组织内部形成守法文化,《美国组织量刑指南》明确规定了作为"有效的合规计划"应当满足的基本条件:①组织应当建立预防和发现犯罪行为的标准和程序;②组织的管理当局应了解合规计划的内容和操作,并对合规计划的实施和有效性进行合理监督;③组织应禁止已知晓或通过尽职调查应当知晓的有违法行为的人员进入管理层;④组织应采取合理步骤,向包括高管在内的所有员工开展有效的合规培训与交流,保障员工获得与其角色和责任相适应的合规信息;⑤组织应采取合理措施确保合规规范利于监测和发现犯罪行为,定期评估合规计划的有效性,并建立包括匿名和保密机制的犯罪行为举报系统;⑥组织应采取合理措施保障合规计划在整个组织内得到贯彻执行,包括对

---

① See Francis T. Cullen, Gray Cavender, William J. Maakestad & Michael L. Benson, *Corporate Crime Under Attack: The Fight to Criminalize Business Violence*, 2nd Edition, Routledge, 2015, pp. 358-359.

合规行为的适当激励，以及对未采取合理措施预防或发现犯罪行为的行为予以惩戒；⑦发现犯罪行为后，组织应采取修订合规规范等合理措施对犯罪行为作出适当反应，防止类似行为再次发生。同时，2004年生效的修正后的《美国组织量刑指南》在合规计划中增加了新的伦理要素，确认合规计划只有致力于"发展企业文化，促进道德行为，并承诺遵守法律时，才能被认为是有效的"[1]。2010年出台的修正案又强化了首席合规官在企业合规监管中的作用[2]，进一步完善了合规要素，提升了合规计划的质量。

最后，与《美国组织量刑指南》对合规计划的实体性规定相配套，《美国检察官手册》（US Attorneys' Manual）中的《美国联邦商业组织起诉原则》为进一步解决有关公司犯罪案件的追诉提供了具体指导。根据《美国联邦商业组织起诉原则》的规定，在决定对被指控犯罪的公司是否提起公诉或达成协商认罪协议或其他协议时，应当考虑以下十个因素：①犯罪的性质、严重性，包括对公众造成伤害的风险；②公司内部违法行为的普遍性，包括公司管理层对不当行为以共犯形式参与或容忍；③公司的违法历史，包括先前针对该类行为的刑事、民事和监管执法行动；④公司配合对其代理人进行调查的意愿；⑤公司现存的合规计划及其有效性；⑥公司及时且自愿披露违法行为；⑦公司的补救措施，包括实施有效的合规计划或改善现有的合规计划，替换负责的管理层，惩戒或解聘违法行为人，赔偿损失以及与相关政府部门合作；⑧附带损害，包括是否对股东、养老金持有人、雇员以及其他未被证实有罪的人造成不成比例的损害，以及起诉对公众造成的影响；⑨补救措施的充分性，如民事或监管执法行动；⑩起诉对公司不法行为负责的个人的充分性。[3] 不难看出，在上述决定是否起诉的十个因素中，第②、④、⑤、⑥、⑦五个因素，均属于合规因素，从而进一步强化了实施有效的合规计划对企业的激励机制。

透过上述美国合规计划的宗旨、具体标准、实施要求及法律效果看，一方面，对"有效的合规计划"的构成要素，在合规结构上可区分出合规制度体系、合规监督机制与合规文化建设三大要素；就合规的刑罚裁判功能而言，可分为犯罪前的合规计划与犯罪后的合规计划。另一方面，就美国刑事规范中"有效的合规计划"的实质含义而言，可以将其理解为刑法规范所确认的企业犯罪预防计划或企业刑事风险内控体系。显然，这里的合规计划，已经超越了一般的商业伦理倡导与抽象的企业社会责任概念，既包括了静态的制度体系，也包括了

---

[1] 《美国量刑委员会指南手册（2016）》，载美国量刑委员会网站（https://www.ussc.gov/guidelines/2016-guidelines-manual），访问日期：2019年8月20日。

[2] 参见《美国量刑委员会指南手册（2016）》，载美国量刑委员会网站（https://www.ussc.gov/guidelines/2016-guidelines-manual），访问日期：2019年8月20日。

[3] 参见《美国检察官手册》9-28.300，载美国司法部网站（https://www.justice.gov/usam/usam-9-28000-principles-federal-prosecution-business-organizations#9-28.300），访问日期：2018年8月26日。

动态的运行机制的犯罪预防行动计划,并且由于对合规计划的实施有了可操作性的评价标准,更有较之民事制裁或行政处罚更加有力的激励措施,使得"有效的合规计划"在促进企业普遍守法与自主预防犯罪的功效上与先前的合规计划不可同日而语。

随着美国刑事立法从实体与程序两个层面引入企业合规理念,合规计划被赋予了新的内涵与使命,组织是否存在合规计划及其实施效果如何,不仅成为决定对犯罪的组织是否从宽处罚的法定事由,而且也成为对被指控犯罪的组织是否作出起诉决定的实质标准,传统企业合规由此升级为刑事合规,成为犯罪预防的一种崭新形式,并因此显著区别于传统的刑法制度:

其一,在刑事立法中引入合规计划的主要目的,不在于解决组织犯罪之后刑事责任的追究问题,而在于通过将是否实施有效的合规计划作为评价组织刑事责任的要素,来解决如何激励企业合规(corporate compliance)并促进企业与政府在犯罪治理领域的合作。① 就刑事政策导向而言,刑事合规制度旨在发挥刑法促进预防的功能,推动企业切实建立犯罪内控机制,从源头上减少企业刑事风险,这与传统的重在事后追责的刑事制度在价值追求的意境上已经有了很大不同。

其二,将合规计划纳入刑事制度,不仅平息了在美国长期以来有关公司能否构成犯罪以及是否应受刑罚处罚的争议,而且激发了企业主动预防犯罪的意愿。因为,根据《美国组织量刑指南》的规定,公司不仅可以成为犯罪主体而被予以刑事责任追究,而且公司没有采取措施主动预防与合理应对员工的犯罪行为,员工一旦实施犯罪,公司不仅存在被指控犯罪的风险,而且还存在加重刑事责任的风险。由此,公司是否尽职尽责地实施有效的合规计划,与自身的重大利益直接相关,从而利于激活公司自我预防犯罪的意愿。

其三,为了保障企业实施有效的合规计划,达成预防企业犯罪的目的,美国在立法技术上采取了三条具体措施:一是对企业刑事责任的认定适用严格责任,即只要公司员工在业务活动中实施了犯罪行为,公司原则上就应当承担刑事责任,从而扩张了公司刑事责任的范围;二是不仅将是否实施有效的合规计划纳入公司量刑制度和是否起诉的考量中,而且细化了体现商业伦理与企业社会责任的合规计划的标准,建立了可操作性的刑事责任评价机制;三是针对企业犯罪的目的,大幅提高刑事罚金数额,同时规定了与合规计划相联系的加重情节及减轻情节②,利于达成国家与企业合作预防犯罪的目的。

---

① See U. S. Sentence Guidelines Manual § 8B2.1(a) (2004)。

② 例如,根据《美国组织量刑指南》的规定,有下列情形之一的,增加 4 点(责任点数,据此决定罚金倍比关系):组织的雇人数在 1000 以上,并且该组织高层人员参与、放任犯罪,或者直接主管人员放任犯罪,并影响到整个组织的。See U. S. Sentencing Guideline Manual § 8C2.5(b)(2015)。

三、意大利的刑事合规制度

意大利刑事合规制度的显著特点在于,不仅明确了合规的构成要素,而且在企业发生犯罪时,随着实施犯罪者在企业内部的身份不同对企业实行不同的追责原则,体现了区别对待的原则,在企业刑事责任的承担上显得更为合情合理;同时注重对合规有效性的司法审查,尤其在司法判决中确立的具有可操作性的评价合规计划是否有效的具体标准,利于消除企业装点门面的表面合规,促进企业的实质性合规;而在合规的功能上,实施合规计划既可以使企业及其高管人员获得从轻处罚,也可以作为出罪抗辩的法定事由,因而整体上较之美国的刑事合规制度要更为精细。

2001年通过的意大利第231/2001号法令首次将企业合规引入意大利法律,并在该法第5条和第7条对合规制度进行了集中规定。根据该法令的规定,公司应当对为其利益或优势而犯罪的以下人员的罪行负责:公司的董事、其他高级职员以及他们的下属雇员。但是,如果公司能够证明已采取下列方法预防和监控犯罪的,可以避免责任:①管理层在犯罪实施前已采用了有效的组织和管理模式来防止犯罪;②有专门的合规机构监督合规方案的运作、遵守与更新;③犯罪人使用欺诈手段规避了合规计划;④合规监督不存在明显遗漏或监督不足。

具体到公司刑事责任的认定时,立法规定了不同的追责原则。一方面,对于只涉及一般雇员的犯罪时,因其与公司的身份认同的模糊性,要以此追究公司的刑事责任,检察官有责任证明公司在预防和保护公司免于犯罪风险方面存在总体性和结构性的组织罪过,即需要证明公司合规计划的制订与实施是存在明显缺陷的。另一方面,在涉及高层人员犯罪的情况下,则实行举证责任倒置,公司不仅需要证明存在良好的合规计划,而且还必须证明,高级管理人员欺诈性地规避了合规要求而对自己的公司犯下罪行。根据犯罪人的不同身份对企业实行不同的归责原则,其根据在于:董事和高级管理人员的行为通常能代表和体现公司的合规政策和守法风气,高层人员犯罪能在更大程度上归因于公司的治理缺陷,因而此时公司要避免刑事责任就必须证明已经尽到勤勉合规的义务,高管的犯罪行为纯属刻意逃避监管的个人行为。①

同时,注重合规有效性的审查,避免企业合规流于形式,是意大利刑事合规制度的重要特色。2003年罗马法院的一项判决,针对组织合规方案的有效性,反向性地确立了判断标准,即合规方案符合下述三种情形时,不能被认定为能够预防犯罪:合规方案并没有具体涉及该公司目前被起诉的犯罪行为实施的领域;合规方案不能确保合规监管机构应有的自主权和独立性;合规方案并未

---

① See Stefano Manacorda, Francesco Centonze & Gabrio Forti (eds.), *Preventing Corporate Corruption: The Anti-Bribery Compliance Model*, Springer, 2014, pp. 398-400.

规定只有多数董事会成员同意才可以修改。而2004年米兰法院的一项判决,则进一步确立了判断合规方案有效性的基本原则:合规方案如果只是一个尊重行为道德准则的普遍建议,将是没有效用的;合规方案作为公司存活的手段,必须有具体的和特定的效用及活力,效用、特定性和生命力是合规方案的结构特征。在米兰法院同年的另一起判决中,则明确了立法中较为模糊的有效合规方案的实质要素,即合规方案应当基于对公司的深入分析而拟定,具有识别不同类型犯罪风险及其分布领域的能力与阻碍非法行为的能力;同时,合规监管机构应当拥有自治性、独立性以及专业性。而意大利最高法院针对意大利国家公路管理公司(ANAS)及Cavalieri Ottavio等公司高管腐败犯罪案的判决指出,虽然采用企业合规方案具有非强制性,但是,公司如果没有意大利第231/2001号法令规定的合规方案,原则上要受到刑事制裁,尤其在高管犯罪的场合①;意大利最高法院针对Impregilo公司内幕交易案的判决则指出,如果企业合规监督机构没有独立的控制权力,合规监督视为无效。②

相对于美国的刑事合规制度,意大利的刑事合规制度规定了类似《美国组织量刑指南》中"有效的合规计划"的基本要素:一是识别出可能滋生犯罪的业务领域;二是规定了关于合规培训的直接条款;三是规定有专门针对财务部门的预防犯罪的管理性制度,防止账外资金用于犯罪;四是规定了将信息向合规监督机构予以报告的义务;五是合规计划中应该包括针对违规行为的纪律性处分制度,同时一旦发现重大违规或者公司运营有重大调整,需要对合规计划予以修订完善③,同时还进一步细化规定了依据犯罪人的不同身份(公司高管或普通员工)确立不同的企业合规要求与企业归责原则,在企业刑事责任的追究上更显合情合理,利于避免公司过重的合规负担。尤其值得称道的是,法院在认定企业刑事责任时,十分注重对合规计划的有效性进行司法审查,这不仅利于消除立法规定的模糊,客观评价公司在合规方面是否勤勉努力,防止在合规事项上做表面文章的通病,而且显著提升了合规计划的重要性,增强了合规计划的执行力。同时,在意大利第231/2001号法令规定下,不仅公司在犯罪行为发生前建立和有效实施的合规计划可阻却公司的责任而免除处罚,即使在犯罪发生后实施的预防类似犯罪行为发生的合规计划,也可获得免除取消资格、降低经济制裁的优待,这无疑彰显了激发企业自我约束、自我监管进而形成刑事风险内控机制的立法导向。

---

① See Cassazione penale sez. Ⅵ,-09/07/2009, n. 36083.
② See Cassazione penale sez. Ⅵ,-09/07/2009, n. 36083;Trib. Roma, Uff. GIP, ord. 4-14-2003, Giud. Finiti, Soc. Finspa.
③ See Stefano Manacorda, Francesco Centonze & Gabrio Forti (eds.), *Preventing Corporate Corruption: The Anti-Bribery Compliance Model*, Springer, 2014, p. 399.

四、英国的刑事合规制度

2010年颁行的《英国反贿赂法》(Bribery Act)的最大亮点,在于开全球之先例,创设了充分契合刑事合规预防导向的全新罪名"商业组织预防贿赂失职罪",凸显了从注重事后处罚到注重事前预防的立法理念。

根据该法案的规定,只要商业机构的关联人员为了该商业机构的利益而实施贿赂犯罪,而该商业机构无法自证已尽充分合理之程序(adequate procedures)以预防贿赂犯罪发生,则该商业机构即成立本罪。可见,"商业组织预防贿赂失职罪"所实行的是典型的严格责任,只要组织的关联人员实施了贿赂行为,并且其目的是为组织获取利益或保持商业上的优势,就认定该组织构成犯罪,而无须再对组织的主观认知进行具体考量。对于英国专门设立本罪的正当理由何在这一问题,英国法律委员会给出了如下有力的解释:一是法律委员会相信,商业组织切身感受到容忍贿赂带给组织的巨大损失,从而使得企业组织成为消除这种损失的最佳责任人;二是考虑到采取传统刑事程序或者民事程序将那些实施贿赂的商业组织绳之以法往往十分困难。① 在笔者看来,这一解释不仅说明了设立此罪的道义基础,而且也指出了设立此罪的事实依据,即应对隐蔽性强、组织化程度高且活动范围日益国际化的企业犯罪,仅靠国家力量的外部监督,无论这种监督制度设计如何精细,执行如何有力,都不足以达成有效治理的目的。

为了引导和推动商业组织实施反贿赂合规计划,英国国务大臣于2011年4月发布了特色鲜明的反贿赂合规程序——《英国2010年反贿赂法指南》②(以下简称《英国反贿赂法指南》)。该指南规定了关于"适当程序"的六个基本原则,即合比例程序原则、高层承诺原则、风险评估原则、尽职调查原则、沟通与培训原则、监控和审查原则,并且对每个原则均配以案例研究予以详细解读。③ 英国量刑理事会还于2014年发布了既适用于自然人犯罪也适用于单位犯罪的《英国关于舞弊、贿赂、洗钱犯罪量刑指南》(Assessing the Impact of the Sentencing Council's Fraud, Bribery and Money Laundering Definitive Guideline)。根据该指南要求,法庭依据可责性和损害结果予以量刑。其中的可责性,取决于公司在犯罪中的作用及其犯罪动机,而企业是否存在预防犯罪的适当程序,正是衡量其可责性大小的核心要素④,这又进一步强化了企业合规与刑罚裁量之间的连接。

随后,英国配套开发了"反贿赂管理体系"。例如,英国标准协会(the British

---

① See Monty Raphael QC, *Bribery: Law and Practice*, Oxford University Press, 2016, p. 62.
② See THE BRIBERY ACT 2010 Guidance About Procedures Which Relevant Commercial Organisations Can Put into Place to Prevent Persons Associated with Them From Bribing (section 9 of the Bribery Act 2010).
③ 参见王君祥编译:《英国反贿赂法》,中国方正出版社2014年版,第74—88页。
④ See Monty Raphael QC, *Bribery: Law and Practive*, Oxford University Press, 2016, p. 71.

Standards Institute, BSI)发布了"反贿赂管理系统"(Anti-Bribery Management System, ABMS)(2011年11月30日生效),就《英国反贿赂法》中所涉及的事项进行了更为细致的规定,如借助图表针对管理责任(包括日常的合规责任)以及合规负责人的作用及职责进行了具体规定。该系统适用于包括私营、公立企业在内的所有企业,尤其适合于天然气、石油、采矿、国防、工程及建筑等行业或企业,因而被世界工程组织联合会(the World Federation of Engineering Organizations)所采用。英国标准协会还基于自己开发的"反贿赂管理系统"开展面对各种组织的网上课程培训。①

同时,英国为了提升反贿赂合规的有效性,着力推广"综合性贿赂风险评估"(comprehensive bribery risk assessment)。此举也为《英国反贿赂法》及英国司法部颁布的相关指导文件以及透明国际的《充分程序指南》(Adequate Procedures Guidance)等权威性反贿赂指南所强调。例如,英国司法部的《英国反贿赂法指南》明确要求,商业组织应当采用基于风险预防的方法来管理贿赂风险,因为贿赂危害包括司法、商业部门、商业伙伴、公平交易在内的各个组织和领域。"综合性贿赂风险评估"也是对《英国反贿赂法指南》中第三个原则要求——"商业组织应当定期评估其外在贿赂风险及内在贿赂风险的性质及程度"的回应。商业组织通常遭遇的外在贿赂风险大致分为五种类型:国别风险、部门风险、交易风险、商业机会风险和商业伙伴风险。为此,《英国反贿赂法指南》指出了风险评估程序所应具备的基本特征:一是由最高管理层负责风险评估;二是根据商业组织的业务规模和需要来配备适当的资源,以便识别相应的风险并对这些风险进行排序;三是辨认内部及外部信息来源,以便审查和评估风险;四是认真进行调查;五是准确进行风险评估并做出结论,并对其进行适当文件归档。而2013年驻英国的透明国际组织指出了良好的贿赂风险评估应遵循的十项原则:一是风险评估得到董事会及其他高层的全力支持和投入;二是拥有确保对组织的业务及其风险进行有效监控的科学知识与合格的人才;三是基于广泛的信息收集和理解力,全面考量所有可能产生重要贿赂风险的业务活动;四是避免对雇员或第三方的廉洁性产生任何先入为主的偏见;五是细致地识别和描述贿赂风险;六是依据可能性程度及危害性质对贿赂风险进行尽可能客观的评估;七是依据现实性及重要性对贿赂风险排序并确定重点防控领域;八是风险

---

① 如在英国标准协会官网提供"反贿赂管理体系标准精要课程"。该课程旨在为客户组织提供国际最佳实践框架,以禁止、阻止、检测、报告和处理贿赂行为。本课程主要介绍反贿赂的概念,阐述"反贿赂管理系统"的优势和主要要求以及其在中国法律条件下的适用环境。该课程的主要目标是解释为什么防止贿赂至关重要,了解"反贿赂管理系统"能够如何帮助减少或消除贿赂行为,了解规划"反贿赂管理系统"所需要的步骤,增加反贿赂和反贿赂管理体系相关知识。为期两天的课程培训,收费4500元。参见《金牌课程——反贿赂管理体系(ISO 37001:2016)标准精要课程》,载英国标准协会官网(https://www.bsigroup.com/zh-CN/our-services/training-courses/training-iso37001/),访问日期:2018年3月14日。

评估必须有支撑材料佐证,并采用有效的评估程序;九是风险评估应当定期或间隔适当的时间进行,尤其在影响组织业务的严重违规行为发生时,应当及时组织风险评估;十是基于设计或制定妥当的政策、控制手段的需要,与企业内外的相关方面保持有效的沟通。① 相比之下,这与英国推行的"综合性贿赂风险评估"具有较大相似性。

与美国类似,在英国,对涉嫌腐败犯罪的企业,监管机构可与之达成暂缓起诉协议。暂缓起诉的条件为:缴纳罚金、赔偿与实施预防腐败行为的合规计划。附条件的暂缓起诉措施,不仅减轻了法人刑事责任,促进公司自律与腐败犯罪的主动预防,而且利于保护公司高级管理人员和员工免于承担个人的刑事责任。

总体而言,英国的刑事合规内容丰富且操作性强,这一点与美国、意大利类似,但独立设置的"商业组织预防贿赂失职罪"这一反贿赂合规罪名,赋予了所有企业预防贿赂犯罪的普遍义务,再配置以实行"适当预防程序"证明责任倒置这一严格的预防责任,促使企业在反贿赂中提升道德标准和法定义务,促使企业发挥其自行纠错与积极预防行贿的作用,成为预防理念贯彻得相当彻底的刑事合规制度。正因如此,《英国反贿赂法》也被认为是世界上最为严厉的反腐败法律之一。

五、西班牙的刑事合规制度

刑事合规的法典化,以及合规要素规定明确,尤其对企业实施合规计划的法律后果——从轻处罚与免除处罚的情形分别予以具体规定,利于增强企业实施合规计划的主观预期,激励企业主动预防犯罪的意愿与行动力,是西班牙刑事合规制度的主要特点。

2010年的《西班牙司法组织法》首次规定企业法人的刑事责任②,2015年的《西班牙司法组织法》针对法人刑事责任进行了重大改进,旨在列出"适当控制"企业内部犯罪的具体内容,并将未实施"适当控制"作为追究企业刑事责任的基础。③

依据《西班牙刑法典》第31条之一④的规定,企业法人为他人的犯罪行为承担刑事责任的情况,主要有两种:一是法定代理人或被授权代表法人实体做决定或者行使其组织或管理职能的人,作为个人或该法人实体成员实施的为了企

---

① See Monty Raphael QC, *Bribery: Law and Practice*, Oxford University Press, 2016, pp. 85-86.
② 参见 PREÁMBULO III,载法律新闻网(http://noticias.juridicas.com/base_datos/Penal/549720-lo-1-2015-de-30-mar-modifica-la-lo-10-1995-de-23-nov-del-codigo-penal.html),访问日期:2019年12月4日。
③ 参见 Ley Orgánica 1/2015, de 30 de marzo, por la que se modifica la Ley Orgánica 10/1995, de 23 de noviembre, del Código Penal,载法律新闻网(http://noticias.juridicas.com/base_datos/Penal/549720-lo-1-2015-de-30-mar-modifica-la-lo-10-1995-de-23-nov-del-codigo-penal.html),访问日期:2019年12月4日。
④ 参见 Artículo 31 bis del Código Penal,载法律概念网(https://www.conceptosjuridicos.com/codigo-penal-articulo-31-bis/),访问日期:2019年12月4日。

业法人利益以及直接或间接有利于企业法人的犯罪行为;二是获得前款人员授权的个人,由于授权者未能履行应尽的监督、管理和控制职责,而在履行公司的职责过程中所实施的为了代表企业法人以及直接或间接有利于企业法人的犯罪行为。由此,企业法人面临因他人行为而遭受刑事制裁的后果。这里的他人的行为,包括代理人的客观行为、监督上的过失或有关疏忽的事由在内。正因为企业法人负有预防其代理人和雇员犯罪之责,为了规避这种责任,企业必须确保有适格的合规计划。

为了保持与《西班牙司法组织法》的协调,2015《西班牙刑法典》第 31 条和第 427 条对企业合规计划进行了集中规定。第 31 条之五规定了企业合规计划应当满足的六个必要条件:一是识别有犯罪风险的活动,并对这些活动进行预防;二是制定了可表明公司决策与执行意志形成过程的有关协议和程序;三是有合理的财务管理模式预防已识别的犯罪行为;四是履行主动向合规监管机构报告任何潜在风险或违规行为的义务;五是建立旨在处罚违规行为的纪律处分;六是在违规行为发生后,或在组织管理、法人实体的经营活动发生变化的情况下,对合规方案进行定期检验或者修改。而保有前述合规计划的企业,在发生犯罪后可获得减轻或免除处罚。

《西班牙刑法典》第 31 条之四[①]明确了可以减轻法人刑事责任的四项法定情形:一是在对其提起刑事诉讼之前,向有关当局披露犯罪行为;二是配合调查机关的工作,为证明刑事责任提供新的决定性证据;三是在刑事审判前,赔偿或减轻犯罪行为所造成的任何损害;四是在审判前采取有效措施,预防和发现可能利用法人资源而实施的犯罪行为。尽管其中任一情形皆为法人刑事责任的辩护事由,但公司制定适当的合规方案,却为排除刑事责任的必要条件。如果公司没有遵守法律规定的合规程序,依据该法第 427 条之二的规定,应当对所发生的犯罪行为承担刑事责任。

《西班牙刑法典》第 31 条之二则规定了因实施合规计划而免除法人刑事责任的四种具体情形:一是董事会在犯罪行为发生之前,采取并执行了适合预防此类犯罪的组织管理与控制模式;二是委托有独立自主权和控制权的监管机构,监督预防机制的正常运作;三是犯罪人采用欺骗的方式,避开了组织的预防机制;四是合规监督机构没有不履行或懈怠履行监督、管理和控制职责的情形。如果公司未能依法尽到预防犯罪发生的义务以致发生了犯罪,除对相关自然人判处刑罚外,对犯罪的法人,根据《西班牙刑法典》第 66 条第 2 款的规定,可以判处以下处罚措施:解散该法人;在 5 年内禁止其开展某些活动;在 5 年内关闭该公司的设施;以及在一定期限内禁止与公共部门签订合同,享受税收减免或社会保障方面的福

---

① 参见 Artículo 31 quater,载法律新闻网(http://noticias.juridicas.com/base_datos/Penal/549720-lo-1-2015-de-30-mar-modifica-la-lo-10-1995-de-23-nov-del-codigo-penal.html),访问日期:2019 年 12 月 4 日。

利激励等。①

六、法国的刑事合规制度

较之前述国家,实行反腐败强制合规以及不合规之行政处罚与刑事追究无缝连接,是法国刑事合规制度的主要特色。

2016年12月8日,为进一步增强反腐败效能,法国宪法委员会批准通过《关于提高透明度、反腐败以及促进经济生活现代化的2016—1691号法案》,即"Spain Ⅱ"(以下简称《萨宾第二法案》)。根据该法案规定,建立合规制度不仅仅是企业的义务,也是企业高管人员的个人义务。凡用工人数达到500人,或者营业收入达到1亿欧元的企业,均应当建立合规制度。如果企业没有主动建立合规制度,即使企业和高管人员没有实施贿赂行为,法国反腐败局(AFA)下设的处罚委员会也有权对企业处以不超过100万欧元的罚款,并对高管个人处以不超过20万欧元的罚款。同时,该委员会还有权继续要求企业或高管在不超过3年的期限内,完成合规制度的建立。同时,为了更好发挥合规制度激励企业预防犯罪的积极性,《萨宾第二法案》还确立了与美国类似的延迟起诉协议制度,在案件进入正式审理前,检察机关可以与被指控涉嫌贿赂犯罪的企业达成和解协议,从而免于提起公诉,但条件是交纳相当于企业过去3年平均年营业额30%的和解金,并承诺在规定期限内建立有效的合规制度。罚款额通过公开审判来决定,其内容须在网站公开。该协议只适用于公司作为被告的情况,不影响对个人的刑事处罚。

对于构成贿赂犯罪的企业,法国法院有权判令企业在规定期限内,按照《萨宾第二法案》规定的要求建立合规制度,并由AFA负责监督、协助企业建立合规制度,并定期(至少每年)向检察机关报告企业建立并执行合规制度的情况,由此产生的费用由企业承担。如果企业未能建立符合要求的合规制度,法院可对企业和相关自然人分别判处罚金,并对自然人判处2年以下监禁。②

《萨宾第二法案》确立的合规制度的显著特点在于,其是目前世界上唯一的强制性合规制度。在美国、意大利和英国的合规立法下,建立有效的合规制度只是

---

① 参见《西班牙刑法典》,载原创力文档网(https://max.book118.com/html/2018/0911/6200122143001215.shtm);2015年《西班牙司法组织法》,载法律新闻网(http://noticias.juridicas.com/base_datos/Penal/549720-lo-1-2015-de-30-mar-modifica-la-lo-10-1995-de-23-nov-del-codigo-penal.html);2010年《西班牙司法组织法》,载残疾信息服务网(https://sid.usal.es/idocs/F3/LYN15534/3-15534.pdf),R. Campos Hellín, The Open Institution System in Spain As The Access Path To An Expulsion Following the Reform of Organic Law LO 1/2015,载在线电子科学图书馆网(http://www.scielo.org.co/pdf/crim/v59n1/1794-3108-crim-59-01-00105.pdf),访问日期:2019年3月9日。

② 参见Analysis of the Sapin Ⅱ Law in France,载金杜律师事务所网站(https://www.chinalawinsight.com/2017/12/articles/dispute-resolution/analysis-of-the-sapin-ii-law-in-france/#more-16644),访问日期:2019年3月10日。

犯罪企业减轻刑事责任或企业被指控犯罪时进行出罪抗辩的法定事由，企业未建立合规计划这一事实本身并不会引发针对企业的法律责任追究问题，但《萨宾第二法案》的规定更为严格，建立反腐败合规计划是大企业普遍的法律义务，不仅建立了专门机构监督企业建立和实施合规计划，而且企业如果未按照要求建立合规制度，企业及其高管也会受到行政或刑事处罚。就保障合规计划建立及实施的强制性而言，其严厉程度超过了前述代表性国家。

第三节　刑事合规全球兴起的动力机制

刑事合规为何能在短期内迅速发展，呈现出全球性法律现象的显著趋势？隐藏在刑事合规井喷式发展背后的动力机制究竟是什么？刑事合规究竟体现了怎样的既区别于传统企业合规又区别于传统刑法的政策观念与制度安排？

刑事合规在全球范围内呈现出快速演进与发展趋势，无疑是多方面因素共同作用的结果。就其背后的动力机制而言，集中表现为三个方面的协调推动：一是基于现代社会理念形成的观念牵引力；二是基于对传统企业合规制度在预防犯罪方面的苍白无力的检讨而产生的政策推动力；三是刑事合规的制度安排利于实现国家与企业合作共赢所生的内驱力。三者有机结合，使刑事合规的产生与全球性发展具有了必然趋势。

一、观念牵引力：与社会治理理念高度契合

刑事合规与社会治理理念具有高度的契合性。社会治理，作为以融合政府力量和社会力量应对各种相互交织的复杂社会问题，以实现善治为目标的管理形式，其核心议题是要解决政府、市场、社会三者之间可能出现的冲突与合作方式问题。较之突出政府主导性作用的社会管理，社会治理尤其强调用法治思维和法治方式激发社会组织活力，由多元化主体共同承担预防和化解各种社会矛盾的责任，从而健全公共安全体系。[①] 相对于单向依靠国家权力维系的社会管理所容易形成的政府、市场与社会的冲突模式，治理模式更多地体现出"复合、合作、包容、自治、共治"的特点，在社会复杂性和不确定性因素激增的条件下，具有弥补国家和市场在调控和协调过程中存在的不足与失效的功能。[②] 社会治理作为不同于传统管理的一种新的过程和新的运行机制，其本质在于国家权力向社会回归，在于通过政府与公民对公共生活的合作管理，形成国家与社会处于最佳状态的新型关

[①] 参见王春燕：《社会治理与社会管理有三大区别》，载《中国社会科学报》2014年3月21日。
[②] 参见汪明亮等：《公众参与犯罪治理之市场化途径》，复旦大学出版社2018年版，第9页。

系,实现公共利益的最大化。① 刑事合规作为国家层面防控与社会组织自我防控相互交织的新型犯罪治理形态,其产生与发展不仅充分反映了社会治理理念,而且也是社会治理理念在犯罪治理领域的生动实践。

首先,社会治理理念必然要求与犯罪作斗争的观念发生根本转变:犯罪治理不再被视为国家的专属事务,而是事关社会安宁与可持续发展和公民生活质量的公共事务。由此,在犯罪治理过程中,社会力量不再只是处于被要求、被发动和辅助参与的地位,而是与国家一道成为规则体系下的犯罪治理的共同主体。刑事合规,作为一种旨在融合国家力量和企业力量共同与犯罪作斗争的新型制度安排与运行机制,不仅很好地承载了社会治理的价值理念,而且也为实现这一价值理念提供了可操作性的路径选择与技术手段。这正是刑事合规短期内得以井喷式发展的观念性动因。

其次,社会治理理念必然要求形成新的犯罪治理格局:由过去重单一国家力量的运用,轻社会力量的激发,以及重打击、轻预防的治理模式,转变为强调激发社会组织力量参与以及坚持标本兼治、预防为本的治理模式。传统的犯罪治理,虽然不能说完全忽视社会力量的发动,标本兼治、预防为本的政策也时常被强调,但实际运行中主要依靠国家力量进行外部规制与事后打击却成为治理犯罪的基本格局。具体到企业犯罪治理方面,这种犯罪控制模式不仅严重忽视了对企业力量的制度性引导与吸纳,导致国家单打独斗力量上的严重不足,而且无法消除、抑制企业内部的犯罪诱因,更不用说发挥促进企业治理结构完善的功能。这就是需要从政策层面转换与犯罪作斗争的视角与路径,从重视企业的地位和发挥企业自身作用的角度,改变原来治理犯罪的旧模式,建立共同应对犯罪的"统一战线"。因为,在现代社会中,企业不仅拥有巨额的财富,掌握丰富的资源,拥有巨大的影响力,在促进经济发展、解决就业、促进社会创新、增进社会福利与解决社会问题等方面发挥着日益显著的作用,而且企业在早期预防犯罪和减少犯罪危害方面,往往拥有较之执法机关更为便利的条件和手段。如果缺乏体现社会治理中的"合作""自治""共治"等观念的大力引导和激励企业参与犯罪治理的制度安排,一味依靠外部监督和事后查处来治理企业犯罪,不仅成效注定是低下的,而且社会代价也十分高昂。② 刑事合规作为一种注重国家与企业之间良性互动的,旨在激发企业自主预防意识与能力的制度体系与运行机制,为制度化地吸收企业资源参与犯罪治理改变国家单向治理实现国家与企业的合作预防提供了至今最具可行性的策略构想。

---

① 参见俞可平主编:《治理与善治》,社会科学文献出版社2000年版,第8页。
② 企业犯罪的社会代价,不仅表现为企业犯罪造成的经济损失巨大,而且表现为社会成本也很高。例如,企业犯罪后不仅面临巨额的经济惩罚,而且作为企业灵魂人物的企业家往往也牵连其中,很容易导致企业一蹶不振甚至倒闭,不仅影响职工就业以及关联单位权益的实现,而且会影响一方经济发展乃至社会稳定。

在这方面,相关的实证研究为仅靠国家力量治理企业犯罪是难以奏效的认识提供了有力支持。北京师范大学中国企业家犯罪预防研究中心发布的年度研究报告,揭示了如下事实:企业内部普遍缺乏犯罪告发机制,刑事风险风控机制严重缺失,是企业犯罪高发、易发的主要原因之一。从案发原因来看,企业内部犯罪被司法机关知晓的途径,主要包括被害人报案、相关机构调查、举报、串案、媒体披露、资金链断裂、发生事故以及自首,几乎缺失内部监管机构向司法机关的主动告发。① 正因如此,对企业犯罪的查处才呈现发现难、取证难等特点,并产生犯罪潜伏期普遍较长的恶果,尤其是行贿罪、单位行贿罪的潜伏期在5年以上的比例超过60%,足以表明在企业内部存在着纵容甚至鼓励以不法手段为企业谋取利益的犯罪亚文化。而刑事合规的制度设计,无疑正是针对消除企业内部的犯罪诱因而展开的。

最后,从更广泛意义上看,刑事合规利于社会监管资源的优化配置,加速推进国家治理现代化的进程。无论是国家的监管资源还是企业的内控资源,都是一种稀缺性资源,通过刑事法上的合规制度安排,监管资源在新的制度框架下可以实现优化配置:国家设定合规的基本要求并配置相应的正向与反向激励措施(根据合规的意愿与努力程度),企业基于立法引导(社会期待)和自身重大利益的考虑而自我监管、勤勉合规,主动履行预防犯罪的社会责任。这样不仅使原本彼此分离(实际上往往是相互对立的)的监管资源得以整合,社会总体的监管资源因此倍增,而且有助于解决社会中长期存在的"守法成本高、违法成本低"的痼疾,促进"法之普遍遵守"这一法治目的的达成。

二、政策推动力:对企业犯罪预防无力的理性反思

刑事合规兴起的一个重要政策推动力,就是基于对传统企业合规与刑法预防企业犯罪苍白无力的理性反思。刑事政策重心的变化,如同经济政策一样,是在各种替代性制度之间进行比较选择的结果。这些选择由法律产生,并依赖法律发挥作用。"如果没有对替代性制度安排所达到的效果有所了解,就不可能合情合理地在它们之中进行选择。"②刑事合规制度之所以受到众多国家的青睐,从刑事政策角度看,首先是因为传统企业合规虽然有促进企业自我监管、普遍守法的良好期待,但在法规的实际遵守上却往往流于形式,更难以发挥促进企业建立具有犯罪预防功能的治理结构的深刻反思。

---

① 参见张远煌、陈正云主编:《企业家犯罪分析与刑事风险防控报告》(2012—2013卷),北京大学出版社2013年版,第9—10页;张远煌主编:《企业家犯罪分析与刑事风险防控报告》(2017卷),北京大学出版社2018年版,第67页。

② 〔美〕罗纳德·H.科斯:《企业、市场与法律》,盛洪、陈郁译校,格物出版社、上海三联书店、上海人民出版社2014年版,第23页。

现代企业制度诞生于企业对法律的自觉遵守①,而实施企业合规计划的目的也在于通过民事责任和行政处罚来强化企业内部的合规管理。但从国际上看,尽管企业普遍在实施合规计划,尤其是跨国企业合规意识更强,内控机制看起来似乎可靠有效,但因内部控制失灵而导致企业犯罪高发的典型案例却不胜枚举。

以被美国《华尔街杂志》评价为"内部控制失灵典型案例"的2008年1月发生的法国兴业银行系列舞弊案为例,因其内控失灵,交易员持续违规操作导致该行最终损失71亿美元。表面上看,法国兴业银行的内部控制是很完备的,甚至也是管用的,因为在两年时间里,其内控部门发现了将近100起异常交易现象(警示信号),但竟然没有人针对上述异常现象进行认真追踪和分析,以致风险不断积累,最终酿成大祸。② 合规原本起源于银行业,应该说该领域的合规不仅形式相当完备并且经验十分丰富,但实施的结果是,中外类似的犯罪丑闻层出不穷。这不能不说是传统合规的固有缺陷所致。

在传统企业合规框架下,企业对"法之遵守"这一社会期待的回应之所以往往持漫不经心的消极态度,以致合规计划的实施既难以提高企业的守法能力,更难以有效预防和及时发现犯罪,原因主要集中在两个方面:一方面,先前的企业合规计划压根就没有定位于犯罪的主动预防与早期发现,而是重在保障减少经营风险与实现短期经济利益,结果必然是即使形式上有较完备的合规计划,也只能给企业带来虚假的安全;另一方面,更为现实的原因是,原有的合规制度缺乏高效有力的外部监督机制保障其实施。先前的企业合规与刑事责任风险没有挂钩,不合规的风险最多就是民事责任追究或行政处罚,客观上存在合规成本高而违规成本较低的现象,严重抑制了企业合规的主动性,企业实施合规多半是为了应付外部的监管要求而并非出于可持续发展的内生性要求。对此,如下观点是比较中肯的:"一个国家仅仅针对公司规定了很多严格的作为义务,其强制力依然较弱。事实上,这种情况很大程度上有赖于国家刑法的规制,也即对公司实施合规计划的努力需要纳入刑事责任考量,这一点对于公司合规计划而言十分重要。"③

而刑事合规制度正是基于传统合规的上述缺陷而设计的。在刑事合规框架下,一方面,企业合规被纳入刑事政策视野并被制度化地确立,立法上通过对实施合规计划的目的(预防犯罪)的明示,并将及时发现犯罪、报告犯罪以及配合司法机关调查、完善合规计划预防类似行为再次发生等要求具体化为合规计划的构成

---

① 现代企业管理的核心思想中,就包含声誉管理、危机管理、企业社会责任管理等对合规制度有内在要求的思想。参见孙永波、王道平:《现代企业管理的十大核心思想》,知识产权出版2009年版,第32页。

② See Rodney T. Stamler, Hans J. Marschdorf & Mario Possamai, *Fraud Prevention and Detection: Warning Signs and the Red Flag System*, CRC Press, 2014, pp. 8-9.

③ Dominik Brodowski, Manuel Espinoza de los Monteros de la Parra, Klaus Tiedemann & Joachim Vogel (eds.), *Regulating Corporate Criminal Liability*, Springer, 2014, pp. 66-67.

要素,从而为企业构建刑事风险内控机制提供了明确指引;另一方面,又将企业实施合规计划的有效性与对企业刑事责任的评价(有无及轻重)相联系,使得原先体现"企业责任"和"商业伦理"的合规计划有了可以落地的评判依据与更加有力的监督保障,由此催生出企业管理层更强的合规责任感与行动力,从而推动企业将高质量的合规计划不断引入企业经营与管理活动之中,构建起具有预防犯罪功能的治理结构。

正是在这种意义上,可以说刑事合规制度是在对原本用意良好但在预防企业内部犯罪方面苍白无力的传统合规计划的政策检讨基础上产生的。对此,考察美国合规计划的变化历程,便可以清晰地看出由传统企业合规升级到刑事合规的发展历程:最先发端于银行业的合规制度,后来相继出现于《美国证券交易法》《谢尔曼法》《美国反海外腐败法》《美国内幕交易与证券欺诈施行法》以及《美国环境保护法》等法律中,常常是以企业违法丑闻的爆发为契机的,也即在企业丑闻被发现时,执法机关试图运用合规制度对将来可能再次发生的违法行为做出事前预防,但实践证明收效甚微,而《美国组织量刑指南》之所以在计算罚金数额时导入合规机制,其目的在于:"通过给予企业奖励的方式,在企业内部创造并维持预防犯罪、发现犯罪、报告犯罪的良好机制,并以此创造良好企业公民这一新的社会群体形象。"①

随着企业合规与企业刑事责任直接相关联,不仅合规的必要性与重要性显著提升,而且合规的内涵被赋予了新的内容,即国家层面致力于引导和激励企业预防犯罪,而企业依据立法引导构建预防犯罪的内控机制,主动避免刑事责任风险。由此,便可以形成国家与企业共同努力、合作预防犯罪的良性治理格局。较之传统企业合规,这不能不说是一种更为高明的治理策略。

刑事合规制度的发展,也是基于对现行法人(单位)犯罪的规制明显缺乏预防的指向性与原因的针对性这一重大缺陷的理性反思而做出的明智选择。纵观各国立法,现行的法人犯罪刑事责任追究,存在如下通病:以个人刑事责任为媒介来追究法人刑事责任,其预防的指向性和作用力主要集中于个人而非企业本身。② 就预防作为组织体的企业犯罪而言,这无疑是缘木求鱼的错误选择。因为,当企业员工为了企业利益实施犯罪时,尽管员工的个人行为也具有可谴责性,但此时的员工行为无疑更是企业治理缺陷(即组织体缺陷,表现为合规制度缺

---

① 〔日〕川崎友巳:《合规管理制度的产生与发展》,李世阳译,载李本灿等编译:《合规与刑法:全球视野的考察》,中国政法大学出版社2018年版,第5—16页。

② 大致说来,未确立刑事合规制度的刑法,不仅只能是事后惩罚法,而且是以惩罚自然人犯罪为基调、惩罚法人(单位)犯罪为补充的法律。以我国刑法为例,规定单位犯罪的典型模式为:"单位犯前款罪(即自然人所犯之罪)的,对单判处罚金,对其直接负责的主管人员和其他直接责任人员,处……"不仅单位犯罪附着于自然人犯罪规定的特征一目了然,而且对犯罪的单位仅仅判处罚金了事(刑事合规下,处罚总是与企业实施或完善合规计划、进行自我改善相联系)。

失、法纪监管松弛、守法文化淡薄)的一种体现。如果刑事责任的追究不直接指向企业的治理缺陷，即使严厉惩罚犯罪的员工或企业管理者，导致企业犯罪的内生性因素依然存在。这就是现行单位犯罪的刑法规制无法发挥预防犯罪功能的事实依据。同时，将刑事责任主要建立在个人责任而不是组织责任的基础上，不仅不能发挥企业自身在预防企业犯罪上的监督责任，还会导致企业通过牺牲个人将犯罪成本外部化的结果，助长企业犯罪的动机。① 这也是为什么尽管各国的刑事合规制度在基本构造和具体内容上有所不同，但均毫无例外地将"合规制度""合规机制""合规文化"纳入合规要素，其目的正在于通过组织预防犯罪不合规与追究组织刑事责任相联系的规劝，推动企业建立具有预防功能的企业治理结构，消除内部的犯罪病灶，实现对企业犯罪的源头治理。

三、内生性驱动力：能形成国家与企业双赢局面

刑事合规之所以能被众多国家选择为预防企业犯罪的新途径与新方式，还在于参与刑事合规的国家方面与企业方面能够实现各自的利益诉求从而形成双赢局面，尊重了人类行为的基本逻辑，利于激发双方的积极性。利益的追求或现实的好处是驱动人类社会活动的永恒动力。"由于人们所选择的行动大体上是他们认为会促进自身利益的行为。因此，要想改变其行为就要遵循利益。对政府来说，能做到这一点的唯一可行手段（除了通常无效的规劝）就是在法律上或自身管理上做出改变。"②天下熙熙皆为利来，天下攘攘皆为利往。对个人如此，对企业和国家也是如此。如果说社会治理的观念引导与基于传统合规与刑法规制在预防企业犯罪无能为力的政策检讨，为刑事合规的兴起提供了思想动力与政策推力，参与刑事合规的双方——国家与企业合作共赢，能各自实现自身的利益诉求，则是刑事合规得以在全球范围蓬勃发展的强大内生性动力。

从国家立场看，在刑事立法中引入合规理念，创设和推行刑事合规制度，可带来多方面的重大利益。

---

① 这方面，我国单位犯罪规定的缺陷也十分明显。一方面，因单位犯罪的归责原则是"经单位集体研究决定或负责人决定"，这就为企业放任、纵容员工通过违法犯罪方式为企业谋取利益而逃脱责任提供了方便（刑事合规下，员工为企业谋利而实施犯罪的，归因于企业，除非企业有勤勉合规的证据）。另一方面，在单位犯罪条件下，因对相关自然人的处罚更轻，这又容易刺激企业管理层为获取暴利实施犯罪而获得不应有的从轻处罚提供了便利。对此，北京师范大学中国企业家犯罪预防研究中心发布的研究报告也予以了证明：在2014—2017年连续四个统计年度中，非国家工作人员行贿罪的数量和比重连年下降的同时，民营企业行贿罪的数量和比重呈现连年上升趋势，以致单位行贿已成为民营企业的高频罪名；同时，在处罚方面，成立单位行贿罪时对相关自然人免予刑事处罚的比例占24%，而行贿罪免予刑事处罚的比例仅为7%。参见张远煌主编：《企业家犯罪分析与刑事风险防控报告》（2017卷），北京大学出版社2018年版，第65—66页。

② ［美］罗纳德·H.科斯：《企业、市场与法律》，盛洪、陈郁译校，格物出版社、上海三联书店、上海人民出版社2014年版，第21页。

首先,刑事合规以引导、激励企业自主预防为基本导向,可以有效激发企业自主预防意愿,显著提高企业犯罪的治理质量。相对于传统刑法规范,刑事合规制度的精髓在于:将前瞻性的预防性规制而不是回顾性的事后处罚,即是否在企业内部贯彻了先于刑法犯罪构成要件的合规准则,作为判定企业及其管理者刑事责任的有无和轻重的根据,可以实现刑法的外部监督向企业内部监管的转移,推动企业从"要我预防"向"我要预防"的重大转变。刑事合规的这一功能,形式上来源于刑事合规规范,但实质则来源于它所引入的企业合规计划。因为,企业合规计划不仅通过"产生支持守法行为的企业规范来发现和阻止企业不当行为,而且企业合规计划所生成的企业规范,能够填补正式的法规和监管执法机制的空白"①。企业合规计划原有的"法规忠诚"的内在品质,一旦被纳入刑事规制就会被充分激活,从而使推进企业刑事合规的过程成为强力促进企业守法文化与守法能力提升的过程。这无疑属于对企业犯罪的良性之治。

以美国刑事合规制度为例,对实施有效合规计划的企业,通过罚金刑的减轻,以及审前分流协议(暂缓起诉协议或不起诉协议)的方式,引导企业主动实施内部改革,可以有效推动企业预防和监测内部的不当行为。因为,每一份暂缓起诉协议或不起诉协议都要求企业对合规计划进行修改或完善。② 尽管早期的相关协议对完善合规计划只是一笔带过,但是,近来却有越来越多的协议对合规计划提供了详尽的框架。对于合规计划的修改和完善,既强调了合规在起诉和量刑过程中的重要性,也表明了合规是在刑事调查中与试图避免刑事定罪或减轻处罚的企业达成暂缓起诉协议和不起诉协议的关键要素。③ 而且,近期的暂缓起诉协议和不起诉协议中的详细合规改革,也未按照《美国组织量刑指南》的规定形成有效的合规计划,提高预防犯罪的效率和避免合规失误提供了更为完善的指导框架与衡量标准。④ 因此,推进企业刑事合规,不仅能整体性提高治理企业犯罪的能力,而且还能收获促进企业健康发展之功效。

其次,利于国家减轻监管负担,提高发现和查处犯罪的效率。长期以来刑法以应对自然人犯罪为基调,对治理企业犯罪的特殊性与艰巨性在观念上认识不到位、政策上重视不够、规制方式上欠科学的问题在各国普遍存在。正如有学者所言:"在历史的大部分时间里,美国企业享有国家法律干预的豁免。然而晚近以

---

① Steven Shavell, Law Versus Morality as Regulators of Conduct, AM. L. & ECON REV., Vol. 4, No. 2, 2002, pp. 227, 232.

② See Sara Sun Beale, The Many Faces of Overcriminalization: From Morals and Mattress Tags to Overfederalization, AM. U. L. REV., Vol. 23, No. 3, 2005, pp. 747, 766, 767.

③ See Benjamin M. Greenblum, What Happens to a Prosecution Deferred? Judicial Oversight of Corporate Deferred Prosecution Agreements, COLUM. L. REV., Vol. 105, No. 6, 2005, pp. 1863, 1864, 1873.

④ 参见 Melissa Aguilar, DPA-NPA Tally Marks Decade's Second Highest, 载合规周刊网站(http://www.complianceweek.com/dpa-npa-tallymarks-decades-second-highes/printarticle/193990/),访问日期:2017年5月10日。

来,美国正越来越多地追究违法企业的刑事责任。尽管美国各地执法中还存在着不同做法,但现在针对任性的美国企业予以刑罚制裁已经成为明显趋势。"①显然,这里的"针对任性的企业予以刑罚制裁",已不再是传统意义上的单纯事后制裁,而是预防性规劝基础上的刑罚制裁。

在企业犯罪追诉方面,世界各国面临的一个共性难题:发现企业犯罪的主要途径,基本上只能依靠外部的正式或非正式的监督来发现,来自企业主动发现并报案的少之又少。② 这决定了现行的治理模式近乎于是等待犯罪发生并且外露之后才被动作出反应,并且以回顾性的定罪量刑为结局。这必然导致追诉效率低下,也与国家通过惩罚来预防犯罪的目的背道而驰。如何才能通过惩罚的手段行为真正达成推动预防犯罪、减少犯罪危害的目的?刑事合规恰好提供了这方面的路径与策略选择。

刑事合规作为一种新型的反身式控制模式,在及时发现犯罪和阻止犯罪危害方面的好处,可以归结为两点:一是通过将企业合规计划引入刑事立法并具体化为评价刑事责任的合规要素,可以促使企业遵循立法引导建立犯罪内控机制,借此将"自扫门前雪"的犯罪控制任务转移至企业,弥补国家监管力量的不足,降低国家的监管负担;二是依托刑事合规要素所包含的及时报告犯罪行为以及配合执法机关调查等合规要求,可以解决企业犯罪发现难、取证难和调查成本高的问题,提高查处效率。同时,在现代社会中随着企业数量快速增加,特别是大型企业和跨国企业内部层级与管理活动日趋复杂,商业活动地域日益广泛,对于发生在企业内部的以欺诈和腐败为主要形式的隐蔽性很强的犯罪,刑事司法的有效介入客观上越发困难,通过推行企业合规计划,实现企业犯罪风险自我管理、自我监管的重要性与必要性显著增加。刑事合规制度的创设与实施,只不过是国家层面应对企业犯罪现实的一种政策上的自然调适。

最后,利于克服事后制裁弊端,平衡刑法干预的法律效果与社会效果。对企业犯罪事后反应型治理,往往伴随着企业和企业家的生存与发展危机,在满足个案正义的同时,付出的社会代价极大,不仅堵塞了企业和企业家自我改善的机会,而且对于减少和消除企业内部的犯罪诱因无济于事。将合规计划引入刑事规范,并将合规计划的有无及其实施效果作为企业出罪或处罚优待的重要根据,除了能激活企业自主预防的意愿,还能避免事后制裁严重影响企业发展的消极后

---

① Francis T. Cullen, Gray Cavender, William J. Maakestad & Michael L. Benson, *Corporate Crime Under Attack: The Fight to Criminalize Business Violence*, 2nd Edition, Routledge, 2015, p. 133.

② 统计分析表明,国有企业家与民营企业家犯罪的案发原因共涉及 8 种情形:监管机构调查、举报、串案、被害人报案、媒体披露、资金链断裂、发生事故以及自首。参见张远煌、陈正云主编:《企业家犯罪分析与刑事风险防控》(2012—2013 卷),北京大学出版社 2013 年版,第 9—10 页。这种主要靠外部监督发现企业犯罪的情形,显然并非我国独有。在这种企业主动发现、主动告发犯罪的意愿严重缺失的背后,所反映的正是传统企业合规促进企业守法与犯罪预防功能的缺失。

果,保护更多的企业家充分发挥其经营才干,减少社会资源的内耗。

如前所述,与传统刑法规制指向个人责任不同,刑事合规所指向的是企业犯罪的源头,即企业自身的治理缺陷。这决定了,企业刑事合规的过程,也就是企业建立和完善合规体系,消除或限制自身犯罪诱因与条件的过程。这一过程的逻辑结果,不仅能减少企业犯罪,而且还能收获改善企业治理、促进企业健康发展之功效。虽然刑事合规制度并未放弃体现报应理念(通过有针对性的经济制裁、资格限制直至定罪等使无视合规的企业付出应有代价),但较之传统的刑法规制又更加具有弹性,更加注重给予犯罪的企业以悔过自新、自我改良的机会(将合规与量刑减免、暂缓起诉以及指导建立合规体系等相结合),使得刑法规制的法律效果与社会效果更容易得到高度统一。例如,依据《美国组织量刑指南》规定,为了使罚金能够充分体现促进企业自我预防犯罪的政策导向,在"基本罚金"的基础上决定是否要求企业缴纳更大数额的罚金时,法院必须考虑包括合规要素在内的各种"罪责"因素,来决定增加或减少罚金数额[①];在犯罪发生时,如果企业实施了有效的合规计划,在罚金刑的裁量上可以得到最高幅度为95%的减刑,反之,则要承担加重罚金刑的风险。[②] 类似的通过合规计划获得处罚上的减免,既是对企业先前在合规事项上的勤勉努力的一种正式认可,使原本注重合规经营的企业有优越感、获得感,并且在获罪后仍然得以保留较充足的资金用于内部改革和后续经营活动,也是对那些忽视合规经营的企业的一种严厉警告,促使其重视合规,从而形成守法能力方面的优胜劣汰。

国家将传统企业合规刑事化,无疑会在一定程度上加重企业的合规负担。由此提出的问题是:刑事合规正当化的根据何在? 其实,答案并不复杂,就在于现代企业拥有的社会权力和影响力在不断增加,其犯罪行为引发的社会危害的扩散性与严重性也相应增加[③],理应在预防犯罪方面承担更多和更严格的社会责任。"公司的社会责任来自他所拥有的社会权力,责任就是权力的对等物。"[④]就国家而言,确立并推行刑事合规制度,只是对企业在现代社会中的地位与角色变迁所做出的应然选择。况且,注重刑事合规,对于企业自身也有巨大的利益。

---

① See U. S. S. G., supra note 4, § 8C2.5.

② See U. S. S. G. ch. 8, introductory cmt.

③ 仅凭社会经验,人们也能感觉到企业犯罪的能量远超自然人犯罪。北京师范大学中国企业家犯罪预防研究中心发布的《2013中国企业家犯罪分析报告》也从一个侧面予以了证明。例如,在犯罪所得方面,受贿罪的平均数额为181万元人民币,非国家工作人员受贿罪的平均数额为132万元人民币,职务侵占罪的数额为157万元人民币;单位行贿罪的平均数额为198万元人民币。参见张远煌、陈正云、张荆主编:《企业家犯罪分析与刑事风险防控报告》,北京大学出版社2014年版,第21—22页。

④ Keith Davis, Understanding the social Responsibility Puzzle: What Does the Businessman Owe to Society?, *Business Horizon*, Vol. 10, No. 4, 1967, p. 45.

从企业立场看,注重刑事合规,主动防控刑事风险,不是为了作秀,也不仅是为了公共利益,而是能够更好实现企业利益最大化。

首先,可以避免颠覆性的刑事风险。作为营利组织的企业,在激烈的市场竞争中既是在经营产品和服务,也是在经营风险。而在所有的风险形态中,对企业和企业家最具致命性打击的无疑就是刑事风险。即使企业当下的发展看似一帆风顺,前途似锦,只要暗藏的刑事风险一旦现实化,企业就会因此遭受重创而一蹶不振,甚至倒闭。因此,刑事合规作为维系企业生存和发展的手段,即使不产生任何经济价值,也值得将其纳入企业发展战略层面,像对待经营一样认真对待,方能筑牢企业可持续发展的根基。任何忽视刑事风险防控的企业,或者对刑事风险持有侥幸心理的企业家,面对的只能是被逐出市场的最终结局。而刑事合规的内在指向性正在于构建企业内部有效识别和及时消除刑事风险隐患的制度体系与运行机制,保障企业在实现经济利益过程中将遭受犯罪嫌疑调查或刑事制裁的风险最小化。正是在维护企业生存与发展之根基意义上,刑事合规也可以理解为:企业为避免经营活动不合规而引发刑事责任风险所采取的,一切必要且容许的自我防控措施与对策的总和。

其次,可以为企业创造巨大价值。如果说企业的业务发展是从增加财富的角度为企业创造价值,刑事合规则是从避免重大财产损失、保全财富积累以及提升守法形象、获得更多商机的角度为企业创造价值。一方面,就财富的积累而言,通过违法犯罪获得的财产,始终会面临着日后追责而不得不支付巨额赔偿、罚款、诉讼费用乃至没收财产的风险。从商业运营角度看,如果因违规经营引发刑事风险,不仅得不偿失,而且会把老本都赔光,并失去从头再来的机会。另一方面,通过实施合规计划,对外可以使企业减少因违规造成的行政处罚、民事赔偿和刑事处罚造成的损失,对内可以减少因侵占、挪用、受贿、渎职等所造成的效率降低与财产贬损。同时,实施合规计划,可以增强企业的守法能力,提升企业的守法形象,赢得政府和社会的信任,为企业带来更多商机和发展机遇。因此,刑事合规不仅能使企业避免刑事风险的侵袭,而且还能创造价值,甚至创造比现实的经营活动更值得期待的经济价值。[①]

最后,可以改善企业治理结构,提升企业可持续发展力。企业要做到刑事合规,就必须主动对标刑法中的合规要素,自我审视在合规的制度建设、机制建设与文化建设方面的差距与不足,并进行有针对性的自我调适与完善,以此构建起能

---

① 企业合规所带来的积极效果已为相关实证研究所证明。一项针对德国上市公司遵守《德国公司治理规则》的研究表明,那些遵守《德国公司治理规则》的公司享受着资本市场9%的定价溢价,以及股票表现提升10%的好处。上述研究还强调指出,《德国公司治理规则》的执法机制比较弱,驱动其合规运行的还主要是市场压力。参见 Stefano Manacorda, Francesco Centonze & Gabrio Forti (eds.), *Preventing Corporate Corruption: The Anti-Bribery Compliance Model*, Springer, 2014, p. 373。言下之意,如果有了刑事合规的强力驱动,合规的价值会进一步提升。

够抵御刑事风险侵袭的防控体系,保障企业的安全运行。这决定了,企业刑事合规的过程也就是推动企业改变以营利为单一导向的治理结构,形成"生产经营与风险防控一起抓"的良性治理结构的过程。同时,就企业刑事合规的实施流程看,企业避免刑事风险的前提和基础是:存在刑事风险的识别机制。如果企业内部缺乏能够检测和发现刑事风险隐患的存在范围、存在样态、风险程度的相关制度和运行机制,主动防控刑事风险,远离刑事风险的打击就只能是一种无法实现的愿望。正是在这种意义上,企业刑事合规的过程,也就是企业健康水平与发展坚实性的检测过程。这也意味着,企业刑事合规体系的构建,必然伴随着对企业合规治理缺陷的发现与弥补,必然伴随着对企业内控机制与法律法规之间的适应性、内控制度的合理性与有效性的评估和改进,由此整体性提升企业依法合规治理的水平,增强企业可持续发展的软实力。

总之,从历史发展角度看,只专注于提高运营效率的经济优势只会是短暂的,企业社会责任的长期优势确保了可持续的经济优势,应该是任何企业的长期目标。① 传统企业合规向刑事合规的升级发展,固然进一步压实了企业的社会责任,但同时也使得确保企业履行社会责任的优势,可以转化为促进企业健康发展、保持旺盛生命力的资本。因此,企业刑事合规符合企业的整体利益与长远发展。这也正是"合规经营提升企业核心竞争力"的基本逻辑所在。

第四节 刑事合规基本问题

刑事合规作为一个新的理论和实践领域,其在理论研究与实践探索都尚处于发展之中,一系列基本理论问题尚未充分展开。在此,仅就刑事合规构成的基本要素、刑事合规与刑法的关系以及刑事合规与企业合规的关系问题作一初步探讨,以期澄清相关的认识误区。

一、刑事合规的基本要素

刑事合规的构成要素,也即刑事合规计划的基本构成要素,是指刑事法中确立的作为一个有效的犯罪预防计划应当具备的基本条件,或者说,作为一个能达成预期的合规计划(方案)应当包含的基本事项与基本要求。刑事合规构成的基本要素是企业建立和实施合规体系的基本参照,也是司法机关或第三方社会组织评价企业合规有效性的基本标准。如果合规计划或合规方案不能达到刑事规范所明示的基本要求,国家层面推动企业主动预防犯罪,从而减轻监管负担、提高查

---

① See Alan D. Smith, Making the Case for the Competitive Advantage of Corporate Social Responsibility, *Business Strategy Series*, Vol. 8, No. 3, 2007, pp. 186-195.

处违法犯罪效率和提升企业守法能力的立法预期就难以达成,企业通过实施合规计划避免刑事责任风险的目的自然也难以实现。

纵观各国刑事合规的立法规定,在具体的合规要素要求上可谓林林总总,各不相同。如何在各种不同的合规要素中,抽象出合规的基本构成要素,对于正确把握刑事合规的本质,进而在立法上科学设立刑事合规要素,以及指导刑事合规实践均具有重要的意义。

刑事合规的基本要素究竟应当包括哪些内容?有学者认为,企业合规计划作为企业为预防、发现违法行为而实施的内部机制,其基本构成要素包括正式的行为规则、负责的官员以及举报制度。[①] 应当说,这种概括并不全面。分析和比较主要国家刑事立法中确立的合规计划应当满足的基本条件,可以将刑事合规的基本要素归纳为合规制度、合规机制与合规文化三大基本要素。

首先是合规制度,即参照立法中的合规指引所制定的旨在预防、发现、制止犯罪行为的规则、程序或行动准则,也即建立防控刑事风险的制度体系。例如,《美国组织量刑指南》中规定的"组织应当建立预防和发现犯罪行为的标准和程序",意大利刑事立法中规定的"在犯罪实施前,企业高层采用并有效实施了合适的合规管理方案"等,都属于合规制度方面要求。建立合规制度是刑事合规的前提性要素。合规制度区别于一般管理制度的功能在于,为识别犯罪风险和主动预防、发现和制止犯罪提供行动指引与具体依据。为此,合规制度建设一方面要明确提示和指导企业内部人员及外部关联人在合规事项上不能做什么、可以做什么以及做到什么程度,另一方面要明确违规行为的范围与具体类型,规定违规会受到什么样的惩戒,以此保障刑事风险内控活动的规范性与程序性。

实践中,为了贯彻立法所明示的"建立旨在预防和发现犯罪行为的标准或程序"的指导原则,企业建立的合规制度体系应当是多层次和全方位的。具体说来,合规制度的构建应当涵盖以下三个方面:一是体现于公司章程中的与经营活动相融合的合规战略;二是规范公司运营各个环节,如生产、销售、质检、工程承揽、财务管理、劳动用工、环境与知识产权保护等方面风险识别与防控活动的准则、操作流程与技术标准;三是违规举报及配套的惩戒制度。

其次是合规机制。这是刑事合规要素中的关键要素。预防制度只是承载通过预防和发现犯罪行为规避刑事风险这一主观意图的静态存在,相关制度只有得到切实执行,才能产生预期的实际效果。因而,建立利于统筹协调有关合规事项的各个方面、各个部分之间的关系,保障合规制度发挥作用的运行方式,是构建刑事合规体系的关键环节。正因如此,合规机制也成为各国刑事立法在规定合规计划时重点关注的对象。例如,《美国组织量刑指南》中确立的合规计划应当满足的

---

① See Philip A. Wellner, Effective Compliance Programs and Corporate Criminal Prosecution, *Cardozo Law Review,* Vol. 27, No. 1, 2005, p. 497.

七项基本条件中,有五项属于合规机制方面的规定:组织高层负责合规、禁止有违规前科者进入管理层、定期评估合规计划的有效性、采取违规惩戒与合规激励措施以及发现犯罪行为后采取适当的补救措施。而意大利刑事立法规定的合规方案必须符合的六项条件中,有三条属于合规机制方面的要求:合规计划能够辨别出犯罪风险的类型与分布领域;提供与犯罪预防有关的企业决策执行的具体协议;惩处不遵守合规方案中规定的义务或不采取相应措施的行为。

结合企业刑事风险防控本土实践探索与域外司法判例,一般而言,一个有效的合规机制应当齐备以下基本条件:一是企业决策层中有负责合规事务的明确分工;二是有独立于经营部门并有充足资源配置的合规监管机构;三是有实际运行的违规举报机制;四是有实际执行的违规报告与惩戒记录;五是有定期开展的风险评估活动;六是有基于风险评估的合规计划完善或改进。

最后是合规文化。合规文化是刑事合规的根基所在,是企业刑事合规的最高层次。合规文化的指向性在于,在企业内部形成"法规忠诚"、违规"零容忍"的文化氛围,抑制、消除企业基于短期盈利目的而对不法行为纵容、漠视的思想意识与行为倾向,并以此增强全体员工对合规制度的心理认同与执行力。合规文化与犯罪预防的关系在于:当企业的发展战略、追求目标以及达到目标的手段所体现的价值观与法律体系的价值观相一致时,就会在企业内部形成良好的守法风气,抑制乃至消除违法动机,支撑企业员工形成一以贯之的守法模式,从而从根本上减少发生犯罪行为的风险。反之,当企业的发展战略、追求及达到目标的手段所体现的价值观与法律体系的价值观出现偏离时,就会侵蚀企业员工的守法意识,在内部形成违规亚文化,诱发违法动机的形成,犯罪风险就会倾向于高发。

应当指出,在刑事合规中,企业合规中原有的伦理要素不仅没有被抛弃,而且升级为刑事合规的基本要素,得到了进一步的制度性强化。因为,刑事合规概念中的合规文化,不是抽象存在的,而是具体的和可评价的。正因如此,有计划地向包括企业高管在内的所有员工开展普及性和分层性的合规宣传、合规培训与合规交流,同时辅之以违规惩戒与合规激励的配套规定,无一例外地成为各国刑事规范中所确立的合规计划的必备条件,同时也是在犯罪发生后评价企业现有合规方案有效性的重要依据。

在合规文化建设方面,除了要有相应的制度保障,也需要企业领导人充分发挥自身的道德领导力。在这方面,企业领导人应当聚焦于道德眼光、道德投入、道德勇气以及激励他人寻求道德指南并依据道德指南生活[①],以此发挥出在企业内部形成合规的共同语言以及达成"全员合规"道德共识的引领作用,进而推动企业形成能抵御违规诱惑、坚定"只做合规业务"定力的守法风气,从根本上消解内部的刑事风险隐患。

---

① See Lynn Fountain, *Ethics and the Internal Auditor's Political Dilemma: Tools and Techniques to Evaluate a Company's Ethical Culture*, CRC Press, 2017, p. 37.

二、刑事合规与刑法

刑事合规与犯罪问题有关,并且涉及刑事责任问题,因而与刑法之间存在密切联系,但就整体而言,刑事合规与我们所熟知的刑法分属于不同的领域。

一方面,刑法"惩罚犯罪、保护人民"的目的与"用刑罚同一切犯罪行为作斗争"以保护法益、维护秩序的任务决定了①,在学科分类上它有自己专属的学科领域——刑法学。刑事合规"避免刑事责任风险"的目的与"促进组织(企业)主动预防犯罪"的任务决定了,它不属于某一特定的学科范畴,而是跨学科的具有独立问题意识的新的理论与实践领域。介入这一领域的学科主要包括但不限于犯罪学、刑法学、刑事诉讼法学、公司法学以及非法学范畴的公司治理理论等。

另一方面,在一国的法律体系中,刑法与其他法律之间的界限泾渭分明,各自有自己的领地与话语体系。但在刑事合规视野下,各个部门法的界限趋于模糊。因为,组织或企业刑事风险的来源比人们想象的要更为广泛,它既来源于对刑法规范的触犯,更来源于违反刑法前置性规范的行为的累积与变异。例如,违反环境保护规定、违反产品生产标准以及签订、履行合同时不遵守诚实信用原则的行为,不仅都隐藏着针对企业或其员工的犯罪嫌疑调查或犯罪指控的风险,而且因司法认定上的错误将违法行为认定为犯罪行为,更会导致刑事风险的现实化。因此,为了能及时消除犯罪隐患,有效避免刑事风险,立足于系统识别和妥当处置各种有可能引发刑事风险的前置性违规行为,就成为刑事合规的基本逻辑。也即,在刑事合规视野下,原本调整不同领域社会关系的部门法规范之间的泾渭分明的界限,需要被彻底地打破,统一到如何有效识别和避免刑事风险这一目的中来,或者说,基于预防犯罪和避免刑事风险的目的与任务,刑事合规必须着眼于从预防违法违规行为做起,由此,违反刑法之外的其他部门法的行为被统一于作为刑事风险来源的"前置性违规"概念之中,其原有的规范法学意境上的界分趋于消失。

基于上述认识,刑事合规与刑法的区别集中体现在以下方面:

首先是规范的性质不同。刑事合规规范属于前瞻性的预防规范,而刑法规范属于回顾性的惩罚规范。刑法本质上是犯罪发生之后追究刑事责任之法,是应对犯罪的事后法与惩罚法,其运行的基本逻辑是回顾性的犯罪认定与惩罚,也即对现实发生的危害行为,判定其是否符合成立犯罪的要件以及其应当适用的刑罚方法。与之相互对应的法律服务,就是属于法律救济的刑事辩护。而刑事合规规范是犯罪发生之前的预防性规范,它处于追究刑事责任的前置领域。刑事合规运行的基本逻辑是前瞻性的风险识别与风险防控,而不是犯罪发生后再来应对。与之对应的法律服务,也是全新的法律服务业态——刑事风控服务或刑事合规业务。

例如,依据《美国组织量刑指南》的规定,合规计划是指用于发现、预防和制止

---

① 对此,我国《刑法》第 1 条和第 2 条有明确规定。

企业犯罪的内部控制机制。① 为此,该指南从制定合规制度、建立合规机制以及普及合规文化三个方面明确了"有效的合规计划"的基本标准,这与刑法规范"实施某种行为,造成某种危害,处以某种刑罚"的基本模式形成鲜明对照。

同时,在刑事合规计划的规范体系中,为了保障合规体系的完整性和规则的执行效率,实体规则与程序规则是合二为一的,否则,合规体系就是无效的合规体系。而刑法规范则属于实体法规范,程序性规范分属于其他部门法。刑事合规的实体规则是指为了预防刑事风险对某种行为加以禁止、命令或允许的规则,例如,禁止员工为了销售产品而行贿,或命令财务人员必须保障财务记录的真实性与完整性,以及允许一定规格的商务接待等。这类规则的功能在于设立合规经营的边界,给予全体员工明确的行为指引,因而其制定不仅要考虑法律的规定,也要体现相应的道德原则。程序规则是指各种保障相关实体措施实施或遵守的规则,例如合规监管机构的职责设定以及对违规行为的举报流程、内部调查规则与纠错程序等。

其次是规范的形成不同。刑法规范只能是国家规范,而刑事合规规范则是国家规范与企业规范的融合。一方面,刑法规范只能由国家立法机关制定,无论是具体的罪名设置还是刑罚方法的具体种类都必须由刑法明确规定。而刑事合规规范中,不可避免地包含有刑法明文规定的合规要素,否则,这种合规就不能叫刑事合规。但是,刑事合规规范是一个开放性系统,刑法只能给出明确无误的组织应当主动预防犯罪的政策性引导并确立与之对应的基本原则或最低标准,不可能像刑法中的罪刑规范那样给出一个普天之下统一适用的合规体系,因而刑法中的合规规范对于企业建立预防犯罪内控体系的功用,不是严格遵循的关系,而是参照物与被参照的关系,即刑法中的合规规范为企业构建刑事合规体系提供了基本的路线图与必要条件,企业实施合规计划必须以之为基本参照。另一方面,刑事合规作为位于刑法规定的犯罪构成前置领域的预防性规则,虽然需要参考刑法来把握和拟定合规计划,但又不能局限于仅仅参考刑法中的合规规则。因为刑法所针对的是已然的不法行为,所关注的是如何进行刑事上的回顾性评价;而刑事合规所针对的是潜在的刑事风险,所关注的是面向未来的前瞻性自我防护。同时,作为刑事风险的法律诱因,不仅包括刑法,而且包括刑法的前置性法规。为此,为了把刑事风险消灭在萌芽状态,刑事合规不仅要参照刑法,而且还要参照可能诱发刑事风险的其他法律乃至道德原则,才能形成有效的预防规则与防控机制,确保避免刑事风险的实现。尤其重要的是,由于不同行业、不同规模的企业所实际面临的刑事风险类型和风险程度不同,为了适应不同类型企业防控刑事风险的实际需要,刑事合规规范体系必须与企业的实际情况相适应,因而刑事合规规范的形成具有高度的自我选择性。

---

① See U. S. Sentence Guidelines Manual § 8B2.1(a)(2004).

例如,北京师范大学中国企业家犯罪预防研究中心发布的年度研究报告表明,就刑事风险高发产业而言,居前五位的分别为:制造业,建筑业,批发和零售业,金融、保险业以及房地产业,而在不同行业的企业,其刑事风险高发类型又有所不同。属于制造业的企业,最容易触发的刑事风险类型包括拒不支付劳动报酬罪、职务侵占罪、虚开增值税发票罪和污染环境罪;而属于建筑业的企业,国企容易触犯受贿罪、贪污罪、挪用公款罪,民企容易触犯非法吸收公众存款罪、挪用资金罪、职务侵占罪、合同诈骗罪、行贿罪和单位行贿罪等。① 这决定了,实践中刑事合规规范中的大多数内容需要由企业结合自身的行业性质、规模与发展愿景来加以确立,或者说通过聘请专业顾问或专业咨询机构来帮助建立。正是在这种意义上,可以说刑事合规体系是企业参照刑法中的合规要素指引所建立的反映本企业实际需要的刑事风险防控体系。这也为一种新型法律服务业态——刑事合规业务的开展提供了市场需求。

再次是规范的指向性不同。由于刑法关注的重心是如何通过定罪量刑活动惩罚已然之犯罪,并且主要是自然人犯罪,因而刑法规范主要指向于自然人的主观罪过,并将其作为认定组织(单位)刑事责任的基本参照。而刑事合规关注的重心是如何通过抑制或消除单位(企业)内部的致罪因素来防患于未然,因而刑事合规规范主要指向于组织(企业)的治理缺陷(预防制度缺失、法纪监督松弛与守法文化淡漠)。由此决定了,传统刑法与刑事合规只能确立与各自的目的和任务相适应的追责原则。

立于刑事合规立场,要想通过追究企业刑事责任收预防企业犯罪之实效,就必须在立法上确立明显不同于追究个人犯罪刑事责任的组织责任原则,并在司法中摒弃追究自然人犯罪责任的习惯性思维。而在这种组织责任原则的背后,体现的又是如下的新的刑事政策观念:刑法作为法律体系中的保障法,其功能不能仅仅在于运用刑罚方法的惩罚性保障,更应在于以追究刑事责任相威胁或激励的预防性保障。为此,基于保障社会安全和促进企业健康发展的需要,有必要在合理范围内将企业和企业管理者合规经营、合规管理的道德要求与一般法律义务,升级为刑事法上的义务。由此,当企业发生了基于实现企业利益的犯罪行为(实为最严重的不合规行为)时,即使该行为不是企业或企业管理者所实施,企业及管理者原则上也要为此承担刑事责任,从而在企业层面夯实"预防犯罪人人有责"的社会责任。由此,企业及管理者唯一可以避免这种因他人犯罪行为而引发的刑事风险的途径,就是切实履行预防犯罪的主体责任:在企业内部建立制度化的预防对策,采取组织化的预防活动,确保其效果能够获得司法评价上的认可。

最后是价值追求不同。前述区别点,最终归结为刑事合规规范与刑法规范的价值

---

① 参见张远煌、向泽选主编:《企业家犯罪分析与刑事风险防控报告》(2015—2016卷),北京大学出版社2016年版,第59—61页。

追求不同。古人曰:"一曰防,二曰救,三曰戒。先其未然谓之防,发而止之谓之救,行而责之谓之戒。防为上,救次之,戒为下。"①着眼于人类与犯罪作斗争的规律并加以引申,犯罪治理的境界可以分三个层次,即事前预防为上策,及时制止为中策,事后惩戒为下策。也即,在犯罪治理的价值追求上,事后控制不如事中控制,事中控制不如事前控制。

就刑事合规而言,引导和激励组织自我预防,形成政府—企业合作治理犯罪的良性格局,是其基本价值追求。刑事合规作为传统企业合规的升级发展形态,秉承合规即预防、合规即风险防控的基因并发扬光大,以刑事责任追究风险的犯罪风险防控始终是其核心内容。因而在刑事合规的规范体系表达上,专注于事前预防与及时制止的治理环节,也即力求通过组织内部实施的制度化、机制化的预防、发现和制止犯罪活动,达成降低犯罪风险、减少犯罪危害的目的,而不是在犯罪现实发生后再来做出反应,因而注定是比刑法更为高明也更为有效的犯罪治理方式。同时,刑事合规对刑法、刑事诉讼法乃至法律服务业的重大影响在于:其开辟了针对企业犯罪的内部诱因——企业自身治理性缺陷进行规制的新视野与新领域,不仅对以事后惩罚为基调的刑事理论直至法律服务业形成强烈冲击,而且也为预防性刑事政策的实施、预防性刑法观念的确立与预防性刑事制度的创设提供了现实的手段与有效的方式。

三、刑事合规与企业合规

由传统的企业合规向刑事合规演进,是必然的历史进程。毫无疑问,刑事合规基于先前人们相对熟悉的企业合规发展而来,因而与企业合规具有密切联系,但刑事合规与企业合规之间又存在着重大区别,这集中表现在:刑事合规不是企业合规的分支,而是企业合规升级发展形态。或者说,刑事合规是更加体系化的高质量企业合规,是当下真正意义上的合规。

一方面,有德国学者认为,从起源上看,合规思想具有避免任何法律责任风险的广泛功能,因而"在体系上,刑事合规扮演的是一般合规思想的子类这一角色"②。这种观点所反映的,其实是我们习以为常而未加反思的如下基本认识:刑法是部门法,刑事责任只是各种法律责任中的一种,而刑事合规仅限于降低刑事制裁风险,因而只是一般合规的分支。但这种认识对于实现刑事合规的目的和任务是十分错误和有害的,它忽视了刑法是法律体系中的保障法这一基本逻辑,而刑事合规的概念恰恰是着眼于刑法的保障法地位而提出的。

一方面,前述的所谓"合规思想具有避免任何法律责任风险的广泛功能"只能

---

① 东汉荀悦:《申鉴·杂言》。
② 〔德〕弗兰克·萨力格尔:《刑事合规基本问题》,马演翔译,载李本灿等编译:《合规与刑法:全球视野的考察》,中国政法大学出版社2018年版,第53页。

是一种缺乏实践基础的抽象存在,如同"法律"一词一样只是抽象的概念。因为,事实上并不存在一个可以作为防控对象的"法律风险"。现实中的法律风险总是表现为因与某一具体的部门法未保持一致而引发的风险,诸合同法风险、知识产权法风险、环保法风险、劳动法风险等,因而先前的合规的基本表现形式必然表现为对应于某一部门法的专项合规,如反垄断合规、出口管制合规、环境保护合规等。即使存在系统的包含各种法律风险防控的合规体系,因其没有定位于预防犯罪的实际需要,在保障企业避免刑事风险方面也只能是徒有其名。对此,各国长期的合规实践已经做出了回答。但从刑法是保障法的角度看,"刑事风险"则是一个具体的可以作为防控对象的风险形态。因为,从刑事风险的来源看,不仅违反合同法、知识产权法、环保法、劳动法等部门法的行为,都是作为刑事风险隐患而存在的,如果不及时发现并消除这种隐患,任其不断积累下去,其逻辑结果就是发生符合刑法犯罪构成要件的行为,从而现实地引发刑事责任风险。同时,就企业刑事风险的分布而言,并非只集中于企业经营的某个方面,而是遍及企业运营的各个环节。北京师范大学中国企业家犯罪预防研究中心发布的年度研究报告表明,当前我国企业刑事风险分布于从企业设立、运营直至破产清算的所有环节,其中高发环节比较稳定地集中于以下十大环节:日常经营、财务管理、工程承揽、物资采购、贸易、融资、公司设立、人事变动、产品生产和薪金管理。① 其中的每一个环节都对应着与相关部门法相联系的风险。由此决定了,刑事合规要想发挥预防犯罪或避免刑事责任的基本功能,不仅要把各种有可能引发刑事风险的前置性违法风险统一纳入自己的视野,而且还必须保障刑事合规的构成要素先于犯罪构成要件得到实施。这意味着企业刑事合规的过程,也就是刑事风险识别与控制的过程,而识别与控制的具体对象,就包括那些有现实可能引发犯罪嫌疑调查或刑事责任认定的违反刑法前置性规范的行为。正是在这种意义上,刑事风险防控集合了各种法律风险防控的全部要素,或者说,只要着眼于犯罪预防或避免刑事责任风险构建合规体系,就必然包含着防控其他法律风险的全部内容,从而克服传统企业合规只是条条块块的防控法律风险,难以形成一个风控体系的缺陷。也正因如此,刑事合规才是企业合规的高级发展形态,而并非其分支。

另一方面,刑事合规还是更加体系化的高质量企业合规。因为,刑事合规是一种伴随着刑事责任追究风险的强力型合规。传统意义上的合规,从国家层面看,主要在于强化对企业的行政监管,促进企业运营的合法性;而在企业层面,合规的动因主要在于避免违规所引发的商业损失,与犯罪预防或避免组织刑事责任风险并无直接联系。正因如此,在企业合规语境下的法律风险防控由于外部牵引力的不足往往是徒有虚名,因为不合规引发的风险形态,仅仅局限于行政处罚、民

---

① 参见张远煌主编:《企业家犯罪分析与刑事风险防控报告》(2017卷),北京大学出版社2018年版,第25页。

商事法律制裁及信誉损失风险,而这些风险大体上属于可以还原为经济损失的风险,本质是"花钱就能消灾"的风险。相对于企业违规所获得的利益以及造成的社会危害,这种风险防控形式,不仅存在违规成本低的痼疾,而且难以激发企业管理者改善治理结构、主动预防犯罪的深层意愿。唯有以预防组织(企业)犯罪为政策导向的刑事合规,才能将主动预防犯罪与企业及其管理者的重大权益联系起来,为夯实企业社会责任——构建犯罪风险防控机制,确保企业运营的合法性提供最佳保障。正是基于这一日益达成的国际共识,刑事合规在近20年来蓬勃兴起,以致成为"当今刑法全球化中最显著的例子"[①]。

同时,由于刑事合规是参照刑事立法中的合规指引而采取的防止企业及其成员在运营过程中实施犯罪的各种措施和活动,这些措施和活动是否具有抑制或消除企业内部的犯罪诱因的效果,直接关系到企业及其管理者避免刑事责任的目的能否实现。因为,合规计划的有效性,不仅取决于企业方面的努力程度,而且还要经由司法评价和认定。这十分利于避免在合规事务上的花拳绣腿,保障实质性的合规。这也是刑事合规较之传统企业合规质量更高的重要原因。

此外,基于将预防观念贯彻到底的政策引导,在不少国家的刑事合规制度中,不仅将发生犯罪之前企业既存的合规计划,作为企业及其管理者出罪或责任减免的法定事由,而且即使在犯罪发生时没有现存的合规计划,但只要承诺在规定期限内建立符合要求的合规计划,也会产生积极的法律效果。对此,有域外学者正确地指出:在合规计划中,应当区分第一阶段和第二阶段的合规措施,即避免犯罪的合规措施以及在犯罪行为已经发生的情况下避免特定的犯罪后果的合规措施。[②] 刑事合规措施的这种层次结构特点,也再次印证了刑事合规的价值追求:专注于事前预防与事中救助,使刑法的预防功效通过企业的悔过自新与自我改良得以充分发挥。而企业合规的概念缺乏这种既体现协商精神又带有强制性的制度安排。

[①] 〔德〕托马斯·罗什:《合规与刑法:问题、内涵与展望——对所谓的"刑事合规"理论的介绍》,李本灿译,载《刑法论丛》2016年第4期。

[②] 参见〔德〕埃里克·希尔根多夫:《德国刑法学:从传统到现代》,江溯、黄笑岩等译,北京大学出版社2015年版,第55页。

第二章 美国企业合规制度

国际社会的合规法律制度发端于20世纪60年代的美国,尤其是1977年制订的《美国反海外腐败法》。这一反腐专门法律在世界上首次规定了企业合规的基本制度。制度发展方面,美国司法部1991年出台的《美国组织量刑指南》,首次将企业合规表现纳入刑事责任追究,标志着企业刑事合规的法律呈现;21世纪初期发生安然公司(Enron Corporation)腐败丑闻之后,美国量刑委员会随即针对《美国组织量刑指南》进行了系统性修订(该修订于2013年11月1日开始生效),由此在企业刑事合规制度中切入了合规文化(compliance culture)。全球影响方面,美国以企业反腐及企业合规理念和制度,先后推动了欧盟等地区和国际社会企业合规的生成及发展。显然,无论从法律渊源、制度形态还是全球影响等方面看,美国堪称国际社会企业合规的首倡者、推动者。因此,考察国际社会企业合规应当重点关注美国的企业合规制度。

第一节 美国企业合规制度的形成与发展

本节主要介绍美国企业合规法律制度的形成背景、制度雏形、发展历程及其全球影响,由此了解全球视野下美国企业合规制度的概貌。

一、美国企业合规制度的形成背景

美国企业合规制度,源于对企业腐败现象的揭露以及企业腐败防控的发展完善。在美国,伴随着对公司腐败现象的相继揭露,于20世纪70、80年代汇成所谓"合规运动"(compliance movement),此种背景下于1977年制定的《美国反海外腐败法》首次规定了企业合规的制度雏形。此后,1991年出台的《美国组织量刑指南》继而要求公司建立具有预防功能的公司结构并在管理理念中切入合规理念。总的来看,可将美国企业合规的形成背景归纳为如下三个方面:

一是对美国企业腐败乱象的相继揭露促成了企业反腐的法治模式。美国的企业腐败由来已久。[1] 例如,作为作家和社会活动积极分子的厄普顿·辛克莱(Upton Sinclair)曾于1906年写了一篇文章《屠宰场》(The Jungle),揭露了美国

---

[1] See Hank J. Brightman, *Today's White-collar Crime: Legal, Investigative and Theoretical Perspectives*, Routledge, 2009, pp. 78-81.

一些肉类产品加工中广泛存在的违法现象。辛克莱揭露的真相令人吃惊:许多肉类加工包装设施位于芝加哥的养猪场附近,这就使得老鼠咬过的废弃物、动物毛发、昆虫以及变质和得病的猪肉添加到了诸如香肠、冷冻食品之类的加工食品当中。辛克莱还揭露了其他的食品安全问题,如职员经常在食品加工中受伤,同时人体头发、汗水等也经常掉到食品原料当中。这种情形催生了美国企业反腐的法治发展。1903年,时任美国总统罗斯福要求国会成立一个商务与劳工部以及一个公司局,并授权它们就公司业务重组进行调查,同时警告各企业不要从事损害公众利益的商业行为。1906年,为了回应辛克莱在文章《屠宰场》中所揭露的肉类产品加工中广泛存在的违法现象,美国国会通过了《美国清洁食品和药品法》(Pure Food and Drug Act of 1906)。该法的关键条款包括:一是在各州销售的任何肉类制品都必须由联邦管理机构进行检验;二是建立一个就食品和药品的健康和安全进行评估的机构(现在的机构叫作美国联邦食品和药品管理局,FDA);三是具体的药品和化学制品只能凭处方供应,同时任何新的药品在取得生产和出售许可证之前都必须由美国联邦食品和药品管理局进行大量的测试和分析。此外,罗斯福依据《谢尔曼法》针对美国铁路系统的两家主要经营商——美国钢铁公司和标准石油公司的执法行动也取得了胜利,该成功的执法行动也有力地维护了公众的正当利益。

二是企业管理的科学发展促进了企业腐败治理的开拓创新。第二次世界大战期间以及之后,美国出现了包括雷达、微波技术以及航天飞机在内的众多新的技术进步。此种时代背景下滋生了一种新的社会思潮,即所有的社会问题都可以通过科学方法加以解决。就美国企业管理的科学发展促进企业腐败治理的开拓创新而言,典型事例就是作为美国兰德公司研究成果的纳什平衡点理论。成立于1950年的美国兰德公司是一家设立在美国加利福尼亚州的高端智库。实际上,博弈论(game theory)和纳什平衡点(Nash's equilibrium)就是兰德公司研究人员研究企业反腐的成果之一,其主要研究人员约翰·纳什因此获得了1994年的诺贝尔奖。比如,博弈论的提出旨在评估和应对军事行业和执法系统的腐败情况。博弈论、平衡点理论十分复杂,但其对企业腐败控制的积极意义可以通过如下案例分析予以揭示。

洛里是一位职业罪犯[①],他喜欢进入联邦执法机构的内部网站,窃取敏感的案件材料并与案卷中的当事人取得联系。洛里声称如果对方愿意支付高昂的费用就可以从相关的执法机关的网站中消掉该当事人的案卷数据。与此不同,利莎是美国基础设施保护中心(NIPC)的一名职业情报分析师,擅长于技术风险评估以及发现未经许可的系统用户。表面上看,如果以上两人都各自做好自己的事情的

---

① See Hank J. Brightman, *Today's White-collar Crime: Legal, Investigative and Theoretical Perspectives*, Routledge, 2009, p. 90.

话,那么两人之间彼此抵消。也就是说,如果洛里侵入该系统而丽莎发现了洛里的侵入行为,同时丽莎简单地否认自己进入该系统。这就是博弈论中所谓的零和博弈(zero-sum game)。可是,如果我们就此种博弈进行深入分析,也即如果丽莎因为没有技能或者懒惰而未能发觉洛里的非法进入行为的话,情况又该如何?洛里获得了大量的经济收入而丽莎则可能被解雇。或者,如果洛里未能第一次进入信息系统该如何呢?此时洛里未能获得经济收益,而丽莎的利益也相应减少,因为如果单位的信息系统没有发生过受到黑客攻击的事件,那么该单位怎么会花钱雇佣丽莎呢?现在我们将纳什平衡点原理运用到该案的分析当中:一方面,丽莎认识到一旦没有了针对该系统的攻击事件,那么自己将失去相应的工作岗位;另一方面,洛里也意识到如果非法进入该单位的信息系统就能获得收入并变得富有。于是,洛里和丽莎达成共识:洛里在12月份非法进入丽莎所在单位的系统四次。他们俩约定:其中3次行动不成功,由此丽莎就可以对单位说自己尽到了保护单位系统的责任。在第4次行动中,洛里由于得到了丽莎给的账号和密码从而轻而易举地进入该系统,下载了自己需要的信息并因客户的要求将该信息予以删除,同时收下了客户的可观费用并与丽莎分享。纳什平衡点理论从数学原理上证明:如果一个群体的成员也从其他成员的最佳利益考虑来选择自己的反应方式,就能获得最佳的共同利益。换句话说,洛里和丽莎均可以通过参与此种共谋来获得最佳利益。

总之,上述案例分析表明:要防止腐败的发生,关键的是丽莎的岗位,而不是洛里的角色。也就是说,考虑到执法敏感信息所具备的高度暗箱操作价值,执法单位必须确保所招聘的员工值得信赖。以上表明,诸如纳什平衡点理论之类的科学方法对于制定有效的腐败控制政策的重要意义。

三是预防性反腐观念的兴起催生了企业合规的生成及完善。历史上看,美国的"合规运动"以及欧洲的"不到位组织及其监管"(insufficient organization and oversight)均盛行于20世纪70、80年代。可以说,"合规运动"已经成为过去几十年以来全世界商业领域影响最大的法治发展。合规,简单地说就是对法律制度的遵守。实际上,美国20世纪50年代的反垄断规制(anti-trust regulation)领域首次出现了旨在打击违法行为的合规运动。此后,随着20世纪70、80年代商业道德运动的开展,违法犯罪的预防已经成为公司和企业管理者担当的主题。20世纪80年代《美国组织量刑指南》的制定继续将商业道德的作用推到一个新的高度。此后,1991年出台的《美国组织量刑指南》继而要求公司建立具有预防功能的公司结构并在管理理念中切入合规理念。从1991年起,合规这一观念不但已经渗入美国所有的法律的各个领域,而且日益在欧洲大陆盛行,还开始为亚洲和拉美地区所接受。

二、美国企业合规制度的发展历程

考察美国企业合规法律制度,有必要采用历时性研究方法考察其企业合规的发展历程及其全球影响。应当说,此种历时性研究的显著优点是:一方面能较为清晰地呈现国际社会企业合规发展之中美国以及其他主要国家所扮演的角色及其所发挥的作用;另一方面能够较为细致地洞察国际社会企业合规、单位犯罪刑事责任,以及企业刑事合规三者之间的发展脉络及其内在联系。鉴此,以下以企业合规的立法规制为起点,以企业合规的法治完善以及企业合规与刑事责任规制的结合也即企业刑事合规为发展脉络,将美国企业合规的发展历程及其全球影响划分为如下三个阶段。

(一)20世纪70年代至80年代:美国企业合规的首创与雏形

这一阶段美国企业合规的特点,主要表现在以下方面:

其一,美国于1977年颁布《美国反海外腐败法》,但此后一段时间里向国际社会兜售企业合规理念时并不顺利。① 《美国反海外腐败法》是世界范围内出台的首个反腐败专门法律。20世纪70年代中期,美国一些媒体揭露了美国公司于国内国际通过向外国政府官员秘密支付资金以获得业务的商业丑闻。1974年美国"水门事件"②之后,此类商业腐败现象得到进一步曝光,从而使得美国社会各界日益涌现出强化企业反腐的强烈呼声。此种背景下,美国证券交易委员会发动了鼓励公司自愿揭露内部贿赂的运动,同时宣布对那些就本单位向国外政府官员非法支付资金之腐败现象予以揭露并在本公司引入反贿赂合规计划的美国公司予以大赦优待。与此同时,接替尼克松的福特总统在得知企业腐败真相③后十分震惊,随即建议制定要求美国公司披露贿赂真相的国家法律。这就是美国1977年制定《美国反海外腐败法》(编号95-213,于1977年2月生效)的由来。④

值得指出的是,起草前述美国法律的立法者期待,《美国反海外腐败法》会有助于维系市场经济并提高美国企业的全球竞争力。然而,1977年通过《美国反海外腐败法》之初的实际情况却表明,至少从短期看该部法律的出台反而使得美国企业在与他国企业的竞争当中处于不利地位。于是,美国试图将以上法案所包含的企业反腐及企业合规理念向经济合作与发展组织(以下简称"经合组织",OECD)进行兜售,却遭到了挫折。⑤ 这样,美国转而寻求推动联合国经

---

① See Mark Pieth, Lucinda A. Low & Nicola Bonucci (eds.), *The OECD Convention on Bribery: A Commentary*, 2nd Edition, Cambridge University Press, 2014, pp. 10-22.
② 美国特别检察官调查发现一些公司对尼克松总统的竞选活动予以不当献金。
③ 典型的是400多家美国公司,其中至少177家公司系全球财富500强企业,均承认支付了大量的贿赂资金。
④ 福特总统推动的以企业反腐为内容的1976年《反海外腐败法》法律草案未能在民主党控制的美国国会中顺利通过。然而,不久后继任的卡特政府继续推动将贿赂外国政府官员的行为予以犯罪化的立法进程,还要求建立相应的企业会计及审计制度并对企业的实施情况予以监督,必要时美国证券交易委员会有权予以处罚。
⑤ 西方学界对该次失败的原因进行了深入分析,认为主要归因于一种于经营者和政府人士当中普遍存在且强有力的传统观念,即为获得海外市场的合同而行贿是必要的,即使不完全合法。

济与社会理事会制定类似的反腐败公约。由于美国的推动,联合国于20世纪70年代后期付出了很大努力磋商制定类似的反腐公约,然而由于当时的南北及东西差别,这样的努力同样于1979年以失败告终。此外,此一时期国际商会(ICC)也在努力起草类似的企业反腐规则,但由于没有公约的支持而成为一纸空文。

其二,伴随着美国基于《美国反海外腐败法》的持续施压,欧盟的企业反腐及企业合规法治开始展现发展生机。鉴于美国对外兜售反腐法律无功而返,美国商界开始针对政府施加强大压力,呼吁政府要么缓和甚至废除《美国反海外腐败法》,要么全力推动其他竞争者制定相同的法规。与此同时,美国商务部连续发布相关文件或出版物,其中的数据表明由于国外竞争者采用了贿赂手段因而使得美国企业在竞争中处于劣势。1988年,《美国反海外腐败法》获得重新解释后得以弱化,但美国的长远之计依然是着力推动与其他主要竞争者之间达成相关反商务贿赂的国际公约。于是,在美国的要求下经合组织于1989年启动了企业反腐公约的起草工作。

纵览全球,此一时期美国的企业反腐及企业合规立法已成雏形且一枝独秀,包括欧洲在内的国际社会尚未出台类似的企业合规法律,但此一时期美国的企业合规尚未纳入刑事责任追究范畴,即尚未发展成为企业刑事合规。

(二)20世纪90年代:美国首倡企业刑事合规并推动企业合规全球发展

该阶段美国企业合规的主要特点有:

其一,美国司法部首次将企业合规纳入量刑指南,正式确立了企业刑事合规制度。量刑指南是美国刑事司法的重要规范。[①] 1991年,美国颁布了一套仅仅适用于单位被告人的《美国组织量刑指南》(1991年11月1日开始生效)。该《美国组织量刑指南》规定在公司管理中切入合规理念,也即要求美国公司建立预防功能的公司结构,同时首次将企业合规纳入刑事责任制度。[②]《美国组织量刑指南》的宗旨是加强企业与政府之间的合作,同时促进和激励公司合规。其主要内容及特点有:一是明确规定公司既可以构成犯罪,也可以予以刑罚处罚,从而平息了长期以来法学理论及实务界有关公司是否构成犯罪以及是否应受刑罚处罚的争议;二是根据该指南,不仅可以对公司追究刑事责任,而且公司不采取措施提前应对和预防单位中普通员工的违法行为,也将受到严厉惩罚。此外,该指南还要求各个组织应当尽职尽责地制订、贯彻和实施有效的合规计

[①] 美国是联邦制国家,难以在联邦层面制定刑法典,因而通过量刑指南予以刑事法规制成为适当的方式。美国于1984年首次成立了量刑委员会,以检讨美国的联邦执法制度并制定具体且公平合理的量刑指南。此后,美国于1987年制定了一个仅仅适用于个人被告人的量刑指南。

[②] See Francis T. Cullen, Gray Cavender, William J. Maakestad & Michael L. Benson, *Corporate Crime Under Attack: The Fight to Criminalize Business Violence*, 2nd Edition, Routledge, 2015, pp. 358-359.

划。不难看出,《美国组织量刑指南》一方面以预防观念扩张了公司刑事责任的内涵及范围,另一方面将企业合规纳入量刑制度,在世界范围内首次确立了操作性的企业刑事合规制度。此外,《美国组织量刑指南》所确立的企业刑事合规制度还有两个特点:一是针对企业刑事合规适用严格责任,也即只要企业发生了应当追究单位刑事责任的腐败犯罪,即使单位拥有有效的合规计划也仅仅是减轻刑事责任,并不免除刑事责任;二是针对单位犯罪的刑事罚金数额大幅提高,同时针对企业合规的裁量制度趋于操作化,也规定了相应的加重情节及减轻情节。

其二,国际社会的企业合规加速发展。基于美国对欧洲的持续施压,经合组织于1989年启动了企业反腐规约的起草工作。此后,美国克林顿政府(1992年开始)遵循卡特总统的足迹继续推动《美国反海外腐败法》的国际化。此时,欧洲及亚洲国家都希望国际社会共同采取措施应对跨国腐败尤其是贿赂,这就导致《OECD关于国际商业交易中贿赂的建议》的出台。该建议希望经合组织成员国"采取有效措施遏制、预防和抗制国际商务贸易中针对外国政府官员的贿赂行为"。该建议虽然没有法律上的约束力,但影响很大,尤其是提振了经合组织及国际社会抗制贿赂的信心。此后,欧洲理事会(the Council of Europe)和透明国际(TI)采纳了《OECD关于国际商业交易中贿赂的建议》并继续予以推广。为了起草"OECD反贿赂公约",欧洲理事会成立了一个贿赂问题专家组(the Working Group on Bribery,WGB)。此后的公约起草中,贿赂行为的犯罪化成为重点和优先议题。期间历经多个回合的公约起草与磋商后①,《经合组织打击国际商业交易中的对外国公职人员贿赂犯罪公约》(OECD Convention on Combating Bribery of Foreign Public Officials in International Business Transactions,以下简称《OECD反贿赂公约》)于1999年2月15日正式生效。到2020年2月,共有44个国家加入该《OECD反贿赂公约》,其中包括日本、韩国、墨西哥、俄罗斯、南非、土耳其等国。此外,此一时期联合国层面也加快了反贿赂公约的起草工作。1978年,联合国将欧洲理事会贿赂问题专家组改组为"非法支付的国际公约委员会",由此推进企业反腐国际公约的起草工作。之后,联合国大会于1996年12月16日通过了《反对国际商业交易中的贪污贿赂行为宣言》(第51/191号决议)。此外,联合国大会还于1996年12月12日以第51/59号决议的方式通过了《公职人员国际行为守

---

① 比如,1993年之后,关于该规则的法律形式,贿赂问题专家组决定采用建议(Recommendation)这一软法(soft law)形式。后来,以法国、德国为代表的一些国家认为犯罪化问题需要采用更具约束力的法律形式,因而建议采用公约草案形式。德国还认为,联合国是讨论制定这一公约的最佳平台。这些热烈且富有争议的讨论使得贿赂问题专家组加快了工作进程。1997年6月至8月间,专家组拿出了以法国、德国、意大利、美国以及欧洲理事会秘书处的建议为基础的《OECD反贿赂公约》(the OECD Convention on Bribery)公约草案。此后,经过1997年10月、11月的两次磋商之后,公约文本得以敲定。1997年12月17日,公约经欧洲理事会各国部长签署并此后得以于1999年2月15日正式生效。

则》,该守则在促进政府行为清廉方面发挥了重要作用。在此基础上经过多方面的磋商努力,此后联合国大会于2003年10月31日以第58/4号决议的方式通过了《联合国反腐败公约》(UNCAC)。到2020年2月6日,共有187个国家加入了《联合国反腐败公约》。

综上,美国基于1977年制定的《美国反海外腐败法》推动了《OECD反贿赂公约》于2012年得以通过,同时一定程度上还促成联合国大会于2003年10月31日通过《联合国反腐败公约》。

(三)21世纪之交至今:企业刑事合规全球兴起,同时向反贿赂合规精细化发展

晚近以来企业合规的其主要特点有:

其一,美国的企业刑事合规日趋完善,同时欧洲的企业刑事合规正式出台。美国企业刑事合规的最新趋势是切入合规文化。安然公司破产之后,美国随即制定了《2002年萨班斯—奥克斯利法案》(Sarbanes-Oxley Act of 2002,以下简称"SOX法案"),该法要求美国量刑委员会针对1991年出台的《美国组织量刑指南》予以检讨和修订,以确保充分应对企业内部的违法现象。此后,美国量刑委员会针对1991年《美国组织量刑指南》进行了首次修订(该修订于2013年11月1日开始生效),该修订旨在采取更为严厉的合规标准来倡导合规文化。本次修订的主要内容有[①]:一是鼓励公司致力于法律合规以及道德行为,同时就此规定了最低标准并予以激励;二是增加了公司高管及董事会有关合规计划的职责;三是要求任何有效的合规计划都应该包括定期的风险评估。与SOX法案中的道德性条款相配合,修订后的《美国组织量刑指南》强调了组织内道德行为的重要性。此外,此次对《美国组织量刑指南》的修订还带来了实实在在的影响。[②]

在欧洲,关于企业反腐及企业合规的公约,除了2002年7月1日生效的《OECD关于腐败的刑法公约》,还有1997年7月19日通过、2009年生效的《保护欧洲共同体金融利益公约的第二个协议》(the Second Protocol of the Convention on the Protection of the European Communities' Financial Interests)(第OJC221号文件)。该协议首次就企业的违法预防责任及企业合规予以明确规定。根据该协议,公司不但要就公司领导、经理为了公司利益而实施犯罪承担刑事责任,而且公司还要就公司内部缺乏针对公司领导、经理的监管制度而致使其下属人员为了公司利益而实施犯罪这一现象承担刑事责任。这样,适当的监管或控制就成为避免公司刑

[①] See Francis T. Cullen, Gray Cavender, William J. Maakestad & Michael L. Benson, *Corporate Crime Under Attack: The Fight to Criminalize Business Violence*, 2nd Edition, Routledge, 2015, p. 359.

[②] 比如,这种对公司道德伦理的强调使得过去的以公司法律顾问为代表的作坊式法律需求升级为涵盖公司道德规范、道德顾问、道德官员、道德热线等日趋活跃的公司道德伦理需求。此外,许多美国大学的商学院也纷纷开设包括研究福特汽车审判案(the Pinto Trial)(1978年8月10日)以及安然公司破产案等典型案件在内的公司伦理课程。

事责任的关键因素。① 可见,以上两个欧洲反腐公约都体现了企业反腐中鲜明的单位预防性责任理念,但侧重点有所不同:《OECD关于腐败的刑法公约》侧重规定企业责任的预防理念及公司刑事责任的内涵拓展;而《保护欧洲共同体金融利益公约的第二个协议》侧重规定企业刑事合规的基本要求。可以说,以上两个反腐公约相辅相成,相得益彰,共同保障和促进成员国企业反腐及企业刑事合规的法治发展。

其二,相关国际公约中关于企业合规的指引日趋明确,尤其是促进了企业刑事合规的全球发展。2003年10月31日,联合国大会以第58/4号决议的方式通过了《联合国反腐败公约》。《联合国反腐败公约》第12条第1款规定,各缔约国应当根据本国法律的基本原则采取措施,防止私营企业的腐败,同时加强针对私营企业的会计和审计标准。该公约第12条第2款规定,应当促进执法机构与私营企业之间的合作。此外,2002年7月1日开始生效的《OECD关于腐败的刑法公约》也是一个开放性的国际性公约,其影响深远。《OECD关于腐败的刑法公约》主要规定了三个方面的问题:一是国家层面需要采取的措施;二是国际合作;三是对公约实施的监督。就国家层面需要采取的措施而言,该公约第18条第1款就公司责任问题予以专门规定,各成员国应当采取必要的立法或其他措施,以确保法人能够就该法人中处于领导职务的自然人,为了公司的利益并基于如下三种职权而实施主动贿赂、影响力交易以及洗钱等犯罪行为承担法律责任:一是代表该法人的权利;二是为了公司的利益而进行决策的权利;三是在该法人内部实施控制的权利;此种责任还包括该自然人以参与、帮助以及教唆形式参与以上犯罪的情形。② 此外,该公约第18条第2款的规定尤其值得注意,因为该款规定了法人未能制定犯罪预防制度的法律责任:各成员国应当采取必要措施确保法人就因为法人内部缺乏监督或者因为自然人的控制而可能导致的,为了法人的利益并基于该法人中自然人的权威而实施之腐败犯罪的发生而承担刑事责任。以上表明,《OECD关于腐败的刑法公约》一方面规定了公司责任人员的预防性刑事责任条款,另一方面更为重要的是规定了公司因为欠缺良好的内部控制而导致腐败犯罪的公司预防性刑事责任条款。不难看出,相比《联合国反腐败公约》,《OECD关于腐败的刑法公约》中关于企业刑事责任的规定不但更为明确,同时包含着明显的预防性刑事责任理念,这就为欧美国家以及国际社会的企业刑事合规提供了明确的规范指引。

其三,国际社会企业合规日益聚焦于反贿赂合规这一精细领域,成效显著。

---

① See Dominik Brodowski, Manuel Espinoza de los Monteros de la Parra, Klaus Tiedemann & Joachim Vogel (eds.), *Regulating Corporate Criminal Liability*, Springer, 2014, p. 62.

② See Colin Nicholls QC, Tim Daniel, Martin Polaine & John Hatchard, *Corruption and Misuse of Public Office*, 2nd Edition, Oxford University Press, 2011, pp. 486-487.

近年来,国际社会的企业反贿赂合规呈现出快速发展的良好态势,表现在法律规范、政策指引以及实践成效等几个方面。

首先,目前国际社会有关企业反贿赂合规的规范指南日益丰富[①]:一是美国量刑委员会于 2010 年 11 月 1 日就落实《美国反海外腐败法》中的合规要求所制定的七个原则(也称七个支柱):《有效合规及伦理计划》(《美国量刑委员会指南手册》,第 8 章 B 部分);二是经合组织于 2010 年 2 月 18 日制定的《内部控制、道德和合规良好实践指南》(the Good Practice Guidance on Internal Controls, Ethics and Compliance)所规定的十二个原则;三是 2010 年 4 月 4 日《英国反贿赂法》中所包含的有关企业合规的六个原则及其附件《关于相关商事主体预防关联人贿赂所施行程序的指引》[②](Guidance about Procedures Which Relevant Commercial Organizations Can Put into Place to Prevent Persons Associated with Them from Bribing)。日益丰富的反贿赂合规指南表明,国际社会已经将反贿赂合规当作企业反腐领域的重点予以精细化推进。

其次,由联合国主导开发的"反贿赂合规模式"(Anti-Bribery Compliance Model,简称 ABC Model)为国际社会及企业提供了一整套应对贿赂的研究成果及制度方案。"反贿赂合规模式"是得到联合国支持且始于 2012 年 1 月的一个关于私营企业如何应对贿赂的国际研究及推广计划。[③] "反贿赂合规模式"的核心理念是:"基于独具特色的反贿赂合规模式,需要在功能上构建起与传统法律原则尤其是《联合国反腐败公约》中的相关原则相一致的有效的公司腐败责任制度。"[④]该"反贿赂合规模式"尤其强调风险评估和内部反腐专门机构。根据联合国"反贿赂合规模式"研究团队的研究成果,良好的反贿赂模式的起点为风险评估,关键是内部反腐专门机构。[⑤] 就风险评估而言,识别并管理每个业务活动中的"危险信息"

[①] See Stefano Manacorda, Francesco Centonze & Gabrio Forti (eds.), *Preventing Corporate Corruption: The Anti-Bribery Compliance Model*, Springer, 2014, p. 38.

[②] 该指南包括前言、导论、政府政策、六个原则、案例研究与附件等六个部分。

[③] 该计划由联合国毒品与犯罪问题办公室(United Nations Office on Drugs and Crime, UNODC)资助,具体由联合国国际科学与专业咨询理事会(ISPAC)协调,参与方为国际上著名的研究机构中的国际团队,如位于法国巴黎、意大利罗马、美国西北大学犯罪学与刑事司法学院的四家著名研究机构,意大利艾尼(Eni)集团公司对该项目给予了支持。该研究项目将实证调查、理论研究、法律比较以及公司反腐实践结合起来,旨在制定并推进基于管理部门和私营企业之间合作环境下一种新的抗制腐败的预防性策略。该研究项目的成果及建议可归纳为如下三个支柱:一是阐明一种最终堪为企业所遵循的有关反腐合规计划的共同标准,二是在国内刑法领域中确认自我管理是衡量公司腐败责任的一个重要因素,三是支持将合规计划推广至国际社会。

[④] Stefano Manacorda, Francesco Centonze & Gabrio Forti (eds.), *Preventing Corporate Corruption: The Anti-Bribery Compliance Model*, Springer, 2014, p. 4.

[⑤] See Stefano Manacorda, Francesco Centonze & Gabrio Forti (eds.), *Preventing Corporate Corruption: The Anti-Bribery Compliance Model*, Springer, 2014, pp. 36-37.

(red flags)至关重要。危险信息主要存在于两个阶段:即合同签订之前与合同签订之后。① 此外,联合国"反贿赂合规模式"研究团队还指出了企业内部反腐专门机构所需要具备的7个特点。② 可见,联合国组织开发和倡导的"反贿赂合规模式"既有科学的理念和系统的框架,也有具体的措施和操作指引。

最后,目前国际社会的主要大型跨国企业已经较好地实施了反贿赂合规计划。例如,2013年一个研究团队在联合国毒品和犯罪问题办公室(UNODC)的支持下针对全球500强企业在反制贿赂方面的作为进行调查并发布调查报告《全球财富500强反腐政策及措施》(Anti-corruption Policies and Measures of the Fortune Global 500)。③ 该报告表明④,21世纪以来的前10年时间里,全球财富500强中的多数企业已经制定了旨在反贿赂的自我管理制度并采取了大量的有效措施,尤其是建立了反腐的专门性控制机构。⑤

其四,众多发展中国家积极探索并相继规定了企业刑事合规制度。美国、欧洲国家分别于20世纪90年代及21世纪之交确立企业合规以及企业刑事合规法治之后,越来越多的发展中国家也相继于21世纪之后出台了自己的企业刑事合规法规。一方面,加入《OECD关于腐败的刑法公约》的发展中国家如韩国、墨西哥等国有义务贯彻该公约规定的企业刑事合规制度;另一方面,没有加入该公约的广大发展中国家近年来也积极探索并制定自己的企业刑事合规法规。例如,巴西于2012年修订的《巴西反洗钱法》(第12.683号法令)旨在鼓励企业合规责任的刑法化。⑥ 该法第10条第3、4款要求采用预防性反洗钱政策,同时增加了关于合

---

① 第一阶段为合同签订之前,要对合同对方(包括中介、合作单位、咨询服务等)进行严格评估。制订反贿赂计划时,有必要在评估中将不同类型的与业务相关的危险信息予以列表,以便分析。第二阶段为合同签订之后。此时要进行合同管理,例如就反常情况的举报进行处理,如订单或者佣金的突然增加、某个反腐功能的缺失或者敷衍了事、或者发现某个内部控制措施履职不到位等。

② 一是必须由单位上级领导并确保该机构独立于其他业务部门;二是必须在反腐领域为公司提供专门的预防性支持和帮助;三是必须审核并确保反贿赂计划不断更新,以适应相关的管理制度框架、相关业务领域反贿赂的国际最佳实践的形势需要;四是必须定期向单位主管机关或领导汇报工作信息;五是必须组织并监督针对职员、业务伙伴、合同对方、腐败风险业务领域相关人员的反贿赂培训;六是必须把工作做到最细致程度,如严格审核和对危险信息进行细致分析;七是必须处理或者至少参与贿赂相关之信息的举报管理或者与法庭调查合作。

③ 该份报告由联合国毒品和犯罪问题办公室和普华永道会计师事务所(全球四大会计师事务所之一)联合发布。

④ See Stefano Manacorda, Francesco Centonze & Gabrio Forti (eds.), *Preventing Corporate Corruption: The Anti-Bribery Compliance Model*, Springer, 2014, p. 20.

⑤ 这些企业采用的合规措施主要有:识别企业中腐败发生的方位,对禁止性行为予以明确规定,规定经理及职员的工作职责,建立内部审计制度,建立报警和报告制度,建立内部监控和控制制度,建立针对违法行为的纪律处分或其他反应措施。

⑥ See Dominik Brodowski, Manuel Espinoza de los Monteros de la Parra, Klaus Tiedemann & Joachim Vogel (eds.), *Regulating Corporate Criminal Liability*, Springer, 2014, pp. 137-141.

规官(compliance officer)的责任追究制度,尤其是该法第 11 条第 2、3 款规定可以追究公司负责人及合规官的刑事责任。也就是说,巴西通过公司刑事合规制度扩展了公司刑事责任的内涵与范围,也即公司单纯在尽职调查问题上的过失也要承担刑事责任。可见,《巴西反洗钱法》至少在金融领域实现了企业刑事合规的立法规制。此外,南非也以 2004 年制定的《南非预防和打击腐败活动法》(Prevention and Combating of Corrupt Activities Act)为契机实现了反腐领域的刑事合规立法。① 南非于 2004 年 11 月加入《联合国反腐败公约》,于 2007 年 6 月加入《OECD 反贿赂公约》。《南非预防和打击腐败活动法》是一部内容相当丰富、完备的反腐法律。在反腐败刑事合规方面,该法规定公共或私营领域中特定的职务人员拥有就腐败现象予以报告的法律义务,否则要面临严厉的刑罚处罚。总之,《南非预防和打击腐败活动法》不但堪称世界上最为严厉的反腐法律之一,同时也清晰地包含着反腐刑事合规的理念及内容。

综上可见,20 世纪 70 年代末期,美国首倡企业合规立法;20 世纪 90 年代初期,美国的企业合规首先延伸拓展为刑事合规;21 世纪之后,欧盟主要国家以及越来越多的发展中国家纷纷于立法上规定了企业刑事合规,当代国际社会呈现出企业刑事合规的蓬勃态势。

第二节　美国企业合规的基本内涵

美国作为国际社会企业合规的首倡者和重要推动者,其合规立法、合规指引以及合规实践也在不断发展,其企业合规的内涵日趋丰富。

一、美国企业合规的规范指引

实际上,在美国等西方国家,除合规硬法(hard law)之外,国际合规软法也是企业合规领域的重要规范。鉴此,以下从国内及国际硬法、国内规范以及国际软法三个部分介绍美国企业合规的规范指引。

一是关于企业合规的国内及国际硬法。代表性的有 1977 年《美国反海外腐败法》、1991 年《美国组织量刑指南》及其 2013 年的修订、SOX 法案、2005 年生效的《联合国反腐败公约》,1999 年 2 月 15 日正式生效的《OECD 反贿赂公约》等。

二是关于企业合规的国内规范。代表性的有美国司法部相继出台的公司起

---

① See Colin Nicholls QC, Tim Daniel, Martin Polaine & John Hatchard, *Corruption and Misuse of Public Office*, 2nd Edition, Oxford University Press, 2011, pp. 668-673.

诉标准以及如何审查合规计划的执法指南①,如美国司法部先后出台并修订了一系列作为起诉企业或其他商业组织之司法指南的美国司法部备忘录,这些备忘录强化并完善了公司起诉标准。此外,美国司法部还将以上起诉标准与《美国检察官手册》予以整合。根据上述规范,美国检察官可以基于上述起诉标准以及如下两方面因素决定采取控告还是控辩协商:一是公司现有合规计划是否存在及其有效程度;二是公司所采取的改进措施,如对有效的公司合规计划的实施、对现有合规计划的完善、调整不负责任的公司经理、对违法者的内部纪律处分或者解雇工作、支付赔偿、与政府相关部门之间的合作等情况。21世纪初期美国安然公司、世界通信(WorldCom)等大型企业的经济丑闻所带来的教训是深刻的,仅仅建立着眼于预防欺诈的内部控制制度是不够的,应当建立更为全面的发现、评估和管理所有风险的综合性防控制度。鉴此,美国反虚假财务报告委员会发起人委员会②(the Committee of Sponsoring Organization of the National Commission of Fraudulent Financial Reporting,以下简称COSO)于1992年颁布了关于企业内部控制框架的指导性规范《内部控制:综合性框架》(Internal Control-Integrated Framework)。此后,COSO还专门为企业董事会和高管开发了管理单位风险的新工具"COSO企业风险管理标准"(the COSO standard for enterprise risk managemant)。③ 根据"COSO企业风险管理标准",企业风险管理包括四个主要目标或宗旨:战略(strategy)、经营(operations)、报告(reporting)和合规(compliance)。根据"COSO企业风险管理标准",合规旨在确保单位遵守可以适用的法律和规章,适用的法律既包括禁止性法律,也包括义务性法律,如关于保障职业安全或身体健康方面的法律。④

三是关于企业合规的国际软法。国际社会广为认可的企业反腐败软法主要有《反贿赂业务原则》(the Business Principles for Countering Bribery)(透明国际TI制定);《内部控制、道德和合规良好实践指南》(OECD制定);《世界银行集团诚信合规指南》(the Integrity Compliance Guidelines)(世界银行制定);《反贿赂基本原则》(the Principles for Countering Bribery)(世界银行与反腐经济论坛共同制

---

① See Stefano Manacorda, Francesco Centonze & Gabrio Forti (eds.), *Preventing Corporate Corruption: The Anti-Bribery Compliance Model*, Springer, 2014, pp. 376-377.

② 美国反虚假财务报告委员会(The National Commission of Fraudulent Financial Reporting, NCFR)成立于1985年,又称为特雷德韦委员会或瑞德威委员会(the Treadway Commission)。该委员会由美国五个私营行业组织共同发起成立,美国会计协会(American Accounting Association, AAA)、美国注册会计师协会(American Institute of Certified Public AccountantsAccounting, AICPA)、财务经理人协会(Financial Executives International, FEI)、管理会计师协会(Institute of Management Accountants, IMA)和内部审计师协会(Institute of Internal Auditors, IIA)。

③ See Rodney T. Stamler, Hans J. Marschdorf & Mario Possamai, *Fraud Prevention and Detection: Warning Signs and the Red Flag System*, CRC Press, 2014, p. 177-178.

④ See Rodney T. Stamler, Hans J. Marschdorf & Mario Possamai, *Fraud Prevention and Detection: Warning Signs and the Red Flag System*, CRC Press, 2014, p. 179-180.

定);《ICC 反腐败规则》(the Rules on Combating Corruption)(国际商会制定)。此外,2013 年,经合组织、联合国毒品和犯罪问题办公室与世界银行共同发布了《企业反腐、道德及合规手册》(the Anti-Corruption, Ethics and Compliance Handbook for Business)。同时,OECD 出台的企业反腐及合规软法也颇有影响,如《OECD 关于国际商业交易中贿赂的建议》(OECD Recommendation on Bribery in International Business Transactions)(制订于 1994 年 5 月 27 日);《OECD 关于对国外公职人员贿赂之税收减免的建议》(OECD Recommendation on the Tax Deductibility of Bribes to Foreign Public Officials)(制订于 1996 年 4 月 11 日);《OECD 发展援助委员会关于双边援助采购反腐败计划的建议》(OECD Recommendation of the Development Assistance committee on Anti-Corruption Proposals for Bilateral Aid Procurement)(制订于 1996 年 5 月 7 日);OECD 理事会《关于打击国际商业交易中贿赂的修订版建议》(OECD Revised Recommendation of the Council on Bribery in International Business Transactions)(制订于 1997 年 5 月 23 日);OECD 理事会《关于进一步打击在国际商业交易中贿赂外国公职人员行为的建议》(OECD Recommendation of the Council for Further Combating Bribery of Foreign Public Officials in International Business Transactions)(2009 年 11 月 26 日制订,2010 年 2 月 18 日修订)以及其两个附件:附件一:《执行〈打击国际商业交易中贿赂外国公职人员公约〉具体条款的良好做法指南》(Practice Guidance on Implementing Specific Articles of the Convention on Combating Bribery of Foreign Public Officials in International Business Transactions),附件二:《内部控制、道德和合规良好实践指南》(Good Practice Guidance on Internal Controls, Ethics and Compliance)。① 值得指出的是,OECD 出台的反腐规范内容具体,操作性较强,例如,《OECD 反贿赂公约》主要就贿赂犯罪的刑事处罚予以规制。《OECD 反贿赂公约》第 1 条第 2 款规定,成员国应当将自然人或法人为了在国际贸易中获得或保留业务或其他不正当利益,以直接方式或者通过中介方式故意向国外公职人员提议、承诺或给予不正当经济利益或者其他利益,以便使该公职人员实施与其工作职责相关的作为或不作为规定为犯罪行为。② 此外,《OECD 反贿赂公约》生效之后,OECD 还出台了关于与公约配套实施的建议和指南(the Recommendations and Guidance)。OECD 制定的反腐败规范不仅在国际社会发挥了较好的引领性和示范性作用,甚至还对众多国家的国内反腐立法产生了实质性影响,如英国学者所言:"实际上,OECD 制订的非约束力

---

① See Cecily Rose, *International Anti-Corruption Norms: Their Creation and Influence on Domestic Legal Systems*, Oxford University Press, 2015, p. 70.

② See Cecily Rose, *International Anti-Corruption Norms: Their Creation and Influence on Domestic Legal Systems*, Oxford University Press, 2015, p. 66.

的反腐公约已经对成员国国内立法产生了影响,并发挥了影响国内立法的重要作用。"①

二、美国企业合规的基本内涵

各国关于企业合规的立法模式、规范形式不同,尤其是制度细节差异不小,但有着一些共同的内容,可称之为企业合规的框架内容。美国企业合规究竟拥有何种框架内容?就此,有关企业合规的实证研究有助于对这一问题的认识。比如,2013年一个研究团队在联合国毒品和犯罪问题办公室的支持下针对全球500强企业在防控贿赂方面的作为进行调查并发布调查报告《全球财富500强反腐政策及措施》(Anti-corruption Policies and Measures of the Fortune Global 500)②。该份报告由联合国毒品和犯罪问题办公室和普华永道会计师事务所(全球四大会计师事务所之一)联合发布。这份报告表明,21世纪的前十年时间里,全球财富500强中的多数企业已经制定了旨在反贿赂的自我管理制度并采取了大量的有效措施,尤其是建立了反腐败的专门控制机构。这些企业采用的合规措施主要有:识别企业中发现风险的方位,对禁止性行为予以明确规定,规定经理及职员的工作职责,建立内部审计制度、报警和报告制度、内部监控和控制制度,建立针对违法行为的纪律处分或其他反应措施。③ 由于此一时期美国企业占据全球财富500强中的多数席位,因而上述实证考察相当程度上反映了美国企业合规的实践操作。在此,基于美国企业合规的法律规定及操作实践并参考美国学者的研究成果,将美国企业合规的框架内容归纳为如下五个方面。④

一是风险评估。风险评估指评估潜在的外部及内部风险的"性质及其程度",其目的是发现犯罪或违法行为在单位内部是如何实施以及发生于单位组织中的哪个部门。广义上讲,发现单位内哪些业务活动最容易滋生违法行为是制订合规计划中的关键内容。风险评估的优越性在于:企业能够采取针对性措施保护单位,避免违法行为的发生;可以通过培训教育职工,以在遭遇违法时予以有效而持续的应对;可以制定与企业的政治及经营环境相适应的具体政策以及进行针对性的培训;可以优化相关的预防性措施。总之,一切始于风险评估。基于对《美国组织量刑指南》的认识,风险评估中需要考虑很多因素,如公司的区域化组织、公司的历史、公司与外国政府之间的互动情况、公司经营的具体行业等;还有如何把

---

① Cecily Rose, *International Anti-Corruption Norms: Their Creation and Influence on Domestic Legal Systems*, Oxford University Press, 2015, p. 70.

② See Stefano Manacorda, Francesco Centonze & Gabrio Forti (eds.), *Preventing Corporate Corruption: The Anti-Bribery Compliance Model*, Springer, 2014, p. 20.

③ 同上注。

④ See Amanda Pinto Q. C. & Martin Evans, *Corporate Criminal Liability*, 3rd Edition, Sweet & Maxwell, 2013, pp. 350-360.

握风险评估的实施时间,或者说,多长时间就需要对合规计划进行修订完善。就此,一般性原则是定期评估合规计划的实际效果。美国的做法是,不断对合规计划进行评估。根据意大利法律规定,公司合规"应当于发现重大违法违规时予以完善"。(意大利第231/2001法令第6条)。就合规计划而言,还有另外两个问题。①合规计划的完善由谁来决策:意大利判例给出了明确回答,"对合规计划的修订完善由合规监督委员会投票多数通过"(罗马法院2003年决定)。②谁有资格评估合规计划:通常由合规官或者合规监督委员会决定。美国的做法是,外部审计师也会介入风险评估并评价合规计划的有效性。此方面的教训是,一旦发现违法行为,合规官或者合规部门就必须研究那些工作出现了问题,以及如何修订完善合规计划。①

二是行为规范(道德准则)②(Code of Conduct or Ethics)。行为规范是合规制度的顶端,这就是法庭对行为规范如此重视的原因所在。企业合规中的行为规范应当具有如下五个特征。第一,行为规范应当体现在针对违法行为的清晰而有形的公司政策之中。一方面,一般性的或理论性的规范不足以避免刑事责任,另一方面,仅仅由行业协会简单复制法律或指南这一做法同样不符合要求。第二,行为规范应当具有约束力。这方面,大多数公司的行为规范都能轻易写道:"公司员工必须熟悉并严格执行《美国反海外腐败法》这一禁止——基于为了影响外国公职人员的行为或者为了有助于获得业务之目的而向外国政府官员支付现金或礼物的法律。"然而,规范的宣传和实施才是重点。第三,反贿赂合规必须面向所有的公司员工,而且必须体现出公司高层管理对该政策的有力、明确和实实在在的支持。第四,合规计划必须包括具体和完整的政策,如关于礼品、接待、招待、开支、客户旅游、政治捐献、慈善捐献、赞助、加速费、教唆罪、敲诈等。第五,合规计划必须清晰明了。关于行为规范的教训是,合规计划中仅仅指出哪些行为是禁止性行为或者由行业协会复制相关的法律或指南还远远不够,对这些法律或指南予以宣传并制定处罚性措施以及内部控制制度是必要的。③

三是合规培训(Training Programs)。做好培训项目,需要考虑很多因素。其中,下列因素最为重要:培训项目应该使得公司全体员工学会就可疑的违规行为(noncompliance)向有关部门举报且无须担心遭到报复;企业员工需要认识到自己违规时将会受到纪律性制裁;培训项目得到广泛开展并面向公司全体员工。第

---

① See Amanda Pinto Q. C. & Martin Evans, *Corporate Criminal Liability,* 3rd Edition, Sweet & Maxwell, 2013, p. 350.

② 道德标准和合规几乎是同义词,但却不同。"合规强调的是遵守成文法律、规章和政策的必要性。"(《美国组织量刑指南》)而商业道德强调的是将诸如诚实、公平、正直以及关心他人之类价值观念植入日常商业实践。

③ See Amanda Pinto Q. C. & Martin Evans, *Corporate Criminal Liability,* 3rd Edition, Sweet & Maxwell, 2013, pp. 351-352.

一,培训项目应该经常开展,间隔 6 年的培训项目不能算作经常开展。第二,培训项目必须面向所有的企业任职人员,不管他们何时到岗工作。在 Coyne V. P. & O Ports 一案中,法官对当事方企业"已经采取合理的预防性措施"这一辩解不予支持,因为该企业的培训项目仅仅针对单位全部员工的 49%,而且仅仅面向 1996 年入职的员工,而犯罪人却是 1996 年之前入职的。第三,培训课程组织良好,课程的内容及培训次数等说明清晰。①

四是内部控制(Internal Controls and Procedures)及尽职调查机制(Due Diligence Mechanisms)。多数案例法中均阐明了一些关于反贿赂的内部控制标准。在美国判例中,指出了关于内部审计控制中确保账簿记录准确的具体认定原则,例如,在 Aibel and Transocean 案件当中,所明确的限制可以资金支付的内部控制不达标的情形包括:关于公司补贴的账簿记录中,记录有"其他服务支出""运输及装运费用""信差费""售后服务费""咨询费""地方处理费""特别费"等。②

五是企业高层承担合规责任(Allocation of Compliance Responsibilities and Tone at the Top)。合规计划的制度化需要明确谁来负责。合规工作通常由首席合规官(Chief Compliance Officer, CCO)或者合规监督委员会(Compliance Supervisory Board, CSB)负责。合规计划的负责制度主要有美国模式和意大利模式两种模式。在美国,《美国组织量刑指南》将合规责任直接赋予具体的人员,也即高级别的管理人员负责合规及道德计划,也即将合规工作交由一个或多个主要合规官来负责合规计划的实施监督。这就是为什么美国案例强调的是需要建立首席合规官与公司董事会之间的报告通道,以及需要设立审计委员会或者公司法律顾问或者法律经理。公司董事会的职责是确保合规计划得到遵守。但问题是谁来监督监督者?或者说谁来确保董事会成员也会遵守行为规范?在美国,找不到答案。为了解决前述问题,意大利的做法是建立独立于公司董事会的"合规监督委员会",这种安排旨在防止官员戴着两顶帽子。此准则源于罗马法院 2003 年的裁定,该裁定指出,合规监督委员会必须拥有监督违法合规计划的权限,并且该委员会成员不能在该企业担任其他职务。那不勒斯法院的裁定也有类似要求。此外,合规监督委员会成员的专业化问题也值得注意。所谓专业化是指合规监督委员会成员需要具备调查取证以及咨询服务方面的实际经验,如统计分析、风险评估、面对面访谈、发现问题等方面的知识经验。2004 年意大利米兰法院以及 2007 年那不勒斯法院裁定均有这方面的要求。2007 年那不勒斯法院的指令更是对此感兴趣,它具体规定了判断合规监督委员会是否胜任职责的具体要求:①合规监

---

① See Amanda Pinto Q. C. & Martin Evans, *Corporate Criminal Liability*, 3rd Edition, Sweet & Maxwell, 2013, p. 353.

② See Amanda Pinto Q. C. & Martin Evans, *Corporate Criminal Liability*, 3rd Edition, Sweet & Maxwell, 2013, p. 354.

督委员会至少由三人组成,其中一人负责内部审计事宜,其他成员应当来自公司外部。②合规监督委员会的活动开展由公司董事会制定的规范予以调整。合规监督委员会成员有权进行控制和调查,但无权指令该公司,也无权改变公司的组织结构或者处罚公司员工。③合规监督委员会应当与公司中其他部门尤其是风险部门进行合作。合规监督委员会成员有权询问情况,有权要求对方提供文件材料,也有权要求风险部门的经理提供经常性的信息。④合规监督委员会可以建议予以纪律性处分。⑤合规监督委员会在培训课程准备、合规计划制订上协助公司人力资源部门负责人。⑥合规监督委员会可于公司组织调整或者新法颁布之时建议修订完善合规计划。⑦合规监督委员会每六个月向公司董事会或有关部门提交一个开展活动情况报告,同时于发现犯罪行为时告知公司董事长。这方面值得吸取的教训包括:①需要任命一人或一个组织来负责监督合规计划的实施。②合规计划监督方与公司董事会或其他部门之间的保持畅通的报告通道十分关键。③合规官或者合规监督委员会成员不能身兼两职,而且必须品行良好,没有前科。①

企业合规计划不仅必要,而且必须有效。如果说合规操作需要投入花费的话,那么不合规的代价更大。正如美国司法部副部长保罗·麦克纳尔蒂(Paul McNulty)曾经于2009年的一次主旨发言中所指出的:"如果你认为合规中的花费过多,请试试不合规看看!"②

第三节 美国刑事合规制度

美国企业合规自初创之后不断发展,日趋完备。美国1977年颁布的《美国反海外腐败法》只是规定了企业合规的雏形,1991年出台的《美国组织量刑指南》使得美国的企业合规切入刑事责任追究,从而形成完整的企业合规制度(1.0版本),而2013年11月生效的修订版《美国组织量刑指南》使得美国的企业合规进一步切入合规文化,可视为升级版的企业合规制度(2.0版本)。因此,研究美国企业合规制度,应重在考察其刑事合规。

一、美国刑事合规的实体法基础

美国刑事合规制度包含实体刑法支撑以及合规制度构建两个部分。就实体刑法支撑而言,一般认为《美国反勒索及受贿组织法》(the Racketeer Influenced and

---

① See Amanda Pinto Q. C. & Martin Evans, *Corporate Criminal Liability*, 3rd Edition, Sweet & Maxwell, 2013, pp. 357-360.

② Rodney T. Stamler, Hans J. Marschdorf & Mario Possamai, *Fraud Prevention and Detection: Warning Signs and the Red Flag System*, CRC Press, 2014, p. 4.

Corrupt Organizations Act,以下简称 RICO)、SOX 法案和《美国组织量刑指南》三个方面构成美国反腐刑法的主要内容。以下仅仅讨论美国联邦层面的反腐败刑法。

1970 年,美国颁布了《美国有组织犯罪控制法》及其组成部分的《美国反勒索及受贿组织法》(RICO)。其中,RICO 旨在禁止任何人以投资、收购、贸易等行为方式从企业获取利益,它将通过诈骗手段取得、运作或者接受来自企业的收益这一行为规定为违法犯罪。RICO 规定的刑罚非常严厉,堪称美国打击有组织犯罪最为重要的单行法律。例如,根据 RICO,有组织犯罪的被告人可处以最高 20 年的监禁刑,并处 25 万美元以下罚金;对法人犯罪,可处以 50 万美元以下罚金或非法所得或利润两倍以下的罚金;被告违法行为所得的一切收益都可以没收;被害人可以提出损失额最高 3 倍的赔偿请求。值得指出,国会制定 RICO 的最初目的旨在便于起诉有组织犯罪,然而实际上 RICO 已经适用于包括企业腐败在内的越来越多的犯罪类型,因而在反腐中发挥了前所未有的显著作用。比如,1985 年美国联邦最高法院在一则 Sedima 诉 Imrex 公司的案件中裁定,RICO 可以适用于某些合法商业企业,自此以后 RICO 在白领犯罪(white-collar crime)和公司犯罪中得到广泛适用。[1]

1977 年,基于对重大腐败事实的揭露[2],美国国会通过了旨在遏制企业腐败的《美国反海外腐败法》。该法案将贿赂国外官员以及实施可疑的境外支付规定为犯罪,同时对被告公司及公司经理规定了严厉的刑罚措施。例如,故意违反上述规定的,对国内公司处以最高 100 万美元的罚金,公司官员、职工以及股东处以最高 5 年监禁并处 1 万美元以下的罚金。此后,美国推动 OECD 制定了《OECD 反贿赂公约》(Convention on Combating Bribery of foreign Public Officials in International Business Transaction)。1998 年,美国批准了前述公约并以《美国国际反贿赂及公平竞争法》(the International Anti-Bribery and Fair Competition Act)这一国内立法修订了前述 1977 年《美国反海外腐败法》,使其与公约的规定相一致。根据 1998 年修订版的《美国反海外腐败法》,公司或其他法人构成犯罪的可处以最高 200 万美元的罚金,公司经理、股票持有人、雇员及其经纪人可处以最高 10 万美元的罚金,并处以最高 5 年监禁。此外,根据美国行政管理和预算局(the Office of Management and Budget)的规定,个人或公司违反《美国反海外腐败法》规定,可以禁止其从事与联邦政府的商业交易。

21 世纪之交,美国的反腐败刑法继续发展。20 世纪末期,随着大量法人犯罪丑闻的曝光,美国国会通过了 SOX 法案。SOX 法案旨在以严厉刑罚打击上市公

---

[1] See Daniel Huynh,Preemption v. Punishment: A Comparative Study of White Collar Crime Prosecution in the United States and the United Kingdom, *Journal of International Business and Law*, No. 105, 2010, p. 112.

[2] 在一个美国证券交易委员会调查当中发现,超过 400 个美国企业承认自己支付了数额超过 3 亿美元的款项给外国政府官员、政治人物或政党。参见 Colin Nicholls QC, Tim Daniel, Martin Polaine and John Hatchard, *Corruption and Misuse of Public Office*, 2nd Edition, Oxford University Press, 2011, p. 647。

司之内的欺诈行为,以防止诸如安然公司、世界通信那样的大公司破产。例如,该法第 302 条规定,改动、销毁、篡改、隐匿和伪造财务账簿的,处以最高 20 年监禁。该法还明确规定,相关的审计和财务检查记录要保留 5 年时间,会计人员未能按上述要求保留记录的要处以最高 10 年监禁。[1] SOX 法案在司法实践中取得了良好的成绩,比如在 2003 财政年里,共查处了超过 199 起财务欺诈案件,32 家公司被吊销营业资格,36 起个人或单位的资产被冻结,此外政府还中止了 110 名经理人员在上市公司内从事工作的资格。[2]

21 世纪以来,美国继续强化反腐败刑法。例如,美国于 2004 年通过了《强化和改善反垄断刑事处罚法》(the Antitrust Criminal Penalty Enhancement and Reform Act, ACPERA)。该法大幅提高了针对个人或企业实施之垄断行为的刑罚处罚。该法规定了更加严厉的刑罚措施:一是将针对企业的最高罚款额度从原来的 1000 万美元提高到 1 亿美元;二是将针对个人的最高罚款额度从原来的 35 万美元提高到 100 万美元;三是将最高监禁刑从原来的 3 年提高到 10 年。

此外,美国为了强化企业犯罪的刑事处罚还先后出台了多个针对公司犯罪的量刑规范。现今,指导公司犯罪起诉和量刑的主要规范有:一是《美国组织量刑指南》;二是美国司法部《美国联邦商业组织起诉原则》;三是《共同知识准则》(the Collective Knowledge Doctrine)。为了检讨美国的联邦执法制度,美国于 1984 年成立了量刑委员会。1987 年,美国量刑委员会制定了一个适用于个人被告人的量刑指南。1991 年 10 月 1 日,美国颁布了一套联邦刑事审判层面的仅仅适用于单位被告人的量刑指南《美国组织量刑指南》。至于具体如何量刑,《美国组织量刑指南》(1991)规定需要如个人犯罪一样针对单位犯罪确定犯罪等级(offense levels),但是其确定单位罚金的方法却比个人犯罪更为复杂。另外,《美国组织量刑指南》(1991)还规定了单位犯罪的两种减轻处罚的情节:①公司实施了旨在预防和遏制公司犯罪的合规计划;②公司在揭露违法犯罪行为方面自愿与政府合作。因此,鼓励公司合规以及与政府合作是《美国组织量刑指南》的主要宗旨。此外,在安然公司破产后制定的 SOX 法案要求美国量刑委员会继续检讨《美国组织量刑指南》(1991)。这样,修订版后《美国组织量刑指南》(2013)旨在倡导合规文化,也即鼓励公司致力于法律合规以及道德行为,该法于 2013 年 11 月 1 日开始生效。

二、企业刑事合规的美国模式解读

当下世界众多国家均制定了刑事合规法律制度,但各国刑事合规的具体制度

---

[1] See Hank J. Brightman, *Today's White-collar Crime: Legal, Investigative and Theoretical Perspectives*, Routledge, New York, 2009, p. 224.

[2] See Hank J. Brightman, *Today's White-collar Crime: Legal, Investigative and Theoretical Perspectives*, Routledge, New York, 2009, pp. 224-225.

存在差别。国际社会存在着一些可称为"刑事合规模式"的代表性国家的刑事合规制度,如美国模式、英国模式、意大利模式、法国模式、瑞士模式等。其中,美国模式的基本特点是:首倡企业刑事合规,合规规则丰富实用,刑罚严厉但注重起诉策略。

(一)企业刑事合规美国模式的基本特点

美国不但是国际社会企业合规及刑事合规的首倡者和重要推动者,而且其刑事合规制度特色鲜明。

一是法规形式方面,由于美国是联邦制国家,因而不可能以制定联邦刑法的方式规定刑事合规,而是将刑事合规制度框架规定在先后修订的《美国组织量刑指南》之中。众所周知,专门针对单位被告的《美国组织量刑指南》(1991)首次将企业合规纳入刑事责任追究,但此时的企业刑事合规制度还比较简单,如公司只要存在合规计划就成为减轻刑事责任的充分理由。此后美国司法部先后出台一系列起诉规则,这些规则对美国的企业刑事合规制度进行了补充和完善,规定有效的合规计划至少包括制定合规标准,对监督和实施进行管理,确保有效沟通,建立充分的监控制度、内部纪律、报告制度等部分内容。

二是内容特点方面,1991年10月1日生效的《美国组织量刑指南》以鼓励企业合规以及企业与政府之间的合作为主要宗旨,体现了鲜明的预防性刑事责任观念。首先,《美国组织量刑指南》(1991)一方面规定不仅可以对公司追究刑事责任,而且公司不采取措施提前应对和预防单位中个体员工的违法行为,也将受到严厉惩罚,另一方面规定公司员工实施犯罪之时公司已经拥有有效的合规计划,属于刑罚裁量的减轻情节,具体包括两种减轻情节:①公司实施了旨在预防和遏制公司犯罪的合规计划;②公司在揭露违法犯罪行为方面自愿与政府合作。相反,公司员工实施犯罪之时公司缺乏有效的合规计划就成为刑罚裁量的加重情节。其次,量刑指南还规定了具体的合规量刑制度,即法庭可以指令公司完善或制订一个综合性的合规计划。[①] 再次,《美国组织量刑指南》(1991)还规定了衡量企业合规计划是否有效的原则标准或称"七个步骤"[②]。最后,《美国组织量刑指

[①] See Dominik Brodowski, Manuel Espinoza de los Monteros de la Parra, Klaus Tiedemann & Joachim Vogel (eds.), *Regulating Corporate Criminal Liability*, Springer, 2014, p. 64.

[②] "七个步骤":一是建立了合规的标准和程序;二是指定公司高管来负责该合规计划的监督;三是避免将职权赋予那些倾向于实施违法行为的个人;四是单位中就合规标准及程序进行了有效沟通;五是建立了旨在发现违法行为的监督和审计制度,以及公司员工针对本单位其他员工的犯罪行为进行举报且免遭报复的报告制度;六是通过内部纪律性制度,包括个人可以在公司未能发现犯罪时对公司进行监督的持续性制度;七是单位采取了应对已然犯罪以及预防未来类似犯罪的所有合理措施,包括对合规计划的必要修订。See Francis T. Cullen, Gray Cavender, William J. Maakestad & Michael L. Benson, *Corporate Crime Under Attack: The Fight to Criminalize Business Violence*, 2nd Edition, Routledge, 2015, pp. 358-359.

南》(1991)还强调,单位越大对其合规计划的有效性要求就越严。此外,在安然公司破产后制定的 SOX 法案要求美国量刑委员会继续检讨《美国组织量刑指南》(1991),以确保充分应对组织内的违法犯罪,这就是 2013 年 11 月 1 日生效的《美国组织量刑指南》。《美国组织量刑指南》(2013)旨在通过采用更为严厉的合规计划评价标准来倡导合规文化,其主要修订内容有:①鼓励公司致力于法律合规以及道德行为,并为此提供激励且规定了最低标准;②增加了公司高管及董事会有关合规计划的职责;③要求任何有效的合规计划都应该包括定期的风险评估。总之,与 SOX 法案中的道德性条款相配合,修订后的《美国组织量刑指南》强调了道德行为的重要性。

三是配套规则方面,在出台 1991 年《美国组织量刑指南》以及 2013 年对《美国组织量刑指南》修订之后,美国司法部还相继出台了关于公司起诉标准以及如何审查合规计划的执法指南。[①] 比如,修订版的《美国组织量刑指南》于 2013 年 11 月 1 日生效之后,美国司法部随即更新了《美国联邦商业组织起诉原则》,这些文件完善了公司起诉标准。此外,美国司法部最近还将以上起诉标准与《美国检察官手册》予以整合。根据上述规范,美国检察官可以基于上述起诉标准以及如下两方面因素决定采取控告还是控辩协商:①公司现有合规计划是否存在及其有效性程度;②公司所采取的改进措施,如对有效的公司合规计划的实施、对现有合规计划的完善、调整不负责任的公司经理、对违法者的内部纪律处分或者解雇工作、支付赔偿、与政府相关部门之间的合作等情况。还要指出,美国司法部发布《公司合规评估补充指南》(Evaluation of Corporate Compliance Programs)还列出了检察官评估合规计划是否具有有效预防和遏制违法之功效以及公司领导层是否支持合规计划的主要评价指标:①合规计划的设计是否合理;②是否对合规计划予以真诚善意的实施;③合规计划是否有效。此外,前述评价指标还可以细分为如下六个方面:①合规计划的全面性;②犯罪行为的性质、蔓延程度、严重性、持续时间、发生频率;③涉及雇员的数量和级别;④是否对合规计划中发现的过去违法行为人进行处理,如纪律处分;⑤是否基于经验教训对合规计划进行修订完善;⑥是否拥有有效的公司治理机制,如对公司经理独立考评、确保审计的独立和精准以充分发挥其功能、是否为公司管理人员及经理提供合规计划所需的及时且准确的信息。至此,美国制定了关于规范公司合规计划以及起诉公司犯罪的体系完备、内容丰富且操作性强的规范体系。

四是起诉策略方面,美国检察官以暂缓起诉协议(Deferred Prosecution Agreement, DPA)和不起诉协议(Non-Prosecution Agreement, NPA)为制度基础日益注重公司起诉的策略性运用。美国的检察官拥有很大的裁量权,他们甚至比法官更有

---

① See Stefano Manacorda, Francesco Centonze & Gabrio Forti(eds.), *Preventing Corporate Corruption: The Anti-Bribery Compliance Model,* Springer, 2014, pp. 376-377.

机会和空间评估公司的合规计划。美国的公司起诉与"审前转处"（pretrial diversion）这一制度密切相关：一方面，企业制订并实施有效的合规计划可能导致检察官做出仅仅起诉公司职员的决定；另一方面，由于审前协议的存在，使得针对公司的刑罚轻重很大程度上取决于合规计划制订或实施得如何。实际上，美国司法部和证券交易委员会近些年来在起诉经济犯罪中日益注重暂缓起诉协议和不起诉协议的策略性运用。①

综上，企业刑事合规的美国模式具有三个方面的特点：①美国针对企业合规采取严格责任，企业拥有合规计划只是量刑减轻情节，并不免除刑事责任；②《美国组织量刑指南》及其修订，加上美国司法部出台的实施指南以及起诉标准规定了评价合规计划的评价标准和起诉策略，操作规范丰富实用。③很大程度上由于起诉规则以及暂缓起诉协议和不起诉协议的司法适用，美国检察官在起诉违法企业时拥有很大的灵活性并日益注重起诉策略的运用。

（二）企业刑事合规美国模式的内涵解读

深入研究美国企业刑事合规制度，不仅需要归纳其法律形式上的鲜明特点，更需要从内容意蕴方面解读其内在精神或深层原理。

第一，公司刑事责任制度方面，刑事合规采用严格责任的同时将公司刑事责任扩大到普通员工层面。例如，1991年10月1日生效的《美国组织量刑指南》，一方面规定针对企业合规适用严格责任，也即只要企业发生了应当追究单位刑事责任的腐败犯罪，即使单位拥有有效的合规计划也仅仅是减轻刑事责任，并不免除刑事责任；另一方面，规定了不仅可以对公司进行追究刑事责任，而且公司不采取措施预防单位中普通员工的违法行为，也将追究公司的刑事责任。

第二，公司犯罪刑罚处罚方面，公司犯罪的刑罚处罚日趋严厉。以《谢尔曼法》这一主要针对公司企业的重要反腐法律为例，1890年制订该法之时，对垄断行为的刑罚处罚为最高一年监禁以及5000美元的罚金。此后，该刑罚条款在多次修订后日趋严厉：1955年将该罚金提高到5万美元；1974年，美国刑法将违反《谢尔曼法》的行为规定为重罪，处以最高3年监禁，对违法的个人并处最高10万美元

---

① 例如，2013年全美国共有28起不起诉协议和暂缓起诉协议案件。2014年，美国司法部办妥了19起暂缓起诉协议和10起不起诉协议案件，证券交易委员会办妥了1起暂缓起诉协议案件，经济赔偿金额超过51亿美元。2015年前6个月，美国司法部办妥了5起暂缓起诉协议案件和23起不起诉协议案件，证券交易委员会办妥了1起暂缓起诉协议案件。然而，随着暂缓起诉协议制度在应对经济犯罪中日益显著的显示度和作用，美国法院法官开始采取更为积极的干预性措施，纷纷要求就批准暂缓起诉协议的权限范围进行更多更为广泛的说明，同时要求针对暂缓起诉协议和不起诉协议案件提供更多的事实依据。到2015年年中，美国吉布森邓恩律师事务所（Gibson Dunn law firm）称之为"关于公司不起诉协议以及暂缓起诉协议的显著性政策转变，美国司法部采取了几乎废除暂缓起诉协议这一前所未有的举措，在暂缓起诉协议监管之中日益采取一种干涉主义的态度"。See Monty Raphael QC, *Bribery: Law and Practice*, Oxford University Press, 2016, p. 166.

罚金,对违法的公司并处最高 100 万美元罚金;1984 年又将违法个人的罚金提高到最高 25 万美元;1990 年,对个人的罚金提高到最高 35 万美元,对公司的罚金提高到最高 1000 万美元;1999 年,美国司法部反垄断处建议将违反《谢尔曼法》的罚金提高到个人最高 35 万美元或者所获收益的两倍或者被害人损失的两倍,对个人的监禁提高到最高 3 年,对公司的罚金提高到最高 1000 万美元。① 此外,美国国会于 2004 年通过的《强化和改善反垄断刑事处罚法》同样大幅提高了针对相关垄断犯罪行为的刑罚处罚:一是将针对企业的最高罚款额度从原来的 1000 万美元提高到 1 亿美元;二是将针对个人的最高罚款额度从原来的 35 万美元提高到 100 万美元;三是将最高监禁刑从原来的 3 年提高到 10 年。以上可见,从 20 世纪 70 年代至今,美国法律针对公司犯罪的刑罚处罚日趋严厉。

第三,单位刑事责任模式方面,公司刑事责任实现从个人过失到公司治理缺陷的模式转型。从刑事责任理论上看,无论是英美法系国家还是大陆法系国家,传统的公司刑事责任制度是所谓"拟人化模式"(the anthropomorphic model),也即将公司代理人的个人违法行为等同于公司行为。然而,最近十余年以来,西方国家的公司刑事责任模式已经发生了显著变化,也即由传统的"拟人化模式"演变为更为自治、客观的"公司过失"(corporate fault)或者说"不完善的公司"(the deficient company)。② 传统的公司刑事责任理论叫作"归责理论"(imputation theories),也叫识别理论(identification theory)或者替代责任(vicarious liability)。该责任认为公司刑事责任主要就是公司就高管的选拔任用、管理和监督等承担责任。最近一些年以来,美国以及法国、德国、意大利等欧洲国家的公司刑事责任已经演变为所谓客观责任理论(objective theories)或全面责任理论(holistic theories),也即超越了传统的以针对雇员、经理之监督为内容的个人归咎责任。以上公司刑事责任模式转型的社会背景是:现代社会里基于环境灾害、爆炸、海洋灾害等多方面因素,成立一个复杂的公司本身就存在风险,该风险可以通过适当的公司理念、良好的公司文化和可信赖的合规努力等予以抵消,因而缺乏上述内容就成为公司承担有别于个人管理过失的独立责任。

第四,合规计划中纳入道德因素,是企业刑事合规制度的最新发展。前面已述,《美国组织量刑指南》(2013)的重要特点及内容就是鼓励公司致力于法律合规及道德行为,同时为此提供激励并规定了最低标准。实际上,合规与道德之间的关系在现实层面反映了制定规范与恪守道德原则之间的紧张关系。规范的优点是,它为规则的遵守与执行提供了可预见性。规则划分了合规行为与不合规行为之间的界限,从而减少了自由裁量。然而,将所有的情节与规则

---

① See David R. Simon, *Elite Deviance*, 8th Edition, Pearson Education, Inc. U. S. 2006, pp. 97-99.
② See Mark Pieth, Lucinda A. Low & Nicola Bonucci(eds.), *The OECD Convention on Bribery: A Commentary*, 2nd Edition, Cambridge University Press, 2014, pp. 218-234.

——对应既不现实,还可能鼓励潜在的违法人寻找规则的漏洞并为了自己的利益对规则加以利用。另外,道德原则虽然看起来更加模糊不清,但能提供道德情景之中的指引。因此,合规之外关注道德,有助于克服责任认定中对有责性的过度依赖,还能避免对法条主义的过分强调。可以说,传统的合规计划聚焦于预防、发现和惩罚违法犯罪,而以道德为基础的合规则注重凝练组织的价值观并鼓励恪守道德原则。实际上,前一模式容易导致增加"道德平庸"(moral mediocrity),而后一模式则能鼓励更多的"自我治理"(self-governance)。1999年进行的一项调查显示,在那些已经实施道德计划的公司里,其不道德或违法行为的发生率降低,同时征求道德意见、向管理层举报违法行为以及更好地为公司效力的职工比例得以增加。[①]

第四节 美国企业合规的形成机理

知其然,还要知其所以然。在考察揭示美国企业合规的发展历程、全球影响以及实体内涵之后,还应揭示美国企业合规的形成机理,也即美国企业合规发展的主要因素、互动关系或观念政策指引究竟何在,从而更好理解其合规制度。

一、典型案件深刻反思推进了企业法治创新

纵观美国企业合规的孕育发展,典型案件的发生以及伴随的深刻反思成为推进美国企业法治创新发展的良好契机。实际上,1978年8月"福特汽车审判案"之后,美国企业法治开始展现出新的活力与动能,由此促成完整版的企业合规制度(1.0版本),而21世纪之交发生的安然公司破产案则催生美国企业合规升级为更为高级的文化合规制度(2.0版本)。

(一)"福特汽车审判案"之前美国企业法治发展缓慢

就美国的企业合规尤其是刑事合规而言,发生于20世纪70年代末期的"福特汽车审判案"具有里程碑意义。1978年8月10日,美国印第安纳州发生了一起交通事故,一辆福特汽车公司生产的斑马牌(Pinto)汽车车尾与另一辆货车相撞,汽车起火燃烧,车上3名少女死亡。事故发生后一个月,审理该案的印第安纳州大陪审团指控福特汽车公司构成过失杀人罪。1980年该案的审理引起全国关注,由此成为美国白领犯罪社会运动的起点。美国学者认为,该案是一个界分前后两个时期的分水岭:前一个时期是信赖美国公司,不关注白领犯罪,不愿意起诉和处罚

---

① See Amanda Pinto Q. C. & Martin Evans, *Corporate Criminal Liability*, 3rd Edition, Sweet & Maxwell, 2013, p. 366.

公司犯罪;后一个时期是关注公司犯罪,运用刑法惩治公司犯罪。①

总的看,"福特汽车审判案"发生之前,美国的企业法治发展缓慢,作为不大。尤其是此一时期美国关于企业犯罪的主流认识依然保守,从而难以支撑企业法治的创新发展。具体说,此一时期美国社会一般观念认为,白领犯罪人大多都是受人尊敬的"社会顶梁柱",他们通常被看作没有危险的犯罪人,对他们实施的犯罪不能等同于街头犯罪(street crime)。对他们而言,由于受到查处而导致的公开羞辱就算是足够的处罚,如果另外再予以监禁处罚就显得过于残忍和多余。此外,相比社会一般观念,政府官员和法官对白领犯罪人往往更是抱有宽大甚至同情态度。例如,1960年,法官约翰·福特(John Ford)在审理一个白领犯罪案件时就说:"这些人都是虔诚且非常有教养的人士,他们为自己的家庭、团体、社区和国家付出了真诚的贡献……我绝对不能将他们投入监狱。"②

(二)"福特汽车审判案"催生了完整版的企业合规制度(1.0版本)

1978年8月的"福特汽车审判案"之后,美国各界开始关注并重视长期以来被忽视的白领犯罪和公司犯罪,企业法治开始展现出新的活力与动能,催生了《美国组织量刑指南》关于组织的刑事合规制度,促成了完整版的企业合规制度(1.0版本)。主要表现在:

一是"福特汽车审判案"发生之后,美国学界及媒体等对企业违法犯罪的相继揭露使人们日益认识到企业违法的严重危害。实际上,美国犯罪学家自20世纪70年代末就开始系统地记录公司违法所造成的损失。例如,美国犯罪学家斯坦顿·惠勒(Stanton Wheeler)和米切尔·罗思曼(Mitchell Rothman)对美国联邦法庭1976、1977、1978年审判定罪的案卷材料进行分析后发现,由单位实施的8个白领犯罪罪名的平均经济损失达387274美元;形成对照的是,没有利用其在单位内职务之便的个人实施的白领犯罪所造成的损失则刚刚超过8000美元。尤其是,单位犯罪所造成的损失比传统的街头犯罪所造成的损失更大。例如,根据FBI的统计,2004年每种犯罪的平均经济损失分别是:抢劫罪1308美元,盗窃罪1642美元,侵占罪727美元,盗窃汽车6108美元。斯坦顿·惠勒和米切尔·罗思曼随后指出:"正如组织这一形式已经以个人无可比拟的能量推动经济和技术发展一样,组织这一形式也能让单位的非法所得远远高出个人实施犯罪的非法所得。可以说,单位就是白领犯罪人手中最为强大的武器。"③再如,1984年美国学者苏珊·夏皮罗(Susan Shapiro)在专著《白领犯罪》(Wayward Capitalists)中考察了公

---

① See Francis T. Cullen, Gray Cavender, William J. Maakestad & Michael L. Benson, *Corporate Crime Under Attack: The Fight to Criminalize Business Violence*, 2nd Edition, Routledge, 2015, p. 3.

② Larry J. Siegel, *Criminology: Theories, Patterns and Typologies*, 9th Edition, Thomson Wadsworth, 2007, p. 409.

③ Francis T. Cullen, Gray Cavender, William J. Maakestad & Michael L. Benson, *Corporate Crime Under Attack: The Fight to Criminalize Business Violence*, 2nd Edition, Routledge, 2015, p. 18.

司实施或者针对公司的欺诈犯罪,聚焦于美国证券交易委员会查处的公司违法犯罪如股票操弄、自我交易、内幕交易等。他估计美国证券交易委员会查处的公司违法犯罪对被害人的损失平均为 10 万美元,其中 19% 的案例所造成的损失超过 50 万美元,而那些以定罪结案的案件所造成的损失更大。① 20 世纪 80 年代,美国公司造成巨额损失的案件得到更多的曝光。例如,1980 年 6 月开始后的 20 个月时间里,E. F. 赫顿(E. F. Hutton)参与了一起复杂的诈骗案件,指使各个分支机构的负责人针对 400 多家商业银行开立金额超过银行存款的支票,这样在不同银行之间进行资金转移,从而使得支票得以承兑,整个操作涉及金额高达 100 亿美元。后来于 1985 年与美国司法部的认罪协商中,赫顿承认犯有多项重罪。赫顿为此支付了法律规定的最高额罚金 200 万美元,同时还支付了受害银行赔偿金 800 万美元。最后,该丑闻导致其消费信用的丧失殆尽,从而不得不出售自己的公司。②

二是"福特汽车审判案"发生之后,美国社会日益汇成了一场催生企业法治革命的声势浩大的白领犯罪社会运动。例如,美国社会学家杰克·卡茨(Jack Katz)就认为,美国 20 世纪 70 年代末期开始经历了一场关于白领犯罪的社会运动,表现在商业、政治精英因为触犯贿赂、欺诈、腐败而被查出的人数显著增加,白领犯罪取代街头犯罪成为政治性话题,同时卡特政府时期开始将精英犯罪置于司法中的优先地位。实际上,这场社会运动主要包括实践和学术两个领域,这两个方面构成这场社会运动的基本内容,而这一社会运动为关于白领犯罪的法律制度注入了活力和动能。③

三是"福特汽车审判案"发生之后,美国企业法治以前所未有的节奏快速发展,势头迅猛。一方面,成立于 1985 年的美国 COSO 制定了一系列关于企业风险管理、内部控制以及发现欺诈的制度框架及指导原则。之后,COSO 又于 1992 年发布了一个关于企业风险管理、内部控制以及防范欺诈的指导性文件《内部控制:综合性框架》。实际上,在 SOX 法案出台之后,美国企业正苦于寻找此类关于企业合规的操作性规范。其后,COSO 又于 2013 年 5 月发布了修订版的《内部控制:综合性框架》。另一方面,到 20 世纪 90 年代初期,美国将合规计划纳入刑事责任追究,企业合规正式演进为企业刑事合规,简称 1.0 版本的企业合规制度,这就是美国 1991 年 10 月 1 日开始生效的仅仅适用于单位被告人的《美国组织量刑指南》。

---

① See Francis T. Cullen, Gray Cavender, William J. Maakestad & Michael L. Benson, *Corporate Crime Under Attack: The Fight to Criminalize Business Violence*, 2nd Edition, Routledge, 2015, pp. 18-19.

② See Francis T. Cullen, Gray Cavender, William J. Maakestad & Michael L. Benson, *Corporate Crime Under Attack: The Fight to Criminalize Business Violence*, 2nd Edition, Routledge, 2015, pp. 20-21.

③ See Francis T. Cullen, Gray Cavender, William J. Maakestad & Michael L. Benson, *Corporate Crime Under Attack: The Fight to Criminalize Business Violence*, 2nd Edition, Routledge, 2015, p. 101.

(三) 安然公司破产案催生了升级版的企业合规制度(2.0版本)

21世纪之交,美国金融领域爆发了一系列腐败丑闻,其中影响最大的就是安然公司破产案。① 安然公司破产之后,美国随即制订了SOX法案,该法要求美国量刑委员会针对《美国组织量刑指南》(1991)进行检讨和修订,以强化企业内部违法现象的防控。此后,美国量刑委员会针对《美国组织量刑指南》(1991)进行了首次规模性修订(该修订于2013年11月1日开始生效),其宗旨是采取更为严厉的合规标准来倡导合规文化。也就是说,《美国组织量刑指南》(2013)强调了组织内道德行为的重要性,由此与SOX法案中的道德性条款形成对应。如果说《美国组织量刑指南》(1991)使得美国的企业合规切入刑事责任追究,从而形成完整版的企业合规制度(1.0版本)的话,那么《美国组织量刑指南》(2013)使得美国的企业合规进一步切入合规文化,可以说是升级版的企业合规制度(2.0版本)。

二、政企合作反腐是催生企业合规的观念指引

美国企业合规法律制度的孕育产生相当程度上受益于关于企业违法犯罪的调查研究,尤其是犯罪学研究,正是这些调查研究使得美国开始形成政企合作反腐理念,由此为企业合规制度的孕育发展开启前景和道路。

(一) 日益深入的调查研究是企业合规制度产生的智识支撑

首先,随着调查研究的深入,人们对企业违法犯罪的危害性认识日益提高。过去的半个世纪以来,公司犯罪所造成的各种损失之巨大日益清晰。例如,美国20世纪50年代发生的电子企业的价格垄断案被称为"不可思议的电器阴谋"。在20世纪50年代的大部分时间里,美国电子产品生产企业联手针对高达12类的产品进行价格垄断。该起案件于20世纪50年代末期案发,45家企业负责人被处以共计13.6万美元的罚金,7人被处以一个月的监禁,参与价格垄断的29家企业被

---

① 美国安然公司是一家以能源起家的经营多种产品的公司,该公司倒闭之前是美国第七大企业。2000年8月,安然公司的股票达到每股90.56美元,然而仅仅一年之后竟然降至1美元以下。安然公司通过与其他公司的复杂操作,以存在问题的会计操作,人为地扩张其利润和金融能力,导致其华尔街股票飙升并使资金流向风险领域。此后,随着损失的继续攀升以及外部审计的从严,安然公司不得不披露一个3/4即6.38亿美元的损失以及股票市值下降幅度达13亿美元的事实。此后随着其金融评级的下降以及投资信用的丧失,安然公司很快进入经营僵局,不得不于2001年12月2日申请破产。之后,美国联邦检察官针对安然公司员工进行了涉嫌16项罪名的指控和针对公司高层涉嫌股票操作及欺诈罪名的指控。安然公司破产所造成的损失难以估算,其中包括600亿美元的华尔街市值损失以及近21亿美元的退休金计划和5600个工作岗位。实际上,美国学者认为,安然公司实施的公司犯罪只是"冰山一角",例如有研究报告表明,2005年6月,美国司法部已经起诉了400多家公司的900名公司员工使之被定罪或者认罪。See Francis T. Cullen, Gray Cavender, William J. Maakestad & Michael L. Benson, *Corporate Crime Under Attack: The Fight to Criminalize Business Violence*, 2nd Edition, Routledge, 2015, pp. 22-23.

处以共计 200 万美元的罚金,其中通用电气公司(GE)被罚 437500 美元。表面上看,对以上违法企业的罚金似乎很重,但相比公司所造成的损失而言却微不足道。例如,根据美国司法部的计算,前述案件中价值近 70 亿美元的商品通过价格垄断而售出,如果按照市场定价机制的话其价格应该降低 40%,也即这些企业通过价格垄断从公众那里摄取了多达 30 亿美元的利益。犯罪学家吉尔伯特·盖斯(Gilbert Geis)研究该丑闻后指出:"该起重大电器产品价格垄断共谋个案涉及的金额比整个美国同期发生的抢劫、盗窃、侵占涉及的金额总和还多。"[1]此外,20 世纪 70 年代初,学者拉尔夫·纳德(Ralph Nader)就令人忧虑地指出:"作为一种暴力形式,职业伤亡的人数在统计上至少是街头犯罪的三倍。"[2]20 世纪 80 年代,美国储蓄信贷行业的破产导致的损失高达 2000 亿美元。此外,由于储蓄信贷行业的破产所导致的利息支付以及其他方面的损失可能由当时的 5000 亿美元增加到 2021 年的 14000 亿美元。观察家们就其中究竟多少是由于犯罪活动,多少是由于经营决策不善,存在争议,但学者一般认为其中至少几十亿美元的损失是由于企业的违法活动。20 世纪 80 年代的另一企业违法行为就是内幕信息交易。例如,著名的华尔街人物伊万·博斯基(Ivan Boesky)因为触犯内幕信息交易犯罪被判罚金 1000 万美元,同时被处以 3 年监禁。此外,迈克尔·米尔肯(Michael Milkin)被判支付 6 亿美元的赔偿和 10 年监禁。[3] 21 世纪到来之后,虽然现在的工作环境及其安全性已经得到大幅改善,但职业伤亡情况依然严重。例如,美国"国家职业安全卫生研究所"(the National Institute for Occupational Safety and Health, NIOSH)在 2004 年的报告中估算到,每年单位员工遭到非致命性伤害的人数是近 500 万人,其中 390 万人需要到医院急诊室就医,近 6000 名员工于工伤事故中死亡,工伤事故每年造成的非致命性伤害人数在 33 万人至 43 万人之间,每年的具体数字会有些许出入。[4]

其次,针对"公司暴力"的研究深入有助于进一步拓展企业违法犯罪的认识格局。美国学者认为,研究企业违法犯罪不仅要关注所造成的经济损失,还要关注公司决策所造成的人员死亡和伤害,而且后者是更为重大的损失。在美国,公司决策可能危害企业员工、消费者和大众的健康和安全,学者称为"公司暴力"(corporate violence)。学者认为:"根深蒂固的传统文化、惯常的政治修辞以及媒体的

---

[1] Francis T. Cullen, Gray Cavender, William J. Maakestad & Michael L. Benson, *Corporate Crime Under Attack: The Fight to Criminalize Business Violence*, 2nd Edition, Routledge, 2015, p. 19.

[2] See Ralph Nader, "Introduction", in Joseph A. Page and Mry-Win O'Brien, Bitter Wages, New York: Grossman, 1973, p.Ⅷ.

[3] See Francis T. Cullen, Gray Cavender, William J. Maakestad & Michael L. Benson, *Corporate Crime Under Attack: The Fight to Criminalize Business Violence*, 2nd Edition, Routledge, 2015, pp. 21-22.

[4] See National Institute of Occupational Safety and Health, Worker Health Chartbook, 2004, Washington DC.

持续关注使得我们敏感于传统的违法行为也即个人街头犯罪。传统的犯罪是指个人实施的社会危害行为。将犯罪问题与街头犯罪予以等同的传统倾向使得我们明显忽视单位违法这一日益严重且破坏性巨大的犯罪类型。与大众及决策者的传统认识不同,单位犯罪可以成为暴力犯罪的主体。"①就此,有美国学者将公司暴力的类型区分为以员工为被害人的(workers as victims)公司暴力、以消费者为被害人的公司暴力(consumers as victims)和以公众为被害人(the public as victims)的公司暴力。②

(二)树立政企合作反腐理念为企业合规产生发展开辟前景

首先,企业反腐基础研究成果有助于将反腐的着力方向指向犯罪预防。这是因为,弄清楚哪些因素致使人们遵守规范制度或者愿意合作,对于确立反腐着力方向而言十分重要。这方面,不同领域、学科、立场的学者会得出不同的观点。例如,行为学家认为人们的行为决策很大程度上受着工具性动机(instrumental motivations)的驱使且有着追求利益最大化和损失最小化的倾向,同时强调"内部动机"对于遵守规范制度的重要性。相反,外部动机是指一些行为受着外部因素的驱使,如承诺给予奖励或者威胁制裁。总的说来,学界的研究倾向于认为,企业预防违法行为的工具性动机主要是两个方面,也即预防能力(preventive capability)和自我管理(self-regulation)。③ 显然,这些关于反腐的基础研究有助于将反腐的着力方向指向预防。

其次,正是政企合作反腐这一政策理念引领着企业法治及企业合规的生成和发展。美国有学者指出:"预防公司犯罪需要构建起更为有效的政企关系,这一关系当中企业的角色定位发生历史性变化,也极有可能的刑事执法目标转变为检方在调查起诉商业犯罪中的帮手和搭档。这种新型政企关系中的重要方面是要更多地发挥企业在预防腐败中的重要作用:一方面,政府机构及立法机关要开发更多的激励措施促使企业致力于预防腐败;另一方面,企业要通过内部规范来促使促进经理及员工的遵守规范。"④

三、企业合规属于现代企业风险管理体系的核心内容

从系统论角度看,现代各国的企业合规制度一方面呈现于企业反腐法治的发

---

① Francis T. Cullen, Gray Cavender, William J. Maakestad & Michael L. Benson, *Corporate Crime Under Attack: The Fight to Criminalize Business Violence*, 2nd Edition, Routledge, 2015, p. 23.

② See Francis T. Cullen, Gray Cavender, William J. Maakestad & Michael L. Benson, *Corporate Crime Under Attack: The Fight to Criminalize Business Violence*, 2nd Edition, Routledge, 2015, pp. 26-42.

③ See Stefano Manacorda, Francesco Centonze & Gabrio Forti (eds.), *Preventing Corporate Corruption: The Anti-Bribery Compliance Model*, Springer, 2014, pp. 46-48.

④ Stefano Manacorda, Francesco Centonze & Gabrio Forti (eds.), *Preventing Corporate Corruption: The Anti-Bribery Compliance Model*, Springer, 2014, p. 43.

展完善,另一方面也生成于企业风险控制这一现代企业战略管理系统。因此,考察企业合规制度也应当立于当代企业战略管理这一新的企业管理理念及系统。

(一)合规计划是现代企业风险管理的核心

在现代西方国家,企业中有效的内部控制包括企业风险管理、欺诈风险管理和合规风险管理三个方面的核心内容,而此三者中,合规风险管理最为关键。美国20世纪70、80年代,一系列大型企业的倒闭破产,其中的重要原因之一就是会计报表的造假。21世纪初期,美国安然公司、世界通信等大型企业的腐败丑闻带来的教训是:仅仅建立着眼于预防欺诈的内部控制制度是不够的,应当建立更为全面的发现、评估和管理所有风险的综合性防控制度。鉴此,美国COSO主要任务就是制定一个企业内部控制框架,也即1992年颁布的名为《内部控制:综合性框架》的指导性规范。同时,COSO为企业董事会和高管开发了管理单位风险的新的工具"COSO企业风险管理标准"。① 根据该风险管理标准,企业风险管理的四个主要目标就是战略、经营、报告和合规,而所谓"合规"则是指确保单位遵守相关的法律和规章。②

在现代管理理念当中,合规计划通常被认为是公司自我管理的一种形式。从国际组织看,国际商会最早关注自我管理,认为自我管理是一个引入企业行为责任的好办法。于反腐当中审视自我管理则始于1977年国际商会发布的报告《关于国际贸易中的敲诈和贿赂的报告》(Report on Extortion and Bribery in International Trade),该报告号召各国及国际组织抗击海外贸易中的敲诈和贿赂。应当说,该报告体现了美国带给发达国家的信息。在上述报告发布后不久,国际商会发布了《ICC国际商业交易中敲诈和贿赂的行为规则》(ICC Rules of Conduct to Combat Extortion and Bribery in International Business Transactions),该规则旨在为公司提供一个可资借鉴或采纳的关于良好商业实践的框架。该规则后来于2005年、2011年得以修订,2011年修订后的名字改为《ICC反腐败规则》(the Rules on Combating Corruption of ICC)。简单说,《ICC反腐败规则》禁止直接或间接的敲诈和贿赂行为,间接贿赂和敲诈行为不但包括代理行为,也包括其他中介行为,如咨询、律师、会计等。"好处费"只有在针对管理的评估表明它不能消除的情况下才能允许。如果必须支付"好处费",则要求数额小,且只能支付给低级别的官员。此外,还要求企业不要将贿赂当做慈善支付予以掩盖。该规则还指出了培训职工、适当的会计和审计标准的重要性。其第三部分还提倡实施有效的公司合规计划并指出了有效合规计划的几个特点:一是体现前述《ICC反腐败规则》的要求;二是以针对

---

① See Rodney T. Stamler, Hans J. Marschdorf & Mario Possamai, *Fraud Prevention and Detection: Warning Signs and the Red Flag System*, CRC Press, 2014, pp. 177-178.

② See Rodney T. Stamler, Hans J. Marschdorf & Mario Possamai, *Fraud Prevention and Detection: Warning Signs and the Red Flag System*, CRC Press, 2014, pp. 179-180.

企业经营环境的定期风险评估之结果为基础;三是适应企业的具体情况予以调整改进;四是为了预防和发现风险以及提倡和促进企业的廉洁文化。此外,经合组织也制订了《OECD 跨国企业指南》(OECD Guidelines for Multinational Enterprises),提倡包括遏制腐败措施在内的企业道德的所有方面。此外,联合国全球契约(UN Global Compact)也得以成为一个各个企业致力于社会及道德原则的平台。①

(二)公司刑事责任与现代企业管理理念契合

既然公司刑事责任与公司合规之间存在高度契合,那么两者应当如何沟通并呈现于法律制度之中?实际上,公司刑事责任领域寻求个人化责任模式的突破与替代也为我们开辟了一个重新审视公司管理及犯罪预防的新境界,那就是"自律的管理"(regulated self-regulation)。"自律的管理"有着相比于自我管理(self-regulation)及传统管理(classic regulation)的优越性。自我管理是管理公司行为的起点,然而,自我管理也有其显著局限。虽然商业道德得到广泛宣传,但实际效果并不理想。道德不仅应当于良好环境下呈现,尤其是必须于利益冲突时得到遵守。然而,实际情况往往是公司经济利益占据主导,而法律及道德规范却被抛之脑后。此外,还有两种重要因素也阻碍着自我管理的实现,也即权力(power)和公司环境(corporate climate)。公司是产品和人员的集合体,公司所拥有的金融权力加上专业化分工及高素质的员工队伍,从而使得公司拥有深刻影响市场、媒体、公共讨论甚至是政治和立法的巨大能量。此外,公司环境还有着影响公司中个人行为的潜力。此种风险成为国家干预和管理公司的正当化理由。此外,一些研究认为,公司还是一个自我相对独立的实体性存在,法律制度不太容易影响到公司内部行为。以上表明,传统的"应当这样做,要不就处罚你"的方式并未影响到公司内部及公司环境,也即这种传统模式存在过于短视的缺陷,正如人们所言未能"刺破公司的面纱"(pierce the corporate veil)。②

解决上述问题的办法就是将传统管理和自我管理结合在一起,也即成为所谓"自律的管理"。实际上,这一概念吸收了此前"反应式管理"(responsive regulation)以及"互动式管理"(interactive regulation)等理念的合理成分。"自律的管理"由此成为一个具体的研究领域(尤其在德国)。在德国,"自律的管理"最初存在于行政法当中,后来拓展到刑法领域。当然,"自律的管理"并不排斥国家管理,而是将自我管理整合成为一个整体性管理概念的组成部分,它在引导和激励公司行为的同时赋予公司以依据公司具体情况予以针对性贯彻的灵活性。上述

---

① See Jeremy Horder & Peter Alldridge(eds.), *Modern Bribery Law: Comparative Perspectives,* Cambridge University Press, 2013, pp. 144-145.

② See Dominik Brodowski, Manuel Espinoza de los Monteros de la Parra, Klaus Tiedemann & Joachim Vogel (eds.), *Regulating Corporate Criminal Liability,* Springer, 2014, p. 67.

概念当中,国家负责提供基本的制度框架,公司负责制定细节性的具体制度。显然,此一概念之中,公司需要能动性地致力于违法犯罪的预防。"自律的管理"的宗旨是要建立并维系良好的公司环境。从这个意义上说,合规计划乃是预防和发现公司内违法犯罪的有效方式,这一点十分重要。可见,合规计划也是落实"自律的管理"的合适方式,因为合规计划允许国家提供一个关于公司结构的框架要求,而该公司结构对于良好的公司环境而言十分必要,同时不必规定公司结构的具体细节。换句话说,这种制度对国家来说可行且具有成本效益,同时也留给了公司根据自身经营行业、风险程度、公司规模及公司结构予以具体实施的空间。①

综上,公司管理注重预防延伸及其制度构建,与公司刑事责任的预防转型实现了内在观念的完美契合。

四、刑事合规是实施企业合规的最佳保障

深入考察企业合规法律制度的形成机理,还可以就两个方面的问题予以继续研究:一方面,企业合规的发展完善当中,单位刑事责任规制有着何种内涵变迁?另一方面,企业合规计划为何需要刑事责任予以规制?以下分别探讨。

(一)单位刑事责任内涵的预防转型是企业合规的制度要领

随着企业合规研究的拓展深入,笔者开始关注单位刑事责任内涵变迁与企业合规法律制度之间的关联。经研究认为,单位刑事责任内涵的预防转型是企业合规法律制度的核心部分。

美国早在1886年、1909年的判例中就对公司追究刑事责任。当代美欧国家,美国安然公司及世界通信公司腐败丑闻以及欧洲的帕玛拉特(Parmalat)和西门子(Siemens)公司丑闻则成为建立和重构公司刑事责任的契机和催化剂。一般认为,公司刑事责任的预防转型起源于20世纪80年代:一是美国的"合规运动";二是欧洲的"不到位的组织管理"(insufficient organization)。至今,合规运动已经成为过去几十年以来商业领域最具影响的发展,而犯罪预防已经成为公司和管理者的主题之一。实际上,美国早在1991年就以立法实现了公司责任的预防转型。1991年出台的《美国组织量刑指南》明确规定了量刑与合规计划之间的关系。《美国组织量刑指南》一方面规定了有效合规计划的一般性框架,另一方面将合规计划整合到量刑制度中的罚金裁量之中。根据《美国组织量刑指南》,公司员工实施犯罪之时公司已经拥有有效的合规计划成为刑罚裁量的减轻情节(合规计划的相关方面折算成责任积分,由此成为决定罚金数额的乘法因子);相反,公司员工实施犯罪之时公司缺乏有效的合规计划就成为刑罚裁量的加重情节。此外,《美国组织量刑指南》还规定了具体的合规量刑制度,也即法庭可以指令公司完善或

---

① See Dominik Brodowski, Manuel Espinoza de los Monteros de la Parra, Klaus Tiedemann & Joachim Vogel (eds.), *Regulating Corporate Criminal Liability*, Springer, 2014, p. 68.

制订一个综合性的合规计划。显然,此种具有重组公司属性的量刑制度比单纯的罚金更加具有预防违法之效果,因为公司必须改善公司结构以预防公司员工违法犯罪。①

(二)合规计划纳入刑事责任追究是实施企业合规的最佳保障

首先,众多研究表明,刑罚措施比行政制裁或者民事制裁更能有效应对企业违法犯罪。比如,最近德国马克斯·普朗克外国刑法与国际刑法研究所(以下简称"马普所")的研究也表明,刑罚措施比行政制裁或者民事制裁更为有效。此外,许多实证研究还表明,综合性或系统性的合规计划是预防和发现公司内部违法行为的有效措施,其原理主要是公司风气对公司的影响。尤其是,最近20年的研究表明,商业道德发展注重的是公司员工的观念态度对其行为的影响。社会学研究,尤其是卢曼(Luhmann)的研究表明,公司是一个独立自主的组织系统,该组织性系统独立于其他系统如法律体系。公司拥有其独特的规则和程序,托伊布纳(Teubner)称之为"无形之法"(law without state)。此外,组织心理学和犯罪学研究表明,公司环境(group climate)长期且强有力地存在着,单位中的个体置身于公司风气之中,从而对单位中个人的行为带来重要影响:当公司环境之价值观及规则与法律体系的价值观及规则一致时,公司风气支撑着单位员工的合法行为;当公司环境之价值观及规则与法律体系的价值观及规则相反时,公司风气侵蚀着单位员工的合法行为;此外,如果公司风气的侵蚀作用与公司权力相结合,单位中违法行为的风险就高。因此,如果将有效的合规措施从上至下切入公司,就可以减少犯罪机会并激励员工遵守法规。此外,研究还表明,对公司高管的监督和控制也是合规计划中的关键性部分,因为公司高管不仅进行影响深远的公司决策,同时也显著影响着公司下级员工的行为。② 总之,种种情况表明,企业合规有赖于国内立法尤其是刑法的规制和保障。正如学者所言:"一个国家仅仅针对公司规定了很多严格的作为义务,其强制力依然较弱。事实上,这种情况很大程度上有赖于国家刑法的规制,也即公司致力于合规计划需要纳入刑事责任考量范围,这一点对于公司合规计划而言十分重要。"③

其次,传统的公司内控机制带来的仅仅是"虚假的安全感"(a false sense of security),因而亟待推进企业违法防控的创新完善。近年来,西方学者积极从事企业违法预防性技术的研究。其中代表性的研究成果就是所谓"警示信号系统"(Red

---

① See Dominik Brodowski, Manuel Espinoza de los Monteros de la Parra, Klaus Tiedemann & Joachim Vogel (eds.), *Regulating Corporate Criminal Liability*, Springer, 2014, p. 64.

② See Dominik Brodowski, Manuel Espinoza de los Monteros de la Parra, Klaus Tiedemann & Joachim Vogel (eds.), *Regulating Corporate Criminal Liability*, Springer, 2014, pp. 66-67.

③ Stefano Manacorda, Francesco Centonze & Gabrio Forti (eds.), *Preventing Corporate Corruption: The Anti-Bribery Compliance Model*, Springer, 2014, p. 267.

Flag System)。① 如学者所言,重要的是要注意到仅仅拥有内部控制并不足够,如果没有诸如"警示信号系统"这样的有力且高效的预防性制度,就会造成一种"虚假的安全感"。也就是说,许多单位传统的内部控制尽管看起来可靠有效,但实际上并非定位于欺诈的预防和早期发现,因而属于"虚假的安全感"。鉴于许多国家现行应对公司违法的法规制度并未拥有有力高效的预防性制度,从而呈现出"虚假的安全感"这一属性,因而应当以新的立场对现行公司法规进行改革完善。正如美国学者玛丽亚·博斯(Maria Boss)和克拉奇菲尔德·乔治(Crutchfield George)于1992年所建议的那样:"立法者应当跳出现有的法律体系单独看待和规定单位犯罪,而且努力的重点应当是针对白领犯罪制定出以运用非传统的刑罚措施和标准来追究责任以及重视前端的合规性要求为内涵特点的新法律。"②

最后,西方当代刑事责任理论认为,应有的强力监管和制约是单位避免公司责任的关键性因素。在西方国家,关于职务的法律规定通常属于所谓"自律"性质。③ 虽然法律和道德规范的存在据说是为了保护公众免受职务行为的伤害,但更多的是采用自律方式保护职业成员的利益。各种行业的发展试图使得立法机关相信,各自行业拥有精细的且可操作性的行业知识;通过正式的道德规范就可以满足社会的需求;因此,各种行业应当享有自治权,且只有这些行业自身有能力对它们的服务质量进行评价。事实上,西方国家规范职务行为的法典通常都是由各个行业自己所制定,其旨在支配或垄断某个行业。实际上,往往是那些更为发达的行业控制着立法机器,而行业组织以及他们的政治代理人会十分有效地阻止不利于他们利益的立法。总之,如学者所言:应有的监管和制约就是法人或单位避免公司责任的关键性因素,而作为预防性措施的刑事合规计划与上述观念高度契合。④

综上,关于合规计划纳入刑事责任追究是实施企业合规的最佳保障,社会各

---

① 学者认为,该"警示信号系统"包括如下五个方面的内容。一是拥有浓厚的道德文化,尤其是要在领导层面营造良好的道德氛围。这是因为组织领导层的不道德行为会在整个组织中弥漫扩散,从而形成员工更容易实施违法行为的组织氛围。二是存在有效的内部控制,该内部控制有助于提高组织减少诈骗分子实施违法欺诈犯罪以及逃避发现查处的能力。三是拥有发现欺诈的制度体系,包括欺诈分析和欺诈审计,以打造一种让潜在的诈骗分子意识到其违法行为很可能被发现。四是存在针对员工的关于如何发现和预防欺诈的教育培训。五是制定面向全体员工的就反常行为予以报告且无须担心报复的制度。如果上述五个问题有一个或多个问题的答案是"否",就说明该组织的欺诈脆弱性相当严重了。See Rodney T. Stamler, Hans J. Marschdorf & Mario Possamai, *Fraud Prevention and Detection: Warning Signs and the Red Flag System*, CRC Press, 2014, p. 8.

② Stacy L. Mallicoat & Christine L. Gardiner, *Criminal Justice Policy*, Sage, 2014, p. 171.

③ See Frank E. Hagan, *Introduction to Criminology: Theories, Methods and Criminal Behavior*, Sage, 2011, p. 302.

④ See Dominik Brodowski, Manuel Espinoza de los Monteros de la Parra, Klaus Tiedemann & Joachim Vogel (eds.), *Regulating Corporate Criminal Liability*, Springer, 2014, p. 62.

个方面有着日益清晰的认识。正如学者所言:公司致力于合规计划需要纳入刑事责任追究程序,这一点对于公司合规计划而言十分重要①,或者说,国际反腐软法如果不能激活国内立法尤其是刑法的话,就不可能有成功的自我管理。②

第五节　美国贸易管制合规及反贿赂合规

企业反腐的锋芒所指主要就是贿赂行为,同时美国的贸易管制力度很大且是全球关注,因而研究美国的企业合规需要考察其反贿赂及贸易管制合规。

一、美国的贸易管制法律制度

长期以来,美国对贸易采取放任主义立场,贸易管制或合规难有作为。这是因为,美国一直以来的商业伦理是建立在自由放任主义经济(laissez-faire economics)以及买方自谨(caveat empty)的基础之上,政府在商业贸易中奉行不干涉主义政策。正是因为如此,长期以来美国对贸易领域的刑事处罚相当罕见。例如,据学者研究,在1890年至1997年适用《谢尔曼法》的100余年时间里,公司职员被判刑投入监狱的只有3例。③ 正如学者所言:"对企业犯罪而言,只有在存在令人震惊的行为并明显违法的情况下(如限价垄断行为)政府才会寻求刑事追诉。"④

此种背景下,美国的贸易法治及贸易合规难有大的突破,即使是20世纪出现的几次较大的打击贸易违规执法行动也未能出现贸易管制法律的系统性改善。例如,20世纪初期罗斯福政府一方面推动国会于1906年通过了《清洁食品和药品法》,另一方面在执法领域依据《谢尔曼法》针对美国铁路系统的两家主要经营商也即美国钢铁公司和标准石油公司采取了严厉的执法制裁行动,影响较大。此后,塔夫脱总统(任期1909—1913年)也曾经提起了超过80例反垄断执法行动,其中影响较大的执法行动是于1911年认定美国烟草公司存在垄断行为。

值得指出,美国长期以来对贸易所采取放任主义立场终于被打破。尤其是21世纪初期以来,美国反贸易欺诈法治发展迅速,表现在立法、配套规范、执法以及研究支撑等多个方面:

---

① See Stefano Manacorda, Francesco Centonze & Gabrio Forti (eds.), *Preventing Corporate Corruption: The Anti-Bribery Compliance Model*, Springer, 2014, p. 267.

② See Stefano Manacorda, Francesco Centonze & Gabrio Forti (eds.), *Preventing Corporate Corruption: The Anti-Bribery Compliance Model*, Springer, 2014, p. 26.

③ See Martin R. Haskell & Lewis Yablonsky, *Criminology: Crime and Criminality*, Houghton Mifflin Company, 1983, p. 378.

④ Christopher M. Brown & Nikhil S. Singhvi, Antitrust Violations, *American Crime Law Review*, Vol. 35, 1998, p. 501.

第一,出台了多个防控贸易欺诈的法律,对贸易欺诈的处罚措施日益严厉。例如,美国国会于 2002 年通过了意在打击上市公司欺诈行为的 SOX 法案。该法包括 7 个部分,旨在强化投资者对上市公司的信心并防止诸如安然公司、世界通信之类的大公司破产。内容上看,形式多样、内容丰富的针对违法犯罪的预防性制度是 SOX 法案的重要特色。比如,该法规定了众多旨在有利于审计师就上市公司的总体经营健康程度进行评估的制度工具,如受到监控的管理项目清单、统一规定的使用软件以及辅助性数据库等。也就是说,SOX 法的一个主要内容是要求上市公司在业务经营中使用始终如一的资料管理制度和工作流程。① 此外,对贸易欺诈的刑罚处罚日益严厉。正如《谢尔曼法》不断趋严的处罚措施所呈现的一样。

第二,制定了众多防控贸易欺诈的配套规范及防范技术。例如,美国等西方国家的欺诈预防专家已经开发出了众多帮助官员和企业经理就单位的欺诈脆弱性进行检测诊断的工具和技术。这些检测诊断工具和技术的目标有:一是从高的站点评估单位欺诈预防的现有状况;二是找出可能需要改进的工作领域;三是制订一个就优先解决之工作领域并着力实施的计划。在美国,代表性的欺诈检测诊断的工具和技术有:①美国注册欺诈审查师协会(the Association of Certified Fraud Examiners,ACFE)发布的《ACFE 预防检测》(ACFE Prevention Checkup);②美国注册会计师协会、内部审计师协会和美国注册欺诈审查师协会三家联合发布的指导性规范《如何管理商业欺诈风险》(Managing the Business Risk of Fraud);③美国注册欺诈审查师协会制定的《欺诈审查师手册》。② 此外,美国业界还开发了多种类型的欺诈预防诊断的工具和技术,其中最为简明的是美国注册欺诈审查师协会发布的《ACFE 预防检测》(ACFE Prevention Checkup)。该文件主要关注的是如下七个方面的问题③:

一是欺诈风险监管(Fraud Risk Oversight)。该部分主要考察如下几个方面的问题:①董事会或者其他负责监管的部门,如审计委员会,制定了何种程度及水平的欺诈风险监管办法?②是否存在一个体现单位董事会以及高管有关欺诈风险管理的书面成文政策?③董事会是否保持对欺诈风险评估的经常性监管,从而确保欺诈风险管理已经成为单位之风险评估和战略规划中的组成部分?根据最佳实践,董事会应当定期在研究单位的一般风险时讨论欺诈风险监管事宜。④董事会是否已经建立起确保获得来自管理层、员工、内部及外部审计以及其他利益相关者的关于欺诈可能发生的准确而及时之信息的制度?

---

① See Hank J. Brightman, *Today's White-collar Crime: Legal, Investigative and Theoretical Perspectives*, Routledge, 2009, p. 224.
② See Rodney T. Stamler, Hans J. Marschdorf & Mario Possamai, *Fraud Prevention and Detection: Warning Signs and the Red Flag System*, CRC Press, 2014, pp. 148-149.
③ See Rodney T. Stamler, Hans J. Marschdorf & Mario Possamai, *Fraud Prevention and Detection: Warning Signs and the Red Flag System*, CRC Press, 2014, pp. 171-175.

二是欺诈风险范围(Fraud Risk Ownership)。该部分主要考察如下几个方面的问题:①单位在何种程度或水平存在欺诈风险?是仅仅局限于总经理层面,还是在整个单位予以全员应对?②根据最佳实践,单位的文化建设在预防、发现和遏制欺诈当中发挥着重要作用。因此,单位是否在文字及行动层面建立了表明欺诈不能容忍并将会得到及时和坚决处理,且举报人不会遭受报复的文化氛围?

三是欺诈风险评估(Fraud Risk Assessment)。该部分主要考察如下几个方面的问题:①单位在何种程度或水平上建立了一个旨在发现重大欺诈风险的持续运行的工作流程?②风险评估是否包括如下几个阶段,也即风险识别、风险概率、效果评估及风险减轻应对?③欺诈风险评估是否作为组成部分被纳入单位整个风险评估工作,还是仅为一个独立的工作事项?

四是欺诈风险耐受及风险管理政策评估(Fraud Risk Tolerance and Risk Management policy)。该部分主要考察如下几个方面的问题:①单位在何种程度认可欺诈风险管理并经由董事会批准后建立了一个关于欺诈风险管理的政策?②单位是否已经确保欺诈预防成为单位重大经营决策中的重要事项?③单位在何种程度上确保管理中对风险的耐受程度与董事会对风险的耐受程度相一致?

五是过程性控制及反欺诈重建(Process Level Controls/Antifraud Reengineering)。该部分主要考察如下几个方面的问题:①单位在何种程度上对旨在减少已经发现的每个重要的欺诈风险的办法措施予以实施?②是否对单位的组织结构进行了审核,以发现并裁减了那些职能设置不合适的内部部门?③是否对所有的监管工作以及分散性的经营进行审核,以确保赋予其符合最严格的法律标准和最高道德原则的合适的欺诈预防管理内涵?

六是环境性控制措施(Environment Level Controls)。该部分主要考察如下几个方面的问题:①单位是否实施了旨在提高道德性判断、遏制违法以及促进关于棘手问题的双向沟通的办法措施?②单位是否制定有基于单位核心价值观的行为守则,该守则应当就何种行为被允许、何种行为被禁止进行明确规定。

七是主动发现欺诈(Proactive Frauddectection)。该部分主要考察如下几个方面的问题:①单位是否建立了发现、调查和处理重大欺诈行为的工作流程?②单位是否拥有应对欺诈指控的合适的欺诈应对计划?根据最佳实践,欺诈应对计划应当明确规定由谁负责调查、谁负责执行以及谁负责就补救处理做出决定。

第三,强化了反贸易欺诈的执法行动。21世纪初期以来,美国对包括贸易欺诈在内的白领犯罪予以刑事追诉以及适用监禁刑的案件显著增多。比如,2002年7月至2004年5月,美国联邦检察官就涉嫌犯企业欺诈对900名被告进行指控(其中60名为企业总裁或者CEO),法庭最后予以500份有罪判决。此外,阿德菲亚通信公司的掌门人约翰·里加斯曾因为犯银行和股票诈骗罪被处以15年监禁;其儿子蒂莫西·里加斯也因为使用公司资金用于恣意挥霍而被处以 20 年监禁。① 此外,SOX 法案在实施当中收到了明显的犯罪预防功效,如在 2003 财政年里,共查处了超过 199 起财务欺诈案件,32 家公司被吊销营业资格,36 起个人或单位的资产被冻结,此外政府还中止了 110 名经理人员在上市公司内从事工作的资格。②

第四,学界日益注重研究贸易欺诈行为,为强化反贸易欺诈法治提供良好的智慧支撑。例如,20 世纪初期,美国犯罪学家唐纳德·克雷西(Donald Cressey)研究了所谓"白领犯罪人"(white collar criminal)并提出了所谓"克雷西欺诈三角"(Cressey Fraud Triangle)。这对于反欺诈而言十分有益。"克雷西欺诈三角"的含义:一是机会(opportunity),也即便于欺诈实施的有关条件,如不充分的单位监管,未能进行责任划分,缺乏管理性许可审查制度等。二是情景压力(situational pressures),如赌博等恶习所造成的经济困难等。三是合理化(rationalisation),如单位内部欺诈人可能会努力说服自己所实施的违法行为不属于欺诈。③ 此外,欺诈危险信号(Red flags)包括个体欺诈人方面的危险信号以及被害人也即组织或单位的危险信号。个人的危险信号有:①犯罪人生活方式变化,如购买高档汽车、珠宝、住宅、衣服等;②个人出现经济困难,如个人巨额债务、信用问题、离异分居等;③犯罪人的行为变化,如酗酒、吸毒、赌博为业的人出现经济压力。此外,还有许多导致单位内部欺诈发生的因素,如单位高层风气不正,很少或没有反欺诈控制方面的培训或交流,未能进行欺诈风险评估,弱的或者无效的内部控制,差的审查或者尽职调查,缺乏管理监督或者有效的审计制度。单位方面的危险信号有:①差的组织控制;②缺乏责任划分;③差的信息安全;④差的人身安全;⑤缺乏审查制度;⑥缺乏监控。④ 此外,还有学者认为,反欺诈方法四点关键性方法(Key Points—4 points Approach to Counting Fraud)。一是追求(pursue):包括情报的集中及其报告提升,从地方、地区到全国的报告提升,通过与服务提供者、管理者以及执法部门分享情报来阻断犯罪行为。二是保护(protect):包括通过提供欺诈的趋势、教育风险以及加强与主要伙伴之间的合作。三是预备(prepare):包括针对高频犯罪的快速反应以确保有效的策略性干预,以及为公众提供关于不断变化的风险威胁的对策建议及指导。四是预防(prevent):包括通过提高防范意识及揭露危害等方法来支持干预项目,通过严重犯罪预防令以及情报分享来实现针对严重

---

① See Joseph Savage & Christine Sgarlata Chung, Trends in Corporate Fraud Enforcement: A Calm During the Storm?, *Business Crime Bulletin*, Vol. 13, 2005, p. 3.

② See Hank J. Brightman, *Today's White-collar Crime: Legal, Investigative and Theoretical Perspectives*, Routledge, 2009, p. 224-225.

③ See Michael Betts, *Investigation of Fraud and Economic Crime*, Oxford University Press, 2017, p. 16.

④ See Michael Betts, *Investigation of Fraud and Economic Crime*, Oxford University Press, 2017, pp. 17-19.

犯罪的生涯管理。①

总之,21世纪以来,得益于反贸易欺诈的立法、配套规范及技术手段、强化执法以及研究深入,美国的反贸易欺诈法治发展迅速。当然,美国反贸易欺诈法治也有偏颇乃至虚伪的一面,如经常利用所谓的贸易"301"条款打压他国或者贸易伙伴,一方面严重违反了国际贸易公平原则即良好的国家贸易秩序,另一方面也激起了国际社会的反感和公愤。另外,对于贸易管制涉及的"长臂管辖"问题,本文稍后部分予以专门探讨。

二、美国反贿赂刑事制度概要

众所周知,企业反腐的重点违法犯罪行为就是贿赂。就贿赂犯罪而言,美国1986年修订《美国刑法典》第201节之前,所规定的贿赂罪名区分不同的犯罪主体如政府官员贿赂罪、议员贿赂罪、法官贿赂罪。1962年,美国立法将上述不同的贿赂罪名整合为一个统一的法条,之后又于1986年再一次整合到《美国刑法典》第201节之中。具体说,《美国刑法典》第201节规定了两个罪名,也即贿赂罪和非法收受小费罪。这两个罪名都是指基于如下目的而提供或支付"价值之物"(a thing of value)给官员或者索取、收受"价值之物":一是为了影响其职务行为;二是为了影响其职务行为,使其与美国利益相抵触或者欺诈美国利益的;三是为了导致违反合法职责的作为或不作为。此外,《美国刑法典》第201节第 a 款规定的主要术语是"公职人员"(public official)、"职务行为"(offcial act)和"任何价值之物"(any thing of value)。比如,关于"任何价值之物"的含义,美国法律没有明确规定,但法庭对其予以广义解释,也就是说,除了支付或提供金钱或者其他有形财产当然构成"价值之物",还包括无形之物或者服务。例如,1983年美国第七巡回法庭在办理案件中认为,价值之物不限于金钱价值,性关系也构成《美国刑法典》第201节所称的"价值之物"。再如,1986年,第二巡回法庭在审理的一起案件时认为,被告人收受的股票构成"价值之物"。此外,美国法庭还认为,不能忽视受贿人所受之物的主观性价值,如1993年,一个美国地区法庭指出,一件高尔夫大师赛的获奖选手所获得一件绿色夹克的复制品对于球迷而言同样具有高的价值。②

此外,美国刑法关于贿赂犯罪的总则性规定较为周全。③ 比如,《美国刑法典》第201节第 b 款第1项规定的"主动贿赂"(active bribery)是指:"任何人,无论直接或间接地以腐败方式给予、表示给予或者承诺给予任何有价值的东西给任何政府官员或者已经选举到政府官员岗位的人员,或者对上述人员表示给予或者承诺

---

① See Michael Betts, *Investigation of Fraud and Economic Crime*, Oxford University Press, 2017, p. 22.

② See Peter J. Henning & Lee J. Radek, *The Prosecution and Defense of Public Corruption, the Law and Legal Strategies,* LexisNexis, 2017, pp. 2-24 .

③ See Colin Nicholls QC, Tim Daniel, Martin Polaine & John Hatchard, *Corruption and Misuse of Public Office*, 2nd Edition, Oxford University Press, 2011, P46-2 49-1 56-2 78-2 85-3, pp. 645-646.

给予任何有价值之物给任何其他人,意图(A)影响任何官方行为;或者(B)影响该政府官员或者已经选举到政府官员岗位的人员,使其实施、帮助实施、共谋实施、纵容实施或者创造机会实施任何针对美国的欺诈行为;(C)促使任何政府官员或者已经选举到政府官员岗位的人员以作为或者不作为的方式违反以上人员的法律职责。"再如,第201节第a款第2项规定的"被动贿赂"(passive bribery)是指:"任何政府官员或者已经选举到政府官员岗位的人员私自或者为他人或单位的利益而直接或间接地以腐败方式要求、索取、接受、同意收受或者收受任何有价值之物,并为如下回报:(A)就自己履行职务行为受到干扰;或者(B)受到影响以致实施、帮助实施、共谋实施、纵容实施或者任何欺诈行为,或者创造机会实施针对美国的欺诈行为;(C)被诱使以作为或者不作为的方式违反以上人员的法律职责。"此外,第201节第a款所称的"公职人员"(public official)包括"官员、职员、从事为了美国或者代表美国之行为的人员、任何部门或单位、政府部门、陪审员"。还要指出,美国立法还规定了贿赂罪的入罪门槛。《美国刑法典》第666节第d款第5项规定的司法门槛是一年之内收受1万美元的利益。①

第六节 美国企业合规的总体评价

与世界上许多国家相比,美国的企业法治与企业合规实践有着一些比较显著的做法和特点,主要表现在企业法治的创新发展、针对犯罪企业的起诉策略以及长臂管辖等。

一、企业法治与企业合规注重创新发展

诸如企业反腐与企业合规之类新生事物的孕育完善尤其需要创新发展。可以说,推进反腐法治的创新发展是有效应对腐败这一社会顽疾的内在需求,企业反腐与企业合规这一领域同样如此。纵观美国企业法治与企业合规的整个发展进程,其开拓创新的发展属性颇为明显。

(一)基础研究方面,首倡"白领犯罪"核心概念,为企业反腐与企业合规奠定基石

如果说包括企业反腐与企业合规在内的反腐法治是一个涵盖研究、政策、立法及执法的体系大厦,那么"白领犯罪"这一核心概念就是这一大厦的基石。就此,美国犯罪学家萨瑟兰于1939年首次提出"白领犯罪"这一基础性概念,由此为美国及国际社会的腐败研究及反腐发展奠定基础并开辟前景。正如美国学者所

---

① See Peter J. Henning & Lee J. Kadek, *The Prosecution and Defense of Public Corruption, the Law and Legal Strategies*, LexisNexis, 2017, pp. 4-15.

言:"理解白领犯罪或者说腐败犯罪的理论及类型学研究对于应对白领犯罪而言十分关键。"① 萨瑟兰首倡"白领犯罪"这一创举对反腐研究及反腐法治发展的积极作用表现为如下几个方面:

一是萨瑟兰首倡"白领犯罪"并由此带来的"白领犯罪"和"街头犯罪"的分野,为犯罪学研究乃至反腐发展带来了深远影响。当时,萨瑟兰就注意到了司法机关、行政机关对于白领犯罪和街头犯罪的区别待遇,实属不公平待遇。这一观念的继续发展直接导致20世纪60、70年代白领犯罪和街头犯罪两个研究领域的分野,由此为犯罪学研究的拓展和反腐的孕育发展开辟前景。

二是萨瑟兰关于"白领犯罪"之危害属性的精辟分析为深刻认识该类犯罪的危害性质及防控对策奠定了基础。萨瑟兰认为,"与街头犯罪不同的是,白领犯罪会导致针对经济和社会体制的不信任感,损害公共道德以及蚕食针对商业和政府的信赖,而且白领犯罪中的多数并未成为犯罪学研究的关注对象"②。纵观美国及国际社会反腐法治的发展历程,总的看都奠基于对腐败现象的持续揭露以及对该类犯罪之危害性质的深刻领悟。实际上,后续各界关于白领犯罪之危害性质的揭示渊源上说都是前述早期萨瑟兰之精辟分析的继续发展。

三是当代学界关于白领犯罪的各种表述及类型分析依然未能彻底冲破"白领犯罪"这一概念的统领。实际上,在美国等西方国家,学界还先后出现了一些与"白领犯罪"相关的概念。③ 比如,克利纳德和昆尼(Clinard & Quinney)于1968年提出了"法人犯罪"(corporate crime),美国律师协会于1976年提出了"经济犯罪"(economic crime),格林(Green)于1990年提出了"职业犯罪"(occupational crime),克利纳德和昆尼于1990年提出了"职务犯罪"(professional crime),阿尔巴内塞(Albanese)等于1995年前后提出了"上层社会犯罪"(upper-world crime),西蒙(D. R. Simon)则于1999年前后提出了"精英越轨"(elite deviance)。这些不同表述有助于全面审视白领犯罪的特点属性及危害特征。此外,关于白领犯罪的类型细分,一种广为接受的观点是埃德赫茨(Edelherts)于1970年提出的将白领犯罪区分为四种类型:一是基于个人运作所实施的犯罪,如税收违法、信用卡欺诈、破产欺诈等;二是在企业、政府或者其他机构履行职务的过程中因为违反对雇主或客户的忠诚或忠实义务而实施的犯罪,如贪污、雇员偷盗、虚报工资等;三是与企业经营相伴随但又不符合企业目的的犯罪,如反垄断违法、商业贿赂、食品和毒品违法等;四是企业实施的或者属于企业中心业务的犯罪(也叫作"职务犯罪"),如

---

① Hank J. Brightman, *Today's White-collar Crime: Legal, Investigative and Theoretical Perspectives*, Routledge, 2009, p. 177.

② Edwin Sutherland, White-Collar Criminality, *American Sociological Review*, Vol. 5, No.1, 1940, pp. 2-10.

③ See Frank E. Hagan, *Introduction to Criminology: Theories, Methods and Criminal Behavior*, Sage, 2011, pp. 296-297.

医疗和保健欺诈、预付款欺诈、假冒竞赛等。① 应当说，尽管学界就概念表述及行为类型细分等所提出的观点多种多样，但实际上至今尚未从根本上冲破萨瑟兰首倡之"白领犯罪"的包摄和统领。

(二) 规范制定方面，首定 FCPA 反腐专门法律，为国际社会反腐法治提供范本和动能

实际上，无论是就起草进程还是文本内容而言，包括《OECD 反贿赂公约》《联合国反腐败公约》在内的一些国际社会反腐败规约相当意义上体现了美国因素。例如，为了起草反腐败公约，欧洲理事会成立了贿赂问题专家组（WGB）。1993 年之后，关于该规则的法律形式，贿赂问题专家组决定采用建议（Recommendation）这一软法形式，后来以美国、法国、德国为代表的一些国家认为犯罪化问题需要采用更具约束力的法律形式，因而建议采用公约草案形式。德国代表还认为，联合国是讨论制定这一公约的最佳平台。这些热烈且富有争议的讨论使得贿赂问题专家组得以加快了公约起草进程。1997 年 6 月至 8 月间，专家组拿出了以美国、法国、德国、意大利以及欧洲理事会秘书处的建议为基础的 "OECD 反贿赂公约草案"。此后，经过 1997 年 10 月、11 月的两次磋商之后，公约文本得以敲定。1997 年 12 月 17 日，该公约经欧洲理事会各国部长签署，此后于 1999 年 2 月 15 日正式生效。到 2020 年 2 月，共有 44 个国家加入该《OECD 反贿赂公约》，其中包括日本、韩国、墨西哥、俄罗斯、南非、土耳其等国。此后，联合国层面也加快了《联合国反腐败公约》的起草进程。该公约草案文本由联合国反腐公约谈判特别委员会于 2002 年 1 月 21 日至 2003 年 10 月 1 日期间召开的七次会议商定。实际上，《联合国反腐败公约》的起草专家组也是由欧洲理事会贿赂问题专家组（WGB）改组而成。1978 年，联合国将欧洲理事会贿赂问题专家组（WGB）改组为"非法支付的国际公约委员会"，由此推进企业反腐国际规约的起草工作。《联合国反腐败公约》的起草过程当中，来自 120 多个国家的代表参与了该公约的讨论。2003 年 10 月 31 日，联合国大会于以第 58/4 号决议的方式通过了《联合国反腐败公约》。到 2020 年 2 月 6 日，共有 187 个国家加入了该公约。

(三) 制度完善方面，首推企业合规与刑事合规，助推国际社会企业合规升级发展

早在 20 世纪 50 年代，美国于反垄断规制（anti-trust regulation）领域首次出现了旨在打击违反《谢尔曼法》行为的合规运动；《美国组织量刑指南》(1991) 首次要求公司建立具有预防功能的公司结构并在管理理念中切入合规要求。从此，合规这一观念不但渗入法律的各个领域，而且日益在欧洲大陆盛行，还开始为亚洲

---

① See Frank E. Hagan, *Introduction to Criminology: Theories, Methods and Criminal Behavior*, Sage, 2011, p. 298.

和拉美地区所接受。之后,SOX 法案要求美国量刑委员会针对《美国组织量刑指南》(1991)予以检讨和修订。修订后的《美国组织量刑指南》(2013)旨在采取更为严厉的合规标准来倡导合规文化。美国首推的企业合规与刑事合规不但在国际社会企业法治领域具有首创性,而且也助推了国际社会企业合规的发展与升级。

(四)法治机制方面,融合了犯罪学知识的反腐败决策机制具有重要示范价值

企业反腐败与企业合规的发展完善需要科学、务实的决策机制予以支撑。就此而言,美国在企业反腐败法治发展当中注重建立融合犯罪学知识的高端反腐决策机制,加速推动了美国企业反腐败与企业合规的发展完善。

实际上,美国早期应对腐败的主要法律是 1970 年出台的《有组织犯罪控制法》及其所包含的《反勒索及受贿组织法》(RICO)。其中,RICO 规定的刑罚措施已经十分严厉。[①] 美国国会制定 RICO 的最初目的旨在强化针对黑手党等有组织犯罪的打击力度,但 20 世纪 80 年代之后 RICO 已经适用于包括腐败在内的越来越广泛的犯罪类型。值得注意的是,RICO 这一美国早期反腐主要法律就是由 20 世纪 60 年代美国的总统专门委员会所领导制定的。1965 年,新当选美国总统的林登·约翰逊决定发动了一场"对犯罪的斗争",于是决定成立"总统执法和司法行政委员会"(该委员会由犯罪学家卡岑巴赫任主席,简称"卡岑巴赫委员会")。该委员会下设 9 个专门工作组,其中就包括由著名犯罪学家唐纳德·克雷西(Donald R. Cressey)领导的有组织犯罪工作组。有组织犯罪工作组在调查研究的基础上就美国打击有组织犯罪的法治完善提出了诸多富有远见的立法建议,如建议制定证人保护制度、特别的联邦大陪审团制度以及允许实施电子监控等,这些立法建议为后来 1970 年的《有组织犯罪控制法》以及其所包含的 RICO 采纳。此外,20 世纪 80 年代的里根政府也注重打击有组织犯罪及腐败犯罪,于 1983 年 7 月设立"总统有组织犯罪委员会"[由欧文·考夫曼(Irving R. Kaufman)领导,又称"考夫曼委员会"]。考夫曼委员会不但再一次推动了美国反黑及反腐法治,而且与美国 20 世纪 60 年代的卡岑巴赫委员会相比,更加重视犯罪调查,也即采用"综合性调查"研究犯罪现象。为了全面履行职能并精心组织调查研究,考夫曼委员会被总统赋予了丰富、明确的任务[②]:对全国和各地方的有组织犯罪状况进行充分和全面的掌握和分析;说明传统的以及新出现的有组织犯罪集团的性质和特征;弄清其收入的来源、数额以及其使用情况;获得关于有组织犯罪集团成员的详细资料;评析打击有组织犯罪的联

---

① 如可对被告人处以最高 20 年的监禁刑,并处最高 25 万美元的罚金;对法人犯罪,可处 50 万美元以下罚金或者非法所得或利润两倍以下的罚金;被告人违法所得的一切收益都可以没收;被害人可以提出损失额最高 3 倍以下的赔偿请求。

② See Howard Abadinsky, *Organized Crime*, 7th Edition, Thomson Wadsworth, 2003, p. 73.

邦法律;就完善立法、执法提出对策建议,此外,里根总统还要求考夫曼委员会于 33 个月内完成任务。于是,考夫曼委员会首次对有组织犯罪进行了大规模的调查,同时结合对 14 个城市的 600 多位证人的调查听证后做出结论:美国当时的立法已经基本能够满足需要,存在的主要问题是执法资源以及执法力度不够。正是得益于考夫曼委员会基于综合性调查的对策建议,美国于 20 世纪 80 年代后期开始展开了一系列针对有组织犯罪的执法行动并获得成功。总之,美国通过 20 世纪 70 年代的立法修订和 80 年代的执法行动有力地打击了有组织犯罪以及腐败犯罪,纵观这一进程,总统专门委员会这一高端专门决策机构发挥了关键性作用。

实际上,美国以上融合犯罪学知识的高端反腐决策机制,不但推动了美国打击有组织犯罪法治发展,也同样在企业反腐与企业合规的法治完善当中发挥了重要作用。这种融合犯罪学知识的高端反腐决策机制对国际社会而言同样具有重要的参考借鉴价值。

二、企业法治与企业合规的实践特色:注重起诉策略

美国企业反腐败与企业合规的法律制度及司法实践当中,注重运用起诉策略是一个显著特点。从国际社会看,以美国为代表的英美法系国家特别注重企业犯罪起诉策略的法律制定及司法适用,英美法系之外的国家及地区目前尚未鲜明提出企业犯罪起诉策略这一概念。

虽然起诉公司很困难且成本很高,但起诉公司对于维护公共利益及经济利益的重要意义不容忽视。这是因为,没有起诉公司的威慑,公众及投资人对金融体制及市场的信赖就会遭受损害,同时顾客以及其他公司就处于与非法公司进行交易的风险之中,同时立法保护公众免遭风险的立法目的就会落空。就此,英美法系国家制定了较为完善的公司起诉法律及规则。比如,美国司法部将起诉公司犯罪视为"高度优先事项"(a high priority)。《美国联邦商业组织起诉原则》也指出:"就涉嫌的公司违法犯罪进行调查并在合适条件下予以起诉,这种做法促进了主要的公共利益。这些利益包括但不限于如下几个方面:一是确保自由经济及资本市场的公正;二是保护顾客、投资者、合法经营的商业实体;三是保护美国民众免遭违法犯罪行为的侵害。"[①]

在美国,制定联邦公司犯罪起诉标准的目的则是通过采取更为宽容的替代性解决方式如暂缓起诉协议、不起诉协议来鼓励公司进行合作以及实施自我管理,同时在公共利益要求的情况下寻求刑事起诉。[②] 1999 年 6 月 16 日,美国才开

---

① Polly Sprenger, *Deferred Prosecution Agreement: The Law and Practice of negotiated corporate criminal penalties*, Thomson Reuters, 2015, pp. 7-8.

② See Polly Sprenger, *Deferred Prosecution Agreement: The Law and Practice of negotiated corporate criminal penalties*, Thomson Reuters, 2015, p. 14.

始制定正式的单位犯罪起诉政策。此时,美国司法部副总检察长埃里克·霍尔德(Eric H. Holder)签发了一份单位犯罪起诉政策备忘录(以下简称"霍尔德备忘录"),该备忘录规定了检察官决定是否针对公司提起刑事起诉所需要考虑的八个因素。2003年安然公司破产倒闭之后,美国司法部副部长拉里·汤普森(Larry Thompson)针对前述霍尔德备忘录进行评估修订并出台了新版备忘录(以下简称"汤普森备忘录"),该备忘录阐述了何时、如何以及为何起诉公司的基本原理。从内容上看,汤普森备忘录规定了指导检察官针对商业组织提起刑事起诉的多个原则,其中特别强调就公司于刑事调查当中予以合作的真实性进行审查。这是因为,许多情况下公司虽然口头上答应在调查中予以合作,但实际上却采取措施阻碍针对公司违法的查处。此外,公司内部治理机制的有效性也是评估的重要内容,"以确保这些公司治理措施真实有效,而不是仅仅停留于文件层面的计划"。此外,汤普森备忘录还要求检察官必须考虑是否同时起诉作为个人的公司经理、官员、员工、股东等。根据汤普森备忘录,为了鼓励公司更多地予以合作,检察官应当在公司刑事案件中考虑运用替代性解决方式。实际上,替代性解决方式传统上适用于青少年犯罪和毒品犯罪领域,只是在1999年6月霍尔德备忘录出台之后才得以拓展到公司犯罪领域。也就是说,在霍尔德备忘录出台之前,美国检察官面对公司犯罪时只有两种选择:要么起诉甚至摧毁一个公司,要么放任不管。[1]

根据汤普森备忘录,检察官在暂缓起诉协议、不起诉协议和起诉三者之间进行选择时,应当考虑如下八个方面的因素:一是犯罪的性质及严重程度,包括危害公众的风险以及该犯罪类型是否适用特别的司法政策;二是公司内部发生此种违法犯罪的普遍程度以及是否有公司高层领导参与或支持该违法犯罪;三是公司违法犯罪的历史记录,包括刑事、民事和行政违法历史记录;四是公司揭露违法犯罪的及时程度及自愿程度,以及配套调查的自愿程度;五是公司是否拥有充分的内部合规及公司治理制度,以及是否针对前述计划予以实施和完善;六是公司管理层是否采取了措施对违法行为予以制止并予以纪律处分;七是是否存在伴随后果,如对无辜的股东、退休人员、员工等造成了不应有的损害,以及因为起诉给民众所带来的消极影响;八是是否对违法且负有责任的个人进行起诉,或者予以民事或行政处罚[2]。

在美国,暂缓起诉协议已经运行了几十年。其中,认罪协商(plea bargaining)解决了高达95%的公司刑事案件。安然公司的破产并倒闭促使美国引入了起诉公司犯罪的替代性解决方式(alternative disposals),包括暂缓起诉协议和不起诉协议,要求公司采取法律上的补救措施并交纳巨额罚款,以避免被起诉。这种做法

---

[1] See Polly Sprenger, *Deferred Prosecution Agreement: The Law and Practice of negotiated corporate criminal penalties*, Thomson Reuters, 2015, pp. 11-13.

[2] See Polly Sprenger, *Deferred Prosecution Agreement: The Law and Practice of negotiated corporate criminal penalties*, Thomson Reuters, 2015, pp. 13-14.

的合理性在于:某些情况下公正原则以及公众利益要求的是处罚而不是起诉,尤其是刑事判决会摧毁一个公司,由此影响无辜方如公司员工、股东、退休员工、顾客以及供应商等。此外,还考虑到竞争所带来的经济利益以及越轨行为的普遍性等,这就使得协商式的解决方式往往更为可取。此外,起诉公司犯罪不但十分困难,而且要花费比起诉个人犯罪高得多的成本。

针对涉嫌犯罪的公司或单位适用暂缓起诉协议,美国检察官始于1999年,而英国检察官始于2014年。所谓暂缓起诉协议是指检察官与涉嫌犯罪的公司之间的协议。它由检察官提出,由公司表明其愿意在刑事调查中予以合作,承认某些事实,接受相应的惩罚性条款,同时通常愿意采取预防性措施防止犯罪再次发生。协议的内容由法律规定,通常包括:承认犯罪事实的发生;支付罚金和赔偿金;任命一位独立的监察员审查评估单位的职能履行情况;辞退某些员工;实施合规计划。如果公司在规定时间里遵守协议条款,检察官则同意暂缓起诉;如果公司未能遵守这些条款,检察官可以恢复起诉。① 这些年来,美国适用替代性解决方式的案件不断增加。例如,2000年至2013年7月,美国司法部共执行了257起暂缓起诉协议和不起诉协议的案件。2000年至2006年,美国司法部平均每年处理9.8起暂缓起诉协议或者不起诉协议的案件;2007年至2013年,美国司法部平均每年处理的暂缓起诉协议或者不起诉协议案件数增加到30.5起。②

从国际社会看,美国执法机构在所有加入OECD公约的国家中的起诉最为严厉。执法实践中,遭到美国执法机关调查的美国公司中的绝大多数最后都达成了和解协议(settlement agreement),而不是选择让企业面对风险并走完整个审判程序。在和解协议中将就合规标准的存在以及是否达到该标准要求进行讨论处理,从而让执法机关有机会将这些标准予以提高。例如,2012年美国执法机关查处摩根士丹利(Morgan Stanley)驻中国的高管涉嫌贿赂行为一案时,最后执法机关拒绝起诉被告人,理由是该公司已经提醒其员工不要违反《美国反海外腐败法》达35次之多。进一步的调查表明,2002年至2008年期间,摩根士丹利位于亚洲的员工已经就反腐政策接受了多达54次的培训。该案件是美国执法机关因为公司拥有强有力的合规计划从而拒绝起诉的第一个案例。这也促使很多国际公司致力于评估自己针对亚洲地区的员工进行培训的次数以及是否采取了足够的措施预防贿赂行为。③ 对此,美国学者认为:"美国已经且会继续在国际贸易当中积极标榜其反腐方面的标准。该法所规定的广泛司法权限以及美国和美国证券在

---

① See Polly Sprenger, *Deferred Prosecution Agreement: The Law and Practice of negotiated corporate criminal penalties*, Thomson Reuters, 2015, p. 8.

② See Polly Sprenger, *Deferred Prosecution Agreement: The Law and Practice of negotiated corporate criminal penalties*, Thomson Reuters, 2015, p. 9.

③ See Dominik Brodowski, Manuel Espinoza de los Monteros de la Parra, Klaus Tiedemann & Joachim Vogel (eds.), *Regulating Corporate Criminal Liability*, Springer, 2014, p. 128.

国际金融市场中的重要地位使得美国执法机关如司法部、证券交易委员会等针对那些与美国公司进行腐败联系的外国公司予以严厉处置。例如,仅2010年一年美国司法部、证券交易委员会就收到17亿美元的罚金,其中90%以上的罚金数额来自外国公司。这些罚金是美国执法者与被告公司之间协商处理的结果,而不是法院生硬司法的结果。"①

应当指出,虽然美英两国的协商解决方式日益盛行,但除英国之外的欧洲国家尚未出现正式的公司犯罪协商解决方式,虽然这些国家显著的趋势是将公司治理或者预防性措施当作量刑阶段刑事责任减轻因素。例如,意大利法律规定,公司被告人如果在审前采取了"必要的预防性内部制度及控制措施,则检察官可以建议将量刑减轻50%"。在罗马尼亚,如果公司在执法机关介入前以自我报告方式将内部调查发现的腐败犯罪予以报告,则可以免除刑事处罚。②

笔者初步认为,美国于企业反腐与企业合规当中注重起诉策略的运用蕴含着将预防理念及其功能切入刑事诉讼程序的设计考量,对此国际社会可以研究借鉴。

三、企业法治与企业合规的全球关注:长臂管辖

众所周知,2018年的"中兴事件"使得美国企业反腐法治中的长臂管辖问题凸显并成为全球焦点。对此,国内学界及社会各界人士讨论热烈,仁者见仁,智者见智。对此,有必要就美国反腐法律的长臂管辖问题进行全球视野的审视以及理性分析,以避免陷入某种片面或简单认知。

首先,美国在涉外企业司法当中经常适用暂缓起诉协议和不起诉协议。多年以来,美国管理机关经常使用这二者对付国外公司。这里的暂缓起诉协议,由检方和被告人达成,其中被告人承认被控告的犯罪以换取检方的让步,协议内容通常包括被告人承担调查中与检方合作的义务。受指控公司一旦进入协商程序,通常会伴随着刑事罚金、没收财产以及维持合规及道德计划。然而,公司一般不愿意签订暂缓起诉协议,因为这会导致定罪判决,从而带来名誉风险、资格丧失以及停止股票上市等后果。实际上,美国检方近年来更为积极地运用不起诉协议对付国外公司。不起诉协议之下,一旦公司完成协议所规定的要求,检方就针对公司做出不起诉处理。美国的审前转处(pre-trial diversion)源于1974年通过的《美国快速审判法》(Speedy Trial Act)。值得注意的是,不起诉协议并不排除针对犯罪之公司高管或者普通员工的起诉。不起诉协议或者暂缓起诉协议的条件和条款依据公司的犯罪性质、公司规模、公司文化的不同而不同。它通常要求被告公司

---

① Colin Nicholls QC, Tim Daniel, Martin Polaine & John Hatchard, *Corruption and Misuse of Public Office*, 2nd Edition, Oxford University Press, 2011, p. 568.

② See Polly Sprenger, *Deferred Prosecution Agreement: The Law and Practice of negotiated corporate criminal penalties*, Thomson Reuters, 2015, pp. 99-100.

提供关于违法行为的书面声明,该书面声明将在互联网上予以公开。此外,通常会伴随赔偿支付,其数额和刑事罚金相仿,以及公司配合检方的调查。最为重要的是,被告公司有义务依照美国管理机关的指令进行公司改革。公司必须提交一个改革计划并配备一个独立的监督人,该监督人于一定时期内对公司的合规进行监管。监管人的任命要经过美国管理机关的同意,并由被告公司支付监督人的工资。监管人主要考察评估公司的内部控制以及合规计划的有效性,并定期向美国司法部提交报告。当上述协议规定了国外公司遵守美国法律的义务时,对美国法律的遵守被称为"间接执法"(inderect law enforcement)。①

其次,对于美国实行的"间接执法",国际上存在争议,许多学者予以坚决反对。显然,"间接执法"这一做法与国家领土主权的基本原则相冲突,尤其是一国执法部门迫使他国个人或公司违反公司成立所在国的法律时。原则上,一国想要调取位于另一国家境内的证据资料,该国要向证据资料所在国提出请求。如果两国之前没有司法互助协议,则被请求国没有义务予以回应。如果两国之间存在司法互助协议,则通常由被请求国法院依程序受理并回应。否则,单边行动就会引发司法冲突问题(judicial conflict)。司法冲突起源于20世纪50年代跨国企业的快速发展。当时,存在所谓跨境禁令的争论。此时,美国试图通过法院颁布"透露令"(discovery orders)来实施跨境行动以发现位于他国境内的文件资料。这样,尽管违反他国法律,美国仍然如此迫使当事人在遵守法院指令、罚款以及违反本国保密法规之间做出选择。他国政府往往认为此种做法系违反本国法律的"法外司法"(exorbitant jurisdiction)而加以抵制。一些国家甚至颁布针对性法律以对抗这种行为。于是,美国也不惜采取强硬措施,甚至对违反法庭指令者以藐视法庭罪(contempt sanctions)加以制裁。对于美国的单边行动,学者们认识不同。一些学者表示赞同,认为国际法上并没有限制一国法院或机构要求他国当事人服从本国程序并对违反者予以制裁的权力。如学者彼得·施洛瑟(Peter Schlosser)就认为,当事人有义务遵守美国法庭签发的指令,只要案件属于美国法庭管辖。然而,更多学者持批评态度,认为单边行动实质上是对国际公约的架空和漠视。《维也纳条约法公约》规定,公约的解释应当本着善意并依据公约文本的通常含义以及法律目的宗旨予以解释。他们认为,单边行动违反司法协助条约的目的宗旨,也即促进各国之间的合作以及维护国家领土主权。②

再次,美国多年以来一直对包括西方发达国家在内的世界各国企业适用"间接执法",已经引起强烈反响。一个典型案件就是美国制裁英国宇航系统公司

---

① See Dominik Brodowski, Manuel Espinoza de los Monteros de la Parra, Klaus Tiedemann & Joachim Vogel (eds.), *Regulating Corporate Criminal Liability*, Springer, 2014, pp. 238-239.

② See Dominik Brodowski, Manuel Espinoza de los Monteros de la Parra, Klaus Tiedemann & Joachim Vogel (eds.), *Regulating Corporate Criminal Liability*, Springer, 2014, pp. 239-241.

(BAE Systems)案。① 英国宇航系统公司是一家总部位于英国的国防承包商。该案中,该公司被控于20世纪80年代起以大额资金贿赂沙特阿拉伯皇室家族以及制作虚假会计报表等方式,以获取战斗机发动机、攻击型航空母舰合同。在英国,国外贿赂行为于2002年开始被规定为犯罪。英国严重欺诈办公室(Serious Fraud Office, SFO)于2004年开始就此案展开调查,当沙特阿拉伯建议中止与英国的安全及情报合作之后,于2006年放弃此案。此后,英国的非政府组织对法庭表示英国严重欺诈办公室违反《OECD反贿赂公约》以及法治原则。于是,英国最高法院裁定英国严重欺诈办公室中止调查的决定违反法律,但该裁定随后被英国国会上议院推翻。2007年,美国在没有英国政府协助的情况下开始调查此案。美国司法部认为,英国宇航系统公司就其支付款项中的一部分对美国进行虚假陈述,违反《美国武器出口控制法》(the Arms Export Control Act, AECA)和《美国武器国际贸易规则》(International Traffic in Arms Regulations, ITAR),因而对其进行共谋指控。调查中,美国通过加针对英国宇航系统公司中美国员工的众多传票来获取情报。2010年,英国宇航系统公司与美国政府签订暂缓起诉协议,承认自己就《美国反海外腐败法》所要求的合规计划进行虚假陈述,从而构成共谋欺骗美国,并为此支付了大额罚金。此外,作为英国法人公民身份的英国宇航系统公司同意接受美国司法部经英国政府批准向自己公司派驻独立的监管人,以确保合规计划的有效实施。2010年4月,英国颁布《英国反贿赂法》,同时严重欺诈办公室也随即制定了类似于美国司法部起诉公司的相关指南。然而,此案中真正的问题并不是缺乏英国的实体法律,而是英国政府使本国的主要公司能继续开展业务的同时妥善处理与沙特阿拉伯之间的外交关系。此案中,执法工具发挥了重要作用,因为如果没有暂缓起诉协议,英国宇航系统公司可能破产,同时美国针对该公司的单边执法也许已经导致国家之间的政治纷争。

另一个典型案件就是2008—2010年发生的瑞士联合银行(United Bank of Switzerland, UBS)案,该银行于美国政府机关着手调查之初与美国司法部达成暂缓起诉协议。该案中,瑞士联合银行被美方指控帮助美国公民非法避税。瑞士联合银行在书面声明中承认自己参与了一个欺骗美国政府以及美国国税局(IRS)并帮助美国纳税人在自己银行开立户头以隐瞒其美国纳税人身份的行为。瑞士联合银行向美国政府提交了一些属于瑞士金融市场监督局(FINMA)管辖之客户的个人身份以及户头信息。然而,美国国税局认为所调取的信息不充分,于是寻求美国联邦地区法院的支持,由法院签发针对不特定身份人的传票,由此迫使美国的户头主人公布其身份信息。法院签发该传票的理由就是暂缓起诉协议。结果查出超过5.2万人未能按照法律规定在瑞士联合银行开立户头。最后,瑞士联合

---

① See Dominik Brodowski, Manuel Espinoza de los Monteros de la Parra, Klaus Tiedemann & Joachim Vogel (eds.), *Regulating Corporate Criminal Liability*, Springer, 2014, pp. 245-246.

银行向美国政府移交了近4500人的银行档案。①

最后,新形势下应当全面、理性地看待和应对美国法律的长臂管辖问题。当代国际社会人们更多地关注全球市场的公平公正,同时公司的社会责任观念逐步得到各国的普遍认可。为此,一方面应当注意借鉴美国反腐败法律中重视企业腐败预防、推动企业合规以及严格执法的理念,另一方面也要敢于面对美国法律涉外司法这一长臂管辖问题并进行有礼有节的坚决回应。比如,美国通过采取较为严格的公司管理标准,以此传播自己严格的公司管理理念及标准。客观上看,美国的作为有助于各国企业提高自己的反腐及合规水平。此种背景下,随着各国经济刑法的发展以及公司行为对社会日益重要的影响,自"冷战"结束之后各国纷纷实现了经济及企业违法的入罪化。此外,美国也推动各国及国际社会制定应对跨国公司犯罪的国际公约,如《OECD反贿赂公约》以及《联合国打击跨国有组织犯罪公约》(UNTOC)等。实际上,国际社会正是通过这些国际公约建立起防控经济违法犯罪的规范体系。总之,各国可以借鉴美国反腐法治中重视腐败预防的理念及制度,同时努力推进国际规则体系的公平公正并为此进行坚持不懈的努力。正如有日本学者所言:"可以肯定的是,美国政府仍将继续积极地使用这些作为执法工具的协议制度。然而,除非美国的执法行动展现其合法性及透明性,否则美国政府很难获得其他国家的执法合作。为了实现平和顺利的跨国刑事执法,美国政府、公司以及其他国家三者之间的关系需要进一步理顺。"②

四、企业法治与企业合规的理论研究:注重政策性反思

伴随着美国企业反腐败与企业合规的形成发展,美国学界也涌现出一些相关政策性焦点问题的研讨与反思。

(一)如何看待"过度犯罪化"问题

在美国等西方国家,反腐败中的过度犯罪化问题近年来引起了学者的关注探讨。比如,美国学者认为,过度犯罪化这一趋势主要表现为如下六个方面:一是刑事立法中删除犯罪意图(mens rea)这一犯罪构成要素的要求;二是针对其他人实施的行为但无须证明存在个人意识或者疏忽之情形规定替代责任;三是将刑法触角延伸至传统上属于行政管理或者民事执法部门管辖的经济活动领域;四是规定未能反映实际刑事责任的强制性最低量刑刑期;五是将传统上属于各州管辖的犯罪规定为联邦法上的犯罪;六是采取联邦及各州两级从而导致重叠的制定法立法

---

① See Dominik Brodowski, Manuel Espinoza de los Monteros de la Parra, Klaus Tiedemann & Joachim Vogel (eds.), *Regulating Corporate Criminal Liability*, Springer, 2014, pp. 243-244.

② Dominik Brodowski, Manuel Espinoza de los Monteros de la Parra, Klaus Tiedemann & Joachim Vogel (eds.), *Regulating Corporate Criminal Liability*, Springer, 2014, p. 247.

模式。① 实际上,在安然公司破产之后,美国国会随即采取了针对白领犯罪的严厉政策,尤其表现在 2002 年通过的 SOX 法案。该法所体现的过度犯罪化至少表现为两个方面:一是该法将邮件欺诈与电信欺诈(wire fraud)的最高刑罚由原来的 5 年增加到 20 年;二是该法所包含的含义模糊或者重叠的刑法规定可能导致针对白领犯罪的起诉大量增加。此外,在执法实践上有研究表明,该法生效的 2002 年至 2010 年,美国涉嫌邮件欺诈的犯罪人所判刑罚增加了 18 个月,而涉嫌电信欺诈的犯罪人所判刑罚则增加了 10 个月,增幅为 22%～28%,这一增幅远远没有达到法定最高刑期高到 400% 的比例(由 5 年增加到 20 年)。这似乎表明,美国国会期望 SOX 法案实现白领犯罪所受刑罚显著增加的目的未能实现。②

就美国而言,究竟是何种因素导致了针对白领犯罪人所判平均刑期的显著提高呢?美国白领犯罪人所判平均刑期显著提高的原因不是 SOX 法案而是美国量刑制度的改革。有美国学者考证过,美国联邦法院系统判处邮件欺诈和电信欺诈的平均刑期,2002 年为 8 个月,2009 年提高到 10 个月,2012 年提高到 12 个月。而 2004 年以及 2005 年上半年,上述欺诈犯罪的平均刑期却降低到近几十年最低的 8 个月。在此期间,美国量刑委员会于 2002 年将许多欺诈犯罪的基本犯罪等级(base offense level)从 6 点(分)提高到 7 点(分)。实际上,单单上述量刑制度的修正就会将欺诈犯罪的刑期提高大约 10%。该学者认为,从这一量刑制度的修订以及 2002 年之后美国欺诈犯罪平均刑期的变化情况可以看出,导致美国联邦法院系统欺诈犯罪平均刑期明显提高的主要因素不是 2002 年通过的 SOX 法案,而是量刑指南的修订。③ 此外,关于邮件欺诈或电信欺诈之刑罚的初步研究表明,SOX 法案颁布实施之后,美国针对邮件欺诈或电信欺诈的刑罚判处并未出现明显变化。同时,邮件欺诈或电信欺诈犯罪人被判平均刑期的些许增加也是由于量刑指南的出台。可以说,立法改革未能遏制未来犯罪这一失败可能是因为(至少部分意义上)辩诉交易这一制度的采用。

应当如何看待腐败行为过度犯罪化这一立法趋势?以美国为例,学界存在支持和反对过度犯罪化的两种观点。一方面人们对白领犯罪领域中的过度犯罪化趋势予以支持的理由主要有二:一是不断提高处罚白领犯罪的刑罚力度意味着犯罪人会受到与其犯罪危害程度相适应的更重量刑,同时这也会对他人触犯这种犯罪进行遏制;二是继续的犯罪化将为起诉白领犯罪提供必要的工具,从而确保复杂且不断演变的白领犯罪更多地受到制裁。另一方面,反对者认为,那些对过度

---

① See Lucian E. Dervan, White Collar Over-criminalization: Deterrence, Plea Bargaining, and the Loss of Innocence, *Kentucky Law Journal,* Vol. 101, No. 723, 2013, p. 723.

② See Lucian E. Dervan, White Collar Over-criminalization: Deterrence, Plea Bargaining, and the Loss of Innocence, *Kentucky Law Journal,* Vol. 101, No. 723, 2013, pp. 733-740.

③ See Lucian E. Dervan, White Collar Over-criminalization: Deterrence, Plea Bargaining, and the Loss of Innocence, *Kentucky Law Journal,* Vol. 101, No. 723, 2013, pp. 733-734.

犯罪化予以支持的理由难以令人信服，因为这些理由实际上是建立在一种关于提高刑罚力度与增加犯罪人个体之刑罚以及提高执法水平之间关系的虚假设定之上的。SOX 法案所显示出的过度犯罪化未能导致被告人被判刑期的显著增加、执法水平的显著加强或者对未来白领犯罪的进一步遏制，但这种立法却使得过度犯罪化这一进程得以维系，同时使得宪法保护的有关审判的权利持续受到伤害。[1] 在美国，将近97%的联邦刑事案件通过认罪答辩结案。联邦刑法的数量、管辖范围以及刑罚力度在过度犯罪化这一进程中得以强化，在此背景下，检察官因此得以让被告人放弃其宪法权利转而通过有罪答辩结案。

总之，过度犯罪化与辩诉交易之间的共生关系造成了当前这一局面。笔者发现，一半以上的无辜犯罪嫌疑人为了换取诉讼便利和实体优待而违心地承认有罪。可以说，过度犯罪化的存在是辩诉交易普遍且强有力的契机。人们必须思考，国会通过一部法律或者增加一部法律的刑罚力度，尽管国会通过该法律时有其目的，但这些立法改革实际上并没有实现其遏制犯罪的初衷。目前看，美国依然朝着过度犯罪化的方向发展，尽管学者对此存在着支持和反对两种意见。

（二）如何预防白领犯罪

首先，要在树立科学犯罪应对理念的基础上确立腐败预防的战略地位。一方面，基于过去几十年以来西方国家反腐立法迅速发展以及腐败犯罪依然高发的事实，西方国家不少学者认为，现行针对白领犯罪的犯罪化政策效果不佳乃至无效。如有学者所言："尽管制定的反腐法律文本急剧增加，但腐败依然严重的现实表明，惩罚性反应已经表现出前所未有的无效。"[2]另一方面，要坚定树立惩罚的确定性的作用要远大于刑罚的严厉性这一认识理念。关于刑罚之威慑力的讨论一直就是一个颇有韵味的话题。然而，众多的研究文献表明，对犯罪人判处重刑尤其是监禁刑，这一做法对于遏制其他人犯同样的犯罪而言并无效果。例如，英国剑桥大学犯罪学研究所 1999 年发表的一篇关于提高刑罚威慑作用的综合性研究报告表明，提高刑罚处罚这一做法并没有能够增强刑罚的威慑作用。[3] 此外，著名刑事法学者保罗·罗宾逊（Paul Robinson）和约翰·达利（John Darley）发表于 2008 年《牛津法学研究》的一篇论文也支持上述观点。[4] 从事刑法遏制研究的权威学者丹尼尔·纳金（Daniel Nagin）和格雷格·波加尔斯基（Greg Pogarsky）曾经

---

[1] See Lucian E. Dervan, White Collar Over-criminalization: Deterrence, Plea Bargaining, and the Loss of Innocence, *Kentucky Law Journal,* Vol. 101, No. 723, 2013, pp. 734-740.

[2] Stefano Manacorda, Francesco Centonze & Gabrio Forti (eds.), *Preventing Corporate Corruption: The Anti-Bribery Compliance Model*, Springer, 2014, p. 7.

[3] See Stacy L. Mallicoat & Christine L. Gardiner, *Criminal Justice Policy,* Sage, 2014, p. 169.

[4] See Lucian E. Dervan, White Collar Over-criminalization: Deterrence, Plea Bargaining, and the Loss of Innocence, *Kentucky Law Journal,* Vol. 101, No. 723, 2013, p. 736.

指出:"就遏制犯罪而言,惩罚的确定性的作用要远大于刑罚的严厉性。"①正如学者所言:"政府应对腐败的战略对策涵盖众多关键方面,其中包括预防腐败。应对腐败的政策目标应当由简单的建立并实施合规项目转变到零容忍对待各个层次的腐败从而打造并维系廉洁公正。"②

其次,要着力打造有利于预防腐败的道德文化和价值观念。防控腐败一方面需要制定和实施反腐法律制度,另一方面也需要风清气正的文化观念予以支撑配合。正如美国学者所言:"要构建一个人旨在控制白领犯罪及单位犯罪的良好环境,首要的就是要抛弃认为自私和贪婪乃是人类本性这种从基因上设定人类属性的传统观念。无论过去还是现在,都有着无数人士蔑视积累财富这一似乎是人类天职的行为,而是选择过着最为简单的生活,如印度的圣雄甘地(Mahatma Gandhi)和美国的作家兼自然主义者亨利·戴维·梭罗(Henry David Thoreau)。然而,不幸的是,很少有美国人还信奉着《圣经》中的忠告:那些积累大量财富的人将难以升入天堂。"③此外,美国著名犯罪学家亨利·N. 庞特尔④指出:"一个旨在拟制白领犯罪及单位犯罪的公共政策,如果辅之以善良思想、被悉心且高效传播的制度所塑造的良好社会风气,这样的公共政策将发挥最佳效果。倡导善良道德的制度建构,则具有重塑个人及群体品格之功能。可以预料,这样的期待从一般意义上说可能希望渺茫,但在诸如商学院这样的地方,却值得进行孜孜不倦的追求。"⑤

再次,忽视文化和价值观念也是一些企业经营中的深刻教训。美国著名社会学家詹姆斯·Q. 威尔逊⑥指出:人类天生就拥有一种正派体面的强烈道德感情并一直维系,除非这种良好的道德感情被糟糕的周围环境所腐蚀。为了论证自己的观点,詹姆斯·Q. 威尔逊还举例说,人们将小费放入酒店,且并不期待这些小费会被返还。⑦ 此外,重视公司内部道德文化建设也是 21 世纪之初美国安然公司破产中的深刻教训。美国著名犯罪学家亨利·N. 庞特尔指出:"金融风暴之后最为戏剧的事件表明,有必要打造一种诚实而善良的社会风气。尤其是要将诚实而善良

---

① Daniel S. Nagin & Greg Pogarsky, Integrating Celerity, Impulsivity, and Extralegal Sanction Threats into a Model of General Deterrence: Theory and Evidence, *Criminology*, Vol. 39, 2001, p. 865.
② Monty Raphael QC, *Bribery: Law and Practice,* Oxford University Press, 2016, p. 86.
③ Stacy L. Mallicoat & Christine L. Gardiner, *Criminal Justice Policy,* Sage, 2014, p. 172.
④ 亨利·N. 庞特尔(Henry N. Pontell),美国加利福尼亚州大学欧文分校犯罪学教授,前美国犯罪学协会副主席,主要研究白领犯罪,成果丰富,曾获得多个重要奖项。
⑤ Stacy L. Mallicoat & Christine L. Gardiner, *Criminal Justice Policy,* Sage, 2014, p. 172.
⑥ 詹姆斯·Q. 威尔逊(James Q. Wilson)与乔治·L. 凯尔(George L. Kelling)合作撰写的论文《破窗:警务与邻里安全》(Broken Windows: Police and Neighborhood Safety)于 1982 年 3 月发表于美国《大西洋月刊》(*The Atlantic Monthly*),首次提出了犯罪学中著名的破窗理论。詹姆斯·Q. 威尔逊认为,破窗理论是他本人的主要学术成就。——编者注
⑦ See Stacy L. Mallicoat & Christine L. Gardiner, *Criminal Justice Policy,* Sage, 2014, p. 172.

之理念传导给权威人士。例如,格雷格·史密斯(Greg Smith)是美国著名的高盛投资公司的中层经理,他在该单位任职近十二年之后公开宣布辞职。史密斯抱怨说高盛投资公司的风气日益糟糕,变得越来越自私自利和冷酷无情,具有毒害性和破坏性。在该公司,顾客往往被当作木偶对待,推出的股票尽管卖家也知道这不是好的买卖。史密斯坚持认为,诚实问题是如此重要,不应该被忽视。"①

最后,要高度重视防控腐败的教育尤其是针对青少年的腐败预防教育。如何控制白领犯罪,教育是关键之一。这是因为:"预防腐败最为重要的措施在于适时进行教育,从小学开始。预防腐败的生力军乃是那些没有受到污染的青少年!从小学到初中、高中以及大学阶段,就应该开展关于防控腐败的教育。孩子们和学生们应当就此进行讨论,明白腐败的社会危害,同时开始熟悉并接触预防惩治腐败的对策。如果整个社会都弥漫着腐败现象,那么我们唯一的希望就在于少年。"②

综上所述,可对发端于20世纪60年代的美国企业合规制度总结如下:从立法上看,美国于1977年制定的《美国反海外腐败法》在世界范围内首次彰显了企业合规的基本理念,此后美国司法部于1991年出台的《美国组织量刑指南》首次将企业合规纳入刑事责任追究范畴。21世纪初期美国安然公司腐败丑闻发生之后,美国国会于2002年通过了SOX法案,该法要求在公司内部建立更为严厉的公司责任制度,此后美国量刑委员会针对《美国组织量刑指南》进行了首次修订,由此采取更为严厉的合规标准来倡导合规文化。美国1977年首次制定《美国反海外腐败法》之初就力图向国际社会兜售其企业合规理念及制度,但开始并不顺利,后期由于形势的变迁以及观念的提升,国际社会的企业反腐及企业合规开始加速发展,经合组织于1989年启动了企业反腐规约的起草工作,21世纪以来欧洲、亚洲、非洲众多国家纷纷出台了自己的企业合规法律制度,至今已经形成企业合规的全球发展态势。

深入研究美国企业合规制度就有必要探寻美国企业合规制度孕育发展的背景因素或者说形成机理。这方面主要有:典型案件反思成为企业法治创新发展的良好契机,调查研究是推进企业合规孕育及发展的智识支撑,政企合作反腐是企业合规孕育及发展的政策指引,企业合规是现代企业风险管理及制度的重要内容,公司刑事责任的预防转型是企业合规的核心要素,合规计划纳入刑事责任是落实企业合规的最佳保障。就制度特点及立法技术而言,美国的企业刑事合规采取司法量刑模式,其基本特点是合规规则丰富实用,刑罚严厉但注重起诉策略。纵观美国企业法治的发展历程,其创新特点比较显著:一是基础研究方面,首倡

---

① Stacy L. Mallicoat & Christine L. Gardiner, *Criminal Justice Policy*, Sage, 2014, p. 173.
② Stefano Caneppele & Francesco Calderoni, *Organized Crime, Corruption and Crime Prevention*, Springer, 2014, p. 158.

"白领犯罪"这一核心概念,为国际社会企业反腐败发展奠定基石;二是规范制定方面,首制《美国反海外腐败法》这一反腐专门法律,为国际社会反腐法治发展提供范本和动能;三是法治推进方面,首推企业合规及刑事合规,推动国际社会企业反腐败与企业合规的全球呈现及升级完善;四是法治机制方面,首创融合犯罪学知识的反腐高端决策机制,意义深远。

当然,美国的企业合规法律制度也渗透着以任性适用"长臂管辖"为代表的强权色彩。对于美国企业法治当中的"长臂管辖"问题,各国一方面应当着力提升自己的核心技术及核心竞争力,另一方面也有必要对其进行坚决而有效的博弈和斗争。

第三章　英国企业合规制度

作为老牌的市场经济国家,英国一直以其法治为自豪。英国的企业合规制度有着极其悠久的历史,在近二十年以来更是配合若干法律,衍生出了一系列的合规体系,在不同的法律领域均出现了相似的规范特征:法律配合性、逻辑阶层性、精密性以及实践操作性,体现了较强的实用主义特征。这些合规制度或因法律倒逼而产生,但同时也可以解读法律、释明法律并且对冲法律责任,起到了良好的应用价值。

第一节　英国反贿赂合规

英国是最早制定反腐败法律的国家,其贿赂犯罪是腐败治理的重点犯罪。长期以来,英国的反贿赂法律重视事后的惩治,立法技术相对落后,难以实现预防合规效应。为了实现立法的与时俱进,《英国反贿赂法》于2010年4月制定,2011年7月生效。它对原有的反贿赂制定法和普通法加以整合和更新,确立了一个统一、完整的反贿赂成文法律体系,以适应成熟商业合规之要求。《英国反贿赂法》由6个部分20个条文组成,结构清晰,内容明确。它确立了较为宽泛的犯罪类型,提高了法庭对于贿赂犯罪的量刑,确立了更广泛的管辖权,因而被誉为史上最严厉的反腐败法。[①] 该法的出台表明了英国治理贿赂的决心:希望通过相对简单明确的成文法创造一种公平竞争的商业环境,提升英国清廉和诚信的国家形象,使得英国一跃成为世界反贿赂立法的新标杆。

在这一留下浓墨重彩的法律变革中,最具特色的制度创新当数适用严格证明责任的"预防行贿失职罪"(offences of failure to prevent a bribe being paid on an

---

① 对于《英国反贿赂法》,国内外已经有了一些介评性研究和比较法研究,例如钱小平:《英国〈贿赂法〉立法创新及其评价》,载《刑法论丛》2012年第2期;魏昌东:《英国贿赂犯罪刑法治理:立法发展与制度创新》,载《学习与探索》2013年第2期;谭彪:《英国〈反贿赂法〉对跨国公司合规提出新挑战——严格责任及其抗辩》,载《企业经济》2012年第7期;F. Joseph Warin, Charles Falconer & Michael S. Diamant, The British Are Coming!: Britain Changes Its Law on Foreign Bribery and Joins the International Fight Against Corruption, *Texas International Law Journal*, Vol. 46, No. 1, 2010, pp. 1-72; Peter Yeoh, The UK Bribery Act 2010: Contents and Implications, *Journal of Financial Crime*, Vol. 19, Issue 1, 2012, pp. 37-53; Richard Alexander, The Bribery Act 2010: Time to Stand Firm, *Journal of Financial Crime*, Vol. 18, Issue 2, 2011, pp. 37-53。

organization's behalf)中的"充分程序"(adequate procedure)抗辩制度,即如果被指控的企业可以证明内部建立了充分程序防范行贿行为,便免除未能预防"关联人"(associated person)行贿应当承担的法律责任。

预防行贿失职罪全称为商业组织预防行贿失职罪。起草《英国反贿赂法》的委员会认为,商业企业处于消除贿赂危害或风险的最佳地位,目前无论是刑法还是民法都无法有效打击商业企业允许其职员进行贿赂。与其事后打击,不如选择一种合规的模式,要求其予以贯彻,将义务转移给企业自身。这里预防的仅仅是行贿而不是受贿。对于企业如何去履行义务,英国巧妙地运用了举证责任倒置的原理。

英国司法部出台了《关于相关商事主体预防关联人贿赂所施行程序的指引》①(以下简称《英国司法部预防关联人贿赂指引》),对于充分程序的执行提供了详细的指导。以下将介绍预防行贿失职罪的充分程序抗辩事由,对指引中充分程序所需要遵循的六项原则及其案例指导加以评析。

一、英国预防行贿失职罪的充分程序抗辩事由

《英国反贿赂法》第 7 条第 1 款规定了企业未能防止"关联人"行贿而被科以严格责任的原则,即企业的关联人为了获得或者维持该企业的业务,或者出于企业的利益考虑,而实施贿赂行为,企业本身无论是否参与或者知情,都将承担责任。第 8 条对关联人做出解释,即为企业提供服务或者代表企业提供服务的人、法人或者非法人组织,因此雇员、代理和子公司都包括在关联人的范畴中。不仅如此,如果承销商为企业提供服务或者代表企业提供服务,也应当被视为关联人。供货商也可以被视为服务的提供者,因而也成立关联人。这就意味着企业需要为各种关联人的行贿行为严格承担最为广泛的责任。这种刑事责任不要求具有特定的行贿意图,这意味着企业疏于阻止贿赂行为是一种严格责任犯罪(strict liability crime)。

然而,《英国反贿赂法》第 7 条第 2 款在程序上设定了一项完全的积极抗辩(affirmative defense)事由,即如果企业可以证明自身已经制定充分程序防范相关人员违法,则可以免除第 1 款的责任。该抗辩事由也是对于预防行贿失职罪唯一有效的抗辩事由。《英国司法部预防关联人贿赂指引》对企业如何证明自身设置了"充分程序"做了具有操作性的指导。这种抗辩并不需要证明到排除合理怀疑的程度,根据判例法,企业被指控预防行贿失职罪时,只需要证明该等抗辩到较高可能性(balance of possibilities)的程度即可。预防行贿失职罪及其充分程序抗辩事由确立的立法原理是,企业处于消除关联人贿赂危害的最佳位置,通过法律

---

① See Guidance About Procedures Which Relevant Commercial Organizations Can Put into Place to Prevent Persons Associated with Them from Bribing.

规范确定他们之间的连带关系并对企业施加内部伦理准则建构的压力,可以有效防止企业纵容允许关联人行贿,改善企业的社会责任水准。[1] 贿赂防范程序是否充分取决于对于每个案例事实进行具体分析,需要通过六项原则加以具体化。

二、构建充分程序的六项原则

《英国司法部预防关联人贿赂指引》规定了构建充分程序的六项原则:合比例程序、高层承诺、风险评估、尽职调查、沟通与培训以及监控与审查。这六项原则实质上是一个有效的反贿赂合规计划(anti-bribery compliance program)的六项一般特质(general qualities)以及良好公司实践的标志。

(一)合比例程序(Proportionate Procedures)[2]

合比例程序原则是指企业预防任何关联人员行贿所制定的程序应当与其所面临的风险、业务的性质、规模和复杂性相称。这里的程序应该从广义上理解,不仅包括贿赂防范政策,还包括执行政策的具体程序。

在所有与程序做比例参考的事项中,风险是最为重要的。因此,风险评估是判断程序是否合理的主要标准。换言之,预防贿赂内部程序的制定需要采用以风险为基础的方法(risk-based approach)。风险等级与企业的规模有一定的联系,然而规模不是唯一的决定因素。相比一些大中型企业,一些小企业可能会面临巨大的风险,可能需要更加完备的贿赂防范程序。一般情况来说,小公司相比大型跨国公司所需要的程序简单得多。以内部的沟通交流程序为例,小公司可能只需要定期的口头简单通报就足以在内部进行沟通,而大型跨国公司则需要制作大量的书面性文件。风险等级也与关联人的类型和作用相关。如果某一关联人就与企业的关系而言,没有任何贿赂风险,就没有适用贿赂防范程序的必要。如果企业依赖某一关联人与外国政府官员谈判,则就这种关系而言,需要相应的很多预防程序减少贿赂的风险。

(二)高层承诺(Top-level Commitment)[3]

高层承诺原则是指企业的高层应当承诺杜绝贿赂,并致力于预防关联人行贿,在企业内部培养一种不容忍贿赂行为的诚信文化。该原则鼓励高级管理层确定贿赂防范程序,并且介入任何与贿赂风险相关的并且对于企业管理结构重要的决议。

高级管理层将采用各种形式,在企业内部确立一种对于贿赂零容忍的文化。最为行之有效的方式可能是向不同的受众发表正式的声明。这些声明可能是通

---

[1] See Monty Raphael, *Blackstone's Guide to the Bribery Act 2010*, Oxford University Press, 2010, p. 57.

[2] See the Bribery Act 2010 Guidance, p. 21.

[3] See the Bribery Act 2010 Guidance, p. 23.

过企业内/外网传达,从而引起受众周期性的关注。声明的内容包括:①公平、诚信、公开经营的承诺;②对于贿赂零容忍的承诺;③雇员和经理违反政策的后果;④其他关联人违反与贿赂防范相关的合约条款的后果;⑤拒绝贿赂所产生的商业价值;⑥企业拥有并且实施的贿赂防范程序;⑦贿赂防范程序所涉及的关键个人和部门;⑧企业参与的集体反贿赂行动。

企业采用各种有效的贿赂防范领导形式,这些形式与企业的规模、管理结构和状况相称。在小企业中,可能会要求管理层亲自起草、开展和执行贿赂防范程序,并且做出重大决议。在大型跨国公司中,由董事会负责制定贿赂防范政策,安排经理设计、实施和监督贿赂防范程序,并且使得这些政策和程序得到经常复审。

(三)风险评估(Risk Assessment)[①]

风险评估原则是指企业应该就关联人可能发生的贿赂风险的性质及其严重性进行评估,确定需要优先考虑的风险,并对风险加强监管。这种风险既可能是外部的,也可能是内部的,而评估是定期的、有依据的并且记录在案的。

对于许多企业来说,该原则是一个更宽泛的商业风险评估的一部分。对于其他的企业来说,它可能会是一个更为具体的、独立的贿赂风险评估。该原则旨在推进与公司的规模、结构以及业务的性质、范围和地点相称的风险评估程序。当然,《英国司法部预防关联人贿赂指引》也认为企业越完整理解所面临的贿赂风险,贿赂防范措施就可能越有效。贿赂风险评估程序具有一些基本特点,包括:①高级管理层对于风险评估进行监管;②适当的资源分配,即应当反映出企业经营规模,以及对所有相关风险加以确定和优先化考察的需要;③确定用以评估和审查风险的内部和外部信息资源;④尽职调查询问;⑤对于风险评估和结论精确恰当的记录。

随着企业运营的变化,它所面临的贿赂风险以及风险评估也有所变化。例如,适用于企业在国内操作的风险评估和它进入其他国家的新兴市场的肯定是不一样的。[②] 企业遭遇的贿赂风险既可能是外部的,也可能是内部的。企业通常遭遇的外部风险包括国家风险、行业风险、交易风险、商机风险和商业伙伴风险;增加风险的内部因素包括雇员素质低、奖金文化、招待费、小额疏通费的透明度缺乏、财务控制不清晰等。

(四)尽职调查(Due Diligence)[③]

尽职调查原则是指企业在确认关联人代表或者代理企业进行交易时,应当以一种合比例的、以风险为基础的方法予以调查,从而减少关联人行贿的风险。尽

[①] See the Bribery Act 2010 Guidance, p. 25.
[②] 英国司法部实际上坚信企业在英国所面临的关联人行贿风险要低于在国外市场所遇到的风险。See the Bribery Act 2010 Guidance, p. 20.
[③] See the Bribery Act 2010 Guidance, p. 27.

职调查是公司良好管理所必需的措施;基于贿赂防范的尽职调查通常会成为更宽泛的尽职调查框架的一部分。该原则的目的是鼓励企业实施尽职调查程序进行贿赂风险评估,从而适用合比例的措施,防止关联人以公司名义实施贿赂行为。

尽职调查程序可以由内部人员操作,也可以由外部聘请的顾问进行。适度的防范贿赂的尽职调查将会随着关系类型所产生的风险而变化。例如,企业签订关于信息技术服务方面的协议时,尽职调查要求比较低。相反,如果企业选择通过中间人的帮助在外国市场开展一项投资业务则可能需要较高层次的尽职调查,从而降低贿赂的风险。由于关系存在的特殊情境,企业需要在确立特定商业关系时谨慎考虑。例如,如果当地的法律或者条约规定使用当地代理人,这就使得企业一旦确立了商业关系便很难再抽身。在任何承诺之前通过尽职调查以减少风险的重要性是不言而喻的,这尤其体现在企业间的合并或者收购过程中。

尽职调查也采用以风险为基础的方法。例如,在低风险的情况下,可能没有必要进行尽职调查。在高风险的情况下,则可能需要进行尽职调查,形式可能包括直接的询问、间接的审查或者对于关联人的一般性研究分析。对于关联人的评估和持续监督是必要的,评估和监督需要与风险相称。一般说来,对于法人等组织体所需要的信息要比对于个人要多,因为个人很可能要通过组织体来介入具体的事务,个人的作用也可能不是那么明显。这些信息包括背景资料、专业及相关经验。该信息可以通过个案研究和资料跟踪来实现。企业可以在招聘等人力资源程序中嵌入减少员工贿赂风险的尽职调查的等级设置,该尽职调查应当与员工的地位所产生的风险成比例,这就意味着对于较低的职位往往没有必要进行尽职调查。

(五)沟通与培训(Communication and Training)①

沟通与培训原则是指企业确保贿赂防范政策和程序通过各种沟通培训方式为个人所认识和理解。沟通培训也需要采取与面临的风险成比例的方法。它是通过提高企业的合规意识和程序理解程度来防范关联人行贿。此外,企业可以通过沟通培训获取各种信息,更加有效地监控、评估和检讨贿赂防范程序。

内部的沟通应当注意从高层传达的语气,但是要在关注政策和程序具体执行上,明确反贿赂对于雇员的意义。内部沟通的内容包括特定领域的政策,诸如决议、财务控制、招待费、促销费、小额疏通费、培训、慈善和政治捐赠、违反规则的处罚和不同等级管理角色的明晰。另一个重要的内容是为内部和外部关联人确立安全、机密、容易理解的关注贿赂的途径,以便于他们对贿赂防范程序及其控制提出改进的建议。这种"直言不讳"(speak up)程序对于各种不同的企业都是非常有用的管理工具。

外部的沟通可以表现为声明或者发布行动守则,内容可以包括贿赂防范的管控、制裁、内部调查以及招聘、采购和招标的规则。这些可以有效地控制关联

---

① See the Bribery Act 2010 Guidance, p. 29.

人,防止他们试图以企业名义行贿。企业可能会考虑到用合适的方式向更广泛的受众(例如行业内的其他企业甚至一般公众)传达这些内容。

从广义上来讲,培训也是沟通的一种类型。相比其他沟通方式,它可能有助于更有效地培育企业内部的反贿赂文化。培训通常表现为教育和警示贿赂的形式。培训也必须与风险相称,所处的岗位具有高风险的关联人更应当接受贿赂防范培训。作为一种介绍性程序,一般性的培训对于新聘员工和代理来说是必需的,但是它应当根据具体岗位的具体风险有所调整。对于直言不讳程序中涉及的主体的需要,培训的形式和内容也应当有所调整。有效的培训必须是持续不断的,并且定期被监控和评估。除了传统的课堂或者研讨形式,还有很多不同的培训模式,例如网络课程等。无论采取什么形式,培训应当尽可能保障参与者深刻地理解相关政策和程序以及它们在实践中的意义。

(六)监控与审查(Monitoring and Review)①

监控与审查原则是指企业必须定期监控和评估所制定实施的防范贿赂的政策和程序,并且根据它们的成效予以改进。企业所面临的贿赂风险可能会改变,所以,用来减少这些风险的程序也应当有所调整。这需要企业对这些程序进行监控,考虑如何提高它们的实效,在必要的时候予以更改。除了定期的监控,企业还需要对应对其他外在影响(例如营业地政府的更迭、贿赂事件或者媒体消极报道等)的程序作出审查。

大量的内部和外部的审查机制可以用以防止、发现、调查贿赂,并且对交易的道德水准进行监控。例如,内部财务控制机制可以用来检验贿赂防范程序的实效。再如,参加培训员工的调查问卷以及他们的回馈为监控和审查贿赂防范程序提供了信息来源,他们也能够提出贿赂防范政策持续改进的方案。企业可以采用周期性审查报告的形式提交给管理层。企业间也可以通过一些出版物互相借鉴实践经验,例如,相关的行业协会或者监管机构可以在他们的出版物中列举很多成功或者失败实践的例子,以供企业参考。此外,企业可以考虑对于贿赂防范程序的有效性进行外部的核准或者认证。一些企业可以申请由独立的行业协会等机构对企业内部反贿赂标准做出合规认证。

在详述了建构充分程序所适用的六项原则之后,英国司法部仍然觉得指引不够具体。《英国司法部预防关联人贿赂指引》的附录 A《2010 年反贿赂法案例研究》还提供了一系列假设性的案例,它们是对各种规模的企业如何适用原则的举例说明。② 英国司法部相信这些案例有助于企业确定最适合它们需要的防范关联人代表企业实施行贿的程序。这些案例对指引进行补充,但是它们并不能代替或者超越任何原则。它们展示了原则是如何适用的,但是并不能被认为是确定推

---

① See the Bribery Act 2010 Guidance, p. 31.
② See the Bribery Act 2010 Guidance, p. 32.

论、反映行为底线的规范。

三、《英国司法部预防关联人贿赂指引》的评价

根据英美刑法原理,严格责任是出于社会和公众利益考虑对于传统"非具本人罪过的行为不使人有罪"原则的例外。在商业贿赂犯罪中,关于企业预防行贿失职的犯罪心态很难收集证据。因此,确立严格责任体现了公共政策、诉讼效率以及诉讼成本的优位。如果关联人采取了贿赂措施,只有一种完全的抗辩:企业采取了充分的预防政策和程序,建立了良好的企业文化,才可以避免刑事处罚。《英国司法部预防关联人贿赂指引》对何谓充分程序做出了详细的阐述。该指引是英国政府咨询各种非政府组织的专家之后制定的,反映了国际上企业内部控制程序的最新动向。[1]

当然,这种抗辩模式规定是审慎的。尽管预防行贿失职罪的严格责任显得非常严厉,然而我们需要认识到:它的目的不在于给绝大多数守法的企业增加负担,也不是给那些偶尔出现贿赂事件的良好运行的企业施加刑罚压力。严格责任及其完全抗辩会敦促企业确立和改善内部合规程序,然而,如果企业确信自己没有也不可能违反《英国反贿赂法》,也没有追加内部合规制度的义务。这尤其适用于那些只有有限资源的小企业。这种抗辩模式实际上是在合规与企业成本的价值选择上做出的技术性平衡。

正如《英国司法部预防关联人贿赂指引》的前言所言:"我希望本指引体现的是应对贿赂的风险在很大程度上只是一种常识,而不是烦琐的程序。"[2]它的适用仅仅是一般性的,围绕着六项原则构建,每项原则都有一些评论和例子加以注解。即便如此,这些原则也不同于我国法律体系中的规范,它们是具有弹性的,允许指引以外的各种情况的出现。加以注解的评论和例子也不能等同于我国将法律具体化的司法解释和行政规章。也就是说,在一项具体的指控中,一个企业是否设置了充分程序由其自身承担证明责任,并且由法院根据六项原则,参考对于原则的评论和例子,考虑具体的事实和场景加以判断。然而,背离了该指引所建议的程序并不会必然引起企业没有制定充分程序的推论。事实上,《英国司法部预防关联人贿赂指引》没有列明或者穷尽所有可能的贿赂防范程序。每个企业可以有替代性的贿赂防范程序。立法者认识到没有任何一种贿赂防范程序能够在任何时候都可以发现和阻止所有形式的贿赂的发生。企业往往可以根据社会要求、行业标准、自身的业务特点和发展状况建构更为切合自身要求的防范贿赂的充分程序乃至内部伦理守则。

---

[1] 这些非政府组织包括透明国际、商业伦理协会(Institute of Business Ethics)和全球反腐败论坛(Anti-Corruption Forum)等。

[2] See the Bribery Act 2010 Guidance, p. 2.

《英国司法部预防关联人贿赂指引》的核心原则是合比例原则。法律并没有严苛到不允许公司带客户去观赏温布尔登网球公开赛或者英国国际汽车大奖赛。为了满足小企业合规的需要,英国司法部还发布了非法定的《快速入门指引》。《快速入门指引》中的原则对于中小型企业的适用也明显不同于那些大型的跨国公司,因为中小型企业面临的风险往往有别于大型的跨国公司。程序的烦琐程度应当与企业所面临的风险成比例。以风险为基础的方法承认威胁企业的贿赂风险在每个法域、不同的领域、不同的商业伙伴以及交易中都有不同的表现形式,这可以帮助企业集中精力关注最值得关注的风险。

尽管《英国反贿赂法》及《英国司法部预防关联人贿赂指引》颁布实施的时间较短,但是对于企业疏于贿赂防范的规制得到了先进法治国家的认同。越来越多的国家开始以立法的形式来敦促企业加强对于贿赂的内部控制和事先预防,完善企业的合规制度。此外,由于贿赂导致法律风险加大,大量英国企业提高了内部合规的要求,制定或者确保落实行之有效的合规保障措施,以应对严格责任的挑战。企业也会选择与具有较少贿赂风险的企业开展合作,在订立合作合同时,也增加了严格的反贿赂条款,要求商业伙伴承诺杜绝贿赂。

由上所述,《英国反贿赂法》及《英国司法部预防关联人贿赂指引》在规定实体性犯罪严格责任的同时,花费大量篇幅规定了抗辩程序。严格责任不要求控方对于犯罪的意图进行举证,而通过转移证明责任的方式减轻控诉成本,提高追诉效率,敦促企业加强对于贿赂的预防。抗辩所依凭的"充分程序"也是程序性的。这些用以防范贿赂行为的适当的政策和程序中的绝大多数属于内控程序。简言之,它通过程序性设置将单纯的事后惩治型处理方式转变为防范前置于惩治的处理方式,从而淡化了实体归责的重要性,巧妙地回避了一味寻求以实体刑法来治理贿赂的弊端。

《英国司法部预防关联人贿赂指引》通过"充分程序抗辩"的原则化与具体化敦促相关企业确立内部的合规程序。这提示我国立法者,不仅要以制裁等形式对外在的贿赂行为加以吓阻,还要以确立内部准则等方式事先预防,改变和根除寻求不合理互惠的动机。英美法中已经形成一种观念,即规范规定得如何详细,也不可能照顾到社会生活的方方面面。与其强调"规则应当如何精密",不如在法律原则上下工夫,确立一些原则,以及原则适用的细则。这些细则并不必然严格适用,而是为实施具体制度,由有解释权的主体(在英国主要由法官承担解释权)行使原则化的自由裁量权(principled discretion)提供参考。

《英国司法部预防关联人贿赂指引》如同其他的任何行为准则(code of practices)一样,主体只有严重背离原则时,才应当予以法律制裁,它们是典型的软法。充分的措施必然是精细的,但这并不意味着完全是刚性的,很多时候也是建议性的,它们的约束力来自纵观全局,结合原则本身进行整体性判断。虽然不采用该指引中所建议的措施并不能直接说明企业防范关联人员的贿赂行为的程序不充分,但是检察官及法庭不可避免地将企业内部贿赂预防规范与该指引所规定的原则的契合度作为判断程序是否充分的重要考量标准。

《英国司法部预防关联人贿赂指引》中的建构充分程序的六项原则基本上都是常识性的,不是只能限于英国本国法律土壤的,以下方面可以为反商业贿赂立法以及企业践行反商业贿赂所借鉴:

第一,在防止任何关联人员贿赂时,制定的合规政策和程序应当与其所面对的风险、业务的性质、规模和复杂性相称。合比例原则应当得到遵守,它是最能体现具体问题具体分析的一项原则。很明显,不能要求小规模的IT企业像大型的矿业采掘加工企业那样制定同样反贿赂的政策和程序。

第二,高级管理层是企业产生、维系和发展的核心阶层。根据企业的类型,应当由一个或者多个高级管理人员领导贿赂的治理,并且做出杜绝贿赂的承诺。高级管理层不仅要表明企业反对贿赂的立场以及违反程序应当受到惩戒的讯息,还要具体领导贿赂防范程序的实施,在企业的人事制度等方面加以明确。

第三,合规的重点在于风险的识别与防范,因此应当建立以风险为基础的机制。企业应当确定需要优先考虑的风险,消耗更多的资源应对更大的风险隐患,这样才能实现资源的最优化配置。风险评估原则应当推崇,这种评估应当有依据,记录在案,并且不断更进,才能为制定和改善程序规范提供准确可靠的依据。

第四,评估关联人风险最为可靠的方法是对其做尽职调查。尽职调查可以由内部法务实施,也可以聘请外部的律师进行。它的信息来源可以是主动调查所得,也可以是个人举报和舆论监督所致。当然,尽职调查采用了以风险为基础的方法,从某种意义上来说尽职调查原则可以为风险评估原则所吸收。

第五,高层的承诺必须要有具体的沟通交流机制相配套,只有通过这种机制才能使关联人获取贿赂预防信息,逐步提高关联人的合规意识。沟通机制在外部表现为声明或者行动守则,在内部则表现为高层传达和员工的公开表态。企业应当根据员工及其他关联人的角色和职权有针对性地进行培训,通过教育和警示使得关联人从内心接受反贿赂的文化。

第六,企业所面对的风险当然不是静止不变的,因此企业必须借助自身和外部的双重力量,定期监控和审查防范贿赂的政策和程序的实效,使得该程序能够与时俱进,不断更正和完善。监控和审查的方式既包括内部的财务控制机制、员工的反馈,还包括外部行业协会或者监管机构的合规认证以及舆论监督等形式。这种监控和审查原则保持了程序外部认知的开放(cognitively open),确保防范贿赂程序具有反思性(reflexive)和再生性(reproducible)①,从而有助于进一步防止违规事件的发生。

---

① 这非常符合卢曼的法律自治理论(autopoiesis theory),规范在内部是自洽完整的,在外部是开放包容的。See Nicholas Luhmann, Operational Closure and Structural Coupling: The Differentiation of the Legal System, *Cardozo Law Review*, Vol. 13, No. 5, 1992, p. 1426.

第二节　英国反逃税合规

2017年4月27日,《英国刑事金融法》(Criminal Finance Act)被批准通过。作为英国公司刑事立法最新的补充法案之一,《英国刑事金融法》对2002年的《英国犯罪所得法》做了彻底的修订。该法堪称是自2010年《英国反贿赂法》以来最重要的反金融犯罪法案。法案旨在解决英国现有法律框架中暴露出的一系列明显缺陷,加强检方执法权力,对于反逃税合规具有重要意义。此处将详细地介绍2017年颁布的《英国刑事金融法》,并以此阐述企业反逃税合规的相关要点。

一、《英国刑事金融法》的规定及其特点

(一)立法背景

《英国刑事金融法》的颁布有着独特的背景:一则依据现存法律,司法机关对英国企业的问责愈发困难,卸责违规的现象日益增多且缺乏足够的督导监管;二则税收犯罪日渐严重,英国成为逃税后利润主要输入国之一,引发欧洲成员国的强烈不满;三则恐怖主义融资、洗钱活动猖獗,亟须对企业科以更高的合规义务。

1. 对企业问责日趋困难

在《英国刑事金融法》颁布之前,要追究企业及其相关商业机构的刑事责任,检察官需要在犯罪行为(actus reus)与犯罪意图(mens rea)上加以证明。具体而言,需要证明相关机构企业的高级管理人员(特别是董事会成员)参与并意识到非法活动的进行。这些严格的归责门槛给刑事处罚制造了巨大障碍。

第一,难以对跨国型企业集团追责。在大型跨国集团中,商业决策具有离散性。决策者的级别往往低于董事会成员,造成对公司及真正的高层无法追责的困境。相关责任人易于逃脱刑事责任。行业潜规则逐渐形成:规模越大的企业,所承担的责任越少,规模越小的企业反而可能面临更大的风险。企业之间的规模差异,潜移默化中创造了不公平的竞争环境。

第二,普通法的犯罪归责方式可能会反向激励组织高层漠视企业代表机构的犯罪行为,其始作俑者反而免于任何刑事责任。普通法还可能会减少或限制底层参与员工向公司高层汇报涉嫌非法税收活动的内容,以规避企业相关责任。[①]

基于对企业问责日趋困难的窘境,英国政府反思认为,如果企业未能防止

---

① See Tackling Tax Evasion: Government Guidance for the Corporate Offences of Failure to Prevent the Criminal Facilitation of Tax Evasion, Government Guidance 1st September 2017, pp. 3-4.

为其行事或代表其行事者在刑事上为逃税犯罪提供便利,实则已触犯了预防逃税失职罪,应当承担相应刑事责任。为填补相关立法的空缺,加强英国检方的管控权限,约束企业规范行为,《英国刑事金融法》特别明确了企业的反逃税合规责任。

2. 税收犯罪日趋严重

世界货币基金组织的官方报告显示①,由于纳税企业利润转移和大量避税港的使用,全球每年损失约6000亿美元的税额,其中经合组织国家约占4000亿美元(占其国内生产总值的1%),发展中国家为2000亿美元(占其国内生产总值的1.3%)。由此可见,逃税、避税是个国际性难题。如何做好税收监管工作不仅需要司法体制的升级,还需要相关立法工作的完善。

最新调查表明,欧盟内部每年逃税数额约为8250亿欧元。② 欧盟议会强调,每年近40%的公司将利润转移到全球的避税天堂,一些欧盟国家成为利润转移的主要损失者。其中接近35%的转移利润来自欧盟国家,其次来自发展中国家,约占30%。从欧盟成员国转移的利润中,有一部分流入其他欧盟成员国或通过其他几个欧盟成员国转移。③ 其中,英国是转移利润流入的主要国家之一。大量转移利润的流入,使得英国成为税收犯罪的受益国,也使得英国备受其他欧盟成员国的谴责。标榜法治的国度却有着极大的税收监管漏洞,长远而言,有损英国闻名于世的法治国家形象。在国际、国内的双重压力之下,英国必须革新立法,以维护自身的模范形象。

3. 恐怖主义融资活动日趋猖獗

伦敦和曼彻斯特的恐怖袭击导致了英国社会各界的恐慌。近年来,恐怖主义威胁持续升温,其中日益猖獗的恐怖主义融资活动成为助长因素之一。美国国家犯罪局(NCA)估计,数十亿英镑的国际腐败所得流入英国或通过英国洗钱转移,据估计每年约有40%的腐败收入通过洗钱流入英国。④

在全球恐怖主义猖獗和洗钱犯罪严峻的背景下,世界各国金融监管机构都一再强调打击恐怖主义融资和洗钱活动的必要性,并达成了提高沟通和信息共享

---

① See E. Crivelli, R. A. De Mooij & M. Keen, *Profit Shifting and Developing Countries,* International Monetary Fund, 2015.

② 参见 Richard Murphy, The European Tax Gap,载英国税收研究网站(http://www.taxresearch.org.uk/Documents/EUTaxGapJan19.pdf),访问日期:2020 年 10 月 10 日。

③ See Thomas R.Tørsløv, Ludvig S.Wier & Gabriel Zucman, The Missing Profits of Nations, *NBER Working Paper,* No. w24701, 2018.

④ 参见 2017 EU Terrorism Report: 142 Failed, Foiled and Completed Attacks, 1002 Arrests and 142 Victims Died,载欧洲刑警组织网站(https://www.europol.europa.eu/newsroom/news/2017-eu-terrorism-report-142-failed-foiled-and-completed-attacks-1002-arrests-and-142-victims-died),访问日期:2017 年 6 月 15 日;Serious and Organized Crime Strategy,载英国政府网站(https://www.gov.uk/government/publications/serious-organized-crime-strategy),访问日期:2013 年 10 月 7 日。

水平、建立惩罚和遏制恐怖主义法律框架的共识。① 在此背景下,《英国刑事金融法》获准通过,展现了英国通过金融监管积极推进反洗钱和反恐怖主义融资活动的决心。该法的颁布,标志着近年来英国金融业再一次尝试维护其法律体系的正洁性(integrity)。这也是自2010年《英国反贿赂法》以来,企业刑事责任得以最大规模扩张的法律。

(二) 立法内容

《英国刑事金融法》分为四个部分,立法目的是收缴、没收犯罪所得,打击洗钱和腐败,遏制恐怖主义行为。其实质是通过加强行为主体的金融合规责任,扼住金融的命脉,限制非法融资、洗钱,从而减少犯罪的发生。

1. 犯罪主体

《英国刑事金融法》规定的犯罪主体,已经从个人(自然人)扩张到了法人团体和合伙企业。其中第45、46章规定了相关机构的严格责任。一旦"相关机构"的行为符合罪行描述情形,无须判定相关决策是否由高层管理者授意,"相关机构"必须承担相应的刑事责任。犯罪主体的扩张,针对性地填补企业追责困难的空缺——降低企业犯罪门槛,规避大型跨国企业决策离散的特点,缩小企业间责任差距,竭力维护公平公正的竞争环境。

2. 新设罪名

《英国刑事金融法》主要规定了两项新的罪名,分别为预防逃税失职罪(failure to prevent facilitation of UK tax evasion offences)与预防涉外逃税失职罪(failure to prevent facilitation of foreign tax evasion offences)。下列三种情形可以被涵摄入这两项罪名的打击范畴:①一家总部位于英国的机构,未能阻止代表其行事之人为英国境内逃税犯罪提供行事便利;②一家非英国机构,未能阻止代表其行事之人为英国境内逃税行为提供行事便利;③一家总部位于英国的机构,未能阻止代表其行事之人在海外为逃税行为提供行事便利,且根据当地法律,这种逃税行为隶属刑事犯罪。②

3. 长臂管辖

根据立法新规,所有在英国有业务往来的国外注册实体,即使总部设在境外,也要受到《英国刑事金融法》的约束。在承认国内或国外税务犯罪的情况下,即使逃税者不是英国人,仍将被视为刑事犯罪。换言之,在英国经营的企业或机构逃税,无论其注册地所在何处,无论逃税人是否具有英国国籍,都将被认定受该法约束,即英国法院具有管辖权。

---

① 参见 David Miller, Financial Crime and Counter Terrorist Financing Updates, 载监管科技网站(https://regtechfs.com/financial-crime-and-counter-terrorist-financing-updates/),访问日期:2016年3月4日。

② See Criminal Finances Act 2017, Part 3 Corporate Offences of Failure to Prevent of Tax Evasion, Failure of Relevant Body and Acting in Capacity of an Associated Persons, pp. 116-117.

4. 合理程序

倘若企业被指控预防逃税失职罪,相关机构可以证明自己已经采取合理的预防程序以防止关联人员的违规,或无法合理地预测相关预防程序在犯罪发生时无效。[①] 如若企业能证明针对逃税风险,其已经制定了合理的预防程序,该企业能够在抗辩中处于优势地位。法律授权司法机关追究企业严格责任的同时,也为企业提出合理抗辩留有余地。刑事处罚并非目的,事前预防合规乃是根本,充分展现出立法者对法律合理公正性的辩证考量。

(三)立法影响

《英国刑事金融法》的出台不仅是英国内部的一次金融刑事立法的革命,更是英国向世界做出的有力承诺。通过该法,英国向世界表明了其打击逃税犯罪、洗钱活动以及与恐怖主义斗争的坚决立场。毋庸置疑,英国在金融领域的立法取得了突破性成就。此外,在刑事政策方面,新法带来了累积效应。通过立法过程,英国呼吁欧盟理事会和各成员国加快完善该领域立法,投入更多财政以限制、减少逃税、避税行为,并且妥善地解决税收差距问题。

《英国刑事金融法》第一部分就公司合规提出了很多新要求,明确规定公司内部自行监测、报告、约束逃脱犯罪有关行为,从而极大地改善了金融市场环境。早期立法的缺陷使得企业可以依据组织内部的"不知情"逃脱罪责。该法设定的企业金融犯罪将雇员、代理人或为他们提供服务的人纳入刑法圈,从而克服了刑事归责的困难。根据该法的规定,如果公司没有良好的治理体系和强有力的报告监督程序,则很可能在相关诉讼中处于极为不利地位,直至面临刑事处罚。立法压力敦促企业建立强有力的预防程序,迫使企业高级管理层参与制定预防措施与政策,提高对雇员的要求。企业应当根据工作的职位和从事的相关业务,明确可能受到新法规影响的员工,如面对客户的团队、合规部、内部审计等。针对相关员工必须制定相关培训项目,从而确保他们了解法律的更新以及其对职业角色的影响。企业内部还需组织定期沟通,向被培训主体强化公司政策和员工责任。

《英国刑事金融法》第二部分适用于涉嫌资助恐怖主义活动者,或约束利用恐怖主义资金取得的财产和为恐怖组织融资的行为。该法授权执法部门向受监管的企业发布披露令和索取进一步信息的通知,以获取有关洗钱犯罪和恐怖主义犯罪的进一步信息,要求企业协助调查。同时,如果银行或相关协会账户存有涉嫌资助恐怖主义的资金,或将用于恐怖主义的资金,并且相关部门已经启动调查程序,法院可下令冻结账户以防止资金转移。这些都有力地限制了恐怖主义资产的使用和流转,从经济上限制、制裁恐怖主义的发展。

---

① 参见 Failure to Prevent the Criminal Facilitation of Tax Evasion, 载英国金融网站(https://www.uk-finance.org.uk/system/files/Corporate-Criminal-Offences-guidance-clean-version-as-approved-by-UK-Finance.pdf),第4页,访问日期:2017年12月5日。

(四)立法特点

1. 扩张犯罪主体的类型

《英国刑事金融法》规定,涉税金融犯罪的主体由自然人扩张到了法人团体与合伙型企业。这是英国立法史上首次明确地将企业纳入刑事金融法的归责范畴。长期以来,由于立法的缺陷,原有追责程序难以执行,关于企业涉税金融犯罪的问责机制"形同虚设",难以威慑与警示违法犯罪的企业。在该领域扩张犯罪主体,堪称英国刑事金融法领域的突破性进展。对大型企业、相关税务金融机构从立法上加以限制,有效地打击了辅助纳税人违法逃税的犯罪行为。新立法框架下,诸多机构企业都具备较高的犯罪风险,高风险则倒逼企业机构负责人、高级管理层对公司的业务展开整顿、清理,并积极构筑完善的管理体系,以期预防、规避金融刑事风险。

2. 扩张管辖范围

《英国刑事金融法》除了新设犯罪类型、扩张犯罪主体的类型,更是扩张了英国司法机关对境外逃税犯罪的管辖权,昭示了英国打击逃税犯罪的坚毅决心。该法不仅规定了对英国企业参与协助实施逃税行为的管辖权,还规定了英国有关机构在英国境内和境外的逃税犯罪的管辖权。只要符合"与英国相关"的标准,满足"双重犯罪"的要求,英国法院便具备对相关犯罪行为的司法管辖权。这一新规,对在英国投资或经营的企业产生重大影响。扩张管辖范围,将上游的企业犯罪本体纳入预防逃税失职罪的主体范围,为严格打击逃税犯罪提供法律依据。

3. 构建合理预防程序

《英国刑事金融法》充分参照英国2010年颁布的《英国反贿赂法》,提出了企业构建合理预防程序的要求,在程序上为企业设立了一项完全的积极抗辩事由。构建合理的预防程序便于有效地从源头遏制企业的刑事风险,强化企业内部自控的压力。《英国司法部预防关联人贿赂指引》规定了极为相似的合理预防程序。作为充分程序的"六项原则"与反贿赂法的指引如出一辙。一是风险预防程序合比例,即逃税预防程序的设计应当与公司的性质、规模以及关联人与相关机构联系的密切性成比例。二是高层承诺,高层应当参与预防程序的制定,并发布正式的声明,沟通并认可防逃税的程序,表明自身对于逃税及其辅助行为零容忍的态度。三是风险评估,即识别高风险领域,并对高风险领域进行深入、细致的评估。企业应当有效考虑常见的风险因素,并做出有针对性的措施。四是尽职调查,企业应该开展内部的尽职调查,调查可以由内控部门展开,也可以通过外控部门开展。企业可以与关联人员签署一定的合规性合约,以促进尽职调查的顺利开展。五是沟通和培训,即各级管理之间、内部外部之间应当通力沟通,对于相应的风险组织全面的培训。六是监控和审查,企业应当定期审查风险预防程序,在必要的情况下督促整改。企业应当以其为参照,结合内部实际情况,构建合理的内控程序。

4. 强制与恐怖主义资金有关联的企业披露信息

《英国刑事金融法》第二部分第 35 条至第 43 条是针对恐怖主义融资行为的立法,规定了更大范围、更有效力的信息披露程序,授权相关执法部门有权要求与恐怖主义有关联的企业进行信息披露,或进一步索取有关信息,为相关部门调查、追踪涉恐主义财产提供了更为便捷的途径。涉案企业的配合无疑提高了追回恐怖主义财产的效率。

二、预防逃税失职罪

《英国刑事金融法》第三部分规定了企业刑事责任,并在第 45、46 条中详细阐释犯罪构成要件。其中规定了两项预防逃税失职罪的共同犯罪:一项是未能防止为在英国实施的逃税行为提供便利,另一项则为在英国境外实施的逃税犯罪。如果存在英国境内预防逃脱失职罪,则相关机构是否在英国或境外成立,或实施犯罪人员的关联人员是否在英国或境外,都不予考虑。这些触犯严格责任的犯罪,主要针对能够进行逃税和跨境逃税的规划顾问企业。一旦罪名成立,涉案企业可能被处以无上限的罚款。对于该犯罪进行认定处罚需要进行三个阶段的考察。

第一阶段:纳税人的逃税行为触犯普通法上的欺诈公共收入罪,或者构成故意的欺诈性逃税。

要触犯企业预防逃税失职罪,首先纳税人必须构成逃税罪。这实际上无须存在针对纳税人的刑事诉讼。任何试图从公共收入中挪用资金的欺诈行为,均构成欺骗公共收入的普通法罪行(例如,违反《1994 年英国增值税法》第 72 条的欺诈性逃税;或违反《1970 年英国税收管理法》第 106A 条的欺诈性逃税)。纳税人犯罪与否并不以对其提起刑事诉讼为先决条件。纳税人可以主动披露其行为,即使其犯罪行为尚未实施。

第二阶段:相关机构的员工协助纳税人逃税,具有明显的故意或放任的犯意。

相关机构关联员工的协助逃税带有故意性或者明显的不诚实。故意帮助或放任法人实施收入欺诈性逃税行为,故意或放任个人实施欺诈性逃税行为,帮助和教唆他人实施税收欺诈都是犯罪行为。例如,银行职员、会计师或律师等专业人员直接或间接故意协助其客户实施逃税行为,则该银行职员、会计师或者律师构成犯罪。关联人必须是故意或放任地采取行动,以便纳税人实施逃税行为。如果因个人疏忽大意,偶然地为纳税人逃税提供便利,不应当归责,其所在的单位也不能成立犯罪。①

第三阶段:相关机构未能预防阻止提供逃税便利的行为。②

这里只有"相关机构"(relevant body)才能构成预防逃税失职罪,即只有独立法人(通常是公司)和合伙企业才能构成该罪。这里的机构只要相关即可,无论其是否根据英国的法律成立。③ 被预防阻止的对象是以相关机构关联人身份行事者(a person acting in the capacity of a person associated with the relevant body)。预防逃税失职罪必须由与相关机构有关联者实施行为。第三方(如代理人与介绍人)可能同时与多个机构建立联系,并且为多个不同的相关机构(或以个人身份)执行任务。关联人与相关机构联系之外的活动,都不会使相关机构产生负担责任。确认一个人是否与相关机构有关联,需要审查合同的程式,并考量合同的可操作性、可控制性和利益等因素。《英国刑事金融法》不将分支机构视为单独的法律实体,相关机构的所有分支都由一个单独的法人实体构成。在其约束下,有多个分支机构的企业,包括在英国设立的分支机构,都将受到该法的规制。④

《英国刑事金融法》第46条第7款规定了触犯预防逃税失职罪的法律后果:(相关机构)将被提起正式指控,定罪并处以罚金;或者被提起简式指控,定罪并处以罚金。⑤

三、长臂管辖原则

《英国刑事金融法》对域外犯罪加以治理,对发生在境外但与英国有关的逃税犯罪实行"长臂管辖",扩张英国法庭的司法管辖权。英国财政税务部门(HMRC)指出:"逃税行为是错误的。总部设在英国的相关企业和机构不应当仅仅因为蒙受损失的其他国家无法提起诉讼而不被追究预防逃税失职的责任。"⑥

---

① 参见 Failure to Prevent the Criminal Facilitation of Tax Evasion,载英国金融网站(https://www.uk-finance.org.uk/system/files/Corporate-Criminal-Offences-guidance-clean-version-as-approved-by-UK-Finance.pdf),访问日期:2017年12月5日。

② See UK Criminal Finance Act Imposes Corporate Tax Evasion Controls, *Compliance: Tax Evasion International Tax Review*, Vol. 28, 2017, pp. 14-16.

③ 参见 Failure to Prevent the Criminal Facilitation of Tax Evasion,载英国金融网站(https://www.uk-finance.org.uk/system/files/Corporate-Criminal-Offences-guidance-clean-version-as-approved-by-UK-Finance.pdf),访问日期:2017年12月5日。

④ 参见 Failure to Prevent the Criminal Facilitation of Tax Evasion,载英国金融网站(https://www.uk-finance.org.uk/system/files/Corporate-Criminal-Offences-guidance-clean-version-as-approved-by-UK-Finance.pdf),访问日期:2017年12月5日。

⑤ See Criminal Finances Act 2017, Part 3 Corporate Offences of Failure to Prevent of Tax Evasion, Failure of Relevant Body and Acting in Capacity of an Associated Persons, p. 117.

⑥ UK Criminal Finance Act Imposes Corporate Tax Evasion Controls, *Compliance: Tax Evasion International Tax Review*, Vol. 28, 2017, pp. 14-16.

1. 预防涉外逃税失职罪

《英国刑事金融法》第 46 条规定了预防涉外逃税失职罪:"一家非英国机构未能阻止代表其行事之人为英国境内逃税行为提供便利;或一家总部位于英国的机构,未能阻止代表其行事之人在海外为逃税行为提供便利,且根据当地法律,这种逃税行为隶属刑事犯罪。"①

只要具有下列情形,就应认定与英国相关:①相关机构根据英国法律成立或组建;②相关机构在英国开展业务;③任何构成逃税的行为发生在英国。境外税收犯罪的相关机构须符合以下要求:①(相关机构)根据英国法律注册,例如根据英国法律注册的有限公司;②在英国开展业务或部分业务,例如根据法国法律注册但在曼彻斯特办事处运营的公司;或③其关联人在有助于逃税的犯罪行为发生时在英国境内,例如一家根据德国法律成立的公司,其雇员在伦敦期间帮助另一人实施涉外逃税犯罪。符合上述条件的机构可以被认定为与英国有充足的关联,因此应受到海外逃税新规的约束。例如,任何有海外分行的英国银行;任何有伦敦分行的海外银行;在英国不开展任何业务,但其关联人以相关机构的身份为英国的逃税犯罪活动提供银行服务。这些都可以认定与英国存在关联。总部设在英国的相关机构一旦参与与英国税收相关的犯罪活动或在境外从事非法逃税,都将承担刑事责任。所有在英国有业务往来的机构,即使总部设在境外,也必须受该法的约束。②

涉外逃税犯罪的归罪模式与国内犯罪大致相似。首先纳税人刑事逃税(第一阶段),其次关联人员为纳税人提供便利(第二阶段)。如果第一、二阶段的犯罪行为已然发生,且相关机构不能证明其已经制定了合理的预防程序,则该机构应当承担相应的刑事责任。③ 与国内犯罪相比,针对国外犯罪的管辖范围略窄,只有与英国有关联的相关机构才会触犯《英国刑事金融法》下的预防涉外逃税失职罪。同时,英国检方还需要证明该犯罪行为符合"双重犯罪"要求。

2. 双重犯罪原则

《英国刑事金融法》对预防涉外逃税失职罪提出了"双重犯罪"的要求。"双重犯罪"分为两个阶段:首先,海外司法管辖区必须在纳税人层面上具有与英国同等的逃税罪,且如果纳税人的行为发生在英国,也必须构成犯罪。因此,如果纳税人的行为在英国不构成犯罪,则无论外国刑法如何规定,相关机构都不构成该罪。

---

① Criminal Finances Act 2017, Part 3 Corporate Offences of Failure to Prevent of Tax Evasion, Failure of Relevant Body and Acting in Capacity of an Associated Persons, p. 117.

② 参见 The UK Criminal Finances Act FAQs,载甫瀚(美国)咨询公司网站(https://www.protiviti.com/US-en/insights/uk-criminal-finances-act-faqs#3),访问日期:2020 年 11 月 1 日。

③ 参见 Failure to Prevent the Criminal Facilitation of Tax Evasion,载英国金融网站(https://www.uk-finance.org.uk/system/files/Corporate-Criminal-Offences-guidance-clean-version-as-approved-by-UK-Finance.pdf),访问日期:2017 年 12 月 5 日。

其次,海外司法管辖权必须有一项涵盖有关人员为逃税提供便利的犯罪。倘若不满足"双重犯罪"的要求,在英国,相关机构并不会被追究刑事责任。如果纳税人的逃税行为和辅助人的行为在英国都是犯罪行为,且海外司法管辖区在纳税人和辅助人两级都设有同等的犯罪,则将满足"双重犯罪"要求。

四、合理程序

"如果一家公司不采取预防措施,就不可能反对任何违规制裁。"①

《英国刑事金融法》指引意见(Guidance about prevention procedure)中指出,企业的每个部门组织都必须考虑到自己的具体风险,建立模型化的合理防范程序。由于违法行为的严重性,企业实际上必须从一个假设开始,即假设代表他们行事者将实施第二阶段的违法行为。建立合理防范程序实际上是强制性的,企业有责任将犯罪行为推定到特定的活动、时间和地点。"合理防范程序"由六项指导原则构成,并且遵循《英国反贿赂法》指引中确定的原则②:

1. 合比例程序

公司应当评估基于其提供的服务所涉及的风险。逃税风险预防程序的独立性取决于公司的性质,因此逃税风险的预防必须是广泛的预防程序框架中的一部分。有关机构采取合理预防程序,防止以该机构关联人员身份行事者为逃税提供便利,该机构面临的失职风险应与该关联人提供犯罪便利的风险成比例。比例的布局取决于有关机构活动的性质、规模和复杂性。立法者意识到,预防程序的合理性应当考虑到本组织能够对代表其行事者的控制和监督水平,以及该关联人员与相关机构联系的密切性。新的罪行并不苛求有关机构为完美地消除一切潜在风险而制定过于繁重的程序。

2. 高层承诺

高级管理层理应参与制定预防程序,高层管理者的参与程度取决于机构或组织的规模。在一个规模较大的机构中,高级管理层对设计进行监督比确定细节更为适合。管理层还可通过发布对指导意见建议的正式声明,沟通并认可该机构的防范逃税程序。

有关机构的最高管理层应致力于防止其关联人为逃税犯罪提供便利。它们应在有关机构内培养一种内在文化,旨在促进其员工自觉抵制逃税犯罪。该原则不仅鼓励高级管理层参与制定和实施预防性程序,还鼓励其酌情参与风险评估的过程。

---

① UK Criminal Finance Act Imposes Corporate Tax Evasion Controls, *Compliance: Tax Evasion International Tax Review*, Vol. 28, 2017, pp. 14-16.

② 参见 Failure to Prevent the Criminal Facilitation of Tax Evasion,载英国金融网站(https://www.uk-finance.org.uk/system/files/Corporate-Criminal-Offences-guidance-clean-version-as-approved-by-UK-Finance.pdf),访问日期:2017年12月5日。

高层管理人员可以：①传达并认可相关机构关于制止逃税犯罪的坚定立场及参与制定和审查预防程序；②承诺对逃税及其辅助行为零容忍；③阐明拒绝提供逃税辅助服务的优势；④阐明相关机构的主要预防程序；⑤参与制定和选拔实施预防程序的关键人员或部门；⑥制定负责预防措施的相关机构的高级管理人员；⑦认可相关机构的预防政策和相关出版物；⑧领导和制定责任，提高对相关机构预防政策的认识；⑨与相关关联人员和外部机构接触，帮助阐明组织政策制定的风险评估认证责任；⑩承诺对举报人的保护。

3. 风险评估

风险评估过程可视为两个阶段：第一阶段是识别高风险领域的概况（按照业务领域和具体活动划分），第二阶段是对这些高风险领域进行全面、详细的评估。金融服务（包括财富管理）、税务咨询和法律部门被确定为具有特殊风险的部门。在具有共同标准以外的司法管辖区提供服务，或提供具有已知或已识别滥用风险的产品，均被视为风险。被确定为高风险的交易包括复杂的税务规划结构，涉及高度保密、过于复杂的供应链以及政治敏感人士的交易。①《英国刑事金融法》指引意见中还引用了反洗钱联合指导小组（Joint Money Laundering Steering Group，JMLSG）指南中确定的高风险因素，包括私人银行业务、匿名交易、非面对面业务关系以及从非关联方收到的付款。深入调查已确定潜在风险的具体领域，需要雇主亲自贴近雇员，询问他们是否有动机和机会辅助逃税犯罪。风险评估的最终目的在于确定相关人员是否具有潜在提供便利的机会，而非潜在逃税者的税务问题。

风险评估应参照以下程序进行：①高层人员监测风险评估；②适当分配资源用于风险监测和控制；③识别有助于评估和风险审查的内部和外部信息源，以及相关机构可用于信息中的任何差距；④尽职调查询问；⑤准确留存风险评估文件，以及对逃税便利化风险的具体表述；⑥根据不断变化的情况定期审查和更新风险评估；⑦组织应制定程序，以识别出新的风险，并将其纳入防范体系。

企业机构在风险评估程序中还应当充分考虑国家、行业、交易类型、相关项目、产品和客户等风险因素。与其他风险相比，上述列举因素将随着公司模式和客户群的改变产生相应的变化。评估之后，企业亦要及时建立相关机制，管理、遏制未来风险。评估记录务必留存在案，并定期审查。

同时企业应有效考虑常见风险因素。国家风险常见于被认为高度保密或用以避税的场所。一些国家或地区往往税收透明度低，存在极高的逃税隐患。一些部门相比其他而言，如金融服务、税务咨询和法律部门，更容易产生逃税的风险。此外，某些交易，譬如涉及高度保密的复杂税务规划、过于复杂的供应链或涉及政

---

① See UK Criminal Finance Act Imposes Corporate Tax Evasion Controls, *Compliance: Tax Evasion International Tax Review*, Vol. 28, 2017, pp. 14-16.

治公众人物,会产生更高的风险。在交易中经过中介机构,或交易中并未设置欺诈预防程序,都会导致更高的交易风险。

4. 尽职调查

预防程序应明确表示有关机构对预防逃税失职罪的立场,同时还应制定一项实施计划,以说明将如何执行和审查各项措施,以确保与之有关联的人不会在形式上为逃税犯罪提供便利。在评估相关机构提供的服务和服务方式产生的风险时,也应该涵盖相关机构的规模、业务行事和复杂性以及其经营地所在的司法管辖区。

为达到"合理"的预期,预防程序应与组织面临的风险相称,企业应当开展尽职的内部调查。《英国刑事金融法》指引意见警告企业不仅要调整现有的尽职调查程序,以应对一种新的风险,还应该根据客户的类型,对风险按照比例分配的方式修改程序。尽职调查既可以由企业内部控制部门开展,也可以聘请相关顾问在外部进行。有些特殊机构可能面临重大风险,还须为其制定更为广泛的风险预防程序。

对每个企业机构,合理精确的预防程序有所不同,但都应当包含下列共同要素:①明确阐述的风险评估;②最高级别的承诺,务必防止代表相关机构的人员参与逃税犯罪;③阐明减少参与辅助逃税风险的方法,如因其服务性质和业务领域而产生的风险;④实施预防政策的战略和时间表述(相关预防系统可能需要时间完成开发工作,随后进行审查和修订);⑤监督和强制执行程序的合规性;⑥审查程序的有效性并加以完善;⑦报告相关机构相关人员不当行为的明确途径;⑧对举报人的恰当保护;⑨用于评估其活动对相关机构构成风险的程序和方法。

企业机构与其关联人员签订的合同条款与条件应包含以下内容:①对违反相关机构政策的人员采取的纪律和惩戒措施;②相关机构将如何向所有相关人员传达其政策;③相关机构相关人员报告犯罪行为的政策;④组织计划在其应用中实施其预防程序和培训的过程和时间表;⑤监测、审查和评估相关机构的预防政策和程序;⑥根据现有法律要求披露客户信息,例如根据共同报告标准和《英国犯罪所得法》进行报告。

5. 沟通与培训

明确的沟通培训有助于传播企业机构有关防范为逃税提供便利的程序。沟通应当作用于各级管理层之间,并且内部与外部兼具。内部沟通提高员工的预防犯罪意识,外部培训提高员工警惕,阻止潜在犯罪滥用员工服务。无论培训内容被纳入现有的金融犯罪培训课程,还是独立开设,都旨在帮助员工深入了解刑事金融犯罪的范围和严重程度及相关风险。从事税务事务的员工为逃税提供便利的风险更大,企业机构应当有针对性地为其提供更详细全面的培训,预防犯罪行为的发生。

6. 监控和审查

由于风险会随着企业业务的发展而不断变化,企业理应定期审查风险预防程序。各部门所采取的办法应与其业务规模及性质相匹配,涉及从员工沟通交流到正式反馈程序的全部内容。

在确定合理程序方面,企业应该将《英国刑事金融法》指引意见视为重要参照。该指引意见指出,企业的所有部门组织都必须考虑自己的具体风险,但不能仅依靠指南中给出的一般性事例,或依赖打击类似犯罪的现有程序。合理的预防程序应该是模型化的,深入贴合企业的实际状况,紧密结合风险评估成果,创建贴切企业实际需求的预防程序。《处理逃税:预防逃税失职罪政府指引》(Tacking Tax Evasion: Government Guidance for the Corporate Offences of Failure to Prevent the Criminal Facilitation of Tax Evasion)考虑到防范程序设置执行所需要的时间,会给予企业合理的时间宽限,因此对企业所建立的"合理"预防程序的期待也会随着时间的推移不断提高。

建设合理预防程序是企业防范逃税失职风险的重要环节,是企业面临指控时首要的考察内容。针对《英国刑事金融法》中新设罪责,企业相关负责人务必审慎履行监管义务,领导构建起适用于企业的合理程序,明确表达反对逃税行为的坚定立场,营造企业内部抵制犯罪行为的优良风气。

《英国刑事金融法》堪称英国最重要的反金融犯罪法案,贴合英国立法的现实需求,弥补法律空缺,向世界宣告英国政府打击涉税、涉恐金融犯罪的坚定决心,维护了英国法治国度的名誉。该法契合时代背景,成为打击国际跨境逃税犯罪、恐怖主义融资活动的先驱力量,在世界范围内发挥了举足轻重的作用。《处理逃税:预防逃税失职罪政府指引》详细指导企业建立合理预防程序,增强立法的可操作性,预防为主,刑罚为辅,更显其立法合理性。该法新设罪名,扩充犯罪主体,扩大英国法院管辖权,积极打击上游犯罪,赋予司法机关更重大的职权与使命。在该法的基础上,企业反逃税合规得到进一步扩充完善,随之而生的严格责任对企业合规提出了新要求。

五、英国税务与海关总署《处理逃税:预防逃税失职罪政府指引》的评价

《英国刑事金融法》给予英国政府应对逃税、洗钱和恐怖主义融资,以及没收犯罪所得的权力。该法引入的两项罪名,对于公司及其合伙企业来说,很可能因他们的雇员或者其他关联人的行为负刑事责任。这种刑事责任相当之重,一旦被确定有罪,公司则面临不可限量的罚款(至少是偷逃税总额的100%)、有罪判决及其附带的没收令,同时还有可能遭到名誉上的重大损害。《英国刑事金融法》及《处理逃税:预防逃税失职罪政府指引》的立法及合规模式效仿了《英国反贿赂法》,在规定了实体性犯罪的严格证明责任的同时,还规定了抗辩程序。唯一不同的是,《英国司法部预防关联人贿赂指引》是由司法部颁布的,而《英国刑事金融

法》的指引却是由英国税务与海关总署出台的。原理是共同的,即在规定实体性犯罪的同时,将举证责任转嫁给企业,由其一方面确保对《英国刑事金融法》做必要的合规工作,另一方面避免了自身需要履行大量的举证责任。

《处理逃税:预防逃税失职罪政府指引》与预防逃税失职罪的第三阶段的严格责任标准相衔接,即需要通过"合理的预防程序"来证明履行了预防之责。当然,这种指引也必须适用比例原则,不可能要求不同规模的企业适用同一的合规文件要求,合规指引具体如何制定还是要取决于工作性质以及存在的风险。《处理逃税:预防逃税失职罪政府指引》与《英国司法部预防关联人贿赂指引》如出一辙,即规定了合比例程序、高层承诺、风险评估、尽职调查、沟通与培训、监控和审查。最终,仍然要由法庭来确定是否采取了适合的"合理预防程序"。税务与海关总署明确了即便严格遵循指引,也不必然意味着企业面对没有防范的风险前已经实施了合理的程序。基于经营性质,银行、金融机构和在金融市场运营的公司则需要加强预防逃税的合规措施。

这种做法正是针对逃税犯罪行为难以发现、查证而设定的,合规程序的设定一方面加强了企业的防控责任,迫使企业自身认真整改,达到基本的程序要求,从而使得企业最大限度地预防雇员和关联人逃税;另一方面也便于政府对企业的税收问题进行监管,即通过监督其内部合规程序是否规范来确定责任的承担状况。这些合规程序的履行是实在的,具有明显的外在制度表征。这样的程序设计实际上是企业治理现代化的体现,通过合规程序与刑事责任衔接的引擎,引发企业内部全方位的制度完善,用最少的制度成本极大地提升了企业在合规建设上的伦理自觉。

在《处理逃税:预防逃税失职罪政府指引》的规制下,企业的董事以及高管需要认真对待新的立法。董事需要毫不延迟地承担风险评估和执行预防程序之责。这可能涉及为关联经营确定可能的预防措施,发现雇员最有可能为逃税提供便利的地方,确保必要的内部培训,使得单位人员理解新罪名的严重性。合规程序可以作为罪名指控的抗辩,或者至少可以减轻所承担的责任。

《处理逃税:预防逃税失职罪政府指引》的出台非常及时,现代工商企业纷繁复杂,跨国公司非常多,其内部的去中心化、低层级的操作往往使得相关机构能够规避刑责,导致大企业与小企业的逃税往往不是在一个层面上。普通法的传统追责查证方式使得企业的高管往往对关联人的做法睁一眼闭一只眼,而且内部也很少向高层汇报涉嫌的非法行为。这些累加的效应使得企业的监管较为松懈,也使得相关的逃税难以被指控,同时企业也很少完善预防措施。新的罪名并没有改变什么是犯罪,而是规定了谁要因此承担责任。在规定承担责任端,也只是规定企业应当负有预防阻止之职责。《处理逃税:预防逃税失职罪政府指引》恰恰就解释了新罪名的相关政策,帮助相关机构理解预防关联人为逃税提供便利行为的程序。《处理逃税:预防逃税失职罪政府指引》对于相关机构而言提供了一种评估风险的指南,帮助其采取一种更为有效的、基于风险和结果导向的方式,以减轻关联人为逃税提供便利的风险,帮助其了解政府的预期,知悉其制度中是否已经足够应对潜在的风险、堵住了相关的缺陷,也同时帮助交易单位制定更有针对性的具体领域程序。

与《英国反贿赂法》指引类似,《处理逃税:预防逃税失职罪政府指引》提供了很多鲜活的案例,帮助读者理解合规程序。相比于前者而言,《处理逃税:预防逃税失职罪政府指引》更为具体、清晰,对于合规程序中的很多细节问题提示得更为到位,体现了英国在刑事合规领域的进步。它进一步明确了指引特征,因其毕竟不是明确的法律。它并非提供一个避风港,遵守指引不意味着就不会遭到指控,但是它有效地提升了企业避免逃税合规管理的质效。《处理逃税:预防逃税失职罪政府指引》对于具体如何在各个阶段适用合规程序给出了更为明确的解释,核心词汇均用下划线予以注明,关联性的法律法规及规范性文件均提供了相关的链接。正可谓,理解了《处理逃税:预防逃税失职罪政府指引》就理解了该罪名的来龙去脉与具体运作。这也体现了普通法内部不断自省,追求进一步理性化和简洁化的发展趋势。这给整个英美法领域的具体运作都提供了极大的参考,使得法律体系更加亲民且具有可操作性,也便于守法伦理的建立和完善。

第三节　英国反垄断合规

为了提倡企业合规经营,防止企业触犯竞争法规,英国先后发布了一系列竞争合规的相关文件,建立了一套较为完整的企业竞争合规指引机制。比较有代表性的就是2011年颁布的《英国竞争法合规指南》。该指南分为七章,第一章介绍了指南的大致内容、服务对象以及制定目的,阐述了其倡导的四步骤合规体系的运行机制以及模式;第二章对合规程序中的核心部分,即合规承诺进行了详细说明;第三章至第六章则分别说明了四个步骤的具体内容;第七章详细说明了合规对于罚金的影响。在《英国竞争法合规指南》中,英国公平交易局提出了一个基于风险的四步骤合规体系,为企业达到合规目标提供了努力的方向。这个体系的核心在于企业内部上下对于合规的一致认同,关键在于形成合规的文化。英国公平交易局十分重视竞争合规的文化理念培育,将其作为整个竞争合规指引工作的基础。因此在该指南中,竞争执法机构极力倡导企业形成有效的竞争合规文化,并积极借助名利激励的手段,大力培养企业竞争合规的法律意识,以此达到合规的目标。

一、《英国竞争法合规指南》的规定及其特点

(一) 规定

《英国竞争法合规指南》中特别说明,四步骤合规体系仅是建议性的并非强制性的。英国公平交易局认识到,不存在某种万能的方法能够适用于所有的公司或企业,并且不同的公司为了达到竞争合规,所采取的合理行动也会不同,因为很多因素会影响到该过程,诸如公司的规模和识别出的风险之性质等。该指南中针对四步骤合规体系的每个步骤讨论的说明性示例,没有任何一个应该被视为强制性的。它们被包括进来是为了给正在设计或更新合规活动的企业提供思路。关键是企业应该找到一种有效的方法来确定、评估、减轻和审查其竞争法风险,以此创造和保持能够为其组织服务的竞争合规文化。一些企业会发现,寻求法律性的或其他专业性建议来指导他们的合规活动是有益的。

《英国竞争法合规指南》还解释了在设定任何因违反竞争法的处罚级别时,公平交易局将如何看待一个企业的合规工作,并根据企业付出的合规努力决定惩罚的力度。该指南还特别列举了合规能为企业带来的益处。虽然实现竞争合规文化需要企业的投资,包括对管理时间的真实承诺,但此投资带来的收益要远远超过成本。有效的竞争合规文化将会帮助企业避免许多潜在的由于竞争法侵权带来的不利后果。这些潜在的不利后果包括以下内容:①高达营业额 10% 的经济处罚;②因竞争法侵权行为带来的不良声誉影响(商业和个人);③侵权公司的董事资格剥夺;④对参与卡特尔活动的个人的刑事定罪;⑤因应对英国公平交易局的调查而产生的时间和经营成本;⑥因违反竞争法的协议致使合约执行受到限制甚至无效;⑦卷入相关受害者提起的诉讼之中。

有效的竞争合规的益处不仅仅在于避免上述提到的不利后果,除此之外,还有更大的益处。有效的竞争合规文化的潜在优势包括下列内容:①提前发现并终止企业实施的违反竞争法的行为,在适当的情况下,争取豁免或宽大处理,可能有助于减少或免除经济处罚;②采取适当的措施来遵守竞争法,可能会使因竞争法侵权而受到的来自公平交易局的罚金数额至多减少 10%,具体数额视情况而定;③员工能够识别出另一个企业可能违反竞争法的潜在迹象,特别是他们自己的企业可能是这种侵权行为的受害者的情况下,并且可能会考虑采取合理恰当的行动;④员工对"游戏规则"充满信心,并且能够在不担心违反竞争法的情况下进行激烈的竞争,以及清楚何时应就潜在的竞争法问题寻求法律建议;⑤有效的竞争法合规文化是企业的道德文化中必不可少的一部分,能够为企业带来声誉上的益处。

企业的竞争合规可以与企业治理议程上的其他项目结合起来,例如反贿赂和反腐败、内部反欺诈控制、健康以及安全和环境问题。关于规定还有下列几个问题需要阐述:

一是关于小型企业。

公平交易局期望所有企业的高级管理层,无论企业规模的大小,都要显示出清晰和明确的合规承诺。《英国竞争法合规指南》所描述的基于风险的四步骤合规体系旨在帮助英国的所有企业遵守竞争法。作为此种方法的一部分,公平交易局意识到规模可能是影响企业竞争法风险状况以及应采取的缓解风险的措施的重要因素。小型企业不得忽视竞争法,而且应该采取与其风险程度成比例的合规措施。例如,包括小型企业在内的所有企业应考虑并解决关于卡特尔的潜在风险。公平交易局意识到企业的信息需求可能会有所不同。因此,公平交易局制定了《竞争合规快速指南》,整合了《英国竞争法合规指南》以及公平交易局有关《英国竞争法》的相关信息。

二是如何实现有效竞争。

企业之间的有效竞争带来开放和动态的市场,并驱动生产力,对消费者来说又能驱动创新和价值。此外,国内竞争激烈的市场增加了英国公司的全球竞争力。《英国竞争法合规指南》有助于企业通过阻止其参与反竞争的协议或行为,为企业提供这些益处。

三是竞争合规文化。

公平交易局建议采用一种基于风险的四步骤合规体系来形成竞争合规的有效文化。"基于风险"意味着该体系会根据企业所面临的具体风险而调整。也就是说,公平交易局不希望命令任何具体的合规措施。一个企业应当采取的措施是该企业的独立决定,应当是鉴于其暴露出的竞争法风险以及企业内部的文化。《英国竞争法合规指南》中针对四步骤合规体系的每个步骤讨论的说明性示例,没有任何一个应该被视为绝对要求。它们被包括进来是为了给正在设计或更新合规活动的企业提供思路。企业可能已经采用了一种恰当的合规方法,或选择实施与本指南讨论的四步骤合规体系不同的合规方法,但其在企业中建立有效的合规文化方面同样有效。关键是企业应该找到一种有效的方法来确定、评估、减轻和审查其竞争法风险,以此创造和保持能够为其组织服务的竞争合规文化。

(二)特点

一是适用范围广,鼓励合规文化。

公平交易局认为绝大多数的企业是希望遵守竞争法的,而《英国竞争法合规指南》旨在帮助所有的企业都能够利用公平交易局所建议的四步骤合规体系,形成竞争合规的文化,从而达到遵守竞争法的目标。该指南中的四步骤合规体系仅是建议而非强求的过程。公平交易局认识到,不存在某种万能的方法能够适用于所有的公司或企业,并且不同的公司为了达到竞争合规,所采取的合理行动也会不同,因为很多因素会影响到该过程,诸如公司的规模和识别出的风险之种类,等等。

该指南鼓励企业形成良好的竞争合规文化和合规理念,将其视为整个合规工作程序的一大基础。在此基础上,有一整套完整的程序来帮助企业达到竞争合规的目的。英国公平交易局重视竞争合规的理念培育,将其作为整个竞争合规指引工作的基础,积极借助惩罚威慑、名利激励等手段,大力培养企业竞争合规的法律意识。① 该指南中说明,为了使企业形成良好的竞争合规理念,需要从"正向激励"与"负向惩戒"两个角度入手。

二是以"全员参与"的原则为核心。

《英国竞争法合规指南》第二章指出,一个强有力的合规文化的核心在于拥有对竞争合规的承诺与共识,并且这份承诺与共识是清晰的,而非模糊不清的,同时应当贯穿于整个组织之间。而高级管理者的承诺更是这种有效的合规文化的重要组成部分。事实上,董事会和其他高级管理层终究要为一个公司确保形成合规承诺负责,他们需要用行动清晰地阐明此种承诺。一个参与贸易的高级工作人员应充当好在商业活动中驱动合规者这一角色。然而,确保一个公司达到合规承诺的总体责任不是简单地落到一个人的身上,而终究会由其余的高级管理人员负责。

三是以"自上而下"的模式来推进。

《英国竞争法合规指南》第二章强调,清晰、明确的合规承诺不只是停留在公司的高层,而是管理链条中的所有层级的成员都应当对此知晓。不论是在高层、中层还是在基层,但凡有任何对合规承诺的模糊不清,有些员工就会觉得违反竞争法是值得冒险的,例如为了完成企业内部的目标而达到预设的销售额。有许多种方法能够促使合规承诺在公司的所有层级中得到沟通和展示。

四是非强制性。

《英国竞争法合规指南》中的四步骤合规体系仅是建议而非强求的过程。公平交易局认识到,不存在某种万能的方法能够适用于所有的公司或企业,并且不同的公司为了达到竞争合规,所采取的合理行动也会不同,因为很多因素会影响到该过程,诸如公司的规模和识别出的风险之性质,等等。本指南中针对四步骤合规体系的每个步骤讨论的说明性示例,没有任何一个应该被视为强制性的。它们被包括进来是为了给正在设计或更新合规活动的企业提供思路。关键是企业应该找到一种有效的方法来确定、评估、减轻和审查其竞争法风险,以此创造和保持能够为其组织服务的竞争合规文化。一些企业会发现,寻求法律性的或其他专业性建议来指导他们的合规活动是有益的。

二、竞争合规的体系②

(一)基于风险的四步骤合规体系

公平交易局的以风险为基础的四步骤合规体系可以概括为下图:

---

① 参见丁茂中:《英国竞争合规指引机制的考察与思考》,载《价格理论与实践》2014年第9期。

② 以下内容参见 Competition and Markets Authority, Quick Guide to Complying with Competition Law,载联合王国政府网站(https://assets.publishing.service.gov.uk/government/uploads/system/uploads/attachment_data/file/306899/CMA19.pdf),访问日期:2020年2月5日。

图 3-1 四步骤合规体系示意图

核心:合规承诺(自上而下):高级管理层,特别是董事会,必须表示出明确和清晰的竞争合规承诺。没有这一承诺,任何对于竞争合规的努力都不太可能成功。

第一步:风险识别。即识别出业务活动中所面临的主要合规风险。这些风险取决于业务的性质和规模。

第二步:风险评估。即确定已识别出的风险的严重程度。通常来说,最简单的方法是将它们分为低度风险、中度风险或高度风险。企业需要特别注意评估那些身处高危领域的员工,例如,有可能与竞争对手有联系的员工,以及处于销售和市场领域的员工等。

第三步:风险降低。通过创设适当的政策、程序、措施以及培训,以此确保所识别出的风险不会发生,同时确保当它们发生时,能够检测并处理这些风险。面对风险时所采取的最恰当的方法,将取决于所识别的风险以及风险发生的可能性。

第四步:合规审查。有规律地审查步骤一至步骤三以及合规承诺,以确保企业形成有效的合规文化。一些企业会对其合规工作进行年审,而其他企业的审查频率则会较低一些。可能存在某些情形,企业认为应当在常规审查之外进行额外的审查,例如在接管另一项业务时或者当公司正在接受竞争合规调查时。

(二)核心:合规承诺(自上而下)

一个强有力的合规文化的核心在于拥有对竞争合规的承诺与共识,并且这份承诺与共识是清晰的,而非模糊不清的,同时应当贯穿于整个组织之间。而高级管理者的承诺更是这种有效的合规文化的重要组成部分。事实上,董事会和其他高级管理层终究要为一个公司确保形成合规承诺负责,他们需要用行动清晰地阐明此种承诺。一个参与贸易的高级工作人员应充当好在商业活动中驱动合规者这一角色。然而,确保一个公司达到合规承诺的总体责任不是简单地落到一个人头上,而终究会由其余的高级管理人员负责。

这一清晰、明确的合规承诺不是停留在公司的高层,而是管理链条中的所有层级的成员都应当对此知晓。不论是在高层、中层还是在基层,但凡有任何对合规承诺的模糊不清,有些员工就会觉得违反竞争法是值得冒险的,例如为了完成企业内部的目标而达到预设的销售额。有许多种方法能够促使合规承诺在公司的所有层级中得到沟通和展示。为了更好地说明,下文列举了一些例子,为企业提供一些可采取的措施的思路,但没有任何迹象表明下列例子中的任何一种或所有都适用于所有企业:

(1)确保一名董事会成员或企业中其他适当的高级管理者的职责是在业务中推动合规工作,并且定期向董事会(或高级管理层,如果该企业不是公司的话)报告合规工作。在一些较大型的企业中,高级管理者应有权直接向审计委员会报告他们所关注的任何合规问题。审计委员会可以在此类业务中履行某些审查职能。

董事会的其他成员(或高级管理团队,如果该企业不是一家公司)对已经采取的合规措施的有效性提出质疑,例如通过询问关于如何识别、评估、降低和审查竞争法风险的问题。

(2)首席执行官或其他高层人员要定期通过电子邮件或者其他方式进行沟通,以强调竞争合规的重要性,同时要制定公司的合规政策,并阐明员工个人有合规工作方面的困惑时应当如何做。

(3)高级管理人员表明他们在帮助企业达到合规方面所做的工作,例如参加合规的培训活动或确保就可能增加竞争法风险的提议征求法律意见。

(4)对于已制定员工行为准则的企业,要明确说明竞争法侵权将会导致其违反行为准则。

(5)向员工明确说明竞争法侵权和违反企业竞争合规政策的行为将被视为严重渎职行为,可能会受到纪律处分,直至被解雇。

(6)建立一个高层认可的系统,员工可以通过该系统,保密或匿名提醒企业内部的高级合规管理人员有关其可能存在的任何竞争合规问题。

(7)各级管理人员在执行企业政策时必须表明他们对合规的承诺。

中级或初级管理者对合规的承诺可能取决于产业和业务,但其中一些企业的中级或初级管理人员已经采用了以下方法:①接受合规培训并确保其员工也接受合规培训。②在其团队内任命"合规捍卫者"及其团队,其作用是确保团队中的所有成员遵守包括竞争法在内的相关法律和条例。

案例研究:合规承诺

一家大型企业的总经理对该企业中常见的某些做法表示担忧。他对企业的一些高级员工说,他们应该停止这一做法,并要求他们向企业内的其他人提及这一点。在这个企业内部,从来没有过关于这个总经理所关心的问题的更广泛的书面交流,也没有任何对合规重要性的更为广泛的评论。该企业员工随后被发现其导致该企业卷入了反竞争协议。

分析

该企业的总经理和其他高级管理人员未能表明他们对于合规清晰和明确的承诺。仅仅提到对该企业内某一特定做法的担忧,根本不足以表明合规工作是重要的。高级管理层本可以利用上文讨论的一些措施来表明企业现在非常重视合规工作的问题。

(三)第一步:风险识别

第一步是让企业识别出主要的竞争合规风险。在实际问题中,风险通常取决于所涉业务的性质和规模。企业也可能在参与兼并和收购活动时或有新产品或进入新的区域市场时发现新的风险。本步骤重点强调一些比较常见的应由企业考虑的潜在竞争法风险,以确定与其业务相关的风险。它不是一份综合性的竞争法指南。当企业识别出它们潜在的竞争法风险,特别是涉及较复杂的领域,如滥用支配地位等,企业不妨向专业的法律顾问和其他建议者咨询。

竞争合规风险的类型包括卡特尔、其他潜在的反竞争协定、滥用支配地位,具体分析如下:

1. 卡特尔(同业联盟)

能引起最严重后果的竞争法风险(无论是对企业还是对个人)的来源之一就是卡特尔。卡特尔是两个或以上的企业达成不互相竞争的协议(无论是书面还是其他方式)。卡特尔包含以下协议:操纵价格、参与投标操纵(例如,保险定价)、限制生产、分享客户或市场。

卡特尔还可以直接或间接地通过第三方与竞争对手分享或交换商业性敏感信息。例如,竞争对手使用共同供应商作为交换价格信息的渠道。

为了帮助企业识别潜在的风险领域,高级管理人员应该思考是否存在以下情形:企业的客户同时也是竞争对手;企业的员工与企业的竞争对手一起参加贸易活动或行业协会职能性活动;经常存在从竞争对手跳槽而来的员工,特别是担任管理或销售职务的员工;企业的员工似乎了解有关企业竞争对手的价格、成本结构或商业计划等商业性敏感的信息;在企业所交易的市场中,人们在一个相对较小的商业圈子中流动,并且是有相对规律的流动,人们从不在一家企业待很长时间;企业在一个"每个人似乎都认识其他人"的市场上从事交易;该高级管理人员与企业的竞争对手合作,例如在合资企业工作;企业的员工与竞争对手的员工有联系,无论是否频繁;企业在一个无论是在英国还是在其他地方都常受到卡特尔调查或卷入卡特尔诉讼的市场上交易。

这一系列的考虑只是说明性的,既不是最终的也不是详尽的。上述任何一项本身都不会构成卡特尔。然而,它们会引起高风险,或指示性风险,并可能需要评估。

2. 其他潜在的反竞争协定

卡特尔活动并不是可能违反竞争法并导致前文提到的后果的唯一协定,导致竞争法风险的还包括侵权协议的不可执行性。在从企业签订的协议中识别可能产生的竞争法风险时,高级管理人员应考虑:

企业签订的合同含有长期(5年或5年以上)的排他性条款;企业与客户就他们可以转售企业的商品或服务的条款(例如价格)签订合同;企业加入了包含独家条款的知识产权许可协议,特别是与同时也是企业竞争对手的企业签订的协议;企业签订了涉及标准化的协议;企业的协议包括联合销售或购买。

这一系列的考虑也只是说明性的,既不是最终的也不是详尽的。上述任何一项本身都不会构成其他潜在的反竞争协定。然而,它们也会引起高风险,或指示性风险,并可能需要评估。

3. 滥用支配地位

在一段时间内拥有巨大市场力量的企业可能处于支配地位。对支配地位的评估不仅仅是根据企业的规模或其市场地位。虽然市场份额很重要(如果一家企业的市场份额低于40%,该企业则不太可能占据主导地位),但其本身不会自行决定企业是否占据主导地位。它通常取决于一系列因素,可能需要详细的法律和经济方面的评估。然而,市场份额低通常表明企业缺乏实质性市场力量。

只有当一个企业能够独立于竞争对手、供应商和消费者施加的正常限制时,它才有可能占据主导地位。在考虑企业是否占据主导地位时,高级管理人员应该考虑以下一些因素:

企业在相关市场的市场占有率是否持续过高,例如是否超过了40%?经验表明,市场份额越高,周期越长,那么在过去的一段时间里,它越有可能是存在支配地位的一个重要初步迹象。是否存在进入市场或扩张市场的障碍,这可能妨碍潜在竞争对手进入或扩大市场吗?客户购买力的大小对企业有影响吗?占据市场主导地位的企业的反竞争行为、剥削消费者或倾向于对竞争对手产生排他性影响,很可能构成滥用市场地位。

如果企业占据市场主导地位,在确定是否有可能滥用支配地位时,应考虑是否存在以下情况:企业在没有客观理由的情况下拒绝为现有的客户提供服务;企业在没有客观理由的情况下向相似的客户提供不同的价格或条款;企业给予客户非成本性的回扣或折扣,奖励他们特定形式的购买行为,或强加排他性条款;企业要求购买产品的客户还需购买另一种不同的产品(捆绑销售);企业收取的价格太低,不足以抵消所销售的产品或服务的成本;企业拒绝开放本企业所拥有的设施的访问权,而这些设施可能对其他竞争对手在市场上的运营至关重要。

这一系列的考虑也只是说明性的,既不是最终的也不是详尽的。上述任何一项本身都不会构成滥用支配地位。然而,它们也会引起高风险,或指示性风险,并可能需要评估。

(四)第二步:风险评估

确定了潜在的合规风险的企业,第二步的工作是评估这些风险的水平。这可能涉及考虑在步骤一中识别出的每一项风险,然后将这些风险分别评估为高度风险、中度风险或低度风险(或使用其他程度性的描述)。

例如,企业可能基于其销售人员经常与竞争对手在行业协会会议或通过其他产业机构进行沟通交流,认为其存在卡特尔的风险。在一个存在进入市场的高壁垒和较低水平的抵消性买方力量的市场中,市场占有份额高的企业被认定为滥用支配地位的风险很高。

一些企业还发现,根据员工面对的竞争法风险的程度高低来进行风险评估很有帮助。因为这可能有助于企业调整步骤三中的风险降低活动(见下文)。进行风险评估的目标是确定其员工接触已被识别出的风险的程度(高、中或低)。下文会展开说明此种分类如何在实践中对涉及卡特尔的风险发挥作用。

1. 处于高度风险的员工

例如,在企业发现卡特尔风险的地方,以下员工可能被确定为高度风险人员:处于高级管理职位的员工;销售和营销部门的员工;负责采购的员工;参加行业协会会议的员工;与竞争对手打交道的员工;负责价格设定的员工;从竞争对手企业中跳槽而来,并参与商业活动的新员工,和具有上述任何职能或参与上述任何活动的员工。

2. 处于中度风险的员工

例如,在企业发现卡特尔风险的情况下,以下员工可能被确定为中等风险:没有定期联系竞争对手或贸易伙伴的管理人员;其他部门的工作人员(如财务、通讯、运营等部门),但其活动可能被用于支持卡特尔;参与竞争对手业务的本公司新成员,但他们未被确定为高度风险员工(至于高度风险员工,详见上文)。

3. 处于低度风险的员工

例如,在企业发现卡特尔风险的地方,以下员工可能被确定为低风险:体力劳动人员;后台办公室的员工;与其他公司同级人力资源部门没有沟通(或建立联系)的人力资源工作人员(或职员);参与文书或行政职务的人员;一线零售员工。

上面没有提到的企业中的许多其他角色,也可能处于竞争法侵权的低度风险之中。

(五)第三步:风险降低

第三步就是根据风险暴露的程度,以合适的方式方法降低企业所识别出的风险。这通常包括实行适当的培训活动、政策和程序。在此阶段,企业还应考虑如何最好地实现组织内的行为改变,来形成有效的合规文化。正如前文所说,公平交易局认识到,不存在某种万能的方法能够适用于所有的公司或企业,并且不同的公司为了达到竞争合规,所采取的合理行动也会不同,因为很多因素会影响到该过程,诸如公司的规模和识别出的风险之性质等。本步骤所提供的示例只起到说明性的作用,是为企业设计或更新他们的合规活动提供思路。不存在这样一个假设,即所有或任一的所列出的活动对所有企业都是适合的。

例如,企业可能以其员工经常参与竞争对手的销售或市场部门活动为由,认为其存在卡特尔风险。企业可能制定程序来确保此类新员工在有机会接触到客户或竞争对手之前,能够接受竞争合规培训作为他们入职项目的一部分。企业或许也可以建立制度,以此获取关于可能存在的竞争法问题的建议,也可以针对违反竞争法的员工,制定明确的内部纪律处分制度。

1. 合规培训

如果竞争法培训被认为是必要或可取的,企业可以通过线上培训、面对面培训或二者结合的方式开展培训活动。培训可能会得到其他活动的支持,如员工对于竞争法(或书面概述材料)的认知和理解的测试。如上所述,企业为了降低已识别出的风险的水平,应该考虑如何才能最好地把注意力集中于他们的培训活动,例如集中培训那些被认为有高度风险的活动或个人。培训所需的强度、详细程度和形式取决于雇员所显露出的竞争法风险程度大小。例如,相比于中度风险的员工,高度风险的员工可能需要更加深入的培训。对于低度风险的员工,一些企业可能会认为没必要开展竞争法培训,或者只进行非常基本的意识培训,作为普通入职程序或更广泛的合规培训的一部分。

员工不一定因为他们的角色而必然面临风险,但能够识别出潜在竞争违规风险的人,也可能从竞争法培训中受益。这可能包括那些参与内部审计或有关公司治理的其他方面活动的员工。

许多企业发现,如果竞争法合规培训专注于培训员工如何识别可能与企业有关的竞争法风险,以及在竞争侵权之初就加以阻止,那么培训则会发挥最佳的效力。为此,许多企业会根据自身的实际情况量身定制培训活动,即依据产业及员工在行业中的角色来定制培训,帮助员工更为清晰地知道应避免哪些活动,如何报告随着企业发展带来的竞争法问题和风险,以及向谁咨询以获取进一步建议。培训也可用于帮助员工识别企业可能是反竞争活动受害者的情形,以及当他们认为确实是此种情况时,他们应该采取何种行动。

作为培训的一部分,特别是关于潜在卡特尔风险的培训,企业可能希望提及豁免权和宽大处理方案的潜在利益,例如公平交易局运作的方案。这可能有助于向员工说明,公布卡特尔才能实现利益最大化。这样做也可以传达这样一个信息:由于豁免权和宽大处理方案,卡特尔的存在很可能会导致相关者的关注,如公平交易局以及未被豁免的个人或企业。关于卡特尔,企业可能还想讨论一下公平交易局的线人奖励制度。

一些企业可能只把培训重点放在竞争法合规上面,而另一些企业则可能希望把竞争法培训当作一种更加全面的广泛遵约培训方案的组成部分。企业应基于所面临的竞争法风险以及企业的性质和规模,来考虑开展何种培训最为合适,以便建立有效的竞争合规文化。

2. 小型企业

鉴于小型企业的规模和结构,其遵守竞争法的实际操作方式很可能与大型企业有所不同。特别是关于一些必要的合规工作,在小型企业中可能不会如大型企业那般正式化和结构化,但这对后者来说是必需的。

例如,较小型的企业可以提醒员工注意竞争法的存在,并确保相关员工意识到讨论定价意图、产出水平和有竞争对手的商业领地(甚至在社会语境中),这些都可能会产生对企业和相关个人的重大风险。小型企业的管理者可能会意识到在这方面,《竞争合规快速指南》和其他可在公平交易局网站上获得的出版物会对他们有帮助。

案例研究:风险降低

一家企业开始担心竞争法风险,因为其参与了员工与竞争对手之间流动相对频繁的市场。企业因此决定,所有的员工不论其级别或角色,都必须参加企业在特别租用的剧院开展的为期一天的竞争法讲座。这个讲座包括一线专业的竞争法律师开展的关于《欧洲联盟运行条约》(the Treaty on the Functioning of the European Union, TFEU)的第101条和第102条高级别讨论,并且经常提及主要案件。所有员工都必须在他们参加并理解培训内容之后在登记簿上签字。签过字的员工就不需要接受进一步的培训。

后来发现,一些员工的活动促使该企业参与了卡特尔活动。这些雇员声称他们没有意识到他们的活动在竞争法中侵权了,因为他们从事的活动没有被包含在培训中,而且即使被包含在培训中,他们也记不得培训内容了。

分析

企业本可以确保竞争法培训与企业实际面对的风险有关,并针对员工面临的风险水平高低进行培训。企业也本可以针对那些面临风险的员工进行实际培训,利用有关市场的例子,用这种方式使他们能够识别和处理风险活动。而该企业可能对高度风险员工开展了更为详细的培训,对中度风险员工开展了熟悉性的培训,而对低度风险员工则没有开展或只开展了非常基本的培训。企业还可以对员工进行定期跟踪并更新培训内容,以确保员工了解培训并致力于合规活动。这个案例里所使用的方法是"逐项检查""一刀切"等合规方式中的一个例子,这种方法对灌输合规文化可能会适得其反。

3. 通过政策和程序加强合规文化

培训措施本身不太可能实现企业合规文化,那么体现在日复一日的商业活动中的合规承诺就显得尤为重要了。因此,还必须有适当的成文政策和程序,以此将发生竞争侵权行为的风险降至最低。这些需要根据企业的结构、企业的内部签署程序、企业所面临风险的性质和程度而量身定做。合适的合规政策和合规程序可能涵盖一系列的活动和风险领域,以便在早期阶段解决竞争法方面的问题。这些内容对于任何一个可能需要去进行咨询的员工来说,应当能被快速且轻易地理解。企业如果把其激励和惩戒机制与合规目标联系起来,则很可能受益。

以下是一些企业为了形成有效的内部合规文化,可能会考虑采取的程序性措施。这些示例对于所有企业来说并不都是必需的或合适的。正如培训措施的适当性,为了确保有效性,所采取的措施必须根据具体的企业面临的风险水平而量身定制。

企业可采取的措施的说明性示例包括:

(1)对于有员工行为准则的企业,要明确表示参与竞争法侵权将导致违反行为准则;

(2)向员工表明,参与竞争法侵权和(或)违反企业竞争合规政策将被视为严重不当行为,并可能会受到纪律处分,直至解雇;

(3)确保企业的律师有机会审查重要的关于合规的拟定合同;

(4)确保企业的律师审查标准的商业正式合同,以遵守竞争法,并在签署前就这些合同的任何重大变化提供咨询意见;

(5)确保存在相关程序,允许在出现竞争法问题时获得竞争法咨询意见;

(6)针对与竞争对手的合法商业交易,确保存在有效的文件签署程序;

(7)要求员工在参加行业协会(或其他行业机构)之前获得批准,以便对行业协会的关于竞争法的行为准则或合规政策进行审查;

(8)要求员工在参加行业协会活动前提醒其经理,并提供活动议程或其他材料,以确保他们不会增加竞争法风险;

(9)确保参加行业协会活动或以其他方式与竞争对手有联系的雇员接受适当的培训,使他们了解在此种情况下如何遵守竞争法,以及如果出现竞争法风险(如任何形式的价格讨论或其他商业敏感事项),他们应当如何处理;

(10)员工必须报告与竞争对手接触的性质;

(11)在员工中灌输保密文化,以确保他们不会在办公室环境之外讨论商业性敏感的业务问题;

(12)在企业每个单位内任命"合规捍卫者",担负起在相关单位内促进遵守竞争法的责任;

(13)奖励积极采取适当措施提高合规问题的关注度的员工;

(14)要求所有雇员都有义务酌情向企业内适当的高级管理人员和(或)负责竞争的高级官员报告竞争法方面的担忧;

(15)匿名或保密电话线可由独立承包商运营,通过这些线路向高级合规管理人员(例如高级官员)报告出现的一些重要事情,允许在业务中常用的指挥链之外共享竞争法方面的问题;

(16) 具有明确的程序,以便员工清楚,在接收到有关竞争对手的商业敏感信息时他们应如何应对;

(17) 确保员工在讨论和记录市场情报时考虑到竞争法的风险,包括报告市场情报的来源;

(18) 要求员工每年(或定期)签署承诺,以确认他们遵守了竞争法;

(19) 经理积极审查商务差旅以及员工在会议或其他商务联系方面的费用,只要当中表明相关的会面可能会引起竞争合规问题。

案例研究:风险降低

　　一名员工开始担心涉及她直属经理的电子邮件的往来,邮件暗示这位经理参与了卡特尔活动。她拨通了公司的机密线路讲出她的担忧,这也涉及负责推动企业内部遵守竞争法的公司秘书。公司秘书聘请外部律师调查了这件事,律师证实了这个问题是值得关注的。在外部律师的协助下,该公司与相关竞争主管部门签订了一份宽大处理协议,并在随后的案件中获得了罚款豁免。

　　经理拒绝与内部调查合作(即使在获得独立的法律咨询意见之后),声称他(她)没有做错什么,经理随后即遭解雇。这个公司后来让那位进行举报的员工在其部门内获得晋升,以此作为奖励。

分析

　　该企业有一套有效的程序来提出竞争法问题,并有效地将内部激励以及内部惩戒与遵守竞争合规相联系。

(六)第四步:合规审查

第四步是合规审查。对于企业来说,在合规体系的各个阶段开展规律性的审查是非常重要的,以此来保证自上而下形成清晰、明确的合规,同时也能确保被发现的风险或者评估的风险未发生变化,同时也要确保已采取的降低风险的活动依旧是合理且有效的。进行合规审查之后,在必要的情况下,公司可以适时调整所采取的合规措施。

对于企业来说,它们所面对的主要竞争合规风险会随着时间而发生改变。例如,企业市场占有份额在经过一段时间后可能增长,因此企业滥用支配地位的风险也会随之增加。

一些企业认为,对于审查企业内部政策、内部程序以及内部培训的有效性,审计不失为一种有用的手段。某些企业在规律性的间歇中对它们的员工进行测试,以此来审查企业培训活动成功与否。其实并没有标准的审查期间,是企业自身决定审查应当开展的频率。一些企业会以年审为基准审查它们的合规努力成果,而其他企业则会不那么频繁。同时,在常规的审查周期之外,企业如遇到以下情形时开展审查也是合理的:

(1) 企业发现员工可能暴露于或卷入侵犯竞争法行为的证据;

(2) 侵犯竞争法的企业正在接受调查；
(3) 企业涉足一个全新或者不同的商业领域；
(4) 收购另外一家企业之后。

三、竞争合规的信息反馈

企业进行竞争合规的主要益处是首先能避免任何违反竞争法的行为。相应地，公平交易局的处罚起点是，已开展合规活动的企业是中立的，指企业开展合规活动的，不存在罚款的减少或增加。然而，对因侵权施加的罚款数额，在企业已采取适当措施的情况下，可以适当减少。这里所指的"适当措施"包括：实施《英国竞争法合规指南》提倡的四步骤合规体系，或者被公平交易局视为与之相当的措施。这样就可以在一定程度上帮助企业，在违规之前就适用这些措施或在企业意识到潜在的违规之处以后立即适用这些措施。

每个案件会基于其本身的案情而被评估。期望减少罚款的企业将就以下内容提出证据，表明本企业已采取了适当措施：在整个组织中达成清晰明确的合规承诺、风险识别、风险评估、风险降低、合规审查。

公平交易局希望企业能够证明其采取的各个措施都是合理的，都是基于相关业务的规模及其总体竞争风险水平。如果公平交易局认为企业已采取合理的措施，并且认为从罚款中扣除一定数额是合理的，那么其将罚款数额减少，至多减少罚款总额的10%。罚款削减能否被批准，以及被批准后的确切削减数额，将根据公平交易局对每个案件事实的分析决定。一个相关的因素就是企业发现违规违法后所采取的措施。除了一些例外情况，公平交易局通常不考虑将企业是否有合规方案作为增加罚款的因素。例外情况包括利用所谓遵约方案为侵权行为提供便利，以误导公平交易局对其侵权行为的存在或性质的判断；或曾试图隐瞒侵权的事实。

四、对《英国竞争法合规指南》的评价

《英国竞争法合规指南》中所倡导的合规体系和合规模式从本质上来说，采用的是规范性的调整方式。首先，这种调整方式具有相对的事前性，相比于反垄断法的不确定性，就显得极具优势。[1] 因为只有英国公平交易局及时给予企业的竞争合规提供必要的指引，企业才可能在最大程度上避免出现竞争违规问题，它们开展的竞争合规活动因此才具有成功意义。其次，此种模式还具有极强的系统性。该指南对于合规体系的具体操作步骤与注意事项都做了详尽而又具体的说明和阐述，例如，针对不同级别的员工，指南给出了不同的建议；还特别地针对小

---

[1] 参见丁茂中：《企业竞争合规的政府指引模式国际考察及中国选择》，载《社会科学研究》2015年第1期。

型的企业给出了指导方案。同时辅以假设的案例,使之操作性更强。同时,该指南又提醒企业不能照搬示例中的做法,要结合企业的实际情况去选择和制定适合自身的政策,采用接地气的方法达到合规目的,这种指导思想也体现了公平交易局的灵活与科学。

第四节 英国企业合规实践:BP 公司 HSSE 合规框架

以上分析介绍了英国几种主要合规制度,均为依附于某个部门法的合规。在此以 BP 公司的 HSSE 合规为例,例证英国的企业合规制度,以便进一步了解分析英国企业的合规实践。BP 公司的正式英文全称为 BP p.l.c(即"英国石油公司"),该公司拥有超百万股东,在职员工近 9 万人,是世界上最大的私营石油公司之一,同时也是世界排名前十的私营企业集团与最大的石油与石油化工集团公司。[①] BP 公司最为著名的合规管理程序当数 HSSE 合规框架,是由于该公司在墨西哥湾海域造成的重大事故所开发的。BP 公司的合规体系体现了"零容忍"政策,旨在通过促进所有人对相应要求的了解,以确保其操作与行为的规范,从而实现零事故、零伤害与零环境损害。BP 公司的合规模式引导着越来越多的公司、企业建立类似的制度确保公司的可持续运营,所以实际上,HSSE 合规框架已经逐步发展为一种文化,并且这种合规文化正在全球范围内不断地被推广、扩大,为不少跨国公司所学习和效仿。

一、HSSE 合规框架的制定背景

HSSE 是 Health、Safe、Security 与 Environment 的简称,这一体系是在 HSE 的基础上,增加了安全保卫(Security)这一部分的内容。该体系要求在健康、安全、安保与环境四个方面采取相应的管理措施,以求不断提高"统一"的管理和运营效果。同时这一体系还十分注重社会效益与可持续发展,因为,HSSE 的最终目标是"不发生事故,不损害人员健康,不破坏环境",具体分为四部分:承办商的权限、法律法规与内部章程、原材料与设备的使用规范与安全防范要求,确保每一位员工,无论身处何地,无论工作的内容与职责是什么,都有责任和义务把与健康、安全、安保与环境相关的规则遵守好。

2010 年 4 月 20 日,BP 公司运营的"深水地平线"钻井平台在美国墨西哥湾发生爆炸,并于两天后沉没。在这次事故中,共有 11 名勘探工人丧生,同时数百万升原油从海底 1500 米左右的钻孔涌进大海,造成面积多达 9900 平方千米的海上浮油,直到 6 月中旬,漏油的油井才得到控制。同年 6 月中旬,迫于政府

---

① 参见 BP 公司网站(https://www.bp.com/),访问日期:2019 年 9 月 20 日。

与公众的压力,BP 公司同意设立 200 亿美元的独立基金,以满足因自然资源遭受破坏与相关国家和地方为处理此次事故的成本而提出的赔偿要求。然而,这一数额是否足以支付所有随之产生的债务仍然是个问题。经过几个月的尝试,直到 8 月初,BP 公司终于成功关闭了油井。事后据估计,共计约有 8 亿升原油流入墨西哥湾海域。这是美国历史上规模最大、最广为人知的一次海上石油泄漏事件,大量渔民因海域受到污染而丧失生计,同时这次事件也给墨西哥湾地区数千人的生活环境和经济发展带来了毁灭性的灾难。因此,BP 公司不得不为此支付数十亿美元罚款,同时还面临大量的诉讼。对于 BP 公司来说,这次灾难除了直接的经济损失,还给公司未来的长期发展带来了负面影响,特别是给公司的形象造成了损害,使得公众丧失对石油钻井行业的长期信心。由于这一直接的财务负担和普遍存在的负面压力,公司市值损失了大约 50%。因此可以说这次漏油事故无论是对 BP 公司还是石油钻井行业都是一场极为昂贵的灾难,同时也引发了人们对于怎样才能保证公司良好治理的讨论。①

针对这次灾难,有观点认为是由于 BP 公司的治理规则存在一定的缺陷,从而导致没能预防意外的发生。但是,根据笔者获得的与公司相关的各类资料来看,BP 公司治理结构机制的规则是非常完备且良好可行的。首先,从 BP 公司的标语——"不仅贡献石油"和其绿色向日葵标志就能看出,该公司一直以"长期致力于可持续发展"为目标;同时"我们致力于人民、社区和社会的安全与发展。我们的目标是不发生意外,不伤害人,也不损害环境"一直以来是这家公司所倡导的理念。纵观 BP 公司向大家公开的各种公司文件可以发现,其为了在内部确立可持续发展和追踪责任的制度,采取了一系列的公司治理措施。根据 BP 公司的可持续发展报告概要,这家公司为了处理健康、安全、安保和环境等相关问题,建立了一套自上而下十分完善的制度体系。

第一,BP 公司承诺集团首席执行官"不会参与任何不考虑健康、安全、安保和环境后果的活动"。公司首席执行官的工作重点是安全、员工与绩效,值得注意的是公司衡量绩效的标准,并不是采用单一的财务标准,还采用了有关安全、环境和雇员的数据。②

第二,BP 公司建立了一个安全、道德和环境保证委员会(SEEAC),这个组织专门负责向董事会提供建议,并定期审查安全和运营职能部门的信息和报告。

第三,BP 公司的运营风险委员会主要负责监控关键运营环节、环境数据和

---

① See Nick Lin-Hi & Igor Blumberg, The Relationship Between Corporate Governance, Global Governance, and Sustainable Profits: Lessons Learned from BP, *Corporate Governance*, Vol. 11, No. 5, 2011, pp. 571-584.

② 参见 BP, Sustainability Review 2008: 100 Years of Operating at the Frontiers,载 BP 公司网站(https://www.bp.com/content/dam/bp/business-sites/en/global/corporate/pdfs/sustainability/archive/archived-reports-and-translations/2008/bp_sustainability_review_2008.pdf),访问日期:2011 年 6 月 28 日。

操作管理系统(OMS)安全,确保系统内安装了"严格的安全操作方法"。OMS包括完整性管理、事故调查、危机处理等程序管理,以及其他风险管理工具。

第四,BP公司有一个84页的行为准则,这个行为准则结合商业行为准则,共同构成了BP公司合规与道德计划的核心部分。

第五,BP公司会进行年度合规认证程序,并聘请监督者和保证供应商,如集团合规和道德操守官及外部审计师。

第六,BP公司还建立了一个内部员工的举报系统"OpenTalk"(公开谈话)和各种其他治理机制。①

由此可以得出,将事故的发生归责于公司内部治理规则不完善的观点是存在一定问题的。毕竟,随着经济全球化的不断深化,现如今,经营管理一个公司面临着更多的挑战:激烈的竞争、世界各地的资源短缺、不可预测的变化、财务支出限制、意外的内部成本,以及其他问题。② 同时金融危机席卷全球,无数的公司为了短期盈利目标,为了完成公司的发展计划,导致企业在组织上的衰弱,公司的日常事务成为公司治理的薄弱环节。这些通常表现为员工及管理人员在从事日常生产经营中违反公司规则、准则甚至法律法规,以此来实现预期收益。

BP公司也不例外,从该公司的几份内部文件我们可以得出,BP公司的管理层已获悉"深水地平线"和钻井作业安全问题。③ 例如,2009年6月,BP公司担心套管和防喷器会像工程师报告的那样:在高压下,金属井套管可能会坍塌。此外,BP公司也意识到了防喷器正在泄漏液体,而这一问题可能会限制其正常运行的能力。拥有20年专业钻井经验的机械师道格拉斯·布朗(Douglas Brown)在接受美国有线电视新闻网(CNN)采访时表示,他以前从未在泥浆中喷出如此大量气体的油井上工作过。在2010年4月14日的一封内部电子邮件中,BP公司工程师布莱恩·莫雷尔(Brian Morel)称这口井为噩梦(A Nightmare)。④ 尽管BP公司深知重大问题和风险,但该公司仍在继续开发这口油井,似乎一切如常。BP公司的决策表明,这些增加的风险被忽视了,并且也没有采取适当的风险规避措施。

美国国会能源与商业委员会(Congressional Committee on Energy and Commerce)一份长达14页的文件也强调了这一点,BP公司管理层所做出的决策是由实现成本和节约时间(快速胜利)的短期目标驱动的。由此可见,公司原有的治理

---

① 参见 BP, Sustainability Review 2009: Operating at the Energy Frontiers,载 BP 公司网站(https://www.bp.com/content/dam/bp/business-sites/en/global/corporate/pdfs/sustainability/archive/archived-reports-and-translations/2009/bp_sustainability_review_2009.pdf),访问日期:2011年6月28日。

② See M. Zaeimdar, P. Nasiri & M. Taghdisi etc., Determining Proper Strategies for Health, Safety, Security and Environmental (HSSE) Management System, Work, Vol. 45, No. 3, 2013.

③ 参见 B. Casselman & R. Gold, BP Decisions Set Stage for Disaster, 2010,载研究之门(Research Gate)网站(https://www.researchgate.net/publication/264839164_BP_Decisions_Set_Stage_for_Disaster),访问日期:2011年6月28日。

④ 参见《美国国会》2010年,第5页。

模式在面对很多问题时,通常会被打破,因此很难在实践执行中起到既定的作用,所以这就需要通过合规来规范制度的实施,而合规制度也就因此应运而生。

对于这种原本可以预防且难以接受的损失,可以称之为损失预防。它的定义是运用技术和管理概念来预防风险和威胁,也就是说适当地利用正确的决策和资源来减少损害的发生。① 实际上,损失预防是一个宽泛的术语,它赋予了成功管理的意义;然而,它仅仅是成功管理的一个方面,因此公司要想成功预防损失,还需要确立一个良好的愿景,并采取明智的战略,从而实现减少未来损失的目标。② 换句话说,损失预防需要纳入公司相关机构的视野。采取适当的策略可以帮助公司实现总体目标并克服问题。战略规划是公司相关机构为了实现公司业务、资源、活动、需求、经济和非经济贡献的目标与安排,而由此确定其政策、目标和行动计划的决策模式。③ 适当的损失预防政策可以等同于为这些目标提供所需的资源。而为设计、实施和监控组织目标和政策建立战略管理框架的一种方法是构建管理体系。

BP公司已经建立了质量管理体系、环境管理体系和健康安全管理体系等日常管理体系。如果将质量、职业健康安全、环境安全或任何其他管理体系(在体系或子系统层面)等结合起来,就能形成综合管理体系(IMS)。而将不同的管理体系结合在一起,也能很好地促进公司的活动。④ 例如,将质量管理体系与环境、职业安全和健康管理体系或健康、安全、环境(HSE)和人体工程学体系相结合运用的天然气精炼厂。在质量管理刚刚开始发展的阶段,PDCA循环是一种用于企业控制和持续改进的迭代四步管理方法,也是企业管理各项工作的一般准则。它又被称为休哈特循环,这是一种不断重复计划(plan)、实施(do)、查核(check)和处置(action)四项活动的循环(PDCA),这是一个质量持续改进模型,它与生产中的"改善""及时生产"紧密相关,在质量管理活动中,该循环要求把各项工作按照做出计划、实施计划、检查实施效果的顺序进行管理,然后将成功的纳入标准,不成功的留待下一循环去解决。PDCA循环有利于实现与全面质量管理或持续改进相

---

① See the Bribery Act 2010 Guidance, p. 20.
② See A. Azadeh, I. M. Fam & J. Nouri etc., Integrated Health, Safety, Environment and Ergonomic Management System (HSEE-MS): An Efficient Substitution for Conventional HSE-MS, *Journal of scientific & Industrial Research*, Vol. 67, 2008, pp. 403-411.
③ See Tony Morden T, *Principles of Strategic Management*, 3rd Edition, Ashgate Publishing Company, 2007.
④ See Kadir Arifin, Kadaruddin Aiyub & Azahan Awang etc., Implementation of Integrated Management System in Malaysia: The Level of Organization's Understanding and Awareness, *European Journal of Scientific Research*, Vol. 31, No. 2, 2009, pp. 188-195.

关的战略组织目标。① 虽然 PDCA 循环是几乎所有全面质量管理体系的基础,但在组合过程中还是可能会出现一些不一致。这一问题的关键可能是对健康、安全、安保和环境的认识薄弱,对不同管理范围的优先顺序缺乏认识。②

对于 BP 公司来说,当今世界的大环境导致其在石油开采方面面临着更高的挑战。勘探地与海岸线的距离不断变远,开发深度的逐渐加深,这些都对开采的技术水平提出了更高的要求。因此,只要石油开发不当,就可能会发生石油泄漏,导致附近海域遭到污染,严重破坏环境,从而造成悲剧的再次发生。所以,针对这诸多困难,设计并采取适当的策略可以在一定程度上促进公司的生存经营。BP 公司为使现场工作人员的总体风险降到最低,有效解决公司治理低效等问题,制定了零容忍政策,旨在提高部门所有工作人员的 HSSE 意识,以确保他们的操作和行为达到零事故、零伤害和零环境损害的标准。为了达到这个标准,需要所有在现场工作的人员,无论在什么时间段,都应遵守现场健康、安全、安保和环境政策以及零容忍政策。BP 公司制定的 HSSE 合规制度和相关程序等便是为了控制、减少和消除这些危害。这些举措,无论是对于建立、弘扬与发展企业文化,还是对于企业可持续健康发展,都大有裨益。因此,任何在 BP 公司工作的人,如果需要从事具体的工作,就必须要充分了解并遵守 HSSE 系统和程序的要求。尽量避免离岗、工伤、死亡事故,同时在遇到不可抗力造成事故时也要尽力做到无人员伤亡,这一切的目的就是杜绝所有不安全不合规的危险行为,让 HEES 框架下的合规运转执行,避免造成相应的危害。

为了能更好地预防事故、灾难的出现,避免由此带来的各种影响人们对于这一行业的信心、公司自身的发展、员工安全与健康等问题的出现,HSSE 合规框架程序也随之建立起来,并且还在根据现有环境不断完善更新。从长远来看,HSSE 合规框架不仅能够促进公司内部的良性运作,同时也能推动公司可持续发展,因此这一合规管理程序是值得行业内外借鉴与发展完善的。

二、HSSE 合规框架的内容

在各大油气公司逐步向深水区域和偏远地区拓展业务范围,导致其面临越来越多的新风险,加之环境问题备受瞩目的大背景下,HSSE 日渐被行业内外所重视。因此,BP 公司采取了一定的措施去应对。但实际上,BP 公司在采取重要干预措施以实现有效风险管理的过程中面临着许多具体的挑战。一方面,由于许多国

---

① See Michiya Morita, E. James Flynn & Shigemi Ochiai, Strategic Management Cycle: The Underlying Process Building Aligned Linkage Among Operations Practices, *International Journal of Production Economics*, Vol. 133, 2010, pp. 530-540.

② See A. Azadeh, I. M. Fam & M. Khoshnoud etc., Design and Implementation of a Fuzzy Expert System for Performance Assessment of an Integrated Health, Safety, Environment (HSE) and Ergonomics System: The Case of a Gas Refinery, *Information Sciences*, Vol. 178, 2008, pp. 4280-4300.

家或地区缺乏执行能力,或者说是尚处于开发的初级阶段,可能会造成不符合HSSE要求的情况;另一方面,公司的各项业务不一定已经做好了将新的HSSE规定快速融入业务流程的准备,除非进行干预,否则合规能力不足的情况就可能一直存在。而HSSE合规框架的建立就是为了处理和解决这些挑战。

由于HSSE合规框架是建立在BP公司已有的有关HSSE的制度体系之上的,而其所有业务部门都必须遵守一系列适用的HSSE规定和国家、地方、行业、自己的要求和标准,同时也必须遵守ISO14001:2015(环境管理体系认证)和OHSAS18001:2007(职业健康安全管理)体系的各项要求。因此,笔者将从BP公司具体的制度体系、HSSE合规框架运行步骤两个方面入手,以实现更好地了解这一合规框架具体是什么、怎样去工作运行的目的。

(一)BP公司HSSE制度体系——以BP比利时子公司的相关文件为例

BP公司的核心管理理念之一是遵守公司作业所在地的所有法律与法规,且由于公司业务生产过程中的材料是易燃易爆、有高腐蚀性、有致癌可能性、有毒害性的,因此,BP公司为了控制、减少乃至消除这些危害,开发了一系列的程序与系统,通过将工作人员需要遵守的规定分解成多个简单任务的方式,以达到对规定的实时遵守,从而将工作的总体风险降到最低,同时,从事相应工作的人需要完全理解并且遵守这些要求。因此,BP公司投入了大量资源使员工与承包商能更加深入了解相关规定。

BP比利时子公司(BP Chembel N.V.)在严格贯彻这一核心管理理念的同时,将公司的HSSE政策目标——"不发生事故,不伤害民众,不损害环境"纳入自己的HSSE政策中,并制定了零容忍政策,旨在通过提高所有人对相应要求的了解,以确保其操作与行为的规范,从而实现零事故、零伤害与零环境损害。同时,为了确保制度的实现,承包商们需要事先制订HSSE计划,而这一计划要涵盖所有执行工作的危险系数、人物的复杂性、频率、持续时间与员工的工作能力等各方面的内容。并且在工程实施前,承包商负责人必须要向BP公司负责人进行通知并就工程内容、范围、详细工作计划、进度安排、风险和相关的预防措施开会进行磋商讨论。

BP比利时子公司内部的相关制度规定具体可以分为四部分:承办商的权限、法律法规与内部章程、原材料和设备的使用规范、安全防范要求。其中,法律法规与内部章程具体明确了相关主体、责任人需要遵循的法律规定,以及准备或者实施工作时的具体标准。值得注意的是,公司内部章程十分注意BP公司与子公司之间的沟通与联系,在BP公司代表的监管下,更能确保承包商的业务行为合规。安全防范要求具体包含三方面的内容:个人防护设备的使用要求、危机处理与场所安全规则。其通过要求工作人员严格穿着相关防护设备进入场所,并且严格遵守场所的安全规则,加之明确一定的危机情况处理条款,很好地完善了对员工的保护措施。

BP比利时子公司的相关文件明确了在工作执行过程的全阶段,各个部分、各个主体需要履行的职责与相应要遵守的规则和承担的义务,从各个方面确保员工对HSSE合规框架的遵守,依托"合规任务管理软件"与明确管理层的责任领导意识,使得HSSE合规框架顺利运作,从而实现将风险降到最低的目的。下面,笔者将从四个方面具体介绍BP公司的HSSE合规框架。

1. 承包商的条件

在BP公司的HSSE合规框架之下,承包商应符合以下三个条件:第一,承包商的权限。在提交竞标书前,承包商被视为充分了解工作范围和服务条款,这些包含基于风险分析得出的安全预防措施。第二,承包商声明自己有资格或曾经参与过类似的工程。如果他在签订适用于本规章的合同之前,没有指出存在计算错误、自身规划错误或是BP公司的计划或声明中存在错误的又或是他不能以任何方式抗辩BP公司的说明;在办理完成手续前,他有义务提出所有关于修改或反对的意见或者其可能会提出的异议,同时其也可获得一切想要获得的信息,简而言之,承包商需要承认其不遗漏和遗忘任何信息,并且其保证能完美依照其签署的特别说明和/或技术声明的要求执行和完成工作,这能保证正确地安装操作。第三,根据合同工作的性质,承包商被视为已经充分考虑到在项目推进中可能遇到的所有问题和困难。

2. 法律法规与内部章程

(1)一般章程与法律。

在一般章程方面,承包商执行工作应在各方面遵守《比利时工作场所健康与安全通用条例》(以下简称A. R. A. B.)、食品法典、《福利法》、《电气装置通用规则》(以下简称A. R. E. I.)与《弗兰德环境许可条例》(以下简称VLAREM)。

在法律规定方面,承包商具体有四条规定需要遵守。首先,承包商要承诺遵守和所有有关工作保护以及安全、环境保护、社会立法,员工保险,医疗检查,工作时间等的现行法律规定。如果承包商可能在工厂违反这些规定,BP公司不承担任何责任。如果违反法律规定,BP公司保留立即终止承包商合同的权利,且无须赔偿。其次,承包商提供的设备、机器等应符合相关规定,并符合安全、健康和环境程序。具体规定如下:一是所供应和所使用的材料和将要建造的装置应在各方面符合比利时现行有关工作健康和安全的法律和条例,尤其是A. R. A. B.及其所有附件,A. R. E. I.也同样适用。二是材料和设备必须符合与环境保护有关的所有要求(噪声水平、排放、底部和地下水的保护等)。三是交货后,应提供有关订单标的工作原理、操作、检验和维护的说明,说明必须使用荷兰语。四是承包商/供应商的授权代理人在所附证书中确认所提供的设备、机器等符合第一点的规定。该证书的签发构成协议不可分割的一部分。再次,针对挖掘工作,承包商有义务在挖掘1.20米或更深之前通知政府视察。最后,针对高空作业,承包商采取必要步骤安装足够的集体防护装置,防止员工从 2 米以上高空高处坠落伤亡的风险。

(2)公司内部规章制度。

BP 公司的内部规章制度主要明确了承包商的权利与义务,并根据具体环节对需要提供的材料、相应人员等确定了一系列的规则。

在 BP 公司的 HSSE 合规框架下,承包商及其分包商需要遵守承诺并遵守 BP 公司发布的规则。如果承包商在 BP 工厂违反这些规定,BP 公司不承担任何责任。首先,承包商应明确指出其工作可能与特定风险有关,并因此承诺向 BP 公司代表预先提供所执行工作的所有必要信息,包括工作安排与风险分析。同时承包商也可以询问关于工厂的一切风险,或 BP 公司代表具体工作的执行情况;在开始工作之前,承包商需要将这些风险告知工人。其次,承包商须遵守法规及规章关于其雇员及分包商的所有规定。再次,在工作执行过程中,所有有关健康、安全和环境的信息必须从 BP 公司代表处获得。承包商及其分包商的雇员必须严格遵守所有由 BP 公司制定的规定。根据将要进行的工作的性质,可以增加具体的安全和环境条例。复次,所有订约公司均有责任确保其所有员工在参与现场前已接受医学评估,并能正常开展工作活动。工作中额外的危害和危险被认定为合同讨论的一部分。最后,承包商的雇主必须为该个人和将要执行的任务提供具体的风险评估。风险分析也需要与相关的现场代表达成一致。

以下为相关程序的具体要求:

①承包商/服务提供商的身份证明表。

由于进入 BP 公司场所并留在 BP 公司场所的许可须事先获得批准,所有受聘员工、监工、检查员等人员以及执行工作所需的所有车辆都需要相应的批准,为此 BP 公司确定了需要起草"承包商/服务提供商的身份证明表"的规定,这个证明表包含了承包商提供的所有信息。特别地,分包商的身份证明表应始终被单独起草,不允许将分包商的雇员姓名添加到主承包商的表格中。

身份证明表必须在工作开始日期前至少 48 小时通过电子邮件提供给 BP 公司的门卫,而且必须由承包商的授权代表签署,并需要明确说明该代表的姓名和职位。承包商/服务提供商及其工、分包商和分包商的员工首次进入时会收到证章。如果此证章在工作期末丢失、损坏或未归还,BP 公司将要求 12.5 欧元的赔偿。

②员工要求。

BP 公司禁止青少年(即 18 岁以下人员)在 BP 公司工作。同时新员工必须拥有基本培训证书,或者主管机构的相关证书,而承包商则必须至少有 6 个月的相关工作经验,然后才能在工厂独立执行工程。

③安全培训。

所有需要进入现场的承包商都必须参加适当的上岗培训,并完成上岗评估。上岗培训的目的是确保所有进入现场的人员都了解在现场工作的基本健康和安全要求。承包商及其分包商的所有员工都有义务在开始工作的第一天参加安介绍培训。而这方面的所有费用将由承包商按固定数额承担。如果劳动合同涉及按小时费率工作,则参加安全介绍培训所需的时间应按商定的小时费率支付。

④运营工作许可证。

运营工作许可证系统是在现场进行维护或为施工活动提供安全的工作系统。必须在 BP 站点执行的每个作业都需要运营工作许可证。当运营工作许可证没有被批准或接受时,任何工作都无法开始。这一运营工作许可证可以从 BP 公司代表处获得,BP 公司代表必须向与执行工作有关的所有人员解释和签署该证件。运营工作许可证的有效期最长为 12 小时,这意味着每个工作日都需要新的工作许可证。并且,除运营工作许可证所列范围外,承包商不得从事任何其他工作或操作。

⑤承包商的安全监督以及 BP 公司在现场的定期安全检查。

承包商/供应商的主管负责对其员工与分包商进行安全监督。为了创造条件,以便员工能够安全地工作,承包商/供应商应在必要时在现场安排一个或多个经过培训的安全专家提供咨询。

承包商具体的监督要求及其职责应与其在 BP 公司会议中确定的保持一致。具体职责取决于以下标准:要执行工作的风险程度、要执行任务的复杂性(基于 BP 公司的复杂工作清单)、工作频率和工作期限、所部署人员的经验和能力。

在工程实施之前和期间,将定期组织会议;在执行作业任务之前应通知 BP 公司,使其在愿意的情况下能够参加这些会议;开工会议将记录承包商安全工作组会议的参与情况。

BP 公司应定期组织现场/工作场所的安全和环境检查。BP 公司代表无论是否为安全和/或环境部门的代表都可以与承包商的代表一起出席。而其意见均应以书面形式报告给承包商,要求承包商立即进行必要的修改。

⑥事故处理报告。

任何事故、事件、相近差错、损坏或因在现场工作的任何人(无论是 BP 公司还是承包商)造成的职业不健康情况,必须立即向其主管报告,同时承包商也向其相关公司报告 BP 公司代表。这是为了确保对所有事件和事故进行充分调查。承包商需要根据当前的立法要求,向适当的外部方正式报告具体事故和事件。现场应急小组可通过 222 的内部电话系统进行调用。他们将根据需要立即提供急救。对于每一个医疗护理,无论它们看起来多么细小,承包商的工人必须去 BP 公司的医疗部门。受伤者不得在未事先通知公司医疗部门的情况下离开现场。

在零容忍政策下,除了事件和事故,现场还应报告相近差错。即使没有发生实际损失,这些相近差错也可能导致事件/事故的发生。这是一个预先监测系统,被用于识别工作场所中的不安全行为和情况,这使得 BP 公司能够执行纠正不安全行为的行动,所有员工,包括承包商,都被要求报告所有的相近差错,无论多不重要,以保证信息能被获取和分析,由此吸取适当经验教训。

对所有事件/事故和相近差错进行调查时,调查的级别需要与相关的潜在严重程度相匹配。承包商应全力配合 BP 公司调查。事件/事故的所有细节需要输入 BP 集团事件/事故报告系统,相关的信息可通过 BP 公司的网络进行查看,相近差错则需要根据当地系统的细节单独记录。当事故符合重大工业事故定义时,应当依法编制详细报告,各方必须承诺全面合作,共享这份报告。

⑦BP 公司装置内部的运输。

场所的机动车流量必须限制在最低限度。禁止承包商与其分包商的雇员在封闭区域内或 BP 公司的建筑工地内驾驶,但以下地点除外:A.根据合同本身,他们必须工作的地点;B.通往上述地方的通路(这些通路可由当地主管根据当时的需要和可能性监督工作的执行情况而定);C.主管为特定目的指明的地点。

车辆只有在获得部门安保部门批准并取得车辆许可证,且符合车辆规格时,才能进入场所。除了交通法律和规则,BP 公司还实施了一些进入 BP 站点时适用的限制:A.车辆的最高速度为 25 千米/时,车辆行驶时,所有乘客必须系安全带。B.车辆移动时,必须关闭移动电话。C.小型客车、叉车、起重机和卡车上等必须有声学倒车报警器;如果没有,第二个人必须负责观察车外的情况。D.所有司机必须持有有效的驾驶执照,不得酒驾或毒驾,或过度疲劳驾驶。E.在符合 BP 公司规范后,在场地车库的自行车事先获得批准后,可在场地内使用自行车。仍需要年检。

⑧解雇。

如果员工或承包商不遵守或拒绝遵守《BP 公司一般条例》或 BP 公司的指示,BP 公司保留立即解雇任何员工或承包商或其分包商的权利。如果该员工的态度或行为对 BP 公司或第三方产生破坏性后果,则此类解雇不会免除员工的责任。

⑨安保。

A.承包商应尽可能在工地的外部使用高度两米的坚固栅栏。B.工地的入口应在工作时间以外上锁。C.承包商应在清晰可见的地方竖立必要的指示和禁止标志。D.在道路作业中,应安装并投入运行必要的标界和照明装置,并事先通知 BP 公司,以便建立适当的通信。承包商对安全组织负全部责任。E.在任何时候,BP 公司代表可以且可以强制进入建筑工地。F.在紧急情况下,从承包商的员工在 BP 公司现场工作的那一刻起,或者当实际无法封锁建筑工地时,允许安全部和 BP 公司主管要求承包商采取所有必要的额外安全措施,费用由承包商承担。

这意味着,除其他事项外,承包商的所有法定测试证书必须齐全,而 BP 公司有权进行检查;所有必需的机械和电气安全及保护装置均由承包商安装和调整,并按法规和条例自费。

⑩语言。

工头和承包商及其分包商的主管能够用当地的语言或英语以及当地的语言

进行交流。对于某些特定任务,如检修孔检查等,相关人员必须能够用当地的语言进行交流;对于有限规模的特殊和/或非经常性任务,例如机器的启动或维修,不能由讲当地语言的人员负责的,承包商的负责人必须直接与BP比利时子公司监理部门联系,联系时最好使用英文。

⑪承包商的废物处理。

承包商负责管理、清理并最终清除所有因承包商完成工作或者所有的采购合同或任何采购订单中定义的工作而产生的所有废物(包括液体)。为此,承包商可在咨询BP公司代表后,根据BP公司环境条例AF4(废物分离)的规定,使用BP公司在场地上提供的相应容器。如果将废物放入错误容器,承包商应自费清除这些废物。但这不会改变承包商作为废物生产者所应承担的法律责任。若BP公司没有提供任何废物容器,承包商将按照所有相关法律法规进行处理。

⑫土地和地下水的保护。

承包商应采取一切必要的预防措施,防止土地和地下水的污染。承包商应对工作期间在BP现场发生的所有土地和地下水污染负责。BP公司可以随时从承包商工作区的现有地下水控制井中取样检查。承包商在施工或其他程序期间损坏的地下水控制井必须自费更换。

⑬井点。

承包商将遵守当地的规定,更具体地说,其需要告知相关部门油井点的位置。在承包商将撤离的地下水放回撤离区外时,如果技术上无法实现,承包商须与BP公司讨论替代解决方案。

⑭废水排放。

未经BP公司书面许可,不得排出废水(包括厕所给水在内的一切废水)。

⑮放射源。

如果承包商需要使用放射源,应事先通知放射源的类型、活动和同位素,而且必须向BP公司出示证明这些活动合法化的有效许可证。

⑯石棉/陶瓷纤维。

BP公司拥有石棉和陶瓷纤维登记册,可随时查阅。如有疑问,每个承包商应让其人员停止所有工程,并与BP公司代表协商,确定应立即采取何种行动。拆除工程只能由经批准的拆除者进行。此外,以上活动必须提供BP公司所要求的合法、有效的许可证。

3. 原材料和设备的使用规范

此部分内容涉及承包商带到现场的产品和机械。

(1)危险、有毒和有害物质。

①如果货物或辅助物质在有关危险、有毒或有害标签、运输、储存、处理和包装的现有国家和国际法律和条例的范围内,承包商承诺应严格遵守现行法规。

②承包商在任何情况下,在协议订立之前,以及上述货物或辅助物质被运至现场

之前,均应以书面形式通知 BP 公司,例如与这些货物有关的所有相关数据,包括有关储存、处理和包装以及保护环境安全和健康工作的预防措施。③通知及批准使用的要求必须以产品制造商"材料安全数据表"(MSDS)的方式做出。危险、有毒和有害物质只有经与 BP 公司协商后,承包人方可使用。不遵守这些规定可能引起的一切费用和损害由承包商承担,必要时任何有关方面必须向其追讨。④如果不遵守这些规定,BP 公司通过普通信件或传真保留以下权利:A.或者终止协议,要求承包商赔偿由此造成的损失;B.或者在承包商暂时停工后,按照约定的价格要求继续履行合同,但应当遵守现行规定;C.如果 BP 公司强制承包商使用危险、有毒和有害物质,或者如果承包商可能接触到此类物质,BP 公司应向承包商提供与此类物质有关的所有相关数据。

(2)贮存燃料、化学品、油漆等。

只有在事先获得 BP 公司批准的情况下,才允许存放危险物品。承包商有责任遵守法规。润滑油或其他危险物品只可存储在桶或酒壶中,这些东西存放的位置由其安全风险决定。

(3)起重设备、起重附件的认证。

①承包商承诺只使用由认可的测试机构签发有效测试证书的起重设备、起重附件、梯子、平台等。关于这些设备、附件等,应在现场提供测试证书。BP 公司有权检查测试证书,承包商应自行承担从现场移走未颁发测试证书或测试证书有效期已过的设备、附件的责任。②材料和设备应处于良好和安全的操作状态,操作者应了解工作指示,并能在日常操作活动中和紧急情况下使用。③使用梯子时,必须遵循三点接触规则。使用楼梯时,始终至少用一只手握住扶手;携带材料从高处返回或去往高处时,需要将其放入包内,此属于工作规范。如果无法这样做,而通过起重机或任何其他工作方法或材料等可以达到适当水平的,需要与 BP 公司代表进行讨论。

(4)工具的测试和检查。

①承包商应编制一式两份工作所需的所有工具清单。而"工具"一词具体包括:A.所有不同行业和专业的个人工具,如扳手、钳子、锤子等,通常需要放在工具箱或袋子里;B.所有配件,如滑轮块、吊索、梯子、手推车等;C.所有设备,如焊接变压器、压缩机、钻头、磨床、起重机、卡车、推土机等;D.所有必须经过法律检验的工具,这些工具必须要附有来自认可测试机构的有效测试证书。②承包商到达现场时,须在开始工作前一天向门卫报告;提交一式两份的清单和检查材料给 BP 站点的门卫,并告知他工具的标记方式,相关的材料自留一份,另一份则由门卫保管,同时个人的工具箱必须打开。在离开现场时,需要给门卫报告,且当有部分工具被移除时,应将相关工具从门卫处的列表中删除。在移除完整的设备或工具箱的情况下,门卫要检查工具箱并返还清单。承包商仍对损坏或丢失的工具负全部责任。③BP 站点使用的所有工作设备均应适合其用途。工作设备只能用于这

一目的,必须由称职的人员使用。所有工作设备必须维持在一个可运营状态且其安全性经检验符合现行法律。在特定情况下,承包商工作设备需要经过现场代表的检查、测试和认证,然后才能在现场使用。

(5)焊接发电机和空气压缩机。

每个焊接发电机(机械的或电子的)和空气压缩机必须配备一个灭火器。此灭火器必须始终与上述机器一起使用,以便在发生火灾时立即使用。同时,每个由发动机操作的焊接发电机或空气压缩机都必须配备一个阀门,当发生故障时,该阀门会自动封闭发动机,同时还必须在电机排气处放置火花捕获器。

4. 安全防范要求

(1)个人防护设备的使用要求。

针对个人防护设备有以下一般性要求。①行人或骑单车人士必须穿着 HIVIS 长外衣,以确保高可见度。(这是可以通过穿调整过的衣服来实现的。例如,在阻燃服装上加上反光剂和荧光条。)②在 BP 公司的办公场所和大多数地区执行工作时,必须至少穿戴以下防护用品:安全头盔、安全眼镜、防静电安全鞋、阻燃服装/高能见度工作服[根据 EN471 标准,必须由固有阻燃纤维(IFR)制成,衣服的上半部分必须包含反光和荧光部分,如需焊接/磨削工作,则需提供特殊阻燃工作服]以及手套。在存在接触危险的作业中须配备手套,PPE 要求将被视为承包商在进行此类工作中须配备的安全评估的一部分。如果需要,BP 公司将就选择个人防护装备提供额外帮助和建议。③为了打开所有的生产线或系统,在某些机械(研磨机、抛光机、焊接机、燃烧机)上,必须将面罩与安全眼镜结合使用。④承包商本人负责向其员工提供所有必要的防护设备,但少数例外情况除外。

针对呼吸装置有以下相关规定。①为确保对被迫佩戴保护性呼吸器的员工提供最大限度的保护,面部和面具贴合的边缘处不允许留胡须,这也包括低发际线或编了辫子的头发;此外,任何面部毛发都不得超过规定长度,以防止不能关闭面罩。②如有疑问,BP 公司的医疗服务部门应在面罩上进行气密性测试。此测试的结果是具有约束力的。③在每项作业中,必须确定需要哪些保护才能安全地执行作业。④承包商还负责为所有员工开办关于佩戴保护性呼吸器的相应培训课程。

(2)危机处理。

BP 公司拥有自己的 24 小时"应急"(ER)团队,这一团队主要负责处理所有事件和事故。团队由一名全职轮班主管领导。当遇到危急情况时,可以拨打内部号码 222;当遇到伤情时,必须拨打这个电话。当伤害是因从高处下降造成时,禁止移动伤者。ER 团队到现场后将立即提供急救治疗,护理人员会为伤员提供治疗。如果伤者所需医疗超过团队可以在现场处理的程度,那么 BP 公司将调用当地的救护车把伤员转移到当地医院事故急诊部。此外,ER 团队还能应对火灾、煤气泄漏、爆炸等事件。同时,任何目睹此类事件或参与此类事件的员工必须立即通过内部号码发出警报。

(3)一般场所规则。

①脚手架只能在具有有效检查卡时使用:公司需要每周检查此卡,并且会在检查卡上注明有效期。除公司规定有权限的员工外,任何人不得更改脚手架。②手机最好不要带到现场。此外必须就其允许使用的领域达成明确的协议,而且必须在工作开始之前达成协议。防爆手机须经 HSSE 主管经理批准后方可使用。③除非已获授权及持有适当的许可证/通行证,否则不应携带相机到现场。④吸烟只能在指定及专用的吸烟地点内进行。⑤现场禁止饮酒、吸毒。进入场所前也不能饮酒或吸毒。

5. HSSE 合规框架运行步骤

HSSE 合规框架预期分五步执行:

第一步,风险评估和优先分级。这要求公司的各业务部门不仅要对现有的合规程序与体系进行评价与缺陷分析,识别现存的 HSSE 法律与其他要求,还需要了解外部的合规环境,从而能够更加全面地对风险进行评估与分级,而这些可以通过因特网的应用程序,并与相关的利益方进行沟通的方式实现。

第二步,合规计划。计划的制订具体包括了对合规框架现存缺陷的弥补、相应合规任务的执行与责任分配、计划实施所需要的资源与资金。

第三步,执行和操作。这一环节中强调领导能力与企业文化的重要性,并且明确了各个部门的责任与员工合规程序培训,同时还提出了奖励政策与监管程序,在公司业务运行之上架构起一个完善的合规框架,从而能更加严格地要求、规范各方的行为,以确保合规。

第四步,衡量、评价和纠正措施。这一步骤有利于 HSSE 合规框架的不断完善与发展,通过定期审核与评价、提供保密渠道,听取员工对相关合规问题的反映与意见,能及时纠正 HSSE 合规框架存在的问题,使其能够动态地良性运行。

第五步,管理审核和认证。这一部分是对合规计划的认证与审核,通过这项程序能推动各业务部门更加积极地执行、完成计划。

但 HSSE 合规框架的这些步骤中存在诸如耗时、实施困难等问题,这些需要利用有效的工具、合法的资源和协商对话、文化变革等方式予以解决,可以说,运行 HSSE 合规框架的关键在于强有力的领导,领导的承诺有利于建立持久的 HSSE 合规文化,这不仅可以推动企业文化的升级,还可以提升外界对公司的评价,从而有助于建立信任关系。

三、HSSE 合规框架对于企业文化的影响

企业文化,基本上是企业发展过程中,经过员工逐步沉淀、逐步培育和长期塑造而形成的价值体系或基本信念,它从各个方面反映了一个企业的丰富内涵,实质上就是企业的灵魂,也是推动企业不断发展的动力。企业文化不仅包括工作环

境、员工服装、企业标志等可见的方面,也包括规章制度的制定、激励机制的安排、各级各类员工的权责分配等制度,同时企业文化也体现着职工素质、行为道德规范、价值观念等意识形态层面的事物。与建立管理制度、建立领导班子、完善管理规范类似,企业文化建设并不是为了展示企业有多么"文明",而是为了促进企业能够更加良性、积极地运作,许多学术研究也都证明了这一点。管理者和员工对企业文化的接受程度越高,其对员工行为的影响越大,而企业文化所蕴含的价值观与企业经营方向的匹配程度越高,那么企业在销售收入、员工满意度等方面的表现就越好。① 企业文化是渗透进一家企业的各个方面的,但实际上,企业文化影响员工的价值观和行为是比较难的,这还是一个长期的过程。所以企业文化的构建和变革过程通常是非常漫长的,也因此使得其他企业难以模仿。但同时,企业文化一旦形成,就会变得相当稳定,并随之成为企业竞争优势的源泉。有学者甚至认为,在未来企业间的竞争中,企业文化可能成为决定企业命运的关键因素。可见,企业文化不仅可以对外展示企业形象,还能对内统一、凝聚员工,协调约束员工在企业内部的行为,从而推动企业不断发展进步。

由于 HSSE 合规框架实际上是涵盖了一家企业处理日常业务的各个层面、各个阶段的一套制度体系,所以这一合规框架的建立也是企业文化十分重要的一部分,它并不单单只属于传统的规章制度或是员工道德规范等具体的企业文化内容,而是将多方面的标准、要求,乃至是企业运作的价值观整合在一起的一个相对复杂的体系,因此它与多个环节息息相关,也影响着企业文化的方方面面。首先,由于 HSSE 合规框架的最终目标是"健康、安全、安保与环境",所以实际上,这一合规框架为企业文化注入了一种可持续发展的价值观念;其次,合规框架的出现实际上是在弥补、完善公司的制度体系,从而有利于公司更加高效、良性地运营;最后,HSSE 合规框架对其关注的四个主题均有相应标准、严格的规范,而这些要求涉及员工操作规范与安全培训、适用设备标准与检查、事故处理等具体内容,这些规定能帮助企业确立公司内部的业务处理准则,而这将促使公司各个部门根据自己的职能,不断地完善、规范自己的行为,同时也有利于确保设备使用的质量与安全。这些规定不仅很好地统一、约束了员工的行为,还提升了产品生产过程的规范,也有利于产出更高质量的产品并推向市场。因此,这一合规框架在很好地优化企业管理各个方面的同时,也一定程度地提升了企业形象。

因此,HSSE 合规框架实际上对企业文化的三个层次(表层的物质文化、中间层的制度文化、核心层的精神文化)均产生了一定的影响,这些影响有助于企业以更加健康绿色的模式进行可持续的发展。但与此同时,由于 HSSE 合规框架实际上需要依托公司现存的企业文化才能更好地发挥其效力,因此好的企业文化也影

---

① See Anne S. Tsui, Zhi-Xue Zhang & Hui Wang etc., Unpacking the Relationship Between CEO Leadership Behavior and Organizational Culture, *The Leadership Quarterly*, Vol. 17, No. 2, 2006, pp. 113-137.

响着 HSSE 合规框架的运行效果。所以,企业文化与 HSSE 合规框架可谓相辅相成,共同促进。

四、HSSE 合规文化的全球推广

目前,HSSE 合规框架已经在 BP 公司全面展开运行,同时也在近些年取得了很好的效果,合规框架不仅帮助公司预防、减少了很多灾难、事故的发生,同时也使得公司内部形成了一种合规操作、运行的生态环境,上至管理层,下抵每个具体的生产场所的员工都在严格依照相关的规则工作。这样一种良性的运行模式也吸引着越来越多的公司、企业制定类似的制度去确保公司的可持续运营,所以实际上,HSSE 合规框架已经逐步发展成为一种文化,并且这种合规文化正在全球范围内不断地被推广、扩大。以下,我们可以了解到一些其他公司为了建立 HSSE 合规框架进行的一些人才引进、制度建立的举措。

(一)伍德集团

伍德集团现已任命尼娜·斯科菲尔德(Nina Schofield)为集团健康、安全、安保和环境(HSSE)的主管,其需要负责制定和实施伍德集团全球运营部的 HSSE 战略。尼娜自在一家钻井公司从事安全工作以来,已经在国际能源服务业务方面积累了 20 多年的全球 HSSE 经验。她之前担任 AMEC 集团(阿美科)的 HSSE 总监,并在各类组织中担任 HSSE 领导,制定相关的政策并确保合规。伍德集团首席执行官鲍勃·基勒(Bob Keiller)表示,"我们很高兴地欢迎尼娜加入伍德集团的领导团队。她在健康和安全的有效管理和现场应用方面有着卓越的记录,她强有力的领导能力将有助于确保伍德集团的健康、安全、安保和环境的目标和战略在我们的业务中得到实施"。安全与保障一直以来就是伍德集团的首要任务,也是他们的第一个核心价值观,他们致力于让每一位员工,无论在哪里工作,每天安全回家。① 因此,伍德集团与尼娜的合作将为这家公司带来怎样的变化,是值得我们期待的。

(二)阿布扎比国家能源公司

2007 年 6 月 27 日,阿布扎比国家能源公司(TAQA 公司)宣布任命乔斯·希弗勒斯为其新的健康、安全、安保和环境主管。该公司表示,此次任命突显了其对全球健康、安全、安保和环境运营的承诺。希弗勒斯是一名在埃克森美孚和英国石油公司拥有超过 25 年的欧洲和北美行业经验的人才,之前担任英国石油荷兰公司的健康、安全与环境经理。作为一名荷兰国民,希弗勒斯从 2007 年 7 月 1 日起开始担任他的职务,总部设在荷兰海牙。阿布扎比国家能源公司首席执行官彼

---

① See Wood Group Welcomes Nina Schofield As Head Of Health, Safety, Security And Environment,载美通社官网(https://www.prnewswire.com/news-releases/wood-group-welcomes-nina-schofield-as-head-of-health-safety-security-and-environment-272830871.html),访问日期:2020 年 1 月 2 日。

得·巴克·霍姆克(Peter Barker Homek)对于公司的这一重要举措做出的说明是："塔卡重视2000多名员工的健康和安全,这些是高于一切的。"

(三)荷兰皇家壳牌公司

壳牌公司建立HSSE管理系统的主要原因是大众对于企业信任度的降低,以及保障机制对透明度要求的增加。为了更好地履行企业社会责任并且实现盈利的目标,壳牌公司确定了相应的管理公司成本效益的HSSE制度,这一制度主要以零事故、HSE黄金规则、十二条救命规则构成,并且还确立了员工违反规则就需要离开公司的零容忍规定;这一管理体系确定了高级管理人员的HSSE个人负责制,并且强调标准化,同时还十分重视"良好的HSSE领导力"与各个岗位人员的能力建设与培训。因而在一定程度上,壳牌公司的HSSE合规框架与BP公司的合规框架是相似的。

(四)中国石油化工股份有限公司

2019年9月27日,中国石油化工股份有限公司(以下简称"中国石化")发布了《中国石化HSSE管理体系》,这一管理体系已经于2019年1月1日开始正式运行,中国石化的HSSE管理体系主要包含《HSSE管理体系(要求)》《HSSE管理体系实施要点》和《HSSE管理制度》三个部分,并创新性地将公共安全纳入HSSE管理体系。在相关文件中明确了HSSE"零伤害、零污染、零事故"的目标与"组织引领、全员尽责、管控风险、夯实基础"的方针。此外,还提出了"安全第一、环保优先、身心健康、严细恒实"的HSSE理念。①

从这四个公司针对HSSE合规做出的举措来看,在石油化工行业,HSSE合规框架的重要性已经不言而喻了,并且这一框架从企业发展的长远角度来看,能为企业带来很大的效益,避免因为事故、危害的发生造成的各类损失,一定程度上还有利于与公众建立长期的信赖关系。HSSE合规框架正在全球范围内不断地完善发展,笔者也十分期待这样一种合规文化能在除石油化工行业之外的其他行业发挥其效果,从而真正意义上实现可持续发展的目标。

目前,HSSE主要是通过利用现有的ISO 14001、OHSAS 18001和"做好HSE"等管理体系来强化自身合规性的预期目标。这个制度在治理控制方面并不能在短期内得到直接的回报,只有经过长期的运行后才能够看到显著的效果。不同的技术文化、社会文化、人员和组织目标的不一致以及外部因素也会影响一个公司采取健康、安全、安保和环境战略的方式。② 关于如何更好地发挥HSSE制度,问题的关键是领导与管理,强有力的领导与管理是奠定这一制度的基石,从企业的

---

① 参见《中国石化发布HSSE管理体系》,载中国集团公司促进会网站(http://www.cgcpa.org.cn/bhyw/hydt/2018-10-18/8631.html),访问日期:2019年5月30日。

② See Mansour Rahimi, Merging Strategic Safety, Health and Environment into Total Quality Management, *International Journal of Industrial Ergonomics*, Vol. 16, No.2, 1995, pp. 83-94.

领导阶层开始谨慎执行这一制度,相应的员工才会随之自觉地注意相应的环境、安全问题,严格规范自己的行为。当然这一切的形成同时也需要一定外部条件的加持,如相应的标语、相关文件材料的确立,相关安全活动的举行,问题出现时的解决应对措施等,这些外在条件能很好地帮助企业营造注重健康、安全、安保、环境的氛围,形成良好的企业风气,从而促进 HSSE 制度更好地实行。[①]

[①] See A. M. Vecchio-Sadus & S. Griffiths, Marketing Strategies for Enhancing Safety Culture, *Safety Sci.*, Vol. 42, 2004, pp. 601-619.

第四章 意大利企业合规制度

第一节 意大利企业合规概述

一、企业合规的产生与发展

20世纪90年代,美国和欧洲各国都面临着数量惊人的涉及公司的犯罪,包括环境污染、垄断、欺诈、食品和药品安全、虚假陈述、工人死亡、贿赂、妨碍司法公正以及金融领域的犯罪。① 因而,国际社会通过了一系列约束企业行为的公约,比如《保护欧洲共同体金融利益公约》(布鲁塞尔,1995)、《打击涉及欧洲共同体官员或欧洲联盟成员国官员的腐败行为公约》(布鲁塞尔,1997)和《OECD反贿赂公约》(巴黎,1997)。②

与此同时,两大法系多数国家纷纷在扩张单位犯罪罪名范围的同时,实现了单位犯罪刑事责任的预防转型。在英美法系国家中,美国是国际社会企业刑事合规的首倡者。20世纪90年代之后,大陆法系多数国家也纷纷规定了本国的企业刑事合规制度。③ 作为欧盟国家之一的意大利同样面临上述问题的困扰,为了符合国际公约的要求,意大利于2000年9月29日和2001年6月8日分别通过第300/2000号法令④和第231/2001号法令⑤,设置了企业的行政责任体系。⑥ 其中,第231/2001号法令第6条、第7条具体规定了企业合规(modelli di

---

① See Anca Iulia Pop, Criminal Liability of Corporations——Comparative Jurisprudence, *Digital Commons at Michigan State University College of Law*, Vol. 1, 2006, p. 2.

② 参见Francesca Chiara Bevilacqua, Corporate Compliance Programs Under Italian Law,载企业合规与道德协会网站(https://assets.corporatecompliance.org/Portals/0/PDFs/Resources/library/ItalyCorporateCompliance.pdf),访问日期:2019年10月13日。

③ 参见赵赤:《企业刑事合规:全球趋势与中国路径》,载《检察日报》2018年8月22日。

④ 参见Legge 300 Del 2000,载Parlamento.It网站(http://www.parlamento.it/parlam/leggi/00300l.htm),访问日期:2019年10月13日。

⑤ 参见Dlgs 231/2001,载Camera.It网站(https://www.camera.it/parlam/leggi/deleghe/testi/01231dl.htm),访问日期:2019年10月13日。

⑥ See Anca Iulia Pop, Criminal Liability of Corporations——Comparative Jurisprudence, *Digital Commons at Michigan State University College of Law*, Vol. 1, 2006, p. 13.

organizzazione dell'ente)制度。该法令部分仿照了《美国组织量刑指南》[1]，使企业合规方案日益成为意大利企业的一项重要特征，以及意大利法院判决的重要焦点之一。

在此之前，作为企业刑事责任的替代，《意大利刑法典》第 197 条规定了单位对其雇员为了公司的利益实施的犯罪所处刑事罚金应当承担的民事责任，即当犯罪是由在其雇佣范围内行事的雇员所为并符合公司的利益时，公司有义务支付法人代表或行政人员所欠的其不能偿还的罚金。[2]

关于意大利第 231/2001 号法令中企业行政责任的性质，意大利理论学说认为，这种责任的实质是刑事性质的，因为它与犯罪的实施有关，而且应用刑事诉讼规则。[3] 也有学者提及意大利第 231/2001 号法令对意大利企业规定的是一种准刑事（para-penale）[4]责任。但更进一步说，尽管为了政治上的谨慎，立法者采用了行政责任这一说法，但从理论上来看，企业责任的本质在刑事责任框架下，比起减轻标签效果的"企业行政责任"更为可取，理由有三重：①为企业提供实质性权利保障的是刑法，包括法定性、对不利规则的不溯及既往和对有利规则的溯及既往原则；②由于《意大利宪法》第 27 条第 1 款的要求，为了惩罚犯罪，责任出于有责的事实，也是企业责任的来源，其有责性（colpevolezza）的模式建立在"组织"作为运营主体的特殊性上；③刑法有能力判断企业的责任，确保为企业提供与自然人相同的防御性保障，并由刑事法官来判断犯罪是否存在。[5]

一方面，意大利法律之所以较晚规定公司的行政责任或者说这种刑事性质的责任，其主要原因是难以在公司刑事责任要件中找到所需的主观意图要素，由于《意大利宪法》规定"刑事责任是个人的"，而且必须要施加惩罚以便对被判刑者进行再教育。[6] 因此，也有学者认为，意大利第 231/2001 号法令试图关注公司的组织罪责来避免其与《意大利宪法》的任何冲突。[7]

---

[1] 参见 Francesca Chiara Bevilacqua, Corporate Compliance Programs Under Italian Law, 载企业合规与道德协会网站（https://assets.corporatecompliance.org/Portals/0/PDFs/Resources/library/ItalyCorporate-Compliance.pdf），访问日期：2019 年 10 月 13 日。

[2] 参见《最新意大利刑法典》，黄风译，法律出版社 2007 年版，第 73 页。

[3] See Anca Iulia Pop, Criminal Liability of Corporations—Comparative Jurisprudence, *Digital Commons at Michigan State University College of Law*, Vol. 1, 2006, pp. 13-14.

[4] V. Mongillo, La vigilanza sull'attuazione del sistema aziendale di prevenzione dei reati in Italia e nei principali ordinamenti ispanoparlanti: circolazione dei modelli e specificita' nazionali, in Diritto Penale Contemporaneo, n. 3, 2018, P. 150.

[5] G. Marinucci & E. Dolcini, *Manuale di diritto penale parte generale*, Milano, Giuffrè, 2015, p. 762-763.

[6] 参见 Francesca Chiara Bevilacqua, Corporate Compliance Programs Under Italian Law, 载企业合规与道德协会网站（https://assets.corporatecompliance.org/Portals/0/PDFs/Resources/library/ItalyCorporate-Compliance.pdf），访问日期：2019 年 10 月 13 日。

[7] 同上注。

另一方面，针对企业受到行政处罚或者民事处罚引发的批评还在于这种模式缺乏刑事诉讼程序的确定性保障。① 行为人在被刑法实施惩罚性制裁的同时，还受到刑事诉讼程序的保障，而类似的保障不是始终出现在行政或民事程序中。② 因而，为构建一个符合企业刑事风险预防的框架，意大利第 231/2001 号法令不仅直接体现了企业的辩护权保障，即企业合规条款，还规定在程序上除适用意大利第 231/2001 号法令第三章的规定外，在不存在冲突的情况下，遵守《意大利刑事诉讼法》和第 271/1989 号法令的规定。③

从整体上来看，意大利第 231/2001 号法令共有 85 条，分为四章：第一章为企业行政责任，第二章为企业的财产性责任及其变更事由，第三章为确定和适用企业行政制裁的程序，第四章为规定的实施与协调。④

其中，第一章和第三章又分为多节。第一章（企业行政责任）主要包括三节：第一节为企业行政责任归责的一般原则和标准（第 1—8 条），第二节为一般性制裁（第 9—23 条），第三节为犯罪的行政责任（第 24—26 条）。第三章（确定和适用行政制裁的程序）分为九节，第一节为一般规定（第 34—35 条），第二节为主体、管辖和权限（第 36—43 条），第三节为证据（第 44 条），第四节为预防措施（第 45—54 条），第五节为初期侦查和初审（第 55—61 条），第六节为特别程序（第 62—64 条），第七节为审判（第 65—70 条），第八节为上诉（第 71—73 条），第九节为执行（第 74—82 条）。⑤

具体来看，意大利第 231/2001 号法令第 2 条（合法性原则）明确规定，如果在行为实施之前生效的法律并未明确规定有关犯罪的行政责任和相关制裁，则不认为企业对构成犯罪的事实负有责任。第 5 条（企业责任）规定："企业应对下列人员实施的，出于企业利益或好处而犯罪的行为承担责任：a）在企业或在财务和职能上自主的组织单位内担任代表、行政或管理职务的人，以及对该企业行使包括事实上的管理和控制的人；b）受 a）项所述人员之一的指导或监督的人。如果第一款所指人员仅为自己利益或第三方利益行事，则该机构不承担责任。"

在规定了企业责任承担的先决条件之后⑥，第 6 条（企业高管与合规方案）和

---

① See Guy Stessens, Corporate Criminal Liability: A Comparative Perspective, *International and Comparative Law Quarterly*, Vol. 43, 1994, p. 502.

② See Guy Stessens, Corporate Criminal Liability: A Comparative Perspective, *International and Comparative Law Quarterly*, Vol. 43, 1994, p. 504.

③ 参见意大利第 231/2001 号法令第 34 条。

④ 参见 Dlgs 231/2001，载 Camera.It 网站（https://www.camera.it/parlam/leggi/deleghe/testi/01231dl.htm），访问日期:2019 年 10 月 13 日。

⑤ 同上注。

⑥ 即企业应对出于企业自身利益或好处而犯罪的行为承担责任（意大利第 231/2001 号法令第 5 条）。

第 7 条(受管主体与企业合规方案)规定了合规方案应当具备的内容以及不同的犯罪实施主体之间的关系及有关要求。

第 6 条　企业高管与合规方案

第 1 款　如果犯罪由第 5 条第 1 款 a)项所指的人实施,企业能够证明以下情况,则不承担责任:

a)在行为实施前,企业理事会已采用并有效实施了适合预防此类已发生的犯罪的合规方案(modelli di organizzazione e di gestione:组织与管理方案);

b)合规方案之运作、遵守的监督以及监督合规方案更新的任务已委托给一个有自主主动权及控制权的公司内部机构①;

c)行为人实施犯罪,欺诈性地规避了合规方案;

d)前述 b)项中提及的机构的不存在缺乏监督或监督不足的情况。

第 2 款　关于授权的范围和实施犯罪的风险,第 1 款 a)项提及的合规方案必须符合下列要求:

a)查明可能实施犯罪的范围内的活动;

b)规定具体的协议旨在规划培训和执行该企业关于犯罪预防的决定;

c)确定了能够避免犯罪实施的管理财政资源的方案②;

d)规定向负责监管合规方案之运行和遵守情况的机构提供信息的义务;

e)引入适合于制裁不遵守合规方案规定的措施的惩戒制度。

第 2 款之二　第 1 款 a)项中提及的合规方案应当提供:

a)一种或者多种途径,使第 5 条第 1 款 a)项和 b)项所述的人员,出于保护企业的廉洁性,详细报告与本法令规定相关的以及基于准确的和一致的事实要素的非法行为,或因履行职能而了解到的对企业合规方案(组织和管理模式)的违反;这些渠道应确保举报管理活动中举报人身份的保密性。

b)至少有一个替代性的举报渠道,使用信息化模式,适合于确保举报人身份的保密性。

c)禁止出于举报直接或间接有关的原因,对举报人实施直接或间接地报复或歧视;

d)根据第 2 款 e)项中采用的惩戒体系,对违反举报保护措施的人,以及

---

①　意大利第 231/2001 号法令第 6 条第 4 款规定,在小型机构中,第 1 款 b)项中规定的任务,可以由高级主管机关直接执行。

②　由于公司资金的使用是一项精细的活动,因此,应该有办法防止人们不适当地使用公司资金,例如,不会隐藏资金以贿赂某人等。参见 Francesca Chiara Bevilacqua, Corporate Compliance Programs Under Italian Law,载企业合规与道德协会网站（https://assets.corporatecompliance.org/Portals/0/PDFs/Resources/library/ItalyCorporateCompliance.pdf）,访问日期: 2019 年 10 月 13 日。

对故意或严重过失举报而被证明没有根据的举报人进行制裁。①

第2款之三 第2款之二所述的对举报人采取的歧视性措施,可由举报人向国家劳动监察局报告,以便处以其自身权限范围内的处罚,也可由举报人指定的工会组织向国家劳动监察局报告。②

第2款之四 对举报人的报复性和歧视性解雇是无效的。根据《意大利民法典》第2103条的职能变更以及对举报人采取的任何其他报复性或歧视性措施也是无效的。在提交举报后,产生的有关实施制裁的争议,或有关降职、解雇、调任或对举报人采取其他对工作状况有直接或间接的负面影响的其他组织性措施的争议,雇主应承担证明这些措施是基于举报本身以外原因的责任。③

第3款 为确保第2款提及的相关要求,合规方案的适用可参照代表企业的协会制定的行为守则,并通报司法部,司法部与主管部委协商后,可以在30天之内,就旨在预防犯罪的合规方案的适格性提出意见。④

第4款 在小型企业中,理事机构可以直接执行第1款b)项中指出的任务。

第4款之二⑤ 在资本公司中,监察会、监事会及管理控制委员会可以履行第1款b)项中所述的监督机构的职能。

第5款 在任何情况下,均应下令没收企业从犯罪中获取的利润,即使是以等价物的形式。

第7条 受管主体与企业合规方案

第1款 第5条第1款b)项规定的情况下,如果犯罪是由于不遵守管理或监督义务而得以实施的,则该企业应负责任。

第2款 在任何情况下,如果企业在实施犯罪之前,采用并有效实施了能够防止此类已发生的犯罪的合规方案,则排除不遵守监督或管理义务的情况。

第3款 根据企业的性质、规模以及开展活动的类型,合规方案规定了合适的措施,以确保活动的开展符合法律规定,以及能够及时发现和消除风险情况。

第4款 合规方案的有效实施需要:

a) 定期核查,并在发现严重违反规定,或组织或活动发生变化时,对合规

---

① 该款由意大利2017年11月30日第179号法令第2条新增。
② 该款由意大利2017年11月30日第179号法令第2条新增。
③ 该款由意大利2017年11月30日第179号法令第2条新增。
④ 参见意大利2003年6月26日第201号部长令第8条第1款。
⑤ 意大利2011年11月12日第183号法第14条第12款新增,根据该法令第36条第1款,自2012年1月1日起生效。

方案进行任何修改；

b）能制裁不遵守合规方案中规定措施的惩治体系。

从法条规定可以看出，比起由公司董事或者经理实施犯罪，当犯罪是由低级雇员实施的时候，公司更容易避免承担责任①，因为，立法机关认为，董事和高级管理人员的行为通常能够代表和体现公司的政策和风气。然而，从立法层面上看，在高级管理人员犯罪的情况下，公司仍然有可能避免对其承担责任：比如，在企业存在良好的合规方案且与合规监管机构相关的工作适当的情况下，公司高管以欺诈方式破坏或逃避公司的合规方案，从而实施了犯罪。② 涉及较低级雇员时，雇员与公司的身份同一性较为模糊，立法机关转移了举证责任。检察官有责任证明在预防和保护公司免于犯罪风险方面存在一般的和结构性的组织罪责，这意味着检察官须证明合规方案是有缺陷的。③

合规方案可以根据行业协会制定的规则来建立。这些规则提供了一般的准则，旨在帮助个人或公司建立自己的合规方案。④ 然而，这些方案必须始终适应特定的组织，因此不能简单地复制他人的规则。⑤ 此外，合规方案必须根据公司具体的商业情况来制定，如公司的性质和规模，以及它所从事的活动的种类。⑥ 每当发现重大违规行为或组织的性质或其活动的性质有所改变时，公司必须定期检查和修改其合规方案。⑦

至于监督合规方案的实施并对其进行更新的监管机构，法令要求该机构必须要有自主性和控制权。但是，该机构的组成和特征在早期引起了人们的广泛讨论，因为法令并没有对该机构的性质做出强制性规定。⑧ 直到2011年，意大利第183/2011号法令（第14条第12款，意大利第231/2001号法令第6条第4款之二）规定，在资本公司中，应当根据个别公司选择的管理体系，将监管机

---

① 参见 Francesca Chiara Bevilacqua, Corporate Compliance Programs Under Italian Law, 载企业合规与道德协会网站（https://assets.corporatecompliance.org/Portals/0/PDFs/Resources/library/ItalyCorporateCompliance.pdf），访问日期：2019年10月13日。

② 参见 Francesca Chiara Bevilacqua, Corporate Compliance Programs Under Italian Law, 载企业合规与道德协会网站（https://assets.corporatecompliance.org/Portals/0/PDFs/Resources/library/ItalyCorporateCompliance.pdf），访问日期：2019年10月13日。

③ 同上注。

④ 参见意大利第231/2001号法令第6条第3款。

⑤ 参见 Francesca Chiara Bevilacqua, Corporate Compliance Programs Under Italian Law, 载企业合规与道德协会网站（https://assets.corporatecompliance.org/Portals/0/PDFs/Resources/library/ItalyCorporateCompliance.pdf），访问日期：2019年10月13日。

⑥ 参见意大利第231/2001法令第7条第3款。

⑦ 参见意大利第231/2001法令第7条第4款a）项。

⑧ 参见 Francesca Chiara Bevilacqua, Corporate Compliance Programs Under Italian Law, 载企业合规与道德协会网站（https://assets.corporatecompliance.org/Portals/0/PDFs/Resources/library/ItalyCorporateCompliance.pdf），访问日期：2019年10月13日。

构的职能分配给审计委员会或监事员会和管理控制委员会等同等机构,因而,这成为企业合规监管这一有机的制度范式能够得以清晰地遵循的可选选择。①

从针对企业的制裁体系来看,意大利第231/2001号法令第一章第二节(一般性制裁)下,第9条(行政制裁)规定了针对企业的各类惩罚方式:财产性制裁(La sanzionepecuniaria)、禁止性制裁(Le sanzioniinterdittive)、没收(La confisca)、公布判决(La pubblicazionedellasentenza)。② 其中,禁止性制裁包括:①取消实施活动的资格;②暂停或撤销作用于犯罪实施的授权、许可、特许;③禁止与公共行政部门签订合同,除非是为了获得公共服务给付;④排除在福利、融资、捐款或补贴之外以及可能撤销已经发放的福利、融资、捐款或补贴;⑤禁止宣传商品或服务。③

具体到财产性制裁,其不同于刑事罚金(multa)和行政罚款(ammenda)④,意大利第231/2001号法令第10条到第12条规定了针对企业施加财产性制裁的有关情况以及配额制(quota)。第10条主要规定了根据犯罪情况对企业施加配额制的最低和最高份额以及数额。第10条第2款指出,对企业施加经济制裁的配额不得少于100份且不得超过1000份。第10条第3款规定,一个配额(quota)的金钱数额不得少于258欧元,最高不得超过1549欧元。第11条(财产性制裁的计算标准)规定了法官确定经济制裁、衡量配额数量应当考虑的因素,如行为的严重性、企业的责任程度以及为消除或减轻该行为的后果而实施的行为、为了防止犯罪进一步实施的行为⑤、企业的经济状况及其资产。⑥ 第12条规定了对企业施加这一处罚的数额上限和下限,以及得以减缓的情形。比如,第12条第1款规定,对企业施加财产性制裁,在任何情况下均不得超过103291欧元;第4款规定,在任何情况下,数额都不得低于10329欧元。如果,犯罪人实施犯罪主要是为了自身的利益或第三方的利益并且该企业没有获得利益或获得的利益微乎其微⑦,或者造成的经济损失特别小⑧,数额可以减少一半。

除此之外,意大利第231/2001号法令第12条还规定了一种反应式罪责(reac-

---

① V. Mongillo, La vigilanza sull'attuazione del sistema aziendale di prevenzione dei reati in Italia e nei principali ordinamenti ispanoparlanti: circolazione dei modelli e specificita' nazionali, in Diritto Penale Contemporaneo, n. 3, 2018, P. 159.
② 参见意大利第231/2001号法令第9条第1款。
③ 参见意大利第231/2001号法令第9条第2款。
④ G. Marinucci & E. Dolcini, *Manuale di diritto penale parte generale,* Milano, Giuffrè, 2015, p. 764.
⑤ 参见意大利第231/2001号法令第11条第1款。
⑥ 参见意大利第231/2001号法令第11条第2款。
⑦ 参见意大利第231/2001号法令第12条第1款a)项。
⑧ 参见意大利第231/2001号法令第12条第1款b)项。

tive culpability)①,即在犯罪实施之后采用和实施合规方案,可以减少财产性制裁。② 意大利第 231/2001 号法令第 12 条第 2 款规定,在法院一审庭审程序开庭前,如果有下列情形,处罚数额减少 1/3 至一半:

  a)企业对损害提供了全额赔偿,并消除了犯罪的所有有害或危险后果;或者企业在此意义上采取了有效的行动;

  b)采用并实施了能够防止此类犯罪发生的合规方案。

第 12 条第 3 款又指出,如果前款规定的两个条件同时满足,处罚数额减少一半至 2/3。

在犯罪实施之后,一审程序开庭前采用有效的合规方案能够减轻责任这一情况,不仅适用于财产性制裁,还可以防止法官适用禁止性制裁。③ 如果在调查期间,企业要求在此时采用以及有效实施合规方案,意大利法官也可以暂停任何禁止性制裁。④

从犯罪种类来看,意大利第 231/2001 号法令第一章第三节(第 24—26 条)涵盖了对各类犯罪的处罚规定。主要包括⑤:不当收受款项、针对国家或公共机构的收受公共款项的欺诈以及针对国家或公共机构的信息欺诈犯罪(第 24 条);网络犯罪和非法处理数据犯罪(第 24 条之二);有组织犯罪(第 24 条之三);贿赂、不当诱导以提供或承诺利益以及腐败犯罪(第 25 条);伪造货币、公共信用票据和印花税票以及识别工具或标志犯罪(第 25 条之二);危害工业和贸易犯罪(第 25 条之 2.1⑥);以恐怖主义或颠覆民主秩序为目的的犯罪(第 25 条之四);侵犯个人人格犯罪(第 25 条之五);市场滥用犯罪(第 25 条之六);违反保护工作健康与安全规则的过失杀人、严重或非常严重的伤害犯罪(第 25 条之七);环境犯罪(第 25 条之十一)。⑦

意大利第 231/2001 号法令第 26 条(犯罪未遂)规定,"对于以未遂形式犯下本章所列罪行,财产性制裁和禁止性制裁数额减少 1/3 至一半"⑧;"当企业自愿阻止行为的完成或结果的实现时,其不承担责任"⑨。

意大利第 231/2001 号法令在颁行之后的十几年间又扩大了企业责任有关的

---

① See A. N. Martín & M. M. De Morales, "Compliance Programs and Criminal Law Responses: A Comparative Analysis", in Stefano Manacorda, Francesco Centonze & Gabrio Forti (eds.), *Preventing Corporate Corruption: The Anti-Bribery Compliance Model*, Springer, 2014.
② 参见意大利第 231/2001 号法令第 1 款 b)项。
③ 参见意大利第 231/2001 号法令第 17 条第 1 款 b)项。
④ 参见意大利第 231/2001 号法令第 49 条第 3 款。
⑤ 此处介绍并未涵盖所有法条。
⑥ 意大利法条原文表述为 Articolo 25-bis.1。
⑦ 意大利法条原文标号-bis 为之二,-ter 为之三,-quater 为之四,-quinquies 为之五,-sexies 为之六;-septies 为之七;-undecies 为之十一。
⑧ 参见意大利第 231/2001 号法令第 26 条第 1 款。
⑨ 参见意大利第 231/2001 号法令第 26 条第 2 款。

罪名和条款,完善了企业合规管理的一系列要求。2003年年底,意大利家族企业帕玛拉特突然申请破产保护,引起轩然大波,被称为欧洲的安然事件。[①]

二、常见犯罪的企业合规制度

(一)企业工作场所安全与健康合规

2007年,意大利第123/2007号法令首次规定了企业对过失犯罪的责任。[②] 2008年4月意大利公布了第81/2008号法令"有关执行2007年8月3日第123/2007号法令第1条关于保护工作场所健康和安全的规定"(以下简称"意大利第81/2008号法令")。意大利第81/2008号法令共13章306条并附51个附录。其中,第一章为通则(第1—61条)、第二章为工作场所(第62—68条)、第三章为工作设备和个人防护设备的适用(第69—87条);第四章至第十一章为详细的各类特定工作场所的有关规定[③];第十二章为刑事和刑事诉讼程序的规定(第298—303条)、第十三章为过渡性规则和最终规定(第304—306条)。

意大利第81/2008号法令第一章"通则"中,第2条(定义)第1款dd项下对"组织和管理合规"(modello di organizzazione e di gestione)做出了规定。认为用于定义和实施企业的健康与安全政策的合规方案,即意大利第231/2001号法令第6条第1款a)项规定的企业合规,能够预防《意大利刑法典》第589条和第590条第3款规定的违反工伤事故预防与职业健康保护规则的犯罪。

前述犯罪的行为包括任何人所犯的由于未遵守事故预防标准的规定,导致工人死亡或重伤的事实。从理论上讲,不法行为的主体可以是被要求遵守或执行预防和保护规定的任何人。根据意大利第81/2008号法令,这类主体可以为雇主、管理人员、负责人员、工作场所健康和安全负责人员以及工人们自身。[④]

由于《意大利刑法典》第589条和第590条所规定的过失杀人罪和过失致人伤害或重伤罪之特点是事故预防规则疏忽性违反的加重,因此,犯罪的主观因素包括所谓具体的过失(colpa specifica),即故意不遵守预防性规则,而这些规则旨

[①] 参见龚伟同:《帕玛拉特:意大利家族资本主义的坏蛋?》,载新浪网(http://finance.sina.com.cn/roll/20040115/1614604826.shtml),访问日期:2019年10月14日。

[②] Confindustria, Linee Guida Per La Costruzione Dei Modelli Di Organizzazione, Gestione E Controllo Ai Sensi Del Decreto Legislativo 8 Giugno 2001, N. 231 Approvateil 7 marzo 2002(aggiornate al marzo 2014), Second Part, 142.

[③] 第四章为临时的或移动的场地(第88—160条),第五章为工作中安全与健康的信号(第161—166条),第六章为手动货物搬运(第167—171条),第七章为配备视频终端的设备(第172—179条),第八章为物理因素(第180—220条),第九章为危险物质(第221—265条),第十章为生物制剂的接触(第266—286条),第十一章为爆炸性环境的防护(第287—297条)。

[④] Confindustria, Linee Guida Per La Costruzione Dei Modelli Di Organizzazione, Gestione E Controllo Ai Sensi Del Decreto Legislativo 8 Giugno 2001, N. 231 Approvateil 7 marzo 2002(aggiornate al marzo 2014), Second Part, 142.

在防止由入罪规则规定的有害结果。具体的过失的概念可参考《意大利刑法典》第 43 条,其规定,当行为人虽然预见到结果,但不希望其发生,该结果因未遵守法律、法规、命令或纪律而发生时,犯罪是由过失引起的。①

然而,认定保护工人的义务绝非易事,事实上,除了意大利第 81/2008 号法令和其他具体的监管法案,最高法院的判例进一步明确工伤事故预防规定不仅包括《意大利刑法典》第 589 条第 2 款和第 590 条第 3 款,还包括《意大利民法典》第 2087 条,该条强制要求雇主采取所有的,从工作具体性质、经验和技术上来看,必要的措施来保护工人的人身安全。但是,这一规则并不意味着规定了普遍而绝对的义务——遵守所有可能的和"未命名的"保护以避免任何伤害。因为,这样就意味着,一旦伤害发生,就自动认定了雇主的责任。②

因此,适用意大利第 231/2001 号法令第 25 条之七的条件之一,即确定雇主的责任,其倾向于采用一种系统的解释方法来评估。即考量一般规则(《意大利民法典》第 2087 条)与第 81/2008 号法令规定的工伤事故预防规定的各项具体规则之间的相互作用关系,而两者的结论似乎是一致的:《意大利民法典》第 2087 条引入了雇主的一般合同义务,即最大可能地保证技术上、组织上和程序上的安全;而第 81/2008 号法令第 3 条第 1 款 b)项明确规定,雇主各类可能的责任形式实质的和统一的要素在于,根据经验和最先进的技术和科学知识,没有采取所有技术上可能的,以及在实际操作上可行的安全措施。③

另外,根据 1996 年 7 月 18 日第 312 号宪法法院判决,最大可能地确保安全的一般义务应参考各行各业相应的普遍践行的技术应用和普遍采取的措施,因此,仅当雇主背离了各类生产活动中在具体的时间和情况下的安全标准时,才对其进行刑事审查。④

根据最新的判例法和法律学说,雇主的安全义务不能仅以静态的方式理解为上述的采取预防和安全措施的义务(客观保护形式),相反,也应以动态的方式理解,即雇主有义务避免工作活动中的固有风险以及采取将风险最小化的适当措施,对工人进行告知和培训(主观保护形式)。如若考虑到这一点,工伤事故预防的义务类别则会进一步增加。⑤

根据上述标准,已履行其在工作场所健康和安全方面义务(无论是《意大利民法典》第 2087 条规定的一般义务,还是意大利第 81/2008 号法令规定的特定义

---

① Confindustria, Linee Guida Per La Costruzione Dei Modelli Di Organizzazione, Gestione E Controllo Ai Sensi Del Decreto Legislativo 8 Giugno 2001, N. 231 Approvateil 7 marzo 2002(aggiornate al marzo 2014), Second Part, 143.
② 同上注。
③ 同上注。
④ 同上注。
⑤ 同上注。

务)的雇主,仅对于工作活动期间发生的,与工作活动的开展有实际因果联系的伤害事件负责。①

此外,判例法认为,当工作人员的行为被认为是异常的,即不符合常理且不可预测时,由于该行为处于负责工伤事故预防措施的人员任何可能的控制范围之外,则行为人的行为与伤害性事件之间的因果关系中断。因此,由于所谓选择性风险的存在而导致的工伤事故也应视为处于法律范围之外(出于民事和刑事责任的目的),因为选择性风险不同于工人通常情况下因工作要求而面临的风险,其与工作程序相比异常且过高,是工人为满足纯属个人的需要,在纯粹的自由意愿下自主选择而面临的风险。②

上述法律框架涉及了雇主违反工伤事故预防规定的责任认定的复杂前提条件(形式上和实质上的),即使极度概括,也足以得出以下结论:事实上,随着第123/2007号法令的生效,每个有着严重工伤事故频发记录的企业都应该考虑到其可能招致的难以接受的"风险",主体的典型民事和刑事责任,以及因没有制定和没有有效实施适当的合规方案而可能被作出的制裁。

意大利第81/2008号法令第30条规定了企业工作场所安全与健康合规方案的有关要求。③ 第30条下设6款,分别规定了企业工作场所安全与健康合规应当包含的内容、运作合规方案应当遵循的程序、相应的惩戒系统以及监督系统:

(1)根据意大利第231/2001号法令,应制定并有效实施适当的合规方案来有效减免法人、公司和不设有法人代表的团体的管理责任,以确立企业制度,保障所有相关法律义务的履行:①遵守与设备、工厂、工作场所、化学、物理和生物制剂相关的技术性和结构性标准;②开展风险评估活动,制定预防以及后续保护措施;③开展组织性质的活动,如紧急情况应对、急救、承包管理、定期召开安全会议、与职工代表进行安全协商;④开展健康监测活动;⑤为工人提供信息和培训;⑥监督工人遵守安全操作程序和安全工作指南;⑦获得法律要求的文件和证明;⑧定期检查已采用的工作程序的适用性和有效性。

(2)第(1)项所述的合规方案应规定适当的登记制度,以记录第(1)项所述活动的开展情况。

(3)在任何情况下,合规方案应根据组织的性质和规模以及所开展活动的类别,规定功能的分工,以确保验证、评估、管理和控制风险所需的技术技能和权

---

① Confindustria, Linee Guida Per La Costruzione Dei Modelli Di Organizzazione, Gestione E Controllo Ai Sensi Del Decreto Legislativo 8 Giugno 2001, N. 231 Approvateil 7 marzo 2002(aggiornate al marzo 2014), Second Part, 144.

② Confindustria, Linee Guida Per La Costruzione Dei Modelli Di Organizzazione, Gestione E Controllo Ai Sensi Del Decreto Legislativo 8 Giugno 2001, N. 231 Approvateil 7 marzo 2002 (aggiornate al marzo 2014), Second Part, 143.

③ 参见 DLgs 81-2008/4/9.Pdf,载意大利官方公报网站(https://www.gazzettaufficiale.it/eli/id/2008/04/30/008G0104/sg),访问日期:2019年10月15日。

力,并制定出适当的规章制度,以制裁不遵守合规方案规定的措施的行为。

(4)合规方案还应规定适当的控制体系,以监管该合规方案的实施并检查已采取的适合的措施是否适时更新。当发现严重违反事故预防和工作卫生相关规定的行为,或由于科技的进步组织和活动发生变化时,必须对采用的合规方案加以检查并作出可能的修改。

(5)在意大利第81/2008号法令首次颁行时,各企业合规方案,如果是根据意大利2001年9月28日的UNI-INAIL(意大利标准化协会—意大利国家工伤事故保险局)工作健康与安全管理制度指南(Linee guida SGSL)或者BS OHSAS 18001:2007(英国标准)制定的,可断定为符合意大利第81/2008号法令第30条对于相应各方的要求。其他的企业合规方案则由第6条规定的委员会(工作健康与安全常设咨询委员会)来说明。①

(6)为鼓励合规方案的建立,意大利第81/2008号法令第30条第6款规定,如果公司在50人以下,合规方案的建立,根据该法令第11条,属于可受到公共当局资助的活动之一。② 总体上来说,意大利企业与欧洲其他国家的企业相比,在参与与社会责任有关的活动时从政府那里得到的经济支持是比较多的。③

由于意大利引入了这一较为严格的规则,即意大利第81/2008号法令,各类企业越来越多地关注通过控制符合其政策和目标的职业健康和安全风险,来展现其职业健康和安全效绩。可以看出意大利第81/2008号法令对BS OHSAS 18001:2007进行了重要参考。这是意大利法律第一次明确引用国际职业健康和安全标准,强制要求企业组织采用该标准。④ 这意味着,如果企业适用了BS OHSAS 18001:2007标准中所示的职业健康和安全管理系统,其有关负责人员对任何相关的不符合法律要求的行为不承担任何责任。这一参考使企业管理者对该标准格外关注,也是企业开发职业健康和安全管理系统的另一个重要原因。此外,没有特别规定职业健康和安全系统可能会得到认证,但系统本身应得到有效的实施、记录和维护。

尽管英国标准和意大利第81/2008号法令的目标相同,都是为了保障职业健康和安全的工作条件。⑤ 但是,两者对企业合规方案的要求存在一定差异:比如,英国标准明确指出了持续改进的原则,该过程通过"Deming循环"表示。然

---

① 参见意大利第81/2008号法令第30条第5款。
② 参见意大利第81/2008号法令第30条第6款。
③ 参见张刚峰、张卫红:《意大利企业社会责任的发展及其对中国的启示》,载《第五届(2010)中国管理学年会——公司治理分会场论文集》2010年版。
④ See G. A. Degan, D. Lippiello & M. Pinzari, Occupational Health and Safety Management Systems: Comparison between BS OHSAS 18001:2007 and Italian Decree 81/2008, *WIT Transactions on Biomedicine and Health*, vol. 14, 2009, p. 402.
⑤ See G. A. Degan, D. Lippiello & M. Pinzari, Occupational Health and Safety Management Systems: Comparison between BS OHSAS 18001:2007 and Italian Decree 81/2008, *WIT Transactions on Biomedicine and Health*, vol. 14, 2009, p. 401.

而,意大利第 81/2008 号法令规定,建议仅在组织本身发生某些变更或修改时更新风险评估。

此外,在其他方面,两者也有所不同,比如,就风险分析阶段而言,意大利第 81/2008 号法令规定风险分析是雇主的责任,并将其规定在一个文件中①,针对的是正在进行的活动,但是英国标准要求风险分析(包括风险识别和明确的控制)应当在工作即将开始时的规划阶段。② 从风险考虑范围上看,英国标准要求的风险考虑范围更宽;意大利第 81/2008 号法令中仅提及变更相关的风险(第 29 条),但没有提及工作组织或工作材料的拟议变更,活动的临时变更或临时修改,与非常规活动有关的风险,以及确定的来自工作场所以外的其他人能够对工人的健康产生不利的影响,而英国标准不仅考虑了工人所面临的风险,还考虑了该组织控制下的其他人员所面临的风险。③

为了有效地实施合规方案,合规系统通常应与职业安全管理需要的内部程序相结合。为保证上述体系得以整合,企业应当确保有机会实施有针对性的活动(同时考虑到法官随后核实的最终结果),尤其是:

(1)根据所考虑的生产活动的具体情况,绘制深入的、有针对性的风险图。

(2)根据意大利第 231/2001 号法令以及违反意大利第 81/2008 号法令第 25 条之七规定的风险的特殊性,认真核查并尽可能地调整内部预防程序。为此,有必要考虑和协调所有已经开展的包括安全管理方面的活动,以避免不必要且代价高昂的重复行为。

(3)根据意大利第 231/2001 号法令和工作场所安全与健康特别规定,评估并确定监管系统所涉各方之间的联系,尤其应规定有关 RSPP——预防与保护服务负责人(或其他法律上同等的主体)和监督机构的综合控制体系,其中预防和保护负责人可负责技术操作上的监管或一级监管以及监督机构。④

(二)企业环境犯罪合规

与 2007 年开始承认企业过失犯罪相比,意大利法律体系有关企业对环境犯罪负责的情况在意大利第 121/2011 号法令生效时才有所改变。

---

① 该文件应包括对所有健康和安全风险的评估,包括工作场所和基础设施的设备和材料。此外,还包括:①风险分析的报告以及采用评估标准来处理风险分析本身;②将会采取的预防和保护措施;③制定明确行动以改善工作中的安全和健康状况;④实施预防/保护行动计划和相关责任的程序;⑤定义暴露于特定风险的工人类别。

② See G. A. Degan, D. Lippiello & M. Pinzari, Occupational Health and Safety Management Systems: Comparison between BS OHSAS 18001:2007 and Italian Decree 81/2008, *WIT Transactions on Biomedicine and Health*, vol. 14, 2009, p. 405.

③ 同上注。

④ Confindustria, Linee Guida Per La Costruzione Dei Modelli Di Organizzazione, Gestione E Controllo Ai Sensi Del Decreto Legislativo 8 Giugno 2001, N. 231 Approvateil 7 marzo 2002 (aggiornate al marzo 2014), Second Part, 144.

事实上,最初,在意大利第300/2000号法令中,意大利议会授权政府将包括环境犯罪在内的犯罪作为追究公司责任的上游犯罪之一。然而,意大利政府在这一问题上选择了"极简主义",仅部分地行使其授权,并没有将环境犯罪纳入意大利第231/2001号法令的范围内。① 因此,根据"法律确定性"(tassatività)和"典型性"(tipicità)的原则,在适用时,意大利司法部门否认了根据意大利第231/2001号法令之规定,企业可以对环境犯罪负责。此外,即使2006年4月3日意大利第152/2006号法令(Testo Unico Ambiente-TUA,也称为"环境法案")第192条第4款明确提及意大利第231/2001号法令的规定,意大利最高法院的判例否认了企业责任有关的法律能够适用于有关环境犯罪的条款,因为,这些犯罪没有涵盖在上游犯罪的目录中,而且没有相关制裁的迹象。

2011年8月1日,意大利在2011年第177号公报上公布了2011年7月7日第121/2011号法令"关于刑法保护环境的欧盟第2008/99/CE号指令的执行以及对欧盟第2005/35/EC号指令进行修正的关于船舶造成污染和对该违法行为进行处罚的欧盟第2009/123/CE号指令的执行"(2011年8月16日生效)。第121/2011号法令对《意大利刑法典》做出了某些修改,新增第727条之二和第733条之二两条。该法令最重要的突破是关于企业行政责任的一个重要创新,即在第231/2001号法令的框架中新增了第25条之十一(环境犯罪)②。

因此,意大利第121/2011号法令所规定的行政责任不仅包括《意大利刑法典》第727条之二所规定的犯罪(猎杀、破坏、捕获、收集、持有受保护的野生动植物物种标本罪)和第733条之二规定的犯罪(破坏或损害保护区内的栖息地),还包括环境法案(意大利第152/2006号法令及其后续修改)和其他具体法规已经规定的一系列各类犯罪行为,例如违反土壤、地底和下水道废物排放规定;投放、未经授权经营以及非法贩运垃圾;污染土壤和地下资源;进行濒危动植物物种的国际贸易;违反平流层臭氧保护和境保护规定的犯罪。③

事实上,第68/2015号法令第1条第8款通过修改意大利第231/2001号法令第25条之十一,扩增了法人的责任,包括环境污染罪(《意大利刑法典》第452条之二)和环境灾害罪(《意大利刑法典》第452条之四)以及相应的非故意犯罪:危害环境的过失犯罪(《意大利刑法典》第452条之五)。贩运和丢弃高放射性物质罪(《意大利刑法典》第452条之六)以及加重情节(《意大利刑法典》第452条之八)也被引入有关环境保护的上游刑事犯罪目录中。④

---

① See R. Sabia, Historical Pollution and Corporate Liability in the Italian Criminal Law, in F. Centonze & S. Manacorda(eds.), *Historical Pollution: Comparative Legal Responses to Environmental Crimes*, Springer International Publishing AG, 2017.

② R. Korn, L'analisi del D. LGS. n. 231/2001 e le prospettive di riforma in Chiave Ambientale, in Agricoltura, Istituzioni, Mercati, n. 3, 2013, p. 74.

③ 同上注。

④ S. Petella, Ecoreati e responsabilità degli enti Criticità e prospettive, in Diritto Penale Contemporaneo, n. 1, 2018, p. 323.

应该注意的是,有关环境犯罪的规定并没有将个人的和有关企业的责任等同。意大利第 136/2013 号法令在环境法案中引入了非法燃烧废物的新罪(第 256 条之二),以制裁企业家或组织活动的负责人,包括追究其对于企业内部人员实行犯罪缺乏监管的责任。在这种情况下,依据意大利第 231/2001 号法令第 9 条第 2 款,可对企业主或活动负责人适用禁止性制裁,但未对企业的责任加以规定。① 意大利第 231/2001 号法令中涉及的企业环境犯罪的具体罪名如表 4-1:

表 4-1 意大利第 231/2001 号法令企业环境犯罪的具体罪名②

意大利刑法典	第 452 条之二	环境污染罪
	第 452 条之四	环境灾害罪
	第 452 条之五	由于过失造成环境污染和灾害罪
	第 452 条之六	贩运和丢弃高放射性物质罪
	第 452 之八	加重情节
	第 727 条之二	猎杀、破坏、捕获、收集、持有受保护的野生动植物物种标本罪
	第 733 条之二	破坏或损害保护区的栖息地罪
环境法案(意大利第 152/2006 号法令)	第 137 条	关于废水排放的刑事处罚
	第 256 条	关于未经授权经营垃圾的犯罪
	第 257 条	关于土地改造的犯罪
	第 258 条	违反告知、会计记录强制保存和报表保存义务罪
	第 259 条	非法贩卖垃圾罪
	第 260 条	非法贩卖垃圾的组织活动罪
	第 260 条之二	控制废物可追溯性信息系统罪
	第 279 条	关于保护空气和减少向大气排放的犯罪
意大利第 150/1992 号法令	第 1—3 条之二、第 6 条	关于保护濒危动植物物种的犯罪
意大利第 549/1993 号法令	第 3 条	关于臭氧和大气层的犯罪
意大利第 202/2007 号法令	第 8、9 条	由船舶造成污染的故意或过失犯罪

---

① Confindustria, Linee Guida Per La Costruzione Dei Modelli Di Organizzazione, Gestione E Controllo Ai Sensi Del Decreto Legislativo 8 Giugno 2001, N. 231 Approvateil 7 marzo 2002 (aggiornate al marzo 2014), Second Part, 156.

② S. Petella, Ecoreati e responsabilità degli enti Criticità e prospettive, in Diritto Penale Contemporaneo, n. 1, 2018, p. 154 & 322.

由于环境犯罪造成的影响极为深远,这一部分除了介绍意大利企业环境犯罪合规制度,还有必要简要介绍企业环境犯罪责任免除体系中的另外一个重要的制度——时效制度,包括犯罪时效消灭期限、中断事由和时效起算时间等。

与自然人犯罪不同,自然人违反环境法规所犯罪刑受到更短的时效约束,受到的刑罚更轻,且可以通过支付一定的金钱(Oblazione)加以消灭,然而,意大利第231/2001号法令针对企业环境犯罪规定了的严格的制裁,企业将受到严重的惩罚,且不得通过支付金钱免除责任,并受到该法令规定的时效制度的约束。①

意大利第231/2001号法令第22条规定了企业责任的诉讼时效制度,以适用该法令规定的准制裁。第22条第1款确定了自犯罪完成之日起5年的时效期限,第2款规定了时效期限中断的情况,即采取预防性禁止措施或以行政违法为由提出指控。由于中断事由的出现,将会出现新的时效期限。

如果基于行政违法行为起诉而导致时效中断,则依该条第4款规定,时效直到有终审判决的时候,才重新开始起算。在检察官进行行政违法指控之后,时效期间将一直中断,直到终审判判决发生时,公司有可能无限期地卷入审判之中。②

意大利第231/2001号法令第22条规定的5年的时效期限应当与第60条相协调。该法令第60条规定,在企业非法行政行为所依附的犯罪的时效期限届满时,则无法按照第59条进行指控。对最严重的犯罪而言,《意大利刑法典》第157条规定的最短的时效为6年,所以,行政违法行为追溯时效结束前,犯罪的追溯时效并没有结束。至于微罪,意大利第231/2001号法令第25条之十一规定的多数是微罪,最短的时效期间为4年。这意味着,无论意大利第231/2001号法令第22条如何规定,对企业环境犯罪的起诉应在较短的时间内进行。③

此外,时效期限的起算也是意大利刑法理论和判例以及意大利第231/2001号法令中很重要的问题,必须考虑《意大利刑法典》第158条的规定。第158条第1款规定:对于既遂犯罪(reatoconsumato),时效的期限从犯罪完成之日起开始计算,对于未遂犯罪(reatotentato),从犯罪人终止行为之日起开始计算,对于持续犯罪(reatopermanente),从持续状态终止之日起开始起算。④ 关于连续犯罪(reatocontinuato)的规

---

① See R. Sabia, Historical Pollution and Corporate Liability in the Italian Criminal Law, in F. Centonze & S. Manacorda(eds.), *Historical Pollution: Comparative Legal Responses to Environmental Crimes*, Springer International Publishing AG, 2017.
② 同上注。
③ 同上注。
④ 《意大利刑法典》第158条第2款规定,当法律规定犯罪的可罚性依赖某一条件出现时,时效的期限自该条件出现之日开始起算。但是,对于经告诉、申请或要求才处罚的犯罪,时效的期限自犯罪实施之日开始起算。第158条第3款规定:对于《意大利刑事诉讼法》第392条第1款之二所述的罪行,如果对未成年人实施,时效将从犯罪人的18岁起计算,除非以前进行过起诉。在后一种情况下,诉讼时效从知道犯罪之日开始起算。参见 Articolo 158 Codice Penale (R. D. 19 ottobre 1930, n. 1398) Decorrenza del termine della prescrizione,载 Brocardi.It 网站(https://www.brocardi.it/codice-penale/libro-primo/titolo-vi/capo-i/art158.html),访问日期:2019年10月15日。

则,其规定体现在意大利第 231/2001 号法令第 21 条中:对于连续犯罪应适用不同的时效期限,应当从每一罪行的犯罪之日开始起算。①

事实上,在这些犯罪的类型中,典型的事实可能发生在最后的一次废物排放、物理性改变或对已有的环境施以影响之后的某一个时间。②

简要地说,立法对环境犯罪的制裁规定了最高限制,其与时效期限有关,也符合刑法的一般规则。对于环境污染犯罪和环境灾害犯罪而言,当有害事件发生时,时效限制开始起算。③ 此外,最高法院指出,对公司实施制裁取决于在犯罪实施前是否存在生效的明确的法律规定。在意大利第 231/2001 号法令第 25 条之十一生效之前实施的环境犯罪,公司责任必须被排除。④

考虑到环境问题的特殊性,在分担举证责任的问题上,企业没有义务证明该合规方案达到法律和判例法中规定的有效性标准,企业责任只存在于没有采用适合的符合法律规定的合规方案的情形。⑤ 这一情况是对第 81/2008 号法令第 30 条第 5 款的重要参考。事实上,在意大利第 81/2008 号法令第 30 条规定的企业工作健康与安全合规的规定,引入了一种创新性解决方案,根据第 30 条第 5 款规定:"在本法初次颁行期间,各企业合规方案,如果是根据意大利 2001 年 9 月 28 日的 UNI-INAIL 工作健康与安全管理制度指南或者 BS OHSAS 18001:2007 标准制定的,可断定为符合本条对于相应各方的要求。"在上述第 30 条第 5 款的基础上,企业将不再必须证明其已实施所有有效的制度来预防犯罪的发生,而仅当没有采用符合法律规定的合规方案时才应负责。⑥ 事后看来,这种解决方案可以消除对企业的举证责任,在一个已经预见的环境犯罪的情况下,检察官有责任证明企业的

---

① See R. Sabia, Historical Pollution and Corporate Liability in the Italian Criminal Law, in F. Centonze & S. Manacorda(eds.), *Historical Pollution: Comparative Legal Responses to Environmental Crimes*, Springer International Publishing AG, 2017.

② 调查和起诉最严重的环境犯罪目前有很长的时效(环境灾害罪为 40 年;中断行为出现可长达 50 年),并且这与在环境问题上为微罪提供的非常短暂的时效形成对比。

③ L. Siracusa, Lalegge 22 maggio 2015, n. 68 sugli "eco delitti": Una svolta "quasi" epocaleper il diritto penale dell'ambiente, in Diritto Penale Contemporaneo—Rivista Trimestrale, n. 2, 2015, p. 220; Citato in R. Sabia, "Historical Pollution and Corporate Liability in the Italian Criminal Law," in F. Centonze & S. Manacorda(eds.), *Historical Pollution: Comparative Legal Responses to Environmental Crimes*, Springer International Publishing AG, 2017.

④ See R. Sabia, Historical Pollution and Corporate Liability in the Italian Criminal Law, in F. Centonze & S. Manacorda(eds.), *Historical Pollution: Comparative Legal Responses to Environmental Crimes*, Springer International Publishing AG, 2017.

⑤ R. Korn, L'analisi del D. LGS. n. 231/2001 e le prospettive di riforma in Chiave Ambientale, in Agricoltura, Istituzioni, Mercati, n. 3, 2013, p. 88.

⑥ See R. Sabia, Historical Pollution and Corporate Liability in the Italian Criminal Law, in F. Centonze & S. Manacorda(eds.), *Historical Pollution: Comparative Legal Responses to Environmental Crimes*, Springer International Publishing AG, 2017.

组织过错和监管过失。

事实上,自意大利第231/2001号法令制定以来,第25条之十一并未指明任何具体的规则来规定企业合规为免除责任的必要条件。尽管在2015年,对该第25条之十一又进行了一系列改革,但仍然没有提及参考环境管理体系认证(ISO 14001)和欧盟生态管理和审计计划(EMAS)的环境管理体系,即与意大利第81/2008号法令第30条的类似的相关规定。[①]

在这方面,意大利工业家联合会(Confindustria)认为,企业可以参考EMAS或新版环境管理体系认证(ISO 14001:2004)规定的环境管理体系,来编制意大利第231/2001号法令第6条要求的合规方案。

更具体地说,2011年,意大利工业家联合会认为,"上述环境管理体系的基本设置方式可以作为创建意大利第231/2001号法令合规方案的基础,其能够参考自身的规定来分析与生产和垃圾处理周期相关的风险,组织公司的预防性活动,建立整个控制和监督机制,促进内外部信息的获取与流通,并对各步骤进行(必要的)记录",并且,"在立法者指出的最低要求之中,可以考虑通过以下活动来落实公司环境管理制度,确保所有环境方面的法律义务和规定的履行:分析潜在的、直接或间接对环境造成的影响,分析其重要性以及遏制影响的必要措施;发布工作程序和说明,或调整现有的程序和说明使其适用于上述分析后所采取的措施;对工人进行信息告知和培训;监督工人遵守工作程序和说明;定期重新审查环境分析以及工作程序和说明的合适性"[②]。

因此,在环境犯罪企业合规问题上,一个可行的办法是以EMAS或ISO 14001:2004标准规定的合规为起点,根据意大利第231/2001号法令第6条详细阐明企业环境管理合规方案,以提高其预防能力(在EMAS和ISO 14001:2004的基础上,增加企业环境犯罪合规方案的预防能力)。

具体地说,事实上,这些规定的方法论结构(完全类似于意大利第81/2008号法令第30条所涉及的BS OHASA 18001:2007标准)与意大利第231/2001号法令第6条所规定的合规方案所要求的系统性的方法符合,因此可以很好地构成起草合规方案的基础。但是,简单地将EMAS的规范或ISO 14001:2004的标准叠加到意大利第231/2001号法令的规定上是不可能的,因为,有必要将这些合规方案以正式的、文件式的方式加以整合,以保证其符合上述强调的意大利第231/2001号法令规定的要求(例如,绘制风险地图进行环境风险管理,明确程序管理以及内部制裁制度的职责和委任)。在缺乏法条明确规定的情况下,尤其是在制定特定的

---

① S. Petella, Ecoreati e responsabilità degli enti Criticità e prospettive, in Diritto Penale Contemporaneo, n. 1, 2018, p. 327.

② R. Korn, L'analisi del D. LGS. n. 231/2001 e le prospettive di riforma in Chiave Ambientale, in Agricoltura, Istituzioni, Mercati, n. 3, 2013, pp. 89-90.

环境合规时,ISO 14001 和 EMAS 可被认为是重要的参考性标准。①

而后,2014 年,意大利工业家联合会以 2014 年制定的《企业合规标准指南》排除了任何对环境合规管理系统的适合性的预判,即使合规管理系统与合规指南的规定相符,且合规方案根据意大利第 231/2001 号法令第 6 条第 3 款的规定,通报了司法部。② 此外,意大利工业家联合会 2014 合规指南还就具体的环境犯罪的风险区域和预防性检查区域规定了一系列要求,以辅助企业制定环境犯罪合规方案。③

意大利第 231/2001 号法令中之所以没有明确提及前文所述的参考性规定,是因为其规定的合规方案应当包含在 ISO 14001 和 EMAS 基础上的更进一步的规定。因为,事实上,ISO 14001 和 EMAS 旨在实现最好的企业环境管理,而意大利第 231/2001 号法令的企业合规在本质上非一般意义上的管理体系,而是以降低企业因好处或利益而实施特定犯罪的风险为目的,制定出一个真正意义上细致入微的合规方案,该方案如果合适(只能以欺诈方式规避)并有效地得以实施,便能免除企业的责任。④

换句话说,意大利第 231/2001 号法令合规方案的操作范围是有限的,因为其目标仅仅是对某些犯罪进行特定的风险评估。一个组织可能有着完美的常规检查系统,但是在特定的领域有所欠缺,比如,缺乏对活动正确实施的保障程序的更新和对活动过程的监管,整个合规方案可能被认定为不合适。⑤

但是,在环境问题上,任何企业的组织合规方案的辩护性范围都更加有限(特别是,检察官对其实质上的、与效力有关的事后的评估持续存在),从而就更有必要实施一种积极的和预防性的方法,能够尽可能地降低犯罪实施的风险,因为在许多情况下,不可能恢复到犯罪前的情况(例如,浓度限制超限或违反排水规定的行为)。

从某种意义上来讲,制定企业环境犯罪合规主要是为了保障社会免受企业环境犯罪的影响。此外,由于新的犯罪形势对经济和环境产生的严重后果,另一个目的是使企业的行为更加透明,为投资者提供保障,预防企业犯罪及相关的经济

---

① S. Petella, Ecoreati e responsabilità degli enti Criticità e prospettive, in Diritto Penale Contemporaneo, n. 1, 2018, p. 327.

② Santoriello, I modelli organizzativi richiesti dal d.lgs. n. 231/2001 e Pmi, una riflessione alla luce delle indicazioni di Confndustria, in La Responsabilità amministrativa delle società e degli enti, 2015, I, p. 180. Scarcella, Le linee guida aggiornate di Confindustria: i reati ambientali, in La responsabilità amministrativa delle società e degli enti, 2014, Ⅳ, p. 9.24. Citato in S. Petella, Ecoreati e responsabilità degli enti Criticità e prospettive, in Diritto Penale Contemporaneo, n. 1, 2018, p. 326.

③ 详见本章附录 4-1。

④ Fimiani, La tutela penale dell'ambiente, Ⅱ ed., aggiornato al d.m. 52/2011, Milano, 2011, p. 815. Citato in S. Petella, Ecoreati e responsabilità degli enti Criticità e prospettive, in Diritto Penale Contemporaneo, n. 1, 2018, p. 326.

⑤ Pansarella, Reati Ambientali: il set dei controlli a presidio, in La responsabilità amministrativa delle società e deglienti, 2012, I, p. 241. Citato in S. PETELLA, Ecoreati e responsabilità degli enti Criticità e prospettive, in Diritto Penale Contemporaneo, n. 1, 2018, p. 326.

损失,并培养消费者的意识,使其从有道德的企业那里购买商品和服务。因此,积极来看,这一法规旨在提高有道德的企业相比对手的竞争优势,将公司的政策建立在伦理的、社会的和环境的道德原则的基础之上。①

通过意大利第231/2001号法令所规定的合规制度,尤其是在环境方面上,符合企业社会责任在环境方面最为普遍的准则,因为它正是以可持续发展的积极预防性的模式为基础。正是通过引入这一制度,立法机关力求保障商业界的公平,同时防止对意大利的生态系统造成严重损害②,促进意大利经济可持续发展。③

(三)企业反腐合规

意大利一直饱受腐败问题困扰。国际反腐败组织"透明国际"的统计数字显示,意大利被列为欧洲最腐败的国家之一。④ 历史上,政府总理涉案也不在少数。⑤ 曾三度出任总理的贝卢斯科尼执政期间丑闻缠身,官司不断。⑥ 在意大利当代最著名的反腐败"净手运动"中,意大利官黑勾结、政商勾结的腐败状况浮出水面,司法机关在全国范围内查出1200多起贪污腐败案件,共涉及8位前总理和5000多名经济和政界人士,有300多名议员接受了调查。⑦ 因此,如何有效打击腐败犯罪一直是意大利当局的焦点。近年来,围绕腐败犯罪治理领域,意大利当局推进了一系列反腐措施,形成了意大利反腐治理的新局面。

2011年,时任总理蒙蒂推行司法改革,限制刑事犯罪人员担任公职,推进反腐败措施。2012年11月,意大利颁布实施新的反腐败法,即意大利第190/2012号法令,改变了意大利的整体反腐败格局。⑧ 该法令于2012年11月13日刊登在意大利政府公报上,于2012年11月28日生效。

意大利第190/2012号法令旨在提高意大利公共部门的透明度,增加《意大利刑法典》中腐败犯罪的种类,在意大利第231/2001号法令企业责任法律体系中引入了与腐败有关的新犯罪类别,它还规定设立一个拥有调查和补救权力的国家反腐局。⑨

---

① R. Korn, L'analisi del D. LGS. n. 231/2001 e le prospettive di riforma in Chiave Ambientale, in Agricoltura, Istituzioni, Mercati, n. 3, 2013, p. 71.
② R. Korn, L'analisi del D. LGS. n. 231/2001 e le prospettive di riforma in Chiave Ambientale, in Agricoltura, Istituzioni, Mercati, n. 3, 2013, p. 72.
③ R. Korn, L'analisi del D. LGS. n. 231/2001 e le prospettive di riforma in Chiave Ambientale, in Agricoltura, Istituzioni, Mercati, n. 3, 2013, p. 90.
④ 参见《综述:意大利反腐监管乏力治本难》,载新华网(http://www.xinhuanet.com//world/2015-11/28/c_1117291195.htm),访问日期:2019年10月15日。
⑤ 同上注。
⑥ 同上注。
⑦ 同上注。
⑧ 参见《意大利反腐艰难推进 惩治腐败力度不增反降?》,载环球网(http://m.sohu.com/a/124363784_162522?clicktime=1570329610&enterid=1570329610),访问日期:2019年10月15日。
⑨ See H. Lovells, Italy's New Anti-corruption Law,载Lexology网站(https://www.lexology.com/library/detail.aspx?g=36b5d961-2724-4026-8a67-33e18be0bb8a),访问日期:2019年10月15日。

意大利国家反腐局(前身为"政府透明度和廉洁度评估独立委员会")将负责:
(1)批准公共行政部编制的《国家反腐败计划》;
(2)制定公职人员适用的标准、措施和准则,以加强其反腐败管理制度;
(3)确定和评估非法行为背后的原因以及防止和制裁这些行为的措施;
(4)就公职人员履行职责和担任公职的履行情况发表意见;
(5)与其他的反腐败部门合作;
(6)每年向议会报告其在公共部门打击腐败方面的活动和成果。[1]

此外,意大利第190/2012号法令规定了一系列新的措施,要求每个公共行政部门都采取具体措施,防止发生腐败或贿赂行为。这些措施包括通过反腐败计划、任命合规官和通过雇员行为守则。具体来说,反腐败计划应以国家反腐败计划为基础,旨在检查每个行政部门的贿赂风险暴露程度。该计划必须查明所有具有一定风险的活动,并说明已作出(或将作出)哪些安排来防止这些领域的腐败发生。计划的实施应由合规官监督,该官员还将评估计划的可持续性并对其进行修订,以确保其符合反腐法或公共行政部门自身活动或操作模式的任何变化。每个公共行政部门应当根据政府透明度和廉洁度评估独立委员会制定的标准,为雇员量身定制行为守则。任何员工违反守则的情况将导致纪律处分。[2]

此外,意大利第190/2012号法令对《意大利刑法典》与腐败犯罪有关的条文作出了几点重要的修改。比如,加大对腐败相关犯罪的处罚力度,加重有关刑罚。因此,现行《意大利刑法典》中,索贿罪(第317条)可处以最高12年监禁刑。此外,意大利第190/2012号法令将《意大利刑法典》第319条之三,在司法行为中的受贿罪的刑罚一般最高刑增加到10年,而后,意大利第69/2015号法令又将该罪的一般最高刑增加到12年:司法程序中犯有利于或不利于一方的腐败行为,将处以12年以下监禁;如果腐败行为导致不公正的定罪,则根据不公正定罪的性质,判处5至20年监禁。

意大利第190/2012号法令还扩大了先前意大利第231/2001号法令对企业腐败犯罪的处罚范围。最直接的改革在于,在意大利第231/2001号法令第25条标题"贿赂"后增加了"不当诱导以提供或承诺利益"作为新的企业腐败犯罪罪名,相关规定体现在第25条第3款中。《意大利刑法典》第319条之四所规定的不当诱导以提供或承诺利益罪,成为企业由此能够承担刑责的一项新的罪名。

不当诱导以提供或承诺利益罪(简称"诱导贿赂罪")是意大利第190/2012号法令引入的与私营部门有关的新型腐败犯罪之一。诱导贿赂罪涵盖了以下行为:①公职人员或受委托从事公共服务的人,滥用职权,诱导他人提供或承诺金钱或

---

[1] 参见《意大利反腐艰难推进 惩治腐败力度不增反降?》,载环球网(http://m.sohu.com/a/124363784_162522?clicktime=1570329610&enterid=1570329610),访问日期:2019年10月15日。

[2] See H. Lovells, Italy's New Anti-corruption Law,载Lexology网站(https://www.lexology.com/library/detail.aspx?g=36b5d961-2724-4026-8a67-33e18be0bb8a),访问日期:2019年10月15日。

任何其他好处;②被不当诱导的人向公职人员或受委托从事公共服务的人给予或许诺金钱或其他好处的也构成犯罪。① 另一个意大利第 190/2012 号法令在《意大利刑法典》中增加的与私人主体有关的犯罪为非法利用影响力罪,规定在第 346 条之二。该条涵盖了两种新型犯罪行为:利用与公职人员的关系,通过非法中间人的身份,收受或承诺金钱或其他利益作为补偿;通过非法协调,非法给予或承诺金钱或其他好处。②

此后,意大利第 90/2014 号法令扩大并加强了意大利国家反腐局的职能。为防止公共行政中的腐败,意大利国家反腐局可以进行检查和审计,并施加制裁。意大利第 69/2015 号法令进一步修订了《意大利刑法典》,规定对腐败犯罪处以更加严厉的惩罚。意大利第 38/2017 号法令执行了欧洲理事会第 2003/568/GAI 号决定,详尽地规定了私人主体之间的腐败犯罪。③

近年来,意大利反腐法又推行重要法令,促进企业反腐合规发展,加大刑法打击力度。2018 年 12 月 18 日,意大利 Spazza Corrotti 腐败法("打击危害公共行政犯罪的措施以及政党和运动的诉讼时效和透明度问题")获得批准,被誉为"贿赂破坏者法"(the bribe destroyer)。④ 该法令于 2019 年在意大利官方公报上发表,即意大利第 3/2019 号法令,于 2019 年 1 月 31 日生效,又对意大利第 231/2001 号法令企业腐败犯罪责任相关规定产生了一系列影响。

意大利第 3/2019 号法令对《意大利刑法典》和意大利第 231/2001 号法令都作出了重要的修改,例如:加重了《意大利刑法典》第 318 条对腐败犯罪的处罚;将最低刑罚从 1 年监禁增加到 3 年监禁,最高刑罚从 6 年监禁增加到 8 年监禁;引入了针对腐败犯罪被判刑的个人,可以实行终身禁止涉足公务或终身取消担任公职资格的新刑种。⑤ 并规定涉足公务取消资格刑的罪名还能够适用到贪污罪、在司法行为中的腐败罪以及非法利用影响力罪。此外,第 3/2019 号法令还对意大利刑法中的时效制度、在海外实施的针对意大利国家或公民的腐败犯罪的起诉制度、减刑与立功制度作出了重要修改。

具体到企业腐败犯罪责任体系,第 3/2019 号法令主要对意大利第 231/2001 号法令作出了以下几个方面的修改:

(1)扩大了意大利第 231/2001 号法令第 25 条规定的企业腐败犯罪目录,将

---

① H. Lovells, Italy's new anti-corruption law,载 Lexology 网站(https://www.lexology.com/library/detail.aspx?g=36b5d961-2724-4026-8a67-33e18be0bb8a),访问日期:2019 年 10 月 15 日。
② 同上注。
③ 《意大利民法典》第 2635 条、第 2635 条之二以及第 2635 条之三。
④ 参见 Italy Implements New Anti-Corruption Law,载 Steele global 网站(https://steeleglobal.com/italy-implements-new-anti-corruption-law/),访问日期:2019 年 10 月 15 日。
⑤ 如果刑罚不超过 2 年,或者有《意大利刑法典》第 323 条之二规定的减轻处罚的情况,上诉资格刑的期限为临时性期限。

《意大利刑法典》第346条之二所述的非法利用影响力罪(贩卖影响力)纳入企业腐败犯罪责任罪名中。

(2)规定了向政府官员行贿的公司刑事责任,并规定了处罚,如罚款或禁止竞标未来的政府合同(取消资格刑)。① 新增第25条第5款规定,增加针对第25条第2款和第3款犯罪的取消资格刑,如果这些罪行是由担任最高管理层职务的个人所犯,则取消资格刑期限不得少于4年,不得超过7年,如果犯罪是由受管理层指示约束的个人实施的,取消资格刑年限不少于2年,不得超过4年。

(3)该法还制定了促进企业与意大利执法部门合作用以减轻企业刑罚的规定。② 在第25条第5款后,新增第25条之5.2,详尽规定了在一审判决前,企业采取有关措施,包括实行有效的企业合规方案,能够减轻限制措施适用的法律效果。

(4)针对腐败犯罪规定了具体的取消资格刑期限。新法修改了意大利第231/2001号法令第13条第2款取消资格刑有关规定,指出符合第25条第5款规定适用取消资格刑的期限不少于3个月不超过2年。③ 意大利第231/2001号法令第51条,规定:①法官决定限制措施的持续时间,不能超过一年;②在一审判决之后,限制措施的持续时间可以与刑罚处罚的时间相同。在任何情况下,限制措施的持续时间不能超过1年4个月。④

意大利第3/2019号法令修订了意大利第231/2001号法令中关于公司责任的规定,但并未要求企业合规方案增加新的规定。因此,企业合规官应当确保企业在意大利的运营建立在充分理解新法的重要性的基础之上,并且合规方案应当能够有效地指导员工履行职责。⑤

因此,意大利新的反腐败法基本上符合多年来全球企业在其他地方所看到的情况:确立公司刑事责任,但也给予公司退出起诉的空间,而是否起诉取决于自愿性披露、合作和纠正合规方案中的弱点。⑥

从法律规范的角度来看,现行企业腐败犯罪的规定主要体现在意大利第231/2001号法令第25条(贿赂、不当诱导以提供或承诺利益以及腐败犯罪)⑦项下:

---

① 参见 Italy Implements New Anti-Corruption Law,载 Steele global 网站(https://steeleglobal.com/italy-implements-new-anti-corruption-law/),访问日期:2019年10月15日。

② 同上注。

③ 参见 Riccardo Ovidi, Italy's New Anti-Corruption Law,载全球合规新闻网站(https://globalcompliancenews.com/italys-new-anti-corruption-law-20190228/),访问日期:2019年10月15日。

④ 由意大利第3/2019号法令第9条c)-1和第9条c)-2修改。

⑤ 参见 Italy Implements New Anti-Corruption Law,载 Steele global 网站(https://steeleglobal.com/italy-implements-new-anti-corruption-law/),访问日期:2019年10月15日。

⑥ 同上注。

⑦ 该条罪名经2012年11月6日意大利第190号法律第1-77-a-1条修改。

第 1 款　符合《意大利刑法典》第 318 条、第 321 条、第 322 条第 1 款和第 3 款以及第 346 条之二,可处以不超过 200 配额①的财产性制裁。②

第 2 款　符合《意大利刑法典》第 319 条、第 319 条之三第 1 款、第 321 条以及第 322 条第 2 款和第 4 款,可处以 200~600 配额的财产性制裁。

第 3 款　符合《意大利刑法典》第 317 条、第 319 条,当该企业赚取巨额利润符合《意大利刑法典》第 319 条之二的加重情节、第 319 条之三第 2 款、第 319 条之四以及第 321 条,则处罚 300~800 配额的财产性制裁。③

第 4 款　第 1 款到第 3 款规定的财产性制裁也适用于企业实体,当这些犯罪是由第 320 条和第 322 条之二所指的犯罪人实施的。

第 5 款　对于第 2 款和第 3 款所述的犯罪,根据第 9 条第 2 款规定处以禁止性制裁。如果犯罪由第 5 条第 1 款 a)项规定的主体实施,则期限不少于 4 年,不超过 7 年;如果犯罪是由第 5 条第 1 款 b)项所述主体实施的,则期限不少于 2 年,不超过 4 年。④

第 5 款之二　如果在一审判决之前,企业已有效地采取措施,防止犯罪活动产生进一步的后果,保护犯罪证据,查明责任人,扣押资金或其他转移的资产,并通过实施合适的合规方案来预防已发生的此类犯罪,消除了导致犯罪的组织缺陷,禁止性制裁的期限应当根据第 13 条第 2 款来确定。⑤

具体来说,企业腐败犯罪所涉相关法条和有关罪名的规定如下:

索贿罪(《意大利刑法典》第 317 条)　公职人员⑥或受委托从事公共服务的人⑦,滥用其身份或权力,迫使他人向其自身或第三方不当给予或许诺金钱或其他利益,处以 6 至 12 年有期徒刑。

因职务行为受贿罪(《意大利刑法典》第 318 条)　公职人员因履行其职权,为自己或第三方,以不正当的方式收受金钱或其他利益或接受有关许诺的,处以 3 至 8 年有期徒刑。

因违反职责义务的行为受贿罪(《意大利刑法典》第 319 条)　公职人员,由于不履行,或拖延履行,或未曾履行,或曾拖延履行的职务行为,或由于

---

① 意大利第 231/2001 号法令第 10—12 条为针对企业施加罚金刑及配额制的有关规定。第 10 条第 3 款规定,一个配额的罚金数额不得少于 258 欧元,最高不得超过 1549 欧元。第 11 条(确定罚款金额的标准)规定了法官确定罚金,衡量配额数量应当考虑的因素,如行为的严重性、企业的责任程度以及为消除或减轻该行为的后果而实施的行为、为了防止非法行为进一步实施的行为、机构的经济状况及其资产。

② 该款由意大利 2019 年 1 月 9 日第 3 号法令,第 1-9-b-1 条取代。

③ 该款由意大利 2012 年 11 月 6 日第 190 号法令,第 1-77-a-2 条修改。

④ 该款由意大利 2019 年 1 月 9 日第 3 号法令,第 1-9-b-1 条取代。

⑤ 该款由意大利 2019 年 1 月 9 日第 3 号法令,第 1-9-b-3 条添加。

⑥ 由《意大利刑法典》第 357 条规定。

⑦ 由《意大利刑法典》第 358 条规定。

执行或已经执行的违反其职务的行为,为自身或第三方收取金钱或其他利益,或接受有关的许诺的,处以 6 至 10 年的有期徒刑。

加重情节(《意大利刑法典》第 319 条之二):如果行为人实施第 319 条规定的行为,涉及授予公职、发给薪金或补贴或者签订与公务员所属的行政机关有关的合同,刑罚予以增加。

在司法行为中的受贿罪(《意大利刑法典》第 319 条之三)

如果实施第 318 条和第 319 条所规定的行为是为了帮助或损害民事、刑事、行政诉讼程序中的一方当事人,判处 6 年至 12 年有期徒刑。

如果上述行为导致对某人不公正地判处 5 年以下有期徒刑,判处 6 年至 14 年有期徒刑。如果不公正的判决为 5 年以上有期徒刑或无期徒刑,判处 8 年至 20 年有期徒刑。

不当诱导以提供或承诺利益罪(《意大利刑法典》第 319 条之四)

除事实构成更严重的犯罪外,公职人员或受委托从事公共服务的人,滥用其职权,诱导他人向其自身或第三方不当地给予或许诺金钱或其他利益,处 6 年至 10 年 6 个月有期徒刑。

在第 1 款规定的情况下,任何人提供或承诺金钱或其他利益的,处 3 年以下有期徒刑。

受委托从事公共服务人员的受贿罪(《意大利刑法典》第 320 条)

第 318 条和第 319 条的规定也适用于公共服务负责人。

在任何情况下,刑罚的减少不得超过三分之一。①

对行贿者的刑罚(《意大利刑法典》第 321 条)

第 318 条第 1 款、第 319 条、第 319 条之二、第 319 条之三以及与上述第 318 条和 319 条的规定有关的第 320 条规定的刑罚,也适用于向公职人员或受委托从事公共服务的人提供或承诺钱款或其他利益的人。

教唆受贿罪(《意大利刑法典》第 322 条)

提议或者许诺向公职人员或者受委托从事公共服务的人给予不应接受的钱款或其利益,以诱使其实施职务行为的,如果该提议或许诺未被接受,处以第 318 条第 1 款规定的刑罚,并减少三分之一。

如果提议或许诺是为了诱导公职人员或受委托从事公共服务的人不实施或拖延实施其职务行为,或是为了诱导其实施违反其职责的行为,如果该提议或许诺未被接受,处以第 319 条规定的刑罚,并减少三分之一。

公职人员或受委托从事公共服务的人,利用职权教唆他人许诺或给予金钱或其他利益的,处以第 1 款规定的刑罚。

公职人员或受委托从事公共服务的人,教唆私人为第 319 条规定的目的

---

① 《意大利刑法典》第 321 条和第 323 条之二。

而许诺或者给予金钱或其他利益的,处以第 2 款规定的刑罚。

国际法庭成员、欧盟机构成员、国际议会成员、国际组织成员、欧盟官员及外国官员贪污、索贿、受贿、不当诱导或承诺利益和教唆上述人员受贿罪(《意大利刑法典》第 322 条之二)

第 314、316、317—320 条和 322 条第 3、4 款的规定也适用于:(1)欧盟委员会成员、欧洲议会成员、欧洲法院成员、欧洲审计院成员;(2)根据欧盟官员章程规定或欧盟职员聘用制度雇用的官员或职员;(3)成员国职员或欧盟公共或私人机构指派的履行与欧盟官员或雇员相对应职能的人员;(4)以欧盟制定的条约为基础建立的机构的成员或雇员;(5)其一,在欧盟其他成员国执行与公职人员或受委托从事公共服务的人相对应的职能或活动的人员;其二,国际刑事法院的法官、检察官、副检察官、官员和雇员,国际刑事法院条约缔结国指派的、行使与法院自身官员与雇员相对应职能的人员,以国际刑事法院条约为基础建立的机构的成员或雇员;其三,履行与公职人员和国际公共组织内受委托从事公共服务的人员相对应的职能或活动的人员;其四,国际议会或国际或超国家组织的成员以及国际法院的法官和官员。

即使已经给予、提供或承诺金钱和其他利益,第 319 条之四第 2 款,第 321 条和第 322 条第 1、2 款的规定也适用于:(1)本条第 1 款指出的人。(2)在外国或国际公共组织中执行与公职人员和公共服务代表相应的职能或活动的人。

第 1 款提到的公职人员,一旦行使对应的职能,类似于公职人员以及在其他情况下受委托从事公共服务的人员。

非法利用影响力罪(《意大利刑法典》第 346 条之二)

在第 318 条、第 319 条、第 319 条之三所述的犯罪和第 322 条之二规定的腐败犯罪的共谋的案件之外,任何人利用或吹嘘与公职人员或受委托从事公共服务的人或第 322 条之二所述的其他主体之一存在的或断言存在的关系,向自己或他人非法地给予或许诺金钱或其他利益,使其作为自身与公职人员或受委托从事公共服务的人或第 322 条之二提及的其他主体之一的不法中间人,或因其行使职能或权力而给予报酬的,处以 1 年至 4 年 6 个月的有期徒刑。

对于不正当地给予或许诺金钱或其他利益的人员,处以同样的刑罚。

如果不正当地使他人向自己或他人给予或承诺给予金钱或其他利益的人是公职人员或负责公务的人,则加重处罚。

如果行为的实施与司法活动有关,或是对公职人员或公共服务负责人或第 322 条之二提及的其他主体之一因其违背公共职责或不履行或延迟履行其职务而给予报酬的,则刑罚加重。

如果事实特别轻微,则刑罚减轻。

表 4-2　企业腐败犯罪所涉相关法条和有关罪名

法条		罪名
意大利刑法典	第 317 条	索贿罪
	第 318 条	因职务行为受贿罪
	第 319 条	因违反职责义务的行为受贿罪
	第 319 条之三	在司法行为中的受贿罪
	第 319 条之四	不当诱导以提供或承诺利益罪
	第 320 条	受委托从事公共服务人员的受贿罪
意大利刑法典	第 321 条	对行贿者的刑罚
	第 322 条	教唆受贿罪
	第 322 条之二	国际法庭成员、欧盟机构成员、国际议会成员、国际组织成员、欧盟官员及外国官员贪污、索贿、受贿、不当诱导以提供或承诺利益和教唆上述人员受贿罪
	第 346 条之二	非法利用影响力罪

有关如何具体制定合适的腐败犯罪合规方案,意大利工业家联合会制定的《企业合规标准指南》提出了一些重要的参考性建议和相关的法理说明①:

腐败犯罪属于危害公共行政类犯罪,前提是与公共主体,且/或与公共职能或公共服务的实施建立关系。② 犯罪主体通常是公职人员,但在某些情况下,也惩罚在促使公共主体实施犯罪的私人,比如,在不当诱导给予或许诺利益或主动腐败犯罪的情况下。③《意大利刑法典》根据腐败犯罪的本质,将腐败分为主动的腐败(例如,企业的管理人员或雇员行贿公职人员或受委托从事公共服务的人员为公司获取某些利益)和被动的腐败(例如,企业代表在进行"公共"性质的活动时收受金钱以实施违反其职责的行为)。④ 在意大利的系统中,公共主体(公职人员和受委托从事公共服务的人员)的资格扩展到私人主体的情况并不少见,比如,负责行

---

① Confindustria, Linee Guida Per La Costruzione Dei Modelli Di Organizzazione, Gestione E Controllo Ai Sensi Del Decreto Legislativo 8 Giugno 2001, N. 231 Approvateil 7 marzo 2002 (aggiornate al marzo 2014), Second Part, 103.

② 同上注。

③ 同上注。

④ Confindustria, Linee Guida Per La Costruzione Dei Modelli Di Organizzazione, Gestione E Controllo Ai Sensi Del Decreto Legislativo 8 Giugno 2001, N. 231 Approvateil 7 marzo 2002 (aggiornate al marzo 2014), Second Part, 104.

使公共服务或公共职能的私营公司的代表,开展关于且仅限于其职责履行的企业活动时,便被赋予了这一资格。① 因此,根据现行规则,确定相关罪名时重要的是具体开展的活动,而不是主体的公共的或私人的法律性质。因此,意大利的法律制度接受"客观的"公职人员和受委托从事公共服务人员的概念,然而,无论是为了认定相关人员的身份资格(公职人员,受委托从事公共服务的人或私人),还是为了认定相关人员的行为性质,都有必要对各个职能和实施的活动进行"逐案"评估。由此可见,不同的主体资格可以在同一主体上并存,至少对于犯罪目的而言。②

因此,为了评估企业可能面临更大风险的范围,有必要说明:公职人员的身份应授予所有的,可能或应该在公法管辖的权力范围内形成并表达公共行政的意愿,即行使管理或认证权力(例如,代表 Equitalia③ 或市政当局传达司法文件或通知行政措施;代表各部提供优惠贷款;征收强制性税收等)的公务员或私人。④ 受委托从事公共服务的人是指,无论出于何种名义提供公共服务,并且尽管在公共职能管辖的范围内行动,但缺乏此类职能的典型权力的所有人,不包括执行简单的命令任务或提供纯粹的物质活动(例如,根据与各部委或公共行政中不具有认证权力的其他主体达成的协议提供各种类型的服务)。⑤

从意大利第 231/2001 号法令的角度来看,被动腐败(主体为企业利益受贿)的发生频率低于主动腐败(主体为企业利益行贿)的频率,因为在大多数情况下,腐败犯罪是为自然人的专属利益实施,而不是围绕企业的利益或好处展开。然而,即便如此,也不能排除导致企业责任的被动腐败的可能性(例如,企业从其法人代表实施的犯罪行为中受益,甚至可能间接地受益)。因此,可以参考私法或公法(例如所谓公共经济机构)的那些主体,核实其活动是否被全部或部分地视为公共职能或公共服务。⑥

关于司法行为中的受贿罪,应该指出的是,该情况不仅针对司法职能的行使以及行使司法职能之人的身份,其事实上具有更为广泛的意义。正如最高法院明确指出,司法程序中的任何职能行为均可构成"司法行为",不论实现这一行为的

---

① Confindustria, Linee Guida Per La Costruzione Dei Modelli Di Organizzazione, Gestione E Controllo Ai Sensi Del Decreto Legislativo 8 Giugno 2001, N. 231 Approvateil 7 marzo 2002 (aggiornate al marzo 2014), Second Part, 104.

② 同上注。

③ 即意大利国家讨债公司。

④ Confindustria, Linee Guida Per La Costruzione Dei Modelli Di Organizzazione, Gestione E Controllo Ai Sensi Del Decreto Legislativo 8 Giugno 2001, N. 231 Approvateil 7 marzo 2002 (aggiornate al marzo 2014), Second Part, 104.

⑤ 同上注。

⑥ 同上注。

主体资格如何。①

此外,由于意大利第 190/2012 号法令扩大了私人主体实施腐败犯罪的可能性,因此,新型腐败犯罪尤为重视对行使职能的性质的认定。在新的立法背景下,涉及与公共职能部门(部委、公共机构、监管机构等)有关的企业活动领域具有重要意义,特别是,但不限于,当这种关系具有延续性特征时。此外,在这一范围内,必须特别注意企业向公共主体免费提供给付的企业政策(如礼物、捐赠、礼节性行为等)。②

另外,还应考虑其他活动的风险(例如,人员选拔和雇佣程序,与私人主体有关的购买合同的选择、协商、签订和执行,财务资源的管理等),尽管这些活动不涉及与公共行政部门的合同签订或直接关系,但可能成为腐败犯罪以及不当诱导以给予或许诺利益的手段或支持。事实上,这些过程,即使在私人之间展开,也可能成为建立用于后续腐败活动的"储备"的手段(即允许将除金钱之外的利益认定为对公共行政主体的利益)。③

在这一背景下,对意大利第 231/2001 号法令来说,无形服务(包括咨询以及资助计划,与产品供应相关的维护或辅助服务)以及所谓非标准性的、具有客户定制形式的商业报价尤为重要;事实上,在这些情况下,(无论是贪腐者还是行贿者)通常有更大的自由裁量权来隐藏销售公司典型地为捞回腐败行为成本而实行的不合理的价格上涨。④

最后,关于跨境经济交易,有必要制定特定的监管措施来预防当前讨论的为了公司利益或好处面向外国公职人员或公共服务负责人进行的犯罪(《意大利刑法典》第 322 条之二)。尤其是,行贿人(《意大利刑法典》第 321 条),即实施教唆受贿行为的人(《意大利刑法典》第 322 条第 1 款和第 2 款)以及因不当诱导提供或承诺利益的人(《意大利刑法典》第 319 条之四),其面向以下人员的犯罪行为始终应受到惩罚:①欧洲范围内的公职人员或负责公共服务的人员;②其他国家或国际公共组织内履行与公职人员或公共服务负责人相对应职能或活动的人员,如果该犯罪行为的目的在于为自己或他人谋取国际经济活动中的不正当好处或维持某项经济或金融活动。⑤

---

① Confindustria, Linee Guida Per La Costruzione Dei Modelli Di Organizzazione, Gestione E Controllo Ai Sensi Del Decreto Legislativo 8 Giugno 2001, N. 231 Approvateil 7 marzo 2002 (aggiornate al marzo 2014), Second Part, 104.

② Confindustria, Linee Guida Per La Costruzione Dei Modelli Di Organizzazione, Gestione E Controllo Ai Sensi Del Decreto Legislativo 8 Giugno 2001, N. 231 Approvateil 7 marzo 2002 (aggiornate al marzo 2014), Second Part, 105.

③ Confindustria, Linee Guida Per La Costruzione Dei Modelli Di Organizzazione, Gestione E Controllo Ai Sensi Del Decreto Legislativo 8 Giugno 2001, N. 231 Approvateil 7 marzo 2002 (aggiornate al marzo 2014), Second Part, 107.

④ 同上注。

⑤ 同上注。

鉴于上述情况,应参考本章末尾附录4-2的表格,仅作为一个非穷尽的例子,直接考虑有犯罪风险的主要宏观领域,强调一些可能的预防性控制以及在公司范围内,在有机程序系统范围内实施预防性控制,以覆盖风险领域。这些原则,可以根据每个企业的特征和规模,补充或增加犯罪风险领域的预防措施。①

在具体控制过程上,值得注意的是,针对具体操作过程中典型的监控活动,作为违法行为的威慑因素,可以起到"预防"的效果。②

综上所述,除上述特别加以介绍的企业合规专题外,意大利企业合规的有关要求还涉及企业运营规范的各个领域,一些与企业责任和合规有关的规定散落在意大利第231/2001号法令之外。比如,在打击企业避税方面,不同于其他欧洲国家,意大利有一个具有针对性的反避税规定(TAAR),该规定主要应用在税法的特定条款下(1973年第600/1973号法令第37条之二)。③ 在欧洲法院 Halifax 案后,意大利最高法院又发展出了打击企业避税的一般性原则,并得到了税务当局的认可。④ 在企业反避税合规管理方面,意大利2014年3月11日第23/2014号法令和2015年8月5日第128/2015号法令⑤,提出了企业合作税务合规(Tax compliance/Co-operative Compliance Program)⑥,旨在加强意大利税务当局与纳税人之间

---

① Confindustria, Linee Guida Per La Costruzione Dei Modelli Di Organizzazione, Gestione E Controllo Ai Sensi Del Decreto Legislativo 8 Giugno 2001, N. 231 Approvateil 7 marzo 2002 (aggiornate al marzo 2014), Second Part, 107.

② 同上注。

③ 参见 Italy Introduced New Rules on Tax Avoidance and Compliance,载 International Tax Review 网站(https://www.internationaltaxreview.com/Article/3416550/Italy-introduces-new-rules-on-tax-avoidance-and-compliance.html?ArticleId=3416550),访问日期:2019年10月15日。

④ 同上注。

⑤ 参见 Legislative Decree n. 128, Dated 5 August 2015,载 Gop.It 网站(http://www.gop.it/doc_pubblicazioni/509_ps9fuavkyv_ita.pdf),访问日期:2019年10月15日。

⑥ 合作合规制度旨在通过检测、衡量、管理和控制(潜在)税务风险制度,加强税务机关与纳税人之间的合作。合作合规的施行主要针对:①实现营业额或收入超过100亿欧元的意大利境内的居民和非居民;②获得营业额或收入超过10亿欧元的意大利境内居民和非居民;③申请税务局于2013年6月25日启动合作合规试点项目;④希望执行税务局的回复,对新投资的裁决申请支付。合作税务合规方案是非强制的,适用于符合特定条件的纳税人并对意大利税务当局承担特定义务。愿意选择该方案的纳税人必须有一个能够监控和管理税务风险的方案。这种方案("税收控制框架")必须使纳税人能够防止或减少违反税收规定行为的发生。该方案要求纳税人和意大利税务机关之间对税务信息进行透明和充分的披露。纳税人必须告知意大利税务机关某些可能引发税务违规行为的复杂情况或可能被视为激进的税务计划的交易。简而言之,该计划允许纳税人从意大利税务机关收到要执行的交易的初步评估结果。该方案简化了纳税人和意大利税务机关之间的合作,减少了某些行政程序,还涉及减少因税务违法行为而给予的行政处罚。参见 Italy: Implementation of the New Cooperative Compliance Regime,载 KDOCS KPMG 网站(http://kdocs.kpmg.it/marketing/KSA/1307_Tax_Alert_Cooperative_Compliance.pdf),访问日期:2019年10月15日。

的关系。① 2016 年 4 月 14 日，意大利国税局局长发布意大利第 5437/2016 号令，在第 128/2015 号法令的基础之上，又进一步提出了税务风险防控制度的基本要求。②

此外，意大利企业合规相关立法紧跟欧洲规则加以更新。比如，在欧洲反洗钱③以及打击资助恐怖主义活动的背景下，根据 2014 年 12 月 15 日第 186/2014 号法令（2015 年 1 月 1 日生效），《意大利刑法典》新增自洗钱犯罪（第 648 条之 3.1）。随着该罪写入刑法，又对意大利第 231/2001 号法令中的企业责任产生了重要影响（意大利第 231/2001 号法令第 25 条之八），企业高管为了企业自身利益或好处，对非法经济活动再利用，则公共机构（包括政府机构）和企业必须承担新的以及更重的责任。④ 2015 年，欧盟关于反洗钱的第四号指令（第 849/2015 号法令），提出了新的反洗钱规定，要求金融机构和专业个人通过确定实体的最终"受益人"来验证其顾客或客户，获取并保存有关指令中定义的客户和最终"受益人"的信息，并应当在各会员国所有的中央登记册上报告大量有关信托、基金会和其他类似行为的信息。⑤ 为符合第 849/2015 号法令的有关要求，2016 年 8 月 12 日，意大利财政部出台了第 170 号法提出了相关的法律草案。⑥ 而后，2017 年第 90 号法令全面改写了意大利第 231/2001 号法令⑦，增加了企业在风

---

① 参见 Legislative Decree n. 128, Dated 5 August 2015，载 Gop.It 网站（http://www.gop.it/doc_pubblicazioni/509_ps9fuavkyv_ita.pdf），访问日期：2019 年 10 月 15 日。

② 参见 Tax Control Framework，载 PWC 网站（https://www.pwc.com/it/it/publications/assets/docs/tax-control-framework.pdf），访问日期：2019 年 10 月 15 日。

③ 洗钱的概念规定在第 231/2007 号法令第 2 条，但是和《意大利刑法典》第 648 条之二的表述有所不同，而后《意大利刑法典》新增第 648 条之 3.1，又特别规定了自洗钱犯罪。参见 E. Battaglia, Self-laundering and the Impact On a Company's Model of Organisation, Management and Control，载 Financier World Wide 网站（https://www.financierworldwide.com/self-laundering-and-the-impact-on-a-companys-model-of-organisation-management-and-control/#.XZrkPC275N0），访问日期：2019 年 10 月 15 日。

④ 参见 Self Money Laundering，载 Lsclex.It 网站（http://www.lsclex.it/wp-content/uploads/2015/04/SELF-MONEY-LAUNDERING.pdf），访问日期：2019 年 10 月 15 日。

⑤ 参见 M. Rossi, Current Status of Anti Money Laundering Legislation and Practice In Italy，载 European Union and Italian International Tax Law Blog 网站（https://www.euitalianinternationaltax.com/2016/10/articles/european-union-tax-law/current-status-of-anti-money-laundering-legislation-and-practice-in-italy/），访问日期：2019 年 10 月 15 日。

⑥ 同上注。

⑦ 2017 年 5 月 25 日，第 90 号法令在意大利官方公报上公布，并于 2017 年 7 月 4 日开始实施。参见 Italy: legislative Decree Transposing 4th AMLD Published in the Official Gazzette，载 Payments Compliance 网站（https://paymentscompliance.com/events/italy-legislative-decree-transposing-4th-amld-published-official-gazette），访问日期：2019 年 10 月 15 日。

险领域的报告性义务。① 同年11月30日,意大利政府又发布了第179号法令(于2017年12月29日生效),规定企业合规方案中应当提供一种或多种途径来保障企业的诚信,包括举报②和替代举报途径③;以及企业应当设立举报人保护机制④。在意大利企业合规发展的过程中,意大利企业合规有关制度不仅顺应了国际标准,在一定程度上承认了其他国家标准的有效性,还逐渐发展出了自己的特点。在企业合规法律体系中,意大利法律针对企业的经济制裁规定了配额制,根据企业的经济和资产状况来决定最小配额量。企业合规方案的制订以及企业责任的履行还时常要求考虑企业性质以及地域经济状况等个性化要求,力求在犯罪预防效果上做到具有针对性,在处罚上达到罚当其罪的效果。此外,可以看出,尽管上文已经提及,在企业工作场所安全和健康合规、企业环境犯罪合规领域,BS OHASA 18001:2007对意大利标准产生了一定影响,但是,值得注意的是,意大利企业合规方案适格性的判定,除了意大利第231/2001号法令赋予了行业协会制定指南的任务,还可以由司法部主动加以评估。而在英国,这些指导方针则由政府直接发布。⑤ 意大利的司法审查制度为法官就合规方案的适格性判定保留了自由裁量的权力。

---

① 第90号法令中的报告职责是指根据国际交易联盟通过并定期颁布的具体异常指标,以查明所谓可疑交易,在查明了所谓可疑交易的客观风险之后,企业必须在必要时将此风险通知意大利金融情报中心(UIF:l'Unita' di informazionefinanziaria per l'Italia)。根据该法令,企业应根据监督机构的指示,实施符合上述标准的考虑到与顾客类型、地理区域、交货渠道和产品和服务类型相关风险的客观程序。企业采用的标准应根据其运作情况进行,因此评估应根据与不同客户的业务关系类型以及所进行的交易类型进行。在企业自身组织自主权的范围内,每个义务实体应进行初步的自我评估,以便能够选择适当的措施减轻和管理洗钱和资助恐怖主义的风险。为此,应当提供一个双重风险评估:①负责维持与客户关系的个人必须及时向上级(法定代表人、特定角色的所有者或其他代表人员)报告涉嫌洗钱或资助恐怖主义的交易信息;②同一个人必须向进一步控制这些数据的人报告,并决定是否需要将信息发送到金融情报中心,而不指明第一个报告人的姓名。此外,每个企业义务主体还必须构建一个匿名的、独立的与其自身性质和规模相称的特定报告渠道。在任何情况下,除非法院另有决定,否则报告人的姓名不得披露。最后,应当指出,如果义务实体无法向客户尽职,它们既不得进行临时交易,也不得建立业务关系。参见 P. Bonolis & A. Arcangeli, Italy: Amendments to Law Decree No. 231/2007 on Anti Money Laundering, 载 CM's Lawnow.Tax 网站(http://www.cms-lawnow.com/regzone/articles/2017/july/italy-amendments-to-law-decree-no-2312007-on-anti-money-laundering),访问日期:2019年10月15日。
② 参见意大利第231/2001号法令第6条第2款之二。
③ 参见意大利第231/2001号法令第6条第2款之二。
④ 参见意大利第231/2001号法令第6条第2款之二c)项和d)项;第2款之三和第2款之四。
⑤ Confindustria, Linee Guida Per La Costruzione Dei Modelli Di Organizzazione, Gestione E Controllo Ai Sensi Del Decreto Legislativo 8 Giugno 2001, N. 231 Approvateil 7 marzo 2002 (aggiornate al marzo 2014), Second Part, 109.

第二节 意大利企业合规方案的司法审查

一、企业合规方案的适格性审查

在执行意大利第231/2001号法令的初期阶段，在一些案件中，意大利法官解释了对合规方案的基本预期，并指出了用于评估合规方案的关键要素。① 大多数被控违反意大利第231/2001号法令的企业都在犯罪发生之前没有采用合规方案。② 虽然，一些企业在犯罪之前采取了合规方案，但是，在有效性上被法院认定为不合适。大多数裁决都是在初期侦查期间对企业施以预防措施，比如，取消资格或没收。③ 一些案件中，在犯罪后一审判决前，是否采取了制定和修改合规方案的举措，直接影响了企业适用预防措施的情况。下文将主要介绍一些法官针对合规方案的适格性提出的判定意见，并列举了一些企业通过犯罪后建立合规方案，从而得到减轻罪责的情况。

（一）不适格的合规方案：存在漏洞并放任其发展

在一些案件中，企业存在合规方案，但被认定为不适合预防犯罪。比如，2003年罗马法院指出，"该合规方案并不能被认定为能够预防犯罪，因为其并未具体地针对该公司目前被起诉的犯罪的实施领域；没能确保监管机构具有有效的自主权和独立性；且并未规定只有适格的多数董事会成员才能够对其加以修改"。④

2005年4月18日巴里法院指出，某企业因对国家的欺诈犯罪而受到调查，该企业在普利亚大区某些医院作关于社区服务的伪证，此外，该企业犯有由意大利第231/2001号法令第25条所规定的腐败犯罪，由众多公职人员参与并赢得有关清洁服务方面的竞标。该案中，法官还指出了一些合规方案不适格的特征，比如：合规方案的内容是概括性、抽象性和同义反复的。在公司内，没有与方案的实施惯例有关的内部协议。管理层甚至没有从文档的标题中删除"指南"一词，强调了采用的程序的非正式性和装饰性。法官指出，即使企业本身是不一样的，两家企业通过的合规方案却完全相同。此外，合规方案未能有效实施，因为，赢得竞争性招标的做法是由未受合规方案管控的人实施的。该合规方案中未规定惩罚措

---

① A. Paludi & M. Zecca, Corporate Responsibility and Compliance Programs in Italian Case Law, in Stefano Manacorda, Francesco Centonze & Gabrio Forti (eds.), *Preventing Corporate Corruption: The Anti-Bribery Compliance Model*, Springer, 2014.
② 同上注。
③ 同上注。
④ 参见 Francesca Chiara Bevilacqua, Corporate Compliance Programs Under Italian Law, 载企业合规与道德协会网站（https://assets.corporatecompliance.org/Portals/0/PDFs/Resources/library/ItalyCorporate-Compliance.pdf），访问日期：2019年10月13日。

施,即使这是合规方案中必不可少的,也是法律所要求的。①

此外,除了合规方案本身的效力,企业责任还受到一些其他因素的影响。比如,企业合规方案本身不符合要求,使企业存在管理漏洞,且在发现犯罪行为后,又缺乏对合规方案的修改。

2004年4月,在米兰法院接受调查和受审的案件中,法官认为,企业的合规方案是不完整且零散的。该企业未能实施有效的合规方案,导致其成为腐败犯罪的帮凶或教唆犯。意大利司法当局采用了《美国组织量刑指南》以及意大利工业家联合会2002年3月制定的《企业合规标准指南》,认定该企业的合规方案是失败的。

该合规方案被判定为不合适,因为公司允许第三方参与分销链,从而阻碍了对付款来源的控制以及个体化,并且不当行为(非法付款和佣金)经常出现,不是偶然的,而且是由在管理层中的同一个人做出的。此外,用于实施犯罪的可用资金在犯罪前就已经存在,也使得合规方案无效,不仅因为负责核实执法任务的机构在发现违法行为时,并未做任何事,而且因为不当行为的作案手法,建立的庞大资金得到了加强。②

该案件中,自发现不当行为多个月后,企业没有实施任何补救措施,例如纪律处分;也没有开展培训课程,或根据法律来制定激励措施(或惩罚措施),进行风险评估或开放公司内部的信息渠道等。此外,企业并没有计划应使用哪些财务资源专门用于预防刑事犯罪,也没有计划使用多少。最后,值得强调的是,某些资金还存在不当记录的问题。③

此外,企业没有建立任何,根据意大利法律规定的适当的标准和程序来防止犯罪行为。仅仅拥有通用的道德规范(也称为商业行为指南)旨在激励员工的行为是不够的,尽管,意大利法院保留了很大的酌处权,以决定必须采取哪些特定措施来遵守法律规定的一般要求或其他准则。④

(二)反应式合规方案:责任的减轻

本部分内容所指的反应式合规方案是指在犯罪发生后企业建立的合规方案。针对这类企业合规方案,法院提出了一些适格性要求,由于意大利第231/2001号法令第17节的有关规定,企业责任得以减轻。

2004年9月20日米兰法院的一个判决可以作为建立了反应式合规方案从而使责任得以减轻的例证。该案件涉及属于同一集团的一些企业,其专门提供安全

---

① A. Paludi & Zecca, Corporate Responsibility and Compliance Programs in Italian Case Law, in Stefano Manacorda, Francesco Centonze & Gabrio Forti (eds.), *Preventing Corporate Corruption: The Anti-Bribery Compliance Model*, Springer, 2014.

② 同上注。
③ 同上注。
④ 同上注。

服务,为赢得有关军事建筑安全有关的竞标贿赂国防部公职人员;还涉及为赢得有关夜间城市安全有关的竞标,贿赂伦巴第大区公职人员以及通过虚假证明在安全工作中雇佣人员的数量来欺骗米兰市的行为。① 在犯罪发生之前,企业并未采用和实施合规方案。犯罪发生后,检察官要求针对企业采取为期1年的取消资格刑的预防措施。然而,法官考虑到,该集团企业的商业活动的中断对工人(其可能失去工作)和社区(它可能会失去基本的安全服务)是有极大影响的,因此,法官为公司任命了一名特别管理员为了让其业务能够继续进行1年。此外,企业要求并申请将预防措施暂停2个月,以建立合规方案。根据意大利第231/2001号法令第17节,如果企业能够采用并且有效实施合规方案以防止已经犯下的犯罪,解决了"使实施犯罪成为可能的组织缺陷",可以避免被适用取消资格的措施。在2004年12月20日上诉后,由于认识到能够证明适用预防措施的危险并未持续存在,米兰法院撤销了对该控股公司的预防措施。②

有关反应式合规方案的适格标准在意大利司法判例中呈现出司法裁量权较大的情况,但可以肯定的是,企业建立了合规方案或者道德守则在犯罪后均能够帮助其减轻责任。比如,根据2006年12月11日米兰法院的判决,一家企业参与和赢得竞争中的投标被指控腐败。在犯罪之前企业没有通过合规方案,而犯罪后,公司采用了国家建筑承包商登记册以及道德守则。因而,法院减少了罚款,其合规方案被认为适合防止将来的犯罪。③ 在2007年3月20日的判决中,米兰法院对一家公司以腐败犯罪定罪,在该案中,在犯罪实施之前,企业没有采用合规方案。在犯罪实施之后,公司采用了道德守则,但法院认为不足以避免其定罪。即使法院没有参照正式的合规方案,但该企业并未证明,其具有适格的预防犯罪的合规方案。法院对待企业事后的合规方案的相同态度体现在2011年4月15日都灵皇家法院的判决中。④ 一家企业由于工业事故中的过失杀人事件被定罪,由于该公司法人代表为了公司利益而实施犯罪行为,因而,公司被控违反意大利第231/2001号法令第25条之七的规定。在2007年12月6日之前,公司未通过合规方案;在此之后,公司通过了合规方案,但是,合规方案却不包含任何防止企业受到起诉的犯罪发生的协议。该案法官的观点与2007年3月20日米兰法院判决中的法官的观点类似,法院并未参照正式的合规方案的标准,但法官指出,应当至少证明其企业组织能够避免犯罪。⑤

---

① A. Paludi & M. Zecca, Corporate Responsibility and Compliance Programs in Italian Case Law, in Stefano Manacorda, Francesco Centonze & Gabrio Forti (eds.), *Preventing Corporate Corruption: The Anti-Bribery Compliance Model*, Springer, 2014.
② 同上注。
③ 同上注。
④ 同上注。
⑤ 同上注。

在另外的案例中,法官又对反应式合规方案和在犯罪后企业应用道德守则的情况提出了相应的要求,旨在减轻企业责任以及避免预防性措施的适用。

2003年4月4日罗马法院,一家企业被控实施腐败犯罪。在该案中,犯罪实施后,企业要求并解雇了控股公司的总裁,此外,还建立了合规方案。① 法官认为,在必要时,评估公司采用的合规方案的适用性,聘请专家顾问很重要。为了验证公司的组织结构是否合理,这项评估是十分必要的。法官指出,对反应式合规方案的评估应当更具有针对性,必须对犯罪能够得以实施的情况加以考虑。在该案中,属于该公司的商业领域的全国建筑承包商协会准则阐明,合规方案应当重点关注有关公共工程的竞招标的参与和执行,以及与犯罪实施有关的可能的领域。企业的新的合规方案包含一种关于参加公共合同竞标的自我限制系统:只有在符合意大利第109/94号法令("梅洛尼"法案)的规定的情况下,才允许参加竞标。合规方案必须要求在招标中与公职人员的关系清晰明确并且禁止与其他竞争对手交换信息。另一个风险领域与公共工程的分包限制有关:合适的合规方案必须禁止将合同转包给同一集团的公司。此外,根据法官的说法,监督委员会必须有效的权力来监控违反该合规方案的行为,其成员不得同时是其他相关法人团体的董事会的成员。合规方案必须规定将任何违反合规方案的嫌疑报告给监事会的责任。根据内部规则以及税法,每笔付款必须以书面形式批准。此外,应当要求多数的董事会成员投票陈述,以便修改合规方案。②

但是,2004年10月26日的一起案例中,一家企业的高管为了在某些与城市规划有关的项目中获得优势,贿赂了镇长。企业在犯罪前没有采用合规方案,在犯罪之后,采用了道德守则,其中包含通用的合规程序。该案法官认为,根据法律,合规方案的适用性仅需要以理论的和抽象的方式,在纸上进行评估。因此,法官减少了判罚金额,并免除了取消资格刑。③

而在另外一起案件中,法院并未对企业指定特别行政管理人员,也并未仅仅停留在对企业反应式合规方案的抽象审查,而是按照行业道德守则标准审查了合规方案,认定其能够防止未来发生的犯罪后,因此,减少了判罚数额。④

---

① A. Paludi & M. Zecca, Corporate Responsibility and Compliance Programs in Italian Case Law, in Stefano Manacorda, Francesco Centonze & Gabrio Forti (eds.), *Preventing Corporate Corruption: The Anti-Bribery Compliance Model*, Springer, 2014.

② 同上注。

③ 同上注。

④ 2006年12月11日米兰法院,一家公司被指控在投标中犯有腐败犯罪。在犯罪之前,该企业没有通过合规方案,然而,犯罪后,企业采用了国家建筑承包商登记手册下规定的道德守则。法院认为其合规方案能够防止将来的犯罪,因此减少了罚金刑。See A. Paludi & M. Zecca, Corporate Responsibility and Compliance Programs in Italian Case Law, in Stefano Manacorda, Francesco Centonze & Gabrio Forti(eds.), *Preventing Corporate Corruption: The Anti-Bribery Compliance Model*, Springer, 2014.

(三)合适的合规方案:要求逐步细化

在意大利法院针对合规方案作出的判例中,法官对合适的合规方案应当包含哪些原则和特征作出了明确的指示和说明。

比如,在上文提及的2004年9月20日米兰法院的判决中,法官在该案中说明了以下原则,认为如果存在以下情况,则合规方案是合适的[①]:

- 务实、具体并以动态方式发展;
- 从一个务实的以及经济本质的角度来阐述,而不是一个纯粹的法律的或官方的角度;
- 根据公司业务具体情况及其历史记录量身定制,并且应当不断更新;
- 基于深入的风险分析,以便能够具体地预防犯罪,同时还制定了正式的决策程序。

此外,该案法官还为评估适格的合规方案提供了十点建议[②]:

(1)风险分析。一个适格的合规方案需要深入且具体的风险分析,并且不能仅概括法律或非常一般的规则。在判决中,法官表示,企业的风险分析是失败的,因为其过于概括的方式。为防止犯罪而颁布的规则不够具体,此外,分析应该更加侧重资金来源的具体问题、行贿资金的创建、竞争性招标的参与和合同的执行。企业必须加以组织以使行贿资金的创建变得非常困难。一个好的合规方案必须防止未注册的资金的创建,以防止经常付钱给腐败的官员。

(2)监督委员会成员的资格。监督委员会成员必须具有调查和咨询方面的具体经验。成员必须具有统计培训,分析程序知识、风险评估技能和面试人员以及发现欺诈的技能。法官认为,一个弱势的监督委员会无法正常履行其职责。

(3)监督委员会成员的声誉。监督委员会成员的任命必须考虑到每一个审判(不仅包括最终判决,还包括非终审判决和审前协议),这些判决既可以是针对先前犯下的罪行,也可以是对管理公私事务资格的剥夺。监事会成员必须与公司的所有工人和经理相独立。

(4)培训课程。合规方案必须对所有工人实施培训课程,这些课程必须针对他们在其工作的特定的领域量身定做,特别关注风险领域。必须为监督委员会和内部审计委员会成员提供特殊培训计划。

(5)培训课程的内容。培训课程必须组织良好;课程的内容和数量应是确定的,参加课程应该是强制的。此外,应该不断控制课程的参与程度和课程质量。在该案中,培训课程,作为企业合规方案的一部分,仅为员工和管理人员遵守合规

[①] See A. Paludi & M. Zecca, Corporate Responsibility and Compliance Programs in Italian Case Law, in Stefano Manacorda, Francesco Centonze & Gabrio Forti (eds.), *Preventing Corporate Corruption: The Anti-Bribery Compliance Model*, Springer, 2014.

[②] 同上注。

方案的一般考量。法官认为培训应该更加具体,并且应该与在公司系统中的工人的角色相对应。

(6)惩罚措施。合规方案必须说明惩罚应适用于没有意识到和没有试图消除的犯罪风险的人员、董事或经理,并惩罚对合规有所违反的人员。

(7)发现风险的程序。一个合适的合规方案必须说明发现和绘制风险的程序,特别是在特定情况发生时,即出于先前的违规行为,或者在人力资源高度流动的情况下。

(8)监控系统。合规方案必须包括对其运作和效率实施控制和监控的系统,同时,包括在风险区域定期进行验证的程序(包括突击检查),并且持续不断地更新。

(9)报告的义务。合适的合规方案必须说明员工和董事有义务向监督委员会报告任何违规行为。在该案中,法官强调,公司提供的合规方案只包含了一般性报告义务,但没有解释应该如何做。编写制定合规方案指南的行业协会也强调了这一点的重要性。

(10)程序。合适的合规方案必须基于特定的和具体的程序。预防程序必须以一种特定的方式加以阐述而不是一个概括的方式。例如,由参与诉讼程序的企业提供的合规方案表明,备案会计登记册必须规定收集信息的简要方法。合适的合规方案必须说明如何备案登记以及就这一点而言,监督委员会有哪些权力。

2005年4月18日巴里法院判决的法官和2004年9月20日米兰法院判决的法官对合规方案适格性评估的观点基本一致。[①] 而后,2007年6月26日,那不勒斯法院的法官又解释了合适的合规方案应具备的其他特征。该案涉案企业成立了合资公司,并赢得了有关坎帕尼亚大区的城市垃圾处理的合同竞标。被告被指控的罪行是通过虚假陈述合同规定的要求已经得到遵守,欺诈公共实体(意大利政府、民防部门和坎帕尼亚大区的诸多城市),导致坎帕尼亚大区的垃圾处理工作严重不足,造成了损害,然而,公司仍继续收取垃圾处理费。[②]

该案法官认为,合规方案应当具备的特征,可以分为以下几点[③]:

(1)文件备份。法官认为,文件备份对于评估合规方案的适用性以及调查其是否在企业中得到有效的实施来说非常重要。此外,为了在整个企业范围内推广

---

① 在该案中法官认为,符合以下情况,合规方案是合适的:①务实、具体且以动态方式发展;②从一个具体的和经济的角度而不是从纯粹的法律的或正式的角度进行阐述;③根据公司业务的具体情况和其以前的历史进行量身定制并不断更新;以及深入的风险分析。See A. Paludi & M. Zecca, Corporate Responsibility and Compliance Programs in Italian Case Law, in Stefano Manacorda, Francesco Centonze & Gabrio Forti (eds.), *Preventing Corporate Corruption: The Anti-Bribery Compliance Model*, Springer, 2014.

② See A. Paludi & M. Zecca, Corporate Responsibility and Compliance Programs in Italian Case Law, in Stefano Manacorda, Francesco Centonze & Gabrio Forti (eds.), *Preventing Corporate Corruption: The Anti-Bribery Compliance Model*, Springer, 2014.

③ 同上注。

合规方案,文件备份也很重要,尤其是当其需要更新的时候,对企业来说,文件备份也更容易得到验证。

(2)方案更新。合规方案的更新是非常重要的,以使其适应公司结构的变化和法律的发展。

(3)合乎程序。一个合适的合规方案必须包含特定的规则并且对组织的各个部分施加特定的程序,尤其是在犯罪实施的可能性较大的地区,以及考虑公司历史的有关因素。该程序必须详细列举并特定而具体,尤其是在涉及制造和执行决策的方面。那些有权做出决定和有权执行决定的人必须由合规方案准确地明示。此外,参与流程不同阶段的人员在不同的程序阶段应该有所不同。这要求做出决定的人必须不同于执行决定的人,以及监督执行的人。[1]

合适的合规方案必须将决策过程中的每一步都在特定的登记册文件中记录和说明,比如授权、正式文件的草拟、律师的权利、隐私信息以及文件的归档。[2] 在这些程序中,监督规则的遵守情况以及惩罚违规行为都非常重要。该案的法官认为,以下领域中的程序应更具体化:参与竞争性招标,与公职人员的关系,合同的执行,记录公职人员有关的资金流动以及员工的选择。负责这些风险操作的人必须具体到个人,以便将合规方案的规则在其职责和监督下更加具体化。

该案法官认为公司采用的合规方案中的监督委员会应当符合以下标准,比如:①监督委员会成员要独立、专业化且受人尊敬,必须有三个或更多的人员构成,包括内部审计主管,而其他人应在公司组织的外部;②监督委员会必须为自己的活动制定规则,其应经董事会批准,其成员必须具有控制和调查权,但没有指导公司,修改其结构或惩罚其工人的权力;③监督委员会与公司其他部门合作,特别是与在风险领域中运作的部门合作,它的成员可以要求提供信息、展示文件,并且应不断从管理者那里接收有关风险领域的信息;④监督委员会可以建议采取惩戒措施;⑤监督委员会协助人力资源主管进行准备遵守合规方案的培训课程;⑥如果有公司结构或法律的任何变化,监督委员会应当建议对合规方案进行更新;⑦每 6 个月,监督委员会向董事会以及公司其他正式机构发送活动报告,并在犯罪发生后告知董事会主席。[3]

但是,该法官还指出,这还不足以使合规方案能够被认定为合适。合规方案必须在以下方面规定监督委员会成员的专业要求:其必须在调查和咨询中具有特定的调查经验。还必须规定,如果某人在审判中,由于已经犯下的罪行被定罪,或该人被剥夺公共或私人管理资格时,则其不能成为监督委员的成员。此外,监督

---

[1] See A. Paludi & M. Zecca, Corporate Responsibility and Compliance Programs in Italian Case Law, in Stefano Manacorda, Francesco Centonze & Gabrio Forti (eds.), *Preventing Corporate Corruption: The Anti-Bribery Compliance Model*, Springer, 2014.

[2] 同上注。

[3] 同上注。

委员会成员在企业或集团公司中不应当具有操作或指导作用。公司监督委员会的成员也是该集团另一家公司的董事会成员则被认为是影响合规方案适格性的消极因素。①

在该案中,合规方案中规定了一项义务让员工和董事向公司监督委员会报告任何涉嫌违反合规方案的行为。但是,法官认为,引入违反这一特定义务的惩罚措施也十分重要。② 关于惩罚措施,法官提出了在合规方案中的一些缺失的要素:比如,合规方案必须包含惩罚措施,并具体说明能够受到处罚的行为。董事能够被处以不同的措施,例如,经济制裁、撤销代理权,以及在最坏的情况下,被撤销任命。此外,还应当采取惩戒措施处罚董事以防止其没有适当地监督工人。③ 合规方案必须对所有工人进行培训,针对其工作的特定领域量身定制课程,尤其是在风险领域。必须对监事会成员和内部审计委员会成员开展特殊的培训方案。培训课程必须安排有序,必须在合规方案中定义其内容、课程数量、强制性出勤制度以及设定监督参与水平和质量的系统。④

二、最高法院对企业合规方案的司法审查

除上文加以介绍的合规方案适格性是一个重要的法律问题外,笔者选取了意大利最高法院判决中的三个代表性案例加以介绍,分别对合规方案是否为企业犯罪归责的必要性条件,如何认定过失犯罪中的组织过错和公司的利益或好处,以及合规监督机构的角色要求做出了明确说理与解释。

(一) Cavalleri Ottavio 企业腐败犯罪案

意大利第 231/2001 号法令实行后不久,2002 年 2 月,意大利国家公路管理公司驻米兰官员向米兰检察长办公室递交了一份披露报告,在此之后,米兰检察长利用银行调查以及电话和视频拦截,对米兰意大利国家公路管理公司多名管理人员普遍违法的情况展开了初步调查,包括部门主管(M. M.)、行政经理(D. E.)和公路维护部经理(Dario De Cesare),以及一些私企,包括 ICS Crisafulli Strade 公司(C. A.为法人代表)、Italstrade 公司(G. B.为法人代表)、Almar Elettromeccanica 公司(M.家族企业)以及 Cavalleri Ottavio 公司(Gregorio Cavalleri 为法人代表)。⑤

---

① See A. Paludi & M. Zecca, Corporate Responsibility and Compliance Programs in Italian Case Law, in Stefano Manacorda, Francesco Centonze & Gabrio Forti (eds.), *Preventing Corporate Corruption: The Anti-Bribery Compliance Model*, Springer, 2014.
② 同上注。
③ 同上注。
④ 同上注。
⑤ 参见 Cass. pen., sez. Ⅵ, 9 Luglio 2009, n. 36083;A. Bogliacino, Ex D.LGS. 231/2001: Modello E Casi Concreti,载 Diazilla 网站(https://diazilla.com/doc/495199/scarica-la-presentazione),访问日期:2019 年 10 月 25 日。

调查对象是腐败犯罪，主要围绕上述提及的意大利国家公路管理公司的三名高管展开，针对通过"紧急项目"程序授标或非法分配道路工程，即为了展开项目巧妙地创建一个程序来获得款项的快速结算支付。根据基层法院法官的认定，腐败犯罪活动的目的是在意大利国家公路管理公司的竞标名单中持续出现一小批企业家的名字①，其中包括 Gregorio Cavalleri，即 Cavalleri Ottavio 公司的法人代表。②

这一腐败"操控系统"能够使公司在离其资产驻地最近的地区开展工作，并能够在授标和执行工程方面交替出现有关公司的名字。此外，通过在可靠的企业和分包系统之间竞争"试点项目"的投标，从而使同一个企业能够出现在授标名单上。③

Gregorio Cavalleri 由于给公路维护部经理 Dario De Cesare 4 万欧元而被认定为犯腐败犯罪，被判处 3 年有期徒刑。Cavalleri Ottavio 公司因 Gregorio Cavalleri 自 1989 年 10 月 16 日至 2003 年 2 月 25 日担任公司法人期间的罪行，被认定为犯有腐败犯罪，因而被判罚 5 万欧元。④ 根据意大利第 231/2001 号法令第 5 条，Cavalleri Ottavio 公司被判处没收相同金额的违法所得。⑤ 2006 年 7 月 6 日米兰法院就该案做出一审判决，2008 年 11 月 4 日上诉法院做出判决。⑥ 2009 年 7 月 9 日最高法院的判决，涉及了多名被告⑦以及 Cavalleri Ottavio 公司和 Italstrade 公司（根据意大利第 231/2001 号法令被定罪），以及一审被定罪的三名被告⑧。Italstrade 公司被判处罚金 9 万欧元，并根据意大利第 231/2001 号法令第 5 条被判处没收 35999 欧元的违法所得。⑨ 笔者着重介绍法官根据意大利第 231/2001 号法令对 Cavalleri Ottavio 公司最终定罪的理由。

该案法官查明，犯罪是 Gregorio Cavalleri 为其公司 Cavalleri Ottavio 的利益而实施的，并认定公司的行为"可受到谴责"，因为该企业未能采用合适的企业合规方案来阻止企业被牵涉到由其代表实施的腐败行为之中。⑩

---

① Cass. pen., sez. Ⅵ, 9 Luglio 2009, n. 36083.
② 参见 A. Bogliacino, Ex D.LGS. 231/2001: Modello E Casi Concreti，载 Diazilla 网站（https://diazilla.com/doc/495199/scarica-la-presentazione），访问日期：2019 年 10 月 25 日。
③ Cass. pen., sez. Ⅵ, 9 Luglio 2009, n. 36083.
④ 参见 A. Bogliacino, Ex D.LGS. 231/2001: Modello E Casi Concreti，载 Diazilla 网站（https://diazilla.com/doc/495199/scarica-la-presentazione），访问日期：2019 年 10 月 25 日。
⑤ Cass. pen., sez. Ⅵ, 9 Luglio 2009, n. 36083.
⑥ Cass. pen., sez. Ⅵ, 9 Luglio 2009, n. 36083.
⑦ 包括 M. L., V. A., C. G., C. A., B. G. D., C. N., F. G., 参见 Cass. pen., sez. Ⅵ, 9 Luglio 2009, n. 36083, ritenuto di fatto, 4。
⑧ 包括 F. A., P. M. E. 和 S. G., 参见 Cass. pen., sez. Ⅵ, 9 Luglio 2009, n. 36083, ritenuto di fatto, 4。
⑨ Cass. pen., sez. Ⅵ, 9 Luglio 2009, n. 36083.
⑩ Cass. pen., sez. Ⅵ, 9 Luglio 2009, n. 36083.

但上诉人在审判中提出，意大利第 231/2001 号法令并没有以任何方式规定机构有采用企业合规方案的义务，合规方案仅仅构成机构减免责任的一个条件。因此，没有采用企业合规方案不能自动构成企业的责任，而应该认定企业责任的主观构成因素。① 上诉人的辩护从传统的责任模式展开，而意大利第 231/2001 号法令引入了一个新的刑事责任系统，即一个结合了传统的刑事责任和行政责任的系统，不同于两者而有着自身的特点，规定了企业自身的自主行政管理责任。因此，当犯罪（在意大利第 231/2001 法令第 3 节明确列出）由企业高层主体为了企业的利益或好处[第 5 条第 1 款 a)项]而实施，如若为企业行事的主体所犯下的犯罪事实能够归于企业事实，则企业必须对此负责。②

法院判决意见指出，由于企业与企业高层领导之间的有机统一，企业应为自身的行为负责，这毫不违反《意大利宪法》第 27 条禁止因他人行为归咎刑事责任的规定。只要企业与高层领导之间存在着有机统一的联系，则企业利益（主观角度）或好处（客观角度）的存在足以构成企业责任。仅当个人为了"自己或第三方的专属利益（意大利第 231/2001 号法令第 5 条第 2 款），该利益甚至不能部分地归于企业利益时，即不可能存在上述提及的有机统一时"，企业无须承担任何责任。

而上述提及的情况（意大利第 231/2001 号法令第 5 条第 2 款），在该案的一审审判中已被法官合理地排除了，因为，企业要想不为企业代表所犯罪行负责，必须证明其已经采取了必要的措施来阻止此类犯罪发生。

由此产生了举证责任倒置和意大利第 231/2001 号法令第 6 条提到的证据性规定。具体地说，企业需要首先提供"证据证明在犯罪事实发生之前，管理机构已经为此采用并有效实施了合适的组织和管理合规方案"[意大利第 231/2001 号法令第 6 条第 1 款 a)项]。

重要的是，所有列明在意大利第 231/2001 号法令第 6 条第 1 款 a)项之后（包括罪犯的欺诈行为）的证据性规定，均以采用和实施上述企业合规方案为前提。没有采用合规方案，又存在上述客观的和主观的条件（为了企业的利益和好处实施犯罪且犯罪行为是由具有高级管理职位的人实施的），则足以构成"可谴责性"，即法令所要求的能够构成制裁性的情况，其中包括未能采用预期内的、必要的、合适的管理和组织预防措施来防止某些类型的犯罪。

在这种"可谴责性"的概念中，隐含着一种新型的由于组织和管理疏忽造成的法定责任形式，这是由于，立法者合理总结了近几十年在经济和商业领域发生的具体事件，合法且有充分理由地深信，任何可符合意大利第 231/2001 号法令第 1 条第 2 款规定的机构组织体，均有必要采用合适的合规方案来防止特定犯罪的发生。经验表明，合规方案的实施有助于实现结构化利益，因为"主要的和最危险的

---

① Cass. pen., sez. Ⅵ, 9 Luglio 2009, n. 36083.
② Cass. pen., sez. Ⅵ, 9 Luglio 2009, n. 36083.

犯罪表现形式是由具有复杂组织结构的主体实施的"。

Cavalleri Ottavio 公司未能提供足够的证据来证明其已经采用并实施了合适的企业合规方案来预防腐败犯罪,因此法人代表 Gregorio Cavalleri 仅根据自身的或第三方的利益来行事的可能性被排除,因而上诉理由应被驳回。最终,最高法院驳回了 Cavalleri Ottavio 公司的上诉,要求该公司支付法庭费用。①

该案的一个启示是,虽然采用企业合规方案对于企业具有非强制性,但是,没有意大利第 231/2001 号法令规定的企业合规方案的情况在本质上是有罪的,因为,这意味着企业采取了不作为的态度。②

(二) TKAST 钢铁厂过失杀人案

2007 年,意大利第 123/2007 号法令首次规定机构对非故意犯罪承担责任。而从理论上来看,认定企业的过失犯罪责任需要符合意大利第 231/2001 号法令第 5 条规定的责任归责的客观标准,即存在公司利益或好处,也需要存在协调欺诈性地规避意大利第 231/2001 法令第 6 条规定的组织合规的行为,但欺诈性地规避不符合疏忽大意行为的本质。③ 2007 年 12 月 5 日,意大利 TKAST 钢铁厂发生灾难性事故,造成 7 名工人死于烧伤。随后,在意大利刑事最高法院审判的 TKAST 钢铁厂过失杀人案,就这两个问题作出了一个示范性解释。

意大利蒂森克虏伯钢铁厂(ThyssenKrupp Acciais Peciali Terni S.p.a., TKAST)位于特尔尼,是控股公司德国蒂森克虏伯股份公司 (TKAG) 控制的公司之一。该公司是一家金字塔式结构机构,涉及各个行业,其中之一是钢铁生产,其子公司是蒂森克虏伯不锈钢公司(TKL)。TKL 公司控制着包括 TKAST 钢铁厂在内的几家全国性公司。

2007 年 12 月 5 日至 6 日晚在 TKAST 钢铁厂发生火灾,事发当晚,6 名工人正在值班,还有 1 名班长,基本上没有争议的案件事实是点火和意外事件的发展,7 名工人死于烧伤。该案是关于违反工人安全条例有关的罪行。

2011 年 4 月 15 日,都灵巡回法院以多项故意杀人、纵火和故意不作为导致工伤伤害罪判处 TKAST 钢铁厂总经理 16 年 6 个月监禁。其他 5 名被告作为该公司的董事和高管,分别被判处 13 年 6 个月的监禁和 10 年 10 个月监禁,罪名是多项

---

① Cass. pen., sez. Ⅵ, 9 Luglio 2009, n. 36083

② R. Korn, L'analisi del D. LGS. n. 231/2001 e le prospettive di riforma in Chiave Ambientale, in Agricoltura, Istituzioni, Mercati, n. 3, 2013, p. 82.

③ Confindustria, Linee Guida Per La Costruzione Dei Modelli Di Organizzazione, Gestione E Controllo Ai Sensi Del Decreto Legislativo 8 Giugno 2001, N. 231 Approvateil 7 marzo 2002 (aggiornate al marzo 2014), Second Part, 142.

过失杀人罪和纵火罪,两罪都因为事故的出现而加重处罚。① 都灵巡回法院还适用了意大利第 231/2001 号法令第 25 条之七,因违背保护工作场所健康和安全的法律而犯有过失杀人罪或严重人身伤害罪,根据意大利第 231/2001 号法令第 9 条、第 10 条和第 12 条第 2 款 a)项判处 TKAST 公司 100 万欧元财产性制裁;根据第 9 条第 2 款 a)项,判处在 6 个月内禁止获得资金、资助或补助活动资格的禁止性制裁;根据第 9 条第 2 款 e)项,在 6 个月内禁止对产品或服务进行宣传,以及根据第 19 条判处没收 80 万欧元。②

2013 年 2 月 28 日,都灵上诉法院将 TKAST 钢铁厂总经理的刑罚改判至 10 年有期徒刑。针对其他犯罪人的犯罪,刑罚改判至 7 到 9 年。③ 2014 年,最高法院部分维持了都灵上诉法院先前判处的刑罚,将案件转交到都灵巡回法院的另一科,以便重新判决。在提交至最高法院后,后者维持了对多起过失杀人罪的判决,在明确了被告的作用和责任之后,法官对被告判处 9 年 8 个月和 6 年 8 个月监禁④。

意大利最高法院的判决就客观的犯罪归责标准展开了论述。⑤ 意大利第 231/2001 号法令第 5 条规定了对企业犯罪进行起诉的客观规则:为自身"利益"或"好处"而进行的犯罪。⑥

根据现行办法,也受到针对法令的政府报告(Relazione governativa al D. Lgs.)⑦的启发,"利益"和"好处"两个起诉标准处于一种或然的关系,该条款文本由"或者"转折连词得以确立。一般认为,"利益"标准表示对犯罪的目的论的评估,在犯罪成立之前,在犯罪事实实施时,根据明显的主观标准判断;"好处"标准具有本质上的客观内涵,如注重事后的评价,根据实施不法行为所产生的具体效果。然而,有一些反对意见认为,这两个标准在本质上是统一的,归罪标准是"利益",而"好处"是一个工具性、证明性的角色,用来证明"利益"的存在。二元论的解释在一些判例法中也得到了认可。⑧

---

① 参见 Processo Thyssenkrupp: confermate le condanne in Cassazione,载 Altalex(https://www.altalex.com/documents/news/2017/02/27/processo-thyssenkrupp-confermate-le-condanne-in-cassazione),访问日期:2019 年 10 月 15 日。
② Cass. Pen, Sez. Un., 24 Aprile 2014, n. 38343.
③ 参见 Processo Thyssenkrupp: confermate le condanne in Cassazione,载 Altalex(https://www.altalex.com/documents/news/2017/02/27/processo-thyssenkrupp-confermate-le-condanne-in-cassazione),访问日期:2019 年 10 月 15 日。
④ 同上注。
⑤ Cass. Pen, Sez. Un., 24 Aprile 2014, n. 38343.
⑥ 2007 年 8 月 3 日第 123 号法令第 9 条引入了 25-sept,该条扩大了违反职业健康和安全规则而犯有过失杀人罪和严重人身伤害罪的应用范围。随后第 300 条被 2008 年 4 月 9 日第 81 号法令改写,与现行相关规定无异。
⑦ Cass. Pen, Sez. Un., 24 Aprile 2014, n. 38343 63. Il criterio d'imputazione oggettiva.
⑧ Sez. 2, n. 3615 del 20/12/2005, D'Azzo, Rv. 232957; Sez. 5, n. 10265 del 28/11/2013, dep. 2014, Banca Italeases. p. a., Rv. 258577; Sez. 6, n. 24559 del 22/05/2013, House Building s. p. a., Rv. 255442. Citato in Cass. Pen, Sez. Un., 24 Aprile 2014, n. 38343.

事实上，这一争论对判决的审议并未产生任何重大利害影响，一方面是因为该事项是客观的具体推断，另一方面是因为该案的"利益"和相关"好处"提出了有力的论据。

因而，最值得注意的是，如意大利第 231/2001 号法令第 25 条之七提到的那样，过失犯罪在构成犯罪的情况下必须以企业责任为前提，但不能改变所提到的客观起诉标准来适应不同犯罪的结构类型。构成过失犯罪的过失行为与目的论之间的逻辑交叉是"利益"的重合。从另一方面讲，过失犯罪活动很难预测在某种情况下能给企业带来"利益"及"好处"。这一问题应当靠法律解释来解决。不符合理性的立法者的意愿的荒谬结果，将导致规则的字面解释成为容易被认可的唯一的可能的选择："利益"和"好处"的概念，在过失犯罪事件中，必须与行为有关，而不是违反法律的结果。

而且，这种解决方案不会导致任何逻辑上的困难：一个违反预审程序的行为，即管控行为的过失，决定了企业的"利益"以及"好处"的取得。另一方面，这一解释方法，以及被赋予的系统逻辑上的责任，并没有真正的创造力，而仅仅采用了原始的追责标准来认定，而且没有改变追责的法律规定。法律调整只针对评估的主体，只针对行为而不针对事件，根据不同犯罪行为的不同构成，因此，并没有对刑法规范的宪法性保护原则造成伤害。这种结果不会体现不合逻辑性：公司高管会故意违反某些条款甚至预见其中可能发展的事件，来满足公司的战略需求。而最好的归责事由，是可以满足违反预防性条款与实现公司的"好处"共存。该案中法院认定，为了节省资金而疏于采取旨在尽量减少事故风险的预防措施符合"为了公司的利益"的要求，因而认定公司具有主观过失。①

该案中还对意大利第 231/2001 号法令第 6 条有关的组织过失和合规方案的举证责任进行了论述。该案法官指出，这里受到谴责的是企业而不是行为主体，因此，对于行为人的行为的协同心理因素加以研究是脱离正轨的，当被指控的行为是过失的时候，情况更是如此，因为，正如已经指出的那样，过错本身具有纯粹规范的内涵，标志着其价值的失值。

因此，有必要重构组织的过失的概念。应当考虑到立法者，以意识到组织的复杂性的犯罪内涵为导向，试图通过采取组织和管理举措，迫使这些机构采取必要的预防措施，防止某些罪行的实施。这些措施必须在一份文件中加以规定，即一个合规方案应当确定风险并概述应对风险需要采取的措施。由于组织的过失而不遵守这一义务，因而能够受到非难。在这种情况下，举证责任并不倒置。正如最高法院已经指出的，该企业的责任基于指明的组织的过失。这种组织上的缺陷能够导致刑事犯罪的直接的简单的起诉。

---

① 参见 A. Giovannelli & R. Cursano, Corporate Liability in Italy, 载全球新闻合规网（https://global-compliancenews.com/white-collar-crime/corporate-liability-in-italy/），访问日期：2019 年 10 月 26 日。

证明被告的存在,需要证明刑事犯罪是由公司组织内部个人实施的或从某种意义上来说,代表公司的责任从个人扩大到集体,将一个人的行为精确地和其他的利益联系了起来,因此,企业的组织过失的要件,使其自动构成了企业的责任。

在企业刑事责任的举证责任上,意大利第 231/2001 号法令第 6 条规定,必须证明合规方案是有效的并已被采用。很多学者认为,这是一种举证责任倒置,但该案法官认为,从整体上来说,在企业责任的规定中并未看出举证责任倒置。但无论如何,加重了以下举证负担:需要证明意大利第 231/2001 号法令第 5 条规定的自然人实施了犯罪、自然人属于公司雇员或高管、企业缺乏内部监管,而企业有很大提供免责证明的权限。这一点也体现在上诉判决中,强调了公诉机关在证明严重的组织缺陷方面所表现出的主动性。

在 TKAST 钢铁厂过失杀人案中,最高法院的判决阐明了过失犯罪的客观归责标准,指出为了节省资金而疏于采取旨在尽量减少事故风险的预防措施,符合为了公司"利益"或"好处"的要求,此外说明了组织过失的概念以及举证责任的归属,即应当由检察院来证明企业没有采取符合意大利第 231/2001 号法令中的合规方案来预防犯罪的一系列构成要件。

(三)Impregilo 企业内幕交易案

Impregilo 是一家意大利工业集团,专门从事建筑和土木工程业务,总部位于米兰。该公司于 2014 年通过将 Salini 合并为 Impregilo 而正式成立。① 最初,蒙扎检察官根据《意大利刑法典》第 81 条(形式竞合——连续犯罪)和第 110 条(对共同犯罪人的处罚)以及《意大利民法典》第 2621 条(公司虚假沟通)和第 2637 条(内幕交易)②的有关规定对 Impregilo 企业董事长和总经理提起了诉讼。

2005 年 10 月 13 日检察官提出了对被告的指控,认为这些主管部门,在真实的会计和财务数据基础上预先安排了相关的公关新闻稿。总经理和董事以欺诈手段逃避了企业内部合规方案,决定独立、秘密地改变新闻的出版内容以便虚假陈述,将不完整的和错误的数据和信息传达给市场。

2007 年 2 月 21 日一审开始,法院认为,此案涉及市场滥用罪(向财务市场进行虚假陈述),尽管该罪行实际上是由其总经理和董事实施的,但公司能够免于承担责任。公司的结构性缺陷被排除,因为合规方案可以有效地预防此类犯罪的实

---

① 参见词条 Salini Impregilo,载维基百科网(https://en.wikipedia.org/wiki/Salini_Impregilo),访问日期:2020 年 1 月 2 日。
② 《意大利民法典》第 2637 条规定,任何人散布虚假新闻或实施模拟操作或其他虚假手段,切实能够造成(对未上市的金融工具或对尚未提出获准进入受监管市场交易的请求申请的金融工具)价格的重大变动,或者使公众对银行或银行集团的资产稳定性的信任产生重大影响,可判处 1 至 5 年有期徒刑。该行为的主观要件为一般欺诈。该条即《意大利刑法典》第 501 条内幕交易和操纵市场罪有关行为的原型,即使用欺诈手段在公共市场或股票交易市场降低或抬高价格,但是,《意大利刑法典》中规定的犯罪需要特定的意图,行为人的意志必须旨在引起价值或商品的谈判市场中的混乱。

际实施,而行为人逃避了内部程序和控制系统,并未遵循标准程序。2007年7月12日,米兰法院法官接受了自初步庭审以来提出的与被告和该公司有关的辩护律师提出的异议,将案件退回了米兰检察院。

米兰检察院检察长重新启动了诉讼程序要求驳回2007年11月的案件。2009年2月13日,初期侦查法官①接受了检察官提出的部分指控的要求。2009年11月17日,Impregilo企业被判决无罪,由于第一项指控缺乏行为的因果关系要件,第二项指控因企业具有适格的合规方案,即符合意大利第231/2001号法令第6条而不受惩罚。2012年3月21日,米兰上诉法院驳回了公诉人对一审判决的上诉,该裁决根据意大利第231/2001号法令免除了Impregilo的赔偿责任,并充分确认了这一裁决,此外,裁定该企业具有适格的合规方案。②

公诉人就上述决定又向最高法院提出上诉,要求Impregilo公司根据意大利第231/2001号法令第25条之三a)项③和r)项④、第5条和第44条⑤规定的有关犯罪作出答复。公诉人认为该企业被认为利用了其董事长和总经理实施的内幕交易罪(Aggiotaggio)而受益,从而使企业已有的合规方案不足以预防上述犯罪。⑥2013年12月18日,最高法院根据第4677号裁决,撤销了米兰上诉法院将案件提交同一法院另一分院重新审议的裁决。着重审理了与以下三个问题有关的案情:①裁定犯罪时企业合规的辩护效力及其有效的执行;②认定内幕交易罪的行为人的欺诈性规避行为的存在;③对行为人犯罪的评估。⑦

第一,对Impregilo案的分析有助于检视司法部门在评估合规方案是否充分以

---

① 在意大利司法体系中,对案件的调查由公安机关和检察官展开,法院只应当事方的要求进行干预。初期侦查法官对案件调查没有控制权,其仅为在诉讼参与方(一般来说为检察官)的要求下,在有必要时做特定的行为。而审判法官会在公安机关和检察官收集的所有典型调查材料(比如证人证言)齐全后,才在刑事诉讼程序中出现。参见 N. Canestrini, Investigation and Prosecution Phase under Italian Criminal Procedure, 载 canestriniLex 网站(https://canestrinilex.com/en/readings/investigation-and-prosecution-phase-under-italian-criminal-procedure),访问日期:2019年10月23日。

② 参见 Other Information,载 Salini Impregilo 网站(https://reports.salini-impregilo.com/en/salini-2013/directors-report/other-information),访问日期:2020年1月2日。

③ 关于《意大利民法典》所规定的公司罪行,如果由公司管理人员、总经理或清算人或者由向这些人员报告的人,为公司的利益而实施,如果他们按照其职责义务履行监督职责,事件不会发生,则处以以下罚款:对于《意大利民法典》第2621条所规定的虚假报告的不法行为,处以100到150个的配额的罚金刑。

④ 对于《意大利民法典》第2637条所规定的操纵市场的重罪,以及《意大利民法典》第2629条之二规定的未披露利益冲突的重罪,罚金配额在200至500之间。

⑤ 意大利第231/2001号法令第5条和第44条分别为企业责任和证人与被告人的不兼容性。

⑥ Cass. pen. sez. V, 18 December 2013, n. 4677.

⑦ 参见 Other Information,载 Salini Impregilo 网站(https://reports.salini-impregilo.com/en/salini-2013/directors-report/other-information),访问日期:2020年1月2日。

及认定高级管理层规避欺诈方面所面临的困难。①

在该案中,一审和二审法院的法官认为,该企业所采用的合规方案不仅在形式上符合意大利第231/2001号法令的标准,而且也包含预防市场滥用行为的具体措施。此外,也符合意大利工业家联合会批准的指南。在确定符合法令规定之后,法官认为:在违法行为发生之前,管理层已采纳合规方案;负责监督合规方案以及对其更新的职责已经被分配到具有特定技能和适当权力的监事会,以便做出决定和监控;监事会的信息流制度已经实施,因为合规方案已被纳入公司程序及其内部控制系统中。

甚至在意大利第231/2001号法令颁布之前,该企业就已经遵守相关法律,这被认为是具有积极意义的。实际上,公司治理和内部审计程序均基于《意大利证券交易所自律守则》规定的原则,这被视为组织内部存在合规文化的信号。此外,法院还认为,即使未正式采用合规方案,公司责任也可以免除。无论该合规方案的名称是什么(道德守则、自律守则、组织和管理合规、公司治理合规等),只要符合意大利第231/2001号法令所要求的企业合规,就能够免除公司的责任。

因此,该案法官认为,该公司能够证明,专门针对避免市场滥用行为的预防措施已在其合规方案中建立,并已在组织和控制系统中实施。特别是,公司采用了内部程序管理对外的通讯。此程序需要在决策、参与以及信息和数据管理过程中,存在不同领域中工作的几个人,包括会计办公室和通讯部门。法院认为,一方面,如果董事尊重合规方案,犯罪是不可能发生的;另一方面,尽管犯罪已发生,也不能当然地认为遵守该方案不适合防止这种犯罪,否则,如果有犯罪行为,任何企业都无法避免责任。② 因此,米兰上诉法院维持了一审判决。

但是,米兰总检察长的上诉特别指出,米兰法院的判决中有一种逻辑错误。米兰总检察长认为,尽管合规方案旨在防止敏感的虚假价格的信息的传播,但允许公司高管单独对合规方案加以修改,而对其行为没有任何控制。这种缺乏管制的状况的存在,能够使公司高管不必对该机构采取任何不当行为(比如欺诈性规避),因为其没有必要这样做,便能够使犯罪得以实施。③

最高法院接受了米兰总检察长提出的上诉,得出了与米兰上诉法院法官相反的结论,并撤销了上诉法院的判决发回重审。

最高法院法官还就裁定犯罪时企业合规的辩护效力(即合规方案的适格

---

① M. Colacurci, L'idoneità del modello nel sistema 231, tra difficoltà operative e possibili correttivi, in Dirittopenale e processooggi n. 2, 2016, P. 74.

② A. Paludi & M. Zecca, Corporate Responsibility and Compliance Programs in Italian Case Law, in Stefano Manacorda, Francesco Centonze & Gabrio Forti (eds.), *Preventing Corporate Corruption: The Anti-Bribery Compliance Model*, Springer, 2014.

③ M. Colacurci, L'idoneità del modello nel sistema 231, tra difficoltà operative e possibili correttivi, in Dirittopenale e processooggi, n. 2, 2016, P. 75.

性)做出了重要的澄清。① 首先,法官认为,该案企业责任的类型不属于《意大利刑法典》第40条②第2款规定的责任类型(有法律责任来防止犯罪的发生),也不属于第57条中规定的犯罪③的责任类型(有传达或输出上的过错),这些犯罪意味着企业存在自身的责任。其次,法官也不能认为,因为(假设)操纵股市的犯罪发生了,从而认定合规方案是不适格的。诉诸《意大利刑法典》第57条第2款的过失责任类型在该案中也是不合适的,即分析监督方面的过错,而是应当(也必须)来分析合规方案的适格性,其是否能防止公司高层的犯罪。④

因此,最高法院要求评估该案合规方案的适格性,应当通过"完全的法律规范意义上"的判断⑤,分析企业合规方案的适格性,将其理解为在商业环境下产生的监管机制的"后果"。法官认为,判决不考虑任何心理状态上的评价(不可能来参考机构的意志因素),并且,判断形式应当是评估公司实际采用的合规方案,以及考虑上述合规方案及其旨在达到的目标的充分性。⑥ 但是,这种判断不是一项客观的责任的判断,因为审查的客体是那些制定、批准的人有意识的自愿的活动的后果。⑦

最高法院认为,由企业代表制定的行为守则的作用应当被弱化,因为,法律没有规定对行为守则的强制性借鉴,也没有规定相应的规则的违反的惩罚,合规方案可以(而非必须)在行为守则的基础上来制定,但是,它必须在任何情况下,在其打算经营的企业中得到贯彻。⑧ 另外,虽然该企业的合规方案按照《工业家联合会指南》(Linee Guida di Confindustria)的规范加以更新,设定了"沟通交流犯罪",但是,在信息传播的实践中,其是否得到了有效的控制并未加以核实,而缺乏这种核实性检查是米兰上诉法院判决中必须加以考虑和填补的空白。⑨

米兰总检察长的观点主要针对合规方案显示出的局限性,指出由于合规方案允许"单独"地起草新闻稿,其实施可能是在任何交叉核对和任何可能的核查之外。由此,董事长和总经理二人可以"悄无声息"地无视或者篡改有关机构起草的公报原件;这将有损 Impregilo 企业合规的有效性,构成一种"组织过错",具体来

---

① M. Colacurci, L'idoneità del modello nel sistema 231,tra difficoltà operative e possibili correttivi,in Dirittopenale e processooggi, n. 2, 2016, P. 75.
② 作为典型犯罪原因的过失。
③ 通过新闻媒体传播手段实施的犯罪。
④ Cass. pen. sez. V., 18 Decembre 2013, n. 4677.
⑤ 同上注。
⑥ 同上注。
⑦ 同上注。
⑧ 同上注。
⑨ M. Colacurci, L'idoneità del modello nel sistema 231,tra difficoltà operative e possibili correttivi, in Dirittopenale e processooggi, n. 2, 2016, P. 76.

讲,是一种能够导致不法行为的过失。① 但是,最高法院的判决书中指出,这一观点并没有正确地描述归因于犯罪的实际的心理态度。事实上,正如地方法院所说,当时通过的合规方案是按照《意大利证券交易所自律守则》所制定的,后来经意大利司法部批准的合规方案。该合规方案规定了监督机构不隶属于其他公司机构,而是直接受制于董事会主席。② 然而,米兰总检察长也指出,合规方案的适格性也体现在通告发表形成过程的最后一个阶段,因为企业高层有着对公报草案进行批准、拒绝、修改的绝对的权力。正是这种行为,在该案中,Impregilo企业构成了对机构的权力滥用和对合规方案的屡次违反。因此,最高法院认为,米兰总检察长无须说明Impregilo企业所违反的预防性规则是什么,以及企业的过失实际上包括什么。③ 如果企业合规监督机构没有独立的控制权力,且它依赖于必须监督的主体的权力,则认为该监督机构是无效的。④

第二,就有关内幕交易罪的行为人的欺诈性规避行为的存在的判定,最高法院法官指出,意大利第231/2001号法令的机理在于有代表行政或管理职能的人[第5条第1款a)项]欺骗性地规避了合规方案,才能造成对合规方案的违反(因此使应避免的犯罪得以实施)。因此,有必要澄清什么是欺诈行为,因为,很明显,其不能仅仅构成了对合规方案中规定的违反。即使像Impregilo的律师所建议的那样,也不一定必须与《意大利刑法典》第640条规定的技巧和欺骗相同,而是由一种欺骗性的、伪造的、隐晦的、微妙的行为构成。法官引用了拉丁语frauslegifacta来解释本案中欺诈行为的构成,认为是个人"企图"以欺诈的方式对一家正规合法企业加以剥削和利用,以逃避法律的制裁。⑤

简而言之,最高法院法官认为"规避"才是一个重要的原则,而不是简单地对规则的"正面"的违反。而上诉法院的判决似乎是通过认定简单地更改或替换Impregilo企业内部机构准备的草案内容来承认高管R.和S.的欺诈行为。在这种情况下,最高院法官认为,该案中高管存在滥用权力(即权力的扭曲使用),而不是欺骗(即欺诈行为)。⑥ 由于不存在对合规方案的欺诈性规避,因而也不存在一个适格的合规方案。⑦

第三,针对该案中行为人的犯罪评估,最高法院的判决书中指出,由于上诉法

---

① Cass. pen. sez. V., 18 Decembre 2013, n. 4677.
② 同上注。
③ 同上注。
④ 参见A. Giovannelli & R. Cursano, Corporate Liability in Italy,载全球新闻合规网(https://global-compliancenews.com/white-collar-crime/corporate-liability-in-italy/),访问日期:2019年10月26日。
⑤ Cass. pen. sez. V., 18 Decembre 2013, n. 4677.
⑥ 同上注。
⑦ M. Colacurci, L'idoneità del modello nel sistema 231,tra difficoltà operative e possibili correttivi, in Dirittopenale e processo oggi, n. 2, 2016, P. 76.

院的判决中并未涉及这方面的结果,因而对其进行的评估应当交由移交的法庭来作出。① 但是,最高法院的判决就内幕交易罪的认定做出了一些解释性的准则。审判中,米兰总检察长指出,能够确定的是,正如米兰上诉法院判决中确定的那样,董事长和总经理散布了虚假的信息而且其能切实地引起公司股票价值以及集团公司发行的债券的重大变动。具体来说,由于这一消息,联营公司 IMPREPAR 的清算资产负债表将大量结清余额,与已经合并的坏账相比,不会产生进一步的经济影响,从而使 IMPREPAR 公司能够偿还对银行系统和对 Impregilo 公司的债务。此外,从上诉法院的判决中还可以了解到,上述两名公司高管还商量将 Equinox 公司并入意大利费赛亚公司(FISIA ITALIMPIANTI)的股本中,这一操作可使企业获得能够支持其发展的财务合作伙伴。该董事长和总经理在 2003 年 11 月向市场通报的季度报告中,散布了与 Impregilo 企业预算指数有关的虚假消息。而上诉法院的判决指出,该董事长和总经理曾经操纵了相关办事处处理的数据,然后将这些数据列入新闻稿,以便使市场满意。因此,欺诈性规避行为中,根据意大利第 231/2001 号法令第 6 条所规定的欺诈,涉及的不是信息所引导的市场参与者,而应当是程序中的其他参与者,因此,欺诈需要在规避组织合规及其程序方面必须具有工具性功能。② 米兰总检察长认为,米兰上诉法院的论述存在明显的法律逻辑错误,欺诈并非如上诉法院所界定的那样,只损害市场经营者的利益,而在于与他人沟通虚假信息,切实地能够引起股票和债券价值的重大改变。另外,没有一种欺诈是针对所谓"程序中的其他参与者",该董事长和总经理正是根据企业合规方案的规定,在任何控制之外,有可能与外界进行沟通。这是因为只有上述两名高管对结论性的文本存在着控制权,因而能够代表企业进行公布。因此,由内部人员前期准备的草案,很可能被忽略或者篡改,正如已经发生的那样,而该董事长和总经理不用对其下属有任何蒙骗、欺骗或者造假。③

Impregilo 公司的辩护人指出,参考当时的文本来看,内幕交易并不存在,地方法院要求由检察官将有争议的证据进行全面审查,而内幕交易罪是假想出来的,其并未能够排除合理怀疑。但是,米兰上诉法院并未对该辩护意见加以考虑,法院仅简单地指出了对个人犯罪存在的起诉和依据意大利第 231/2001 号法令排除机构责任辩护的不同立场,因此,上诉法院并未有机会来解决这一问题。④ 辩护意见认为内幕交易罪并不存在,因为,根据当时的文本,能够得出的结论是,董事长和总经理都没有向公众或者市场散布新闻,而是表达了评估并作出预测(关于 IMPREPAR 公司的预算的清算以及就 Equinox 可能进行的与 FISIA 资本的并

---

① Cass. pen. sez. V., 18 Decembre 2013, n. 4677.
② 同上注。
③ 同上注。
④ 同上注。

入)。因此,董事长和总经理的行为是判定、评估或者陈述,其处于《意大利民法典》第2637条规定的刑罚之外。内幕交易罪是一种具体危险犯(见法律文本中"具体地"这一副词),其中,法律事实包括扭曲的供求博弈。因此,有必要验证这种虚假的行为是否能够潜在地造成这种扭曲。从这种意义上讲,应当记住立法还规定了操纵市场的犯罪行为[参见《意大利统一金融法》(TUF)第185条]。而《意大利统一金融法》第187条之三规定的受到惩罚的行为是"误导性"的新闻传播,显然和《意大利民法典》中第2367条规定的"虚假的"新闻传播的概念有着明显的不同。① 此外,在最高法院的庭审中,辩护意见还着重要求法院对制定合规方案当时的历史性因素作出考量。②

最高法院的判决书分析指出,很容易注意到,一方面,内幕交易可以说是一种"传播犯罪"。(实际上,这种操纵是由"散布虚假新闻的人,在虚拟操作或其他具体适用于导致金融工具价格发生重大变化的技巧中……或显著影响公众对银行或银行集团资本稳定性的信任……")因此,在通信方面,合规方案应该显示出其有效性。另一方面,米兰上诉法院似乎认为以下事实是无可厚非的:"草稿"是由内部机构起草的,而信息的传播则是最高管理者(董事长和常务董事)的责任,但其受到机构"直接雇用"的自身的总经理的控制。然而,米兰上诉法院也表示,合规方案的制订还必须设置一个职能机构,来监督合规方案的操作及其遵守,其应当归于一个拥有自我决定权的主动权和控制权的机构。

这也是意大利第231/2001号法令第6条b)项第1款所规定的。但是,由于主动性和控制权,原则上,应当是有效的,而不仅仅是"纸面上"的,因此,必须假设控制者对被控制者不具有从属地位。第6条d)项第2款规定了对监督机构负有告知义务,显然是为了使监督的权力能够"自主地"行使,第6条e)项规定的惩戒系统,其能够惩罚不遵守合规中指明的措施(显然,其能够使控制力变得"可靠")。

因此,由于尚不清楚在对外发送信息之前内部机构起草的草案的修改(或者说操控)是否已经传达到内控机构的情况下,可以认为存在一个额外的"传播通道",而这一通道不受制于总经理和常务董事。如果情况如此,则意大利第231/2001号法令第6条提及的监督控制,没有真实地落到打算传播的最后的版本上,监督控制将退化为一个单纯的拟象,使公告发表带有自大吹嘘的色彩。而如果监管机构甚至不允许对"成稿"表达异议(至少表示出反对通信的内容,以警示受众),则这样的合规方案不能被认为适合防止实施典型的通信犯罪,即内幕交易罪的实施。③

由上所述,意大利的经验表明,合规方案的采用是一种责任制,其很大程度是

---

① Cass. pen. sez. V., 18 Decembre 2013, n. 4677.
② 同上注。
③ 同上注。

建立在是各国过去经验的基础上的,其特点是对已经在其他地方尝试过的合规方案保持开放的态度。此外,意大利体系凭借其强大的发展能力脱颖而出,并且,随着时间的推移,其应用日益广泛。这也是一个有助于激发关于企业对可罚性方案加以辩论的系统。

一般而言,意大利法院已确认采用道德规范不足以避免被定罪,因为此类文件仅提供一般和理论规则。对于符合性计划也是如此仅复制法律或其他准则:这些规则必须是具体的且包含实质性的建议。制定合规方案必须从经济性和实质性的角度,而不是仅仅从法律和官方的角度出发。

此外,合规方案中规定的预防措施以及实施合规方案的程序也十分重要。法官们指出,有效的预防性措施必须基于选择性和有针对性的风险评定过程;这两个因素都必须受到持续地监控和更新,特别是当犯罪被发现或正在起诉犯罪时。制定正式的和具体的财务资源管理程序,以及公司决策的制定和执行也十分重要。决策过程中的每个步骤都必须在特定的登记册或文件中说明。

当法院分析合规方案的有效性时,他们会特别注意以下要素:监督委员会、惩戒系统、信息报告系统和培训计划。监督委员会的组成也通常被视为合规方案的重要因素,所有成员必须独立并且专业,这意味着成员不得在同一公司的另一实体或另一企业中有操作性职务。监事会全体成员也应具有专业职责和能力来调查和监视合规方案的实施。此外,每个成员必须受到尊重,并且必须证明他以前没有被起诉或定罪。判例法还规定指导监事会的权力和职责以及信息流往返监事会。意大利法院特别指出,适格的合规方案必须对员工和董事提出要求,向监督委员会报告任何涉嫌违反合规方案的行为,并且解释如何完成此报告。

意大利法院的判决指出了哪些惩罚的要素可能会影响合规方案的有效性程序。在某些案例中,法院会详细说明,例如,合规方案应要求哪种具体的惩罚措施,或合规方案应惩罚向监事会报告事件义务的违反或合规方案的可能的违反,以及对为其实施建立的程序的违反。

所有相关判决都特别注意培训系统,内容、课程数量、必修程度以及参与监督都是有助于合规方案的有效的关键要素。[①]

而随着最高院法官对 Impregilo 案判决的公开,一个有代表性的趋势是:几乎没有判决指出由于采取了良好的合规方案从而免除了公司的责任,这可能与立法的不准确性有关。而一个可能的解决办法是在法律系统的特定领域提供有关的范例以及听取学者提出的有关建议。这些建议既能够预防性地认证合规方案也

[①] A. Paludi & M. Zecca, Corporate Responsibility and Compliance Programs in Italian Case Law, in Stefano Manacorda, Francesco Centonze & Gabrio Forti (eds.), *Preventing Corporate Corruption: The Anti-Bribery Compliance Model*, Springer, 2014.

能够完善合规方案有关的硬法与软法。①

第三节 意大利企业合规方案的实施状况

整体来说,大部分意大利企业均开始注意建立企业内部合规方案和采纳企业伦理道德守则,相关犯罪率有所降低,商业伦理道德有望提高。

一、企业合规方案实施状况的研究调查

第一个针对意大利第 231/2001 号法令规范下的意大利企业采用和实施企业合规的调查是由比萨大学"审计和内控"硕士项目与意大利内部审计协会"231 地区委员会"(231 Area Committes)共同进行的。样本包括了 97 家接受访谈的企业,其在 2004 年底提交了书面表格。②

调查显示,97 家企业中有 59% 的企业一直采用合规方案,25% 的企业目前正在采用合规方案,只有 16% 的企业没有合规方案或目前正在计划实施合规方案。其中,在金融和公用事业部门经营的大多数公司都采用了合规方案。值得注意的是,所有公司都表示,它们遵守了行业协会制定的指南。③

合规方案中最常见的因素是暴露在犯罪实施领域中的风险分析。95% 的公司遵循了以下步骤:①认定商业活动中潜在的暴露在第 231/2001 号法令所涉及的风险的商业活动;②调查和分析这些区域已有的风险防控;③找到可能的差距;④确定填补已发现差距的必要行动。合规方案的另一个特征是道德准则。为了遵守意大利第 231/2001 号法令的规则,许多公司审查了企业道德准则和行为守则,并增加了关于与公共行政部门关系的具体规则(即打击腐败的问题)。70% 的企业合规方案包括了针对企业内控机构的具体信息和报告流程。只有一半的样本显示,开展了针对雇员的具体的信息交流活动,比如培训,来解释意大利第 231/2001 号法令规则以及企业合规方案。只有 38% 的样本企业建立了特定的纪律制度,尽管这一特征对于企业合规方案来说十分重要。④

关于监督机构的类型和组成,68% 的公司选择集体性机构作为监督机构,32% 的公司倾向于由仅有一个职能的代表来组成该机构(其中 7% 倾向于选择内

---

① M. Colacurci, L'idoneità del modello nel sistema 231,tra difficoltà operative e possibili correttivi, in Dirittopenale e processo oggi, n. 2, 2016, P. 66.

② 参见 Francesca Chiara Bevilacqua, Corporate Compliance Programs Under Italian Law,载企业合规与道德协会网站(https://assets. corporatecompliance. org/Portals/0/PDFs/Resources/library/ItalyCorporate-Compliance.pdf),访问日期: 2019 年 10 月 13 日。

③ 同上注。

④ 同上注。

审职能)。在选择集体性机构作为监督机构的企业中,选择由内部审计组成监督机构的占比为75%;由内部控制委员会成员组成监督机构的占比为40%;由监察会组成监督机构的占比为18%;法律和人力资源部成员组成监督机构的占比较低,分别是19%和7%;外部顾问作为监督机构仅出现在集体性机构中,占比为12%。这些顾问通常是法律专家或在公司中具有机制性角色的人员。另一个不言自明的现象是,起草合规方案需要多学科技能。内部审计职能参与占比最高,为69%,其次是法律部门的参与,占比为56%,最后是人力资源,占比为37%。另外,利用外部顾问起草合规方案的情况也很常见,占比为57%,因为,内部结构可能缺乏必要的能力,而且通常需要对方案及其采用过程进行独立和专业的评估。[①]

此外,2006年4月12日发布了一项针对72家企业的研究,该研究由意大利内部审计师协会231地区委员会与安永会计师事务所共同举办,也展示了其他的一些有趣的数据。72家企业涉及了各种经济部门。其中,25家是贷款机构或金融中介机构,11家是保险公司,16家是工业公司,16家是公用事业公司,4家是媒体/电信部门。其中,82%的企业采用了合规方案,91%的企业已经或者将要制定具体的与意大利第231/2001号法令有关的活动监督方案。关于控制机构的组成,上次调查的结果似乎得到了实质性的确认,大多数集体机构,包括有内部审计职能的高层。该项调查中最有趣的发现在于,企业的采用合规方案大多数都用于防止与公共部门有关的犯罪(比如,腐败犯罪)。此外,大部分企业后续将其合规方案的应用扩展到"企业犯罪",这可能是因为对腐败犯罪进行起诉可能导致商业活动完全中止的震慑作用,而对其他类型的企业犯罪,最高刑罚金达150万欧元,这对大企业来说并不是一个大的数目。[②]

在环境犯罪方面,意大利第68/2015号法令出台后的两年,2017年的Ecomafie报告中指出,比起2015年确定的27745起犯罪,2016年,在意大利国内确定发生的环境犯罪的数量为25889起,减少了7%,而旨在限制个人自由和资格的预防性措施增加了20%。[③]

二、企业合规方案实施状况的独立调查

2017年,由意大利普华永道会计师事务所针对217家上市公司作出的意大利

[①] 参见 Francesca Chiara Bevilacqua, Corporate Compliance Programs Under Italian Law,载企业合规与道德协会网站(https://assets.corporatecompliance.org/Portals/0/PDFs/Resources/library/ItalyCorporate-Compliance.pdf),访问日期:2019年10月13日。

[②] 同上注。

[③] S. Petella, Ecoreati e responsabilità deglienti Criticità e prospettive, in Diritto Penale Contemporaneo, n.1, 2018, p. 322.

第 231/2001 号法令执行情况的调查显示,除了 1 家企业没有提供信息,213 家企业,即约 98% 的企业均制定了合规方案;3 家企业,即占调查企业数量的 1% 的企业没有采用合规方案。① 在 213 家制定了合规方案的企业中,172 家企业(约 81%)在机构网站上公布了其合规方案,包括合规方案的整体、部分和摘要,其中一些企业公布了整个合规方案,而一些企业仅公布了部分;41 家企业(约 19%)并未公布其自身的合规方案,也未公布合规方案的摘要。②

在该项调查范围内的企业包含 47 家金融业企业(总占比为 22%),其中,金融行业企业中,保险行业企业占比为 15%,银行业企业占比为 34%,房地产服务业企业占比为 23%,金融服务行业企业占比为 28%。170 家非金融业企业占收调查企业的 78%,涉及各行各业,包括:食品行业(5%)③、汽车零部件业(4%)、工业产品和服务业(26%)、化工业(1%)、建筑和材料业(6%)、大型零售贸易业(4%)、原料业(1%)、医疗业(8%)、石油和天然气业(4%)、保健业(3%)、个人和家庭用品业(15%)、公共服务业(8%)、科技业(9%)、电信业(2%)、旅游休闲业(4%)。④

在监督机构的建立上,约 94% 的企业表示其建立了一个合议制的监督机构,而只有 5% 的企业报告认为,他们建立的是专制单一的监督机构,1% 的企业没有提供有关其自身监督机构的组成信息。选择合议制的监督机构的企业中,有 76% 的企业指出,监督机构至少有一名外部专业人员的存在。⑤

此外,企业丑闻引发的道德运动也促使公司发展道德准则、合规方案和企业社会责任计划。由于潜在的制裁的严重性和对其声誉的损害,公司的潜在责任是惊人的。而合规方案可以帮助公司避免或减轻定罪,因此它被视为一个有用的工具。⑥

由此,越来越多的意大利企业建立了企业合规方案,更加注重涉嫌犯罪的风险防控,以及消除丑闻对企业的影响,而这些都有希望使意大利企业对商业伦理的重要性有一个崭新的认识。⑦

---

① PWC, D. Lgs. 231/01 - Indagine nell'ambitodellesocietà quotate,载 PWC 网(https://www.pwc.com/it/it/services/risk-assurance/assets/docs/dlgs231-2018.pdf),访问日期:2019 年 10 月 15 日。
② 同上注。
③ 此处括号内百分比为各行业之企业占 170 家非金融业企业的比例。——编者注
④ 参见 PWC, D.Lgs. 231/01 - Indagine nell'ambitodellesocietà quotate,载 PWC 网(https://www.pwc.com/it/it/services/risk-assurance/assets/docs/dlgs231-2018.pdf),访问日期:2019 年 10 月 15 日。
⑤ 同上注。
⑥ 参见 Francesca Chiara Bevilacqua, Corporate Compliance Programs Under Italian Law,载企业合规与道德协会网站(https://assets.corporatecompliance.org/Portals/0/PDFs/Resources/library/ItalyCorporate-Compliance.pdf),访问日期:2019 年 10 月 13 日。
⑦ 同上注。

附录 4-1：意大利企业环境合规风险与防控要点①

犯罪风险区域	防控建议
相关法规：《意大利刑法典》第 727 条、第 733 条之二；环境法案第 137 条、第 279 条。 (1) 排水管理； (2) 大气排放管理； (3) 对生物多样性可能产生影响的基础设施建设、管理和维护	(1) 鉴定和评估： ● 与生产产品、提供服务和开展活动有关的正常、异常的运行条件，在启动或关闭情况下以及在紧急的和发生事故的情况下的环境因素； ● 符合现行立法和有关授权措施的，参考地域背景的情况下，与直接和间接的环境影响有关的重点区域； ● 评估环境因素的重点区域所产生的预防、保护和缓解环境影响的措施。 (2) 获取、修改和更新环境许可活动的规范，以便按照符合现行法规的规定开展活动。应该提供多种方式监督是否需要新授权或修改/续订预先存在的授权。 (3) 测量和监测环境绩效，确定执行以下活动的角色、责任、方法和标准： ● 识别和更新排气/排放点和取样点； ● 根据授权规定和现行立法的规定确定抽样方案和分析排气/排放方案； ● 监测有关排气/排放的数据，包括进行的分析证书和采集的取样。 (4) 处理超出授权限值的情况以及纠正措施，以实现： ● 对排气/排放进行分析，测定所发现的超标的内部调查； ● 通过对排气/排放进行分析，测定所检测到的超标的解决方案
相关法规：《意大利刑法典》第 727 条之二、第 733 条之二；环境法案第 257 条。 在环境方面有义务的符合有关工厂生命周期的所有活动，即： ● 收购； ● 运行； ● 废弃	(1) 在整个生命周期内对工厂维护和检查活动进行监管，定义： ● 工厂管理的角色、责任和方法； ● 定期审核系统的充分性、完整性和规律性； ● 由合格且经验丰富的人员对检查和维护活动进行规划、执行和验证。 (2) 采用和实施一个组织性措施： ● 规范供应商或承包商的关系的选择和发展，要求考虑到承包商的道德和技术专业要求，包括法律要求的必要的授权； ● 需要验证在环境保护、健康和安全方面核实最佳的可用技术以及可能提供的内容与购买规格的对应关系； ● 定义在执行单一供应合同或合同时，遵守相关环境法规的规定订立合同条款的程序

---

① Confindustria, Linee Guida Per La Costruzione Dei Modelli Di Organizzazione, Gestione E Controllo Ai Sensi Del Decreto Legislativo 8 Giugno 2001, N. 231 Approvate il 7 marzo 2002 (aggiornate al marzo 2014), Second Part, 156.

(续表)

犯罪风险区域	防控建议
在可能的潜在的污染土壤、底土、水域地表水或地下水的事件之后,管理与填海有关的义务和活动	有必要采用和实施一个定义角色、责任、方式和活动管理的标准,旨在修复污染场地的填海工程,在可能的潜在的污染土壤、底土、地表水和/或地下水的事件之后提供: • 根据现行立法提供的方法和时间,在可能发生污染或污染土壤、底土、地表水和/或地下水的事件时,应与主管当局沟通; • 确定潜在污染因素(当前的或历史的),以评估必要的安全和复垦活动的启动; • 按照现行立法设想的方法和时间表监测业务和行政程序; • 根据核准的回收工程的规定核实回收工程的实施情况; • 准备在干预完成后提交给主管当局的文件,以便颁发成功的填海证明
相关法规:《意大利刑法典》第727条之二、第733条之二;环境法案第137条;第202/2007号法令第8条和第9条。 在船舶和飞机上进行的活动	预防和监测违反现行国家和国际法规在海上泄露物质和材料。例如,对于船舶,有必要为以下方面定义角色、职责、方法和标准: • 记录可能在海上产生泄漏的操作/活动(例如处理、清洁等); • 管理这些物质
相关法规:环境法规第256条、第258—260条之二。 废物收集、表征、分类、储存的管理活动	(1)废物的分类和表征,包括: • 废物的识别、分析、分类和登记; • 验证废物分析实验室提供的证书数据,以及现行法规中废物处理文件中报告的废物的正确分类。 (2)废物的临时储存,规定: • 选择/建造用于临时储存废物的区域的标准的定义; • 确定用于临时储存废物的区域; • 按同类别划分的废物收集,以及识别进入临时储存区的废物类别; • 根据现行立法规定的频次和/或达到现行法规规定的数量限制时,开始废物收集的回收或处置操作
相关法规:第549/1993号法令第3条。 管理臭氧有害物质	有必要提供以下方法和标准: • 根据现行法律,对含有消耗臭氧物质的资产进行调查,并确定相关的维护控制计划和/或终止资产的使用和处置; • 定期检查是否符合计划并在发生违规情况时激活解决措施

附录 4-2：意大利企业反腐败合规风险与防控要点①

犯罪风险区域	防控建议
(1) 参与招标程序，或为销售商品和服务的直接谈判程序，或有助于公共行政实现项目的程序，以及后续的服务交付活动和/或按预期执行合同的活动。 (2) 因与行使公共职能或提供公共服务相关而由机构开展的，功能上与公众性质任务的完成相关的活动。 (3) 与第三方实现商业合作上的伙伴关系协议，以及通常借助于向国家公共主体销售产品和/或服务的中介活动。 (4) 涉及与以下主体的关系： • 独立的管理机构、监督机构和其他受公法管辖的机构； • 公职人员和履行财政、税收和社会保障义务的公共服务负责人； • 在刑事、民事、劳工、行政、税务和财政诉讼范围内的司法机关、公职人员和公共服务负责人。 (5) 参与从公共行政部门获取许可、行政措施和批准的程序。 (6) 公共行政部门的采购活动，即具有公共职能资格或公共服务委任的采购活动。 (7) 参与从意大利或欧盟公共机构获取捐款、补助或资金的程序。 (8) 选拔和雇用员工。 (9) 管理金融和金融衍生工具。 (10) 管理并恢复（假设冲销部分或全部贷款的情况）良好的信贷状况，以及面对服务不周和争端时进行贸易调解	(1) 监管关系到招标和与公共行政部门进行的私人谈判的经济报价，分析现行价格的趋势，以及监测招标或直接谈判程序的演进阶段。 (2) 将监控活动进行内部报告，以支持公司各职能部门之间的交叉控制和异常管理。 (3) 设立公司财务现金流的追溯程序，识别有权接触资源的主体。 (4) 设立适当的、区别于企业"商业"职能的业务职能，核查产品实际供应和/或服务真实供给情况，包括控制预期的质量水平，以解决可能的因服务不周带来的客户争端。 (5) 实施具体的保护措施以寻求商业伙伴关系、中间人和企业间的联合形式，例如借助意大利第 231/2001 号法令的认证，激活管理监控体系使其扩展到相关领域等。 (6) 管理外部合作人员（例如代理人），以及检查支付佣金与该参考地理区域收费的一致性。监督申请捐款、补助或公共筹资的程序，启动对潜在风险指标（例如，特定公共行政主体申请成功的集中程度）的深入研究
选择、协商、签订和执行采购合同，包括劳动招标，这涉及私人主体，尤其是涉及产品接收、表明服务已经供给的活动发生和与无形购买特别相关的付款授权，包括： • 管理、商务、行政法律咨询和项目合作； • 广告； • 赞助；	规定具体的与采购、咨询、赞助、人员招聘、销售代理费用、企业财务管理指南等有关的组织程序，以确保： • 对交易方或受益人进行预防性检查； • 对销售代理费用按照适当的授权等级制定定性/定量标准； • 区别各个角色；

---

① Confindustria, Linee Guida Per La Costruzione Dei Modelli Di Organizzazione, Gestione E Controllo Ai Sensi Del Decreto Legislativo 8 Giugno 2001, N. 231 Approvate il 7 marzo 2002 (aggiornate al marzo 2014), Second Part, 110.

(续表)

犯罪风险区域	防控建议
• 销售代理费用； • 公共行政承租； • 软件开发和 ICT 服务活动	• 对签字权进行分级； • 追踪资金流动
参加欧盟或外国的公共机构的招标或直接谈判程序，或国际性竞争环境下执行的类似程序	(1)将犯罪高发区域的关系和业务司法程序化，如有可能在合同签订前和谈判阶段就采取特别的预防措施，并确定相关交易的负责人，交换正式的信函及文件，以证明交易的透明度和公平性。 (2)咨询稳固持久且可信度极高的研究和分析结果，这一测评由定期评估世界各国公共行政腐败水平的专门机构开展
与其他伙伴[临时组合公司(RTI)、临时公司(ATI)、合资企业、财团等]一起参加公共性质的程序	为了避免将责任推至已与其他商业伙伴实现联合经营的机构，对于任一其他商业伙伴所犯下的腐败的非法行为，下列方式是有益的： • 对潜在伙伴进行适当的预防性检查； • ATI/RTI 成员或联营集团成员或中间人，就与意大利第 231/2001 号法令正确执行有关的问题，关于每个成员采用自己的企业合规问题，以及关于所涉主体均采取自己的道德守则的问题，都应规定同样的方法，具有共同的意识； • 合伙人应获取自身所施行的保护体系的信息，并确保信息流动以推动管理监控，即定期在意大利第 231/2001 号法令相关范围内进行认证(例如在定期认证时，每个合作伙伴可声明对信息或根据意大利第 231/2001 号法令之规定可能直接或间接符合犯罪假设的情况并不知情)； • 如有可能，明确具体的合同审计条款(无论是在联营集团内部的适当机构开展，还是借助于可能的外部主体)，本活动应在风险指标显示时予以启动； • 除了道德守则，对于供应商和合作伙伴采用具体的行为守则，其中载有旨在规范这些主体与公司关系的社会道德规则，对此，希望予以公司各类商业机会(例如合资企业、ATI、RTI、联合会等)的同行也能遵守

第五章 德国企业合规制度

对于域外合规制度,目前学界对英美国家的合规制度介绍相对较多,而对大陆法系的代表性国家德国的合规制度介绍较少,鉴于德国刑法教义学在我国的本土化实践已论著颇丰,在此重点考察德国刑事合规的理论研究与实践状况,以期能为我国提供有益启示。

第一节 德国企业合规制度概述

匈牙利哲学家卢卡奇指出:"只有在这种把社会生活中的孤立事实作为历史发展的环节并把它归结为一个总体的情况下,对事实的认识才能成为对现实的认识。"[①]而对于法律制度和学界观点的考察,亦应如此。正如边沁和奥斯汀关于"法律是主权者的命令"的观点不应被想当然地替代、批判一样,应当看到奥斯汀等人是为了对抗神权,回归国家和人间世俗秩序的历史现实。类似地,合规计划虽然源于美国,但着陆并扎根于德国本土,必有与其历史环境对接,与现实相容的因素。尤其是合规计划步入规范领域成为重要的讨论范畴,必将成为制定法及其实践之中的一部分,进而无法摆脱不断发展的生活,并为此种生活而设计。[②] 据此,有必要将脉络相对清晰的合规计划的本源发展与德国本土语境结合,以求得合规计划德国化的历程与本土发展。

一、德国企业合规制度的发展

在对德国企业合规计划历史考察之前,有必要说明合规计划在德国的使用应当被区分为两类,一类是以词义为使用标准,另一类则是以《美国组织量刑指南》的企业合规计划的标准来使用。两类使用语境均以零散的合规要素出现在德国规范性文件之中。第二类合规计划的使用语境是本文的主要考察对象,也是真正意义上的企业合规。

(一)"合规"的使用语境

一方面,从词义使用的角度,英文 compliance 与德语合规一词写法一致,意指

[①] 〔匈牙利〕卢卡奇:《历史与阶级意识》,杜章智等译,商务印书馆1999年版,第56页。
[②] 参见〔美〕罗伯特·萨默斯:《大师学述:富勒》,马驰译,法律出版社2010年版,第207页。

"合乎规定",这个角度的合规阐述在德国早已出现。由于"规"之范围广泛,该词使用分布在各类学科领域,并不限于法律和经济领域。其中,就法律领域的"合规"而言,字面词义的合规与德国的守法文化和法治环境紧密相关。例如《联合国工商业与人权指导原则》即采取了字面含义。① 不过,在部分德国非刑事法律的官方文件中,虽然 compliance 采取的是字面含义,但鉴于"规"的内容较为模糊,是否能被视为合规计划性质的措施不甚明确。据此,德国当局采取的部分措施实际上既可以被视为字面意义的合规,也可以被视为为了符合规则采取的预防性措施。② 词义层面的合规规定体现的守法文化直接影响着德国对合规计划性措施的接受。因为,在国家竞争管理机构 NCAs(National Competition Authorities)通过的一些准则当中,承认有可能对那些(即英国、法国和意大利等国家)制定了合规计划的公司给予罚款减免。但是,德国却反对提供任何准则,德国当局认为"合规"是企业的一项法律义务,因此不遵守法律不可能有额外的报酬。③ 正因此,德国联邦卡特尔办公室(Bundeskartellamt)在 2001—2006 年对公司和个人违反卡特尔禁令者处以 9.692 亿欧元的罚款。④ 其中,公司合规方案被视为决定罚款数额的一个中立因素,不能保证罚款的减少。合规被认为是企业的一项法定义务,相关公司法律制度要求公司做出合规的努力,如果不遵守法律,就不会有任何回报。⑤

另一方面,若认为企业合规计划是企业为避免法律责任的一揽子方案,通过这些预防措施,企业意图保证的是,适用于企业及其职工的规则能够得以遵守,违规行为可以被发现并最终被制裁⑥,那么,德国企业合规制度的法律渊源也是早已

---

① 如《联合国工商业与人权指导原则》第二部分"企业尊重人权的责任"中第 11 条规定,应在更广泛的企业风险管理系统内包括人权尽职调查(And it exists over and above compliance with national laws and regulations protecting human rights);第 23 条规定,企业应该将造成或助长严重侵犯人权的风险,作为其运作的法律合规问题(Treat the risk of causing or contributing to gross human rights abuses as a legal compliance issue wherever they operate)。参见 Guiding Principles on Business and Human Rights,载联合国人权高级专员办事处网站(https://www.ohchr.org/Documents/Publications/GuidingPrinciplesBusinessHR_EN.pdf),访问日期:2019 年 9 月 4 日。

② 参见 Implementing The OECD Anti-Bribery Convention—Phase 4 Report: Germany,载经合组织网站(http://www.oecd.org/corruption/anti-bribery/Germany-Phase-4-Report-ENG.pdf),访问日期:2019 年 9 月 10 日。

③ 参见 Pier Luigi Parcu, Maria Luisa Stasi, Antitrust Compliance Programs in Europe: Status Quo and Challenges Ahead,载欧洲出版物网站(https://publications.europa.eu/en/publication-detail/-/publication/d4631622-446e-4a9b-afe1-35fbc5357e00/language-en),访问日期:2019 年 9 月 4 日。

④ 参见 Promoting Compliance with Competition Law,载经合组织网站(http://www.oecd.org/daf/competition/Promotingcompliancewithcompetitionlaw2011.pdf),访问日期:2019 年 9 月 15 日。

⑤ 参见 Implementing The OECD Anti-Bribery Convention—Phase 4 Report: Germany,载经合组织网站(http://www.oecd.org/corruption/anti-bribery/Germany-Phase-4-Report-ENG.pdf),访问日期:2019 年 9 月 10 日。

⑥ 参见〔德〕洛塔尔·库伦:《德国的合规与刑法》,马寅翔译,载赵秉志主编:《走向科学的刑事法学:刑科院建院 10 周年国际合作伙伴祝贺文集》,法律出版社 2015 年版,第 426 页。

存在的,但这些法律渊源的存在并非被视为合规计划,而是表现为对预防理念的重视。从起源上看,德国合规计划的思想源自经济法,其具有避免任何法律责任风险的广泛功能。这个角度的合规,是合规计划的首要功能和制度产生与发展的爆发点。但是,很明显,暂且不说德国于2002年才在《德国公司治理原则》中隐晦地提及合规计划这一现实(实际上于2017版才使用了"合规管理体系"的称谓),至少1991年《美国组织量刑指南》在法律上明确界定合规措施这一要素之前,这样的合规计划性措施并没有明确的限定,以至于可以作出如下评论:与其说德国早就有了合规计划,毋宁说德国早就有了预防企业违规行为的理念。因为德国早在1961年《德国银行法》(Kreditwesengesetz,以下简称KWG)[1]和1965年《德国股份公司法》(Aktiengesetz,以下简称AktG)[2]中就对企业需要采取组织预防措施来避免严重风险的机制有所要求,尽管远不如现今合规计划的完备细致。所以,目前德国立法当中的合规计划性预防措施并非源于企业合规计划这一范畴,而是源自预防理念的践行,这是近代犯罪学派就开始倡导的。

(二)合规计划的历史考察

考究犯罪学的发展史,可以被归结为基于有效治理犯罪的需要,从不断倡导犯罪预防到积极推动犯罪预防向实践运用的发展史,合规计划的兴起,正是犯罪预防观念与实践不断纵深发展的必然表现。例如,就合规计划最早兴起的美国而言,20世纪60年代至20世纪90年代初期,企业丑闻和企业犯罪的接连爆发,为特定行业和领域企业合规制度的建立和完善提供了重要的发展契机。[3] 只是,最初的合规文化,即使在美国也只是在限定的法律领域才能得到发展,其效果也并未得到很高的评价,但是近来,逐步发展到以广泛法律领域为对象,其有效性也备受期待。以安达信会计师事务所案为契机,《美国组织量刑指南》逐步提高了合规文化的法律重要性,使得我们必须把重点放到对企业的监察机能上。可以说,美国合规计划的发展需求根植于社会情势的发展,初期以预防经济犯罪为主要内容,而后逐步转向预防腐败犯罪。

同样,就德国合规计划的产生与发展而言,亦是以企业治理及其监察困境为现实驱动。以20世纪90年代的施耐德(Schneider)案和金属公司案(Metallgesellschaft)为代表的企业犯罪,引起了公众对监察部门的监察机能的质疑。特别是后期曼内斯曼案和2006年德国西门子公司全球腐败事件爆发,引起了德国各界对企业合规的真正关注。其中,曼内斯曼案是指,英国手机公司沃达丰(Vodafone)为了

---

[1] 参见Gesetz über das Kreditwesen,载德国联邦司法部网站(https://www.gesetze-im-internet.de/kredwg/_25a.html),访问日期:2019年9月4日。

[2] 参见AKTG,载德国联邦司法部网站(https://www.gesetze-im-internet.de/aktg/),访问日期:2019年9月4日。

[3] 参见万方:《企业合规刑事化的发展及启示》,载《中国刑事法杂志》2019年第2期。

故意收购德国曼内斯曼公司,向曼内斯曼监察会以及董事会支付了高额的功劳金和退职金。该案被告被以背信罪(《德国刑法典》第266条)及其从犯来追究责任,在经历了上诉和发回重审环节后,2006年11月24日,辩方和检察院方同意以580万欧元的罚款终止诉讼程序,双方和解,案件落下帷幕。该案给围绕德国的企业治理和企业犯罪的研究提供了重要的素材。同年,德国著名企业西门子公司深陷贿赂丑闻,贿赂事件如同多米诺骨牌一样在全球蔓延开来,曾大肆鼓吹其典范合规管理体系的西门子公司的沦陷引起了各界对合规计划的有效性与法律地位的争议。①

从时间点的比较来看,可以窥见德国合规的发展脉络。一方面,德国早期就已存在的相关内控法律制度。包括但不限于1965年《德国股份公司法》规定的"企业管理层有义务确保威胁到公司可持续的事态发展被早期发现"(第91条第2款)和"管理层的成员应当雇用真诚谨慎的管理者"(第91条第1款),这些义务在传统观点看来,已经被理解为通过采取组织预防措施来避免严重风险的机制。大约十年来,这些准则一直致力于包括一项合规责任,并为履行非常普遍的公司义务规定了更为具体的标准。② 1961年的《德国银行法》明确要求财政市场公司有一个合规功能作为他们内控系统的一部分③,其中,合规时常作为风险管理和内控体系的一部分存在。另一方面,认识到刑事合规的确立普遍源自1991年《美国组织量刑指南》这一事实,同时结合刑事合规制定所赖以存在的主要法律基础——《德国违反秩序法》现行版本④是1987年版这一现实。

那么,以20世纪90年代对传统监察职能的怀疑的时期为时间界分,之前的阶段可被称为企业合规制度的孕育阶段与非独立期,1987年《德国违反秩序法》的修正与20世纪90年代对传统监察职能的怀疑期共同催生了刑事合规制度的诞生,为其创造了法律土壤;受到1999年出台的《OECD公司治理原则》与企业社会责任运动的影响,2002年出台的《德国公司治理原则》促进了企业合规制度在企业内部的发展,直至2005年大规模的企业腐败事件的爆发前期,这段时期可以被称为德国企业合规制度的发展期与刑事合规制度的孕育期。而2006年前后企业丑闻的集中爆发期,促进了德国对《美国组织量刑指南》刑事合规及其发展趋势的关

---

① 参见《西门子因全球行贿案被处以13.45亿美元巨额罚款》,载搜狐网(http://news.sohu.com/20081217/n261252268.shtml),访问日期:2019年4月2日;Transcript of Press Conference Announcing Siemens AG and Three Subsidiaries Plead Guiltyto Foreign Corrupt Practices Act Violations,载美国司法部网站(http://www.justice.gov/opa/pr/2008/December/08-opa-1112.html),访问日期:2019年4月2日。

② 1§§1-410 AktG. See generally Susan-Jacqueline Butler, "Models of Modem Corporations: A Comparative Analysis of German and U.S. Corporate Structures," 17 ARIZ. J. INT'L & COMP. L., 555 (2000).

③ See § 25a para. 1 sentence 3 No. 3c KWG.

④ 1968年5月24日生效,2019年6月21日为最新的修正。参见OWiG,载德国联邦司法部网站(https://www.gesetze-im-internet.de/owig_1968/BJNR004810968.html#BJNR004810968BJNG000011309),访问日期:2019年9月6日。

注（见下图5-1）。此时，德国合规计划虽然在企业经济和企业法的学理层面已经被讨论了很久，但将合规与刑法联系在一起也是新近的做法。2005年10月，以"企业的法律责任和合规文化"为题的企业犯罪国际研讨会集聚了众多德日知名刑法专家，与会人员一致认为合规的讨论具有前瞻性。2010年左右，德国学界一般也认为，自大概十年（2000—2010年）的经济繁荣以来，德国一直在讨论合规这一问题；从大约五年前（2005年）起，这种讨论也同样出现在合规与刑法这一更为狭窄的领域。而且自2008年起，德国发行双月刊《公司合规杂志》，2009年起，成立了专门的"刑事合规中心"。①

这一发展趋势能够在影响深远的西门子公司贿赂案当中得到印证。因为，在2006年西门子公司爆发贿赂丑闻之前，西门子公司就已经存在一套合规体系，否则，在西门子公司与美国司法部辩诉交易书当中，美国司法部不会使用类似于"实施严格的合规增强措施"来要求西门子公司。② 据此，不论是合规制度还是刑事合规制度③，虽然其法律基础早已存在，部分大型公司也已经有了合规意识，但是直到2006年才真正受到重视，足以说明德国的刑事合规制度与《美国组织量刑指南》规定的道德与合规计划内容相比，不仅具有发展上的滞后性，而且在内容上因早期刑事合规制度与法律基础的联系尚未明确而具有模糊性。即使就目前的发展而言，合规计划因缺乏最基本的标准，也只是可能作为减免责任的考量因素之一。慕尼黑第一地区法院建立的所谓"Ferrostaal 程序"是指由于公司建立了合规管理体系，因此减少对公司3000万欧元的罚款。④ 但是，现实且令人悲观的是，合规计划的施行甚至可能被作为揭露自己的罪行乃至证明自己疏忽的重要证据。在2008年西门子公司贿赂案的判决中，德国联邦最高法院刑事审判庭虽然首次提及了合规规定，但却并非作为有利于当事人的因素。判决委员会认为，早在行为时企业就有禁止为了贿赂而设立小金库的规定，从而根据这些规定，判决委员会得出的结论是，在具体案件中对这些小金库的保有并未获得康采恩组织高层的同意，因而是违反义务的，所以符合背信罪的客观构成要件。也就是说，对于来自中层管理层的被告人而言，合规规定的首次提及并不是为了使其出罪，而是为了使其入罪。这意味着，必须区别看待一直为合规所期望

---

① 参见〔德〕洛塔尔·库伦：《德国的合规与刑法》，马寅翔译，载赵秉志主编：《走向科学的刑事法学：刑科院建院10周年国际合作伙伴祝贺文集》，法律出版社2015年版，第425—426页。
② 参见 U. S. Dep't of Justice, United States v. Siemens Aktiengesellschaft, No. 1:08-CR-00367-RJL (D. D. C Dec. 12, 2008)，载美国司法部网站（https://www.justice.gov/sites/default/files/opa/legacy/2008/12/15/siemens.pdf），访问日期：2019年9月12日。
③ 一般认为，刑事合规是合规理念在预防刑事犯罪当中的运用。与之相似的还有经济合规、军事合规、纪律合规等，均是以合规理念和制度为运用对象，致力于减少或避免相关风险。
④ 参见 Compliance Berater.Team, Criminal Compliance: Modul I Grundlagen, 载 Jimcontent 网站（https://s091f327f4dda94f2. jimcontent. com/download/version/1504380266/module/12535508935/name/Infoblatt%20Criminal%20Compliance%20-%20Modul%20I.pdf），访问日期：2019年9月12日。

的刑事风险降低功能。极有可能在康采恩组织高层的罪责被免除的同时,中层领导的罪责却被加重。①

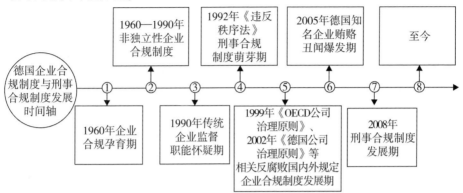

图 5-1　德国企业合规制度与刑事合规制度发展时间轴

二、德国企业合规制度的发展动因

通过重要的历史节点而简单梳理出的德国企业合规制度与企业刑事合规制度的发展,并不是制度自身的内在推动,而是内外环境和合规制度之间相互作用的结果。在德国,下文将会说明,合规制度理论研究先于制度实践,合规制度的理论研究也大体引鉴了域外的合规制度理论,并反向促使合规理论与德国实践结合。据此,德国(刑事)合规制度的发展,并非本土形成,而主要表现为外部环境的积极推动与内部环境的被动接受。

(一)德国企业合规制度的发展动力

1. 现实因素的直接驱动

合规制度与刑事合规的诞生与发展,其现实因素是基于犯罪预防的需要以及公司及其股东的刑事法律风险的增加。如果合规指的是避免或减少企业及其员工(尤其是管理人员)的责任风险,那么相应地在合规计划为何日益重要的问题上,违规行为与责任风险的不断增加就属于最显而易见的解释。事实上,近十几年来这种增长趋势在德国已为人觉察。如德国刑事法学者在其相关论著当中表现出对犯罪态势的隐忧,以此作为"问题的提出"部分,表明诸如腐败问题的严峻或者企业治理遭遇瓶颈的问题,因而亟须制度的创新,以此凸显合规对于犯罪问题的治理的必要性。为此,针对社会中发生的大量事件和丑闻,使得下述观点广为传播,即德国经济存在着大规模的畸形发展,必须通过国家,尤其是刑事制裁加

---

① 参见〔德〕洛塔尔·库伦:《德国的合规与刑法》,马寅翔译,载赵秉志主编:《走向科学的刑事法学:刑科院建院 10 周年国际合作伙伴祝贺文集》,法律出版社 2015 年版,第 435 页。

以应对。扩张刑法和注重刑法在企业治理当中发挥作用是必要的,企业及其员工的责任风险增加也是必要的。①

因此,合规的出现与发展是为了应对违规,而刑事合规的发展,最为直接的原因是传统监察职能和前置性法律的管控力度与有效性不足。一方面,在经济活动的实践中,原有的犯罪风险系数在现有制度框架下不降反升,这类风险不仅来自国内法的管控,还来自英美以"长臂管辖"实现的制度扩张。即使是拥有完备的内控体系的中型公司以及大公司,都未能幸免于经济和腐败犯罪,且这些丑闻时常随着公司规模的增加而变得更加严重,其后果几乎是全球性的。目前,虽然已有少数公司正在以有时完全不成比例的方式升级其合规部门,从而创建内部子系统,但是,绝大多数非常担心成为执法机构目标的人,尤其是中小型企业,却因成本与政策等因素而无所作为。另一方面,在刑事司法科学中,刑法的严厉性能够最有效保障合规计划的推行与执行:其一是公司鉴于刑事后果的严重性与不可挽回性,一旦涉入就难以抹去标签化带来的不利后果而受到威慑;其二是基于刑事法律对其他前置性法律的保障性地位,能够将合规计划的自我管控特性与合规的范围最大化扩张;其三是刑事法律的优惠与惩处具有相比于其他法律更为显著的差值。刑事法律的严惩不仅是为了回应造成巨大损害的经济事件,而且还是为了在严惩背后搭建一道黄金桥,黄金桥在严惩的反差下显得弥足珍贵。

除此之外,鉴于企业犯罪风险的增加,德国著名刑法学家库伦将合规的出现置于风险社会之下探讨,认为其是风险刑法的处理范畴。② 原因在于现代风险刑法日益变得宽泛且不确定,使得将尽量减少这种刑法风险作为刑事合规基本功能的需求得以增加。然而,关于这一点,回应的学者认为置于风险刑法之下的理解也不够透彻,因为它无法解释刑事合规的关键部分,诸如刑事合规的焦点在于企业,或者是国家在刑事合规上的重大利益。而且,风险社会的风险与企业所造成的风险很难说是一致的,因为风险社会的风险具有如下特征:其一,新风险不受时间、空间及牵涉范围的限制;其二,根据现有的因果关系、罪责及责任规则,不能对新风险进行归属;其三,新风险是不能通过保险来分散的。③

2. 制度因素的功能补足

原有制度的功能缺失与企业合规制度的功能补足是德国合规计划发展的制度因素。原有制度的功能缺失可以从号称拥有完备的合规管理系统的西门子公

---

① 参见[德]洛塔尔·库伦:《德国的合规与刑法》,马寅翔译,载赵秉志主编:《走向科学的刑事法学:刑科院建院10周年国际合作伙伴祝贺文集》,法律出版社2015年版,第426页。

② Vgl. Lothar Kuhlen, Grundfragen von Compliance und Strafrecht, in Kuhlen/Kudlich/Ortiz de Urbina (Hrsg.), Compliace und Strafrecht, Hüthig Jehle Rehm, 2013, S. 1(27ff.).

③ 参见[德]埃里克·希尔根多夫:《德国刑法学:从传统到现代》,江溯等译,北京大学出版社2015年版,第505—506页。

司治理当中得到说明。作为德国的标志性和代表性企业,西门子公司的合规管理时常被视为其他企业学习的标杆,"当时德国公司治理原则委员会主席于2007年曾任西门子公司监理会董事长"①。尤其是1997年5月在《OECD反贿赂公约》的形成过程,16个欧洲公司在致OECD经济部长的公开信中明确主张将涉及外国或者国际组织公职人员的腐败定为刑事犯罪,并终止此类贿赂可抵扣税的做法。16个公司中有8个德国签署方,其中包括奔驰、西门子、博世、ABB和Metallgesellschaft,此时,大多数德国公司仍保持沉默。西门子公司监事会主席赫尔曼·弗郎茨(Hermann Franz)代表西门子公司签字,以彰显西门子公司在反腐败运动中的决心与前线位置。不幸的是,数家公司(西门子、戴姆勒和ABB)数年后相继卷入腐败丑闻。这在一定程度上显示了即使这些公司代表对这些腐败细节可能并不知情且愿意投身于打击违规行为,但企业的组织缺陷和治理问题在传统的监管框架下仍未能妥善解决。

为应对此类情形,欧盟各国认识到长期增设犯罪和下降犯罪标准的做法并不能满足预防和治理的需要,既然企业在预防其内部犯罪上具有天然的优势,合规计划将刑事治理任务部分交予企业的做法就具有一定的合理性。而且,旨在避免企业法律责任的合规计划不仅确实给企业带来切身的利益,而且从逻辑上也有利于企业避免陷入法律纠纷,这方面已经有实证数据支撑企业合规的具体功效。②

从域外视角来看,国际社会的倡导一定程度上推动了企业合规计划的发展。为执行欧盟指令,德国以国内法的形式执行指令,如《德国联邦数据保护法案》执行了欧盟第2016/679号条例、《德国证券交易法》执行和引用欧盟第2013/575号和第2017/565号条例等,但是,这种推动也只是有限的,多数情况下德国并没有将关于合规计划要素的相关规定直接引入国内法,而是选择了在原则性规定下延续其原定的传统。例如,虽然德国作为《OECD反贿赂公约》和《反腐败刑法公约》的签约国,但是公约未能驱使德国在国内立法中明确企业的合规义务以及合规计划的法律地位。因为,公约当中规定的仅是具有预防性内容的条款,包括公约规定的具有明确预防导向的法人责任③和法人未能制定犯

---

① Karl Sidhu, Anti-Corruption Compliance Standards in the Aftermath of the Siemens Scandal, *German Law Journal,* Vol. 8, 2009, p. 1351.

② 参见 Ulrich Sieber & Marc Engelhart, Prävention von Wirtschaftskriminalität,载 MPG 网站(https://www.mpg.de/8247032/STRA_JB_2014.pdf),访问日期:2019年4月10日。

③ 《OECD反贿赂公约》第2条规定,每一缔约方应依照其法律准则采取必要措施以确定法人因行贿外国公职人员而承担责任。

罪预防制度的法律责任①,并在《OECD反贿赂公约》后以附件的形式将公约的义务表述为具有操作性的步骤。但由于规定的原则性与附件当中合规内容的建议性,合规仅仅作为实现公约义务被推荐的手段而非强制性的手段。据此,德国并没有更改既有的国内法规制模式为直接规定刑事合规义务的立法模式。

3. 政策因素的间接驱动

社会责任运动与合作治理运动的兴起是合规制度持续推进的政策动因。企业社会责任(以下简称CSR)是一个规范的、多层次的概念,它的意义取决于不同的观点和关系,并且它是根据社会趋势而变化的。虽然早期的企业社会责任概念往往以人和地区为中心,但最近企业社会责任是一个众所周知的表达,有关企业社会责任的概念是包容、广泛和多样化的。例如,欧盟将CSR定义为"公司在自愿基础上将社会和环境关系纳入其商业运作和与利益攸关方的互动中的概念"②。在过去,CSR是一个不同的,但又与下述相关术语密切相关的术语:企业慈善、企业公民、商业道德、企业参与、企业责任、社会责任投资、可持续性、企业责任和企业社会绩效。

其中,许多公司将CSR和可持续性这两个术语互换使用。例如,一些公司有可持续发展战略和可持续发展报告,而另一些公司有CSR战略和CSR报告。CSR的具体形式因公司而异。如制造商的CSR活动将不同于零售商,上市公司面临的挑战与扎根于本地区的家族式中小企业不同。但是,所有成功实施CSR的公司都有一个共同点:没有办法将CSR固定在公司的业务活动中。那些视CSR活动为补充,但与他们的商业模式和核心业务没有任何关系的公司,就没有达到前述要求。③

不过,德国许多公司开始使用企业责任(corporate responsibility, CR)作为CSR的同义词。在讨论CSR时,一些作者更注重可持续性的经济维度和公司治理问题,而不是着眼于CSR。这是因为在德语中,CSR中的"social"经常被误解为"支持社会弱势群体"的意思,错误地将它的含义简化为过于狭隘的概念。因此,德国企业越来越多地使用"企业责任"一词。

多年来,德国联邦政府一直将促进CSR作为其政策的一部分。由于经济和金融危机,人们越来越多地呼吁企业采取更负责任的行为。这些要求也曾在2007年

---

① 《反腐败刑法公约》主要规定如下三个方面的问题:一是国家层面需要采取的措施;二是国际合作;三是对公约实施的监督。公约第18条第2款规定,除第1款规定的情形外,各方应当采取必要措施,以确保法律主体在如下情形是需要承担责任的,即第一段指涉的自然主体缺失内部监督或者控制,由此导致为了该自然主体的利益,并在该自然主体的权威下自然人牵涉第一段提及的刑事犯罪。

② Daniel Silberhorn, Richard C. Warren, Defining Corporate Social Responsibility: A View from Big Companies in Germany and the UK, 19 European Business Review, 353(2007).

③ 参见Sustainability and CSR,载联邦劳动和社会事务部网站(https://www.csr-in-deutschland.de/EN/What-is-CSR/Background/Sustainability-and-CSR/sustainability-and-csr-article.html),访问日期:2019年8月5日。

德国担任八国集团主席国期间的海利根达姆峰会上提出,峰会成立了"全球企业社会责任论坛",将各利益攸关方聚集在一起,共同致力于 CSR。从那时起,各国对 CSR 的理解都发生了重大的变化。社会越来越期望企业以负责任的方式行事,当代德国 CSR 更是被认为是企业伦理学问题。① 与此同时,国际要求变得更加严格。例如,在社会责任指南标准(ISO 26000:2010)草案中,ISO 从组织的角度对社会责任的定义是,所谓组织(企业)社会责任是指组织对其活动给社会和环境带来的影响承担责任的行为,这些行为要符合社会利益和可持续发展;以道德行为为基础,符合使用法律和政府间的契约,融入组织正在进行的各项活动之中②;经合组织在 2011 年将 CSR 宽泛定义为"企业对其社会影响的责任",并对德国国内的辩论产生了重大影响。2010 年 6 月 10 日,CSR 正式成为德国国家战略,德国联邦内阁通过国家参与战略(National Engagement Strategy)和 CSR 行动计划(Action Plan for CSR),意在通过加强公民参与,为全社会营造一个有利于企业履行社会责任的氛围,有利于德国 CSR 形成一个更为清晰的基本轮廓和特点,有利于德国企业与各相关利益方之间建立共生关系,推动竞争制度框架的建立。

具体而言,企业责任包括社会、环境和经济方面,包括公平的商业实践、面向员工的人力资源管理、节约使用自然资源、气候与环境保护、对本地的贡献、在全球供应链中的责任,这些责任主要是由国际认可的参考文档确定的,其中最主要的是《国际劳工组织关于跨国企业和社会政策的三方原则宣言》,经合组织《关于跨国公司的指导方针》,联合国全球契约和 ISO 26000:2010。③ 由于德国公司股权结

---

① 参见陈泽环:《比较经济伦理学视野中的"企业社会责任"》,载《学海》2008 年第 1 期。
② 参见崔征:《2006 年国际企业社会责任十大事件》,载《WTO 经济导刊》2007 年第 1 期。
③ 除此之外,《WTO 经济导刊》每年定期发布企业社会责任十大事件,此处选取 2006 年和 2010 年是为与德国合规计划发展的时间节点相契合。2006 年 3 月,欧盟委员会在布鲁塞尔发起"欧洲企业社会责任联盟"的倡议,联盟是开放的、由企业主导的,对所有的欧洲企业开放,旨在促进和鼓励 CSR 实践,为大公司、中小型企业及其利益相关方主动的 CSR 行为提供政治支持。2006 年 6 月 22 日,欧洲企业社会责任协会(CSR Europe)召开 2006 年年会。欧洲企业社会责任协会由前欧洲委员会主席 Jacques Delors 于 1996 年倡导成立,是欧洲在 CSR 领域内唯一真正的权威机构。其宗旨是通过将 CSR 纳入公司实践的主流这一方式来帮助公司获取利润、得到可持续性的发展以及推动人类进步。"企业 2020"倡议为欧洲企业社会责任新起点。2010 年 10 月 28 日,以"企业 2020"倡议为主题的欧洲企业社会责任年会在比利时布鲁塞尔召开。"企业 2020"致力于支持企业开发创新业务,并与利益相关方共同努力为社会需要提供解决方案,包含四大主题:转变的市场、包容的社会、健康与福利、诚信透明度。2010 年 11 月 1 日,ISO 26000 举办社会责任指南标准(ISO 26000:2010)的发布仪式。作为第一个真正关于社会责任领域的全球标准,ISO 26000 标准体系旨在帮助组织通过改善与社会责任相关的表现与利益相关方达成相互信任。参见崔征:《2006 年国际企业社会责任十大事件》,载《WTO 经济导刊》2007 年第 1 期;《WTO 经济导刊》编辑部:《2010 年国际企业社会责任十大事件》,载《WTO 经济导刊》2011 年第 1 期。

构中银行持有股份的情况比较普遍①,德国社会责任的发展更侧重劳工权益。同时,可以看出,在德国,以银行为股东的基本现实更迫使 CSR 与合规在企业内部落实——尤其是道德合规密切相关的,企业实现自身的可持续发展不仅是自身问题,也是社会问题。而为实现可持续发展就必须要求企业合规。虽然多项文件中并未体现实现合规目的的手段,但社会责任战略的推行与贯彻却能够在合规计划当中得到更好的体现。

另外,德国标准化协会(Din)、行业协会及 ISO 拟订的一些标准,是一种长期的自我管制方法,为法令的制定和执行提供了更为细致的规定,得到国家的承认。早期德国关于规定自我规制的实例是 19 世纪六七十年代关于内部制裁(Betriebsjustiz)的问题,目的在于在一些轻微案件中对刑事起诉起到补充作用,并在劳保法中形成一种非刑事制裁的综合系统。② 中期德国医药行业协会为其所属的企业制定了一套"医药行业自愿自律"(FAS)的协会行为准则。该协会将解释与贯彻该社团法的管辖权交给自己行使,因而它可以对那些不遵守规定的企业进行制裁。如今,德国公司治理法典被视为一项公私合作性法令,它将遵守规定视为公司职责的一部分,因此,遵守法规被视为公司的一般义务和企业文化,已经不具有争议,具有争议的是什么样的合规方法和什么合规措施是有效率的。对国家来说,合规是一项创新的做法,通过这一做法将治理的职责下放至私人机构,加强私营部门和公共部门之间的合作。

(二)德国企业合规制度的发展特点

审视德国合规制度的发展脉络,可以发现德国合规制度具有显著的域外性,并非自本土生成与发展。受到外界现实、政策与制度因素的驱动,德国企业合规制度呈现从经济领域向法律领域扩张、从民事行政法律领域向刑事法律领域扩张、从合规计划的附属性向合规计划的独立性转变特点:

其一,德国合规计划呈现零散化和刑事化特征。一方面,在 2002 年《德国公司治理原则》之前,严格意义来说并不存在完整的合规计划,而只是零散的合规规定,且这些零散的合规规定散见于特殊领域的立法之中。而且,一定程度上来说,这些零散规定即使就目前而言,也难以称为合规计划,遑论要求企业制定合规计划。所以,德国的法令如同欧盟诸多法令和实践一样,只是零星地将合规计划内容作为减轻情节,或是作为加重因素予以考虑。

---

① 参见〔日〕佐藤孝弘:《社会责任对公司治理的影响——美国、日本、德国的比较》,载《东北大学学报(社会科学版)》2009 年第 5 期;Florian Stamm, A Comparative Study of Monitoring of Management in German and U. S. Corporations after Sarbanes-Oxley: Where Are the German Enrons, WorldComs, and Tycos, *GA. J. INT'L & COMP. L.*, Vol. 32, 2004, p. 856。

② 参见 Marc Engelhart, The Nature and Basic Problems of Compliance Regimes,载马克斯普朗克学会网站(https://pure.mpg.de/rest/items/item_2643714_5/component/file_3007899/content),访问日期:2019 年 9 月 8 日。

另一方面,有关合规计划的近期发展是受 1991 年起的《美国组织量刑指南》和《美国检察官手册》的影响,合规计划与刑事法学开始建立联系。最为典型的示例是《德国违反秩序法》被普遍视为企业合规制度的核心条款。然而,《德国违反秩序法》全文并未提及合规计划一词,由此可见《德国违反秩序法》的第 130 条和第 30 条只能被称为合规计划的法律渊源。通过合规计划的内容与刑法理论框架的"被动关联",刑事合规计划才得以确立。在实践之中,虽然公认"皮革喷雾剂案"①确认的组织领导责任与合规计划存在密切的关系,但是合规计划的刑事法律地位仍是不明确的,这部分的讨论只是在理论上盛行,而实践仍具有模糊之处。

其二,合规计划从附属性走向独立性研究范畴。审视与合规计划相关的德国法令及其解释,鲜有直接在官方文件中采用合规计划的称谓的例子。即使采用了与合规计划类似的语词,相关内容也只是被肢解的合规要素(参照《美国组织量刑指南》标准)。所以,在此之前,合规计划的用法,尤其是刑事合规制度,还未发展成为独立的范畴。

造成这样的一种局面,与企业合规计划并非起源于法学有关,其甚至在医学和生理学上具有重要意义。② 法律领域内的合规计划是晚近几十年才被注意到的,不仅体现了实体和程序组合、公私结合治理、预防与报应并重等特点,更是为公司治理纳入了许多新兴理念和内容。

在国际潮流的影响下,德国合规计划的理论研究先行于立法,理论上罗什开始将合规计划作为独立于刑法教义学的范畴开始论述,其中至关重要的一个主张即是合规计划的法律地位问题③,但这个时候法令并未作出完备和细致的规定。由此可知,目前的合规计划虽然具有一定的独立性,但其实质上属于软法范畴,企业合规制度缺乏政策与制度的引导。这也难怪西门子公司贿赂案中,西门子公司合规系统的有关论述在美国辩诉交易书中远多于在德国的起诉书和判决书中。

---

① 1981 年 5 月 W. u. M.公司第 5 次接到通知称其生产的皮革喷雾剂会导致消费者出现呼吸急促、恶心等损害症状之后,公司负责人于 5 月 12 日召开临时公司会议决定是否召回产品。此次会议中,与会人员一致赞同专家 Dr. B 关于产品还未发现有危险性因素的意见,并最终决定不召回产品,而只在产品说明中有所提醒。不幸的是,事后该产品又造成多起损害事件。对于与会人员的不作为责任,德国联邦最高法院作出以下判旨:从制造者和销售商的保证人地位中,可以推导出将已经进入交易的、有害健康的产品加以召回的义务;倘若在一家有限责任公司中,多个公司经理共同决定召回事宜,那么每个公司经理都有义务竭尽一切可能做出该决定;如果一家有限责任公司的经理们一致决定,不实施被要求的召回,那么他们就作为共同行为人对不作为所生之伤害后果负责。参见李波:《瑕疵产品生产、销售过程中不法集体决策问题的归因和归责——以德国"皮革喷雾剂案"为例》,载《中国刑事法杂志》2014 年第 2 期。

② 参见〔德〕弗兰克·萨力格尔:《刑事合规的基本问题》,马寅翔译,载李本灿等编译:《合规与刑法:全球视野的考察》,中国政法大学出版社 2018 年版,第 51—52 页。

③ 参见〔德〕托马斯·罗什:《合规与刑法:问题、内涵与展望——对所谓的"刑事合规"理论的介绍》,李本灿译,载《刑法论丛》2016 年第 4 期。

三、德国企业合规制度的概念

(一)德国合规制度(刑事合规)的内涵

由于德国普遍认为刑事合规作为合规计划的一类,对于德国刑事合规计划的界定,通常比照合规计划进行,故此处将两者合而论之。而且,相比于学界的著述丰富,法律上却未对合规制度及其标准予以明确。查阅现有文献,德国学界表述各异,但存在基本共识。有学者认为合规是"公司治理良善的一种强制程序"①。企业界认为合规是指公司一般采取措施,确保公司员工遵守现有的法律法规等规章制度。还有学者认为英语中(刑事)合规的概念,已经进入德国经济实践和德国经济(刑法)的法律,具有如下含义:首先,它描述了对法律义务的遵守情况,刑事遵守描述了未实现刑事犯罪(以及行政犯罪,如果适用广泛的刑法概念);其次,合规是所有监督措施的全部,以确保公司所有成员在所有的法律要求和禁令方面的合法行为。② 德国刑事合规研究的代表性学者托马斯·罗什所作的、较为全面的刑事合规定义,即刑事合规包括所有客观上事前必要的或者事后被刑法认可的规范性、制度性以及技术性的属于某一组织的措施,这些措施的相对人既可以是组织的成员、商业合作者,也可以是国家或者社会大众。这些措施的目的是:①降低该组织或组织成员实施与组织有关的犯罪风险或引起犯罪嫌疑的风险;②与刑事机构达成一致而对刑事处罚产生积极影响,并最终借此提高企业的价值。③ 由上可知,合规的概念已经从字面含义转向合规计划的内涵,被视为避免法律责任的一揽子举措,与《美国组织量刑指南》确立的道德与合规计划内涵具有一致性。

针对托马斯·罗什较为完备的刑事合规定义,希尔根多夫提出富有启发性的三点补充。一是基于必要的模糊性,是否只有(为避免刑罚或受刑罚的风险的)"必要的"措施才可以被视为合规性措施。二是为什么不能存在不被允许的合规性措施?我们并不能因为某项合规措施是不被允许或违法的,就认为它不具有作为预防犯罪措施的特征。三是刑事合规措施难道不能在机关、高校、国家研究机构的研究和发展部门领域探讨预防犯罪的措施吗?④ 应当说,希尔根多夫的补充是确实可信的,如果将合规理解为避免刑事责任的一系列预防措施,那么从字面

---

① Uwe H. Schneider, Compliance als Aufgabe der Unternehmensleitung, ZIP 15(2003), S. 645(646).

② Vgl. Dennis Bock, Strafrechtlich gebotene Unternehmensaufsicht (Criminal Compliance) als Absenkung des Schadenserwartungswerts aus unternehmensbezogenen Straftaten—Zum Grundproblem der Bestimmung der Compliance-Schuld, HRRS 7--8(2010), S. 316.

③ 参见〔德〕托马斯·罗什:《合规与刑法:问题、内涵与展望——对所谓的"刑事合规"理论的介绍》,李本灿译,载《刑法论丛》2016年第4期。

④ 参见〔德〕埃里克·希尔根多夫:《德国刑法学:从传统到现代》,江溯等译,北京大学出版社2015年版,第505—506页。

也可能包含各种掩盖犯罪行为的措施,包括寻找法律漏洞和非法的掩盖行为。相反,若将合规理解为预防越轨行为,虽然可以避免此情况,但合规措施的范围却缺乏限定。

据此,希尔根多夫认为,需要建立全面的合规措施目录,以便能够在各种具体情况下合目的性地选择恰当的措施。① 也正因为对合规举措的限定,一般将所有不同形式的合规内容都可以归结为三个基本功能②:预防(prevent)、侦查(detect)和反应(respond)。笔者认为,既然德国企业合规制度已经从传统的字面含义和目的属性(合规是目的)转向了"手段加目的",那么合规的概念阐述就应当从手段属性和目的属性出发,揭示合规的全面含义。限于本章主题,本处结合希尔根多夫的有关补充认为,德国企业合规制度是企业为预防、发现和处置越轨行为而采取的系统性的组织措施,这一措施集合能够在法令及其实践当中产生相应的法律效果。

(二)德国企业合规制度的外延

企业合规制度讨论呈现的模糊泛化特性,正面而言是由于德国企业合规制度的内涵缺乏明确界定,反面而言则是合规与风险管理、企业治理等相关概念混淆。有必要考察包含合规内容的官方文件,进一步拓清企业合规制度的外延。

根据 2017 年版《德国公司治理原则》和《德国银行法》第 25a 节的表述,一方面,合规(compliance)与风险管理(risk management)、会计监督(the monitoring of accounting)、内控体系(internal control system)、内部审计系统(internal audit system)、审计(audit)处于并列位置。《德国公司治理原则》第 5.3.2 条规定监事会设立审计委员会解决前述所有问题,第 3.4 条规定董事会需要按期毫不迟疑地通知监事会关于公司战略、计划、风险现状、风险管理和合规问题。另一方面,内部控制(程序)制度包括了风险控制功能和合规功能。由此可知,内部控制制度与合规制度应属于并列范畴,《德国银行法》所言的合规功能应不等于合规计划之意。同时,《德国公司治理原则》中董事会和监事会的职责实际上包含了前述问题,但是否能据此认为合规是属于两者之下的范畴呢?笔者认为,合规既然在董事会和监事会的职责中都有所提及,就不能认为合规能被组织架构制度所简单包含,恰是因为与组织架构制度并列,合规才能既交由董事会执行,又交由监事会执行。不过,也需要提及的是,该处是基于德国治理状况的考察,并不能反映其他国家关于此类的含义辨析。

另外,从《德国公司治理原则》的章节布局出发,前述范畴均在公司治理的范

---

① 参见〔德〕埃里克·希尔根多夫:《德国刑法学:从传统到现代》,江溯等译,北京大学出版社 2015 年版,第 509 页。

② 参见《西门子的合规体系——以管理层职责为核心的防范、监察和应对》,载西门子中国网站(https://new.siemens.com/cn/zh/company/sustainability/compliance.html),访问日期:2019 年 9 月 5 日。

畴之下规定,据此,对于公司治理与合规制度的关系,如果认为公司治理的职能有三方面,即①对高层管理人员进行考核;②提供公司与股东之间的联系;③满足公司多种成分的需求,如董事、高级官员、雇员、债权人和其他利益相关者。① 那么,有学者的见解是中肯的,即直到20世纪90年代,"公司治理"这一通用术语及其含义才为人所知。稍微简化一点,这个术语可以翻译为"公司章程",因此,它是指商业企业管理和监督的监管框架。在此关键字下,国际社会与德国一样,探讨了企业整体监管体系的不同方法。"合规"是以下手段之一:公司及其机构必须依照适用法律运作的原则,这一原则在任何法治中实际上都被认为是理所当然的。② 但是,这样的认识并没有明确两者的范畴范围,而只是指明了两者作为手段与目的的关系。

第二节 德国企业合规制度的规范体现

如果企业合规计划具有强大的正向功能,那么,企业合规计划的发展与推广需要得到法律及其实践的认可与回应,而不能仅依靠企业的自我规制与觉醒。而且,美国"胡萝卜加大棒政策"的合规实践表明,企业合规制度的推行最终仍须落实到刑事法律之中,以加强合规计划的激励力度。正如上述"合规制度的发展特点部分"所阐述的,德国合规制度的本土化,并不是通过立法直接推进的,而是通过理论界反向寻找法律渊源来促进的。

考察德国企业合规计划的制度环境,除不具有强制效力的《德国公司治理原则》明确规定了企业需要建立合规管理系统之外,其余法令并未对合规计划作出直接规定,而是代之以合规要素(参照《OECD内部控制、道德和合规良好实践指南》③)的形式存在于法令之中。整体观之,合规计划的规范分布主要以行政性法律居多且具有直接关联性,以民商法次之,而刑事法律集中体现在《德国违反秩序法》和《德国刑法典》的少量规定中且呈现间接关联性。

---

① See David Charny, The German Corporate Governance System, *Columbia Business Law Review*, Vol. 1, 1998, p. 145.

② Vgl. Hauschka, in: Hauschka (Hrsg.), Corporate Compliance, 2. Aufl. 2010, §1 Rdn. 1.

③ 《OECD内部控制、道德和合规良好实践指南》规定了十二项具体标准,以确保企业内控反腐败合规项目的有效性:①领导对合规的重视和认可;②公司制定明确的合规政策;③符合公司合规政策是公司每一个人的责任;④合规工作向董事会内控委员会直接汇报,有专职的企业高管对合规工作负责,确保独立性、权威性、资源充足;⑤有针对性地制定合规措施;⑥对外部第三方伙伴的管理;⑦确保严格财务记录和内控管理;⑧对公司全系统包括子公司的有效合规宣传培训;⑨鼓励全体员工对合规工作的积极支持;⑩对违规行为的纪律处分;⑪鼓励员工举报违规行为,表达对某些实践的担忧;⑫定期评价合规体系的执行情况。

一、民事与行政法律中的相关规定

(一)《德国银行法》①的合规规定

《德国银行法》于 1961 年生效,经历了 1998 年和 2019 年两次修改,旨在规范信贷机构、金融服务机构、金融控股公司、混合金融控股公司、混合控股公司和金融公司的经营运作。就整部法令而言,《德国银行法》的合规计划内容较为系统完备,是行政性法律中合规计划的典范,这在一定程度上与合规计划起源于金融监管有关。具体而言,德意志银行合规管理工具主要包括:受关注者名单、受限制者名单、利益冲突记录、信息记录与分析、交易监控、吸收新客户的操作程序、合规性报告、集团设立合规检查委员会等。② 就具体条款而言,《德国银行法》中的合规要素集中体现在第 25a 条"特别组织义务,对风险承担者的规定"、第 25c 条"业务主管"、第 25g 条"无现金支付交易中的特殊组织义务遵守"和第 25h 条"内部保障措施",第 54a 条甚至将危及银行机构的风险不充分管理当作刑事犯罪。

首先,《德国银行法》规制范围内的机构应履行第 25a 条特别组织义务和第 25c 条规定的一般组织义务。第 25a 条规定,机构应拥有适当的业务组织措施,制定相关的内部制度要求,以确保该机构遵守法律规定和业务要求。董事会负责机构的适当商业组织措施。其中,适当的业务组织措施应包括充分和有效的风险管理,机构必须确保持续承担风险的能力。风险管理包括:① 战略层面定义,特别是为机构的可持续发展制定业务战略和一致的风险战略,以及制定战略的规划、执行、评估和调整程序;② 根据对风险和风险范围进行审慎评估,确定和确保风险承受能力的程序,包括建立内部控制程序、内部控制制度和内部审计。其中内部控制程序:① 制定和组织程序,明确责任划分;② 根据欧盟第 2013/36 号指令第七篇第二章第 2 条第 2 款规定的标准识别、评估、管理和监测风险的程序;③ 风险控制职能和合规职能;其中,风险控制的设计取决于业务的性质、范围、复杂性和风险内容。相关机构应定期审查其充分性和有效性。适当的业务组织措施还包括:① 作出适当安排,随时准确确定机构的财务状况;② 业务活动的完整文件,确保机构对其职责范围进行全面监测;③ 必要的记录须保存最少 5 年,其中还包括根据第 25e 条能够证明有关合同代理人履行了职务的记录。

其次,《德国银行法》第 25c 条对一般义务进行了补充,其中第 3 款规定:① 遵守健全管理原则,确保机构管理工作受到必要的注意,特别是在组织内确立任务分离和防止利益冲突的措施,以及确保这些原则的实施;② 监测和定期评估第

---

① 参见 KWG,载德国联邦司法部网站(https://www.gesetze-im-internet.de/kredwg/index.html#BJNR008810961BJNE027710123),访问日期:2019 年 9 月 4 日。

② 参见陈锋:《德国、新加坡商业银行合规管理对我国银行合规管理的启示》,载《金融纵横》2006 年第 1 期。

①点规定和执行的原则的有效性;管理者必须采取适当措施弥补缺陷;③投入足够的时间确定战略和风险,特别是应对违约风险、市场风险和运营风险;④确保有一个充分和透明的公司结构,并考虑到有效风险管理所需的机构业务活动的透明度,也是实现这一目的所必需的公司结构及相关风险的必要知识;对于母公司的董事,根据第25a条第3款,本义务也适用于集团;⑤确保会计和财务报告的准确性,包括必要的控制和遵守法律规定和相关标准;⑥监控披露和沟通流程。另外,第4款规定:各机构应利用足够的人力和财政资源,便于管理层成员接受和履行其职责,并能够进行必要的培训,以维持其专业能力。

再次,《德国银行法》第25c条对董事会的职责规定体现了合规计划的具体内容。一方面,第25c条第4a款对董事的合规职责作出了具体规定。作为第25a条第1款第2项确立的总体责任的一部分,机构董事应确保该机构具有以下战略、流程、程序、职能。(1)旨在实现机构可持续发展的业务战略、一致的风险战略以及根据第25a条第1款第3项规划、执行、评估和调整战略的程序。董事确保:①每项重大业务活动的总体目标、机构的目标以及为实现这些目标而采取的措施,随时都有记录;②风险战略在任何时候应包括主要业务活动的风险管理目标和为实现这些目标而采取的措施。(2)根据第25a条第1款第3项确定和确保风险承受能力的程序,董事应至少确保:①机构的主要风险,特别是针对违约、市场价格、流动性和运营风险,定期在风险清单中进行识别和定义;②风险清单应考虑风险集中度,并检查资产、收入或流动性头寸的任何重大减值。(3)针对第25a条第1款至第3款的内部控制程序、内部控制制度和内部审计,董事至少应确保:①在建立和运营组织的框架内明确界定职责,明确界定基本流程和相关任务、能力、责任、控制和沟通途径,以确保员工不参与不相容的活动;②……;③内容控制系统包括识别、评估、控制、监测及传达重大风险和相关风险集中度的风险管理和控制流程,以及风险控制职能部门和合规职能部门;④以合理的间隔,但至少每季度向管理层报告风险情况,包括风险评估;⑤管理层应以适当的时间间隔,但至少每季度向行政或监督机构报告风险情况,包括风险评估;⑥定期对主要风险和机构的总体风险状况进行充分的压力测试,并根据可能需要采取行动的结果进行评估;⑦至少每季度向管理层和监察或行政机构报告内部审计。(4)根据第25a条第1款第3项第3目,该机构有足够的工作人员、技术和组织设备,至少董事首长应考虑到内部要求、业务活动和风险情况,确保人员配置的数量和质量以及技术和组织设备的范围和质量。(5)根据第25a条第1款第3项第3目第5点,对于时间紧迫的活动和流程中的紧急情况,至少经理应确保定期进行紧急测试以验证应急计划的充分性和有效性,并将结果报告给负责人。(6)如果按照第25b条第1款第1项将活动和流程外包给另一项企业,则至少采用适当的程序和概念,以避免过度的额外风险,以及避免影响交易、服务和第25a第1款所指的商业组织。

另一方面,《德国银行法》第25c条第4b款对母公司的董事会合规职责作出了较第25c条第4a款规定更为严格和具有战略意义的规定。作为承担第25a条第1款规定的本集团正当业务范围的总体责任的一部分,母公司的管理人员应确保集团具有以下战略、流程、程序和职能。(1)为实现集团可持续发展的集团业务战略和风险战略,以及根据第25a条第1款第3项规划、实施、评估和调整的战略,管理者至少必须确保:①随时记录集团的总体目标、集团每项重要业务活动的目标,以及为实现这些目标而采取的措施;②集团在任何时候的风险策略,包括主要业务活动的风险管理目标以及为实现这些目标而采取的措施;③集团相关企业的战略定位与集团范围的业务和风险战略保持一致。(2)根据第25a条第1款第3项确定和确保的集团风险承受能力的程序,至少董事应确保:①集团的重大风险,特别是违约、市场价格、流动性和运营风险,定期在风险清单进行识别和定义;②在风险清单中考虑集团内的风险集中,并评估对集团财务状况、运营结果或流动性的任何重大损害。(3)根据第25a条第1款第3项,具有内部控制制度和内部审计的内部控制程序,至少董事应确保:①在集团架构和流程组织框架内明确界定责任,以确定集团内部的基本流程和相关任务、权限、责任、控制和沟通渠道;②确保员工不从事不可调和的活动等(以下条款与前述第25c条第4a款有很大程度重合)。

复次,《德国银行法》第25g条规定了在无现金支付交易中遵守特殊组织义务,为确保遵守该条第1款第1至第4项所述条例中规定的义务,该条第2款明确要求信贷机构应建立内部程序和控制系统。

最后,《德国银行法》第25h条和第26条分别就反洗钱、反恐怖主义和财务审计方面作出了规定。第25h条第1款规定:根据第25l条,机构和金融控股公司以及混合金融控股公司不得损害本法第25a条第1款规定的义务和《德国反洗钱法》(Geldwäschegesetz, GwG)关于适当风险管理的第4—6节规定的义务。并且机构应当制定内部保障措施,防止洗钱、资助恐怖主义或其他可能危及机构资产的刑事犯罪。他们必须创建和更新适当的业务和客户相关安全系统,并实施控制。这包括不断制定适当的战略和保障措施,以防止滥用新的金融产品和技术用于洗钱和资助恐怖主义,或促进业务关系和交易中的匿名。由于金融机构与洗钱密切相关,《德国反洗钱法》[1]相关的合规义务也在《德国银行法》当中数次被提及。

而《德国银行法》第26条要求相关机构提交机构自身和由母公司合并的年度账户、管理报告和审计报告,如第26条第1款规定的机构自身的财务报告:各机构应在财政年度的前3个月内编制上一个财政年度的年度账目,以及随后按德国联邦机构和德国联邦银行的进度报告编制和建立的年度账目。财务报表必须附有审计意见或拒绝通知。审计员必须在审计结束后立即将年度财务报表、审计报告

---

[1] 参见 GwG,载德国联邦司法部网站(https://www.gesetze-im-internet.de/gwg_2017/index.html#BJNR182210017BJNE001000000),访问日期:2019年9月4日。

提交给德国联邦机构和德意志联邦银行。同时,第26条第3款就编制合并财务报表或集团管理报告做了类似的规定,其要求编制机构应立即向德国联邦机构和德意志联邦银行提交这些文件。

(二)《德国股份公司法》的合规规定

《德国股份公司法》施行于1965年9月,最后一次修订于2017年7月,旨在规定股份公司的成立、组织架构、运作等事宜。该法的合规要素规定体现在董事会与监事会的职责上,并结合第161条将《德国公司治理原则》的合规要素纳入该法,以进一步促进股份公司的合规体系构建:

首先,董事会的相应职权体现了合规计划的制订与执行。《德国股份公司法》第91条第2款规定:企业管理层有义务确保威胁到公司可持续的事态发展被早期发现。第93条第1款规定:董事会的成员必须在管理层中任免勤勉且尽职尽责的业务经理。如果管理层成员在作出商业决定时有理由有权假定他是根据适当的信息为公司的利益行事,则不存在违反义务。这些义务在传统观点看来,被理解为董事会应建立避免严重风险的组织预防措施机制。同时,第91条第1款还对财务记录有严格的规定:相关董事会应确保保留所需的日记账、所需总账和其他所需记录。可以说,大约十年来,这些规则一直致力于包括一项合规责任。一个有效的合规计划符合《德国股份公司法》的这些标准,并有充足理由能够证明这些义务的履行,这能够成为管理层采取合规措施的决定性动力。

其次,结合董事会的相关规定,监事会的相关职权也体现了合规要素。《德国股份公司法》第111条规定了监事会的任务和权利:监事会对公司的管理进行监督;监事会可以查阅和检查公司的账簿和文件以及资产,特别是公司国库和证券、货物的持有情况。委员会还可任命个别成员或特别专家执行具体任务。它应按照《德国商法典》第290条向审计员发出年度和合并财务报表的审计任务。它还可能对非财务报表或单独的非财务报告(《德国商法典》第289b条)、非财务组报表或单独的非财务集团报告进行外部实质性审查(《德国商法典》第315b条)。对于监事会的监督职权的内涵,我国学者结合《德国公司治理原则》的最新修订认为"在德国现行公司法的规范框架内,监事首先有义务在董事会和经营管理层履行组织义务并保障内部合规的过程中,根据企业所处具体情况对其分别实施伴随性、支持性或形成性三个层次的监督。同时,监事会内部的合规同样重要,其中主要涉及监事会中利益冲突的披露和化解、监事会决议存在瑕疵时的处理方式、顾问合同的缔结条件以及监事之间的相互监督"[①]。因此,监事会的监督职责不仅包括董事会前述的合规职责,还包括自身的合规。而且,《德国股份公司法》第53条第2项的规定实际上说明了监事会在合规审查中的具体职责是其监督职

---

① 杨大可、张艳:《论德国监事会合规职责的制度内涵》,载《同济大学学报(社会科学版)》2019年第3期。

责的应有之义。

最后,《德国股份公司法》第 161 条中的"合规声明"(Entsprechenserklärung)使《德国公司治理原则》具有法律依据,一定程度强化了企业合规的动机。合规声明要求上市公司的董事会和监事会每年必须宣布他们在多大程度接受了《德国公司治理原则》的建议,否则它们必须解释哪些建议未得到遵守。强制性声明必须补充在每年财政声明的附录之中,以《德国股份公司法》第 161 条的要求进行声明,并且这声明需要提交和提供给股东,声明必须可在网站上永久访问。此外,公司每年必须按照《德国商法典》提交申报,将年度财务报表列入公司登记册且必须事先在联邦登记册(Bundesanzeiger)上公布。通过合规构建努力的公开,企业的社会形象与发展细节也更多被公开,这成为股份公司提升自己声誉的重要路径。

(三)《德国证券交易法》①的合规规定

因调查内容的交叉,《德国证券交易法》结合《德国银行法》共同要求金融机构制定合规措施,以防止内幕交易等违规行为,并对不执行的行为进行行政处罚。其中,包括第 58、59、60、80 条的组织义务、第 83 条记录保留、第 89 条审计措施的相关规定:

首先是金融机构的组织义务。其一,第 58、59、60、80 条均对数据交付过程中的服务者的组织义务有所规定,要求建立确保传输数据的安全、违法行为得以披露,以及减少未经授权的数据修改和访问风险等预防措施。服务者必须有足够的资源和应急系统,以随时提供和维护其服务。其二,第 80 条针对投资服务公司规定了更为详尽的组织义务,其要求:投资服务公司不仅必须遵守《德国银行法》第 25a 条第 1 款和第 25e 款规定的组织义务,还必须采取适当的预防措施,确保投资和辅助投资服务的连续性和规律性;以及长期采取有效措施,确保在提供投资和辅助投资服务方面出现利益冲突可以得到解决。其三,设计、提供、销售金融产品的投资服务公司应保持适当的程序,确保遵守该法要求的措施,这包括适用于披露、适当性和充分性评估、激励和正确处理利益冲突的要求。而且,针对投资服务公司提供的产品,公司应定期审查其产品的发布安排,以确保其弹性和适当性,并采取适当措施应对任何必要的变更。它应确保根据授权条例(EU) 2017/565[Delegierten Uerordung(EU)2017/565]第 22 条第 2 款设立合规职能部门,定期监督产品的开发、发布和运作风险,以确保在早期阶段就监测到产品的不合规。其四,根据第 58 条和第 80 条的规定,相关主体还应当按照《德国银行法》第 25a 条第 1 款第 6 项第 3 目的适用,建立检举程序。

其次是投资服务公司的记录保留。其一,《德国证券交易法》第 80 条第 3 款

---

① 参见 WpHG,载德国联邦司法部网站(https://www.gesetze-im-internet.de/wphg/),访问日期:2019 年 9 月 4 日。

规定:在授权条例(EU)2017/565第18条范围内从事算法交易的投资服务公司,应保存第2款所述事项的足够记录至少5年。投资服务公司使用高频算法交易技术时,这些记录应特别包括其下的所有订单,包括订单取消、已执行订单和报价、交易场所,并按时间顺序存储。其二,《德国证券交易法》第83条就投资服务公司的一般记录和保留义务做了规定;为使联邦机构能够核实和监督遵守本节中规定的义务履行,在不违反欧盟相关指令的情况下,投资服务公司应提供有关其提供的投资服务和辅助投资服务的相关记录;在提供服务之前,投资服务公司应编制与客户签订的协议记录,其中界定了当事人的权利和义务以及为客户提供投资服务或辅助投资服务过程中投资服务承诺的其他条件;在提供订单服务过程,公司应以电话或电子通信的方式记录——尤其是风险、盈利情况和金融工具或服务设计的情况;投资服务公司原则上禁止用私人设备进行沟通,而且投资服务公司应采取一切适当措施,记录员工或代表通过电话交谈和电子通信的记录。针对上述的记录义务,投资服务公司应当采用经久耐用的记录媒介,并确保记录不被伪造和未经授权地使用。如果客户拒绝被录音,公司应当拒绝通过电话或者电子通信提供服务,可以采用会议记录或说明的形式;上述记录一般保留5年,特殊情况下相关机构可以要求延长2年,期限届满后公司可删除或销毁记录,但是删除和销毁情况应记录在案。

最后是金融机构的审计措施。《德国证券交易法》第89条规定,机构应具有符合本法规定的审计员,每年检查法定义务是否得到遵守,这些义务包括:①第600/2014号条例第26条所规定的报告义务,包括根据这些条款通过的法规技术标准;②第57条第1至4款规定的报告立场的义务;③第23节规定的通知义务;④根据欧盟第2014/65/EU号指令(Richtlinie 2014/65/EU)第17条第7款、第27条第10款和第32条第2款通过的监管技术标准等。同时,审计内容在《德国银行法》相关规定规制范围内的信贷机构和金融服务机构还需要满足法令规定的其他条件。

(四)《反洗钱法》的合规规定

《德国反洗钱法》关于企业合规的措施并不完整,但相比于其他法令的规定,《德国反洗钱法》旨在传达的要义是要求公司必须实施组织变革,以便它们的业务不能被用来洗钱或资助恐怖主义。整体而言,《德国反洗钱法》第2节"风险管理"集中体现合规特征。

首先,《德国反洗钱法》第3节"与客户有关的尽职调查"第10条结合第11条对相关当事人的信息识别,规定了商业活动过程中一般尽职调查义务,指出应当对贸易相对方的交易特征和信息有所把握,并持续监测和评估,尤其是基于附录1和2的风险,避免业务活动被用于洗钱。同时,鉴于洗钱和恐怖主义融资的风险,义务人必须应主管的要求向其证明他们采取的措施范围是适当的。同时,结合第17条,为履行第10条第1款第1—4项规定的一般尽职调查义务,义务方可以使用第三方进行尽职调查,由此扩大了调查的适用范围。

其次,《德国反洗钱法》第 15 条规定,在风险分析情况下如果涉洗钱和恐怖主义风险较高或符合第 3 款的规定,除一般尽职调查义务外,还应履行法令规定的增强的尽职调查义务。

最后,《德国反洗钱法》第 2 节风险管理由第 4 条至第 9 条组成,包括风险管理、风险分析、内部安全措施、反洗钱官、记录和存储义务以及反洗钱义务的普适要求等内容。

第一,第 4 条开宗明义地指出企业的反洗钱义务。即"为防止洗钱和恐怖主义融资,有义务的实体必须根据其业务活动的性质和程度进行有效的风险管理。风险管理包括第 5 条规定的风险分析以及第 6 条规定的内部安全措施"。

第二,第 5 条规定,义务方应当识别、记录、定期审查更新和评估其经营业务所存在的洗钱和恐怖主义融资风险。特别应考虑附录 1 和 2 中列出的风险因素以及基于国家风险分析提供的信息。风险分析的范围取决于有义务方的业务活动的性质和范围。

第三,第 6 条规定,义务方应设有完备的内部保障措施,以减轻洗钱和恐怖主义融资的风险。适当的措施是与义务方各自的风险状况相对应的措施,义务人员必须监督内部保障措施的运作并在必要时进行更新,进而在第 2 款列出了内部安全措施。(1)制定与之相关的内部政策、程序和控制措施:①处理第 1 款所述的风险;②根据第 10—17 条进行客户尽职调查;③履行根据第 43 条第 1 款规定的报告义务;④根据第 8 条记录信息和存储文件;⑤遵守其他洗钱规定。(2)根据第 7 条任命洗钱官员及其副手。(3)根据第 9 条在集团范围内制定程序。(4)制定适当措施,防止滥用新产品和技术进行洗钱和资助恐怖主义,或有利于匿名商业关系或交易。(5)通过适当措施核查其工作人员的可靠性,特别是对负有特定义务的工作人员的控制和评估系统。(6)向工作人员持续提供有关洗钱和恐怖主义融资的类型和现行方法以及相关规则(包括数据保护规定)和义务信息。(7)鉴于业务的性质和范围,独立审查验证上述原则和程序,并确认这种审查是适当的。同时,第(5)点对于义务人内部的匿名举报制度作出了规定;第(6)点的规定实则是对义务人就相关交易信息存储提出了要求,以便在金融交易监管中心或其他主管机关要求提供时能够提供。

第四,第 7 条规定,根据相关规定,管理层须指定一名反洗钱人员及一名副手。反洗钱官负责遵守洗钱规定并直接隶属于管理层。反洗钱官必须被给予足够的权力和资源,以妥善履行其职责;尤其是其应能够不受限制地访问与执行其任务有关的任何信息、数据、记录和系统。反洗钱官应直接向管理层报告。

第五,第 8 条和第 9 条分别对信息的存储和记录以及反洗钱义务的普适要求作出了细致的规定。前者规定了信息的内容、信息的载体和存储的要求等。后者则要求集团在其分支机构和公司均实施反洗钱义务,义务包括上述所提及的风险分析、内部保障措施、反洗钱官、与监管机构的合作等内容。

如果被约束的实体未能实施和运行有效的反洗钱合规系统,则可能会受到《德国反洗钱法》第56条规定的罚款。

(五)税务合规(IDW PS 980 内 Tax-CMS)

税务合规作为整体合规的一部分,服务于税收法规这一目标,旨在防止客户、业务合作伙伴和员工违反纳税申报义务的行为被以应受谴责的方式归于公司及其机关。公司及其个人面临的法律风险来自《德国税法》《德国刑法典》《德国违反秩序法》,以下仅就《德国税法》当中关于合规的事宜作出论述。

德国企业税务合规在《德国税法》(Abgabenordnung,AO)①当中并未有直接体现,这一定程度导致在德国是否有明确规定的法律义务来建立合规制度成为疑问。真正直接体现这一要求的,是在实践和非法令文件当中。即2011年,德国法定审计师协会(IDW)发布了通用跨行业认证合规管理体系标准(IDW PS 980)。该标准包括三类。第一类审计包括评估合规制度的内容和文件。与公司规定的合规原则相对应的实际设计是第二类审计的对象。在第三类审计中对现有程序的有效性进行了测试。② 管理层和监事会可以根据其公司的具体情况,要求一种有针对性的审计。蒂森克虏伯股份公司 ThyssenKrupp AG 是第一家按照这一标准对其合规方案进行审计的公司,它广泛地宣传了这一认证。③ 另外,在2016年6月完成合规管理体系标准实用说明初稿并经过专业协会的审议意见后,IDW 于2017年5月31日发布了 IDW 实用说明 1/2016(IDW Praxishinweis 1/2016),进而审计机构能够根据 IDW PS 980 和 IDW 实用说明 1/2016 设计和审查税务。④ 其中,IDW PS 980 还有望成为德国银行业税务合规管理系统(Tax-compliance management system,Tax-CMS,以下简称 CMS)的行业标准。

IDW PS 980 内引入的 CMS 的主要原因是保护银行、管理层和工作人员免受全球化背景下的违法性风险的影响。违法性风险不仅来源于《德国刑法》《德国税法》、判例法,还来源于国际贸易以及不同国家和区际之间的税收制度不同带来的不同税收风险,所以,IDW PS 980 的制定与税务合规考虑到了诸如《美国组织量刑

---

① 参见 Abgabenordnung (AO),载德国联邦司法部网站(https://www.gesetze-im-internet.de/ao_1977/inhalts_bersicht.html),访问日期:2019年9月8日。

② 参见 Prüfung von Compliance Management Systemen nach IDW PS 980,载罗德尔合作网(https://www. roedl. de/themen/compliance-management-gesundheitswesen/pruefung-von-compliance-managementsystemen),访问日期:2020年9月7日。

③ 参见 KPMG, Appropriateness implementation and effectiveness of the Compliance Management System as at 30 September 2011,载蒂森克虏伯网(https://d2zo35mdb530wx.cloudfront.net/_legacy/UCPthyssenkruppAG/assets.files/media/unternehmen/compliance/pr% C3% BCfberichte/kpmg-report-30-09-2011.pdf),访问日期:2020年6月20日。

④ Vgl. IDW Prüfungshinweis 1/2016, IDW Life, 07/2017, 837.

指南》、SOX 法案、《英国反贿赂法》,以及经合组织"联合行动税率合规"的指导方针。①

为应对税收风险的增加,实务中德国税务机关发布了关于《德国税法》第153条新的申请法令(AEAO),其中他们承认 CMS 具有责任免除效果,即"凡应纳税人已实施内部控制制度,以便履行税务义务,在适当情况下,可构成一种可能排除意图或鲁莽存在的指示,但这并不免除其对个别案件的审查"②。

IDW PS 980 建立的税务合规管理系统包含如下基本要素,与《美国组织量刑指南》和经合组织相关文件确定的合规要素具有相似性。同时,IDW 也承认,如何根据 IDW PS 980 设计一个 CMS,以便产生约束效果,不能用一般的方式回答。虽然下面描述的七个基本要素对所有公司都有意义,但 CMS 最终必须根据单个公司的具体特征和需求进行单独调整:

(1)税务合规文化:CMS 有效性的基本前提是公司或集团拥有税务合规文化,体现在公司或集团及其管理层从上至下积极主动地遵守税务规定和履行税务义务。

(2)税务合规目标:税务合规目标是基于公司战略由公司法定代表人设定,并作为评估税务合规风险的依据。其有利于明确税收职能的范围和任务,便于税收管理。但不论如何,税收合规目标的中心必须紧紧围绕遵守法律这一决定性的目标。

(3)税务合规组织:税务合规组织与企业组织架构密切相关,也存在横向和纵向分权。因此,《德国违反秩序法》第130条关于组织内部的监督义务的规定也相应适用于税务合规组织,这就要求企业应谨慎挑选符合要求的员工,并对员工进行适当的培训。此外,公司应当明确税务合规组织内外的职责,并将税务合规职能的管理组织整合到公司和公司的整体组织中。

(4)税务合规风险:公司应进行公司组织的系统风险识别和评估,以避免违反《德国税法》的规定。风险分析应着重检查公司本身及其所产生的重大税务风险的业务领域及其机构,必须识别这些风险并将其分类为风险等级,必须考虑发生的可能性和可能的后果。

(5)税务合规计划:合规计划应包括应对已识别风险的预防措施,但也应包括为发现违规行为时应采取的措施,同时考虑到这些措施符合《德国违反秩序法》第130条关于"尽职调查"的要求。因此,采取的措施可以具有预防性和侦察性。其

---

① Co-operative Tax Compliance,载经合组织网站(http://www.oecd.org/tax/co-operative-tax-compliance-9789264253384-en.htm),访问日期:2019 年 9 月 8 日。

② 参见 Entwurf eines IDW Praxishinweises 1/2016: Ausgestaltung und Prüfung eines Tax Compliance Management Systems gemäß IDW PS 980,载德国法定审计师协会网(https://www.idw.de/blob/90012/9013892a6abf0b25485ebcf0a21f9fe9/down-idw-praxishinweis-tax-compliance-data.pdf),访问日期:2020 年 2 月 5 日。

中预防性措施应除了包括公司指导方针和指示,还可能包括行为守则、培训课程、法律变更等。为了避免违反税收法律规定,应定期向就业人员通报并指导他们有关于职责的法律(含判例法)的更新。如有必要,由于这些变化,也必须调整内部程序和 IDW PS 980 本身。而采用的侦察性措施的内容和范围取决于个案的情况。在个别情况下,可能还需要进行"持续检查",例如,新员工应该比长期在公司工作的员工受到更广泛的监督,如果长期在公司工作的员工在过去的工作中一直都可靠的话。

(6)税务合规沟通:合规只有在公司积极沟通时才能有效,提供沟通能够将合规制度自上而下地传达贯彻。例如前述关于因法律和判例法的变更带来的内部职责更新,就需要沟通机制予以传达。

(7)税务合规监测和改进:最后一个基本要素是监测和改进 CMS。监测主要判断 CMS 的有效性。通过监测 CMS 与公司或集团活动的融合发展,必须纠正违规行为和改进 CMS 的缺陷,以最大限度使其发挥效果。根据违规的严重程度,甚至可能有必要实施制裁以防止违规行为重复。这也可能意味着,如果就业法允许,则可解雇不可靠的工人。

(六)《德国联邦数据保护法案》的合规规定①

早在《欧盟一般数据保护条例》(以下简称 GDPR)实施截止日期之前,德国议会(Bundestag)于 2017 年 4 月 27 日通过了一项新的《德国联邦数据保护法案》(Bundesdatenschutzgesetz,BDSG)。新法案保留了旧标题 Bundesdatenschutzgesetz,但内容已经完全改变。新法案的 85 条条款大部分涉及公共部门数据保护规定和对欧盟指令的执行。但是,它也包括一些针对私营部门的规定,这些规定是基于允许或要求国家执行的开放条款。同时,新法案规定其他联邦数据保护立法应优先于该法案的规定。

审视 GDPR 关于企业合规制度的规定,表现为合规要素与合规要素法律地位的规定,前者包括数据保护官、文档化管理、数据保护影响评估、数据泄露报告等规定。《德国联邦数据保护法案》同 GDPR 一样,并没有对合规制度作出明确的规定和要求,而是以合规要素的形式散见在法案之中。与其他合规制度法律渊源不同的是,该法案就公共主体的合规要素做了特殊规定,这也说明合规并非只是私营部门面临的问题,而是可以扩散到其他组织体。具体而言:

首先,《德国联邦数据保护法案》第 38 条"私人部门的数据保护官"规定:除欧盟第 2016/679 号条例第 37 条第 1 款 B 和 C 项外,控制者和处理者应指定一名数据保护官,如果他们经常雇用至少 10 名负责个人数据自动化处理的人员。如果数据控制者或处理者根据欧盟第 2016/679 号条例第 35 条进行数据保护影响评

---

① 参见 Federal Data Protection Act(BDSG) ,载德国德国联邦司法部网站(https://www.gesetze-im-internet.de/bdsg_2018/BJNR209710017.html) ,访问日期:2019 年 9 月 4 日。

估,或为转让、匿名转让或市场或舆论研究目的对个人数据进行商业处理时,应指定数据保护官,而不论在处理过程中雇用多少人。这是一个明显低于 GDPR 的阈值。①

其次,参考《德国联邦数据保护法案》第三章"公共机构的数据保护官"第7条,数据保护官应负责以下任务:除欧盟第 2016/679 号条例所列任务外,数据保护官至少应承担下列任务:①通知和建议公共机构和雇员履行由该法和其他数据保护立法确定的义务;②监测该法和其他数据保护立法的遵守情况,包括为执行欧盟第 2016/680 号指令而颁布的立法以及保护个人数据的公共机构出台的政策;③就数据保护影响评估提供咨询意见,并根据该法第 67 条监测其执行情况;④与监察机关合作;⑤作为与监管机构在相关数据处理事项上的联络点。

再次,《德国联邦数据保护法案》的核心在于数据处理、移转和保存的安全,其详尽规定在第 62、64、78、79、80 条。其一,第三部分就公共主体对个人数据的处理情况在第 47 条规定了数据处理的一般原则,明确要求采取适当技术和组织措施保护数据处理安全。其二,第三部分第二章"处理个人数据的法律基础"的第 48 条"个人特别数据的处理"规定:如处理了特别类别的个人数据,应采取适当的保障措施保护数据主体的法律利益。其中,适当的保障措施可以是:①对数据安全或者数据保护监控的具体要求;②必须在特定时限内审查数据的相关性和可删除性;③提升参与加工作业的工作人员技能的措施;④在负责机构内访问个人数据的限制;⑤单独处理这些数据;⑥个人数据的匿名化;⑦个人数据的加密;⑧特定的程序规则,可确保出于其他目的进行转移或处理数据的合法性。其三,法案明确要求处理者和控制者对数据安全风险进行评估,并采取相应的措施以实现预防和全程控制。第 62 条明确了数据控制者和处理者的义务:①控制者应当确保该法案和其他数据保护立法得到遵守;②控制者应提供充分保证,以执行适当的技术和组织措施,使数据处理符合法律的要求,并确保能够保护数据当事人的权利。第 64 条则对数据处理提出了安全要求:①数据控制者和处理者,考虑到执行的成本、性质、范围、背景和处理目的,以及自然人受法律保护的利益受侵害不同风险的可能性和严重程度,应当在处理个人数据时实施必要的技术和组织措施,确保与风险相匹配的适当的安全措施,特别是在处理特别类别的个人数据方面。在这样做时,控制者应考虑到联邦信息安全办公室的有关技术准则和建议。②第①点所提及的措施,可包括为处理个人数据的目的而采用匿名及加密的方法。

最后,《德国联邦数据保护法案》还对数据处理和移转过程的记录义务作出规定,包括第 70、78、79、80 条等。如第 70 条数据处理活动的记录:控制者与数据处理者须备存由其负责的各类加工活动的记录。

---

① 参见 Germany Implements GDPR,载 Globalprivacyblog 网站(https://www.globalprivacyblog.com/privacy/germany-implements-gdpr/),访问日期:2019 年 9 月 4 日。

(七)《德国公司治理原则》①的合规规定

1999年5月通过的《OECD公司治理原则》是公司治理规则的最低标准,以便为证券交易所、公司、投资者和其他团体提供指导。2004年更新了该规定,目前经合组织的这些建议涉及股东的权利、股东的平等待遇、参与公司的利益相关者及其职能、披露和转移以及监事会的职责。

受《OECD公司治理原则》的影响,经过不到六个月的审议,2001年9月6日由德国司法部部长任命的政府委员会提交了《德国公司治理原则》。就内容来看,司法部部长仅制定了法律框架,从而使德国企业有机会以自我组织的方式提出一项包含国家和国际法律的原则。通过原则的制定,德国当局试图表达由国家承认的良好和负责任的公司治理标准,并对外以一种形式介绍德国公司治理制度(因为该原则是以目前颁布的德国法规为基础),使其对外国投资者也具有透明度。

《德国公司治理原则》是为德国上市公司的管理和监督治理提供的基本法定条例,并包含了国际上和国家公认的良好和负责任的治理标准。该原则虽主要针对上市公司,它仍建议非上市公司也遵守。该原则旨在使德国公司治理制度具有透明度和可理解性,它的目的是促进信任,以便国际和国内投资者、客户、员工和广大公众对德国上市公司进行管理和监督。

值得注意的是该原则的效力规定。根据现行有效的2017版《德国公司治理原则》:在原则中对公司的建议会使用"shall"一词。公司可能会偏离建议,但在这种情况下,它们有义务每年披露和解释任何变更,这促使公司必须证明他们有理有据地偏离该原则的建议,以表明他们可能符合良好的公司管治的最佳利益。因此,该原则有助于公司在接受指引的同时,提高公司治理的灵活性和公司自律性监管。此外,该原则载有一些公司可不遵守且不必公开披露的建议(suggestion)。建议在该原则中的表述使用"should"一词。其余不使用这些字眼的段落,与法律规定及其解释的描述有关。同时,该原则要求公司的管理和监督委员会每年说明它们在多大程度上符合该原则的建议,结合《德国股份公司法》第160条"合规声明",该款效力得到一定的提升。

纵使该原则的效力偏软,但在合规建议方面却影响力巨大。自2003年以来,柏林公司治理中心一直在对《德国公司治理原则》的接受情况进行实证调查;目前的结果提到公司在2005年的合规情况。调查的基础是该原则2005年6月2日的版本,其中有82条披露建议和19条可不披露建议。该调查采用向法兰克福证券交易所上市公司发送问卷调查的方式,回收率为29.8%。柏林公司治理中心进行的调查表明,该原则总体上得到了高度的接受。德国DAX30(Deutscher Ak-

---

① 参见Deutscher Corporate Governance Kodes,载德国政府委员会网站(https://www.dcgk.de/en/code/archive.html),访问日期:2019年9月4日。

tienindex，德国股票指数）中的 30 家最大的上市公司，遵守了平均 95.3% 的强制性建议。① 而且，一项关于德国大型上市公司遵守《德国公司治理原则》的研究表明，更符合《德国公司治理原则》的公司在资本市场上的定价享有 9% 的收益，股票表现有 10% 的增长。因此，一定程度上来说，公司采用合规计划很可能是以市场压力和经济激励为基础的，而非依靠疲软的执法机制。

根据《德国公司治理原则》的序言，该原则主要解释其目的、德国股份公司的基本结构、不同程度的约束力以及适用范围。《德国公司治理原则》可分为六个主要主题：①股东大会；②董事会与监事会的合作；③董事会；④监事会；⑤透明度；⑥每年财务报表的会计和审计。

作为一项规则，政府委员会（Regierungskommission）将每年根据国家和国际的发展情况对《德国公司治理原则》进行审查，并在必要时加以调整。目前，2019 年 5 月已经开始新一轮该原则的修改，在未生效之前，仍然施行 2017 年版，该原则的效力仍分为三个层级，但均属于非强制性。自 2002 年第一版，该原则第 4.1.3 条中就规定"董事会确保所有法律规定都得到遵守，并努力使集团公司遵守这些规定"。即使在 2006 年版本出台之时，"合规"的概念对许多公司法律顾问来说还是很新的，还必须在法律文献和法理学中找到出路。同时，这样的现状也体现了合规的法律概念和必要性。② 到 2012 年版本，"合规"一词的使用频率达到了 5 次。到 2017 年版本，不仅出现频率达到了 8 次，该原则第 4.1.3 条对于合规的直接规定更是得到了丰富，要求设立合规管理体系：董事会确保所有的法律规定和公司内部政策得到遵守，并且努力使公司实体实现这种合规。应当采取适当的措施反映公司的法律风险状况（合规风险状况），揭示这些措施的主要特点。雇员应当被给予在一种安全的环境下报告公司内部可疑的违反法令的行为的机会；第三方也应当被给予此种机会。同样，具有间接体现合规内容的还有第 4.1.4 条：董事会应当确保公司内部有风险管理和风险控制机制。第 5.3.2 条第 1 款亦做出相应规定：监事会应当建立审计委员会，由其（只要未委托其他委员会）负责审查财会、财会程序和内控机制、风险管理体系、内部审计机制的有效性以及决算审计和合规情况。这样的规定实则暗含了对于法律风险的管控的内容。通过前述建议与"遵守或解释"原则（《德国股份公司法》第 161 条第 1 款第 1 项）的共同作用下，企业设立合规管理体系的压力无形增加。因为根据《德国股份公司法》第 161 条第 1 款第 1 项之规定，在未设置合规管理体系的情况下，董事会和监事会有义务每年以适当方式披露未遵守前述建议的原因。

---

① See Rüdiger von Rosen, Corporate governance in Germany, *Journal of Financial Regulation and Compliance,* Vol. 15, 2007, p. 33.

② Karl Sidhu, Anti-Corruption Compliance Standards in the Aftermath of the Siemens Scandal, *German Law Journal,* Vol. 8, 2009, p. 1351.

(八)德国反贿赂法令与国际反腐规则的合规规定

腐败治理是全球共同面临的一个问题,美国和德国对西门子公司的处理结果不同:德国法院对西门子公司多位高管以《德国刑法典》第266条背信罪定罪,判处公司巨额罚款;美国则并未就贿赂事项定罪西门子公司,而是通过诉讼协议要求西门子公司建立更为完备的合规制度。通过比较德国反腐规定与国际反腐文件,可以窥见德国企业合规体系的特点。

2003年10月31日,联合国大会以第58/4号决议的方式通过了《联合国反腐败公约》,德国为签约国(2014年批准)。《联合国反腐败公约》第12条第1款规定,各缔约国应当根据本国法律的基本原则采取措施,防止私营企业的腐败,同时加强针对私营企业的会计和审计标准。该公约第2款规定,应当促进执法机构与私营企业之间的合作。此外,《OECD关于腐败的刑法公约》第18条专门规定了公司责任问题。其第18条第1款规定,各成员国应当采取必要的立法或其他措施以确保法人能够就该法人中处于领导职务的自然人为了公司的利益并基于如下三种职权而实施主动贿赂、影响力交易以及洗钱等犯罪行为承担法律责任:一是代表该法人的权利;二是为了公司的利益而进行决策的权利;三是在该法人内部实施控制的权利,此种责任还包括该自然人以参与、帮助以及教唆形式参与以上犯罪的情形。此外,该公约第18条第2款的规定尤其值得注意,因为该款规定了法人未能制定犯罪预防制度的法律责任。该款规定,各成员国应当采取必要措施,确保法人就因为法人内部缺乏监督或者因为自然人的控制而可能导致,为了法人的利益并基于该法人中自然人的权威而实施之腐败犯罪的发生,而承担法律责任。不难看出,相比《联合国反腐败公约》,《OECD关于腐败的刑法公约》中关于企业刑事责任的规定不但更为明确,而且包含着明显的预防性责任理念,这就为欧美国家的企业刑事合规立法提供了明确指引和有力支撑。

在欧洲,在企业反腐的规约方面,除前述《OECD关于腐败的刑法公约》之外,还有1997年7月19日通过并于2009年生效的《保护欧洲共同体金融利益公约的第二个协议》。该协议首次规定企业的违法预防责任以及企业合规。根据该协议,公司不但要就公司中的领导、经理为了公司利益而实施的犯罪承担责任,而且要就公司缺乏针对公司领导、经理的监管或控制制度而致使其下属人员实施为了公司利益的犯罪而承担刑事责任。这样,适当的监管或控制就成为避免公司责任的关键因素。[1] 可见,以上两个反腐规约的特点及重点不同:《OECD关于腐败的刑法公约》主要规定企业的预防责任以及公司刑事责任的内涵拓展;《保护欧洲共同体金融利益公约的第二个协议》主要规定企业刑事合规的基本要求。

---

[1] See Dominik Brodowski, Manuel Espinoza de los Monteros de la Parra, Klaus Tiedemann & Joachim Vogel(eds.), *Regulating Corporate Criminal Liability*, Springer, 2014, p. 62.

德国于 1998 年颁布的《欧洲联盟反腐败法》(EUBestG)执行了两项欧盟反腐败条款:《保护欧洲共同体金融利益公约》和《打击涉及欧洲共同体官员或欧盟成员国官员的腐败行为公约》。① 1998 年,德国通过了《打击国际贿赂法》(InbestG),该法案实施了《OECD 反贿赂公约》的要求。总的来说,EUBestG 和 IntBestG 以及最近对《德国刑法典》的修订,大大增加了德国的反腐败重点。在 EUBestG 和 IntBestG 之前,根据德国法律,只贿赂国内公职人员和议员的行为应受到惩罚。欧盟委员会将主动受贿和受贿罪的适用范围扩大到欧洲共同体和欧盟成员国公职人员和法官。它既涉及主动贿赂,也涉及受贿,但仅限于欧盟范围。同时,IntBestG 的目标是同样禁止贿赂国内外公职人员和议员。② 但不论如何,两部法令对企业合规理念贯彻甚少。

上述只是就部分重要法令对合规计划规定零散叙事,这并不意味着德国其他法令并未规定合规制度,例如为实施欧盟第 2004/39 号指令(金融工具市场指令:MiFID)而修正的《德国保险监管法》(VAG)第 64a 条、第 46 条(监督、指导、预警、风险管理)之于保险公司;违反《德国农业援助法》(Agrarbeihilfenrecht)将被收回因遵守环境和动物保护领域规定而获得的企业奖励,甚至可能面临刑事制裁;《德国民法典》第 823 条第 1 款和第 831 条所规定的组织过失和选任过失责任;以及《德国联邦执行控制法》(Federal Immission Control Act)要求操作反应堆的工厂公司建立一个控制系统,将其告知当局,并定期通知当局,由当局检查和批准。③ 这也反映出合规制度不仅可以从部门法划分类别,还可以就特殊领域、特殊环节等进行纵向的划分。

纵向划分的好处在于细化了合规制度的适用范围,可以一定程度缓解合规制度的一般义务与商业自由之间的冲突。因为,直接赋予企业合规义务必然忽视企业的规模、种类和性质差异,而从更细致的环节和种类的角度来划分,可以限缩合规义务发生效力的范围,也即只有在立法者认为绝对必要的特定领域才要求合规。但是,即使是纵向划分,合规计划的一些内容仍未在上述法令得到体现,如合规代理人及特殊的报告制度等。可以说,以上制度仍缺乏类似合规计划的系统性组织架构。

二、《德国违反秩序法》与《德国刑法典》的相关规定

刑事合规制度被认为是国家治理权力私权化的结果,一般认为,要想让企业

---

① See T. Markus Funk, Germany's Foreign Anti-Corruption Efforts: Second-Tier No More, *ZDAR*, Vol. 1, 2014.

② See T. M. Funk, J. A. Dance, Germany's Increasingly Robust Anticorruption EffoRrts, *Litigation*, Vol. 38, 2012.

③ 参见 Bundesimmissionsschutzgesetz (BImSchG)第 52a 条,载德国联邦司法部网站(https://www.gesetze-im-internet.de/bimschg/),访问日期:2019 年 9 月 10 日。

自觉建立刑事合规计划,就需要通过国家施加刑事合规义务等合规计划的刑法激励机制的方式。但是,如上所言,在一般不认同法人具有犯罪能力的德国,刑事合规义务并不是直接通过法条得到规定,而是反向寻找与刑事合规相关的法律基础。对此,德国学界对刑事合规计划的讨论主要是围绕《德国违反秩序法》第130条①和《德国刑法典》②的相关条文展开③,所涉及的法人和人合团体的处罚规定也主要表现在《德国违反秩序法》第30条④。

通过《德国违反秩序法》与《德国刑法典》二元制裁体系,德国能够在起诉法定主义之外,运用起诉便宜主义,使得运用刑事程序外的制裁处理案件成为可能。因为,《德国违反秩序法》的出台背景是在德国贯彻国家对经济的管理和保护的过程中,包括第二次世界大战之后在德国建设社会市场经济的道路中,作为与经济违法行为作斗争的结果,产生了许多对违法行为进行处罚的规定。⑤ 在经历了将绝大多数轻微犯罪移除《德国刑法典》而独立拟制一部秩序违反法的改革,目前的《德国违反秩序法》不仅包含实体法的一面,还包含了企业犯罪乃至经济犯罪的搜查程序等一面,以行政机关或法院的罚款为制裁手段惩治违反秩序行为。

可是,对于这种将刑事合规计划与法律基础建立联系,从而导致国家治理私权化的做法,学界褒贬不一。⑥ 反对者多以教义学为基础对刑事合规进行批判,对此下文将单独提及。肯定论者更多是结合刑事合规的功能展开,认为合规能够实现多方共赢。但不论何者,均一致认为,合规计划的引入是具有法律上的依据的。

具体说来,就针对自然人的合规义务而言,德国刑事合规计划以《德国违反秩序法》第130条的"监督义务"和《德国刑法典》第13条的保证人义务及部分分则条款为二元路径展开,充分体现了大陆法系关于不作为犯的教义学分析色彩。一方面,《德国违反秩序法》第130条第1款规定:作为经营场所的所有人,故意或过失不采取为在经营场所或企业中防止产生违背义务行为而必要的监督措施,并且此种监督义务是作为所有人应当履行的、倘若违背即应受到刑罚或罚款处罚的,则在应为之监督下本可防止的违背义务行为发生时,上述违背监督义务的行为即为违反秩序行为。任命、谨慎挑选监察监督人员也属于必要的监督措施。同

---

① 参见《德国违反秩序法》,郑冲译,载《行政法学研究》1995年第1期。
② 参见《德国刑法典》,李圣杰、潘怡宏编译,元照出版公司2017年版。
③ 在《德国证券法》中已经规定了合规的情况,即凡未能建立合规程序的,被处以相应规定的罚款。在银行业,已经朝着同样的方向迈出了第一步,因为新的《德国银行法》第54a条规定,如果不当的风险管理危及银行机构的存在,那么风险管理不当的行为将被定性为刑事犯罪。Marc Engelhart, Development and Status of Economic Criminal Law in Germany, *German Law Journal*, Vol. 15, 2014, pp. 693-718.
④ 参见《德国违反秩序法》,郑冲译,载《行政法学研究》1995年第1期。
⑤ 参见王世洲:《罪与非罪之间的理论与实践——关于德国违反秩序法的几点考察》,载《比较法研究》2000年第2期。
⑥ 参见[德]弗兰克·萨力格尔:《刑事合规的基本问题》,马寅翔译,载李本灿等编译:《合规与刑法:全球视野的考察》,中国政法大学出版社2018年版,第51—52页。

时,第 2 款将经营场所的所有人扩展至法定代理人、法定代表机关成员和受委托管理经营场所的成员等。总之,第 130 条施加给企业所有人及拟制型所有人(以下简称"领导层")预防企业内部违背义务的行为发生的义务。另一方面,《德国刑法典》第 13 条第 1 款是关于不作为犯的规定:对于犯罪构成要件结果之发生,法律上负有防止义务,而不防止,且其不防止与积极行为实现构成要件相当者,罚之。该款不作为犯的规定,实际上是基于源于前置法或者合同等法律上义务的保证人规定①,当保证人明知却不干涉被监督者的犯罪行为时,需要考虑能否通过参与犯和正犯的途径予以归责于保证人。对此,从 2009 年 7 月 17 日德国联邦法院第五审判庭做出的裁决起,承担企业中合规任务的"合规专员"成为了经济刑法意义上的利益焦点。根据法庭通过附随意见所表达的主张,《德国刑法典》第 13 条第 1 款意义上的保证人义务经常会涉及合规专员,而该保证人义务则是为了防止企业成员实施与企业活动有关的犯罪行为。②

同时,《德国刑法典》分则当中与第 13 条相称的、规定保证人义务的条款有以保护企业财产权益为目的的第 266 条"背信罪";规定公职机构内部监督义务的第 357 条"诱导下级公务员犯罪"。《德国刑法典》第 266 条第 1 款第 2 项对破坏信赖的背信行为所作的谴责,德国地方法院已经从对合规规则的违反中推导出了义务违反性,这些合规规则禁止一切行贿行为③。事实上,刑事合规规则本身并不会设立适用于背信的财产管理义务,但却可能因未采用或者未充分采用合规制度地方式来认定为间接故意的背信罪。相似地,《德国刑法典》第 357 条第 2 款诱导下级公务员犯罪规定于公务员具有监督或控管关于其他公务员职责事项之责,且其他公务员所为之违法行为属于监管或控管事项者,适用之。结合第 13 条,该款公务员监控义务主要是公务履职方面的合规性,该条指涉的义务性质应当属于第 13 条的不作为义务,其义务来源亦可归结为法律上的义务这一笼统范畴。综上可知,刑事合规更多是被用于解释不作为犯之义务违反这一要素,而义务的违反则是以构成要件的形式体现在上述的法律依据之中的。就义务的基本内容而言,多

---

① 如《德国民法典》第 823 条第 1 款和第 831 条所规定的组织过失和选任过失责任。《德国股份公司法》第 91 条第 2 款规定:"董事会应当采取合适的措施,尤其是建立一个监控体系,使得危害企业生存发展的问题在早期就被发现。"《德国有限责任公司法》(GmbHG) 第 35 条第 1 款、第 43 条第 2 款规定,有限公司中的董事会或者经理也要履行相应的义务。《德国公司法》第 53 条第 2 项规定监事会在合规审查中的具体职责却是其监督职责的应有之义。2013 版《德国公司治理原则》第 4.1.3 条同样就作为董事会经营管理职责核心要务之一的合规职责做出明确规定。甚至包括高管与合规专员与企业所签订的劳动合同,尤其是其中有关职责权限的部分。

② 参见〔德〕亨德里克·施耐德、彼得·戈特沙尔特:《企业中合规专员刑事责任的开放性原理问题》,蔡仙译,载李本灿等编译:《合规与刑法:全球视野的考察》,中国政法大学出版社 2018 年版,第 334 页。

③ 参见〔德〕弗兰克·萨力格尔:《刑事合规的基本问题》,马寅翔译,载李本灿等编译:《合规与刑法:全球视野的考察》,中国政法大学出版社 2018 年版,第 73 页。

以防控违反秩序或者犯罪行为为内容。刑事合规作为企业内控制度的体现,能够更客观地表明企业及其所有人履行了义务,从而阻却构成要件或者影响罪过要件的成立。如德国学者 Wolfgang Frisch 认为,适当的合规计划可以作为排除法人刑事可罚性的事由,因为法人已经通过特定组织在活动范围内以适当的方式采取了所要求的避免犯罪行为发生的措施,因而就不存在法人自身的不法了。[①]

此外,德国虽然独树一帜地处在一般性处罚法人犯罪的欧盟各国潮流中,但它不在刑法典当中规定相关处罚,而是在《德国违反秩序法》当中处罚法人。法人和人合团体的处罚基本根据《德国违反秩序法》第 30 条,该条规定当作为法人的合法代表机构或此种机构的成员、作为无法律能力的社团的理事会或其成员或者作为人合商业公司的有代表权的股东之一(领导层)实施犯罪或者违反秩序行为,并由此违反了公司义务或致使公司获益或将会受益,则可以对公司科处罚款。在适用时,关于该法第 30 条对公司施加的罚款,是依据自然人的违法行为,还是依据公司的独立的组织过错的问题,具有争议。德国学界通说不仅考虑个人的廉洁行为,还考虑团体的具体情况,比如缺乏选拔机制,缺乏监控机制,或有其他组织缺陷,以及在犯罪之前和之后公司采取的预防措施。因此,如果经营场所所有人已经努力地采取了合规措施,还仍然发生罪行或者违反秩序行为,那么根据《德国刑事诉讼法典》(Strafprozeßordnung,StPO)第 153 条之思想,从规范正当化、不法、非难可能性以及进行追究的公共利益的角度,公司制裁就可以被免除。[②]

《德国违反秩序法》通过在第 30 条和第 130 条当中同时规定领导层的监督义务,整个企业成为了责任关联的命运共同体。因为,《德国违反秩序法》第 30 条当中对法人处以罚款的构成要件之一是,法人领导层以作为或者不作为方式实施了犯罪行为或违反秩序行为。同时,根据《德国违反秩序法》第 8 条、第 130 条和《德国刑法典》相关规定,领导层的犯罪行为或违反秩序行为可以包括未能履行《德国违反秩序法》第 130 条防止企业内违背义务的监督义务和《德国刑法典》有关保证人义务的条款。在企业内部人员实施了违背义务或者有关犯罪行为之时,企业领导层将承担相应的不作为责任。整体而言,《德国违反秩序法》第 30 条成为企业责任关联领导层责任的途径,而第 130 条及《德国刑法典》相应条款又成为了企业所有人或领导层关联员工的责任条款,条款之间通过第 30 条与 130 条以及《德国刑法典》关于保证人义务相关条款,创造了由下至上的责任共同体。只要员工在经营场所内有违反秩序或者犯罪行为,企业及其领导层就因违背了监督义务而需要承担相应的责任。

深究以领导层为连接点构建责任共同体的原因,是因为在现代分工型的社会

---

① 转引自李本灿:《刑事合规理念的国内法表达——以中兴通讯事件为切入点》,载《法律科学(西北政法大学学报)》2018 年第 6 期。

② 参见〔德〕乌尔里希·齐白:《全球风险社会与信息社会中的刑法:二十一世纪刑法模式的转换》,周遵友等译,中国法制出版社 2012 年版,第 26—261 页。

中,人(或者人与生产资料的结合)被视为一个风险要素。基于企业给所有者带来了越来越多好处,也基于企业其他人员直接受到所有者的直接指示和命令,更基于企业作为人合组织相较于个人会带来普遍更严重的损害,企业所有者处于优越的地位而应当自上而下地履行比以往更高的监督义务。通过监督责任与法律责任上的勾连,国家充分调动了关联企业之间、企业内部各要素之间的自我管理的积极性,让领导权渗透到企业的下级管理层,也让母公司的监督管理持续纵深地落实到子公司,而非通过经济体的自负盈亏,撇开母公司对子公司的监督责任。采取这样的责任负担模式,与核心刑法上的间接正犯和业务领导责任理论存在契合之处,也正视了"组织缺陷"对企业人员实施违规行为所具有的诱导刺激作用。

三、德国企业合规制度的整体特点

通过上述企业合规制度的梳理,可以印证两个观点:一是上述关于"德国企业合规制度层面落后于理论研究"的观点,二是德国企业合规制度的法律规定远不及英国、美国、意大利等国的制度系统完备。就整体而言,虽然德国相关法令内部基本涵盖了合规计划的所有内容,但是也很明显,德国企业合规制度的发展尚处在认可合规计划的法律地位和积极贯彻合规计划两个阶段之间,与直接赋予合规计划法律意义的国家相比,德国企业合规计划可能需要观念上的变革:

其一,合规计划的法律效力处于不明状态。首先,立法上并没有明确赋予合规计划真正的法律地位。上述关于合规计划的法律规定,都是以合规要素的形式散见于法令之中,并没有直接规定合规计划的地位,这导致合规计划的法律意义处于模糊状态,进而也就导致了逆向寻找合规计划的法律渊源的情况(如《德国刑法典》第13条关于保证人义务与合规计划的关系),乃至公司贯彻合规更可能基于市场经济的刺激,而非诉诸更高层次的道德与社会责任因素。其次,明确提出的合规计划的文件效力偏低。审视法令条例当中的合规计划,明确提出构建合规计划的是不具有强制效力的《德国公司治理原则》以及由德国法定审计师协会(IDW)发布的通用跨行业认证合规管理体系标准(IDW PS 980),其中,也只是后者简单地提出了合规计划的6个要素,其效力并未上升至国家层面和一般领域。最后,合规计划缺乏明确的最低标准。虽然合规计划因企业的规模、性质和发展历史而有不同,但从《美国组织量刑指南》和《英国反贿赂法》的相关指南来看,合规计划具有一个最低标准。在这方面,德国法令因欠缺诸如此类的规定,加剧了企业合规计划法律意义的模糊性,也直接影响了企业贯彻合规计划的动力。

其二,合规计划的独立性不足。上述关于合规计划的历史梳理已提及,德国合规计划的提出晚于其法律渊源的存在,与其说合规计划早已存在,毋宁说预防理念早已存在。合规计划与预防理念和侦查理念的相互契合,为合规计划寻找法律依据提供了路径。但结合其一所述,其法律地位的模糊性一定程度上切断了合规计划与这部分条款的关联,进而也可以说,这部分法律渊源很可能并不承认合规计划所具有的意义,由此也说明合规计划并没有获得真正的独立性,其存在以及存在的意义仍待进一步明确。例如,皮革喷雾剂案确立的组织领导责任不论从时间还是从具体内容上看,都与合规计划不具有必然和直接的关联,但皮革喷雾剂案对于刑事合规计划的发展意义确是不容否认的。

恰因为法律基础先于合规计划存在,合规计划被视为刺激企业履行现有义务的手段,也成为支持合规计划没有给企业施加额外义务的重要理由。以《OECD内部控制、道德和合规良好实践指南》中十二项标准为参照,仅《德国银行法》25a条就涉及《OECD内部控制、道德和合规良好实践指南》多条标准,如第1款关于董事负责相关的内控制度要求并将风险管理体系提升至战略层面,体现的即是高层参与与合规体系建构的内容;第2款"业务活动的完整记录"则体现的是确保严格财务记录和内控管理要求。我国学者也就《德国网络执行法》的立法持有相同看法:网络平台因不惧承担民事责任而不作为,以及行政机关执法不力,导致平台上仍存在着大量违法信息。德国试图通过颁布《德国网络执行法》改变这一现状。《德国网络执行法》依然延续着"自我规制的规制"原则,采用了类似于金融监管领域的外部"合规审查模式",并没有给社交网络平台设定新的删除和屏蔽义务。设置用户友好性程序和通报义务的目的是督促平台更好地履行原本就应履行的删除和屏蔽义务,且删除和屏蔽的法律依据仍位于现行法的法律框架之下。① 因此,一定程度而言,合规计划建立的一揽子预防、监察和处置措施与传统为预防企业违规行为而采用的义务规定具有极大的交叉性(或者说两者是以调动自我监管为核心的措施)②,它并没有直接要求企业建立框架式的合规管理体系,也未就该体系的建立设定义务性规定,由此避免了合规计划成为附加义务的争议。

其三,刑事合规制度发展薄弱。以《德国违反秩序法》第30条和第130条为核心确立的刑事合规制度相对于域外"拥有详尽的操作指南和明确的规定"而言,只是简单地确立了内部的监督义务,至于监督义务的具体内容、因监督义务违反带来的具体责任范围以及监督义务的具体来源和正当性都属于可讨论范畴。参照《美国组织量刑指南》8B2.1的规定③,监督义务是否包括合规培训、举报机制、内部调查、高层参与、定期审计、定期评估与改进合规系统等必要内容尚存疑虑。若内部调查和举报机制等内容并非属于《德国违反秩序法》《德国刑法

---

① 参见查云飞:《德国对网络平台的行政法规制——迈向合规审查之路径》,载《德国研究》2018年第3期;孙禹:《论网络服务提供者的合规规则——以德国〈网络执行法〉为借鉴》,载《政治与法律》2018年第11期。

② 不仅如此,传统举证责任倒置与合规计划的内部调查也具有在调动企业自我监管方面的相通之处。举证责任倒置旨在由企业负责举证责任,进而刺激企业的合规行为和对有利于自身的证据保存,具有内容上的片面性和发生学上的或然性,直接在法律效果上规定以反向改变企业的举止;而合规计划关于记录保存与内部调查具有强制性,且内容上更丰富,否则会承担因合规计划不足或无效带来的不利后果。合规计划带来的变革可以说是一种视角上的转变,具有直接触及企业内部的特性。

③ See U. S. Sentencing Guidelines Manual § 8B2.1(B)(2)(2012) .

典》和其他附属刑法所规定的范畴,那么要贯彻刑事合规系统,就不可避免地需要此类制度予以配套,而不只是简单地以监督义务为抓手,将合规职责全然交予企业及其高中层管理者自由决定。可以说,否定法人犯罪能力的观点,很大程度限制了刑法的合规激励作用的发挥,也使刑法无法直面"组织缺陷"的问题,这与合规计划旨在克服组织缺陷,促进组织内部合规文化的宗旨是不相符的。在这一观点未能改变之前,有关法人的处罚只能被限制在《德国违反秩序法》的规定上。

第三节 德国刑事合规的理论探讨

西门子公司贿赂案之后,合规制度与刑法连接做法在德国学界开始兴起,这种探讨还体现在北莱茵河—威斯特伐利亚州关于法人犯罪是否需要改革的讨论中。在盛行法教义学的德国,刑事合规作为合规制度的新型样态,与既有的教义学理论交融,不仅促进了合规制度的本土化,更造就了德国特色的合规制度。

一、从传统监管、合规制度到刑事合规

基本上,在德国立法之中,立法者不仅有可能在实施私法、行政法律和特别法中规定类似合规计划的自律办法,亦有可能将其确定在刑事法律之中。尽管如此,这些自律办法并非所有都合适且能够有效地阻止违规行为并提升企业的整体运作效率。例如,民法的意思自治原则为公司的经营治理提供了充分的自由,但它只提供了指导公司行为的少量可能性。结合《德国股份公司法》关于董事会职责的规定,才例外地确立了关于董事会采取合规措施的义务规则。但实际上公司的违规行为遏制动机始终无法抵御企业逐利性动机驱使,这也就是前述合规发展动因的现实驱动因素。那么,探究德国的刑事合规为什么能够替代合规制度与传统监管模式,且被越来越多的国家与国际组织采纳?除了前述提及的传统监管模式的缺陷,有必要进一步揭示刑事合规如何补足合规制度与传统监管的缺陷,以及刑事合规赖以存在的理论基础。

(一)传统监管、合规制度与刑事合规的比较

对此,德国合规制度研究代表学者 Engelhart 教授认为,按照国家对公司的影响,可以区分六种不同层次的企业自治模式,包括从不对公司施加影响而将合规定位为自我规制的手段,到设置能够关联合规计划的规定,再到将合规计划作为一般义务规定[1]:

---

[1] Vgl. Marc Engelhart, Sanktionierung von Unternehmen und Compliance—Eine rechtsvergleichende Analyse des Straf-und Ordnungswidrigkeitenrechts in Deutschland und den USA, 2.Aufl., 2012, S. 593.

(1) 自我规制(Self-regulation);
(2) 由国家非正式的支持(Informal support by the state);
(3) 给予奖励(Rewarding compliance);
(4) 惩罚合规计划缺乏者(Sanctioning the lack of compliance);
(5) 免除责任(Excluding responsibility);
(6) 施加合规计划的一般义务(General obligation to implement compliance programs)。

上述分类具有重要的启示意义,基本理清了传统监管、合规计划与刑事合规运作的基本样态,也可以一定程度地展现刑事合规出现的根本原因,而且,这六种模式下合规计划的意义、驱动力与正当性基础各不相同。传统监管模式下的"自我规制"需要靠企业自觉,已被证明是低效率的;美国刑事合规计划则采取了"给予奖励""减轻、免除责任"和"惩罚计划缺乏者"(加重处罚)的综合方式,虽为许多国家所采取,但其有效性仍存有争议①;《德国股份公司法》第91条第2款规定的"企业管理层有义务去确保威胁到公司可持续的事态发展被早期发现"可被认为是"建立合规计划的一般义务",但事实上也已被证明治理效率不高与强制力不足。

经简单地梳理,不难提取出其中的1个目的、2个范畴与2个思考维度,即合规计划与刑事合规、行为视角与结果视角,其目的是让企业建立合规计划(即结果),由此也就可以产生行为视角下的合规计划和刑事合规,结果视角下的合规计划和刑事合规。撇去不涉及合规计划的"自我规制"模式而言,从行为视角来看,"国家的非正式支持""给予奖励""惩罚合规计划缺乏者""免除责任"均可以被认为是为达到目的而采取的行为激励手段,即不直接对企业合规计划作出要求,而是在企业出现值得处罚的越轨行为之前、之时和之后,凸显合规计划的重要意义;而"合规计划的一般义务"模式则是直接实现了目的,是结果视角。当然,行为视角和结果视角可以被同时使用。同时,在视角维度之上,加上"合规计划与刑事合规"的范畴维度,促使不利后果因不同部门法而产生强度差异,进而使这种刺激在强度上产生差异。

(二)刑事合规的特点

经上述比较可以看出,刑事合规是一种新型的合规形态。但是,就德国理论界而言,刑事合规普遍被认为是合规的子类。这一观点很容易被人接受,不仅是因为刑事合规发端较晚,且合规计划在语义上可以轻易地包容刑事合规,而且因为法律领域内的合规计划依照法律内容来定义合规的名称与内容,刑事合规与民事合规、行政法合规是并列的关系,诸如反腐败合规、反洗钱合规等就是为了符合

---

① 参见[美]菲利普·韦勒:《有效的合规计划与企业刑事诉讼》,万方译,载《财经法学》2018年第3期。

反腐败法律、反洗钱法律规定而设的合规计划。但是,刑事合规的出现,实际上改变了原有合规计划的样貌:

其一,刑事合规具化和扩大了原有合规计划的内容。刑事合规计划的建立,旨在符合刑事法律规定,避免刑事责任。鉴于刑法的保障法地位与辅助性保护法益功能,刑法的规范设计在前置法当中已有体现,其具有调整对象最为广泛性的特征。因此,原有的合规计划作为抽象的概念存在,并不能有效地统合税务合规、数据保护合规等特别法合规制度,也无法建立统一的合规计划标准,而刑事合规不同,刑法为合规计划的建立提供了明确的模板,这一模板能够最大限度避免法律和刑事责任,具化了原有合规计划的抽象规定。

而且,国家刑事追诉外包的情况,还体现在不同企业联合颁布跨企业的规章制度的情况。德国医药行业协会为其所属的企业制定了一套"医药行业自愿自律"(FAS)的协会行为准则。该协会将解释与贯彻该社团法的管辖权交给自己行使,因而它可以对那些不遵守规定的企业进行制裁,在这种情况下,这些规章制度就如同刑法规定那样,实际上对阻止腐败和破坏竞争发挥着决定性作用。这不仅是因为规则较于刑法更为细致,而且规则的执行力也更强。像这样刑事追诉任务外包的现象并不鲜见,很长一段时间以来,制定标准的任务就委托给私有化的或公私合营的主管机关来承担,德国标准化研究所即为实例。

其二,刑事合规计划将威慑和预防联系起来。一方面,原有合规计划虽然也是通过制裁与预防来防止不合规行为,但是其威慑力度不足。另一方面,根据心理强制说,原有刑法规定主要通过威慑(一般预防)来制止行为人的行为动机,以报应和特殊预防来制止行为人再犯,但其缺陷是过于抽象而效力不足。刑事合规计划统合前述两点,在复杂和国际化的背景环境下寻找新的途径,弥合了监管和自我监管的矛盾。越来越多的人认识到,在德国行政法和刑法中,传统"规范"犯罪行为的规制模式正在发生模式转变。合规是在"法益保护前置化"的基础上设立了一套更完备的规则体系,将压制和预防本来相互对立的概念更好地联系起来。

其三,刑事合规的治理强度更大。刑事合规的解释,对于国家而言,在于试图确保由刑法所守护的规范,能够得到比现在更为严格的遵守。而这过程当中起决定作用的互动对象并不是具体的自然人,而是企业。由于企业及其文化对于员工具有深刻的影响,因此企业的趋向本身就是提升规范遵守的有效方法。因此,人们往往将刑事合规理解为组织性预防措施的设置与适用,为企业所采取,目的在于阻止那些为了企业利益而实施的犯罪行为。

二、德国刑事合规的理论基础

从历史发展的经验角度来看,若认为《德国股份公司法》第 91 条第 2 款是合规义务的一般规定,那么,该条体现的合规计划治理力度缺失则必然催生了强度更大的公共制裁法监管模式。以强度更大的公共制裁法保障合规计划的直接实施而非间接推行，就是前述六种模式的最高级形态。在这方面，德国的有力观点亦认为刑事合规的推行，有利于重构新型的企业刑事责任结构，有利于在公司环境的基础上建立公司气候。① 而为了增加采取合规措施的意愿则应当诉诸公共刑事制裁，因为刑事制裁能够产生更强的威慑。② 对此，据统计，在20世纪70年代已经由 Breland 和 Tiedemann 以及德国马克斯普郎克学会的研究证实了刑事法律措施比实行行政或民事制裁更有效。③ 刑事合规制度使用这一机制，结合通过提供额外的激励措施，可以动员实行者、高层管理人员或者公司整体。

所以，支持刑事合规者多数认为，刑事合规的正当性主要来源于两个方面，即公司权力结构和公司氛围，这成为刑法区分对待公司与个人的主要理由。一方面，因为公司是人和财产的集合体，这不仅给他们财政权力，而且"因为他们的专业和高度合格的人员"在影响市场、媒体、公众讨论和某个时间时往往超越个人。公司内部的层级划分也可以用来影响他人，并危害不太强大的个人和公司的利益，所以对于公司能够采取较自然人更为严格的处置方式。另一方面，与公司权力密切相关的卢曼的系统论为刑事合规提供了另一正当性基础。系统论认为，公司是结构化环境中的一群人，它拥有自己独立的系统，它与其他系统一起存在，在这方面最相关的是法律系统。公司有自己的规则和程序，Günther Teubner 称它为"无州法律"④，这往往意味着私营和公共的规范制度共同管理公司。一个独立的公司系统的存在，其结果是公司的动态运作过程可以独立于其他系统。这个运作过程是由数人交互交流和由团体意愿创造的，由此形成了特定的企业环境。这个企业环境具有持续性，由组织的个人成员所贯彻，并且反过来影响个人行为。因此，公司的气候对该组织的成员具有积极的和消极的影响。如果公司的价值观和规则与法律制度中的价值观和规则相同，则公司气候将培养出合法行事的成员；如果相左的话，当盈利被默许而罔顾法令或者商业伦理等价值，这种气候会逐渐无形地侵蚀公司成员的法律思维和行动，进而犹如西门子公司声称"贿赂是一种普遍做法"的风气在公司内部盛行，产生"潜规则"替代"法律"的不良现象。因此，由于公司与法律是各自独立的系统，法令实际上在公司内部得到遵守并不是

---

① Vgl. Marc Engelhart, Sanktionierung von Unternehmen und Compliance—Eine rechtsvergleichende Analyse des Straf-und Ordnungswidrigkeitenrechts in Deutschland und den USA, 2. Aufl., 2012, S. 685. Gómez-Jara Díez, Grundlagen des konstruktivistischen Unternehmensschuldbegriffes, ZStW 119 (2007), 290 (296 ff.).

② Vgl. Ralf Kölbel, Criminal Compliance—ein Missverständnisdes Strafrechts?, ZStW 125 (2013), 499 (517).

③ See U. Sieber & M. Engelhart, *Compliance Programs for the Prevention of Economic Crimes in Germany—An Empirical Analysis*, Duncker & Humblot, 2014, pp. 162-178.

④ Günther Teubner, Global Bukowina: Legal Pluralism in the World-Society, in Gunther Teubner (ed.), *Global Law Without a State*, Dartmouth Pub Co., 1997, pp. 3-31.

显而易见的事,也不能直接有效地影响内部行为,因为他们可能无法达到影响并改变公司系统内部文化的深度。当然,我们可以指望公司尊重法律,并以行政处罚和民事及刑事责任的形式承担后果。通过传统方法建立更多的管控规则,以应对诸如网络犯罪等新型犯罪,但这样的做法却永远无法触及问题的根本,也无法依靠国家单一完成,更不可能轻易地获得正当性和可行性的自证其名。相反,从刑事合规的范畴出发,针对公司权力体现的高层管控和企业系统体现的企业文化问题为国家干预和国家监管提供了理由,也有效地协调了公共监管和自我监管的关系。

然而,也可以想象,纵使上述提出的正当性多么完备,刑事合规的义务仍旧会以传统教义学为基础而遭受比合规计划的义务更大的阻碍力。比如《德国违反秩序法》第 30 条规定了法人团体违反秩序的要件,其中主体内容要求的是法人的代表机构及其成员,那么对于普通员工在风险高发环节的职责履行违反了《德国违反秩序法》,可否归咎于法人?按照合规计划改变公司风气的这一正当性基础,应当对法人归责。但很明显,类似观点是否会违背《德国违反秩序法》第 10、11 条确立的罪责原则,并不容易回答。同时,在这方面,诚如上述所述,也有的学者试图协调刑事合规与传统刑法之间的关系:制定刑法以纳入合规计划特别适用于经济犯罪的案件。《德国经济犯罪法》是公共和民法规定的传统义务,因此,刑事合规并不产生附加义务,而是在很大程度上履行了现有义务,促进了法律秩序的一致性。①

三、合规计划引入刑事法律的理论路径

关于企业合规计划在刑事法律地位上的影响,目前还未在立法上得到明确的说明,而是体现在司法判例和学界的讨论,表现为对犯罪构成要件、刑事责任和刑罚事项的影响。

首先,德国合规计划并未能在程序分流方式当中发挥作用。虽然曼内斯曼案是以检方和辩方的辩诉交易方式结案,但在合规系统建设方面颇有盛誉的西门子公司却未能走向这有利的一步,这不得不说与德国刑事诉讼制度有关。根据《德国刑事诉讼法典》②第 153 条 a 款规定:如果行为人罪责轻微,且不存在追究责任的公共利益介入时,在负责开始主要程序的法院和被告的同意下,检察官办公室可暂时不就犯罪提起公开诉讼,同时向被告发布条件和指示,尤其是以下说明和指示:①提供具体服务以补救该行为造成的损害;②向非营利组织或国库支付

---

① 参见 Marc Engelhart, The Nature and Basic Problems of Compliance Regimes,载马克斯普朗克学会网站(https://pure.mpg.de/rest/items/item_2643714_5/component/file_3007899/content),访问日期:2019 年 9 月 8 日。

② 参见 Strafprozeßordnung(StPO),载德国联邦司法部网站(https://www.gesetze-im-internet.de/stpo/_153a.html),访问日期:2019 年 9 月 4 日。

一笔钱;③提供慈善服务;④履行一定数额的维护义务;⑤作出认真的努力,以便于受害人获得赔偿(行为人—受害者赔偿);⑥参加社会培训课程等。该条规定的暂缓起诉制度限制在轻微案件,可以得知德国在不起诉制度方面采取相对保守的立场。西门子公司案涉案数额过大,企业高管层参与腐败政策的制定和执行,自始就决定了西门子公司案无法以程序分流制度结案。当然,若案件轻微且不涉及损害公共利益,当事人可以就第①和④点与合规计划接轨。不过,值得一提的是,在法人不具有犯罪资格的德国,《德国刑事诉讼法典》的此类规定直接不适用于法人团体,由此法人团体在程序分流制度引入合规计划的路径直接被掐断。那么,是否就不存在合规计划的程序法激励制度呢?

对此,德国对于法人团体的处罚以《德国违反秩序法》第30条行政秩序罚款为核心,程序和实体相结合的《德国违反秩序法》为法人团体引入合规制度开设了窗口。原则上,对于《德国违反秩序法》规定的行为,由行政机关处以罚款,只有表明案件涉及犯罪的,才会移送至检察院。因此,本就避免了刑事诉讼过程的冗长的行政罚款程序没有再另行设计"暂缓罚款制度"(不同于暂缓缴纳罚款),引入合规计划的重任全部转移至了实体内容之上。

其次,合规计划可以作用于犯罪构成要件。其一,作用于犯罪主体的主观罪过。不论从个体抑或公司角度,合规计划反映的是主体努力与犯罪抗争的态度。公司环境一词得到认可伊始,合规计划体现的就是在组织当中营造一种"合规"风气与文化,借此也就体现了主体对于犯罪行为及其损害的预见可能性和主观意志程度有所下降。其二,切断因果关系。合规计划常与现代公司管理制度一起被讨论,其原因在于合规计划有助于建立"产权清晰、权责分明、政企分开、管理科学"的现代企业管理制度。对于拥有良好合规计划的公司,公司在权责内容上多是分明的,由行为主体的违法犯罪行为归责于公司的空间就因权责清晰而得到压缩。加上企业良好的合规计划说明企业在监督和查处内部的违法犯罪行为的努力,就很难再认为行为主体造成的损害与公司之间具有因果关系。其三,否定以义务为内容的行为要件。从民事法律直接导出企业具有执行合规计划的义务仍具有争议,对其施加制裁以要求企业直接执行合规计划的任务更缺乏足够依据。因此,一般而言,合规计划通过间接关联至以不作为犯为内容的《德国刑法典》第13条和《德国违反秩序法》第8条和第130条。基于企业作用于犯罪对象需要自然人的介入,企业和个人是否履行了作为义务就需要通过企业所采取的一系列措施来判断。而随着合规计划的重要性程度上升,合规计划无疑在这一系列措施中占有举足轻重的作用。其四,违法性认识要素的效力默认。合规计划的应有内容是对员工和高层的合规培训,其中包含有行为守则和现行法律规范的基本释义,不论行为人触犯的是自然法抑或法定法,在拥有良好合规计划的公司,违法性认识的阻却功能即将消失,这也说明,合规计划会给公司带来部分问题。其五,确认阻却要件的效力。罪责乃指就刑法规范的观点而对行为人与其行为的公开谴责和责难,集中体现在期待可能性。那么拥有合规计划的公司说明已经建立了完整和系统的预防、侦查和回应措施,对于员工避开公司的监管而实施的犯罪,则无法进一步要求公司采取其他措施来避免损害,由此阻却有责性。

再次,合规计划作用于刑事责任的轻重。根据《德国刑法典》第46条和罪责刑相适应原则,确定刑事责任轻重决定于行为人主观罪责、行为造成的不法程度和该第46条规定的其他要素(过往生活、经济条件、弥补努力、配合调查程度等)。高层积极参与公司的合规计划建设和实施,不仅从罪责角度降低了高层过失罪责,更是通过积极配合调查和努力建立实施合规计划的良好形象而带来有利的量刑结果。这一点在《德国违反秩序法》当中更是得到了体现。

《德国违反秩序法》第30条规定了法人和人合团体的罚款责任,且在犯罪或违反秩序行为没有开始刑事或罚款程序,或者此种程序已经停止,或者免予刑事处罚,对公司仍可以单独科处罚款。进而,根据该法第17条第(3)款的规定:裁量罚款数额的依据为违反秩序行为的严重程度和应受谴责程度,行为人的经济状况也应当予以考虑,但是,对于轻微违反秩序行为,一般不考虑经济状况。类似地适用也发生在《德国违反秩序法》第130条关于监督责任的规定。有效实施合规计划的公司可以完全通过前述的所有路径作用于公司的罚款责任,甚至否定违反秩序行为的构成。

最后,合规计划影响制裁措施的轻重和种类。前述有关构成要件和刑事责任的影响会间接对制裁措施造成影响,而此处的影响则是指合规计划能够直接影响制裁措施。这一种直接影响模式在美国、日本和西班牙等国立法之中均直接予以体现,而在德国缺乏相应的规定。不过,德国在量刑阶段整合合规计划开始在立法上有所松动。例如,它影响了德国2013年11月北莱茵-威斯特法伦亚州司法部部长提交的关于公司刑事责任的法律草案[Verbandsstrafgesetzbuch (VerbStrG)]。该草案规定:如果合规措施存在于在雇员犯罪时,这被视为与公司判决相关的量刑因素。如果该公司采取了合规措施,以防止事件发生后的未来事件,法院可以停止判决。而且,该草案规定了一种有关合规计划内容的判决,法院可以作为缓刑的一项条件,下令公司实施合规程序。该草案于2014年秋季被提交到立法会。①

但是,上述草案涉及的并不是自然人的相关处罚规定,而是对法人或者协会整体制度的颠覆性改革,其努力遭到了理论和实务界的强力反对。如认为"公司不是刑事诉讼的'有形'公司,根据刑事罪责原则不承担责任。而且引发许多程序

---

① 草案可见于 Wessing & Partner 网站(https://www.strafrecht.de/media/files/docs/Gesetzentwurf.pdf)。至于该草案是否通过施行,从 Marc Engelhart 教授的表述和文章与草案的公布时间来看,草案可能暂未得到广泛的支持。参见 Marc Engelhart, The Nature and Basic Problems of Compliance Regimes,载马克斯普朗克学会网站(https://pure.mpg.de/rest/items/item_2643714_5/component/file_3007899/content),访问日期:2019年9月8日。

问题:为什么法院可以不处罚?如何听取被告公司的意见?谁来代表它"?① 德国已经有被证明有效,甚至高效于刑法的《德国违反秩序法》,为什么还要增设公司刑法?②

四、德国刑事合规二元法律基础的分析与比较

以《德国违反秩序法》第 30 条和第 130 条为规范中心展开的刑事合规,其具体内容可概括为企业及其所有者的组织义务和监督义务。

首先,条款适用的主体为企业,由此限定了该法的适用范围仅限于经济领域,而不应当随意扩展至诸如科研合规、道德合规和军事合规范围。当然,这也并不是说经济刑事合规与其余合规存在泾渭分明的界限,因为,刑事合规的特质在于,它作为一层新的额外规则,位于法定刑事可罚性风险的前置领域③,额外规则的构建并无明确的限制。

其次,组织和监督义务规定具有宽泛性,缺乏诸如监督的具体方式和程度等更为细致的规定。如此原则的义务设定,一方面赋予了企业依据自身的性质、规模和违规记录设置必要内部监督措施的自由,另一方面,却因刑事合规制度与法定义务的稀薄关联性导致企业的内控措施不一定能够获得法律效果。例如,实践中,不能只要出现违法情况,就惩罚所有的高级管理人员,甚至是同级相关的监督人员的情形。具体的监督义务的履行,需要在确认保证人地位的基础上,考察监督者的具体监督义务范围和内容,以明确个人责任的划分。也正因此,《德国违反秩序法》第 130 条对监督义务施加了必要性、可能性和可期待性的限制。而且,对于该方面,德国学界探讨很是细致,还包括诸如水平分工带来同级的团队成员是否负有监督义务,垂直分工又是否必然具有保证人地位,以及母公司的合规专员对独立的子公司发生的违规行为是否具有保证人义务等疑问。

另外,《德国违反秩序法》第 130 条的宽泛性还体现在罪过层面扩展了责任,因为监督义务包括了故意责任,这与从日本引进的监督过失理论不一致。故意、过失的违反监督义务,被监督对象亦故意或过失的违反刑法或违反秩序法,将责任面基本扩展至只要有犯罪或秩序违反的行为发生,企业及其高管就不可避免地要承担责任。这容易使司法者陷入一种事后观察的模式,极端的情况容易走向

---

① 参见 Heiko Ahlbrecht, Unternehmensstrafrecht ante portas Im Blickpunkt: eine kritische Betrachtung des vorliegenden Gesetzentwurfs,载 Deutscher Anwalt Spiegel 网站(https://www.deutscheranwaltspiegel.de/unternehmensstrafrecht-ante-portas/),访问日期:2019 年 9 月 8 日。

② 参见 Stellungnahme zum Entwurf eines Gesetzes zur Einführung der strafrechtlichen Verantwortlichkeit von Unternehmen und sonstigen Verbänden,载 BDI/BDA 网站(https://bdi.eu/media/themenfelder/recht/downloads/20140131_BDI-BDA-Stellungnahme_Unternehmensstrafrecht.pdf),访问日期:2019 年 9 月 8 日。

③ 参见〔德〕弗兰克·萨力格尔:《刑事合规的基本问题》,马寅翔译,载李本灿等编译:《合规与刑法:全球视野的考察》,中国政法大学出版社 2018 年版,第 59 页。

结果归责的困境。但是,第 130 条真正的目的在于观察企业是否采取了有效的措施阻碍违反秩序行为和犯罪行为的发生,这意味着事前观察和对企业内部所做的努力的考虑是必要且符合规范保护目的的,事后观察只能陷入就违法风险的实现回顾式地寻找报应对象,而偏离了以风险升高为关注点的预防性理念的设定。

可以说,《德国违反秩序法》第 130 条最大的问题是如何协调监督义务的明确性与宽泛性的矛盾。因为惯于采用经济成本思考方式的经济管理者需要客观的方针,在确定履行监督义务的具体化进程中,必须有可信和可供执行的具体标准让企业对自身义务有所预见。同时,也不能对企业施加过于严苛的监督要求,过于严苛和精密的规定不具有执行可能,也会导致企业缺乏自主决定的权力,影响经济体管理和经济运行的效率。也正因为存在过度干预之嫌与监督义务的宽泛性,德国学界基于《德国基本法》第 103 条第 2 款的明确性原则,对违反监督义务的认定多采取限制立场。

所以,一方面,德国刑事合规内容很大程度取决于立法推演和司法实践的补充。一般认为,调查、监督和制裁功能是刑事合规必须具备的功能,也是能够直接从《德国违反秩序法》第 130 条当中直接推演而得。一是刑事合规的调查功能已经被关于《德国违反秩序法》第 130 条的判例作为企业监督义务的具体化;二是只有当企业的管理者对雇员的行为加以监督,刑事合规的调查功能和制裁功能才能得以开启和实施;三是刑事合规的监督功能间接产生于《德国违反秩序法》第 130 条第 1、2 款。《德国违反秩序法》第 130 条第 1 款第 1 项规定,对于公司、企业所有者违反监督义务的行为,可以进行罚款,该第 130 条第 1 款第 2 项还将监督者的任命、慎重选择与监督算作必要的监督措施。另外,合规审计程序或举报制度也通过司法判例被视为保障刑事合规计划实现的重要制度。

另一方面,学界对于监督义务的具体化,也作出了正面确定监督内容与反面阻却秩序违反的努力。正面的具体化包括企业主应该采取的是所有可能的、必要的和可期待的措施,监督义务被违反和违法行为之间的联系被定位为具体危险犯。具体的判定需要结合各类规范的优先性、企业的性质、规模和经济比例性原则多项因素。[1] 反面阻却犯罪从社会相当性、法所容许之风险、信赖原则限定个人责任的范围。[2]

这样一种前置性制度的设计,一方面,与《德国刑法典》关于背信罪和诱导下级公务员犯罪具有明确的保护范围和规制属性不同,欠缺刑法特有的非难可能

---

[1] 参见〔德〕丹尼斯·伯克:《合规讨论的刑法视角——〈秩序违反法〉第 130 条作为刑事合规的中心规范》,黄礼登译,载李本灿等编译:《合规与刑法:全球视野的考察》,中国政法大学出版社 2018 年版,第 319—330 页。

[2] 参见〔德〕格哈特·丹内克尔:《授权委托下的刑事责任》,贺颖昕译,载李本灿等编译:《合规与刑法:全球视野的考察》,中国政法大学出版社 2018 年版,第 363—364 页。

性。因为,在《德国刑法典》与《德国违反秩序法》分而治之的格局说明,只有个人能够被谴责的思想根深蒂固,法人只能受到行政制裁的事实说明法人处罚欠缺非难可能性。① 另一方面,《德国违反秩序法》的性质决定了其第 130 条的监督义务指涉的企业合规运营的监督义务,是典型的危险行为和典型的安全性预防措施②,旨在借助一层前置性秩序,避免广泛的违反秩序行为和犯罪的发生,而不关心旨在预防的违反秩序行为或犯罪会侵犯到何种法益。以上共同导致该条的理论基础无法通过法益理论得到正当性说明。

对此,《德国违反秩序法》第 130 条的理论基础,德国学界有观点采用"对下级控制"理论进行说明。③ 该理论认为企业主基于优势的资源而对员工具有命令和指示的权力,在企业营运创收的同时,企业及其领导层应当担负起相应的风险控制责任。该理论在司法判例中也得到了相应的采纳。例如,德国联邦法院在皮革喷雾剂案中确立的判断基础是:其一,先确立企业自身应当承担的作为和不作为义务;其二,调查基于个人在组织内部职位而产生的个人刑事责任,其中,公司内部人员所承担义务的性质和范围由企业所承担义务的性质和范围确定,并以此为界限;其三,受委派人的义务以委派给他的任务为限,进而,那些处于领导者地位、利用大型企业内部的"规范流程"实施犯罪的人应以间接正犯模式答责,其基础源于领导者所具有的管理权力。④ 然而,"对下级控制"理论的贯彻,可能会不当限缩企业主监督责任。"对下级控制"理论将企业内部成员之间的层级与命令看得过重,这可能适用于小型企业,但对于去中心化和扁平化的中大型企业而言,企业内部成员的犯罪更多是因为组织的治理结构缺陷,一味强调因"对下级支配"失灵而导致犯罪的做法可能并不全面。

因此,回归至监督者保证人地位的"基于风险支配"的基础,更好地说明上述"以领导层为连接点的责任共同体"的制度设计。一方面,《德国刑法典》第 13 条和《德国违反秩序法》第 8 条规定的监督者保证人义务来源为法律上负有的义务,其范围远大于控制理论说,并普遍被认为能够扩展至与"对下级控制"无关(如先行行为)的义务来源情形,包括基于任免有犯罪史的人或者颁布不适当的企业政策而引起的保证人义务,无须对被监督人具有控制权。另一方面,在现代分工型的社会中,人(或者人与生产资料的结合)被视为一个风险要

---

① See Susanne Beck, Mediating the Different Concepts of Corporate Criminal Liability in England and Germany, *German L. J.,* Vol. 11, 2010, p. 1103 .

② 参见王世洲:《罪与非罪之间的理论与实践——关于德国违反秩序法的几点考察》,载《比较法研究》2000 年第 2 期。

③ 参见〔德〕亨德里克·施耐德、〔德〕彼得·戈特沙尔特:《企业中合规专员刑事责任的开放性原理问题》,蔡仙译,载李本灿等编译:《合规与刑法:全球视野的考察》,中国政法大学出版社 2018 年版,第 334 页。

④ 参见〔德〕格哈特·丹内克尔:《授权委托下的刑事责任》,贺颖昕译,载李本灿等编译:《合规与刑法:全球视野的考察》,中国政法大学出版社 2018 年版,第 346 页。

素,受到企业结构要素的影响,这样的风险程度及其危害程度显著提升。"如果谁创设或接管了某一风险,他也就原则上需要因为他的支配而为该风险以及由其产生的后果负责。"①《德国违反秩序法》第 30 条和第 130 条通过经营场所所有人的监督责任,充分调动了关联企业之间、企业内部各要素之间对企业的自我管理积极性,让领导权渗透到企业的下级管理层,也让母公司的监督管理持续纵深地落实到子公司,而非通过经济体的自负盈亏,撒开母公司对子公司的监督责任。采取这样的责任负担模式,与核心刑法上的间接正犯和业务领导责任理论存在契合之处,也适度解决了"组织实体"对企业人员违规行为诱导刺激作用的问题。

综上,基于不同理论基础的《德国违反秩序法》与《德国刑法典》,作为刑事合规制度的法律基础,各有优缺。其一,法律责任主体无法包括企业,而只能落实到具体的法人团体成员。其二,保证人范围的确定通过法律义务的限定,虽然基本与《德国违反秩序法》相一致,但在具体实践中因刑法涉及核心法益与刑罚的正当性依据限制,《德国刑法典》相关解释和适用应当比《德国违反秩序法》更为限缩。其三,《德国刑法典》相关规定,虽然并未涉及企业,但也成了悬在企业家头上的"达摩克利斯之剑"。通过"保证人"的途径对不履行监督义务的行为配置刑罚,虽然内控制度的施行范围有限,但威慑力和保障力度大于《德国违反秩序法》,尤其是刑事制裁具有的耻辱效应,会引发失去获取公共合同资格、声誉下降等附随后果。

第四节　德国西门子公司的合规实践

西门子公司贿赂案于 2006 年 11 月曝光,是德国经济史上涉案范围最广、涉案金额最多的贿赂案件。就德国本地诉讼而言,西门子公司为终止法律诉讼而支付的罚款就足以说明了该案件的规模。据统计,西门子公司为处理全球贿赂案所耗总成本超过 20 亿欧元。2007 年 10 月 7 日,根据慕尼黑检察官的申请,慕尼黑地区法院对西门子处以 2.01 亿欧元的罚款(实为 100 万欧元罚款和追缴的 2 亿利润附加税)。此外,西门子向外界参与腐败案件调查的顾问支付的费用超过 9.5 亿欧元。另外,西门子公司需要补缴自 2000 年到 2006 年因违反《德国税法》,以可疑款项抵扣税额的所得税 4.43 亿欧元。② 2008 年 12 月,慕尼黑公共检察官与西门子公司达成和解协议,西门子公司被要求支付 3.95 亿欧元罚金。

---

① 〔德〕乌尔斯·金德霍伊泽尔:《刑法总论教科书(第六版)》,蔡桂生译,北京大学出版社 2015 年版,第 375 页。

② See Karl Sidhu, Anti-Corruption Compliance Standards in the Aftermath of the Siemens Scandal, *German Law Journal*, Vol. 8, 2009, p. 1344.

复杂的诉讼纠纷与巨额罚款,却并没有像击垮安然公司一样让西门子公司一蹶不振,反而为西门子公司带来长远的利益增长。一定意义上,其根本原因就是西门子公司积极进行内部调查并加强西门子公司的合规系统建设,使西门子公司只是短暂地丧失了部分利益,却在长远利益上获得反腐先锋和勇于担当的殊荣,为西门子公司的长远发展奠定了举足轻重的基础。甚至,有评论认为,西门子公司事件改变了合规的整体格局,使刑法走出了黑暗的角落,引起了企业界的关注。因此,分析德国西门子公司如何通过合规系统来应对国际环境中面临的法律风险,至少在合规系统构建的一般问题上,不仅具有指引德国企业合规标准的作用,更能为企业走出去提供经验和教训。

不过,本节西门子公司的合规系统完善的结果,并非缘于德国合规制度的本土化推动,而是美国方面"基于长臂管辖原则"的造就。通过下文西门子公司在德国和美国贿赂案处理结果的比较,不仅印证了德国"制度实践落后于理论""合规制度仍处于兴起阶段""合规制度法律效力模糊"等说法,而且还说明了德国本土化的合规制度仍与美国合规制度在理念和执行力上存有差异。

一、西门子公司贿赂案及其在德国、美国的法律后果

(一)案情简介

2006年9月初,意大利一个地方检察机构首先对西门子公司展开调查,称该公司在20世纪90年代为谋求意大利国有电信公司的订单,向意大利邮政部前高官实施巨额贿赂。随后,希腊、瑞士、奥地利和德国的检察机关也介入对西门子公司设立境外秘密账户从事腐败交易的调查。检方相信:有至少10名西门子公司时任或前任员工卷入腐败案,他们通过设立境外秘密账户从事腐败交易,换取国外电信市场合同。同年11月,德国警方突击搜查了包括柯菲德在内的西门子公司30多位高管的办公室和私人住宅。这一大规模行动被视为正式揭开了西门子公司腐败案调查的序幕。股东代表批评公司管理层在处理贿赂丑闻上行动迟缓并隐瞒丑闻规模。

但是,事件的发展犹如"多米诺骨牌"般引发了连锁反应。此后的调查工作更是不断有惊人发现:西门子公司已知涉案的海外贿赂可能涉及尼日利亚、印度尼西亚、科威特、沙特阿拉伯等多个国家;同时,由于西门子公司股票上市地点是美国,美国证监会已经介入对西门子贿赂案的调查,并会对西门子公司处以高额罚金。2007年2月2日,美国司法部称已经对该公司可能涉及4.2亿欧元的贿赂丑闻展开调查。西门子公司发言人对《金融时报》(德文版)说,早在2006年11月中旬,美国方面就已经开始对该公司展开了这方面的调查,但当时该公司并没有向外界透露此事。

截至2007年9月24日,总体来说,内部调查已经发现了大约15亿欧元的可疑付款。其中有3亿欧元发生在西门子集团的电厂部门。

2008年7月29日据国外媒体报道,西门子公司宣布,将对此前涉嫌13亿欧元行贿的11名前高管提起诉讼并要求赔偿,其中包括前董事长冯必乐(Heinrich von Pierer)以及前CEO克劳斯·柯菲德(Klaus Kleinfeld)。在采取法律行动之前,西门子公司将允许这11名高管阐明其立场。西门子公司称:"之所以指控这些高管,是因为他们违反了组织和监督责任,主要表现为在国际商业交易中存在非法商业行为和严重行贿问题,并给公司带来严重财务负担。"[1]

(二)行为手段与法律结果

通过对新闻媒体素材的筛选和归纳,西门子公司贿赂案采取的主要手段是以虚增价格和返点的方式,以促成交易。即部门下属代理公司通过第三方公司账户,向客户提供回扣,该路径标准流程一般由销售人员牵头完成。第一步,由代理商和客户达成合作协议,并由双方敲定回扣点数。"一般客户要多少就是多少。"第二步,代理商向熟悉的第三方公司发出过账通知,获得对方同意,销售人员通知客户把钱打入这个"壳公司"。由此,实现了客户和"壳公司"之间的交易。第三步,代理商会对打入"壳公司"的费用进行分配,把和客户商定好的回扣打入客户指定账户,剩下的费用再打入代理公司账户。最终,在代理商公司账户和合同上,显示的是代理商公司与"壳公司"之间发生的交易;在客户那里,同样显示是与"壳公司"发生的交易。这类典型的贿赂手段,足以凸显西门子公司合规管理体系漏洞。

对于西门子公司贿赂案的犯罪手段,有学者归纳了4个特征[2]:①保留便利贴。便利贴被用来授权付款,以便于在付款后被审查的情况下提交者的身份能被隐藏。②西门子公司的高级管理人员直接被牵扯到贿赂款项的政策制定中。③特别是,空壳公司和非账面上的"垃圾基金"被广泛建立,并被雇员和前雇员用作收购业务的资金来源。除了使用"垃圾基金",西门子还广泛使用顾问和代理商作为中介,将非法付款转移给最终收款人。④腐败计划不仅限于某些企业,而且遍布西门子公司的几个运营集团;并且特设专项资金,"打算全部或部分作为对外国官员的腐败付款"。

最终,在德国,除了前述慕尼黑地区法院对西门子公司处以2.01亿欧元的罚款,西门子公司的多位高管卷入刑事诉讼。2007年,在西门子公司案的刑事诉讼活动中,达姆施塔特地方法院根据《德国刑法典》第299条第2款,即商业活动中的行贿罪的规定,对一位西门子股份有限公司的执行副总裁作出有罪判决。在2000年至2003年间,为了使公司能够获得两份总价超过3亿欧元的订单,该执行

---

[1] 《西门子拟就巨额行贿案起诉11名前高管》,载凤凰网(http://news.ifeng.com/c/7fYnDWmaHDR),访问日期:2019年9月6日。

[2] See Karl Sidhu, Anti-Corruption Compliance Standards in the Aftermath of the Siemens Scandal, *German Law Journal*, Vol. 8, 2009, p. 1351.

副总裁向意大利国家电力公司的员工行贿达数百万欧元。2008年7月28日,西门子公司前电信部门经理西卡泽克(Reinhard Siekaczek)被慕尼黑地方法院以行贿罪判处缓刑2年并处10.8万欧元罚金。该案的诉因是西卡泽克于2001年至2004年间通过黑金账户转移4900万欧元,目的是行贿国外有关官员或项目主管以获取大型合同。西卡泽克供认以上事实,但强调这是公务行为,他本人并不过问巨款的最终流向。德国媒体指出,据西卡泽克供称,他管理的该黑金账户始于20世纪80年代,涉案金额高达13亿欧元。同年在审的西门子公司前高管涉嫌行贿的案件还有:克莱伊(Kley)案和费尔德迈尔(Feldmayer)案。克莱伊案的主要案情是西门子公司前发电部门董事克莱伊和前顾问韦基纳(Vigener)涉嫌向意大利Enel能源公司项目主管行贿600万欧元以期获得价值4.5亿欧元的燃气合同。达姆施塔特地方法院于2007年5月分别判处克莱伊和韦基纳缓刑2年和9个月,德国最高法院于2008年9月1日以证据不足撤销该初审判决,发回达姆施塔特地方法院重审。费尔德迈尔案于2008年9月24日在纽伦堡开庭,慕尼黑检察院以不忠诚和涉嫌逃税起诉费尔德迈尔和独立雇员工会(AUB)前主席谢尔斯基(Schelsky)。主要案情是费尔德迈尔根据一份和谢尔斯基达成的咨询合同,于2001年1月至2006年11月间以非正常方式向独立雇员工会划汇近3000万欧元,目的是影响工会在诸如灵活工作制等问题上采取倾向资方的态度,产生对西门子公司有利的效果。2008年9月1日,德国最高法院以证据不足撤销了克莱伊案的初审判决。

而在美国,处理结果[①]是:他们没有因一项贿赂被指控而定罪。而是因西门子孟加拉国子公司和西门子委内瑞拉子公司违反FCPA有关内控的规定以及违反FCPA的账簿和记录规定的指控;西门子阿根廷子公司受到密谋违反FCPA的账簿和记录规定的指控;西门子孟加拉国子公司和西门子委内瑞拉子公司受到密谋违反FCPA有关内控的规定以及违反FCPA的账簿和记录规定的指控。美国司法部指出西门子公司与调查人员的合作和补救努力是促成认罪协议的一个因素[②],同时美国司法部认识到以贿赂罪指控会导致西门子公司因欧盟第2004/18/EC号指令第45条规定而被禁止继续与欧洲各国政府签订合同,而且很可能会对该公司的继续经营的能力构成挑战。[③] 尽管这样的处理措施看起来对打击贿赂有所不

---

① 7个月后,世界银行对西门子公司进行了制裁,并获得了1亿美元的额外罚款,总共罚款17亿美元。See Vanessa Fuhrmans, Siemens Settles with World Bank on Bribes, WALL ST. J., July 3, 2009, at B1.

② 参见 Press Release, Dep't of Justice, Transcript of Press Conference Announcing Siemens AG and Three Subsidiaries Plead Guilty to Foreign Corrupt Practices Act Violations (Dec. 15, 2008) (hereinafter Transcript of Press Conference),载美国司法部网站(http://www.justice.gov/opa/pr/2008/December/08-opa-1112.html),访问日期:2019年9月8日。

③ 参见 U. S. Dep't of Justice, United States v. Siemens Aktiengesellschaft, No. 1:08-CR-00367-RJL(D.D.C Dec. 12, 2008),载美国司法部网站(https://www.justice.gov/sites/default/files/opa/legacy/2008/12/15/siemens.pdf),访问日期:2019年9月12日。

妥,但是,司法部正是考虑到这样的禁止令并不可行,也会违背 FCPA 旨在减少腐败和促进合规制度建设的初衷。①

两相比较,德国与美国运用的不同诉讼策略,恰是传统监管与合规制度实践的鲜明对比。美国通过辩诉交易刺激西门子公司的合规系统完善,从而避免了西门子公司丧失美国和欧洲订单的机会,而德国因缺乏对法人刑事犯罪的处罚,代之以行政罚款和多位高管卷入刑事诉讼结案。与德国仍重视刑事追责的做法相比,美国做法更符合企业犯罪的预防理念和企业的长远发展。

二、西门子公司合规系统的完善与最新进展

为应对此次贿赂事件,在原有的合规系统基础上,西门子公司不仅从公司内部自发地展开了合规调查与加强合规的举措,更是积极地回应来自公权力机关的要求,使其能够及时脱离刑事诉讼和贿赂丑闻的不良影响。

在 2006 年 11 月对其办公室进行突击搜查后,西门子公司开始从根本上改进其合规计划。它的主要特征出现在西门子公司出版的几份文件中。美国司法部把它描述为一个"新的最先进的系统"。先进的合规系统是西门子公司作为全球企业必须建立的,因为全球贸易与合规要求的高层参与迫使西门子公司需要从根本上去改变企业的合规系统,以符合来自各个国家关于合规制度的法定要求。

查阅西门子公司与美国司法部达成的辩诉交易书②,拟议的认罪协议包含以下核心条款:(1)同意承认哥伦比亚特区情报中的指控,西门子公司对这些指控中的事实指控,西门子委内瑞拉子公司、西门子孟加拉国子公司和西门子阿根廷子公司不辩解;(2)刑事罚款总额为 4.5 亿美元,分摊如下:西门子公司罚款 4.485 亿美元;西门子阿根廷子公司、西门子孟加拉国子公司和西门子委内瑞拉子公司各罚款 50 万美元(共谋罪的法定最高限额);(3)继续有义务向该部和该部指示西门子公司的任何其他国内或国外执法机构,特别是慕尼黑检察署提供全面、完整和真实的合作;(4)实施严格的合规增强措施,包括定期对其进行测试,承认西门子公司在调查过程中已经实施了大量的合规改革;(5)保留一名独立监督员,他将在 4 年任期内对西门子公司遵守守则、内部控制和相关问题进行审

---

① See Lauren O. Youngman, Deterring Compliance: The Effect of Mandatory Debarment Under The European Union Procurement Directives On Domestic Foreign Corrupt Practices Act Prosecution, *Public Contract Law Journal*, Vol. 42, 2013, p. 411.

② 参见 United States v. Siemens Aktiengesellschaft, No. 08-367 (D. D. C. Dec. 15, 2008), ECF No. 14 ("Plea Agreement"); U. S. v. Siemens S. A. (Argentina): Docket No. 08-CR-368-RJL (12/12/08); U. S. v. Siemens Bangladesh Limited: Docket No. 08-CR-369-RJL (12/12/08); U. S. v. Siemens S. A. (Venezuela): Docket No. 08-CR-370-RJL (12/12/08),载美国司法部网站(https://www.justice.gov/criminal-fraud/case/united-states-v-siemens-aktiengesellschaft-court-docket-number-08-cr-367-rjl),访问日期:2019 年 8 月 7 日。

查,并据此编写关于它的定期报告。独立监督员由多名顾问为其提供 FCPA 的实践与知识,辅助其完成附件的职责内容。在独立监督员或顾问辞职或无法履行其职责的情况下,西门子公司或其继任者应在 30 日内推荐 3 名合格的监事或美国独立律师候选人。

其中,第(3)项的展开细节有:①西门子公司在调查其他个人和实体方面向该部提供了大量协助,为收集先前腐败活动的证据作出了非凡努力,并广泛提供了协助致力于重组和补救其业务,使其成为一个透明和负责任的世界性的公司;②作为其总体合作努力的一部分,西门子公司制定并及时提供了关于第三方的详细和重要信息,包括被用作掩盖向外国政府官员支付的腐败款项的个人和实体,这些个人和实体中有几个位于美国,并利用美国银行为付款提供便利;③在某些情况下,西门子公司对银行记录和付款进行了详细追踪,这大大有助于追踪多层次的金融交易;④除向美国司法部和证监会提供了许多及时和有用的报告外,西门子公司还做出了重大的类似努力,即与外国执法机构进行了合作。除了慕尼黑检察官办公室,西门子公司还与许多其他国家(包括但不限于孟加拉国、希腊和尼日利亚)的执法部门和多家国际开发银行进行了充分合作,包括世界银行和美洲开发银行,因为西门子公司会从这些银行获得与项目有关的资金。

第(4)项的展开细节:①广泛的内部调查。在慕尼黑检察署于 2006 年 11 月对西门子公司办公室进行突击搜查后不久,西门子公司聘请独立律师"进行独立和全面的调查",以确定是否违反了反腐败条例,并对西门子公司的合规和控制系统进行独立和全面的评估,为独立律师配置专门的项目组,并要求项目组全体配合。②大赦和宽大处理方案。在与该部门协商后,西门子公司设计并实施了一项全公司范围的大赦计划,以便利内部调查。这项特赦计划于 2007 年 10 月 31 日开始实施,一直持续到 2008 年 2 月 29 日。该项目规定,除最高级雇员外,所有自愿向独立律师披露有关可能性的真实和完整信息的员工除外,违反有关反腐败法的行为将得到保护,不受单方面解雇和公司损害赔偿的影响。实施大赦计划的政策表明,这绝不是对任何检察官或监管机构有约束力,包括德国司法部和证监会。但是如果他是政府或者证监会调查的对象,西门子公司将提请此类部门考虑该员工的合作努力。对于年龄太大而不符合特赦计划资格的雇员,以及那些在大赦计划期间没有挺身而出的雇员,西门子公司也在 2008 年 4 月建立了类似的宽大处理方案。宽大处理方案为合作雇员提供了个性化的宽大处理决定。③证据的保存、收集、检验和分析。

第(5)项关于补救努力的展开细节:①西门子公司已经更换了几乎所有的最高领导层,包括监事会主席、首席执行官、总法律顾问、内部审计负责人和首席合规官。公司已解雇与调查发现的不当行为有牵连的高级管理人员,并重组公司,使其更加集中于商业合规方面,这包括在管理委员会中设立一个新的职位,具体负责法律合规事项。②西门子公司还对其合规组织进行了全面改革并进行了极大的扩展,该组织目前在全球拥有500多名全职合规人员。对所有遵约事项的控制和问责由首席合规官负责,后者直接向总法律顾问和首席执行官报告工作。西门子公司还重组了其审计部门,该部门由新任命的首席审计官直接向西门子公司审计委员会报告。为确保整个公司的审计人员胜任,首席审计官要求他的450名员工中的一些员工重新申请了他们的工作。③西门子公司还颁布了一系列新的反腐败合规政策,包括一本新的反腐败手册,完善的基于网络的尽职调查和合规工具。向员工提供必要的沟通渠道,以报告不正常的商业行为,并设立一个公司纪律委员会,对已证实的不当行为采取适当的纪律措施。④西门子公司成立了一个工作组,专门负责全面实施新的合规举措,该工作组由西门子公司财务和企业合规部门的员工、普华永道会计师事务所的专业人员组成。⑤除这些努力外,在调查期间,西门子公司暂停签订新的商业咨询协议或根据现有的商业咨询协议付款。在对所有这类协定进行全面收集和审查之前,西门子公司启动并几乎完成了对与其有协议的所有第三方代理的审查,这导致西门子公司使用的商业顾问数量大幅减少。⑥西门子公司还根据过去的问题,大大加强了对业务顾问的审查和批准程序。⑦西门子公司还加强了对公司资金的公司级控制,并集中和减少了公司银行账户的数量和向第三方支付的款项。

上述仅是美国司法部论及的西门子公司加强合规系统的努力,查阅现有文献和报道,在案发之后,西门子公司几乎替换了整个管理委员会,同时更换了130名高级管理人员①,彰显了与腐败决裂的决心,这是公司历史上前所未有的一大举措。而且,西门子公司在事件的发生过程中进行了大量内部调查,如此次贿赂案中西门子公司在调查中投入的工作量包括对西门子公司员工的1750次访谈,以及超过1400万份审查文件。② 正是这些内部调查让管理层获悉企业内部的非法行为,从而能够设置更为稳固综合的合规系统(参见下图5-2③)。上述措施的整体执行,意味着组织领导层在工作场所创造了一种合规的氛围。

---

① See Hartmut Berghoff, From the Watergate Scandal to the Compliance Revolution: The Fight Against Corporate Corruption in the United States And Germany, 1972-2012, *Bulletin of the German Historical Institute*, Vol. 53, 2013, pp. 7-30.

② 参见 Statement of Siemens Aktiengesellschaft: Investigation and Summary of Findings with respect to the Proceedings in Munich and the US,载西门子公司网站(https://www.siemens.com/press/pool/de/events/2008-12-PK/summary-e.pdf),访问日期:2019年9月8日。

③ 参见《西门子合规体系——以管理层职责为核心》,载西门子公司网站(https://assets.new.siemens.com/siemens/assets/api/uuid:543ceebe-6ad6-4476-8143-29cd82ba023d/version:1560384152/compliance-system-2019.pdf),访问日期:2019年9月6日。

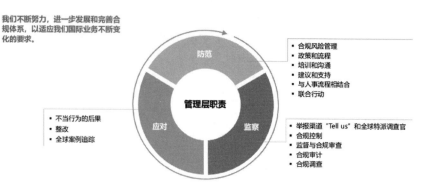

图 5-2　西门子公司合规系统

可以说,西门子公司合规行动一直在持续。查阅西门子公司官网,自 2009 年起,西门子公司不仅开展了全球性的廉洁项目运动,长期致力于推动履行国际规约关于腐败治理的相关义务进程,而且公司公布并持续更新一系列关于企业可持续发展、对商业伙伴要求与合规性准则等文件(包括但不限于《致商业伙伴的合规信息》、确保整个供应链上可持续性的《西门子供应商行为准则》《西门子商业行为准则》)。其中,集中体现西门子公司合规管理体系的是《西门子商业行为准则》,准则开宗明义即指明"《西门子商业行为准则》是一个有约束力的行为指南。其内容建立在我们的价值观之上,对西门子公司的所有成员、员工、管理人员抑或是管理委员会成员均有强制性"。也正因为西门子公司的高层决心,西门子股份公司总裁兼首席执行官凯撒才能声称:"我们一直秉持的主人翁精神,使公司卓尔不群。西门子公司不仅精益求精,更以可靠、公平与诚信赢取公众信任。"

综上所述,本章力图从时间、规范与形态的三个维度对德国合规计划的考察,其结论是:

时间维度上,德国合规计划的发展以 20 世纪 90 年代对监察部门的监察职能质疑与 2006 年代表性企业的丑闻为契机,产生了对企业合规计划与刑事合规的直接需求。结合规范维度上 1990 年之前早已存在的大量民事、行政法律规范中的合规要素规定,以及直到 1990 年前后《德国违反秩序法》才得以真正确立,可知(刑事)合规计划与法律领域的关联具有滞后性,或者说合规计划在法律规范领域并未直接明确确立,而是代之以合规要素的形式散见于规范之中。因此,本章择取了《德国银行法》《德国证券交易法》《德国违反秩序法》等代表性规定的分析,实则是一种合规计划寻找法律渊源的过程,其并非对合规计划的法律地位的当然确证,而是具有一定的或然性。或然性之意表现为法律地位不明、合规计划的一般性规定不明、合规计划的法教义学意义不明等基本问题。为此,本章第三节选取了刑事合规这一合规高端形态进行分析,指出了刑事合规具有不同于传统监管和合规制度的特点。契合德国法教义学的法学方法论,德国刑事合规具有基于公司权力结构和改善公司风气的理论基础,将理论上已经形成的合规研究成果引入刑事法律是合规制度发展的必经之路。经分析可知,刑事合规与《德国违反秩序法》第30条和第130条与《德国刑法典》第13条关于保证人规定密切相关,《德国违反秩序法》第30条和第130条与《德国刑法典》第13条关于保证人的规定作为合规计划的法律基础的内涵也具有不同,合规计划通过监督义务和保证人义务这一途径,能够至上而下地推进合规计划,起到改善"企业气候"的功效。最后,结合西门子公司贿赂案在德国和美国的处理结果差异,本章尝试以小见大来印证德国合规制度的发展特点以及德国合规制度的整体特点的判断。

第六章 日本企业合规制度

第一节 日本合规制度概述

一、企业社会责任在日本的发展

在日本,企业合规、企业治理与企业社会责任是紧密相关的三个概念。或者说,企业合规与企业治理都是企业社会责任必不可少的组成部分。

企业社会责任(Corporate Social Responsibility, CSR),是指"法人在保证产品品质安全性、防止事故、保证公平交易、公正竞争、保护个人信息、内部举报人等方面所承担的确立守法体制、环境保护等责任。这一责任包含但不限于经济责任与法律责任"[①]。企业社会责任的概念最早诞生于美国,但早在17世纪,日本的商人就已经提出了卖方、买方和世间"三方满意"的理念。在现代时期,日本对企业社会责任的理解更为广义,节能降耗、降污减排、资源和产品的再生利用、劳动环境、人才培训、社会福利、公益事业等对社会可持续发展有贡献都成为企业履行责任的重要内容。在2003年全面引入企业社会责任概念之前,日本企业已经在人才开发、环境保护、风险管理等方面充分地进行了实践,达到了很高的专业水准,形成了一个推动企业社会责任局部实践最佳的格局。

2003年被誉为日本企业社会责任的元年。在当年,日本的经济同友会和日本经济团体联合会等经济团体开始大力推动企业社会责任在日本的实施。经济同友会在2003年发布了第15次企业白皮书《市场的进化和企业社会责任经营》,之后又在229个企业自我评价结果的基础上,发布了《日本企业的企业社会责任:现状与课题》的研究报告和《企业社会责任自我评价基准》。日本经济团体联合会2003年10月成立了"社会责任经营分科委员会",2004年2月发布了《关于推进企业社会责任的基本思想》,提出了主导此次日本企业社会责任发展的三大原则,之于2004年5月提出了包含有企业社会责任视角的"企业行动宪章",同年6月修改了"企业行动宪章和实施手册",明确提出了日本经济团体联合会关于企业社会责任的基本态度以及具体的行动计划。截至2006年年末,在加入日本经济团体联合会的大企业中,有2/3建立了专门的社会责任推进部,50%以上的企业提出了明确的企业社会责任方针和政策,80%企业发布

---

① 〔日〕铃木幸毅、〔日〕百田义治:《企业社会责任研究》,中央经济社2008年版,第13页。

了社会责任报告,并派专人负责合规、环境、社会贡献、沟通等各项社会责任活动。①

企业社会责任能够在日本获得快速的发展,并且能够根深蒂固,当然是有日本政府部门积极投入企业社会责任运动的原因。早在 2002 年 12 月,日本的经济产业省就开始讨论将企业社会责任标准化和组织推进企业社会责任等问题。但是,因为具有重要影响的日本经济团体联合会坚持认为,企业社会责任运动的基本立场应该是强调企业自主性,因此反对将其法制化和标准化,所以日本政府至今仍未给出官方的企业社会责任定义和指导规则。总而言之,在日本的企业社会责任运动中,日本政府发挥的作用很小,发挥重要作用的,是日本的企业自身。据统计,仅仅在 2003 年,就有 100 余家大型企业增设了企业社会责任推动部门。那么,为什么日本企业如此积极地推动企业社会责任?其动机当然是多种多样的,既有企业领导人的责任意识的驱动,也有出于市场竞争的需要。但是,最主要的动机,还是预防公司丑闻,以及其带来的负面印象。

自第二次世界大战以来,出于增强日本国际经济竞争力的考虑,日本社会一直将企业视为宠儿,将经济活动置于最优先的地位,对企业的外部规制并不严厉。即使在企业出现丑闻的场合,企业负责人也只需要说声道歉,并缴纳罚金就可以轻松过关。如下文所述,即使受到刑事处罚也很轻微,而且大多会被宣告缓刑。如此,对日本企业而言,便形成了"管教不严"的环境,这也使得日本企业在经营活动中基本以自我约束、自我管理为主。如果能够并称义利兼顾和人性本善等儒家精神,企业上下能够具有很高的伦理价值观,这种自我约束机制当然是有效的。

但是,到了 20 世纪 90 年代,因为泡沫经济的破灭而举步维艰的许多日本企业为了生存,改变了其价值理念和思维方法,变得更为浮躁,道德水准下滑,逐利性增强。在这种情况下,具有重大影响的企业丑闻频发,也就不足为奇(参见表 6-1)。尤其是,互联网信息技术的进步加快了这些企业丑闻的传播速度,并加大了其影响范围。丑闻给日本企业带来的打击越来越大,影响企业声誉,重挫企业股价,直接造成企业高管下台,甚至导致企业破产。为了防范可能的丑闻,保护企业,也为保住自己的位置,明智的企业高管开始积极推行企业社会责任。②

---

① 关于日本企业社会责任的发展与现状等,参见钟宏武:《日本企业社会责任研究》,载《中国工业经济》2008 年第 9 期;朱海珅:《日本学者视野里的企业社会责任研究》,载《现代日本经济》2011 年第 5 期。

② 参见钟宏武:《日本企业社会责任研究》,载《中国工业经济》2008 年第 9 期。

表6-1　21世纪初近年日本企业的社会责任丑闻[①]

时间	事件
2000年	雪印乳业食品集体中毒事件,东京电力伪造核电站检查记录事件
2002年	日本火腿子公司(NIPPONHAM)的牛肉制假事件;三井物产两名雇员贿赂外国政府官员事件
2004年	软银集团(Soft Bank)发生了超过450万起个人信息泄露事件;三菱汽车公司引发一系列召回骚动;美滨核电厂(关西电力)发生死亡事故;西武铁道(KOKUDO)发生有价证券报告造假事件
2005年	日本航空飞机故障频发;佳丽宝(Kanebo)数年的巨额经营数据作假,经营者与会计师因涉嫌侵吞顾客存款约10亿日元被捕;东京三菱银行原派遣职员被捕;JR西日本(福知山线)列车脱轨颠覆事件
2006年	活力门公司(Livedoor)的经营者涉嫌违反证券交易法被捕

根据日本经济团体联合会的调查,如表6-2所示,就企业优先处理的责任实践,97%的调查对象选择了遵纪守法,这正是合规计划的主旨与重要目的所在,排在之后的环境保护、风险管理、消费者权益保护等,也无一不与合规计划有关。或者可以说,合规计划是实现企业社会责任的制度化路径,制定并有效实施合规计划是企业积极履行社会责任的直接而重要的体现。

表6-2　日本企业优先处理的责任实践[②]

排序	责任实践	百分比(%)
1	遵纪守法	97
2	环境保护	66
3	个人信息保护	61
4	公司治理	55
5	安全生产	44
6	风险管理	43
7	劳工权益	37
8	信息公开	30
9	社区贡献	22
10	消费者权益	9

---

① 参见钟宏武:《日本企业社会责任研究》,载《中国工业经济》2008年第9期。
② 同上注。

二、合规制度在日本的发展与现状

具体到合规制度,在美国的影响下,日本早在20世纪80年代就开始推动企业制定、实施合规计划。1987年,日本通商产业省(现在的经济产业省)对出口关联企业提出了实施合规计划的要求,该年年末,针对2300家出口关联企业所进行的调查表明,94%的企业已经建立起了合规计划。为进一步推动企业合规计划的应用,1987年11月,通商产业省在《出口贸易管理令实施规则》中要求,在申请出口许可之际必须附随合规计划。1988年2月,为提高出口申请审查手续的效率,出台了事前提出合规计划,接受审查,之后再进行出口许可申请的制度。也即,企业的合规计划实质上成为获得出口许可的必要条件。20世纪90年代,随着《日本反垄断法》执行的加强,反垄断领域企业合规计划的重要性显著提高。为此,日本于1991年先后颁布了《日本反垄断法合规计划辅导》与《日本反垄断法合规计划手册》,对必要的基本事项作了简洁规定。以上述两项文件以及其后颁布的立法为基础,日本经济界逐渐制定了统一的指导守则,要求相应企业制订、实施合规计划。

与此同时,日本法院的许多判决也确认了企业合规计划在认定企业刑事责任中的法律地位。例如,1996年,东京高等法院在某串通招投标案件中,于认定被告人的行为构成犯罪的同时,指出"在犯罪行为被发现后,9名企业被告人深刻反思了事件的重大性,对企业组织进行了改进,对人事进行了调整,并制定了反垄断法遵守手册,对雇员进行了教育,可以期望其能够贯彻再犯预防"[1],据此,减轻了对被告人的量刑。2002年,埼玉县地方法院与东京地方法院也作出了相似的判决。既然在犯罪发生之后,积极地制订、实施合规计划能够减轻企业的刑事责任,不言而喻,在犯罪发生之前,有效地实施合规计划当然亦能减轻企业的刑事责任。

1993年,针对在东京、大阪以及名古屋证券交易所上市的2063家企业进行的调查表明,正在实施合规计划的企业到达了60%,预定实施的达到了20%。2004年,为把握日本的企业犯罪现状,更为构建更有效的经济发展政策提供参考,早稻田大学企业法制与法创造研究所针对日本3100家上市企业发出了调查问卷,回收有效问卷942份,结果显示,在企业内部规定了企业社会责任的企业占68%,在企业内部建立起雇员违法行为预防制度的企业占比为67.3%,通知股东本企业存在合规计划的企业占比为31.5%,对消费者公开的企业占比为20%。[2]

2010年11月至12月,早稻田大学企业法制与法创造研究所再次针对2496家上市公司进行了问卷调查。结果显示,在回答问卷的448家企业中,有98.7%的企业已经制定并实施了内部违法行为预防措施,有62.9%的企业年度通过各种方式

---

[1] 〔日〕川崎友已:《企业的刑事责任》,成文堂2004年版,第300—301页。
[2] 参见周振杰:《企业适法计划与企业犯罪预防》,载《法治研究》2012年第4期。

对内部员工进行法制培训,有55.6%的企业通过网络、各种报告向社会公开内部违法行为制裁情况。具体而言:

(1)关于法人处罚的可否,对于"在外国,处罚法人自身的规定正在增加。而同时,在日本除两罚规定之外,没有处罚法人自身的规定。日本是否应该导入对法人自身进行处罚的规定"这一问题,认为"对法人自身进行处罚比较好"的占55.4%,认为"对个人进行基本处罚比较好"占35.9%。半数以上的企业认为,对法人处罚比较好。这一结果,与刑法学上的通说可以说是相背离的,必须予以足够的关注。或者说,致力于合规计划研究的企业自身对法人的犯罪能力进行肯定理解,这对于刑法学研究而言,有着重要的参考价值。

(2)关于法人刑事责任(特别是过失责任)有无的判断,调查结果显示,对判断法人是否履行了管理监督义务而言,能够成为参考资料的有:①与合规计划相关的公司内部教育的实施,每年1次的占比为27.2%,每年2次的占比为62.9%,基本不实施的占比为8.0%;②关于企业内部通告合规计划的方法,通过企业内部研讨会的占比为82.6%,通过网上登载、发送信息占70.5%,通过企业内部报纸、手册等占比为53.6%(复数回答);③关于是否存在判断合规计划有效性的企业外部第三方,回答"有的"占比为17.2%,"没有的"占比为77.7%;④关于在发觉违法行为情况下是否制定了处理程序,回答"制定了"的占比为74.8%,"没制定"的占比为24.3%。这些信息为对于判断相应企业是否违反管理、监督义务提供了客观的资料。

(3)关于对法人的制裁,对"对企业的刑事制裁,虽然在日本只有罚金刑,但是作为对企业的刑事制裁,仅仅有罚金刑就可以吗?"这一问题,回答"仅有罚金刑就够了"的占比为41.3%,回答"增加公示公司名称、保护观察(尤其是命令企业制订合规计划,并观察其实施过程)、'将其从企业投标中排除'等刑事处罚也有必要"的占比为51.8%。显而易见,在企业的意识中,对积极预防违法行为有着非常深刻的认识。

(4)作为程序法问题,就实施合规计划的刑事法律效果,对"如果企业制订、实施了合规计划,检察官是应该不适用两罚规定,对刑事追诉自身予以控制,还是应该在适用两罚规定进行刑事追诉的基础上,根据制订、实施合规计划的情况,予以从宽量刑"这一问题,回答"应对刑事追诉予以控制"的占比为19.2%(大企业较多),回答"应该从宽量刑"的占比为61.3%,回答"两者都不必要"占比为12.1%,认为"企业既然实施了犯罪,就理所当然应该受到刑事制裁"的超过50%。显而易见,在日本企业或者日本社会的背后,都有强烈的法律或者正义观念。但是,如果在提问中增加进行行政制裁的可能性,可能会得到不同的回答。

(5)关于行政制裁方面的权利保障,就"根据反垄断法进行行政调查的场合,虽然探明真相优先,但是否应该考虑律师的在场权和隐匿特权等的权利保障"这一问题,回答"考虑全面保障非常必要"的占比为53.8%。过半数的企业认为即使是行政程序,权利保障也毫无疑问是必要的。①

第二节 日本刑事合规理论

简而言之,制订与实施企业合规计划已经成为日本企业普遍自愿遵守的法律义务。那么,实施合规计划对企业刑事责任具体能够起到什么样的影响呢?日本判例根据监督管理过失与过失推定论认定企业刑事责任。所谓监督过失,指关于监督他人不实施危险行为义务方面的过失;管理过失,则指企业关于危险的设备、物体、动物的管理方面的过失责任。根据过失推定论,在企业雇员实施了违法行为或者与企业活动相关的危害后果发生之后,可以推定企业主未能尽到监督雇员与管理危险物品的责任,只要企业主不能证明已经尽到了上述义务,就不能免予处罚。关于过失成立的判断标准,目前日本刑法学界存在着旧过失论与新过失论的对立,而在不同的过失论之下,企业合规计划在犯罪构成体系中地位有所不同,相应地,对企业刑事责任的影响也不尽相同。

一、旧过失论视角的分析

旧过失论是传统的过失论,也是当前处于有利地位的观点。旧过失论强调的是结果预见义务,也即,结果预见的可能性,认为过失的本质是因为不注意而未能预见到危险结果,是与故意并列的责任要素。与此相应,虽然就过失的判断标准而言,在旧过失论中存在行为人注意能力说(主观说)、普通人注意能力说(客观说)以及主张如果行为的能力高于普通人,注意义务的上限根据客观说确定的折中说等不同观点,但总体而言,根据旧过失论,过失的判断标准是主观的"人"的注意能力,也即,具体预见危害结果的可能性。

因为旧过失论认为过失是责任要素,并以主观的注意能力为判断基准,所以从之出发,可以得出如下结论:第一,原则上,作为客观存在的企业合规计划并不能触及企业行为的合法性问题,只能对企业应该负担的刑事责任产生影响;第二,在过失推定论的前提之下,企业合规计划难以否定,至少是难以完全否定企业的过失,因为企业合规计划并非针对特定行为、特定人而实施,而是针对企业的日常组织、经营行为以及所有的企业雇员展开的预防措施,无法否定针对特定危害结果的预见可能性;第三,虽然不能否定企业的过失,但企业合规计划可以减轻企业的过失,也即减轻企业的责任,因为"虽然存在企业合规计划,仍然会发生事故,所以在过失责任的认定之中,企业合规计划未必能起到决定性的作用,但是可

---

① 参见〔日〕田口守一、〔日〕甲斐克则:《刑事合规计划的国际动向》,信山社 2015 年版,第 48—50 页。

以成为参考"①。

尤其是在根据管理过失追究企业刑事责任之际,企业合规计划对于过失认定的参考意义更为突出。因为管理过失的实质是在追究企业在预防、减少灾害以及事故的制度构建与实施方面的过失责任,即追究因为不充分的结果回避措施(防灾体制)导致结果的过失责任。而企业合规计划恰恰可以说明企业在提高雇员法律意识、完善预防体制方面付出了相当的注意与努力。所以,在法益侵害结果发生的前提下,如果应该被追究刑事责任企业制订并有效地实施了合规计划,可以认为其在一定程度上尽到了注意义务,从而减轻其责任。

二、新过失论视角的分析

新过失论是在 20 世纪 50 年代以后产生的理论,其特点在于两个方面:第一,与旧过失论主张"过失是责任要素,应该在责任论阶段论述"不同,新过失论主张,过失犯在违法性阶段就已经与故意犯有所区别,也即过失是违法要素,应该在违法性阶段论述;第二,新过失论将过失概念的核心从结果预见可能性向结果回避义务转移。根据以结果预见可能性为核心的旧过失论,如果存在危害结果与因果关系,而且可以肯定预见可能性,就可以进行处罚。新过失论则认为,旧过失论的处罚的范围过大,因此,从限制过失犯处罚范围的立场出发,主张即使存在预见可能性,如果尽到了结果回避义务,就不能认定过失成立,并将结果回避义务设定为一定的客观行为基准,即认为过失是从基准行为的脱离。

从新过失论出发,可以得出如下结论。第一,新过失论主张,过失是违法性要素,所以理论上企业合规计划有可能在论及责任之前,通过否定行为的违法性,从而完全否定企业的刑事责任。第二,新过失论主张,过失是从一定期待行为的脱离,其判断标准是客观的行为标准,即是否充分地采取了客观回避措施。合规计划实施的目的就在于保证企业本身及其雇员能够严格依照法律与行业要求开展业务行为,通过制定行为准则提供客观的行为标准,并通过设置内部举报与预防制度防止违法行为的发生。所以,在理论上,企业合规计划的存在及其有效实施,能够成为判断企业过失是否成立的标准。第三,如果企业合规计划及其有效实施能够成为企业过失的判断标准,则其进而可能超越企业过失认定,影响整个违法性论,因为企业合规计划在实质上就是成为否定企业行为违法性的事由。

尤其需要指出的是,在新过失论之下,如果说在监督过失的场合,鉴于企业雇员具体行为的介入,企业合规计划及其有效实施因为难以否定具体行为人的过失,而在否定企业行为违法性方面还可能有所难度的话,在管理过失的场合,企业合规计划及其有效实施完全可以否定企业的过失,这一点参照采纳"组织责任论"

---

① 〔日〕田口守一、〔日〕甲斐克则:《刑事合规计划的国际动向》,信山社 2015 年版,第 115 页。

国家的立法可以得到充分说明。

作为适应现代企业组织的复杂性与决定的分散性而产生的刑事责任论,企业组织责任论主张,在某些企业犯罪中,无须确定具体的违法行为人,只要能够证明企业的组织结构、经营方式之中存在缺陷,并且此缺陷与危害结果之间存在因果关系,就可以追究企业的刑事责任。所以,组织责任论认为,在认定企业刑事责任之际,不应以企业雇员的具体行为而应以企业本身的责任为重点,需要关注的是企业政策、程序、态度,无效的命令环节与管理,以及容忍与鼓励犯罪行为的企业"文化"。相应地,如果企业存在良好的文化,尤其是有效实施的合规计划,则可以否定企业行为的违法性。例如根据《澳大利亚联邦刑法典》的规定,企业犯罪的构成要件包括客观要件与主观要件,在确定企业主观方面是否存在授权或允许特定犯罪行为的犯意之际,如下两种事实可以成为标准:企业内部存在着引导、鼓励、容忍或者导致不遵守法律规定的企业文化;企业未能建立并保持要求遵守法律的企业文化。《瑞士刑法典》第102条第2款规定,在存在前项规定犯罪的情况下,如果可以认定相关企业未能采取所有合理而且必要的组织措施预防上述犯罪,可以对该企业进行独立处罚。从上述规定出发,可以符合逻辑地得出如下结论:如果企业采取了所有可能的结果回避措施,建立起了良好的企业文化,则可以否定其犯意,进而否定企业行为的违法性。

从"着眼于企业本身的组织情况、经营行为"这一点而言,企业管理过失与企业组织责任是相同的。包括企业合规计划在内的企业文化在澳大利亚、瑞士、英国、意大利等国能够作为犯罪构成要件发挥决定性作用表明,在理论及实践上,将企业合规计划作为企业过失的认定标准是可行的。所以从新过失论出发,完全可以得出企业合规计划及其实施可以否定企业监督管理过失,进而否定行为违法性的结论。当然,这里必须强调的是:不是只要制订并实施了合规计划,就可以否定企业过失,必须是良好并且得到有效实施的企业合规计划才可以否定企业过失,否定企业行为的违法性。

第三节　日本有关企业合规的最新立法修正

近年来,为了推动公司治理与合规制度,日本针对公司违法与犯罪行为的发展态势,陆续对《日本公司法》《日本反垄断法》《日本不正当竞争防止法》等多部法律的制裁制度进行了修订,并且还有进一步重大改革的计划。[①]

---

① 本节摘译自〔日〕田口守一:《公司犯罪制裁制度的最新立法改修动向》,"经济犯罪的预防、侦查与制裁"国际研讨会论文(德国弗莱堡,2018年6月18日—21日)。

一、公司犯罪的发展趋势

(一)现代公司犯罪与制裁制度

公司犯罪或者说与公司相关联的犯罪,是指将犯罪作为实现公司业务或者活动的一环实施。当前的公司犯罪与传统的犯罪在性质上有许多点不同。第一,因为是通过公司合法的业务活动过程而实施,所以在大多数情况下,公司犯罪与公司的正当经济交易之间的区别较为细微。第二,就行为样态而言,公司犯罪的谋划与手段大多相对复杂。因此,发现公司犯罪往往较为困难。第三,因为公司犯罪的损害后果多为经济损失,所以如果请求民事损害赔偿的话,有的观点可能会认为,不必要同时处以行政处罚和刑事处罚。也因此,开始出现了仅仅关注需要进行制裁的重大公司犯罪案件,而忽略对违法行为出现原因进行根本性研究的倾向。第四,随着科技的发展,公司的业务活动日益全球化,与法律制度各异的多个国家开展业务来往较为频繁。因此,违法行为的法律判断标准也变得难以界定。因为这些种种不同之处,对于现代公司犯罪而言,仅仅凭借过去以犯罪作为前提的传统法律制度,已经不能很好地应对。因此,我们应该针对公司犯罪,寻找与时代变迁相对应的新的法律对策。

在日本,公司犯罪的制裁制度包括刑事制裁和行政制裁,当然法律也规定了被害人进行损害赔偿的民事制裁,但对于民事制裁不能直接进行申诉。此外,在日本,刑事制裁既包含刑法典规定的刑事制裁,也包括行政刑法规定的刑事制裁。鉴于针对公司违法行为的行政制裁和刑事制裁在内容上和程序上都存在连续性关系,所以有必要对有关公司犯罪的刑事制裁与行政制裁同时进行讨论,尤其是行政制裁中的课征金和刑事制裁中的罚金,二者作为金钱制裁,有着一定的共通性,应当成为重要的讨论对象。

(二)对于公司犯罪日本的制裁现状

虽然在法律层面,日本的公司犯罪也包括刑法典规定的犯罪,例如侵犯职务廉洁性、干扰公务员执行职务的行贿罪、妨碍强制执行罪,但是从统计数据来看,实际触犯刑法典规定的公司犯罪相对较少,公司犯罪更多的是与商法相关的案件,特别是徇私舞弊罪等违反公司法的犯罪,操纵市场和内部交易等违反所得税、法人税等各种税法、违反《日本金融商品交易法》的犯罪,以及价格垄断、串通招投标等违反《日本反垄断法》的不公正交易行为等。在这些违反民、商事法律的案件中,大部分都是首先被视为违反行政法规的行为,根据行政法的规定调查处理,之后,其中的重大案件才被作为刑事案件的侦查和公诉对象。这是执法实践中常见的处理方法。

根据《日本反垄断法》的规定,由行政机关,也即公平交易委员会进行申告是刑事追诉的必要条件。总而言之,如果公平交易委员会不提出申告,相应违反《日本反垄断法》的案件就不会成为刑事案件。从最近 5 年的统计数据来看,公平交易委员会提出申告的案件数量是比较少的:2012 年有 3 家公司、7 个自然人(价格垄断案件);2013 年有 8 家公司、8 个自然人(串通投标案件);2014 年无申告;2015 年有 10 家公司、11 个自然人(串通投标案件);2016 年向公平交易委员会报告的违反《日本反垄断法》案件有 7224 件,但是无申告。也即,在这 5 年中,平均每年仅有 4.2 名法人因为公平交易委员会的申告,成为刑事被告。

与此同时,在 2015 年,在侦查机关认定为公司犯罪案件,予以受理的人员中,犯《日本刑法典》规定的妨碍强制执行罪的有 43 人,犯通谋罪的有 23 人。并且,作为商事案件,违反《日本反垄断法》的有 4 人,违反《日本金融商品交易法》的有 112 人。另外,在受理的案件中,检察官向法院起诉案件中,以《日本刑法典》规定的妨碍强制执行罪为由的有 8 人,以通谋为由的有 11 人。在商事案件中,违反《日本金融商品交易法》的有 53 人,而同年因违反《日本反垄断法》被起诉人数为 0。在截至 2016 年的 5 年中,平均每年仅有 3 人因违反《日本反垄断法》受到处罚,而且全部被宣告缓刑。

从以上这些可以明显地看出,在对违反《日本反垄断法》者施加的制裁中,多以行政制裁为主,刑事制裁较少;在行政制裁中,又以排除妨害命令和课征金缴纳命令为主。最近 5 年内课征金缴纳命令、作为缴纳对象的从业者人数以及课征金总额的概观如下:2012 年为 113 人,250.7644 亿日元;2013 年为 181 人,302.4283 亿日元;2014 年为 128 人,171.4303 亿日元;2015 年为 31 人,85.1076 亿日元;2016 年为 32 人,91.4301 亿日元。

2005 年年末,日本修改了《日本反垄断法》中有关课征金的规定,增设了课征金减免制度。根据修改后的法律,实行了违反《日本反垄断法》行为的经营者,如果能够在事实暴露之前,主动将违法行为事实向公平交易委员会申告,并提交与该事实相关的资料,最多可以有 5 位经营者获得课征金减免。自这一制度导入以来,截至 2016 年 8 月,企业主动申告的案件数量为 1062 件,也即,平均每年约有 106 件自主申告案件。在导入之初,因为课征金减免制度以由违法行为实行者自身进行违法事实申告,从而减轻制裁为目的,所以就其是否能与日本社会及其文化传统协调并存,存在相当多的怀疑。但是,从上述的统计数据不难看出,这一制度已经完完全全地在日本社会扎根开花。

日本公司制裁制度的重大特点之一,是可以并处作为刑事制裁的刑罚与作为行政制裁的课征金,同时,可以根据《日本反垄断法》等特别法中的两罚规定,在处罚自然人行为人的同时,处罚法人。如下两个案件,生动地体现出了这一特点在实践中的情况。这两个案件都是违反《日本反垄断法》的案件,而且都是在行政机关调查之后,经由行政机关申告,被作为刑事案件处理,多个公司及多个被告人被刑事处罚的事件。第一个案件,是 2006 年的串通投标案件。作为刑事制裁,涉案公司被分别处以 7000 万日元到 2.2 亿日元不等的罚金,被告人被判处 140 万日元到170万日元数额不等的罚金,以及1年4个月到2年6个月不等的徒刑(均被宣告缓刑),作为与刑事制裁并科的行政制裁,课征金的总额达到了20.7189亿日元。第二个案件,是2012年的价格垄断案件。作为刑事制裁,数被告公司分别被判处1.8亿日元到3.8亿日元数额不等的罚金,自然人被告人被处以1年到1年2个月不等的徒刑(均被宣告缓刑),作为与刑事制裁并科的行政制裁,课征金总额为133.6587亿日元。

二、《日本刑事诉讼法》的最新修正

(一)修订内容

2016年,日本国会通过立法(刑事訴訟法等の一部を改正する法律,平成28年法律第54号),对《日本刑事诉讼法》进行了大幅修改。其中,对公司犯罪的侦查、追诉程序具有重大影响的,主要有如下三个方面。

第一,针对被申告至其处的企业犯罪案件,如果检察官决定逮捕犯罪嫌疑人,必须对调查进行录音录像。

第二,立法机关新规定了合意制度,而这一制度的主要适用对象,就是企业犯罪,尤其是企业所实施的经济犯罪与金融犯罪。根据该制度,如果犯罪嫌疑人、被告人是某一企业的员工,其可以与检察官进行协议,通过提供证言等方式配合后者对其他行为人(例如,该企业的代表人)进行控诉,后者可以给予犯罪嫌疑人合法的优待。合意制度针对的是犯罪嫌疑人、被告人之外的他人的犯罪事实,他们需要:①在侦查机关进行调查和证人询问的时候进行真实的供述;②对证据物的提出和其他方面作出必要的协助。与此相对,检察官可以根据合意制度,决定对犯罪嫌疑人或者被告人:①不提起公诉;②根据特定的刑罚条款提起公诉;③撤销公诉;④提出减刑意见等。

第三,立法机关新规定了刑事免责制度的导入。根据这一制度,就证人担心受到刑事追诉的事项,检察官可以向法院申请刑事免责决定,而且没有限定对象犯罪的范围。但需要指出的是,新增加的刑事免责制度,不是所谓罪行豁免(transactional immunity),而是证据使用豁免(derivative use immunity)。

就合意制度与免责制度的关系,可以举例如下:公司营业部的部长在公司经理知晓的情况下,与其他公司在低价格上形成合意(价格垄断)。当营业部部长成为调查对象,侦查机关希望其可以对公司经理的参与进行作证时,营业部部长会认为,虽然可以通过提供有关公司经理参与犯罪的证言来减轻自己的刑事责任,但是如此就背叛了公司经理,因而适用合意制度就存在一定的难度。在这种情况下,检察官可以给予营业部部长刑事免责权。如此,可以降低营业部部长的心理抵抗,根据法律规定,就公司经理参与犯罪提供证言。

大多数被称为普通辩诉交易的情况,可以分为如下两种:①犯罪嫌疑人、被告人自己承认犯罪事实,并协助对自己的犯罪事实进行侦查和追诉的"自己负罪型";②协助对共犯人员等第三者的犯罪事实进行侦查和追诉的"侦查·公判协助型"的区分。但是,2016年的立法修正只引入了"侦查·公判协助型"的辩诉交易,并未考虑以自己负罪为前提的"自己负罪型"。需要注意的是,如何协调以及能否协调不包含自己罪责的合意制度与《日本反垄断法》规定的课征金减免制度,是应该充分关注的问题,因为课征金制度是将自己的犯罪事实申告与他人的犯罪事实申告这两面相互均衡,从前者来看,无疑是与自己负罪型的合意相关。

(二)权利保障

在针对企业犯罪的刑事制裁程序方面,就相关人员的权利保护,对犯罪嫌疑人、被告人是自然人还是法人这两种情况,有必要予以区别对待。到目前为止,关于权利保障的问题主要以自然人为前提展开的。在法人处罚方面,几乎没有关于法人权利保障的议论。但是,如下几个方面关于自然人权利保障的规定,也应适用于企业犯罪的刑事案件:

(1)在刑事程序方面,关于对犯罪嫌疑人、被告人的强制处分,强制处分法定主义、令状主义、沉默权以及拒绝自己负罪特权等权利保障的各项规定都当然地适用于企业犯罪的场合。

(2)在检察官进行刑事追诉的场合,"客观犯罪嫌疑"的存在是诉讼条件。并且,检察官对于公诉事实具有举证责任,而被告人一方则在原则上并不负有无罪的证明责任。但是对于审理过程中的争议点,被告人也被认为有提出"相应证据"的责任。法官对有罪事实的认定必须要证明"超出合理怀疑"。

(3)刑事诉讼法规定的对犯罪嫌疑人、被告人或者其律师的开示制度,不允许检察官在侦查阶段开示其手中的证据。证据开示,应在提起公诉之后、公开审判之前的公判前整理程序中进行。

(4)在侦查阶段,犯罪嫌疑人在被逮捕时享有辩解的权利。同时,在被限制人身自由,以及可能被继续限制人身自由的场合,犯罪嫌疑人或被告人在被逮捕后72小时之内,有被带到法官面前并接受法官羁押讯问的权利。

(5)作为辩护人秘密特权的一部分,律师享有拒绝扣押权。但是,普通的律师与委托人之间并不存在这一特权。如此,犯罪嫌疑人、被告人的辩护人制成的文书就有可能成为扣押对象。尤其是,根据地方法院相关的判例,在得到令状后,检察官可以搜查被羁押于拘留所的被告人的处所。如此,辩护人送来的书面文件等就可能被检察官扣押。但是,检察官应该对文书的内容予以保密。就此而言,可以说普通律师和委托人之间的秘密特权也得到了一定程度的承认。

(6)就程序的透明性,2016年的刑事诉讼法修正案新设的调查时录音录像制度尤其重要。虽然在杀人事件以外,该制度的适用对象包括检察官独自侦查的案件和他人告发的案件,但是因为在目前检察官独自侦查的事件中,基本上都能够做到全部录音录像,所以检察官处理的企业犯罪就成为新设的录音录像制度的主要适用对象。

(三)相关事项

在企业犯罪的案件中,根据《日本反垄断法》等规定的行政调查程序收集的与违法行为相关的资料,能否继续在根据刑事诉讼法进行的刑事制裁程序中使用,是必须解答的问题。因为一方是行政法,另一方是刑事法,理所当然的不能容许。在理论上,有的观点认为,可以移交根据行政调查程序收集的有关违法行为的资料。因此,即使在没有告发的情况下,也可以向侦查机关移交通过行政调查程序获得的材料。但问题是,这些材料是否具有刑事诉讼上的证据能力。从判例来看,即使行政调查并不适用令状主义①,但并不能直接否定其证据能力。

在已经对犯罪企业处以刑事制裁的场合,在国内法层面当然产生一事不再理的效果。与此同时,虽然在理论研究中,有的观点提出同时处以课征金可能会有违《日本宪法》第39条规定的禁止双重危险原则,但目前判例和通说都认为,并不违反禁止双重危险的原则。

需要指出的是,就国际上的一事不再理原则,《日本刑法典》第5条明确规定,即使是已经受到外国确定裁判者,对其实施的同一行为,也可以再次处罚。也即,日本刑法并不认同国际上的一事不再理原则。虽然法律应该保护本国检察官的追诉裁量,但在全球化日益深入的今天,出于国际协调的立场,对相关法律制度进行探讨也是非常有必要的。

三、《日本反垄断法》的最新修正

(一)概述

刑事制裁的本质,是以对过去犯罪行为的回顾性判断作为基准,进行法律上的责难。与此相对,行政制裁的本质,是以对未来违法行为的展望性判断为基础,予以处分。因此,刑事制裁重视的是报应和预防,而行政制裁特别重视的是预防违法行为,并且将程序的透明性作为主要问题之一。日本的相关法律针对公司违法行为规定了多种行政制裁,例如,法人的解散命令、吊销许可、停止营业、取消投标资格、业务改善命令、课征金缴纳命令、警告、注意等。其中,作为行政制裁制度,发挥最重要作用的,无疑是课征金缴纳命令。

为了预防通过协商提高价格进行价格垄断、投标者之间为了以较低价格中标而进行串通等违法行为,《日本反垄断法》规定,对于违反法律者,可以命令其缴纳课征金这一金钱制裁。统计表明,在2006年至2015年的10年间,课征金的数额在多的时候,1年可达720.8亿元,在少的时候,也有85.1亿元。平均而言,公平交易委员会每年命令约140名处罚对象,共缴纳约280.9亿元的课征金。

---

① 令状主义,即原则上由法官事先批准,一切侦查行为必须接受司法审查,给予权利受到侵害的人以司法救济,使侦查这一类最容易侵犯个人权利的"具体行政行为"直接受到独立、公正的法官的审查,以司法权抑制侦查权。

2005年,《日本反垄断法》新规定了课征金减免制度。根据这一制度,行为人在实施了不正当限制交易等违法行为的场合,如果在调查开始之前,其能够主动向公平交易委员会提交相关违法事实的报告或者资料,可以减免其课征金。课征金减免制度的实体法效果是,对于第一个报告违法行为的,全额免除课征金,对于第二个报告的,免除50%,第三个至第五个报告的,免除30%。在调查开始之后报告的,可免除30%的课征金。也即,能够得到减免的行为人,最多就是5个。

(二)行政制裁

1. 课征金缴纳命令的要件

课征金的数额是相关销售数额的10%,所谓相关销售数额,是指在违法行为期间通过违法行为而销售的商品、服务的数额。能够成为处罚对象的违法期间,上限为3年。在这一点上,如果进行国际层面的比较,日本的课征金数额可能相对较低,例如,欧盟的制裁金额是基础数额的30%,而且在时间上没有上限。因此,有的观点主张应该提高日本的课征金数额。

就科处课征金的实体要件,法律并没有要求主观要件。判例认为,《日本反垄断法》第7条第2款并没有将经营人员或者业务人员的故意、过失、违法性认识或者违法性认识可能性这些主观要素规定为科处课征金的要件。如果从课征金制度是单独为预防垄断行为而设置的行政措施这一立法主旨出发,在解释层面,科处课征金无须主观要件在宪法上是可行的。这是触及与刑事处罚的不同之处的重要判例解释,因为刑事处罚的本质是非难,而课征金制度的本质,是需要预防这一行政政策上的要求。

就课征金缴纳命令的程序要件,法律规定,课征金缴纳命令必须以书面的形式发出,副本必须送达行为人,并在命令书中载明课征金的数额、计算基础、相关违法行为以及缴纳期间。

2. 行政制裁手段和权利保护

(1)行政制裁的程序。

第一,行政制裁的开始与执行机构。违反《日本反垄断法》的价格垄断以及串通投标行为等毫无疑问都是秘密进行的。因此,在大多数场合,都是以企业内部相关人员提供的信息为线索发现这些违法行为。如果根据信息来源,认为可能存在违反《日本反垄断法》的情形,公平交易委员会可以进行"案件调查"这一裁量性程序,但在这一阶段不能采取任何强制措施。如果经调查,认定存在违法行为的嫌疑,则可以进入下一阶段,展开"行政调查"。在这一阶段,公平交易委员会可以进入企业等相关场所,进行检查,也即,进入案件相关人员的营业场所以及其他必要场所,对其业务与财产状况、账簿、文件等进行检查。同时,可以命令其提交相应物品。在拒绝接受行政调查的场合,根据法律规定,构成拒绝行政调查罪,可处以1年以下惩役或者300万日元以下罚金。因此,行政调查是间接性强制处分。

在许多案件中,企业的相关人员并不对行政调查有任何抗拒行为,对于公平交易委员会的工作人员进行"案件询问"也自愿回应,因此,可以形成相关人员的"供述报告"。如果对上述自愿调查不予合作,公平交易委员会可以根据行政调查程序,采取"讯问"这一间接性强制处分。应当指出的是,在实践中,询问的情况司空见惯,讯问的情况几乎没有。

第二,行政制裁的裁决机构。与刑事制裁不同,在行政制裁的场合,由公平交易委员会等处以课征金等行政处分。如果违反法律者对其决定不服,提出申诉,之前是向公平交易委员会提出,但是因为对"由作出行政处分的机关本身对处分的适当性进行审查"存在疑问,立法机关于2003年废除了由公平交易委员会自己审查的规定。现在,不服行政处分的申诉,都应向作为司法机关的法院提出。在这一意义上,行政制裁的适当性,最终也还是由司法裁判来决定。

(2)行政调查程序方面的权利保护。

就行政调查程序中的权利保障,尤其是关于上述的"案件询问"这一自愿措施,有的观点已经提出,应该给予会见律师、对询问过程录音录像、如果制作报告应该将复印件交给被询问人、拒绝自我归罪以及律师—委托人之间的秘密特权等相应方面的权利保障。但是,在行政调查程序中,相关立法并没有规定相应的权利保障,在实践中,这些权利保障措施也没有得到承认,理由是,即使是在与行政调查程序相毗邻的刑事搜查程序中,相应的权利保障规定也并不充分,如果在《反垄断法》等行政立法中先行肯定这些权利保障,可能给协调国内立法带来困难。就此而言,在国内法层面,就如何协调刑事诉讼与行政调查展开综合性讨论,是日本法学界必须面对的问题。

另外一个问题,是行政制裁程序中违法行为的证明标准。例如,为了证明《日本反垄断法》上的垄断行为,通论认为,必须证明在某一时点,就实施垄断行为的具体内容达成了最终的合意。而证明这些事实的标准可以适用刑事诉讼的证明标准。因此,就是否存在这些事实也必须证明存在"高度的盖然性",在根据间接证据认定事实之际,基本上也不能进行事实推定。如此,即使是在行政调查之中,也必须进行详细的事实调查,必须彻底对法律规定的自愿决定的相关人员进行事实询问,调查的必要性自然就日渐增加。为此,企业犯罪的相关人员提出,应该强化行政程序中的权利保障。就这一点,行政法与刑事法都尚未进行充分的讨论,这也是今后必须要直接面对的重要的问题。

(三)行政制裁和刑事制裁之间的关系

1. 是否构成双重处罚

对同一违法行为同时处以刑事处罚与行政制裁,是否违反《日本宪法》第39条之二禁止双重处罚的规定呢?通说与判例都认为,因为从道义非难出发科处的刑罚与以预防违法行为为目的的课征金在制裁目的与性质方面都存在差异,所以二者并不构成双重处罚。从通说的逻辑出发,如果课征金的数额与刑罚的数额相匹敌,可能就会产生双重处罚的问题。因此,如下所述,法律就如何调整课征金与罚金进行了规定,以免产生相关问题。

2. 如何协调课征金与罚金

即使认为并处罚金与课征金并不构成双重处罚,也应该注意如下两点。第一,在二者并处的场合,从整体来看,制裁也不能过于严厉,因此,从罪刑均衡原则的角度出发,在实践中,课征金的数额也不能达到与罚金数额相当的程度。第二,尽管课征金与罚金的制度目的不同,但在功能方面有着通过金钱制裁预防违法行为这一相同之处,这是难以否定的。因此,规定在并处的场合,如何调整这一相同之处的制度是必要的。根据法律规定,在同时并处罚金与课征金的场合,公平交易委员会必须将课征金的数额控制在第一次科处的数额减去罚金数额1/2的数额之内。这是正确适用并科处罚的必要制度,在实践中,也已经被适用于大量案例。

(四)与相关规范的协调

1. 国内层面

在国内层面,主要是与刑事诉讼法的协调问题。根据法律规定,行政调查本身并非为犯罪调查而规定的程序。但是,在将通过行政调查收集的资料继续用于刑事诉讼的场合,就必须要慎重考虑行政程序与刑事程序的关系。首先,就移送告发案件中的扣押物品等,法律规定,"这些物品视为根据刑事诉讼法扣押的物品"。在这些场合扣押物品,相当于准用刑事诉讼法规定的"犯罪调查"这一程序,因为也是以法官的令状为前提,法律规定具有一定的合理性。其次,通过纯粹的行政调查获得的资料,能否作为刑事案件的证据呢?判例认为,即使将通过行政调查获得的资料用作刑事案件的证据,也不能因此,将行政调查视为犯罪调查或者为搜查而采取的手段。因此,虽然并没有全盘否定可以将通过行政调查获得的资料用作刑事案件的证据,但是在使用之际,是存在界限的。就言词证据,因为《日本宪法》第38条第1款规定的拒绝自我归罪的特权也适用于行政程序,因此,如果在没有对这一特权提供保护的情况制作的调查报告,就不能在刑事案件中使用。与此相对,就实物证据,《日本宪法》第35条规定的令状主义并不适用于行政程序,因此实物证据就可以在刑事案件中适用。

2. 国际层面

在国际层面,有的观点指出,在国际垄断案件中,只有日本的立法没有规定程序性权利保障。例如,在国外得到承认的律师—委托人之间的秘密特权,日本就没有规定。鉴于企业活动的国际化与全球化,尤其需要在国际层面协调相关程序性权利保护,这对于企业犯罪制裁是非常重要的。

(五)《日本反垄断法》的修正计划

1. 修正的理由和内容

公平交易委员会设置的研究会于2017年发表的报告书提出,需要对《日本反垄断法》进行进一步改革，其理由在于：第一，当前课征金的计算方法比较死板，在计算之际，不存在裁量的余地。因此，在主动报告违法行为的场合，尽管协助调查的内容与程度在各个案件中并不相同，但是必须根据法律规定的相同的比例，计算、科处课征金。第二，尽管存在课征金减免制度，也缺乏协助调查的动力。因为只要满足一定的要件，都获得一样的减免，所以不会产生进一步给予协助的动力，以及自主进行积极调查、自主完善合规体制的动力。第三，在跨国企业的场合，在计算制裁金额的之际，存在优先考虑对具有裁量权的外国机构的协助，而轻视和日本调查当局合作的倾向。就此而言，也有必要修正法律，协调日本的制度与外国的制度。基于以上理由，研究会的报告书主张，在增加裁量型课征金制度的同时，也在一定范围内扩大程序中的权利保障。

2. 裁量型课征金制度的导入

在新设裁量型课征金制度之际，理论上的最大问题是，裁量型课征金是否改变了课征金的法律性质，因为在1997年新设课征金制度之际，是否存在裁量空间被认为是课征金与刑罚的不同之处。但是，其后讨论的结果是，第一，因为课征金与刑罚的制度目的不同，即使在课征金制度增加裁量权，也能够维持其与刑罚不同的性质；第二，即使在肯定裁量权的场合，日本课征金制度中增加的裁量权也是有限的，与裁量权没有限制的刑罚还是存在区别的。因此，即使新设裁量型课征金制度，也不会产生双重处罚的问题。

新设裁量型课征金制度的益处在于，如果经营人员积极协助公平交易委员会的调查，可以获得课征金数额的减免。因此，能够确保有动力协助调查，推动对违法行为调查更加迅速、更加顺利的前进。与此同时，也可以推动经营人员制订并实施合规计划。另外，也必须针对妨碍调查的行为，制定一定的预防措施。因此，有的观点提出，一方面，应该新设在妨碍调查行为的场合增加一定比例的课征金的制度，另一方面，就妨碍检查的行为，也应该提高对法人的罚金数额。

第四节 日本企业合规的规范文件

一、出口贸易相关规定

（一）《外汇与国际贸易法》

如上所述，日本的合规要求最初是在出口贸易中实施的，其合法性基础，就是《外汇与国际贸易法》（外国为替及び外国贸易法）中的相关规定。该法最初制定于1949年（昭和二十四年法律第二百二十八号），最新修订于2017年（平成二十九年法律第三十八号），修订后的法律自2017年10月1日开始实施。

《外汇与国际贸易法》第六章之三规定了出口商等必须遵守的标准。根据该法第55条之十的规定：①经济产业大臣必须颁布经济产业省命令，对根据同法第

25 条第 1 项的规定从事贸易,或者根据第 48 条第 1 项的规定从事出口业务(以下简称"出口等业务")者,规定在从事出口等业务之际应该遵守的标准(以下简称"出口商等遵守标准");②出口商等遵守标准,规定判断欲向第 25 条第 1 项规定的贸易提供的特定技术,或者欲向第 48 条第 1 项规定的特定地区出口的同项规定的特定种类的货物是否属于特定重要货物等的事项,以及在从事该贸易或者出口业务之际应该遵守的事项;③上述"特定重要货物等",是指属于经济产业省命令规定的特定技术或者第 48 条第 1 项规定的特定种类货物,而且被认为如果向特定国家或者非特定国家的居民提供,或者向同项规定的特定地区出口,将妨碍保护国际和平与安全;④出口商等必须根据出口商等遵守标准,从事出口等业务。

第 55 条之十一(指导与建议)规定:在认为为了保证正确从事出口等业务而必要之际,可以对出口商等,就根据出口商等遵守基准从事出口业务的必要事项提供指导与建议。

第 55 条之十二(劝告与命令)继而规定:①在根据前条规定发布了指导或者建议之际,如果经济产业大臣认定出口商等违反了出口商等遵守标准,对违反者可以提出应该遵守出口商等遵守标准的劝告;②在根据前项规定被劝告者未遵守劝告之际,经济产业大臣可以对受劝告者发出命令,告知其应该根据劝告采取相关措施。

(二)《规定出口商等遵守标准的省令》

根据《外汇与国际贸易法》中的上述规定,经济产业省于 2010 年颁布了《规定出口商等遵守标准的省令》(输出者等遵守基准を定める省令,平成二十二年经济产业省令第六十号),自 2011 年 4 月 1 日开始实施。

经济产业省的命令共有四条。第 1 条规定,根据《外汇与国际贸易法》第 55 条之十第 1 项之规定,就出口商等遵守标准规定如下:(1)出口商等(指《外汇与国际贸易法》第 55 条之十第 1 项规定的出口商等)应遵守的标准包括:①选任负责人(以下简称"是非确认责任人"),负责确认根据《外汇与国际贸易法》第 25 条第 1 项规定的贸易提供的特定技术,或者欲向《外汇与国际贸易法》第 48 条第 1 项规定的特定地区出口的特定种类货物,是否属于特定重要货物等(以下简称"是非确认");②为保证从事出口等(指《外汇与国际贸易法》第 55 条之十第 1 项规定的出口等)业务(包括是非确认业务)者(包括是非确认责任人)遵守最新立法、根据立法发布的命令以及相关法令的规定,对之进行必要的指导。(2)特定重要货物等的出口商等(出口商等中,包括从事在特定重要货物等所在国中提供业务,或者从事以向非特定国居民提供为目的的业务,以及从事向《外汇与国际贸易法》第 48 条第 1 项规定的特定地区为目的地的出口业务者)应遵守的标准:①从代表相应特定重要货物等的出口商等中,选任总体负责的责任人(以下简称"总负责人"),管理特定重要货物等出口商等的出口等业务;②规定特定重要货物等出口商等内部从事出口等业务部门的权限与责任,如果多个部门协作从事出口等业务,还应规定相应各部门之间的关系;③规定是非确认相关程序;④规定确认将根据交易提供或者出口的特定重要货物等的用途(如果交易对象在接受提供后,或者相应特定重要货物的进口商在进口相应特定重要货物等之后,以向他人提供为用途,则须提供使用或者需要相应特定重要货物者的信息)的程序,并根据该程序确认用途;⑤在出口特定重要货物等之际,确认有关特定重要货物等出口等业务的文书、图画或者电子记录(指以电子、电磁方式以及其他通过直觉无法认识的方式制作的记录)中记载或者记录的相应特定重要货物等的确定事项,与计划出口等相应特定重要货物等相一致;⑥就正确从事出口等业务,规定监查体制以及定期进行监查的程序,并致力于根据该程序定期进行监查;⑦为让总负责人与从事出口等业务者学习正确从事出口等业务所必要的知识与技能,为之提供相关的研修;⑧在适当的期间内,保存有关特定重要货物等出口等业务的文书、图画以及电子记录;⑨在违反或者可能违反相关法令之际,迅速向经济产业大臣报告,并采取必要措施防止再犯。

第 2 条规定,特定重要货物的出口商等,可以选任同一人担任是非确认责任人与总负责人。

第 3 条规定,在出口商等为自然人的场合,将第 1 条第 1 款第 2 项中"为保证从事出口等(指《外汇与国际贸易法》第 55 条之十第 1 项规定的出口等)业务(包括是非确认业务)者(包括是非确认责任人)遵守最新立法、根据立法发布的命令以及相关法令的规定,对之进行必要的指导"替换为"为遵守最新立法、根据立法发布的命令以及相关法令的规定,收集必要信息",将同条第 2 款第 2 项中的"规定确认程序,并根据该程序确认用途"替换为"确认",不适用第 1 条第 1 款第 1 项以及第 2 款第 1 项等相关规定。

第 4 条规定,从事经济产业大臣指定的《外汇管理令》(外国為替令,昭和五十五年政令第二百六十号)第 17 条第 5 款中的贸易,或者仅从事符合《出口贸易管理令》(输出贸易管理令,昭和二十四年政令第三百七十八号)第 4 条第 1 款规定的出口业务者,在进行贸易或者从事出口之际,不适用第 1 条第 2 款第 1 项至第 7 项的规定。

(三)《关于提交出口管理内部规定的注意事项》

《关于提交出口管理内部规定的注意事项》(输出管理内部规程の届出等について,输出注意事项 27 第 17 号·20150728 贸局第 3 号,以下简称《注意事项》)为经济产业省经济贸易合作局 2005 年 2 月 25 日出台的指导性文件,其间随着相关立法的修改历经调整,最后一次修改是在 2015 年 8 月 11 日,其主要目的就是指导出口企业遵守上述《外汇与国际贸易法》《规定出口商等遵守标准的省令》的相关规定,规范向经济产业省提交出口管理内部规则等相关材料的内容与程序。

1. 新提交出口管理内部规则

根据《注意事项》,在向经济产业大臣新提交出口管理内部规则之际,应提交如下资料各一份:①出口管理内部规则;②出口管理内部规则提交申请;③出口管理内部规则总表;④出口商等概要、自我管理检查清单。

所谓出口管理内部规则,是指为遵守《外汇与国际贸易法》等相关立法而制定的内部管理规定。如果出口管理内部规则被经济产业大臣所受理,并且被认定满足《注意事项》的规定,会给予申请人"出口管理内部规则受理单"与"出口商等概要、自我管理检查清单受理单"。

2. 变更已经提交完毕的出口管理内部规则的内容

根据《注意事项》,对于已经收到"出口管理内部规则受理单"的出口管理内部规则,如果内容发生变更,应提交如下资料各一份:①出口管理内部规则;②出口管理内部规则内容变更申请表;③出口管理内部规则总表。

如果变更内容的出口管理内部规则被经济产业大臣所受理,并且被认定满足《注意事项》的规定,会给予申请人"出口管理内部规则受理单"与"出口商等概要、自我管理检查清单受理单"。同时,新"出口管理内部规则受理单"获得者应毫不迟延地交还内容变更前的"出口管理内部规则受理单"。

3. 提交出口商等概要、自我管理检查清单

《注意事项》规定,接到"出口管理内部规则受理单"的企业等,应在每年7月1日至7月31日间,提交如下资料各一份:①出口商等概要、自我管理检查清单;②出口管理内部规则实施情况通告。此外,如果是未在经济产业省主页公开的出口商等,而希望公开名称等内容的,相关资料与②要求的资料一并提交。

如果出口商等概要、自我管理检查清单被经济产业大臣所受理,并且被认定满足《注意事项》的规定,会给予申请人"出口商等概要、自我管理检查清单受理单"。

4. 出口管理内部规则受理单与出口商等概要、自我管理检查清单受理单记载内容的变更申请

在"出口管理内部规则受理单"与"出口商等概要、自我管理检查清单受理单"记载的内容发生变更的场合,应提交"受理单记载事项变更申请表"。同时,如果是已经在经济产业省主页公开出口商提交该名称的,一并提交"出口管理内部规则实施情况公开申请"一份。

在"出口管理内部规则受理单"与"出口商等概要、自我管理检查清单受理单"记载的内容发生变更的场合,如果"受理单记载事项变更申请表"被经济产业大臣所受理,会发给申请人"出口管理内部规则受理单"与"出口商等概要、自我管理检查清单受理单"。新"出口管理内部规则受理单"与"出口商等概要、自我管理检查清单受理单"获得者应毫不迟延地上交内容变更前获得的"出口管理内部规则受理单"与"出口商等概要、自我管理检查清单受理单"。

5. 发生合并、公司分立、业务出让等组织变化时的处理

在发生合并、公司分立、业务出让等组织变化,应根据上述"2.变更已经提交完

毕的出口管理内部规则的内容"的相应规定处理。但是,如果继续存在的出口商等并非"出口管理规定内部规则受理单"的持有者,则根据上述"1.新提交出口管理内部规则"的相应规定处理。

6. 公开出口商等名称等

对于认为遵守出口商等遵守基准与管制清单、大规模杀伤性武器禁止规制与普通武器补充出口管制,接受监查,出口管理体制自我管理情况适当,而提出"出口管理内部规则实施情况公开申请"的出口商等,如果已经发给了"出口管理内部规则受理单"与"出口商等概要、自我管理检查清单受理单"(但是,仅限于在过去13个月发给的),则将该出口商等的名称、所在地以及主页地址(日文、英文)在经济产业省的主页上公开。但是,在公开之后,如果确认出口管理体制的实施情况存在不妥之处,在确认相关实施情况妥当之前,将上述内容从经济产业省的主页上删除。

此外,在不希望公开的场合,应提出不希望公开的书面申请。

二、《向外国公职人员行贿预防指南》

(一)概述

《向外国公职人员行贿预防指南》(外国公务员赠贿防止指针)是日本经济产业省于2014年5月26日发布的指导性文件。其后,回应《日本公司法》《日本不正当竞争防止法》等立法的修订,经济产业省又于2017年9月对该指南进行了修订。

就制定该指南的背景与目的,经济产业省在第一章指出,随着企业活动日渐超越国境,走向全球化,日本企业的国际经济活动也不断扩大。在尝试获得、维持海外市场贸易机会的过程中,应该凭借产品与服务的价格与质量进行公平竞争,防止向外国公职人员行贿等不正当竞争行为。上述认识也是世界范围内的共识。1997年经合组织通过了《OECD反贿赂公约》,规定各国应以该公约为基础,就预防向外国公职人员行贿的行为采取相同的预防措施。之后,日本又签署了《联合国反腐败公约》等一系列反腐国际文件。

在签署国际反腐文件的同时,日本也频频修改国内立法,加大对贿赂犯罪的惩处力度,例如,1998年修订的《日本不正当竞争防止法》增设了针对向外国公职人员行贿的刑事处罚。因此,制定该指南的目的,就是帮助参与国际经济活动的企业构筑自主的预防体制,防止向外国公职人员行贿。具体而言,就是成为构筑预防向外国公职人员行贿的体制的参考。经济产业省强烈希望各企业能够参考该指南,修订既有的对策,导入新的对策,并采取具体行动,在企业内部普及、教育与国际经济活动相关的做法与规则。

该指南共分为四章,第一章叙述指南的背景与目的,第二章探讨了如何在企业内部构筑预防贿赂外国公职人员的体制,第三章论述了《日本不正当竞争防止法》处罚的对象范围,第四章就履行经合组织公约的相关义务以及其他相关国家的立法规定等作出规定。显而易见,其中与企业内部合规计划联系最为紧密的是该指南的第二章,因此,下文将具体介绍第二章的规定与要求。

(二)相关条文

1. 基本思想

根据该指南第二章的规定,在构筑企业内部贿赂外国公职人员的预防体制之际,应坚持如下的基本思想:

(1)构筑内部预防体制的重要性。

该指南明确指出,对贿赂外国公职人员行为的惩治,不但在日本,在许多国家,尤其是美国与英国,都在强化。在被追究刑事责任的案件中,企业不但会被追究刑事责任,而且会对本身以及交易对象的股价、竞标资格等带来重大损失。与此同时,根据日本的判例,企业高管必须对企业内部可能存在的不正当行为有所预见,并采取内部预防措施,这是其监督义务的一部分。因此,对于参与国际经济活动的日本企业而言,构筑内部预防体制,确保企业员工遵纪守法,坚守企业价值观,是非常必要的。

(2)构筑与运行预防体制之际的关键点。

根据该指南,企业在构建与运行内部贿赂预防体制之际,应特别关注如下几点:

第一,管理高层的态度与信息。从之前国内法的刑事案例来看,具体从事业务的员工因为认为自己是为了公司而行贿,所以认为自己的所为是正当的,而管理高层与这一错误认识之间可能存在切断的现象。因此,如果管理高层端正姿态,反复向全体员工传递相关信息应该是非常有效果的,例如,①在面对选择遵守法律,还是选择为了获得利益而采取不正当的手段之际,应毫不迟疑地选择遵守法律,这有利于企业的中长期利益;②对于业务人员利用不正当手段获得的利益不予以评价,会进行严厉处分;③尽管之前存在忽视遵纪守法的法律文化,对于这样的旧弊,我们必须予以清除,等等。

第二,风险程度与对策。对贿赂风险高业务部门、地点以及业务行为,在制定、实施高风险行为的批准规则、开展对业务人员的教育活动及内部监查之际,应将之作为重点,以降低风险。与此相应,对于风险较低的业务部门等,可以采取相对简化的措施。例如,随着风险的增加,由地位更高的管理人员予以批准、教育以及监查的频率应提高,内容范围也应相应扩大。贿赂风险的高低,应着眼于所在国家的贿赂风险、业务领域的贿赂风险以及容易招致贿赂的行为类型,进行综合判断。

第三,子公司根据贿赂风险应对的必要性。如果子公司,尤其是海外子公司被追究刑事责任,对母公司而言,不仅公司股价会受到负面影响,其本身的信用也会受到损害,更有甚者,母公司本身也可能会被追究刑事责任。因此,母公司有必要在其子公司之中,根据风险程度构建适当的预防体制,并妥善运行。

需要指出的是,在判断预防体制是否在有效发挥功能之际,运行状态及其评价应该成为重点考察对象。此外,企业内部管理制度的完善与运行情况,包括预防体制在内,随着企业规模、业务内容、经济与社会环境以及时代背景等不同而不同,设定统一的标准是非常困难的。因此,在判断自身构筑与运行的预防体制是否有效且符合要求之际,企业应该参考国内外同行、外国机构发布的指导规则等,经常自我检讨、改善。

2. 企业应该如何构筑预防体制

就企业应该如何构筑预防体制,该指南认为,虽然各企业应该根据本身的业务内容、业务地点、规模、风险程度等构筑符合自身特点的预防体制,以将贿赂风险与损害结果最小化,但是在预防体制的基本内容以及具体运行等方面,各企业的预防体制还是存在诸多共同之处的。

(1)预防体制的基本内容。

通常而言,企业的预防体制应该包含如下六个方面的内容:①确定并公开基本原则;②规定内部规则(例如,社交行为以及设立代理等高风险行为的批准规则、惩戒规则等);③完善组织体制;④开展内部教育活动;⑤监查;⑥适时调整。

(2)确定、公开基本原则。

为了预防国内法立法禁止的贿赂外国公职人员的行为,应该确定包含如下要素的基本原则:①上述经营者"严守法律比眼前利益"更重要的立场;②不得实施所在国法律所禁止的贿赂外国公职人员的行为或者《日本不正当竞争防止法》禁止的贿赂外国公职人员的行为。

同时,在企业内部,就基本原则、内部规则以及支撑预防贿赂行为的企业伦理达成共识,坚持底线,是非常重要的。就此而言,不仅仅是高级管理人员,与具体从事业务的员工更接近的各业务部门与地点的合规责任人员重复强调相同的信息,也是非常重要的。

此外,为了向企业内外人员公开表明防止贿赂的企业意志,让国内外的外国员工明白以及获得外国政府、投资人员以及交易对象的理解,应该将基本原则翻译成外文,这也是非常重要的。

(3)规定内部规则。

就高风险的业务行为,为了保证相应企业予以慎重考虑,应该规定包含如下要素的内部规则:①考察与国内外公务员可能接触的事项,逐一整理妥善应对的方法,并将内部程序与判断标准等汇集为指导手册,备查备用。尤其是,从风险程度与对策出发,应该为特定高风险行为规定批准要件、决定程序、记录方法等基本原则,例如,在承担外国公职人员等的参会食宿、考察费用等可能被理解为向外国公职人员输送利益的行为的场合,应规定批准的要件、程序、记录、事后复查程序等内部规则,如果可能,可以将对外国公职人员的支付行为详细记录并对外公开。②明确规定对于实施行贿行为或者其他违反内部规则行为的员工要进行人事制裁。在已经规定了就业规则、裁决程序等相关内部规定的场合,应该明确指出相应规定适用于向外国公职人员输送利益的行为。

(4)完善组织体制。

企业应该明确规定内部的责任分工、相应人员的权限与责任,完善与企业规模相适应的内部管理体制,并特别关注如下几点:

第一,任命合规官或者内部负责合规事务的责任人员。具体而言,任命企业内部统一的合规官或者合规总负责人(以下简称"合规责任人"),负责充分理解、把握相关法令以及包括该指南在内的各种政府信息,定期向经营者以及董事会提交报告。同时为了确保预防体制的实效,也可以考虑在规模较大的地区、业务总部设置合规责任人。

第二,在企业内部设置谈话窗口与举报窗口等。在外国公职人员要求贿赂,或者代理人、顾问暗示提供经费以行贿的场合,设置谈话窗口,可以就具体事实进行交流、判断。在谈话窗口之外,设置举报窗口,可以接受内部人员的违法或者不正当行为举报。但是,无论是谈话窗口,还是举报窗口,都应该保密,并积极利用律师等外部专家。谈话以及举报窗口应该将相关内容、情况及时而充分地向合规责任人报告,并根据需要,完善对应方针。尤其需要指出的是,应保证与相关人员面谈的机会,并在必要的时候,通过面谈进行调查取证等。

第三,完善在发现存在违法嫌疑之际的事后处理体制。

第四,其他注意事项。例如,在运行预防体制之际,要确保内部的"吹风通道",以便在出现贿赂征兆之际,具体知情人能够毫无负担地与上司以及合规责任人进行交流。再如,对于包括子公司负责人在内的业务部门负责人,要注意不要让难以实现的业绩要求使之产生行贿的动机。

(5)在企业内部开展教育活动。

为增强业务人员预防贿赂的伦理意识,提高内部管理的实效,应在企业内部切实开展教育活动,并特别留意如下几点:

①对参与国际经济贸易活动的官员与业务人员,充分告知其企业的基本原则与预防体制的主旨。

②对参与国际经济贸易活动的业务人员,在入职与调动时均进行教育。

③在开展教育与训练活动之际,努力探讨与外国公职人员发生接触的可能性以及对应的方法(通过演讲、文件、电子邮件等形式),提升教育活动的效果。

④在整理各种法令、之前的礼品赠送以及接待案例等的基础上,对业务人员就如果实际被要求行贿,应该如何应对以及应该留意的事项进行具体培训。

⑤作为启动活动的一部分,可以要求接受教育、培训活动的相关业务人员提交不向外国公职人员行贿的保证书。

(6)监查。

企业应该通过定期或者不定期的监查,确认包括遵守内部规则在内的预防体制是否实际在发挥作用,并根据需要,将监查结果等情况在调整方案中体现出来。

其一,监查责任人(包括合规责任人、法务、监查官等参与监查者)应该就预防体制是否在有效地发挥作用进行监查,并评估实施状况。尤其是,监查者应该心存疑虑地评估监查信息。

其二,就监查结果,合规责任人、法务、监查官等应该努力将相关信息广泛传达至相关业务人员。

(7)适时调整。

为了持续而有效地实施对策,企业应该基于定期监查,根据必要,在经营者与合规责任人等的参与下,评估预防体制的有效性,适时调整。

3. 母公司应如何帮助子公司构筑预防体制

对于企业集团内可以直接或者间接支配的子公司,母公司应该根据上述内容,推动其建立起必要的预防体制,并对相关情况进行定期检查。在开展相应活动过程中,应该抓住以下关键要素:

(1)子公司预防体制的构筑与运行,以及其范围与内容,应适用风险程度与对策。在如下类型的子公司,应该构筑预防体制:第一,对于企业当前以及将来的价值、贿赂风险的高低以及业务特征而言,具有重要性的子公司;第二,母公司允许实质参与项目进程,承担项目活动的子公司。

(2)虽然子公司在构筑与运行预防体制之际,应该自律、自主地进行,但是在子公司欠缺对应能力与经验、资源不足的情况下,母公司在必要的时候,应主导子公司构筑、运行预防体制。

此外,日本企业的许多海外子公司不但存在人员不足的情况,而且在预防贿赂外国公职人员方面欠缺对应能力与经验。因此,如果子公司在自律地构筑、运行预防体制方面存在困难,母公司与地区总部的合规部门应给予支持,并根据风险程度不同,留意如下要素:

(1)由企业集团对从业人员就预防贿赂统一开展教育活动,并统一建立、适用监查与内部举报制度。

(2)在内容方面,统一制定与适用制度可以确保标准,也可以在发生事实之际,尽快进行处理。

(3)就企业集团内部的合资公司等没有直接或者间接支配权的公司,在可能的范围内,母公司也应该要求其构筑起必要的预防体制。

4. 事实发生后应如何处理

在外国公职人员实际要求贿赂的场合,以及通过内部监查、内部举报等明确认定存在具体业务人员给予外国公职人员贿赂的场合(以下简称"发生事实"),在彻底遵守法律的同时,应该迅速采取行动,将对本公司(以及本公司股东)的经济损失以及其他负面影响最小化。此外,在对应能力不足的子公司发生事实的场合,为了确保针对影响的大小采取适当措施,母公司的积极参与也是非常有力的选项。

尤其是，在发生事实之际，子公司的职员与子公司之间的利益存在冲突，因此必须注意子公司本身可能不会进行适当调查，并向母公司报告。例如，如果说明子公司内部查明的贿赂行为，母公司可能会解雇子公司的职员，为了自保，子公司可能会怠于调查、报告。发生事实后的对应体制，应注意如下几点：

（1）应事先规定规则，规范执行董事、负责人的决定，以与监查官协作的方式，调查团队的设置，母公司与子公司之间发生事实之际的信息通报制度以及与对应体制相关的其他事项。尤其是，要实现构筑向合规责任人与经营者迅速传达信息的体制。

（2）在外国公职人员实际要求贿赂的场合，如果根据要求内容的严厉性一次性的予以处理，应在企业内部设置危机应对团队。

（3）应该向外部独立董事就发生事实提供必要信息，让其能够从独立于经营一方的立场出发，有效监督企业与经营一方之间的利益冲突。

（4）在保全存在于本公司以及企业集团之中的相关证据、举行听证的基础上，认为存在贿赂行为可能性很高的场合，应向搜查机关进行报告或者自首。

（5）在事情结束之后，探明原因，研讨如何在企业集团的层面设计预防再犯的对策。

当然，各个企业在参考如上内容，规定新的预防体制或者大幅修改现有体制之际，也可能存在困难。在这一场合，可以根据企业的规模、业务内容、现有体制等因素，在考虑贿赂外国公职人员风险大小的基础上，优先实施对于本企业具有紧急性和必要性的项目。

三、《日本内部监查基准》

（一）概述

《日本内部监查基准》是日本内部监查协会出台的规范性文件。

日本内部监查协会的前身，是1957年10月成立的"日本内部监查员协会"，1958年1月更名为"日本内部监查协会"，2009年7月，作为社团法人获得许可。2013年4月，根据新的公益法人制度，成为一般社团法人。

日本内部监查协会成立的目的，是研究内部监查以及相关领域的理论与实务，提高内部监查的品质与内部监查员的专业能力，普及内部监查的相关知识，以促进日本经济产业的健康发展。协会成员包括民间企业、官方机构以及公共团体等所有组织内部负责内部监查以及相关业务的人员以及专家。

日本内部监查协会于1960年制定的《日本内部监查基准》，回应《日本金融商品交易法》《日本公司法》以及其他法律的制定与发展，历经1977年、1966年、2004年、2014年四次修改，在日本已经成为企业设立、实施内部监查制度的重要参考标准，具有非常大的影响。

(二) 具体规定

除序言外,《日本内部监查基准》分为九章,共 66 条,分别规定了内部监查的本质、内部监查的独立性与组织地位、内部监查员的能力与正当注意、内部监查的品质管理、内部监查部门的运营、内部监查的对象范围、具体内部监查计划与实施、内部监查报告与后续以及内部监查与法定监查的关系(详见本章附录)。

在序言部分,《日本内部监查基准》明确指出,内部监查有助于评估与改善经营程序、风险管理与控制程序的妥当性与有效性,并迅速适应经营环境的变化,根据需要,就对组织发展最有效的改善政策提供建议与意见,推动其实现。制定该基准的目的,就在于明确应该成为内部监查实践规范的基本原则,提供为达成组织目标而实施、推进内部监查的框架,确立实施内部监查以及评估其成果的基准,帮助促进内部监查助力改善组织运营过程与各项业务,以及为有关内部监查实施内容开示的要件提供基础。

对何为内部监查,《日本内部监查基准》明确规定,内部监查是指组织为推动其经营目标的有效实现,站在从合法性与合理性的观点出发公正且独立的立场,以内部监查员的遵纪守法的态度,对与管理程序、风险管理以及控制相关的经营活动的实施状况进行评估,并以此为基础陈述客观意见、提供建议与意见的咨询业务,以及为支持特定经营活动而进行的咨询业务。为了保证内部监查的独立性、客观性与可信性,该基准要求必须为内部监查员创造环境,以便其能够有效实现内部监查的目的,在实施内部监查之际,不受外部制约,以公平公正的态度自由地进行内部监查,而且内部监查部门的组织方式,必须使其在组织内独立存在,能够在不具有纠正监查对象及其各项活动的权限亦不负责的情况下,让内部监查员在进行内部监查之际,可以坚持必不可少公平公正的态度,自律地展开内部监查活动。

就内部监查部门的组织地位,《日本内部监查基准》要求,在组织层面,内部监查部门直属最高经营者,在职务层面,接受董事会的指示,同时,必须确保其向董事会与监查官(会)或者监查委员会的报告路径。就内部监查员的责任与权限,该基准规定,为了有效实施内部监查,必须参照内部监查部门的目的,将有关内部监查员的责任与权限等基本事项,作为最高经营者以及董事会通过的组织基本规程明确规定下来。

为了有效履行职责,《日本内部监查基准》要求内部监查员必须深刻认识到自己在组织之内担负的使命,具备熟练的专业能力,以与专业职务相当的适当注意,全力履行职务,而且必须继续钻研进行内部监查所必需的知识、技能以及其他能力,通过进一步提高,努力维持、提升内部监查的质量,以确保对内部监查的信任。

所谓内部监查员的适当注意,是指在进行内部监查的过程中,作为专业人员当然应该付出的关注,尤其是,必须对以下事项特别关注:在收集与评估监查证据之际,是否适用被认为必要的监查程序;管理程序的有效性;风险管理与控制的妥当性与有效性;是否存在违法、不正、显著不当以及重大错误的嫌疑;信息系统的妥当性、有效性与安全性;组织的集团管理体制;对监查能力界限的认识与完善对策;是否对形成监查意见以及制作内部监查报告书进行妥善处理;费用与效果。同时,该基准特别指出,适当注意并非意味着完全没有过失。而且,即使在付出作为内部监查员的适当注意,进行内部监查的场合,也并不意味着能管理识别所有的重大风险。

为了保证内部监查的质量,基准要求内部监查部门的长官必须制订、保持品质管理计划,并适时予以修订,而且品质管理计划,必须能够评估内部监查部门以及内部监查员是否遵守日本内部监查协会制定的《日本内部监查基准实践纲要》与《日本内部监查基准》。同时,内部监查部门的长官必须至少每年向最高经营者、董事会以及监查官(会)或者监查委员会报告一次根据品质管理计划进行评估的结果。只有在能够根据品质管理计划进行的评估,认定内部监查遵守了《日本内部监查基准实践纲要》与《日本内部监查基准》的场合,在内部监查的相关报告书中才可以载明"根据一般社团法人日本内部监查协会所制定《日本内部监查基准实践纲要》与《日本内部监查基准》,实施内部监查"的主旨。

根据《日本内部监查基准》的规定,内部监查部门的长官,必须决定适合组织目标的内部监查的优先顺序,并以风险评估结果为基础,制订至少每年实施一次的内部监查计划。同时,在风险评估程序之中,必须考虑最高经营者与董事会的意见。而且,在组织内外环境发生重大变化的场合,内部监查部门的长官必须讨论回应需要,修正风险评估结果,变更内部监查计划。尤其是,为实施获得批准的内部监查计划,基准要求内部监查部门的长官必须确保充分、妥切的监查资源,并有效运用。同时,为了确保妥切的监查范围、将业务的重复性最小化,内部监查部门必须考虑与外部监查员、监查官(会)或者监查委员会等进行协作。

为了对评估管理程序的有效性及其改善做出贡献,《日本内部监查基准》要求内部监查部门必须从如下视点出发,为改善管理程序进行评估:①掌握与共享组织应该处理的问题;②提高伦理观与价值观;③确立责任感;④组织为有效传达与风险与控制相关的信息而在内部进行的妥切部署;⑤最高经营者、董事会、监查官(会)或者监查委员会、外部监查人以及内部监查人之间的信息传递。

为了评估组织的风险管理的妥当性与有效性,并为其改善做出贡献,《日本内部监查基准》要求内部监查部门必须从如下视点出发,评估组织的管理程序与开展业务以及信息系统相关的风险曝光制度:①组织全体或者部门目标的实现情况;②与财物和业务相关的信息的可信性与整合情况;③业务的有效性与效率性;④资产保全;⑤法令、方针、既定程序与合同的遵守情况。

为了评估组织的控制情况,《日本内部监查基准》要求内部监查员必须确认,经营管理人员是否为评估业务目标实现程度设定了标准。在此基础上,内部监查部门必须通过评估组织控制手段的妥当性与有效性，以及为实现加诸组织成员之上的责任，而开展的业务活动的合法性与合理性，为组织有效维持控制手段而做出贡献。

在实施内部监查计划之际，《日本内部监查基准》特别要求，内部监查员必须就具体内部监查，设定目标、范围、时间以及资源分配的实施计划，并特别留意如下事项：成为内部监查对象的活动目标以及管理相应活动的手段；将对成为内部监查对象的活动及其目标、经营资源及业务重要的风险以及风险的潜在影响维持在可能容忍水平的手段；确保内部监查对象活动的程序的有效性，以及风险管理与控制秩序的妥当性与有效性；大幅改善内部监查对象活动的管理程序、风险管理与控制程序的状况。

为了保证内部监查的效果，《日本内部监查基准》要求内部监查员必须根据充分且妥当的监查证据，形成结论，内部监查部门的长官必须向最高经营者、董事会、监查官（会）或者监查委员会，或者能够对所指出的事项采取适当措施的其他人员报告内部监查的结果。而且，内部监查结果之中，必须包含内部监查员以充分而且妥当的监查证据给出的意见。为制作具有高度实效性的内部监查报告书，促进迅速实施矫正措施，进一步提高内部监查的实施效果与可信性，该基准要求内部监查员在完成内部监查报告书之前，应向对象部门与相关部门充分说明结果，相互确认问题点，交换意见。

最后，就内部监查与法定监查的关系，《日本内部监查基准》明确规定，日本法律规定的监查制度，有《日本金融商品交易法》规定的注册会计师或者监查法人监查，《日本公司法》规定的监查官或者监查委员会监查、会计监查员监查，《日本民法典》规定的监事监查，地方自治立法规定监查委员会与外部监查员监查、会计监查员的监查等。这些监查皆以适当整备和适用内部管理为前提。内部监查在通过独立检讨、评估以法定监查为基础性前提的管理程序、风险管理与控制，提高法定监查的有效性的同时，必须根据必要性，将法定监查的结果灵活地适用于内部监查。如此，能够维持内部监查与法定监查之间的互补关系。

附件：《日本内部监查基准》

序言：内部监查的必要性与内部监查基准的目的与适用

1. 内部监查的必要性

为有效实现经营目标，继续存活，组织需要沿着其所选择、制定经营程序、风险管理与控制程序的方针，有效地推进这些程序，保证组织所属的个人遵守规则,提高其斗志,并希望能够确保在社会中的可信赖性。内部监查有助于评估与改善经营程序、风险管理与控制程序的妥当性与有效性,并迅速适应经营环境的变化,根据必要,就对组织发展最有效的改善政策提供建议与意见,推动其实现。

对经营程序、风险管理与控制程序的评估,应以基于权限委托的分权管理为前提来实施。此外,分权化的程度,应将组织的大规模化、分散化以及集团管理的情况考虑在内,适应组织活动范围的国际化扩展。为了有效地实施分权管理,实现组织的目标,通过内部监查,从独立的立场来进行客观地评估,是必不可少的。

各组织内部监查的功能,因对其期待、其内容的完善与充实程度的不同,未必完全相同。但是,通过有效地实现内部监查的功能,能够回应如下要求:

(1)将经营目标以及最高经营者认识到的风险传达至整个组织;
(2)充实、促进回应经营风险的有效控制;
(3)有效实现内部管理目标(包括促进法定监查的实施);
(4)在组织各阶层形成对管理者的支援;
(5)通过确保部门间合作,促进经营活动的合理化;
(6)确立组织的集团管理方针,并彻底传达;
(7)有助于为回应业务活动国际化而设立的在外机构开展活动;
(8)促进信息系统的有效运用;
(9)确立有效的环境管理制度。

2. 内部监查标准的目的与适用

本监查基准明确规定了为了组织的存续,内部监查在组织内部起到什么作用,具体承担责任的内部监查员应具备何种资质与独立性,对组织内各部门应采取何种措施,内部监查部门如何提高自身业务素质以及其与其他对组织的监查之间是何种关系,列出了内部监查员在进行内部监查之际应遵守的事项,以及实施内部监查所追求的事项。

本基准的目的如下:
(1)明确应该成为内部监查实践规范的基本原则;
(2)提供为达成组织目标而实施、推进内部监查的框架;
(3)确立实施内部监查,以及评估其成果的基准;
(4)促进内部监查,助力改善组织运营过程与各项业务;
(5)为有关内部监查实施内容开示的要件提供基础。

与此同时,各组织的内部监查,根据其设置的目的、适用的法令、业务种类与竞争状况及其规模、组织的环境与组织特有的条件,其实施方法有所不同。因此,在适用本基准之际,有必要理解各组织的特有条件,予以斟酌,在以本基准为前提的同时,采取真正适合各组织的内部监查实施方法。

尽管在各组织之中,可以采取各自特有的内部监查实施方法,但是内部监查员在履行其责任之际,必须尊重本基准。作为本基准的说明或者适用之际的参考,已经另行出台了《日本内部监查基准实践纲要》。此外,尽管近年来,强制要求遵守内部监查基准的倾向在海外日渐增强,内部监查基准具有组织内部的监查必须具有实施可能性而且在合理限度内实施的性质。因此,内部监查员必须判断本基准所规定的内容是否具有实施可能性、是否合理,然后再实施内部监查,尤其要注意保持自己精神态度的公正公平(客观性)。

第一章 内部监查的本质

第一条 内部监查,是指组织为推动其经营目标的有效实现,站在从合法性与合理性的观点出发公正且独立的立场,以内部监查员的遵纪守法的态度,对与管理程序、风险管理以及控制相关的经营活动的实施状况进行评估,并以此为基础陈述客观意见、提供建议与意见的咨询业务,以及为支持特定经营活动而进行的咨询业务。

第二章 内部监查的独立性与组织地位

第一节 内部监查的独立性与客观性

第二条 必须为内部监查员创造环境,以便其能够有效实现内部监查的目的,在实施内部监查之际,不受外部制约,以公平公正的态度自由地进行内部监查。

第三条 内部监查部门的组织方式,必须使其在组织内独立存在,能够在不具有纠正监查对象及其各项活动的权限亦不负责的情况下,让内部监查员在进行内部监查之际,可以坚持必不可少的公平公正的态度,自律地展开内部监查活动。

第四条 在认定丧失独立性或者客观性的场合,内部监查部门的长官必须根据丧失的程度,将具体内容向最高经营者以及其他适当的相关人员报告。

第五条 除非存在特别不得已的情况,至少在一年之内,内部监查员不得从事其之前负责业务的审计业务。

第六条 内部监查部门的长官就其所兼任的内部监查之外的审计业务,必须在内部监查部门之外的人的监督下实施。

第七条 内部监查员可以从事与其之间负责的业务相关的咨询业务。但是,在这一场合,如果可以认为其不能保持客观性,必须事前向委托机构说明。

第二节 内部监查部门的组织地位

第八条 在组织层面,内部监查部门直属最高经营者,在职务层面,接受董事会的指示,同时,必须确保其向董事会与监查官(会)或者监查委员会的报告路径。

第九条 在根据组织情况,内部监查部门被设置属于最高经营者之外的人之际,所属的经营者必须能够保证内部监查的独立性,必须能够对针对内部监查结果所指明的事项提出的建议或者意见采取适当措施。同时,即使在这一场合,也必须确保向董事会与监查官(会)或者监查委员会的报告路径。

第三节　明确内部监查员的责任与权限

第十条　为了有效实施内部监查,必须参照内部监查部门的目的,将有关内部监查员的责任与权限等基本事项,作为最高经营者以及董事会通过的组织基本规程明确规定。

第十一条　同时,内部监查部门的场馆必须适时修订上述基本规程,获得最高经营者与董事会的通过。

第三章　内部监查员的能力与正当注意

第十二条　内部监查员必须深刻认识到自己在组织之内担负的使命,具备熟练的专业能力,以与专业职务相当的适当注意,全力履行职务。

第一节　专业能力

第十三条　内部监查员个人必须具备履行内部监查职责所必需的充分知识、技能以及其他能力。同时,内部监查员必须继续钻研进行内部监查所必需的知识、技能以及其他能力,通过进一步提高,努力维持、提升内部监查的质量,以确保对内部监查的信任。

第十四条　此外,内部监查部门的长官,必须采取适当措施,确保部门整体具有履行内部监查职责所必需的知识、技能以及其他能力,尤其是,必须帮助内部监查员,使之能够维持、提升专门知识、技能以及其他能力。

第二节　与专业职务相当的适当注意

第十五条　在进行内部监查之际,内部监查员必须付出作为内部监查员的适当注意。

第十六条　作为内部监查员的适当注意,是指在进行内部监查的过程中,作为专业人员当然应该付出的关注,尤其是,必须对以下事项特别关注:
(1)在收集与评估监查证据之际,是否适用被认为必要的监查程序;
(2)管理程序的有效性;
(3)风险管理与控制的妥当性与有效性;
(4)是否存在违法、不正、显著不当以及重大错误的嫌疑;
(5)信息系统的妥当性、有效性与安全性;
(6)组织的集团管理体制;

(7) 对监查能力界限的认识与完善对策；
(8) 是否对形成监查意见以及制作内部监查报告书进行妥善处理；
(9) 费用与效果。

此外，适当注意，并非意味着完全没有过失。而且，即使在付出作为内部监查员的适当注意，进行内部监查的场合，也并不意味着能管理识别所有的重大风险。

第十七条 内部监查员必须慎重处理在履职过程中获得的事实，无正当理由不得向他人泄露。

第十八条 内部监查部门必须指导、监督内部监查员付出作为内部监查员的适当注意，实施内部监查。

第四章 内部监查的品质管理

第一节 品质管理计划的制订与保持

第十九条 为合理保持、持续改善内部监查的品质，内部监查部门的长官必须制订、保持品质管理计划，并适时予以修订。

第二十条 品质管理计划，必须能够评估内部监查部门以及内部监查员是否遵守本协会制定的《日本内部监查基准实践纲要》与《日本内部监查基准》。

第二节 根据品质管理计划实施评估

第二十一条 内部监查部门的长官必须将对内部监查活动的有效性与效率性的秩序监视的质量评估纳入品质管理计划。品质评估由内部评估与外部评估组成。

第二十二条 内部评估必须由如下事项构成，此外，必须至少每年实施一次：①纳入内部监查部门日常业务之内的持续监督；②自我定期评估，以及由对实施组织内部监查具备充分知识的内部监查部门之外的人进行的定期评估。

第二十三条 因为与内部评估相比较，外部评估是能够更客观评估内部监查品质的手段，所以必须至少每五年由组织之外合格而且独立的人实施一次。

第三节 报告根据品质管理计划进行评估的结果

第二十四条 内部监查部门的长官必须至少每年向最高经营者、董事会以及监查官(会)或者监查委员会报告一次根据品质管理计划进行评估的结果。

第四节 载明"根据基准实施"的主旨

第二十五条 在能够根据品质管理计划进行的评估，认定内部监查遵守了《日本内部监查基准实践纲要》与《日本内部监查基准》的场合，在内部监查的相关报告书中,可以载明"根据一般社团法人日本内部监查协会所制定《日本内部监查基准实践纲要》与《日本内部监查基准》,实施内部监查"的主旨。

第五节 报告不符合基准的情况

第二十六条 在被认为不符合《日本内部监查基准实践纲要》与《日本内部监查基准》的事实对内部监查的监查范围与监查结果产生了重要影响的场合,内部监查部门的长官必须迅速向最高经营者、董事会以及监查官(会)或者监查委员会报告不符合标准的事项及其事项的纠正措施。

第五章 内部监查部门的运营

第一节 制定中、长期基本方针

第二十七条 内部监查部门的长官必须认识到组织应该处理的问题,妥切运营内部监查部门,使内部监查有助于有效实现经营目标。

第二十八条 内部监查部门的长官必须制定与组织的中、长期计划相关联的内部监查部门的中、长期基本方针。该基本方针必须包括内部监查的基本方向、成员的补充计划、制度化计划、预算以及重要技术。

第二十九条 此外,内部监查部门的长官必须就内部监查部门的中、长期基本方针获得最高经营者与董事会的承认,并根据经营环境等的变化,适时对之进行修改修订。

第二节 以风险评估为基础制订计划

第三十条 内部监查部门的长官,必须决定适合组织目标进行内部监查的优先顺序,并以风险评估结果为基础,制订至少每年实施一次的内部监查计划。同时,在风险评估程序之中,必须考虑最高经营者与董事会的意见。

第三十一条 在组织内外环境发生重大变化的场合,内部监查部门的长官必须讨论回应需要,修正风险评估结果,变更内部监查计划。

第三节 计划的报告与批准

第三十二条 就内部监查计划,内部监查部门的长官必须预先向最高经营者与董事会报告,获得其批准。

第三十三条 在相应计划发生重大变化之际,内部监查部门的长官必须就变更的事由与变更后的计划向最高经营者与董事会报告,获得其批准。

此外,因为监查资源的制约而对计划产生相应影响之际,也必须就其影响进行报告。

第四节 监查资源的管理

第三十四条 为实施获得批准的内部监查计划,内部监查部门的长官必须确保充分、妥切的监查资源,并有效运用。

第五节 协作

第三十五条 为了确保妥切的监查范围,将业务的重复性最小化,内部监查部门必须考虑与外部监查员、监查官(会)或者监查委员会等进行协作。

第三十六条 同时,在开展咨询业务之际,内部监查部门的长官应尝试与内部监查部门以外的咨询义务进行调整。

第六节 内部监查业务的外部委托

第三十七条 即使将内部监查业务委托给外部,内部监查部门的长官也必须对相应业务承担责任。

第七节 向最高经营者与董事会定期报告

第三十八条 就根据内部监查计划实施的监查的目标、范围以及结果,内部监查部门的长官必须定期向最高经营者与董事会报告。此外,还必须就管理程序、风险管理以及控制相关的问题点以及最高经营者与董事会认为必要的事项进行报告。

第六章 内部监查的对象范围

第三十九条 原则上,内部监查必须以与组织以及其集团相关的管理程序、风险管理以及控制有关的所有经营活动为对象范围。同时,还必须将为了达成组织目标,如何将之进行体系化整合纳入对象范围。另外,在决定对象范围之际,必须将监查风险控制在合理水平。

第一节 管理程序

第四十条 内部监查部门必须为评估管理程序的有效性及其改善做出贡献。

内部监查部门必须从如下角度出发,为改善管理程序进行评估:①掌握与共享组织应该处理的问题;②提高伦理观与价值观;③确立责任感;④组织为有效传达与风险与控制相关的信息而在内部进行的妥切部署;⑤最高经营者、董事会、监查官(会)或者监查委员会、外部监查人以及内部监查人之间的信息传递。

内部监查部门必须评估组织伦理计划与伦理活动的设计、实施及其有效性。

内部监查部门必须评估组织的信息技术管理是否有助于实现组织的战略

与目标。

内部监查部门必须从组织全体的健康发展出发,获得相应组织经营者与相关人员的理解,通过充分的调整与交换意见,构筑起相互的信赖,并在此基础上,实施相关组织的内部监查。

第二节 风险管理

第四十一条 组织监查部门必须评估组织的风险管理的妥当性与有效性,并为其改善做出贡献。

内部监查部门必须从如下角度出发,评估组织的管理程序与开展业务以及信息系统相关的风险曝光制度:①组织全体或者部门目标的实现情况;②与财物和业务相关的信息的可信性与整合情况;③业务的有效性与效率性;④资产保全;⑤法令、方针、既定程序与合同的遵守情况。

内部监查部门必须评估是否选择了符合组织的风险容忍水平的适当对策。

内部监查部门必须评估识别到的风险信息是否传达至了组织认为必要的场所。

内部监查部门必须评估组织是如何识别不正当的风险以及如何妥当应对的。

在开展咨询业务的过程中,内部监查员在处理与实现各业务执行部门的业务目标紧密相连的风险的同时,必须注意是否存在其他重要风险。

内部监查员必须将通过咨询业务获得的与风险相关的建议,纳入评估组织的风险管理的程序之中。

内部监查部门在就确立与改善风险管理帮助经营管理人员之际,其对经营管理人员的风险管理不负任何责任。

第三节 控制

第四十二条 内部监查员必须确认,经营管理人员是否为评估业务目标实现程度设定了标准。在此基础上,内部监查部门必须通过评估组织控制手段的妥当性与有效性,以及为实现加诸组织成员的责任而开展的业务活动的合法性与合理性,为组织有效维持控制手段而做出贡献。

内部监查部门必须从如下角度出发,对应组织的管理程序、风险管理,评估控制手段的妥当性与有效性:①组织全体或者部门目标的实现情况;②财物以及业务相关信息的可信性与整合情况;③业务的有效性与效率性;④资产保全情况;⑤法令、方针、既定程序与合同的遵守情况。

内部监查员必须将通过咨询业务获得的与控制手段的建议,纳入评估组织的控制程序。

第七章 具体内部监查计划与实施

第一节 内部监查实施计划

第四十三条 内部监查员必须就具体内部监查,设定目标、范围、时间以及资源分配的实施计划。在设定实施计划之际,必须特别留意如下事项:
(1)成为内部监查对象的活动目标以及管理相应活动的手段;
(2)将成为内部监查对象的活动及其目标、经营资源,以及业务重要的风险及风险的潜在影响维持在可能容忍水平的手段;
(3)管理成为参照适当框架与模型设计的内部监查的对象活动的程序的有效性,以及风险管理与控制的妥当性与有效性;
(4)大幅改善内部监查对象活动的管理程序、风险管理与控制的余地。

第四十四条 内部监查员必须就确定的实施计划获得内部监查部门长官的批准,就其修订,也必须迅速获得批准。

第四十五条 在开展内部监查业务的过程中,内部监查员必须就收集、分析、评估信息以及这些活动的记录制作监查报告,并获得内部监查部门长官的批准。

第四十六条 在针对组织外部的业务委托对象,确定内部监查实施计划之际,就内部监查的目标、范围、相关人员的责任以及其他希望的事项,包括内部监查结果的抄送限制以及获得内部监查监查记录的路径,必须获得书面同意。

第四十七条 在设定咨询业务计划之际,就目标、范围、相关人员的责任以及委托部门的其他希望的事项,必须获得书面同意。

第二节 内部监查的实施

第四十八条 内部监查员必须根据充分且妥当的监查证据,形成结论。
收集信息。为实现内部监查的目标,内部监查员必须保质保量地收集具有可信性、关联性与有用性的信息。
评估监查证据资料与形成结果。内部监查员必须在对收集的信息进行适当分析、评估的基础上,判断监查资料,并以此为基础得出结论。
制作与保存监查报告。内部监查员必须将结论以及形成结论的过程记入报告。内部监查部门的长官必须妥当保存监查报告,并管理获得相关内部监查记录的方法。
内部监查监督。在保证内部监查品质的基础上,为实现内部监查的目标,必须对内部监查业务进行适当的监督。

第八章　内部监查报告与后续

第一节　报告内部监查结果

第四十九条　内部监查部门的长官必须向最高经营者、董事会、监查官（会）或者监查委员会，或者能够对所指出的事项采取适当措施的其他人员报告内部监查的结果。

第五十条　内部监查结果之中，必须包含内部监查员以充分而且妥当的监查证据给出的意见。

第五十一条　在表明意见之际，内部监查员必须考虑最高经营者、董事会以及其他利害关系人的需要。

第五十二条　报告必须正确、客观、简洁、明了，具有建设性，而且完整、适当。

第五十三条　报告在原则上必须采取书面形式，但是，在非常紧急与重要的场合，也可以首先进行口头报告。

第二节　内部监查报告书

第五十四条　内部监查部门的长官必须制作内部监查报告书，作为最终报告。

第五十五条　为制作具有高度实效性的内部监查报告书，促进迅速实施矫正措施，进一步提高内部监查的实施效果与可信性，在完成内部监查报告书之前，内部监查员应向对象部门与相关部门充分说明结果，相互确认问题点，交换意见。

第五十六条　内部监查员必须将内部监查的目标与范围，内部监查员的意见、建议以及矫正措施写入内部监查报告书。

第五十七条　根据必要性，内部监查部门的长官必须在内部监查报告书中记录综合意见。

第五十八条　在内部监查报告书存在重大错误或者疏漏之际，内部监查部门必须向所有送达相应内部监查报告书的相关人员送达修订信息。

第五十九条　在因不符合本基准，而对特定内部监查结果产生影响之际，内部监查部门的长官必须在内部监查报告书中记录下列事项：

（1）不符合的基准及其内容；
（2）不符合的理由；
（3）因不符合本基准，而对审计业务或者咨询业务结果产生的影响。

第三节　向组织外部公开内部监查结果

第六十条　在向组织外部公开内部监查结果之际，除法令或者规则另有规

定,内部监查部门的长官必须实现完成如下事项:
(1) 评估公开结果可能对组织产生的潜在风险;
(2) 与包括最高经营者在内的适当相关人员合议;
(3) 就如何制约使用结果与公开对象进行讨论。

第四节 报告咨询业务

第六十一条 就其在开展咨询业务过程中认识到的管理程序、风险管理以及控制之中应该成为审计业务对象的问题,如果其认为对组织具有重要性,内部监查部门的长官必须就相应事项向最高经营者与董事会报告。

第六十二条 报告咨询业务进行的情况与结果,必须选择与业务内容及部门要求相应的适当形式与内容。

第五节 内部监查的后续

第六十三条 就根据内部监查结果指出的事项与建议,内部监查部门的长官必须构筑、维持后续程序,监督对象部门与相关部门如何采取矫正措施,以及其后的情况。

第六十四条 在实现矫正措施存在困难的场合,内部监查部门的长官在确认原因的同时,必须展开相应的后续活动,例如就清除主要障碍建议具体策略。

第六十五条 在得出经营管理者容忍被认为组织难以容忍的水平的风险这一结论之际,就此问题,内部监查部门的长官必须与最高经营者进行合议。在认为即便如此,还有其他问题没有解决的场合,必须将该事项向董事会以及监查官(会)或者监查委员会传达。

第九章 内部监查与法定监查的关系

第六十六条 本国法律规定的监查制度,有《日本金融商品交易法》规定的注册会计师或者监查法人监查,《日本公司法》规定的监查官或者监查委员会监查、会计监查员监查,《日本民法典》规定的监事监查,地方自治立法规定监查委员会与外部监查员监查、会计监查员的监查等。这些监查皆以适当整备、适用内部管理为前提。内部监查在通过独立检讨、评估以法定监查为基础性前提的管理程序、风险管理与控制,提高法定监查的有效性的同时,必须根据必要性,将法定监查的结果灵活地适用于内部监查。如此,能够维持内部监查与法定监查之间的互补关系。

第七章　其他国家的企业合规制度

美英等国在企业合规制度的发展上起到了重要的引领作用,而其他国家在积极参与合规制度建设的过程中,也发展出了符合本国实际、具有本国特色的企业合规制度。本章对澳大利亚等六国的企业合规制度中比较有代表性的部分进行梳理,以体现"全球视野中的合规"这一主题。

第一节　澳大利亚企业合规制度

在澳大利亚联邦(以下简称"澳大利亚"),企业合规制度主要是指反贿赂合规,同时还包括反垄断合规等其他内容。这些合规制度既有成文法的渊源,也有相关判例作为支撑。根据宪法规定,澳大利亚是一个君主立宪制的联邦民主国家。因历史上曾作为英属殖民地,澳大利亚的法律制度基本移植自英国,带有鲜明的普通法色彩。现行的澳大利亚法律主要有以下三个组成部分:澳大利亚普通法(主要承继自英国)、联邦法(由联邦议会制定)和各州或各领地实施的法律。由于彼此相互独立,不同州的制定法(尤其是刑事制定法)之间存在较大差异。澳大利亚的宪法规定,联邦在一般的刑事法律方面不享有立法权,所以澳大利亚的大多数刑法规定都来自各州的立法。但是,《澳大利亚联邦刑法典》(Australia Commonwealth Criminal Code)在某些犯罪上也具有立法权,因此也规定了对某些刑事犯罪的处罚。其中就有涉及合规的内容,譬如对贿赂联邦政府公职人员和外国公职人员的处罚规定等,而对联邦和外国公职人员的贿赂行为在各州的刑事法律规定中也普遍属于犯罪行为。本节所介绍和讨论的澳大利亚合规制度,主要指澳大利亚联邦层面的法律所规定的内容。

一、法人责任的认定

企业合规制度的基础是法律对法人责任的认定,尤其是刑法对于法人刑事责任的认定。澳大利亚合规制度的基础,是《澳大利亚联邦刑法典》对法人刑事责任的认定。根据《澳大利亚联邦刑法典》的规定,法人承担刑事责任有两种模式:一种是因为疏忽而产生的犯罪,另一种是因为除疏忽以外的过错要素(例如蓄意)而产生的犯罪。因为贿赂行为本身显然是一种故意而为的罪行,因此对法人追究刑事责任的基础主要是后一种模式,而雇员和高管所实施的、与法人经营相关的犯罪行为也可能被认定为由法人承担刑事责任。对此,《澳大利亚联邦刑法典》第 12.2 条有如下的规定：如果犯罪的行为要素是由雇员在其事实的或者明显的雇佣范围内实施的，或者是由法人的代表或者高级职员在其事实的或者明显的权限范围内实施的，则该行为要素应当也归属于法人。①

与其他国家的合规制度相比，澳大利亚的合规制度中明确规定了特定的法人文化可以成为企业承担刑事责任的理由，《澳大利亚联邦刑法典》第 12.3 条第 2 款（c）和（d）项规定的"在法人内部，存在指挥、鼓励、容忍或者导致不遵守相关条款的法人文化；或者法人没有创造和保持一种遵守相关条款所需要的法人文化"②都属于企业主观的过错要素。根据《澳大利亚联邦刑法典》的规定，法人文化是指"存在于法人整体或者作为相关活动发生地的法人某部门的态度、政策、规则、行为或者实践的程序"③。对判断法人文化是否有过错的标准，《澳大利亚联邦刑法典》提出了两条："是否法人的高级主管已经授权实施具备相同的或者相似特征的犯罪；实施犯罪的法人的雇员、代表或者高级职员是否基于正当的理由或者合理的期望，确信法人的高级主管会授权或者许可犯罪行为。"④这两个标准的核心要素可以分别概括为"存在犯罪"和"获得授权"。考虑到在商业活动中，公司的决策层和高级管理者通常会避免因直接的指令而让自己蒙受刑事指控的风险，故而采取隐蔽或者委婉的方式表达自己的意图，因此"授权"可能会被一定程度地扩张解释，即高级管理者如果默许违规行为达到了一定的程度，那么就可能被认定为"授权"。相对于直白的授权行为，这种默示的授权在现实中可能更为常见。

相比其他国家，澳大利亚将法人文化列为过错要素并作为对企业处以刑事责任理由的做法，显然对企业施加了更重的合规义务。通常来说，公司的实践和程序在某种程度上有助于犯罪人在犯罪之后逃避责任追究。因此法人文化不仅可以对公司整体，也可以对特定职能部门，这也意味着组织层面的合规要求不再限于公司的领导层，而是泛化为所有的层级。⑤ 与这种义务扩张相伴随的，是法律规定中数量很有限的原则和判例，因此学者对法人文化的规定也多有批评，Morales 对其中比较有代表性的意见进行了整理。Jennifer Hill 认为法人文化是一个非常广泛和模糊的概念，尤其是在企业内部不成文的规定和公开发表的合规性文件不一致的情况下，要证明其不成文的规定非常困难。⑥ Joseph 认为，既然法官可以决定公司

---

① See Section 12.2 CCC.
② Section 12.3(2) CCC.
③ Section 12.3(6) CCC.
④ Section 12.3(4) CCC.
⑤ See M. Muñoz de, Morales Corporate Responsibility and Compliance Programs in Australia, in Stefano Manacorda, Francesco Centonze & Gabrio Forti(eds.), *Preventing Corporate Corruption: The Anti-Bribery Compliance Model*, Springer, 2014.
⑥ See Jennifer Hill, Corporate Criminal Liability in Australia: An Evolving Corporate Governance Technique?, *Journal of Business Law*, 2003, p. 1.

内部法人文化的存在,那么就应当向公司及其律师提供所需要的指导。①

尤其是在涉及对外国公职人员行贿的情况下,如果可以证明构成公司的法人文化存在鼓励和容忍任何员工行贿的情况,或者至少没有阻止这样的犯罪,那么公司可能会被追究刑事责任。目前尚不清楚,在这种情况下,仅仅根据法人文化来证明罪责是否足够,或者是否也有必要证明公司的某个代理人确实具有必要的意图。

对于法人文化的认定,Fisse 认为法官应该注重公司是否未能在事后对于犯罪行为及时做出反应。② 通常认为,如果属于这种情况,那么公司在犯罪之前采取的具体公司政策、进行的内部纪律或预防性改革方案将成为判定法人文化的重要因素,但 Fisse 认为对于法人文化的认定,公司在犯罪之前就存在的一般合规政策在判定标准中的权重应该被降低。为了确定法人文化,法院可考虑具体的公司政策和适用内部纪律或预防性改革的计划,以及公司的"不成文规则"与对相关岗位的期望(如果这些与正式文件不相符合)。③ 而事实上,如果可以证明公司容忍或鼓励某个部门的贿赂行为,法院也可以判定这个公司的法人文化是应该受到谴责的。④

二、澳大利亚企业反贿赂合规

(一)澳大利亚企业反贿赂合规的法律渊源

澳大利亚反贿赂合规的法律渊源是成文法中对贿赂罪的规定。根据《澳大利亚联邦刑法典》的规定,对向国内公职人员行贿罪与向外国公职人员行贿罪的规定分别隶属于不同章节。对向国内公职人员行贿罪的规定主要是第 141、142 条,国内行贿是指出于贿赂目的公司员工或代理个人向公职人员给予、提供诱惑物或报酬,或公职人员从公司员工或代理个人处获得诱惑物或报酬。"出于贿赂目的"是指行为人意图影响接受诱惑物或报酬的人,使其给予特殊照顾。⑤ 对向外国公职人员行贿罪的规定则在第 70.2 条,其构成要件如下:①向他人提供或许诺提供好处,或促成向他人提供好处;②他人得到这种好处不合法;③行为人蓄意而为。行贿的目的须为影响公职人员履行其职责,以取得或维持生意或取得或维持

---

① See Joshua Joseph, Integrating Business Ethics and Compliance Programs, *Business and Society Review*, Vol. 107, No. 3, 2002, pp. 309-347.

② See Brent Fisse & John Braithwaite, *Corporations, Crime and Accountability*, Cambridge University Press, 1993, p. 146.

③ See Jennifer Hill, *Laws Prohibiting Foreign Bribery: The Practicalities of Legislating for Integrity Internationally*, Australian Mining and Petroleum Law Association Yearbook, 2000, pp. 13-34.

④ See V. Brand, Legislating for Moral Propriety in Corporations? The Criminal Code Amendment (Bribery of Foreign Public Officials) Act 1999, *Company and Securities Law Journal*, Vol. 18, No. 7, 2000, pp. 476-492.

⑤ See Justin McDonnell, KWM International Bribery Guide 2016, p.4.

某种并非合法地属于接收人的商业利益。目的无须明示,且给予的好处可为金钱的或非金钱的。① 构成上述两个罪名的主体,既可以是自然人,也可以是法人。

(二)企业反贿赂合规有效性判定

在被认定为应当承担法人责任的基础上,如果企业采取了适当的合规计划,则能够免予承担刑事责任或减轻处罚。因此,对合规计划有效性的判断在反贿赂合规制度中处于至关重要的地位。有效的企业合规必然在现实中被运用,而不仅仅停留在纸面上。但更复杂的判断标准发生在适用的过程中。

由于法条规定的原则性和概括性,对于具体适用标准的分析通常要依靠一定数量的判例来进行,但澳大利亚的相关判例非常有限。虽然《澳大利亚联邦刑法典》对法人文化的规定要早于世界上其他大多数国家,但是澳大利亚的司法实践依然倾向于起诉自然人而非公司,尽管在很多案件中这些自然人的行为可能与公司利益密切相关。而以贿赂为事由进行的调查和起诉则更为有限,尤其是对外国公职人员的贿赂案件,有学者也在分析经合组织各成员履行反贿赂义务的情况时对澳大利亚作出了批评。② 但是从为数不多的案例中,我们依然能对企业反贿赂合规制度的有效性进行适当的分析。

澳大利亚首例公司因贿赂外国公职人员的诉讼发生于2011年7月1日,涉事公司为Securency International Pty. Ltd.(以下简称Securency)和Note Printing Australia Ltd.(以下简称NPAu)。Securency和NPAu都是澳大利亚储备银行的子公司,Securency生产聚合物基材,而NPAu在其上印刷钞票。Securency的CEO Myles Curtis、CFO Mitchell Anderson和销售主管Ron Marchant,以及NPAu的CEO John Leckenby、CFO Peter Hutchinson和销售主管Barry Brady等人被控构成《澳大利亚联邦刑法典》第11.5(1)条规定的共谋,且构成第70.2条规定的向外国公职人员贿赂罪。这些人所犯的罪行发生在1999年至2005年,主要发生地为马来西亚、印度尼西亚和越南,涉及总额近1000万美元的付款。Securency和NPAu的这些高级管理人员被指控利用国际销售代理人贿赂外国公职人员,以获得相关的印刷合同。具体来说,Securency和NPAu在马来西亚通过一名军火经纪人、马来民族统一机构(United Malays National Organisation)一名议员和一名官员以及一名马来西亚国家银行前助理行长行贿,以获得一份印刷钞票的合同。在印度尼西亚,Securency和NPAu通过顾问Radius Christanto的服务获得了一份印刷5亿张10万印尼盾钞票的合同。Radius Christanto获得了近490万美元的佣金。在越南,Securency通过当地一名特工Anh Ngoc Luong和他的公司CFTD的服务,获得了

---

① See Justin McDonnell, KWM International Bribery Guide 2016, p.4.
② 参见Fritz Heimann & Gillian Dell, Progress Report 2010: Enforcement of the OECD Anti-Bribery Convention,载透明国际网站(https://transparency. hu/wp-content/uploads/2010/07/OECD-Progress-Report-2010.pdf),访问日期:2019年10月3日。

一份印刷钞票的合同。此外,尼日利亚也对 Securency 和 NPAu 可能支付给中间人以获得合同的高达 2000 万美元的款项进行调查,而英国和美国也对其贿赂情况进行进一步调查。①

2012 年 7 月 18 日,Securency 前任 CFO 兼公司董事 John Ellery 对向马来西亚代理人支付佣金的虚假会计指控表示认罪,他隐瞒了将近 8 万美元的款项,并称这笔钱用于营销费用的报销。② 用于转移贿赂金钱的方法在这种情况下非常受欢迎。该判决非常清楚地表明,犯罪人在 Securency 内部似乎已经发展起来的文化中行事,这种文化不鼓励工作人员过于密切地审查海外代理人的款项使用和付款安排,以及对不当行为的掩饰和否认。记者在对澳大利亚储备银行进行调查的过程中,甚至还发现了 Securency 和 NPAu 的董事会每年都会得到一份国际代理人的清单,详细列明其获得的报酬与地点。因此,Securency 在这种情况下主张对员工的贿赂情况不知情是无法令人信服的。澳大利亚储备银行公司对自己的合作伙伴也缺乏必要的尽职调查。③

因为 Securency 和 NPAu 的认罪协议并未公开,我们无法得知更多关于企业合规有效性的认定标准,但这个案例已经反映出合规计划中最主要和最常见的失败(无效)原因之一:在与第三方业务合作伙伴合作之前未能进行尽职调查。因此,我们也可以倒推得出反贿赂合规有效的重要构成部分:对合作伙伴或第三方进行必要的尽职调查。

澳大利亚另一个企业反贿赂合规的典型案件是澳大利亚小麦局(the Australian Wheat Board, AWB)与伊拉克政府的在"石油换食品"计划(OFFP)中支付回扣的案件。AWB 有限公司曾经是被称为澳大利亚小麦局的政府机构,直到 1999 年 7 月 1 日才变成了一家由小麦种植者拥有的私人公司,并在 2010 年被一家名为 Agrium 的加拿大公司收购。1995 年,联合国发起了"石油换粮食"的人道主义项目,旨在让当时的伊拉克政权在不提高军事能力的情况下,向世界市场出售石油以换取普通伊拉克公民必要的食品、药品和其他人道主义物资,该计划于 2002 年 11 月终止。后来的一系列调查发现,萨达姆·侯赛因利用该项目,通过回扣和附加费的方式获得了 17 亿美元,并通过非法石油走私获得 109 亿美元。④

而在 1996 年 12 月至 2003 年 12 月间,AWB 是 OFFP 项目下向伊拉克提供人

---

① 参见 Securency International Archives,载 FCPA Professor 网站(http://fcpaprofessor.com/category/securency-international/),访问日期:2019 年 10 月 3 日。

② 参见 Securency and Note Printing Australia Foreign Bribery Prosecutions Finalised,载澳大利亚联邦事务局网站(https://www.cdpp.gov.au/case-reports/securency-and-note-printing-australia-foreign-bribery-prosecutions-finalised),访问日期:2019 年 10 月 3 日。

③ H. Vatsikopoulous, R. Baker & N. McKenzie etc., Panel Discussion—Investigative Case Studies, *Pacific Journalism Review*, Vol. 18, No. 1, 2012, pp. 30-45.

④ 参见 Addtional Information on the AWB Scandal,载新南威尔士州澳中工商会网站(http://www.accci.com.au/AWBScandal.pdf),访问日期:2019 年 10 月 3 日。

道主义物资最多的机构。在此期间，AWB 向伊拉克运送了数百万吨小麦，并从联合国指定的巴黎银行(BNP)托管账户总共获得 23 亿美元。而作为回报，AWB 向伊拉克政府支付了 2.217 亿美元的非法费用，占在 OFFP 期间支付的回扣的 14%。从 1997 年至 1999 年中期，伊拉克粮食委员会(IGB)负责 AWB 人道主义用品的内陆运输。就在 1999 年 7 月 AWB 私有化之后，IGB 和 AWB 同意修改他们用于所有收购的标准合同，这一修改增加了一项条款，该条款约定 AWB 将支付小麦运往伊拉克港口后的内陆运输费用。因为 AWB 在伊拉克没有自己的卡车车队，且一般的外国公司无法轻易进入伊拉克实施运输，AWB 便听从了 IGB 的指示，由一家约旦运输公司 Alia 提供运输服务。事实上，Alia 的部分所有权属于伊拉克交通部长，他是伊拉克政府的托收代理人。根据 OFFP 的规定，没有任何供应商能够直接向伊拉克政府付款，所有货币兑换都必须通过 BNP 的托管账户。但是 AWB 没有通过 BNP 托管账户来安排支付给 Alia 的款项，而是直接向伊拉克政府提供了资金。此外，从伊拉克深水港 Umm Qasr 运来的小麦由伊拉克政府雇员管理，没有使用第三方运输公司。①

AWB 在伊拉克的贿赂案件在维多利亚州的最高法院进行调查，其前 CEO Lindberg 和前 CFO Ingleby 受到民事指控。最终，Lindberg 承认违反澳大利亚公司法并接受民事制裁，他被罚款 10 万澳元并被取消管理公司资格直至 2014 年 9 月 15 日，而 Ingleby 被处以 4 万澳元的罚款，并被取消了 15 个月的董事资格。②

长期的海外贿赂证明 AWB 的反贿赂合规是失效的，其反贿赂的法人文化也陷入了失效之中。这种失效的原因很大程度在于公司高层追求过高利润，而在履行道德义务上没有做好表率作用。Morales 认为 AWB 公司的领导层内部未能营造工作场所的道德氛围，即高管们只关注回报而不关心道德。虽然公司制定了禁止行贿的道德准则，但高级雇员却忽略了这些准则，该公司的文化专注于让小麦种植者的回报最大化，对此他引用了 AWB 的前雇员之一 Mark Rowland 的一份声明：

> 肯定有一种文化可以推动着 AWB 的业务尽可能地获得最高回报。我的看法是，有时候，这可能意味着公司进入了一些被形容为"灰色地带"的区域，在这些区域里，AWB 所采取立场的合法性可能会受到质疑。如果商业要求证明采取的立场是合理的，那么根据我的经验，公司采用这一立场是为了从海外竞争对手那里大力保护其客户和市场。据我所知，所有的 AWB 管

---

① See Felicity Marie Frain, Peter Bell & Mark Lauchs, The Australian Wheat Board Scandal: Investigating International Bribery, *International Journal of Business and Commerce*, Vol. 2, No. 9, 2013.

② 参见 Australian Securities & Investments Commission [ASIC] v. Lindberg [2012] VSC 332 (9 August 2012)，载维多利亚高级法院网站(http://www.austlii.edu.au/au/cases/vic/VSC/2012/339.html)，访问日期：2019 年 10 月 3 日。

层都是为了确保公司代表澳大利亚小麦种植者能最大化其交易能力。①

这一事实导致员工更容易违反公司的合规计划,并认为道德行为促进不是公司内部的优先事项。道德义务与法律义务不是相互排斥的,而是相辅相成的。伦理道德的本质使得其有能力控制和处理法律无法处理的行为,而正式公开的道德原则也能为法律的执行提供正当性基础,严格遵照道德义务的企业更有可能从容地应对法律制度的改变。迄今为止,"有效"董事会的定义似乎集中在那些能够通过有效决策使公司业绩最大化,同时又遵守其法律义务的董事会。一个"良好的"或"有效的"公司董事会,不应该仅意味着能够使公司业绩最大化,只有那些履行道德义务的董事会才能确保长期的财务成功。②

基于这些内容,我们发现反贿赂合规有效的另一个重要构成部分是董事会应该旗帜鲜明地展现自己的道德态度,而不是模糊或者保持沉默。

Muñoz de 对 AWB 案件的分析还提出了一个重要原因:AWB 董事会成员的文化背景过于单一,导致其法人文化过分注重回报。AWB 的大部分董事会成员都是具有小麦种植业背景的人,因此他们最关注甚至唯一重视的问题就是公司小麦能否继续正常销售。整个公司的法人文化也就逐渐发展成为"让小麦种植者的回报最大化",在这样的法人文化中,合规文化显然处于弱势地位。甚至在 2006 年,在任期内行贿数额巨大的 6 名董事会成员在选举时获得了连任。因此,一个合适的法人文化应当是多元文化背景的,尤其是应当有法律因素。③

在针对外国公职人员的反贿赂合规中,企业还应该对该国或国际组织所在地的法律进行充分的调查。因为根据《澳大利亚联邦刑法典》第 70.3 条的规定,如果某行为在公职人员所在国是合法的,那么可以成为抗辩贿赂犯罪的理由。在 AWB 案中,虽然 Lindberg 等人受到了民事制裁,但澳大利亚政府却没有针对任何 AWB 高级管理人员或公司本身提出贿赂犯罪指控。2009 年 8 月,维多利亚州的警方停止了针对 AWB 的刑事调查,理由是预计不会有成功的可能性。警方之所以如此悲观,原因之一可能在于,按照当时伊拉克的法律,AWB 的付款行为是合法的,而这一事实可以构成对任何贿赂指控的辩护。虽然在针对 AWB 的调查之后,以当地法律允许为理由的抗辩仅在有外国法律或公共组织总部或中央行政管理所在地的有效书面法律的情况下才能成立,对于公司的反贿赂合规而言,这一点仍是

---

① M. Muñoz de Morales, Corporate Responsibility and Compliance Programs in Australia, in Stefano Manacorda, Francesco Centonze & Gabrio Forti(eds.), *Preventing Corporate Corruption: The Anti-Bribery Compliance Model*, Springer, 2014, p. 426.

② Mark S. Schwartz, Thomas W. Dunfee & Michael J. Kline, Tone at the Top: An Ethics Code for Directors?, *Journal of Business Ethics*, Vol. 58, 2005, p. 96.

③ M. Muñoz de Morales, Corporate Responsibility and Compliance Programs in Australia, in Stefano Manacorda, Francesco Centonze & Gabrio Forti(eds.), *Preventing Corporate Corruption: The Anti-Bribery Compliance Model*, Springer, 2014, p. 426.

值得注意的。

三、澳大利亚企业其他合规

除反贿赂合规以外，合规计划还涵盖了澳大利亚法律的其他领域，例如隐私保护、反对歧视以及可能与收债活动相关的其他事项。在众多的企业合规领域中，比较引人注目的是反垄断合规和消费者保护合规。

澳大利亚与竞争和消费者相关的法律是《2010年澳大利亚联邦竞争和消费者法》(CCA)，其中竞争法具有一定的域外管辖权，可适用于在澳大利亚境内成立的公司、在澳大利亚注册为外国企业的公司或在澳大利亚开展业务的公司在境外发生的行为。澳大利亚联邦竞争和消费者委员会(ACCC)是澳大利亚最高的消费者保护和竞争机构。作为一个独立的法定政府机构，ACCC旨在服务公共利益，因此十分看重企业的合规问题。ACCC有一系列调查权，包括有权强制要求被调查对象提供信息和文件，以及要求个人宣誓接受盘问（且不得有不自证其罪的特权）。① 在近年来的工作中，ACCC和各级法院对澳大利亚的企业合规制度发展做出了很大的贡献。

（一）ACCC规制下的企业合规建设

ACCC认为有效的合规计划将能够识别并降低违反CCA的风险——特别是在公司最容易受到影响的法律领域；迅速有效地补救任何可能发生的违规行为；以及灌输一种守法的文化，使公司依规行事成为常态。而有效的合规计划应包括五个要素：①鼓励或确保合规文化的措施；②清晰、一致和可重复的合规程序；③适合业务的、不过于复杂的培训；④跟踪进展的管理辅助系统；⑤问责制和审计报告，以协助合规计划在业务人员相互竞争的待办事项中占据重要地位。② 公司可以通过全面和量身定制的合规计划来证明其对合规的承诺，该计划得到公司最高管理层代表的认可。ACCC确定了成功的合规计划所必备的四个基础原则：承诺、实施、监控和报告、持续改进。③

相对于中小企业，ACCC将规制的重点放在澳大利亚的大企业上。因为在ACCC看来，针对大企业的执法行动能吸引更多的新闻报道，而且具有更高的教育意义。对于大公司而言，有效的计划通常包括以下具体内容：任命具有适当资格的董事或高级管理人员担任合规官，以确保合规计划得到有效的设计、实施和维护；任命合规顾问进行风险评估并编制风险报告；出台公司政策声明或

---

① 参见 International Trade & WTO，载中国法律视野网站（https://www.chinalawinsight.com/articles/international-trade-wto/），访问日期：2019年10月3日。

② See Sarah Court, Commissioner, Compliance Makes Good Business, Australasian Compliance Institute 13th Annual Conference-2009, 14 October 2009, Sydney.

③ 参见 Competition Compliance in Australia，载 Lexology 网站（https://www.lexology.com/library/detail.aspx?g=d9439f42-3a9f-45b7-9d7f-f279e0e7c500），访问日期：2019年10月3日。

合规手册(包括阐述公司对合规的承诺;说明如何实现合规;要求员工报告合规问题;提供举报人保护;对有意或无意违反该法案的雇员进行内部制裁;高级管理层如何认可合规方案);设置处理投诉的系统或程序,以发现合规问题;保护举报的内部员工;定期更新针对 CCA 的合规课程,并由具有专业合规知识的从业人员向员工(包括董事、高级职员和代理人)培训;定期向董事会或高级管理层报告计划有效性的机制;定期对合规计划进行独立审查,提出能发现重大缺陷的合规报告,并能给出解决这些问题的方案;公司解决合规报告中发现的问题的机制;合规审批程序;公司对不遵守政策员工的制裁。① 上述措施的目的均在于,公司应该能够证明合规计划在实践中得到了积极维护,而不仅是停留在口头层面。如果 ACCC 认为,公司的合规计划不充分或没有合规计划,那么其可能要求公司实施适当的合规计划或更新其现有的合规计划,或者在诉讼中向法院提出请求。

与美国不同,澳大利亚没有正式的量刑指南,但法院在判定减轻对企业的处罚时也会充分考虑合规因素。自 1991 年以来,澳大利亚联邦法院一直在审查企业的合规计划并评估竞争法案件中的处罚对企业合规文化的考量。在 Trade Practices Commission v. CSR Ldl.一案(案例 1)中,French 法官将合规作为《澳大利亚贸易惯例法》(Australia Trade Practices Act)的相关因素评估来处罚:"公司是否具有有助于遵守该法案的合规制度,如针对公认的违反行为所采取的教育计划、纪律或其他纠正措施。"② 这一因素在后来的许多案例中得到了接受,这意味着法院正在评估合规的实质,而不是简单的形式合规。而联邦法院首次将合规制度视为竞争法案件中的一个减轻因素,是 Goldberg 法官在 ACCC 诉澳大利亚西夫韦商店有限公司(Australian Safeways Stores Pty Ltd.)一案(案例 2)中的判决,他认为:"我们需要从两个方面来看待法规遵循程序。首先,人们必须问是否有一个实质性的合规计划存在……其次,人们必须问合规计划的实施是否成功。"③

在后来的论述中,French 法官指出:一份简要的基本要素清单对法院分析合规项目的有效性非常有用。虽然没有任何一份清单可以面面俱到、涵盖所有情况,但它可以为具有实际效益的分析建立一个框架。不过,French 法官当时没有给出清单中应该包括什么内容,Goldberg 法官在判决理由中也没有对他认为的实质性合规计划以及成功实施意味着什么给出太多指导。后来,在澳大利亚证券和投资委员会诉 Chemeq 一案(案例 3)中,French 法官阐述了他理解的可以减轻处罚的公司"合规文化"的概念。他认为如果公司在培训管理人员(包括董事)的方

---

① 参见 Competition Compliance in Australia,载 Lexology 网站(https://www.lexology.com/library/detail.aspx?g=d9439f42-3a9f-45b7-9d7f-f279e0e7c500),访问日期:2019 年 10 月 3 日。

② (1991) ATPR 41-076.

③ 5 Justice RS French, Federal Court of Australia, *The Culture of Compliance—A Judicial Perspective, Australian Compliance Institute,* National Conference, September 3-5, 2003, p. 12.

面不采取后续行动,并且在适当情况下不进行进修培训,那么一套起草良好的合规政策和程序就没有什么意义。在案例 3 中,Chemeq 提供了入职培训,但没有明确的证据表明进行了后续或者进修的培训。除非在公司内部保持必要程度的认识和敏感性,将合规视为公司决策中的例行审核,否则合规政策和程序将无效。这种对问题的普遍敏感性有时被称为"合规文化"的基础。它不仅是在公司业务的行为中采取风险规避的心态,还是决策背景中一种内在的心理检查。①

而在案例 2 中,法院强调合规计划应在两个方面进行审查。首先,有必要确定在违规时是否存在实质性合规计划。西夫韦商店有限公司合规指南明确指出,在这种情况下《澳大利亚贸易惯例法》不容忽视,如果违反则将涉及"严重的罚款",公司还就此问题举办了工作人员研讨会。其次,有必要确定合规计划是否已成功实施。在案例 2 中合规计划显然并未成功实施,因为参与违法行为的管理层清楚地知道,或者应该从他们收到的文件和一些参加过的研讨会中充分了解:他们所做的事情明显违反了《澳大利亚贸易惯例法》,且可能涉及严厉的罚款。②

(二) 其他合规的法理基础

相比反贿赂合规,澳大利亚的其他合规制度涉及的是严格责任而非故意犯罪。M. Muñoz de 从这些案例中抽象出了此类合规制度的法理基础——合理预防和尽职调查。③

这两项基础在法律规定中有诸多例证。例如,根据 CCA 第 44ZZ0 条的规定,代表法人团体从事的行为包括由法人团体的董事、雇员或代理人在该人的实际或表面权限范围内从事的行为;或由任何其他人在董事的指示下或在董事的同意或协议(无论明示或默示)下从事的行为,或法人团体的代理人或代理人,为本部分目的而采取的行动亦由法人团体承担,除非法人团体已采取合理的预防措施及作出适当的努力以避免该等行为。④ 而 CCA 也规定,"在违反本章条文的检控中,如被告人证明……(2)被告人采取了合理的预防措施,并作出适当的努力,以避免违反本章的规定,即属抗辩。本章涵盖了一些刑事犯罪,即不公平的营销行

---

① See Bill Dee, The Australian Approach to Competition Law Compliance Programs, *CPI Antitrust Chronicle*, Vol. 2, 2012.

② 参见 ACCC v. Australian Safeway Stores Pty Ltd. & Ors [1997] FCA 450 (30 May 1997),载维多利亚高级法院网站(http://www.austlii.edu.au/),访问日期:2019 年 10 月 3 日。

③ See M. Muñoz de Morales, Corporate Responsibility and Compliance Programs in Australia, in Stefano Manacorda, Francesco Centonze & Gabrio Forti(eds.), *Preventing Corporate Corruption: The Anti-Bribery Compliance Model*, Springer, 2014. pp. 426-429.

④ 参见 Competition and Consumer Act 2010,载澳大利亚政府网站(http://www.comlaw.gov.au/Details/C2011C00003),访问日期:2019 年 10 月 3 日。

为、与产品安全有关的犯罪,以及产品信息等"①。"合理预防措施""尽职调查"和"合理依赖他人提供的信息"等可以作为抗辩依据,也可以推出企业合规存在的目的正是避免发生被追究责任的情况。

在 Gilmore v. Poole-Blunden 案中,公司合规计划包括在开展任何高风险活动之前获得法律建议的政策。该公司成功地提出了对传销收费的"合理依赖他人提供的信息"的辩护,并在开展活动之前获得了制裁行为的法律建议。② 但在司法实践中,以尽职调查为理由的成功辩护罕见,在大多数案件中这种辩护通常不被接受。而且,当有证据表明公司缺乏对政策实施的监督和控制时,尽职调查就会被认为是不适用的。虽然企业在法庭上很难成功满足"尽职调查"或"合理预防"的抗辩要求,但合规计划的存在和执行可能至少有助于减轻可能施加的最终惩罚。从 1990 年 Trade Practices Commission v. CSR Ldl. 案开始,法院将企业文化和合规计划作为决定处罚水平的一个参考因素。在辩护中,该公司试图证明自己存在合规企业文化。公司认为自 1980 年以来就保留了一份"贸易法指南"供内部使用,其工作人员在 1985 年违反规定之前还参加了研讨会。但是,法院认为这两个要素不足,主要原因是该指南"大约 11 年前提出后就没有得到更新,大约在 6 年前举行了一次讨论会后,也没有对工作人员进行培训",因此合规计划"不够有力"。简言之,法院强调需要定期审查和更新合规程序。③

第二节　加拿大企业合规制度

因为特殊的地理和历史原因,加拿大国内的不同地区适用不同的法律体系,延续不同的法律传统。迄今为止,魁北克省的法律体系主要属于大陆法系,而其他地区则主要属英美法系。为了保持整体上的法律一致性,在适用刑法、行政法等公法时,加拿大各地区都适用联邦政府的法律,但在适用私法上,各地区则保留了本土的特点。目前在加拿大,形成了成文法和判例法并存的局面。作为全球

---

① Competition and Consumer Act 2010,载澳大利亚政府网站(http://www.comlaw.gov.au/Details/C2011C00003),访问日期:2019 年 10 月 3 日。

② 参见 Gilmore v. Poole-Blunden & Ors, No. SCGRG-98-1731, SCGRG-98-1732 Judgement No. S186[1999] SASC 186 (12 May 1999),载维多利亚高级法院网站(http://www.austlii.edu.au/),访问日期:2019 年 10 月 3 日。

③ Gilmore v. Poole-Blunden & Ors, No. SCGRG-98-1731, SCGRG-98-1732 Judgement No. S186[1999] SASC 186 (12 May 1999),载维多利亚高级法院网站(http://www.austlii.edu.au/),访问日期:2019 年 10 月 3 日。

法治水平和社会治理现代化程度较高的国家之一①,加拿大在企业合规制度上也颇有建树。作为美国的邻国,加拿大在反腐败合规、反垄断合规等制度上与美国存在相似之处,但并非照搬照抄,也具有本国的特点。而在数据保护合规等方面,加拿大与欧盟存在比较密切的合作关系,两者相互借鉴并各有特色。

一、法人责任的认定

2003年,加拿大对《加拿大刑法典》(Criminal Code of Canada)中的组织责任规定进行了重大调整。第一,组织责任所适用的范围,并不限于公司,按照《加拿大刑法典》"定义"部分对组织的规定,公共机构、法人、社团、公司、商号、合伙企业、工会或地方自治团体都是组织的具体形式。概括而言,只要符合为共同目的而设立、具有执行机构和在公众面前以联合的形式出现这三个条件,都属于《加拿大刑法典》认定的"组织"。② 第二,《加拿大刑法典》区分了作为犯意的疏忽与其他,并各自单独制定了规则。《加拿大刑法典》第22.1条规定,在要求起诉证明疏忽的犯罪中,组织如果有下列情形之一,即成为犯罪参与者:①其代表人之一为犯罪参与者;②其两个以上代表人以作为或者不作为实施了行为,而此行为即使为一个代表人实施,此代表人也构成犯罪参与者;③负责该组织与犯罪有关的某一方面重要事务的高级职员,明显违反了可以合理期待阻止其代表人构成犯罪参与者的注意义务。第22.2条则规定,在要求起诉证明疏忽以外过错的犯罪中,如果某组织的高级职员基于让组织受益之目的实施下列行为之一,该组织即构成犯罪参与者:①在其职权范围内行事,且为犯罪参与人;②具有犯罪参与人构成要素的心理状态且在其职权范围内行事,命令该组织其他代表人在职权范围内行事而实施犯罪中指明的作为或者不作为;③明知其代表人构成犯罪或者将构成犯罪参与人而不采取一切合理措施加以阻止。③

仔细分析第22.1条和第22.2条的表述,我们会发现立法者对于组织犯罪的判定有非常强烈的倾向性。在第22.1条中,法条对主体的表达并未使用"雇员"或者"工作人员",而是用了"代表人"。从"雇员"到"代表人",表明了立法者对于行为人以行为性质来判定其责任的倾向。单纯的"雇员"一词范围不够广泛,无法涵盖可能代表某个组织行事的所有个人,譬如董事、合伙人、员工、代理人和承包商,但是当主体代表组织在其工作范围内行事且被指控犯罪时,对其精确的描述应当是"代表人"。

---

① 在World Justice Project每年发布的全球国家法治指数排名(Rule of Law Index)中,加拿大排名稳定且靠前。2018年情况参见Rule of Law Index,载World Justice Project网站(https://worldjusticeproject.org/sites/default/files/documents/WJP-ROLI-2018-June-Online-Edition.pdf),访问日期:2019年10月3日。

② See Section 2, Criminal Code of Canada.

③ See Section 21, 22, Criminal Code of Canada.

而第 22.2 条作为新增加的内容,具体列出了组织犯罪需要意图的三种情况。三种情况的重点都放在了"高级职员"也就是组织的领导层上,而且他还必须至少在某种程度上使组织受益。第一种情况也是最直接的方式,就是高级职员实际犯下与该组织的直接利益相关的罪行,比如财务负责人伪造公司的财务报告,导致投资者或合作伙伴由此向公司提供资金,财务负责人和公司本身按照第 22.2 条的规定都会被追究诈骗罪的刑事责任。在第二种情况下,高级职员可能会指令组织内外的其他人从事这种不恰当的行为。譬如,公司的首席执行官可能通过指示员工买卖走私物品而使公司获益,或者采购部主管明知道供应商报价异乎寻常是有不正当原因(如货物是走私而来),却仍然指令员工以此低价格从供应商处购买。实际执行的下属本身并没有犯罪意图,因此不会被追究刑事责任,但如果高级职员具有明确的意图,那么他和组织都可能被判有罪。而第三种情况,则是高级职员以消极的形式对待可能的犯罪,即在他知道员工会犯罪,但因为他希望该组织从犯罪中受益而不阻止员工的情况下,该组织就可能会构成犯罪。譬如员工发现供应商的异乎寻常的低价是源于走私,但想从采购中获取回扣而决定购买,采购部负责人虽然知道这个情况,但是因为考虑到较低的进货价有助于公司本身压低成本、提高利润,因此并未采取任何的防范措施,默许了员工的行为,那么组织和采购部负责人本身都会因为负责人的这一举动,而涉嫌犯罪。当然,追究组织刑事责任的必要条件是高级职员的意图至少部分地使组织受益,否则公司将不承担任何责任。①

值得注意的是,所谓"高级职员"在加拿大的判例中已经有了扩大的解释。在 2013 年 8 月 9 日,魁北克高等法院在对 R. C. Pétroles Global Inc.一案的审理中作出判决,首次将《加拿大刑法典》中对组织的刑事责任规定纳入司法实践。该案中,一家燃料公司的区域经理在知情的情况下参与了共谋,虽然没有证据表明总公司知道这个计划,法院也没有要求控方证明这一点,但中层管理者的行为足以让总公司承担刑事责任。法官认为,"高级职员"是指在制定本组织的政策方面发挥重要作用或负责管理本组织活动的一个重要方面的代表。在判决书中,法官引用了这样一段话来说明自己的观点:"虽然法院仍须在每宗个案中决定个别人士是否为高级职员,但我相信这项建议清楚显示我们的意图,即中层管理人员的罪行应被视为公司本身的罪行。例如,一个企业部门的经理,比如销售或者保安,以及一个企业单位的经理,例如一个地区、一个商店或一个工厂的经理,可以被法院视为高级职员。"②

---

① See C. A. Edwards & R. J. Conlin, *Corporate and Organizational Liability for OH & S Under Bill C-45,* Carswell, 2005, p. 47.

② Corruption of Foreign Public Officials Act: Overview, Practical Law Canada Practice…,载 GRLLP 网站(https://www.grllp.com/profile/KenJull),访问日期:2019 年 10 月 3 日。

对组织追究责任和特定程序可以减免处罚，是企业合规制度的两个基础，缺乏任何一项，合规制度都缺乏存在的意义。《加拿大刑法典》在确定了组织的刑事责任之后，也规定了"可以合理期待的阻却"，这是对组织免予被追究刑事责任的一种抗辩事由。显然，因为不同的行业、组织规模以及行为人的做法，每个个案"合理阻却"的方式也不会相同。这种因合理事由而产生的抗辩，是组织基于特定的程序和措施才能提出的抗辩，其特征可以被合规制度中的尽职调查所涵盖。与主观上预防犯罪相联系的、可期待的阻却方式，例如设立预防性制度、遵守行业惯例和对合作者的仔细考察，都是尽职调查的重要做法，也是立法者判定组织刑事犯罪的主观意图的关键要素。

除了抗辩事由，《加拿大刑法典》还规定了组织的加重和减轻处罚事由，第718.21条列出了对组织量刑时所考虑的加重和减轻因素，总共有10项。分别为：①该组织因实施犯罪而获取的利益；②实施犯罪的计划程度以及犯罪的持续时间和复杂性；③该组织是否企图隐置其财产或者转化财产，以表明其没有缴纳罚金或者进行赔偿的能力；④科刑将对该组织的经济能力和其雇员的继续就业造成的影响；⑤公共机构调查和起诉犯罪的费用；⑥管理机构就构成犯罪的主要部分的行为而对该组织或者其代表人判处的处罚；⑦该组织或者其与实施犯罪有关的任何代表人是否曾因类似行为被以类似罪名定罪或者受到行政管理机构处罚；⑧该组织对代表人就其在实施犯罪中的作用而进行的处罚；⑨该组织被命令缴纳的赔偿或者其已经向犯罪被害人缴纳的赔偿数额；⑩该组织为降低重新犯罪的可能性而已经采取的措施。在这10项中，既包括了可能加重处罚的要素，也包括了可能减轻处罚的要素。考虑到与合规相关的要素，第②项和第⑦项可以被视为合规加重项，而第⑧项和第⑩项为合规减轻项。第⑧项规定的内部处罚是世界各国合规制度的普遍要求，组织内部在发现问题之后对相关责任人进行处罚，是用一种与犯罪个体相切割的方式表明组织对于犯罪的态度，因此从鼓励组织提高预防犯罪积极性的角度来看，的确应当作为减轻处罚的要素。而第⑩项是从未来预防再犯的角度对组织提出了广泛的要求。从立法者的角度出发，犯罪是与组织本身的运作环节息息相关的，相比于外部的监管者，组织本身显然更明确如何改进内部机制，以防范类似的风险。譬如，改进对供应商的审核方式，增加同一岗位的相互监督机制，或者提升会计和审计的水平，这些内容都可能被认定能够证明组织对内部进行了改善。

二、加拿大企业反贿赂合规

加拿大反贿赂合规制度有两个主要的成文法渊源，分别是《加拿大刑法典》中关于组织责任和贿赂犯罪的相关规定，以及《加拿大反外国公职人员贿赂法》（Corruption of Foreign Public Officials Act，CFPOA）。《加拿大刑法典》在2003年以 Bill C-45 的形式进行了修订，而CFPOA在2013年进行了重大修改，两部法律的修订都强化了对贿赂犯罪的打击力度,促进了包括公司在内的组织反贿赂合规制度的发展。

(一)反贿赂合规的法律渊源

在加拿大的刑法体系中,一般的贿赂行为和海外贿赂由不同的条文规定。其中,一般的贿赂行为主要是《加拿大刑法典》第四章"腐败与渎职"部分中第121条的规定,主要内容是规制与公职人员的利益输送问题,因为针对的是自然人,处罚方式是监禁。而与公司贿赂合规关系更密切的另一部法律是CFPOA。CFPOA旨在防止加拿大企业向加拿大境外的公职人员行贿,并使加拿大遵守《OECD反贿赂公约》。值得注意的是,"外国公职人员"的定义不包括政党官员或政治候选人。

2013年6月19日,CFPOA进行自通过以来的最大修改,大幅度提升对贿赂等腐败行为的打击力度。修正案Bill S-14极大扩展了CFPOA禁令的范围,并提高了加拿大当局起诉和惩罚违法者的能力,主要的变化表现为以下六个方面:①取消了疏通费的例外,虽然其他国家(如美国)可能会继续允许其公司支付此类款项,但政府已经通知加拿大的公司,为加快或确保日常行为的履行而付款的例外情况在未来将被取消,公司有一段时间可以调整相关政策;②政府对于为贿赂外国公职人员或掩饰贿赂行为而进行的有关账簿和记录的活动设置了新的禁令;③CFPOA的管辖依据从原来的属地扩展到属人,即无论涉嫌贿赂的行为发生在何处,CFPOA现在适用于所有加拿大公司和公民,以及在加拿大犯罪后居住在加拿大的永久居民;④个别罪犯的最高刑期由5年增加至14年,此举表明政府对违反CFPOA行为的严厉否定;⑤对CFPOA规定的商业活动的定义进行了扩展,取消了对"营利"的要求;⑥加拿大皇家骑警被授予对CFPOA及相关罪行提出指控的专属权力。[①] 在对CFPOA进行分析之后,我们发现企业的反贿赂合规建设应该尤其关注两个要点,分别是第三方监控和内部风险评估。

修订之后的CFPOA对企业在选择代理商和承包商等合作伙伴并与之交往的过程提出了相当高的要求。因为在新的CFPOA模式下,CFPOA和《加拿大刑法典》共同对贿赂行为进行制裁,加拿大公司可能因为合作伙伴的行为而承担刑事责任。具体表现为:①公司可能意识到代理人即将行贿,并且未采取一切合理措施来阻止他们;②代理人或承包商被委派管理组织活动的一个重要方面,则代理人就能成为受高级职员监督管理的一部分,即使公司的高管不知道代理人超越职权行事。所以,公司反贿赂合规要负担审查代理商和承包商的职责。尤其是目前,加拿大公司和一些司法环境并不理想的国家内的商事主体开展广泛业务合作。大多数加拿大公司不会将其司法环境并不理想的国家的外国代理商和承包商视为可能为《加拿大刑法典》所约束的公司"高级职

---

① 参见 Compliance Report,载 CFPOA 档案网站(http://fcpacompliancereport.com/tag/cfpoa/),访问日期:2019年10月3日。

员"。然而,合同通常是与外国代理商签订的,目的是最大限度地履行这些代理人的职责和义务。仔细审查"责任重大"合同可能会发现,委托外国代理人管理该外国司法管辖区内该组织业务的重要部分,可能会导致外国代理人成为刑法规制的"高级职员"。对企业的反贿赂合规工作而言,需要保持所有第三方代理商的完整名单,无论交易规模有多小,企业都必须调查并保留他们在外国司法管辖区内作为第三方代理人的每个主体的清单。加拿大的公司还应为外国司法管辖区的第三方代理商制订全面的合规培训计划,以及确保对这些代理商进行充分监督的程序。①

在 CFPOA 修订之后,多数条款都扩大了公司责任的范畴,且要求高级职员采取一切合理措施防止他们意识到的腐败。因此采取合理的风险评估就显得至关重要,企业的反贿赂合规发展对企业的风险评估能力提出了更高的要求。一方面,适当的风险管理将降低违法违规的风险,从源头上做到合规的要求;另一方面,在法庭上引入强有力的风险评估模型,可以作为合规制度有效运行的证明。在加拿大,风险管理模型已经在工程等领域被广泛应用了一段时间。甚至联邦政府也在政务管理中使用了风险模型,例如加拿大财政委员会构建了一个复杂的公司风险评估模型,对风险模型进行颜色编码,并根据风险水平制订行动计划。② 恰当的风险评估模型需要平衡两个基本概念:"为避免违法事件而采取的预防措施"与"衡量潜在重力影响的系统"。这两个概念可用于生成模型,并用来指导采取预防措施的优先级。风险模型在反贿赂合规中的应用,重点在确定每个组织应得到的适当监督或审计级别。

其最基本的模型有五个阶段,在实践中可以被进一步扩展:

第一阶段:在最低级的风险领域,公司将根据现有的行为准则进行适当的合规培训。

第二阶段:要求法律部门或外部法律顾问进行内部的财务审查和合规审计,以确保公司遵守 CFPOA。

第三阶段:中级的风险,要求法律部门或外部法律顾问对 CFPOA 合规性的尽职调查系统进行审计。这种类型的审计比前一个阶段更先进,因为它要求法律部门自己进行查询和审查文件,而第二阶段只要求法律顾问审查内部审计的结果。

第四阶段:内部调查是一次重大飞跃,因为可能存在重大的合规问题。内部调查需要访谈,并根据需要聘请专家,如法务会计师。调查必须向公司和董事会准备报告,同时提供有关补救措施和自我报告的法律建议。

---

① 参见 Susan Hutton Corruption of Foreign Public Officials Act FAQ,载 Stikeman 网站(https://www.stikeman.com),访问日期:2019 年 10 月 3 日。

② 参见 Guide to Corporate Risk Profiles,载加拿大政府网站(https://www.canada.ca/en/treasury-board-secretariat/corporate-risk-management/corporate-risk-profiles.html),访问日期:2019 年 10 月 3 日。

第五阶段：这个阶段可能要求公司向当局进行自我报告，希望可以避免起诉或减轻惩罚。①

虽然 CFPOA 在反贿赂上提出了高要求，但还有有待改进的地方。例如，CFPOA 没有明确对企业合规进行要求。其他司法管辖区的反贿赂执法活动实例已经一再表明，公司通过制定和实施合规政策，并以切实的执行来消除和避免贿赂行为，是最有效的办法。但是，CFPOA 的确没有明确规定关于组织实施反腐败合规计划的法律要求。针对选择实施合规计划的组织，反贿赂政策应当有具体的要求，但 CFPOA 中并不涉及，而且法院现有的指导也只能提供间接的帮助，这对于加拿大企业合规反贿赂制度的发展是不利的。虽然《加拿大刑法典》第 22.2 条的规定也能够惩治因贿赂而引发的犯罪，但为了促进企业，尤其是大型企业积极制订、实施和管理反贿赂合规计划，使其运营中贯彻合规的要求，CFPOA 有必要作出进一步修订。②

(二) 典型合规案例分析

在经合组织的成员国中，加拿大属于反贿赂执法次数不多或中等的国家。迄今为止，加拿大对企业发动的反贿赂调查和起诉只有寥寥数次，因此能对公司合规进行的指导也不如美国那么充分。但是，从已经确定的典型案例中，我们依然可以窥得一些与合规相关的内容。

加拿大首例涉及外国贿赂的案件是 R. v. Watt 案，但因不涉及企业合规的内容，笔者在此不展开。第一个涉及合规的海外重大贿赂案件，是 2011 年的 R. v. Niko Resources Ltd.案。Niko Canada 是一家加拿大的上市公司，该公司在加拿大阿尔伯塔省卡尔加里设有总部，并拥有多家全资子公司，其通过这些子公司在加拿大以外的国家开展国际业务。在该案例中，与贿赂的事实相关的 Niko 系列公司包括 Niko Canada 和 Niko Resources (Bangladesh) Limited (以下简称 Niko Bangladesh)。根据法院的判决，Niko 直接和间接地向孟加拉国的外国公职人员提供不当利益，以帮助 Niko 及其附属公司开展业务。具体而言，2005 年 5 月，Niko Bangladesh 向孟加拉国能源和矿产资源部长 AKM Mosharraf Hossain 提供了一辆价值 190984 美元的车辆，以影响这位正在和公司打交道的部长的决策。Niko Canada 承认，其资助了 Niko Bangladesh 收购该车并且知道 Niko Bangladesh 的意图。此外，Niko Canada 支付了 AKM Mosharraf Hossain 从孟加拉国前往卡尔加里参加石油和天然气博览会，以及随后前往纽约和芝加哥的旅行和住宿费用，总计大约

---

① 参见 Susan Hutton Corruption of Foreign Public Officials Act FAQ, 载 Stikeman 网站 (https://www.stikeman.com)，访问日期：2019 年 10 月 3 日。

② 参见 Anti-Corruption Regulation in Canada: Why It Matters for Your Business, 载 Mltaikins 网站 (https://www.mltaikins.com/compliance-risk-management-regulatory-investigations/anti-corruption-regulation-canada-matters-business/)，访问日期：2019 年 10 月 3 日。

5000 美元。①

2011 年 6 月,Niko 被罚款 900 多万加元并被处以 3 年的缓刑令,缓刑令旨在降低 Niko 再犯的可能性。在确定罚款数额时,法院考虑了《加拿大刑法典》第 718.21 条的因素,而且 Niko 也承认了两起贿赂事件。法院的缓刑令要求公司实施合规计划,以发现和防止违反 CFPOA 的行为。该合规计划是根据公司的贿赂风险量身定制的,包括以下关键要素:①建立内部会计控制系统以确保公平准确的账簿和记录;②严格的反腐败合规守则,旨在发现和阻止违反 CFPOA 和其他反腐败法律的行为;③风险评估,以制定这些标准和程序;④至少每年审查和更新;⑤将责任分配给公司高级职员,并直接向独立监督机构报告;⑥董事、办公室员工、代理人和业务方的定期培训和年度认证;⑦指导、建议和保密报告系统;⑧防止报复;⑨违法违纪行为;⑩对代理商和业务合作伙伴的尽职调查和合规要求;⑪与所有代理商和业务合作伙伴签订协议、合同和续约的标准条款,以防止违反反贿赂法。②

另一个与合规相关的经典案例是 R. v. Karigar 案,该案是加拿大第一次有人因贿赂外国公职人员而被判入狱。2014 年 5 月 23 日,安大略省法院根据《加拿大反外国公职人员贿赂法》判处了 Nazir Karigar(以下简称 Karigar)3 年的监禁。2013 年,Karigar 为了获得商业合同,与 Cryptometrics Canada Limited 的员工密谋贿赂印度国家航空公司的官员以及印度内阁的部长。在修订之后,CFPOA 对所犯罪行规定的最高刑期是 14 年。然而,在 Karigar 犯下相关罪行时,最高刑期只有 5 年。

法院认定判决中的加重因素包括:①贿赂计划的复杂性;②试图通过设立虚假竞标来隐瞒贿赂,以制造竞争性招标过程的错觉;③Karigar 的"权利意识"导致他公开告诉加拿大贸易专员贿赂;④Karigar 深度参与该计划。减轻因素包括:①Karigar 对检方的合作,避免了长时间的审理;②他先前没有犯罪记录;③贿赂计划"完全失败"。乍一看,贿赂计划的成败似乎并不是一个在确定判决时要考虑的因素;但是法院指出由于该计划的失败,造成的损害相对有限。法院对该案件的定性彰显了加拿大对贿赂行为的严厉态度:"一个人提议进行复杂的计划,贿赂外国公职人员,以促进加拿大海外企业的商业或其他利益,必须明白他们将面临在联邦监狱中被监禁的严厉判决。"判处监禁是加拿大在国际商业企业中应对贿赂行为的一个重要里程碑,也对所有在国际上活跃的加拿大公司提出了严厉而明确

---

① 参见 Agreed Statement of Facts Between Her Majesty the Queen & Niko Resources Ltd., June 23, 2011,载 Miller Chevalier 公司网站(https://www.millerchevalier.com/sites/default/files/resources/AgreedStatementofFacts.pdf),访问日期:2019 年 10 月 3 日。

② 参见 Matthew A. J. Levine, Canadian Initiatives Against Bribery by Foreign Investors,载国际可持续发展研究所网站(https://www.iisd.org/sites/default/files/publications/canadian-initiatives-against-bribery-foreign-investors.pdf),访问日期:2019 年 10 月 3 日。

的警告——实施强有力的反贿赂合规计划至关重要,它们必须认真对待商业道德,并确保它们制订明确的政策和有力的合规计划。①

三、加拿大竞争法合规

除了反贿赂合规,加拿大的企业合规制度还包括了竞争法合规、数据保护合规等内容,其中与竞争法相关的法规与合规案例对公司合规制度的发展具有积极的指导作用。《加拿大竞争法》(Competition Act)采用了合并式立法,将垄断、限制竞争和不正当竞争规定于同一部法律,把同属竞争范畴的三大类行为进行统一调整。《加拿大竞争法》的实体内容主要规定了垄断行为、限制竞争行为和不正当竞争行为,并区分为刑事犯罪行为和非刑事犯罪行为两大类。《加拿大竞争法》规定的刑事犯罪行为由总检察长负责提出刑事指控,非刑事犯罪行为由竞争局(Competition Bureau of Canada,以下简称 CBC)局长提请竞争法庭处理。② 作为一个独立的执法机构,CBC 在局长的指导下开展工作,局长负责调查违反竞争法的行为并促进组织遵守其管辖范围内的法律。

为了敦促企业遵守《加拿大竞争法》,CBC 发布了企业合规计划公告(以下简称"公告")并进行不定期修订。对于企业而言,妥善制定行之有效的合规制度可能起到抗辩与减轻处罚的作用。正如公告序言中所说,"本公告描述了企业应采取的措施,以防止或最大限度地降低其违规的风险,并在发生违规行为时予以监测。公告还提供了工具,帮助加拿大企业制订自己的合规计划……法案不要求实施计划,但在某些情况下,可由法院下令……本公告概述了此类计划的基本组成部分。为了真实可靠,计划必须证明公司承诺依法开展业务。为了有效,它需要告知员工他们的法律责任,遵守内部政策和程序的必要性,以及违反法律的潜在成本,不遵守法律的成本和它可能对加拿大经济造成的伤害。良好的企业合规计划有助于确定允许行为的界限,并确定寻求法律建议的最佳情况。此外,在某些情况下,法院在评估违规情况下的补救措施时,已认识到可信和有效的合规计划是减轻因素。竞争局认识到某些企业可能已经制订了一项计划,并鼓励它们抓住机会确保本公告中强调的基本组成部分反映在其计划中"。③ 而对于合规计划的优点,公告中明确列出了 8 点,分别是帮助企业保持良好的声誉;减少企业因诉讼调查和法庭诉讼程序而导致的诉讼、罚款、负面宣传和运营中断等相关费用;减少雇员、高级管理人员和公司承担刑事、民事或行政责任;协助公司及其员工评估他

---

① 参见 Dentons, Case Bulletin: R. v. Karigar, 2014 ONSC 3093,载 JD Supra 网站(https://www.jdsupra.com/legalnews/case-bulletin-r-v-karigar-2014-onsc-30-72766/),访问日期:2019 年 10 月 3 日。
② 参见《加拿大反垄断与反不正当竞争法律制度分析》,载中国市场监督报(http://www.cicn.com.cn/zggsb/2017-05/23/cms97416article.shtml),访问日期:2019 年 10 月 3 日。
③ 参见 Corporate Compliance Programs,载加拿大竞争局网站(https://www.competitionbureau.gc.ca/eic/site/cb-bc.nsf/eng/04297.html),访问日期:2019 年 10 月 3 日。

们可能面临的竞争风险;协助公司及其员工与竞争局沟通,例如通过早期识别违法行为,以要求豁免或宽大待遇;提高企业招聘和留住员工的能力;提高企业吸引和留住客户和供应商的能力;协助企业在某些情况下,在违反任何法令的情况下,减刑或其他宽大待遇。①

2014年9月18日,CBC发布了公司合规计划公告的修订版。因为之前版本的公告内容过于刻板,导致为公司的合规计划制定了不恰当的高标准。这就有可能使公告被加拿大商业界的大部分成员所忽视,而不能变成促进合规的重要工具。CBC发现,大多数企业通过评估违规风险和实施合规计划的成本来考虑实施合规计划。如果"公告"中描述的"有效和可信"合规计划的实施成本很高,同时企业认为的违规风险又很低,那么企业实施此类计划的积极性就不会很大。②

在很多涉及竞争法的案例中,法院要求公司建立并维护合规计划,并在此过程中将之与CBC发布的"公司合规计划"相联系。因此在大多数情况下,《加拿大竞争法》所展现出的要素有以下这些:

(1)指定公司合规官。

(2)针对违规事项制定书面的公司合规政策,该合规政策将包括:

①高级管理层的声明,强调公司对其中所包含的政策和程序的承诺。

②提及该政策的目的,该政策的一般描述,以及该政策中与公司最相关的那些条款的描述,包括执行、惩罚和补救规定。

③清楚地举例说明禁止的具体做法,以便公司各级人员能够轻松理解法案对其职责的潜在应用;一个实用的行为准则,确定非法或可疑的活动;一份声明,概述违反公司政策的后果;详细说明在某些情况下出现问题或怀疑可能违反该法案时员工应该做什么的程序;培训课程,以确保本协议适用的所有人都理解这一条款协议和合规政策。

(3)将合规政策分发给其人员。

(4)在任何和所有营销政策手册和零售店操作手册或公司的网络中包含合规政策。

(5)制订并向其人员提供强制性合规性计划/开展合规政策教育会议。

(6)为公司员工制订并提供年度进修合规计划/开展合规政策教育课程。

(7)以书面形式每年确认公司员工对合规计划和合规政策的认识和理解。

(8)合规计划和合规政策的年度审核。

(9)一些协议甚至更为详细,此外还要求颁布实用行为准则,以确定非法或可疑的活动,并至少包括以下特征:

---

① 参见 Corporate Compliance Programs,载加拿大竞争局网站(https://www.competitionbureau.gc.ca/eic/site/cb-bc.nsf/eng/04297.html),访问日期:2019年10月3日。

② 参见 Competition Bureau's Corporate Compliance Bulletin,载加拿大律师协会网站(https://www.cba.org/CMSPages/GetFile.aspx?guid=f190d991-bf69-40e8-8995-76c7061cb446),访问日期:2019年10月3日。

①来自公司各自总裁/首席执行官的信息,解释规则条文的重要性以及所有员工遵守雇佣条件的要求;

②具体规则下的员工责任;

③对违规行为的处罚以及向管理层或公司法律顾问报告任何违反守则的行为的方式;

④在促进产品供应或使用时应示例属于法案民事、刑事条款的基于商业利益的虚假或误导性陈述以及欺骗性营销实践;

⑤概述违反公司政策的后果的声明;

⑥详细说明在某些情况下出现问题或怀疑可能违反该法案时员工应该做什么的程序;

⑦培训课程以确保本协议适用的所有人员都理解本协议和合规政策的条款。①

第三节 法国企业合规制度

作为最主要的大国之一,法兰西共和国(简称"法国")在经济、政治和法律等领域都具有较大的影响力。《法国民法典》是法国法律制度对外输出的典型例证,但在合规制度的发展上,法国却一度表现得比较保守。以反腐败合规为例,根据 2018 年透明国际发布的全球清廉指数,在 180 个国家和地区中,法国排名第 21。从 1995 年到 2018 年,法国的清廉指数排名平均为 21.92,2014 年为历史最低的第 26 名。虽然在全球的范围看,法国反腐败排名靠前,但是在欧洲发达国家中却排名靠后。② 法国本国的有识之士很早就意识到了这个问题,经合组织等国际组织也多次呼吁法国采取措施改善这一现状。在阿尔斯通的并购案中,法国也因为商业贿赂而被美国的长臂管辖所钳制,国家利益受到巨大损失。但是法国直到 2016 年才通过了《关于提高透明度、反腐败以及促进经济生活现代化的 2016-1691 号法案》(La loi sur la transparence, la luttecontre la corruption et la modernisation de la vie économique,即《萨宾第二法案》,Sapin Ⅱ)。但是,法国在近两年对合规工作的推动力度逐渐加大,其未来是否能体现后发优势,有待进一步观察。

---

① See Marta Muñoz de Morales, Corporate Responsibility and Compliance Programs in Canada, in Stefano Manacorda, Francesco Centonze & Gabrio Forti(eds.), *Preventing Corporate Corruption: The Anti-Bribery Compliance Model*, Springer, 2014, p. 457.

② 参见 France Corruption Rank,载法国经济贸易网站(https://tradingeconomics.com/france/corruption-rank),访问日期:2019 年 10 月 5 日。

一、法人责任的认定

法人刑事责任在法国的确立经历了一个长期且与众不同的过程。长期以来,《法国刑法典》坚持个人责任原则,对于法人犯罪则保持"法人没有犯罪能力"(Societas delinquere non potest)的态度。直到1990年以后,《法国刑法典》第121-2条第1款才规定:"除国家之外,法人依照第121-4条至第121-7条区分之情况,对其机关或代表为其利益所实施的犯罪负刑事责任。"法人犯罪和法人的刑事责任也由此出现,"利之所在,损之所归,或损益兼归"(Cujus est commodum, ejus est onus)逐渐成为新的原则。与之相伴的是法国对法人刑事责任的认定,法国刑法学界称之为"代表责任"。[①]

与代表责任相对应的是替代责任、身份等同责任和组织体责任。这三种都是将犯罪行为的刑事责任归责于法人的模式。替代责任,即将"仆人过错主人负责"的民法原则引入刑法领域,其源于英国判例,在美国占据统治地位;身份等同责任,即"法人的另一个我论",将某些特定自然人(主要是控制或主管法人的董事、经理等)的犯罪拟制为法人犯罪行为,进而追究法人的刑事责任,英国法院主要以此为据进行相关判决;组织体责任,即将法人自身作为刑事责任非难的主体,以法人的结构功能缺陷而构建法人的独立过错为基础,近年来逐渐受到英美法的重视。法人犯罪理论在英美法系较为发达,这三种模式在时间上虽然呈现出先后发展的轨迹,但是目前三种模式并存且互为完善。进入现代社会之后,组织体责任模式的优势日益凸显。[②] 与之相比,《法国刑法典》中的代表责任强调实施犯罪行为的自然人代表法人,认为只有"法人机关或代表"实施的犯罪行为才能由法人承担刑事责任。

法国的立法者认为,脱离自然人的法人本身无法实施任何行为,法人只是通过自然人来实施具体行为,因此罪行归责于法人需要满足一定条件。故而,法人的刑事责任是一种间接的刑事责任,法人也不可能成为直接的犯罪主体。根据《法国刑法典》第121-2条的规定,犯罪行为的刑事责任可以归于法人,这仅仅是明确了在什么样的情况下自然人的犯罪行为由法人承担责任,确定犯罪的诸构成要件还是以自然人为核心。法国法中,法人机关一般是指法人的决策机关,包括董事会和股东大会。法人代表是指根据法律或章程,有权以法人名义行为的自然人,包括总经理、经理、董事会主席、临时管理人或法定管理人。与英美等国的法人责任适用范围不同的是,法国的立法者对于将拥有一定权力的雇员或代理人纳入规制范围持否定态度。因此,企业的中层管理者、合作的供应商或者普通的销售人员,尽管他们可能拥有一定的权力而进行犯罪,法人并不需要为此承担刑事

[①] See Emmanuel Dreyer, *Droit Pénal Général*, LexisNexis, 2012, p. 728.
[②] 参见陈萍:《法国法人刑事责任归责机制的形成、发展及启示》,载《政治与法律》2014年第5期。

责任。但法国最高法院认为,受法人机关授权的自然人也可视为法人的代表。比如,法国最高法院刑事法庭认为,受公司联营组织中多数成员公司投票授权的施工现场经理可以视为所有成员公司(包括未投赞成票的公司)的代表人。所以,由于该经理的轻率不慎而发生安全事故,可归责于与他并无直接管理关系的该公司。①

在《法国刑法典》中,"任何人都只对自己的行为承担刑事责任"是一项颠扑不破的基本原则。此条内容被写在《法国刑法典》第121-1条内,要优先于第121-2条的法人犯罪。因此,法人也只能对自己的行为承担刑事责任。法人机关或代表的行为可归责于法人,但这些自然人可能会为了自己或第三人的利益而实施危害法人的行为,从保护法人利益和公平正义角度出发,应当将这些行为排除出法人刑事责任的范围。于是,《法国刑法典》第121-2条中附加了"实施犯罪行为是为了法人利益"的条件。对于"法人利益"这个概念,我们不应该狭义地理解为经济利益。因为《法国刑法典》认定的法人概念不仅是以追求经济利益为目的的企业法人,还有社团法人、工会法人等其他形式的法人。"为了"的表现形式既可以是积极的追求,也可以是消极地规避损失的出现,所以对于"为了法人利益"的解释应该更加广义。甚至,即使是仅在维持法人正常运营的过程中,自然人的行为与法人利益也并不直接相关的情况下,也可以构成犯罪。

譬如,根据《法国刑法典》第五章侵犯人之尊严罪中的第225-1条和第225-2条所规定的歧视罪,其中涉及法人犯罪的规定是"基于法人成员或某些成员的出身、家庭状况、身体外貌、姓氏、居住地点、健康状况、遗传特征、风俗习惯、性取向或性别、年龄、政治观点、工会活动、确实或被推定属于或不属于某个特定人种、民族、种族、宗教,在法人之间进行任何区分的亦构成歧视罪",以及"自然人或法人犯第225-1条及第225-1-1条界定之歧视罪,有下列情形的,处3年监禁并科处4.5万欧元罚金:①拒绝提供某项财产或服务;②阻挠任一经济活动的正常开展;③拒绝招聘某人,或者惩罚或解聘某人;④以第225-1条所指之一项因素或者以第225-1-1条之规定为前提条件来提供某项财产或服务;⑤以第225-1条所指之一项因素或者以第225-1-1条之规定为前提条件来提供工作、实习或者进企业培训;⑥拒绝接受某人参加《社会福利制度法典》第L412-8条第2项所指之某项实习。如果在公众接待场所或者公众禁入场所实施第1项规定的歧视性拒绝行为,刑罚加重至5年监禁并科处7.5万欧元罚金"。上述的歧视行为可能并不能为公司带来任何的实际利益,实施该行为的自然人主观上也没有这样的意图,但是该行为仍可以被法人犯罪中的"为了法人利益"所解释。对此,法国学界对"为了法人利益"进行了广义解释,认为"只要犯罪行为是为了确保法人的成立目标、组织结构、社会职能的实现,哪怕法人本身在该行为中不能

---

① 参见陈萍:《法国法人刑事责任归责机制的形成、发展及启示》,载《政治与法律》2014年第5期。

发现任何利益或该行为实际上并未给法人带来任何利益,该行为仍然可归责于法人"①。

二、法国企业反腐败合规

法国企业反腐败合规的主要依据是《萨宾第二法案》(Sapin Ⅱ)。之所以被简称为 Sapin Ⅱ,是因为该法案是 1993 年反腐败法案的延续。当年,时任法国财长的米歇尔·萨宾(Michelle Sapin)向贝雷戈瓦政府提交了法国第一部反腐败的法案,此法案简称为《萨宾第一法案》(Sapin Ⅰ)。虽然制定反腐败法律较早,但是法国对于贿赂(尤其是海外贿赂)的执法情况非常不容乐观。以"贿赂国外公职人员罪"为例,自 2000 年该罪设立以来,从没有一家法国企业因为在海外的腐败行为而受到法国本国的处罚,但这些法国企业却因腐败问题被其他国家(尤其是美国)处以严厉的制裁。这种执法不力的情况导致法国多年以来面临着来自经合组织等国际组织的批评。法国政府于 2016 年颁布了新的反腐败法,被认为有助于显著加强和改善法国目前实施的反腐败制度。

《萨宾第二法案》包括 57 项条款,约有 1500 个修正条款。依据第 17 条的规定,《萨宾第二法案》反腐败条款主要适用于如下企业:①拥有至少 500 名员工或者属于拥有至少 500 名员工的公司集团,且母公司设在法国;②营业额或集团整体营业额超过 1 亿欧元。同时,根据《萨宾第二法案》第 17 条的规定,符合上述适用条件的法人实体的总裁、执行董事、经理或董事会成员必须采取积极的措施来管控企业的腐败风险。《萨宾第二法案》第 17 条的规定平等适用于母公司、其子公司以及《法国商法典》第 L-233-3 条所定义的受控公司。母公司可以为集团整体施行《萨宾第二法案》第 17 条要求的反腐败措施,在此情况下,其子公司及控制的公司将被视为满足《萨宾第二法案》第 17 条所规定的上述义务。② 符合条件的主体,必须施行以下几方面的内部合规计划,以打击腐败和影响力交易:

(1)特定的法国行为准则,包括反腐败规则和程序,必须包含在公司的议事规则(Règlement Intérieur)中;

(2)内部举报程序;

(3)定期更新风险分布图,根据公司开展业务的地理范围和商业部门确定腐败风险;

(4)主要客户、供应商和中介机构的尽职调查程序;

(5)内部或外部会计控制程序;

(6)为员工定期举办培训课程;

---

① Frédéric Desportes et Francis Le Gunehec, *Droit Pénal Général*, p. 588.

② 参见 An Overview of Sapin II,载 Edisclosureblog 网站(http://www.edisclosureblog.co.uk/overview-sapin-ii/),访问日期:2019 年 10 月 5 日。

(7) 违反行为准则的纪律制度；

(8) 实施合规(反腐败)程序的内部控制和审计程序。①

值得注意的是，《萨宾第二法案》强调公司必须有内部或外部会计控制程序，是要确保公司的账簿账户等不会被用于隐瞒公司腐败及权钱交易行为。除应遵守所适用的各项会计准则外，《萨宾第二法案》规制下的会计管控主要要求公司应当确保：①其提供货物或者服务的账单合法真实，符合货物或者服务价值以及相关合同协议；②所有支出都符合规定及权限要求；③经批准的现金支付额度应当有所限制。另外，也应当进行相关审计以发现潜在的腐败风险。而合规计划中的培训课程主要是为在"风险分布图"中被归为高风险的人而设计的。具体来说，可能包括管理层、买家、卖家以及与公众人物有交集的员工。培训对于在公司内部建立一种道德主导的工作文化是非常必要的，尤其是对于管理层。虽然目前《萨宾第二法案》对于培训的具体内容未作规定，但按照其他国家的合规实践，此类培训应当传递公司所秉持的诚信原则，并且确保每一个成员了解腐败的法律风险、公司内部反腐败规定、合规责任主体、举报制度等内容，有必要的话还可以进行模拟演习。

《萨宾第二法案》的关键性创新在于引入具有约束力的义务以防止腐败和影响力交易。由于法国刑法不仅规定了公职人员的腐败行为，而且还规定了私营部门的腐败行为、影响力交易和偏袒行为，公司的合规方案和反腐败政策应予以修订和审查，以确保它们完全符合《萨宾第二法案》。

为了加大查处腐败的力度和有效性，法国创立了新的反腐机构"法国反腐局"(Agence Francaise Anticorruption, AFA)，以取代之前于1933年设立的法国中央预防腐败处(French Service Central de Prevention de la Corruption)，负责《萨宾第二法案》的具体执行工作。新的法国反腐局的人员及预算都得到了提升，由原先法国中央预防腐败处的16人增加到约70人，年度预算也将增加到1000万欧元至1500万欧元。依据《萨宾第二法案》的规定，法国反腐局的职责主要包括三个方面的内容：监督法国企业遵守反腐规定；协助主管部门以及相关人员防止和发现腐败行为；确保在法国境外敏感信息交流程序的合规性。但是，法国反腐局本身仅有监督的权力。在发现腐败行为后，他们的义务是将腐败情况报告给公诉机关，由公诉机关展开调查。法国反腐局的权力类似于调查金融和竞争监管的机构，其有权进行正式调查，例如进行现场搜查，进行访谈和要求企业披露任何相关文件，以验证受约束的实体是否遵守了防止腐败的义务。违反"防止腐败"的义务可能招致严厉的处罚，如果企业的内部程序被认为不足以防止腐败行为，则受约束实体的

---

① 参见 What You Need to Know About the New National Security and Investment Bill, 载泰乐信律师事务所网站(https://united-kingdom.taylorwessing.com/documents/get/453/alert-compliance.pdf/show_on_screen)，访问日期：2019年10月5日。

董事可被处以高达 20 万欧元的罚款,而公司本身可能会被处以高达 100 万欧元的罚款,上述制裁可以叠加使用。但令人遗憾的是,虽然《萨宾第二法案》大大增加了重要公司董事的责任,但并不允许他们限制或者免除刑事责任。例如,如果一家公司正确实施了符合《萨宾第二法案》规定的反腐败计划,却依然面临腐败指控,那么它就不能说自己已经适当地防止了贿赂,可以抗辩自己的刑事责任或者减免处罚。[1]

根据《萨宾第二法案》的规定,在法国被起诉的法人实体有和法国当局达成刑事和解(Convention Judiciaire d'Intérêt Public,即"基于公共利益的司法协议")的可能性。在美国和英国等国家,类似的规定一般称为"暂缓起诉协议"。以往,法国不允许检察机关与公司签订暂缓起诉协议。法国法律规定的唯一程序是预审认罪出庭程序(procédure de la comparution sur reconnaissance préalable de culpabilité)。如果被告承认有罪,则其有权在法庭审理前协商判决并同意判刑。但这种选择与刑事定罪具有相同的效力,因此不被解释为解决方案。经过立法时的广泛讨论,《萨宾第二法案》的正式版本允许公司实体终止刑事诉讼,以换取:①支付罚款,最高可达过去 3 年的公司营业额的 30%;②在法国反腐局的监督下实施合规计划,为期 3 年;③在一年内赔偿该罪行的潜在受害人所遭受的损失。这种和解协议仅适用于公司实体因私人和公共腐败或洗钱或欺诈行为而受到起诉的情况。协议的条款要与检察官协商,一旦公司同意检察官的提议,检察官则把协议草案提交原诉法官。在公开听证会上,公司及其潜在受害者将被听取意见,法官可以拒绝批准该协议或批准确认该协议。如果法官批准该协议,该公司将有 10 天时间行使撤回权。如果公司遵守协议中规定的所有义务,则刑事指控将被取消。但是,和解协议仅对其签署人具有约束力,但对根据相同事实起诉的个人或其他公司不会产生任何后果。和解协议鼓励法国公司与当局合作,而不是冒着国际腐败或行政制裁的最终定罪的风险,因为定罪可能禁止其参与公共采购程序 5 年。[2]

根据《萨宾第二法案》的规定,被法院以腐败或公营或私营部门的影响力交易为由定罪的法人实体可能会受到"强制合规"的额外刑事处罚。这项新的处罚旨在对被定罪的实体施加义务。在法国反腐局的监督下,主体须在最长 5 年内自费实施有效的反腐败制度,他们需要实施的预防措施与上述详细适用于受约束实体的措施类似。不遵守强制性合规处罚或妨碍其执行本身就是一种犯罪行为,最高可被判处 2 年监禁,公司法定代表人或董事可被处以最高 5 万欧元的罚款。公司

---

[1] 参见 What You Need to Know About the New National Security and Investment Bill,载泰乐信律师事务所网站(https://united-kingdom.taylorwessing.com/documents/get/453/alert-compliance.pdf/show_on_screen),访问日期:2019 年 10 月 5 日。

[2] 参见 The New French Anti-corruption Law SAPIN Ⅱ: What Is the Impact for Companies Operating in France?,载 Eversheds Sutherland 网站(https://www.eversheds-sutherland.com/documents/global/france/the-new-french-anti-corruption-law-sapin%20II_March_2017.pdf),访问日期:2019 年 10 月 5 日。

本身将受到与最初被定罪的罪行(即公共或私营部门的腐败、影响力交易等)相等的罚款。①

三、法国企业竞争法合规

除反腐败合规以外,法国在企业竞争法合规上也进行了较长时间的探索,取得了一定的立法和实践成果。

(一)法国竞争局规制下的企业竞争

法国竞争局(the Autorité de la concurrence)是由法国法律设立的独立行政机构,专门对市场运行情况进行专家评估,对合并交易进行事先审查,并检测和惩罚违反竞争法的做法。法国竞争局的工作目的是确保市场的有效竞争,为此可以强制执行竞争法的相关规则。在这样的目的之下,法国竞争局不单单开展竞争执法,或者审查来自法院的指控(特别是刑事方面的指控),还积极地倡导公司竞争。因此,法国竞争局鼓励公司采取积极的战略,以预防或降低违反禁止反竞争协议和滥用支配权的规定的风险。为了实现良好的宣传效果,法国竞争局会定期发布关于一般性竞争问题的意见和建议,并且发布面向企业的竞争法指南,即解释其程序、政策和执法实践(合并审查、宽大和解决程序、经济处罚等)的某些方面的文件。

法国企业的竞争法合规主要是在法国竞争局的规制下展开。意识到企业为了遵守竞争规则所做的努力需要得到鼓励,法国竞争局在2012年2月发布了《最佳实践指南》,旨在帮助希望建立或改进竞争法合规计划的公司。无论是中小企业还是大型的跨国公司,熟悉竞争法规则并建立相应的合规机制都确有必要,对于《最佳实践指南》所描述的在这方面已经确立的"最佳实践",企业都可以运用到实际的经营活动中。这个版本的《最佳实践指南》在出台前曾面向大众群体广泛吸取意见,相关的利益各方都有充分机会就其内容和实用性提出建议,所以《最佳实践指南》具有比较好的可操作性。《最佳实践指南》认为,合规计划使公司能够防止自身违反反垄断规则,而如果这种不当行为已经不可避免地发生了,那么合规计划能增加发现并随后加以补救的可能性。对于希望主动控制风险的公司来说,合规计划可以成为一种有用的风险管理工具。

法国企业在竞争法合规上需要遵循的主要规则是来自法国和欧盟关于企业竞争的规定,主要是《欧洲联盟运作条约》(Treaty on the Functioning of the European Union, TFEU)第101、102条以及《法国商法典》第420-1条、第420-2条和第420-5条中规定的规则。公司违反竞争法业务的主要表现是公司间达成反竞争协议和滥用主导地位。反竞争协议的内容包括竞争对手间共同确定价格,分配市

---

① 参见 The New French Anti-corruption Law SAPIN Ⅱ: What Is the Impact for Companies Operating in France?, 载 Eversheds Sutherland 网站(https://www.eversheds-sutherland.com/documents/global/france/the-new-french-anti-corruption-law-sapin%20II_March_2017.pdf),访问日期:2019年10月5日。

场、客户或者分享生产配额,以及其他协调一致的"横向"行为(竞争对手之间)或"纵向"行为(在不同层面经营的企业之间)。企业之间的协议,无论其开展业务的供应链的级别(以及是否在合同中正式列出),只要其目的或者实际和潜在影响是阻碍有效竞争,都可被视为反竞争协议。竞争协议中最引人注目的例子包括定价、共享市场或客户分配、生产或产出限制。这种通常保密的做法严重违反了竞争法,可能导致公司被处罚。此外,在供应链的不同级别的竞争者之间交换机密或战略信息(例如与生产成本、销售、营销计划等有关的信息)以减少市场中的战略不确定性也可能被判定为反竞争。而竞争者之间或制造商与价值链下游的企业(批发商、零售商等)之间的协议也可能被视为非法的"横向"或"纵向"协议,例如:生产者与零售商达成零售价格的协议,或同意将其纳入分销网络,前提是它们同意不在互联网上销售产品。[①]

滥用支配地位则是一个或多个拥有市场支配力的公司通过限制选择、提高价格等来排除其竞争对手或剥削客户的策略。这些公司在开展业务的市场中占据主导地位(以市场份额或其他经济指标衡量)或可能在该市场占据主导地位。与其他公司相比,此类公司负有特殊责任:它们不得从事被视为滥用主导地位的行为,例如阻止竞争对手在市场上开展业务或试图将其驱逐出市场。人为地抬高价格(利用被垄断的消费者)、人为地降低价格(目的是将竞争对手赶出市场)或对商业伙伴施加不合理的一般销售条款和条件,都可能被视为滥用主导地位的行为。[②]

上述行为是以人为干预的方式破坏正常的经济秩序,除实施行为的企业获得了巨额利益之外,同业公司、其他客户、终端的消费者乃至整个社会的福祉都受到了重大损害,这也是法律规定反竞争行为要受到非常严厉惩罚的原因。从事反竞争行为是企业利益权衡的结果,在这些企业看来,通过破坏竞争规则,从事违规活动,就能迅速获得常规情况所无法获得的经济优势。但这种看法不仅短视,而且忽视了违法行为被发现的风险。不仅是法国,从全世界各国几十年的经验来看,依赖违反竞争规则而取得的成功都很脆弱。违反竞争法的行为既有可能被竞争对手、客户、合作伙伴或雇员披露,也可能在执法机构的反竞争法调查中暴露,而反竞争行为一旦被发现和认定,这些公司就面临着高额的经济处罚。因此,违规企业的"算计"被反复证明是一种失败的计划,他们实际上会为反竞争协议和滥用主导地位的行为付出非常高昂的代价。违反竞争法可能产生极其高昂的成本(如需要分配大量资源进行漫长而昂贵的诉讼、被罚款风险等),这就给企业进行必要努力以确保遵守竞争规则一个非常好的理由,为了避免数千万欧元甚

[①] 参见 Cartels and Anti-Competitive Agreements in 2018,载 The knowledge Group 网站(https://www.theknowledgegroup.org/webcasts/anti-competitive-agreements/),访问日期:2019 年 10 月 5 日。

[②] 参见 Abuse of Dominant Position-Meaning, Determination and Case Laws,载 Legal Bites Law & Beyond 网站(https://www.legalbites.in/abuse-dominant-position-competition-law/),访问日期:2019 年 10 月 5 日。

至数亿欧元的损失,竞争法合规成为法国企业合规的一个主要部分。

在现有的竞争法规制之下,制订合规计划是法国企业对自身采取的一项重要的保护措施。首先,合规计划有助于降低被竞争对手投诉或参与当局发起的调查所带来的风险。建立合规计划也有助于发现和评估公司内部可能发生的不当行为,这就使公司从法律角度保护自己。其次,如果发现了自身存在的不当行为,选择忽视或者掩盖并不是对公司最有利的做法。相反,为了自身的最大利益,公司应尽快发现可能发生的错误并自行补救。如果不当行为被判定为垄断,那么公司的最大利益在于向法国竞争局提出宽大处理请求,竞争局可以完全或部分免除罚款。从非法律的层面来说,遵守竞争规则有助于提升和保持公司良好的声誉。一方面,因违反竞争法而被罚款损害了公司的公众形象,可能直接导致其失去客户、合作者、员工和股东的信任;另一方面,遵守竞争法的合规制度可以提高公司的声誉,使其对公众更具吸引力。它可以提高公司对求职者的吸引力,增强客户的信心,并培养员工的忠诚感。另外,将完善的道德规范转化为具体行动,提高组织成员对竞争规则的认知,不仅会提醒他们遵守上述规则,还潜移默化地完成了对员工的培训。公司可以将其价值观和道德规范转化为具体行动。合规制度增加了个人责任,并为公司提供了更有效的工具来扩大其影响力。在一个国家或地区市场上"按规则竞争"是全球商业竞争中不可否认的巨大软实力,当一家公司对遵守规则更有信心时,它必然变得更有竞争力。

在一段时间内,公司制订和实施竞争法合规计划需要投入一定量的各种资源。但是根据已经实行此类计划的公司的反馈,合规计划在法律安全、员工参与、公众形象、声誉以及由此带来的商业发展利益方面的积极影响已经超过了合规流程的成本,更不用说降低潜在的巨额处罚。

(二)企业竞争法合规的实践要素

基于上述原因,法国越来越多的公司为自己的事业部门制订了竞争法合规计划。因此,法国竞争局发布了一份关于合规计划的框架文件,就如何制订一个可信、有效的合规计划向各公司提供建议,并解释法国竞争局在处理反竞争法案件时如何将合规制度考虑在内。根据这份官方报告,法国的企业竞争法合规应当包括五项基本要素。

(1)公开承诺。

对法规的无知并不能成为违法的辩护理由,因此,企业内的所有员工都必须获得有关竞争规则的适当信息。合规文化应该渗透到公司的各个层面,例如从高级管理层到销售团队和法律事务负责人。此外,高级管理层和其他层级的领导所发出的明确信息,对于激励公司有效地致力于实践合规流程非常有价值。因此,明确、坚定和公开的立场,即遵守竞争规则并支持公司的合规计划,是合规计划第一个不可或缺的特征。

(2)专员负责。

为了促进合规实践,公司的管理机构应该任命专门负责内部反垄断合规计划管理的人员。如果"合规官"属于高级管理层并直接接触公司的监督机构,那么他将有更大的影响力。

(3)内部培训。

公司应该向公司高级管理人员、经理、监事和所有可能面临违反竞争法风险的员工发放解释竞争规则实际内容的文件。这些文件在提高个人和集体对遵守这些规则的重要性的认识方面,可能会有很大的帮助。公司也可实施内部沟通措施和竞争规则的强制性培训。

(4)警报系统。

采取措施确保和评估个人遵守合规政策将提高合规计划的有效性。此外,公司应该建立一个渠道,可供有合规需要的员工访问。所谓合规需要,是指希望得到就如何在特定情况下采取行动或报告经证实或可能违反竞争规则的建议。这种内部的警报系统在实践中被证明具有决定性作用。

(5)监控系统。

合规计划的成功取决于公司监控其执行情况的能力。该系统必须包括处理咨询请求和审查侵权报告的程序,并规定在公司的合规政策受到侵犯时违规者受到处罚的可能性。

第四节 瑞士企业合规制度

作为一个国土面积不大的联邦制国家,瑞士联邦(以下简称"瑞士")在经济、政治和文化的发展上都取得了很高的成就。发达的银行业使得瑞士在全球的金融市场中占据重要地位,作为全球最大的离岸金融中心,瑞士管理着数万亿美元的资产。独特的中立国地位使得瑞士成为非政府组织的首选基地,例如国际奥林匹克委员会(IOC)、国际足球联合会(FIFA)和欧洲足球协会联盟(UEFA)等60个国际性体育组织的总部都设在瑞士。这些成就都有赖于瑞士法治的保障,也不断促进瑞士法治的发展。但即便如此,瑞士企业也仍然面临来自合规的挑战。尤其是对中小企业而言,瑞士相对较小的国土面积限制了企业在境内开展业务的机会,促使许多中小企业在海外开拓市场。而最近一项研究表明,40%在海外经营的瑞士中小企业面临贿赂公职人员等合规问题。[1] 因此,瑞士对于企业合规的探索

---

[1] 参见 Bribery & Corruption 2021 Switzerland,载全球法律视野网站(https://www.globallegalinsights.com/practice-areas/bribery-and-corruption-laws-and-regulations/switzerland#chaptercontent1)访问日期:2019年10月5日。

从未停止,并不断发展。

一、法人责任的认定

《瑞士刑法典》(Swiss Criminal Code,以下简称 SCC)所认定的组织责任不仅针对常规意义上的公司,也包括其他法人实体。根据 SCC 第 102 条的规定,以下实体都可以承担法律责任:根据私法成立的任何法人实体;根据公法成立的任何法人实体(地方当局除外);公司和独资企业。所谓根据私法成立的法人实体包括协会、基金会、股份有限公司、股份有限合伙企业、有限责任公司、合作企业、共同土地合作企业以及类似机构。根据公法成立的法人实体包括像公共运输公司这样的组织。而独资企业可以涵盖任何以商业实体或公司名义经营业务或从事商业活动的人士。

2003 年以前,瑞士对公司本身并不追究刑事责任,只有公司的经理、董事会成员或员工等个人才会因刑事犯罪而被起诉。自 2003 年 3 月 21 日起,SCC 首次规定对公司追究刑事责任。根据 SCC 的规定,公司承担刑事责任必须满足三个条件:第一,刑事机关能证明犯罪行为与公司缺乏组织性之间存在联系;第二,罪行是由犯了主观和客观过错的个人所实施;第三,行为实施者必须在商业活动中按照公司的目标行事[1],至于实施行为的个人在公司担任什么职务则并不重要。对组织刑事责任的认定规定在 SCC 第 102 条,该条规定了公司的一般责任和主要责任。

根据 SCC 第 102 条第 1 款的规定,只有在下列情况下才存在此类责任:①在公司内部犯下重罪或轻罪;②根据公司的目标进行商业活动;③不可能将此行为归于任何特定个人;④公司组织不当导致效率低下。可见,如果无法将犯罪行为归咎于任何特定的人,公司就可能要对刑事犯罪负责。[2] SCC 要求实际的行为人必须是公司内的自然人,并且该自然人和公司之间必须存在强大的等级和组织联系。行为人可能具有公司内的正式或非正式职务,可能是合伙人、代理人或员工,包括履行官员职能的员工。因此,行为人是否具有公司内部的决策权无关紧要。此外,构成犯罪的客观和主观要素应由犯下基本罪行的个人履行。之所以要求行为必须在从事商业活动的时候实施,是为了强调禁止以非法行为谋求合法目标的初衷。因此自然人的行为必须是在与公司目标相关的活动中实施,间接相关的活动也可能构成犯罪。一般来说,货物的生产和交换,以及提供服务将始终被视为商业活动。为了使公司承担刑事责任,这些商业活动必须符合公司的目标。同时,该规定也适用于非营利性公司。只有涉及

---

[1] 参见 Corporate Liability in Switzerland,载全球合规新闻网站(https://globalcompliancenews.com/white-collar-crime/corporate-liability-in-switzerland/),访问日期:2019 年 10 月 5 日。

[2] 同上注。

与公司合法和正常业务活动相关的风险行为才可能导致公司的刑事责任。犯罪行为可以被视为风险的具体化和现实化。这样规定使能够追究公司责任的情况受到了限制。

对于公司而言，要承担主要刑事责任只发生在有限的几种情况下。在这些特定的行为中，如果公司未采取一切合理的组织措施来阻止实现明确的违法行为，那么就要承担刑事责任。根据 SCC 的规定，这几种特定的行为分别是：参与犯罪组织①、资助恐怖主义②、洗钱③、贿赂瑞士公职人员④、给予优势⑤、贿赂外国公职人员⑥以及贿赂私人⑦。如果公司涉及以上行为，则无论自然人的刑事责任如何，都可以确立公司的主要责任，而且即使个人可以免除责任，公司仍有责任。换句话说，即使个人能够成功地援引某些辩护理由，公司仍然需要承担责任。因此，公司必须有效地采取所有适当措施，以防止实施 SCC 第 102 条所列的违法行为。在这方面，公司仅仅采取那些通常被认为"最重要的"措施可能是不够的，而主管刑事的当局必须逐项分析所实施的措施，然后慎重评估该公司是否履行了其组织职责。

值得注意的是，SCC 对企业犯罪的处罚较为人性化。法院会根据犯罪的严重程度、组织不足的严重程度、造成的损失或损害以及公司支付罚款的经济能力，对罚款数额进行评估。如果犯罪不是严重到公司必须解散的程度，则罚款额度一般不会高到使公司面临破产的危险，也不会给公司的债权人带来不利后果。与法国或意大利法律相反，瑞士法律没有专门针对公司及其经营方式的限制措施（例如暂停营业等），只是可以要求没收企业为了犯罪而使用、打算使用或生产的物品和资产。但是根据 SCC 第 70 条第 2 款的规定，如果该资产被返回给犯罪的受害者，则法院不能没收。如果被认为符合公共利益、受害者利益或投诉人的利益，刑事法院在对企业进行罚款的同时，也可以命令受到处罚的公司把判决书在法院指明的一份或多份报纸上公布。⑧

二、瑞士企业反腐败合规

瑞士是《OECD 反贿赂公约》《联合国反腐败公约》和欧洲《OECD 关于腐败的民法公约》和《OECD 关于腐败的刑法公约》的签署国，也是反腐败国家集团

---

① See Article 260ter of the SCC.
② See Article 260quinquies of the SCC.
③ See Article 305bis of the SCC.
④ See Article 322ter of the SCC.
⑤ See Article 322quinquies of the SCC.
⑥ See Article 322septies § 1 of the SCC.
⑦ See Article 322octies of the SCC.
⑧ 参见 Corporate Liability in Switzerland，载全球合规新闻网站（https://globalcompliancenews.com/white-collar-crime/corporate-liability-in-switzerland/），访问日期：2019 年 10 月 5 日。

（GRECO）的成员，因此这些国际组织的文件、指南等软法对瑞士的反腐败合规具有重要的指导作用。和其他很多国家不同，《瑞士宪法》中确立了"国际法高于国内法"的原则。但是落实到刑法，尤其是在企业的贿赂、腐败问题上，瑞士的司法体系所依据的判定标准还是瑞士的国内法律。也就是说，企业反腐败合规所遵守的主要规则是瑞士国内的相关法律。

（一）反腐败合规的法律渊源

在瑞士的相关法律中，腐败的主要表现形式是贿赂。根据 SCC 的规定，瑞士将贿赂大致分为针对国内公职人员的贿赂、针对国内私人的贿赂以及针对国外公职人员的贿赂。① 对"公职人员"的判断标准则在于其是否承担了公共职能，官方指定的专家、翻译、仲裁员或武装部队成员都可以成为公职人员，私营公司的成员在某些情况下也可以被认为具有公职人员的身份特征。

根据 SCC 第 322 条之三至第 322 条之四的规定，对公职人员的贿赂行为被分为主动贿赂和接受贿赂，前者包括任何企图贿赂公职人员的行为，后者只能由上述公职人员实施。② 贿赂包括向公职人员提供、承诺或给予好处，以使公职人员以违背职责要求或以行使自由裁量权的方式，执行或不执行与其公务活动有关的行为。接受贿赂包括为自己或为第三方招揽、承诺或接受不正当利益，以违背职责要求或以行使自由裁量权的方式，执行或不执行与其公务活动有关的行为。③ 被认定为贿赂的自然人可能面临以下处罚：最多 5 年的监禁；按每日计算的、最高 360 个每日罚款单位的罚款（法官将根据个人的经济实力确定每日罚款，从每天 10 瑞士法郎到 3000 瑞士法郎不等，并将该金额乘以实施的天数）；5 年内禁止从事某项职业；没收为犯罪而使用、意图使用或生产的物品和资产。而对于触犯贿赂罪的公司来说，其可能面临最高 500 万瑞士法郎的刑事罚款，以及被没收因犯罪而使用、意图使用或生产的物品和资产。在 SCC 中，没有对涉及公职人员的礼品、旅行、餐饮和娱乐等招待费用的定量或定性的明确规定，但瑞士与公职人员相关的行为规范包含对此类费用的明确限制。比如，根据《瑞士联邦公务员条例》（Swiss Ordinance on Federal Public Employees）第 93 条的规定，对于赠送公职人员的礼物和提供的优惠最高仅限于价值 200 瑞士法郎。除这些明确的规则之外，在 SCC 意义上的招待费用是否可被视为贿赂，需要根据案件的具体情况而确定。

在私营部门的腐败上，SCC 也区分了主动贿赂与接受贿赂的行为，具体规定与对公职人员的贿赂行为基本相同，而且贿赂行为还可能违反《瑞士反不正当竞

---

① 参见 Anti-Corruption in Switzerland，载全球合规新闻网站(corruption/handbook/anti-corruption-in-switzerland/)，访问日期：2019 年 10 月 5 日。

② See Swiss Criminal Code, Article 322ter; Article 322quater.

③ 参见 Bribery & corruption 2021 Switzerland，载全球法律视野网站（https://www.globallegalinsights.com/practice-areas/bribery-and-corruption-laws-and-regulations/switzerland#chaptercontent1），访问日期：2019 年 10 月 5 日。

争法》第4a条的规定。私营部门的贿赂行为会造成如下后果:对个人而言可能造成最多3年的监禁(但轻微案件只有在受影响人或法人实体的要求下才会被起诉);按每日计算的、最高360个每日罚款单位的罚款(法官将根据个人的经济实力确定每日罚款,从每天10瑞士法郎到3000瑞士法郎不等,并将该金额乘以实施的天数);5年内禁止从事某项职业;没收因犯罪而使用、意图使用或生产的物品和资产。对于公司而言可能造成最高500万瑞士法郎的刑事罚款,以及被没收因犯罪而使用、意图使用或生产的物品和资产。而SCC对外国公职人员贿赂行为的规定,与对国内公职人员的规定相同。事实上,SCC中关于贿赂的规定随着社会情况的变化而修改。例如,在2015年全球爆发了一系列体育领域的丑闻后,瑞士议会投票通过了SCC关于私营部门贿赂的修正案,以促进对腐败的调查和惩治,该修正案于2016年7月1日生效。在修正案生效以后,涉及私营部门贿赂的"严重案件"将被依职权起诉(而不仅仅依要求)。此外,私人贿赂被惩罚也不再需要达到"导致竞争扭曲"的程度。① 和一些国家不同,瑞士不禁止向外国公职人员提供小额的便利费(通行费)。SCC规定,如果小额的通行费与当地社会习俗相符且不违反当地法律,则不属于贿赂。

对于上述腐败行为的调查由瑞士联邦检察长办公室(OAG)和各州的检察官负责,如果有明确的地域指向,则该案件由该州的检察官负责调查,如果腐败罪行主要发生在外国或发生在数个州内且没有明确的主要发生地,则由OAG负责调查。② 除了检察官系统,其他机构也逐步加强对腐败犯罪的打击,以形成合作联动的执法态势。例如,在2016年瑞士金融市场监管局(FINMA)与OAG之间的合作谅解备忘录生效后,FINMA也进一步强化金融领域反腐败的职能,FINMA的主要任务包括对受监管金融机构进行行政监管,而OAG则有权起诉瑞士联邦管辖范围内的刑事犯罪。而自2015年以来,瑞士联邦警察局为想要检举腐败案件线索的个人提供了网络举报平台。瑞士联邦洗钱举报办公室(MROS)在2017年收到金融机构的4684份可疑活动报告,而2016年为2909份。瑞士银行也正在制作越来越多的可疑活动报告,其中包括许多与实际或涉嫌腐败有关的报告。③ 因此,瑞士的反腐败体系正在日益完善进步。

(二)SCC规制下的反腐败合规

基于SCC对企业责任和腐败犯罪的规定,合规计划在减轻乃至免除企业的刑事责任方面具有重要的价值。无论是因为组织性不足而产生的附属责任,还是因

---

① 参见Corporate Liability in Switzerland,载全球合规新闻网站(https://globalcompliancenews.com/white-collar-crime/corporate-liability-in-switzerland/),访问日期:2019年10月5日。
② See article 24(1) of the Swiss Criminal Procedure Code.
③ 参见Anti-Corruption in Switzerland,载Lexology网站(https://gettingthedealthrough.com/area/2/jurisdiction/29/anti-corruption-regulation-2019-switzerland/),访问日期:2019年10月5日。

为未能采取所有必要的合理组织措施防止特定行为而产生的主要责任,都直接指向了公司的合规体系。因此,在自然人和公司同时承担刑事责任的情况下(这是实践中最常见的情况),如果公司被认为已经采取了所有合理的组织措施,那么有效的合规计划可以免除法人实体的刑事责任。除此之外,在任何情况下,有效的合规计划至少有助于减轻相关法人实体的刑事责任。但是,瑞士迄今为止没有公布官方的合规指南、指导手册或者其他包含明确合规要素的文件,所以法律框架之内的合规要素依然处于空白状态。如果仅仅从 SCC 等原则性的法律规定出发考虑合规的要素,我们可以笼统地认为企业应该采用稳健的合规计划作为辩护策略,以减轻或排除法人实体对腐败犯罪的刑事责任。[1]

而对于公司发现自身腐败问题之后的自我报告,瑞士目前也尚无法定机制或既定惯例。但是,OAG 明确表示欢迎并敦促企业向监察机构报告涉嫌或实际的腐败犯罪和其他上游犯罪。自 2015 年以来,OAG 的总检察长和高级检察官们不断发表公开声明,欢迎公司自行举报不当行为,并承诺公司将从这样的合作中受益。具体来说,自我报告的公司不会被阻止与公共机构开展业务合作,也不会被勒令停业。OAG 的态度能追溯到的成文法渊源可能是 SCC 第 53 条,如果犯罪者已弥补损失、损害或伤害,或已尽一切合理努力弥补所造成的损失,只要公众的利益和受害者的利益得到保护,则可以免除处罚或放弃诉讼。因此,自我报告、充分合作、积极补救和归还非法所得利润是公司合规制度在发生腐败之后应该做出的反应。通过自我报告和与当局充分合作,公司从加快的程序中获益。在实践中,公司可以通过其外部律师,在匿名的基础上寻求 OAG 的非正式指导,以便提交自我报告。但是,一旦 OAG 已经获得了关于某公司可疑或实际不当行为的证据,该公司就不可能再进行自我报告,而且如果调查开始,公司可能会面临被传唤和突击性检查。

而一旦调查开始,公司可以申请适用简易程序,允许被告与检察官协商辩诉交易。该措施的前提是被告与检察官就事实、犯罪和罚款达成一致,并承认民事索赔。[2] 辩诉交易必须由法院在简易审判中批准,这个审判可能导致最高不超过 54 万瑞士法郎的罚款、不超过 720 小时的社区服务或不超过 6 个月的监禁。如果无法与检察官达成和解协议,或者法院拒绝批准和解,则公司在该特别程序中提供的所有证据均会被搁置,不会在普通的刑事诉讼程序中被新任命检察官所承认。而在正常的刑事诉讼中,法院在确定适当的制裁时可以考虑公司在诉讼过程中的行为。[3]

---

[1] 参见 Anti-Corruption in Switzerland,载全球合规新闻网站(corruption/handbook/anti-corruption-in-switzerland/),访问日期:2019 年 10 月 5 日。

[2] See Article 358 et seq SCPC.

[3] 参见 Anti-Corruption in Switzerland,载 Lexology 网站(https://gettingthedealthrough.com/area/2/jurisdiction/29/anti-corruption-regulation-2019-switzerland/),访问日期:2019 年 10 月 5 日。

(三) 典型腐败合规案例分析

和其他很多国家一样，瑞士执法机构在过去多年中对商业贿赂实际执行的处罚案例并不多。因此，我们只能从典型的合规执法案件中分析瑞士的反腐败合规制度。

根据统计数据显示，瑞士平均每年约有 20 人因为腐败被定罪，其中大多数是案值较小、情节较轻的国内案件，而近年来最有代表性的此类案件是涉及瑞士联邦环境办公室（FOEN）一个与 IT 项目有关的官员腐败案。2016 年 12 月，瑞士联邦刑事法院判定涉案的 IT 部门负责人以及外部 IT 项目经理多次接受贿赂，分别判处他们 2 年 6 个月和 3 年的监禁。这个案例所体现的一个合规要素，就是瑞士法院判定公职人员身份是依据其所执行工作的性质，而不是其本人所在单位的性质，外部 IT 项目经理因为承担了在 FOEN 对外签订合同的任务，也被视为公职人员。

相比于国内腐败，跨国腐败的案件一直相对罕见。但是这种情况正在迅速改变，2017 年和 2018 年，OAG 调查了大量涉及贿赂外国官员的案件。同时，OAG 还对未能防止贿赂或洗钱的公司刑事犯罪开展了一系列刑事调查。其中的一些案件已通过媒体公开，但尚未正式进入刑事程序。在已经判决的为数不多的跨国腐败案件中，Ben Aissa 案是比较有代表性的一件。2014 年 10 月，加拿大工程和建筑公司 SNC-Lavalin 的前全球建筑负责人 Riadh Ben Aissa 因涉嫌贿赂外国公职人员（SCC 第 322 条第 2 款）、刑事管理不善（SCC 第 158 条）和洗钱（SCC 第 305 条之二）而被瑞士法院判处 3 年有期徒刑。

瑞士联邦刑事法院认为，Ben Aissa 向利比亚前独裁者穆阿迈尔·卡扎菲的儿子萨迪·卡扎菲（Saadi Gaddafi）行贿，以促进 SNC-Lavalin 在利比亚的建设项目，此外，他涉嫌从 SNC-Lavalin 贪污了超过 1.2 亿美元资金。[①] Ben Aissa 制订了完整的腐败计划，利用一家名为 Duvel Securities 的公司向 SNC-Lavalin 收取约 1.6 亿美元的商业代理咨询费，以换取该公司在利比亚的数十项重大项目合同。事实上，瑞士警方查明是 Ben Aissa 在实际控制 Duvel，后者只不过是位于英属维尔京群岛的空壳公司。Ben Aissa 用它将回扣款转移到萨迪·卡扎菲以及由 Ben Aissa 控制的银行账户。该案中，Ben Aissa 通过瑞士的银行账户向萨迪·卡扎菲行贿，这是瑞士与此案仅有的关联，但是 OAG 就是以此为理由展开调查的。瑞士的金融系统在全球商业交易中占据重要地位，各跨国公司很可能选择瑞士的银行进行转账，一旦 Ben Aissa 案的做法被广泛认可，其他通过瑞士银行系统进行转账的腐败行为都可能面临刑事风险，这对各国的企业合规都提出了新的

---

① 参见 Ex-SNC-lavalin construction executive Ben Aissa pleads guilty in Switzerland, 载 Global News 网站（https://globalnews.ca/news/1592585/ex-snc-lavalin-construction-executive-pleads-guilty-in-switzerland/），访问日期：2019 年 10 月 5 日。

要求。

此外,瑞士联邦刑事法院在对公职人员的认定上进行了进一步的扩展解释。该案中,法院将萨迪·卡扎菲界定为事实上的公职人员,并因此适用 SCC 第 322 条的规定。法院认为,尽管萨迪·卡扎菲在相关领域没有任何职务或官方职能,但他是作为统治家族的一员,在事实上有权向 SNC-Lavalin 授予所要求的利益。这一认定对于威权政府中的商业贿赂来说具有重要意义,因为事实上的权力分配往往与官方的宣示不一致,将统治家族成员纳入公职人员的范畴有力提升了对腐败犯罪的查处力度,也对合规制度在风险源识别的具体方面指明了方向。而根据瑞士法院的认定,SCN-Lavalin 公司在此案中属于受害方,因此可以获得赔偿。Ben Aissa 接受了辩诉交易,交出了其价值 4700 万美元的不正当资产,而法院将其中的 1/3 左右归还给 SCN-Lavalin 公司。Ben Aissa 变卖了自己在 SCN-Lavalin 公司的股份,出售了他在巴黎的公寓,再加上他在瑞士银行账户上的资金,总共向 SCN-Lavalin 公司赔偿了 1400 万美元。此外,Ben Aissa 的妻子持有的账户还向公司支付 200 万美元的额外赔偿金。SCN-Lavalin 公司对此举表述欢迎,高度赞誉了瑞士法院的判决。如果能够普遍适用这种腐败所得返还的模式,也会提升企业参与合规的积极性。

三、瑞士企业反洗钱合规

因为金融业在本国和世界经济中占据重要地位,瑞士对于以银行为代表的金融中介机构的稳定极为重视。经过多年的自我强化和政府监管,银行业合规在瑞士企业合规中占有重要地位,发展出一系列运用于实践的合规制度,其中最有代表性的就是反洗钱合规。所谓反洗钱合规是一个概括性称呼,其防范的不法行为不仅包括传统意义上的洗钱行为,还包括为恐怖主义融资和其他的欺诈行为。作为全世界最早采取措施打击洗钱活动的国家之一,瑞士已经制定了完善而有力的法规来打击洗钱和恐怖主义融资等行为。而且,瑞士还是反洗钱金融行动特别工作组(Financial Action Task Force on Money Laundering,FATF)的重要成员,积极协助 FATF 制定全球的反洗钱标准。

(一)瑞士反洗钱合规的法律渊源

截至目前,瑞士对反洗钱相关法规的最新一次重大调整发生在 2014 年。根据 FATF 在 2012 年提出的修改意见,瑞士议会在 2014 年 12 月 12 日通过了相关的联邦法案,引入了关于反洗钱、刑法和公司法的新规定。议会随后还修订了《瑞士反洗钱和恐怖主义融资法》(AMLA,一般也简称为《瑞士反洗钱法》)。此外,瑞士金融市场监督管理局(FINMA)也相应调整了其《瑞士反洗钱条例》(AMLO-FINMA)。因此,目前适用于瑞士洗钱、恐怖主义融资和欺诈的主要立法是 SCC(第 146 条、第 260 条、第 60 条和第 305 条之二)、《瑞士反洗钱法》和《瑞士反洗钱条例》。此外,还有一些行业软法也可以视为反洗钱合规的重要参考,例如 FINMA

2011/1 号通知、《关于瑞士银行行使尽职调查行为准则的协议》和 11 自律组织的规定(the 11 Self-Regulatory Organisations' Regulation)。①

在瑞士,所有被视为重罪的罪行都可以成为洗钱的上游犯罪。根据 SCC 第 10 条第 2 款的规定,任何可处以 3 年以上监禁的罪行都属于重罪。因此,洗钱的上游犯罪包括欺诈(SCC 第 146 条)、处理赃物(SCC 第 160 条)、抢劫(SCC 第 140 条)、某些形式的毒品交易(《瑞士联邦麻醉品和精神药物法》第 19 条第 2 款)、贿赂(SCC 第 322 条)、参与犯罪组织(SCC 第 260 条)和非法贩运(SCC 第 182 条)等。此外,原本不构成重罪的加重的税务犯罪也可能被定义为上游犯罪。其中与《瑞士反洗钱法》关联最密切的三种行为分别是洗钱、恐怖主义融资和欺诈。根据 SCC 第 305 条之二第 1 款和第 1 款之二的规定,洗钱是指任何人所实施的,旨在阻碍当局对其知道或必须承担的,源于重罪或加重的税务犯罪的资产的来源的确定、追查或没收的行为,对此行为可处以不超过 3 年的监禁或罚金。而对于严重的洗钱案件,最高可判处 5 年监禁,罚款可达 150 万瑞士法郎。所谓严重案件,一般存在于犯罪者作为犯罪组织成员、作为经常洗钱的团伙成员或通过商业洗钱实现巨额的营业额或实现大量利润的情况下。任何税期逃税超过 30 万瑞士法郎的行为也属于洗钱罪的制裁范畴。根据 SCC 第 260 条之五的规定,恐怖主义融资是指任何收集或提供资金以资助旨在恐吓公众或强迫国家或国际组织执行或不执行某项行为的暴力犯罪的人,实施该行为可被判处不超过 5 年的监禁或罚金。而根据 SCC 第 146 条第 1 款的规定,欺诈是指任何为自己或他人谋取非法利益的人故意通过虚假借口或隐瞒真相而故意诱惑他人,或故意强化错误意识,从而导致该人基于该借口或真相处置他的经济利益,实施该行为可判处不超过 5 年的监禁或者罚金。

根据《瑞士反洗钱法》的规定,瑞士反洗钱措施适用于金融中介机构和某些商家。所谓金融中介机构,包括:1934 年《瑞士银行法》规定的银行;基金经理(只要他们管理股票账户或在集体投资计划中分配股票);资本可变的投资公司;集体投资的有限合伙企业;2006 年《瑞士集体投资计划法》所指的拥有固定资本和资产管理人的投资公司(它们必须在集体投资计划中分配股份);2004 年《瑞士保险监管法》所规定的保险机构(它们必须经营直接人寿保险,或在集体投资计划中提供或分配股份);1995 年《瑞士证券交易法》中规定的证券交易商;需要 FINMA 授权的支付系统等;以及 2017 年《瑞士货币博彩法》中规定的赌场。此外,金融中介机构也指在专业基础上接受或持有属于他人的资产,或协助投资或转让此类资产的人。② 根据以上法律法规的规定,银行、基金经理、

---

① 参见 Anti-money Laundering and Fraud in Switzerland,载 Lexology 网站(https://www.lexology.com/library/detail.aspx?g=490bd840-05dc-4c02-8520-480f24decdbe),访问日期:2019 年 10 月 5 日。

② 参见 Anti-Corruption in Switzerland,载 Lexology 网站(https://gettingthedealthrough.com/area/2/jurisdiction/29/anti-corruption-regulation-2019-switzerland/),访问日期:2019 年 10 月 5 日。

投资公司、集体投资有限合伙企业和投资公司等由 FINMA 负责监督,而赌场的监督机构是瑞士联邦博彩委员会(Federal Gaming Board)。其他大多数的金融中介机构,要么由公认的行业自律组织监督,如果没有行业自律组织成员资格则由 FINMA 监督(《瑞士反洗钱法》第12条第c项),而 SCC 本身也受到 FINMA 的监督。

(二)瑞士反洗钱合规实践

在完善的法规体系和严格的监督体系下,瑞士金融业的反洗钱合规制度需要建立包括内部风控机制、风险识别机制和记录与报告机制在内的多项制度。金融中介机构首先要建立内部合规部门,然后由其负责搭建日常的风控体系,包括反洗钱指引、举报指南和热线以及其他类似的工具。合规的内部指引必须详细规定以下问题的处理方式,包括:用于定义风险增加的业务关系和检测风险增加的交易的标准;交易监控要求;必须涉及内部反洗钱专家或机构并通知高级执行机构的案件;关于员工培训的基本原则;对待政治敏感人士的政策;向瑞士洗钱举报办公室提交报告的责任;金融中介机构记录、限制和监控风险增加的方法;第三方可以参与的标准;以确定缔约方或受益所有人,或履行有关业务关系或交易的进一步澄清的义务,以及专业反洗钱部门和其他与反洗钱合规有关的部门之间的内部责任分工。

反洗钱合规要求,金融中介机构在与客户建立新的业务关系后必须对客户进行识别,包括检查自然人的身份证或护照,而代表法人的自然人必须出示有效的授权书以及其身份证或护照。此外,金融中介机构必须识别受益所有人和控制法人实体的人。在某些情况下,金融中介机构有义务要求缔约方就受益所有人的身份作出书面声明,并在特定表格上记录受益所有人的身份。此外,金融中介机构需要将其客户和任何交易进行风险分类,至少需要两类(正常风险和增加风险),但金融中介机构可以自由定义其他类别。如何分类取决于金融中介机构的特定业务活动。在每个业务关系开始时,金融中介机构必须确定客户进入关系的目的和意图。任何单个客户的风险类别决定了为确定上述目的和意图而需要获得的信息类型。风险简介还使金融中介机构能够决定关系或交易是否异常,在这种情况下会产生额外的尽职调查义务。这些额外的尽职调查要求包括以下内容:资产的来源;任何撤回资产的预期用途;任何存放资产的背景和合理性;缔约方和受益所有人财富的来源;缔约方和受益所有人的专业或职业活动;缔约方、受益所有人或控制任何法人实体的人是否为政治上敏感的人。①

记录并向当局报告也是瑞士的反洗钱合规重要的组成部分。根据《瑞士银行

---

① 参见 Ordnance of the Swiss Financial Market Supervisory Authority on the Prevention of Money Laundering and the Financing of Terrorist Activities,载 GKB 网站(https://www.gkb.ch/de/Documents/Regulatorische-Unterlagen/Geldwaescherei_Verordnung_en.pdf),访问日期:2019年10月5日。

法》的规定,报告权的引入是为了使银行能够在不违反瑞士银行客户保密规则的情况下向当局提供信息。在反洗钱合规实践中,金融中介机构经常行使报告权。根据《瑞士反洗钱法》的规定,金融中介机构的所有尽职调查措施必须记录在案并保存,以便评估金融中介机构或商户的反洗钱义务是否已履行,记录必须在业务关系终止或交易执行后保存10年。如果金融中介机构知道或有合理理由怀疑涉及业务关系的资产涉嫌洗钱或恐怖融资等行为,则必须向瑞士洗钱举报办公室提交报告。除根据《瑞士反洗钱法》第9条规定的提交报告的义务外,金融中介机构还有权向瑞士洗钱举报办公室报告任何表明资产来源于重罪或加重的税务犯罪的意见。①

第五节 巴西企业合规制度

巴西联邦共和国(以下简称"巴西")总面积为851.49万平方公里,人口2.09亿,是南美洲面积最大、人口最多的国家。这个国家由26个州(estados),1个联邦区(Distrito Federal)和5564个市镇组成。② 在巴西,有超过1.2亿的互联网用户和2.55亿的移动电话用户。鉴于其巨大的经济活力和不断增长的人口,巴西经常被贴上"未来之国"的标签,也被公认为新兴的世界经济大国之一。同时,贫困、腐败和暴力犯罪等现象在巴西仍然普遍存在,根据官方数据,2017年巴西生活在贫困线以下的人口为全部人口的1/4。③ 与这些情况相伴随的是巴西的法治发展水平,根据透明国际的清廉指数统计,自2014年以来,巴西的法治发展水平排名由69位降至105位,虽然下降主要是受到了国内大规模反腐败行动的影响,但也标志着巴西离系统性地解决腐败等问题还有较长的路要走。④ 在企业合规的发展上,巴西参考了欧美国家和国际组织先进的立法经验,也结合了本国的实际情况,其经验和不足都值得研究分析。

一、法人责任的认定

和其他国家一样,巴西企业合规制度的基础是法人责任认定制度。合规研究

---

① 参见 Access for Tax Authorities to Information Gathered by Anti-money Laundering Authorities,载经合组织网站(https://www.oecd.org/ctp/exchange-of-tax-information/2389989.pdf),访问日期 2019 年 10 月 5 日。
② 参见《巴西国家概况》,载中华人民共和国驻巴西联邦共和国大使馆网站(http://br.china-embassy.org/chn/bxjjs/),访问日期:2019 年 10 月 5 日。
③ 参见《5000 万巴西人生活仍在贫困线以下》,载搜狐网(http://www.sohu.com/a/211331400_329771),访问日期:2019 年 10 月 5 日。
④ 参见 Country Data,载透明国际网站(https://www.transparency.org/country/BRA),访问日期:2019 年 10 月 5 日。

和实践中所关注的法人责任,是公司的雇员或高级职员、董事以及其他代表为法人的利益而作出不当行为(行政违法行为和犯罪行为),公司需要为此承担责任的情形。根据巴西的法律,法人责任适用于商业实体和其他类型的法人实体(不论其是否正式成立,也不论其组织形式或公司模式如何),以及任何基金会、实体或个人协会或注册的外国公司巴西境内的办事处、分支机构或代表处(无论是注册成立的还是非注册成立的,或者是临时注册成立的)。

在巴西,同一个行为可能引发若干责任,譬如刑事、行政、民事和税务责任,相关部门会根据具体的法律对每一类责任进行独立评估。与其他国家不同的是,巴西的法人责任仅限于民事和行政法领域,通常表现为罚款和损害赔偿。在刑法层面,除了环境犯罪,刑事指控仅限于个人,法人将不会承担刑事处罚责任。而根据巴西第 9605/1998 号法律第 3 节关于环境犯罪的规定,当一项犯罪是:①根据其法定代表人或董事会的决定而实施的;②为公司的利益或为公司的利益而承诺时,即引发公司刑事责任。① 除刑事责任外,环境犯罪还可能导致行政和民事责任。巴西最高法院 2017 年认定,公司的刑事责任独立于实施或以某种方式协助犯罪的个人的刑事责任,这意味着即使当局不追查参与环境犯罪的个人,但如果公司被认为满足了第 9605/1998 号法律第 3 节的规定,则当局可以对公司提起刑事诉讼。② 而根据巴西法律的规定,个人在大多数情况下不会承担严格的刑事责任。是否构成犯罪和承担刑事责任的关键是意图,因此,只有在存在过失的情况下,个人才会承担刑事责任。但是《巴西反腐败法》(第 12846/2013 号法律)、《巴西反垄断法》(第 12529/2011 号法律)和《巴西公共采购法》(第 8666/1993 号法律)都规定了严格责任。

虽然不会承担刑事责任,但企业可能因为个人的行为而承担民事责任和行政责任。根据《巴西民法》(第 10406/2002 号法律)第 927 条的规定,公司的管理层或者有权代表公司的人所实施的,使得公司获益而导致第三方利益受到损害的行为,有可能导致公司承担全部责任并赔偿损失。③ 而且,公司还可能对所谓"分散利益"造成的损害承担赔偿责任。例如,如果公司管理层或代表对环境、消费者或经济秩序实施了犯罪行为,导致不特定主体的利益受到损害,公司可能会面临公共的民事诉讼,并可能被判决赔偿损害。在以上两种情况下,民事责任都是独立评估,而且刑事诉讼的结果与民事诉讼无关。

个人的犯罪行为也可能导致公司承担行政责任,和民事责任一样,此类责任也是独立评估。根据巴西法律的规定,行政责任可能导致公司支付高额罚款。可

---

① LEI N° 9.605, DE 12 DE FEVEREIRO DE 1998, Art. 3°。

② José Rubens Morato Leite, Marina Demaria Venâncio, "A Proteção Ambiental no Superior Tribunal de Justiça: protegendo o meioambiente por intermédio da operacionalização do Estado de Direito Ecológico", Seqüência (Florianópolis), n. 77, pp. 29-50, Nov. 2017.

③ Artigo 927 da Lei n° 10.406 de 10 de Janeiro de 2002.

能产生公司行政责任的主要罪行如下:

(1)腐败相关犯罪。

《巴西刑法》规定了行贿罪,其定义是向公职人员提供或承诺不正当好处,以影响其在职责范围内履行、隐藏或拖延公务行为的犯罪。同时,《巴西反腐败法》禁止违反公共行政的行为,包括腐败、公开招标中的欺诈、妨碍公共当局的检查以及以任何方式资助任何腐败行为。根据《巴西反垄断法》《巴西反不正当行为法》和《巴西公共采购法》,贿赂和腐败也可能要承担责任。

(2)公共采购中的犯罪。

《巴西公共采购法》将竞争对手之间或竞争对手与公共代理人之间妨碍投标竞争的任何欺诈或非法协议定为犯罪。与竞争对手串通以赢得公开投标,也可能引发《巴西反垄断法》规定的责任。如果涉及公共代理人,那么这也可能会引起《巴西反腐败法》和《巴西行政违法法》规定的责任,而这种违法行为也可能导致承担行政和民事责任。

(3)危害经济秩序犯罪。

巴西第 8137/1990 号法律将卡特尔行为界定为危害经济秩序罪。《巴西反垄断法》在更广义的范围内解释了垄断行为,规定任何旨在限制竞争的行为都违反反垄断法,并规定了公司的行政责任。其中的具体行为包括卡特尔、滥用支配地位和虚假诉讼等。

(4)针对环境的犯罪。

巴西第 9605/1998 号法律规定了五类环境犯罪:①危害植物罪;②危害动物罪;③污染罪;④未经适当许可经营;⑤危害文化和社会遗产罪。

(5)危害金融系统犯罪。

巴西第 7492/1986 号法律将下列行为界定为犯罪:①以欺诈手段或有风险的方式经营金融机构;②向主管当局提供有关证券或会计记录的虚假信息;③在没有适当牌照的情况下发行债券;④拥有和处理没有会计登记册的资产;⑤无牌经营金融机构。此外,在巴西中央银行不知情的情况下,资本外逃和保留国外银行存款属于法律规定的犯罪,这两项行为通常与逃税和洗钱有关。

(6)涉税犯罪。

巴西第 8137/1990 号法律规定,如果公司管理人员或代表欺骗税务机关、不提供信息或向税务机关提供虚假信息,开具假发票,提供不正确或不真实的数据,或忽视税法要求的文件运行规范,行为人可能会因逃税而承担刑事责任。刑法规定的另一项罪行是骗取社会保障缴款,例如未能及时将款项缴纳给社会保障机构,或在应付缴款方面欺骗税务机关。

(7)知识产权与不正当竞争犯罪。

根据巴西第 9276/1993 号法律,个人可对侵犯专利、工业设计和商标以及不正当竞争等罪行承担责任。

(8) 洗钱犯罪。

巴西第 9613/1998 号法律规定,隐瞒或掩饰直接或间接源于任何犯罪活动的资产的性质、来源、地点、处置、移动是犯罪行为。任何人在知道其主要或次要活动与洗钱有关的情况下,使用源自刑事犯罪或仅仅属于某一集团、办事处或协会的合法商业资产,都可能被追究刑事责任。

(9) 危害消费者罪。

巴西第 8078/1990 号法律规定,个人可对下列行为承担刑事责任:①侵犯信息权,例如提供误导性信息,没有提供警告以及有关有害或不健康产品和服务的信息,或不提供葡萄牙语的产品手册;②传播不公平广告,例如误导性广告。而根据巴西第 8137/1990 号法律第 7 条的规定,提供、展示、出售或存放假冒、不正当或不合格产品,或在非法条件下提供服务均被视为犯罪。根据《巴西刑法》的规定,生产与药品有关的假冒产品,或未经许可而生产或销售药品,都被视为一种极其严重的罪行,罪犯可被处以 15 年以下监禁。

(10) 侵犯雇员权利和职业伤害的罪行。

公司的代表或高级职员可能因不遵守现行劳动法,侵犯劳动者受保障的劳动权利而承担刑事责任。如果发生致命的劳动事故或涉及员工的身体伤害,当局将启动警方调查,以确认公司是否存在违反安全规则的情况。①

二、巴西企业反腐败合规

腐败被认为是严重制约巴西商业发展的因素之一,例如涉及巴西国家石油公司等大型企业的"洗车行动"(Laua Jato,或称 Operation Car Wash)案,不仅牵扯了巨额的资金,还涉及众多政治家,甚至导致巴西前总统迪尔玛·罗塞夫被弹劾。但从立法角度而言,巴西的反腐败立法可以称得上世界上最严厉的反腐败法之一,其中对于贿赂、操纵投标和欺诈的规定非常细致。

(一) 巴西反腐败合规的法律渊源

巴西的反腐败法律条文主要在《巴西刑法》和《巴西反腐败法》(也称为《巴西清洁公司法》)之中。就其中主要的表现行为之一——贿赂而言,《巴西刑法》对于私权主体之间的贿赂无明确规定,只对贿赂国内和国际公职人员的行为进行惩罚。根据《巴西刑法》第 327 条的规定,公职人员被定义为在政府机构或实体中提供服务并履行公共职能、进行工作或担任职务的任何人,即使是临时性的或无报酬的。而根据《巴西反腐败法》的规定,由外国政府直接或间接控制的法人实体以及国际公共组织被视为外国公共行政机构或实体,因此在其中提供服务并履行公共职能、进行工作或担任职务的任何人,即使是临时性的或无报酬的,都属于外国

---

① 参见 Francisco Todorov, Corporate Liability in Brazil, 载 Global Compliance News (https://global-compliancenews.com/white-collar-crime/corporate-liability-brazil/), 访问日期:2019 年 10 月 5 日。

公职人员。在对公职人员身份的认定中,巴西法律采取了依职权认定的原则。这种认定打破了固定身份带来的局限性,把实际参与权利不当使用的行为人都纳入了监管和处罚的范畴,最大限度地囊括了需要惩治的对象。

行贿(即"积极贿赂")由《巴西刑法》第333条规定处罚,该条规定,任何人向公务员提供或许诺不正当利益,使其取消或拖延公务行为,即构成犯罪。对此行为的处罚是2年到12年不等的监禁和罚款,而如果贿赂所要求的行为被实际实施,刑罚会增加1/3。索贿和受贿(即"消极贿赂")由《巴西刑法》第317条规定处罚,该条规定,任何人有因其行使的公共职能而索取、收受或接受任何不正当利益的表示,即构成犯罪。对此行为的处罚为2年至12年的监禁和罚款,如果该人实际实施与公共职能有关的作为或不作为,以索取或接受好处,则刑罚增加1/3。在加入《OECD反贿赂公约》之后,《巴西刑法》增加了在国际商业交易中贿赂外国公职人员罪(第337-b条)和施加不当影响罪(第337-c条)。对外国公职人员的腐败会被判处1年至8年监禁和罚款,而在国际商业交易中不当施加影响力的处罚为2年至5年监禁和罚款。而如果外国公职人员实际上实施了违反其职责的作为或不作为,以换取或索取好处,刑罚将增加1/3。值得注意的是,在巴西的法律规定中,并不存在小额通融费的豁免规定,即支付通融费也属于贿赂行为。

根据《巴西反腐败法》,实施商业贿赂的法人实体可能会受到行政和司法处罚。其中行政处罚有以下几种方式:①处以行政诉讼开始前一年法人总收入的0.1%至20%的罚款,如果不能使用这个标准,则可以处以6000巴西雷亚尔到6000万巴西雷亚尔不等的罚金(按2021年1月汇率,约合1134美元至1134万美元);②公布谴责性决定。而司法处罚有以下几种形式:①在最长可达5年的时间里,禁止法人从公共机构或实体以及政府控制的公共金融机构或机构获得奖励、补贴、赠款、捐赠或贷款;②没收从违法行为中直接或者间接获得的利益、资产和贵重物品;③部分暂停法人实体的活动;④强制解散法人实体。罚款的范围取决于各种加重和减轻的标准的综合考虑,例如不法行为是否继续或随着时间的推移再次发生,以及公司是否意识到这一点。执法部门也会考虑法人从公共部门获得的合同数量以及此类合同项目的执行情况。而如果公司与调查人员合作,自我披露违规行为并签订宽大协议,《巴西反腐败法》允许大量宽大处理,可以减少高达总罚款的2/3的罚款,公司也可以被免除一些制裁。①

根据巴西的法律规定,负责反腐败执法的机构有不少,彼此之间相互配合,职能也有部分重叠。其中,巴西的检察官系统是反腐败执法的主力,包括联邦检察官和各州的检察官。早在20世纪80年代后期,《巴西宪法》就规定了一个独立于政府行政、立法和司法三权以外的检察官办公室,即后来的巴西联邦检察官办公室(MPF)。这个机构负责领导全国的反腐败执法工作,也取得了不少成功的先

---

① FEDERAL LAW 12846, DATED AUGUST 1ST, 2013.

例。尤其是面对众多实力雄厚的政客和资本家,巴西联邦检察官办公室成功保持了其公正和独立,对其中一部分涉嫌犯罪的人员进行了调查和起诉。相比于联邦检察官,州检察官的独立性和执法能力要落后一些,主要原因在于其掌握的资源总体有限,对于跨区域和涉及高级别人员的腐败案件,有时难免表现得力不从心。相比于检察官系统,虽然巴西的刑事调查大多由警察负责,但警方的执法能力和效率都不尽如人意。2009—2019 年,警方一直对自身进行改革,旨在提高其在反贿赂和反腐败调查方面的行动水平,但是因为部门的装备简陋,对财政的依赖程度较大,对国家行政权力的干预也难以抵抗,因此相应的效率和独立性都明显不足。

除了检察官系统和警方,与反腐败执法有关的其他行政机构还有以下几个:

(1)透明、监督和控制部(MTFC),属于中央层面的机构,负责监督联邦公共资金的使用,预防和识别联邦公共机构腐败的项目,以及与刑事调查机构合作,促进《巴西反腐败法》的实施;

(2)联邦总检察长(AGU),其职权范围是在法庭上代表和捍卫联邦利益和资产;

(3)联邦审计法院(TCU),其职权范围是监督联邦公共开支;

(4)财政部金融活动管制委员会(COAF),在打击洗钱方面协调各部门行动并提供信息共享,发布有指导意义的反腐败报告;

(5)司法部资产追回和国际法律合作司(DRCI),负责集中和协调巴西在刑事事项国际合作方面的努力,近十年以来比较活跃。①

在各项法律和执法机构组成的监管体系之下,巴西还专门出台法律直接指导企业的反腐败合规工作。根据《巴西反腐败法》而产生的巴西第 8420/2015 号法律,巴西法人的反贿赂法合规应当着重注意以下要素:

(1)法人实体的高级管理层(包括董事会成员)的承诺,表示他们对合规计划的了解和明确支持;

(2)制定适用于所有员工和管理层的行为标准、道德规范和合规程序,企业的行为标准、道德规范和合规政策必要时须延伸至第三方,如供应商、服务提供商、中介机构和其他第三方;

(3)举办合规计划定期培训;

(4)定期分析风险,以便对合规计划进行必要的调整;

(5)内部的会计记录准确完整,能如实反映法人实体的交易情况;

(6)内部控制确保法人实体的报告和财务报表易于准备和可信;

(7)防止招标过程中的欺诈和非法行为;

---

① 参见 Bribery & Corruption 2021 | Brazil,载全球法律视野网站(https://www.globallegalinsights.com/practice-areas/bribery-and-corruption-laws-and-regulations/brazil),访问日期:2019 年 10 月 5 日。

(8) 合规部门在结构和权限方面具有独立性,负责执行合规计划并监督其有效性;

(9) 报告违规行为的渠道需要公开和广泛地传播给员工和第三方,以及建立保护善意举报人的机制;

(10) 针对违反合规计划的人实施内部的纪律处分措施;

(11) 确保立即中止违规行为,或在检测到违规行为时有及时修复所造成损害的程序;

(12) 在聘用第三方之前进行适当的尽职调查,并根据具体情况监控第三方,如供应商、服务提供商、中介机构和其他第三方;

(13) 在合并、收购或其他公司重组期间,对违规行为或违法行为的发生或相关法人实体中存在的漏洞进行核查;

(14) 持续监督诚信方案,确保有效预防、监察和处理《巴西反腐败法》规定的不法行为。①

(二) 巴西反腐败合规典型案例

巴西近年来最典型的反腐败合规案例,莫过于震动整个拉美地区乃至世界的"洗车行动"案。"洗车行动"是目前拉丁美洲已知最大的反腐败运动,之所以被称为"洗车行动",是因为巴西检察官最初于 2014 年 3 月调查黑市洗钱的案件时,发现洗钱贩子利用加油站和洗车站洗钱。随着调查的深入,检察官们发现其中一名洗钱贩子 Alberto Youssef 与巴西国家石油公司(Petrobras)的高级管理人员 Paulo Roberto Costa 有联系,洗钱贩子给他购买了一辆路虎揽胜。② Costa 与检方达成辩诉交易,开始供出更多内幕,于是全国范围内的反腐败调查由此开始。

调查范围首先扩大到巴西九家主要建筑公司以及参与巴西国家石油公司经营的政治家。检方最初怀疑巴西国家石油公司的高管监守自盗,外包工程时与承包商勾结,抬高工程报价谋取巨额贿赂。随着调查深入,检方发现上述情况大量存在,许多政治家向巴西国家石油公司推荐承包商并收取好处费,甚至存在执政联盟内的党派以收受贿赂的方式为本党秘密筹措政治资金的情况。卷入该案的企业家和政治家包括巴西国家石油公司的前高级管理人员、承包商、国会议员、时任和前任的内阁部长,以及部分地方州长、市长和议员,甚至包括数位前总统和议长。巴西最高法院于 2016 年 3 月授权调查 48 名现任和前任立法者,包括前总统卢拉,贪腐和洗钱罪名成立后,卢拉获刑 12 年 1 个月,从 2018 年 4 月起在监狱服

---

① 参见 Brazil: Follow-up to the Phase 3 Report & Recommentions, 载经合组织网站(https://www.oecd.org/corruption/anti-bribery/Brazil-Phase-3-Written-Follow-Up-Report-ENG.pdf),访问日期:2019 年 10 月 5 日。

② 参见 Cifuentes, Pedro, Investigação Na Petrobras Começou Com Um Estranho Presente De Luxo, El País, December 1, 2014, sec. Operação Lava Jato, 载 Brazil Elpais 网站(https://brasil.elpais.com/brasil/2014/12/01/politica/1417472349_354451.html),访问日期:2019 年 10 月 5 日。

刑。而巴西众议院议长 Cunha 被指控贿赂约 4000 万美元,并将资金藏匿在秘密银行账户中。① 巴西总检察长罗德里戈·雅诺特还在 2017 年以受贿罪名向联邦最高法院起诉时任总统特梅尔,特梅尔也因此成为巴西历史上首位被刑事起诉的在任总统。

因"洗车行动"的影响,巴西国家石油公司推迟发布 2014 年年度财务报告,并在 2015 年 4 月发布了"经审计的财务报表",显示腐败造成的直接损失为 62 亿巴西雷亚尔,间接损失高达 446 亿巴西雷亚尔。另外,丑闻导致股票下跌,使其市值由 910 亿美元萎缩至 516 亿美元。因为上述情况,巴西国家石油公司暂停了 2015 年的股息支付并被迫削减资本支出,还宣布在接下来的两年里将出售 137 亿美元的资产。② 此外,与该案有关的其他数家大型工程建筑公司也因为腐败而损失惨重。

"洗车行动"暴露出巴西大型企业所存在的严重问题,包括合规机制的缺乏、商政关系的混乱和健康政治生态的缺失。在国民经济中占有重要地位的大型企业,在几十年的时间里持续性向国内外的公职人员输送不正当利益,并且形成了从腐败到洗钱的完整链条,说明巴西企业的反腐败合规制度完全失效,即使存在纸面的合规制度,也是毫无效力。对于巴西国家石油公司这个大型国企而言,其高级管理人员由政府官员任职,也会调至其他政府部门,就是这来来往往、彼此沟通的渠道,客观上为官员腐败创造了必要条件。而且,巴西数位前总统都在"洗车行动"的调查中暴露出严重问题,这就不是某个个体或者党派的原因了,反映出巴西政治生态的整体问题。

三、巴西企业环境法合规

占地面积 550 万平方公里的亚马孙热带雨林是世界上最大的森林,动植物种类繁多,有"世界动植物王国"之称,而其 60% 的面积在巴西境内。森林和其他自然生态系统在维护生态系统、促进循环和生物多样性,以及防止地球变暖方面发挥着重要作用。但是,随着巴西经济的发展,开发不当和保护不力导致森林面积正以惊人的速度减少,并造成水土流失、暴雨、旱灾、土地荒漠化等一系列环境问题。巴西的立法者对环境问题历来比较重视,刑法中唯一可以引发公司刑事责任的个人行为就是环境犯罪。因此,巴西的环境法合规值得我们关注和研究。

巴西企业环境法合规的主要法律渊源是新的《巴西森林法》(第 12651/2012 号法律),《巴西森林法》旨在建立巴西的高标准农业综合企业,同时实现可持续发

---

① 参见 Brazil Arrests Top Lawmaker Behind Impeachment of Former President Rousseff: Police,载海峡时报网站(https://www.straitstimes.com/world/americas/brazil-arrests-top-lawmaker-behind-impeachment-of-former-president-rousseff-police),访问日期:2019 年 10 月 5 日。

② 参见 Brazil Corruption Scandals: All You Need to Know,载 BBC 网站(https://www.bbc.com/news/world-latin-america-35810578),访问日期:2019 年 10 月 5 日。

展。该法律确立了农村土地利用和自然植被保护的各项标准。除此以外,环境法合规的法律渊源还有以下几项:1988 年《巴西宪法》第 192 条和第 225 条;巴西第 6938/1981 号法律第 3 条第Ⅳ项"污染者的定义",第 12 条"金融机构的责任"和第 14 条第Ⅰ项"污染者的民事、刑事和行政责任";巴西第 9605/1998 号法律第 2 条"监督和共同责任的环境责任";巴西第 6514/2008 号法律,即"与环境有关的行政违规和制裁"。

《巴西森林法》规定了四项具有特色的管理制度,以下逐一简述。

一是农村环境登记制度(Cadastro Ambiental Rural,CAR)。其将建立一个涵盖农村土地产权的电子登记数据库,包括财产周界、永久保护区的位置、法定保护区、限制使用区和农业生产区,它的目的是整合永久性保护区域和法定保护区的位置信息。而在新《巴西森林法》实施 5 年后,只有在农村环境登记处登记才能获得例如贷款等财政支持。企业可以直接从供应商处获得其 CAR 注册号,并在官方制定的系统中确认 CAR 注册号的活动状态。例如,企业可以在农村环境登记系统的公共查询模块中验证该土地的环境状况。①

二是永久保护区制度(Áreas de Preservação Porto,APP)。自然植被覆盖或不覆盖的保护区,具有保护水资源、景观、地质稳定性、生物多样性、动植物遗传流动、保护土壤和保护人类福祉的环境作用,具体的例子包括河岸带、水源、山顶、陡坡和红树林。②《巴西森林法》规定,应当时刻关注植被的变化,致力于环境保护,减轻土地侵蚀,固定沙丘,沿公路和铁路建立保护带,保护自然风光和具有科研价值的地区,保护濒临灭绝的动植物以及保护林区中人民的生活环境和公共福利等。另外,政府还应分不同等级和不同要求对植被进行保护,如建立国家公园、州级保护区和市级保护区,保护动物、植物等生物资源和自然风光并保证各级森林保护区的森林利用与经济发展、科学研究和社会利用相互协调。2008 年 7 月 22 日以前的生态旅游和一些农村旅游活动仍然可以在保护区进行,但是这些土地的拥有者必须按需要和拥有的土地面积造林。同时,只要不涉及易引发土壤腐蚀和洪水的敏感位置且遵照土壤和水资源保护标准,法律允许在以生态旅游和农村旅游活动为目的的相关地区建设房屋和基础设施。一般来说,在法定保护区内进行活动取决于该活动发生的时间和利用森林面积的大小。虽然永久性保护区域有了新的定义,但是《巴西森林法》特意设立了一些豁免的例外情况,以保护小农户的利益。判定豁免一方面取决于在永久性保护区域进行人类活动的时间是否发生于 2008 年 7 月 22 日之前,另一方面还取决于占用永久性保护区域面积的大小。如对 4 个"模杜洛"(module,土地面积的计量单位,每个模杜洛的土地依各地不同的地形而有不同的面积)以下的土地所有者,可以继续维持 2008 年 7 月 22 日之前

---

① See Article 29 of Law 12651/2012.
② See Item II of Article 3 of Law 12651/2012.

的土地开发现状,政府不会追究他们违反《巴西森林法》的法律责任。①

三是法定保护区制度(Reserve Legals,RLs),该制度将用于保护植被并确保自然资源的可持续经济利用,支持生态过程的保护和恢复,促进生物多样性保护,并为野生动物和植物提供庇护。农场主在原始森林地带从事农业开发时,必须保留至少80%的原生态森林。在稀树草原地区从事农业生产,至少保留35%原生态的林地,而在其他植被地区从事农业生产,必须保留20%的原生态林地。②

四是与之配套的森林保护区信贷制度(Cotas de Reserva Ambiental,CRA)。因为一些土地所有者在《巴西森林法》颁布的时候无法满足预留足够法定保护区的要求,而另外一些土地使用者预留的法定保护区又超过了法定的比例,故而巴西法律了创造 CRA 这种灵活的合规方式,即通过创造一个交易市场,让法定保护区土地配额预留不足的土地所有者购买其他人的富余配额,以达到合规的要求。

依照这些法规的要求建立合规制度,在国家层面有助于促进林业和农业生产的可持续性,在企业层面则能规避财务、监管、声誉或竞争风险。尤其是对于业务范围和供应链中涉及大豆、肉、糖、棕榈油、木材、纤维素纸浆和咖啡等工农业原材料的企业,以及肉类包装厂、制革厂、制鞋厂和其他牲畜产品贸易公司来说,一旦不注意环境法合规,就面临声誉和利益受损的双重风险。企业一般会被要求和联邦检察官签署合规协议(Termos de Ajustamento de Conduta,TAC),合规协议中包括一系列对保护环境和可持续发展的要求。协议还有非常具体的时间表,由联邦检察官和巴西环境与可再生自然资源研究所(IBAMA)监督制定。联邦和州的检察官等监管机构还会不断努力确保企业执行环境法规,他们还要求金融机构和大型零售商共同对自身或其供应商资助的活动所造成的环境损害负责。根据巴西法律,这些机构在提供信贷或签订合同时,如果未能核实商品供应商是否遵守了环境法律和条例,就要承担责任。尽管如此,有学者通过实证研究发现,巴西的环境法合规还是不足以有效保护生态环境,可见环境法合规并非一朝一夕的事情,而是充满挑战的长期任务。③

第六节 南非企业合规制度

南非共和国(以下简称"南非")是位于非洲大陆最南端的国家。作为非洲的第二大经济体,南非的国民拥有较高的生活水平,相比其他非洲国家经济相对稳

---

① 参见范阳:《新〈森林法〉主要法规对巴西粮食生产和出口潜在影响分析》,南京农业大学2013年硕士学位论文。

② See Item III of Article 3 of Law 12651/2012.

③ See Raísa Romênia S. Vieira, Compliance to Brazil's Forest Code Will Not Protect Biodiversity and Ecosystem Services, *Diversity and Distributions*, 2018, pp. 434-438.

定。南非财经、法律、通讯、能源、交通业较为发达,拥有完备的硬件基础设施和股票交易市场,黄金、钻石生产量均占世界首位。因此,南非在国际事务中已被认定为一个中等强国,并保持显著的地区影响力。① 作为一个有影响力的地区大国,南非在"减少腐败"等方面一直努力有所作为,也制定了一些有本国特色的企业合规制度。

一、法人责任的认定

与其他国家一样,南非企业合规制度的基础是对法人责任的认定,尤其是刑法对于法人刑事责任的认定。在南非的历史上,曾经有相当一段时间是英国的殖民地,因此南非法律受英国法的影响很大。在以往的法律实践中,实施犯罪行为的主体一般被限定为自然人,但随着社会发展,包括公司在内的法人团体在某些情况下要为犯罪负责。过去,南非主要以普通法的判例和替代责任原则来确定公司的刑事责任,但在1977年《南非刑事诉讼法》出台之后,法人团体的刑事责任有了直接的成文法渊源。根据《南非刑事诉讼法》第332条第1款的规定,法人团体可能因以下原因而被直接追究刑事责任:如果该行为是由该法人团体的管理者或雇员以明示或默示的方式,根据指示或在明示或暗示的许可下进行的,有或没有特定故意的任何行为;以及在行使该法人团体的管理者或雇员的权力或履行职责时,或在促进或努力实现法人团体的利益方面,该法人团体的管理者或雇员本应但未按其指示执行的任何行为,无论其有或没有特定故意。在这些情况下,导致犯罪的作为或不作为应被视为由法人团体所实施。② 根据《南非刑事诉讼法》第332条第2款的规定,在任何起诉中均应选出法人团体的管理者或雇员作为法人团体的代表,并将其视为被指控犯罪的人来处理。但是如果公司被定罪,刑事责任将由公司而不是由个人代表承担。③

根据《南非刑事诉讼法》的规定,第332条第1款适用于任何法人团体和成员,且可能导致法人团体承担刑事责任。因为法人团体的类型多样,可能导致刑事责任的行为也非常多,故而难以于一清单之上尽数罗列。而如果南非公司的子公司或者代理人在国外犯罪,那么公司是否会因为南非的法律而承担刑事责任,同样是一个无法确定的事情。对于其在国外的代表或子公司所犯的罪行,如果南非的公司要承担刑事责任,则该行为必须构成南非刑法规定的犯罪。不仅如此,在海外犯罪的子公司或者代理人与南非公司之间还应该有足够强的关联,譬如代理人得到了南非公司的指示、许可或者其行为是为公司谋求利益。但是,就与企业合规密切相关的腐败犯罪而言,2004年第12号法律《南非预防和打击腐败

---

① 参见《南非国家概况》,载 中华人民共和国外交部网站(https://www.fmprc.gov.cn/web/gjhdq_676201/gj_676203/fz_677316/1206_678284/1206x0_678286/),访问日期:2019年10月8日。

② See the Criminal Procedure Act No. 51 of 1977, Section 332(1) C.

③ See the Criminal Procedure Act No. 51 of 1977, Section 332(2).

活动法》(the Prevention and Combatting of Corrupt Activities Act,PCCAA)对以下主体具有域外管辖权:行为人是南非公民;行为人通常居住在南非;行为人在南非境内被捕;行为人是在南非注册成立的公司或者是南非的任何法人团体或非法人团体。① 如果法人组织被认定要承担刑事责任,南非法律对法人团体的制裁通常以罚款或没收资产的形式进行。哪怕有关公司被定罪的法律条文中并没有规定罚款,法院对罚款也有酌情确定的权力,即该公司也可能被处以罚款。而如果公司从犯罪中获得经济利益或资产,检察机关的资产没收部门可以向法院申请没收此类资产。除此以外,涉及某些罪名(如贿赂)的南非公司还可能被禁止获得公共合同。刑事犯罪还可能引起独立的民事责任,以及其他行政性的法律法规所规定的责任。②

在面对刑事指控的过程中,法人可以和检察官达成辩诉交易。法人签署的任何认罪协议均应根据《南非刑事诉讼法》第 105A 条的规定处理。该条法律规定,经正式授权的检察官和有合法代理人的被告,可以在原告提出控告之前,就认罪进行谈判并达成协议。③ 而根据《南非刑事诉讼法》第 332 条第 2 款第 a 项的规定,被认定为代表的法人的管理者或雇员如果没有得到法人团体的授权,而在法庭上认罪,则其认罪通常无效。④

二、南非企业反腐败合规

作为在非洲大陆有影响力的大国,南非在反对腐败的立法上紧密跟随发达国家的步伐,签署了一系列的反腐败公约,例如《OECD 反贿赂公约》和《联合国反腐败公约》。这些国际组织的文件、指南等软法对南非的反腐败合规具有重要的指导作用。但是,南非企业反腐败合规所遵守的主要规则还是以 PCCAA 为核心的诸多国内法律。

(一)反腐败合规的法律渊源

作为英国曾经的殖民地,南非出台专门的反腐败法律比英国还要早。PCCAA 将腐败和贿赂定为犯罪,其主要内容包括:规定加强预防和打击腐败和腐败相关活动的措施;规定腐败犯罪和与腐败活动有关的犯罪;规定腐败和腐败相关活动的调查措施;规定设立和认可登记册,以便对被判犯有与投标和合同有关的腐败活动的个人和企业施加某些限制;规定某些担任权力职位的人有责任举报某些贪污交易;就贪污罪及与贪污活动有关的罪行规定治外法权。⑤ 除此以外,南非还制

---

① See Act No. 12,2004,Prevention and Combating of Corrupt Activities Act.
② 参见 Corporate Liability in South Africa,载全球合规新闻网(https://globalcompliancenews.com/white-collar-crime/corporate-liability-in-south-africa/) ,访问日期:2019 年 10 月 8 日。
③ See the Criminal Procedure Act No. 51 of 1977, Section 105A.
④ See the Criminal Procedure Act No. 51 of 1977, Section 332(2)(a).
⑤ The Criminal Procedure Act No. 51 of 1977, Section 332(2).

定了其他涉及惩治腐败及其衍生行为的法律法规。例如,1977年《南非刑事诉讼法》规定了与包括腐败在内的所有犯罪有关的程序;1988年《南非预防有组织犯罪法》(the Prevention of Organised Crime Act,POCA)致力于打击包括洗钱在内的有组织犯罪,并规定没收与犯罪有关的财产;1999年出台的《南非公共财政管理法》(the Public Finance Management Act,PFMA)和2003年出台的《南非地方政府财政管理法》(the Local Government: Municipal Finance Management Act,MFMA)总体上都致力于规范政府支出,减少浪费,并尽可能杜绝公共采购过程中产生的腐败;2000年《南非保护举报法》(the Protected Disclosures Act,PDA)的出台,进一步保护举报腐败相关信息的员工;2001年制定的《南非金融情报中心法》(the Financial Intelligence Centre Act,FICA)有效遏制了与腐败犯罪密切相关的洗钱和逃税等金融犯罪;2008年制定的《南非公司法》,则旨在实现南非公司的有效治理,有效制止公司内部的腐败活动是《南非公司法》的重要内容。

按照PCCAA第二章中对腐败的广义定义,违反信托、滥用职权等行为都可以被认为是腐败,这种定义显然是将腐败认定为"不当使用权力"。而按照更狭义的理解,腐败行为是以权力谋求不正当利益为主要特点。通常来说,如果一个人直接或间接地接受,或者表示接受他人的好处,或者为了自己或他人的利益而给予或同意给予他人好处,而这样的给予或接受是为了诱使另一方在履行其职责时以不正当的方式行事,则会被认为犯有腐败罪行。所谓"好处"也有广泛的定义,包括但不限于金钱、贷款、捐赠、礼物、提供工作、避免损失或承担责任以及任何其他有价值的对价或任何种类的利益。

根据PCCAA的规定,如果自然人犯有腐败的罪行则可能面临以下处罚:如果是由高等法院审理的案件,则可能面临终身监禁或罚款;如果是由地方法院审理的案件,则可能面临不超过18年的监禁或罚款;而对于由治安法庭审理的案件,自然人可能面临不超过5年的监禁或罚款。而如果实施了隐瞒腐败受益的行为,或者作为腐败行为的帮助犯,则可能面临较轻的刑罚,如果是由高等法院或地区法院审理的案件,则会面临不超过10年的监禁或罚款;如果是由治安法庭审理的案件,则会面临不超过3年的监禁或罚款。除上述罚款外,法院还可处以相当于犯罪所涉案值5倍的罚款。除此以外,如果自然人和法人是因为合同、采购和撤回投标而被定罪,政府可以决定终止与此主体的任何协议,并且禁止该主体在10年内获得公共合同。而根据POCA的规定,用于实施腐败犯罪的收益和资产可用于补偿所涉犯罪的受害者或没收入国库,而任何人如果与非法活动的收益有关而被定罪,可能面临不超过1亿南非兰特的罚款或不超过30年的监禁。[①]

在南非,惩治腐败犯罪的主要执法机构是南非警察局(SAPS)和国家检察机

[①] 参见 Anti-corruption in South Africa,载全球合规新闻网(https://globalcompliancenews.com/anti-corruption/anti-corruption-in-south-africa-2/),访问日期:2019年10月8日。

关。在南非警察局内部,有一个俗称"老鹰"的优先犯罪调查局。国家检察机关是南非的中央检察机关,有权代表国家提起刑事诉讼,在国家检察机关内部设有专门的商业犯罪部和资产没收部。除此以外,还有众多部门涉及反腐败工作,包括下列单位:

(1)公共保护部(the Public Protector),接受与政府部门官员非刑事的、违反其道德规范或行为准则的腐败投诉;

(2)审计署(Auditor General),负责审计所有政府部门和国家机构,以监督其资金是否用于适当目的;

(3)公共服务委员会(the Public Service Commission),受理个人对政府雇员的管理不善、不诚信、行为不当或财务不当行为的投诉;

(4)治安委员会(the Magistrates' Commission),负责调查涉及治安法官的腐败投诉;

(5)司法服务委员会(the Judicial Service Commission),负责受理和调查涉及法官腐败的投诉;

(6)独立警察调查署(the Independent Police Investigative Directorate),负责调查涉及南非警察局和地铁警察部门的不当行为(包括腐败)的投诉;

(7)特别调查部(the Special Investigating Unit),调查政府的腐败和管理不善;

(8)由财政部部长成立的多机构工作组(the Multi-Agency Working Group),负责协助调查和调查与供应链管理实践有关的腐败;

(9)反腐败工作组(the Anti-Corruption Task Team),可以快速跟踪高优先级的腐败调查和起诉,并协调所有政府反腐败机构和举措;

(10)公共服务和行政部特别反腐败部(the Special Anti-Corruption Unit in the Department of Public Service and Administration),重点调查和起诉涉及腐败的高级公务员的纪律案件。

但迄今为止,南非法律并未明确承认合规计划,因此也没有正式规定此类计划如何减轻责任。即使法人采用合规程序,从法律上来说,也不能免除自身为高级管理人员或雇员所实施的犯罪行为承担的责任。从长期的司法实践来看,即使公司采取了"合理"的措施来减轻犯罪行为发生的风险,也可能会受到起诉。但是,尽管实施合规计划不一定能免除法人承担替代责任,但如果公司能够证明已采取一切合理步骤来防止腐败,则可能获得轻缓的处理。

在合规义务方面,南非政府对某些公司(例如国有和上市公司)明确提出了要求,要求其采纳《OECD反贿赂公约》中有关打击贿赂和勒索的国际建议。这些要求主要包含在《南非公司法》中,其主要表现是建立社会和道德委员会(Social and Ethics Committee)。除了国有公司和上市公司,《南非公司法》要求任何在过去五年中,两年公共利益得分超过500分的企业也建立社会和道德委员会。所谓"公共利益得分",是南非政府认为一家公司在多大程度上代表了公共利益,而不同的公共利益也对应着公司应当受到不同程度的监管。"公共利益得分"有一套算法，包括员工人数、第三方负债额、营业额和股东人数几个因素。其中，公司有一个员工积1分，营业额每达到100万兰特积1分，第三方负债额每达到100万兰特积1分，有一个股东积1分。社会和道德委员会的任务是对包括公司应对腐败的措施在内的活动进行监督，以确定公司是否符合良好的守法主体所应有的状态。①

（二）典型反腐败合规案例分析

南非的反腐败法律规定虽然比较系统，且出台的时间也相对较早，但是南非企业一直饱受腐败问题的困扰，尤其是大型企业与政治家之间的非法交易屡禁不绝，其中最引人注目的案件是古普塔家族（Gupta family）的腐败案件。古普塔家族的腐败案不仅涉及南非前总统祖马等政要高官，麦肯锡公司（McKinsey & Company）、思爱普（SAP）等世界著名企业也被牵扯其中。

20世纪90年代，古普塔家族三兄弟从印度移民南非。当时正值南非的种族隔离制度终结，在社会转型的大变革中，善于投机的古普塔兄弟笼络权贵，逐步建立了横跨矿业、航空、科技和传媒等不同行业的商业帝国。古普塔家族所依靠的最主要力量是南非前总统祖马。在祖马的纵容和帮助下，古普塔家族大搞权钱交易，极力笼络政府和国企高层，最后甚至能干预政府高层人员的任命。而对祖马，古普塔家族则将其妻子和儿女安排在家族企业中担任要职，并赠送价值高昂的豪宅和礼物，彼此互通有无。2013年，古普塔家族二代举办了一场耗资7000万南非兰特的奢华婚礼。为了迎接各路宾客，古普塔家族居然动用军用机场，为参加婚礼的名流提供私人飞机的起降服务。更荒唐的是，豪门婚礼的费用竟然在与古普塔家族所拥有的投资集团Oakbay Group相关联的Linkway Trading公司的支出项目中，而且有证据表明，Linkway Trading公司获得的这笔等额款项是南非政府对牛奶农场的拨款。古普塔家族的腐败行为激起了南非全国的愤怒。2017年12月，律师出身的拉马福萨当选南非非洲人国民大会主席。两个月后，祖马被迫辞职，拉马福萨提前接任总统，并发起一场反腐运动。②

随着调查的深入，警方发现大型国企成为腐败的重灾区。2018年4月，南非国家电力公司（Eskom）利益输送案曝光。这家垄断南非电力供应的国有公司曾经对古普塔家族控制的矿业公司大开绿灯，在该公司煤炭质量达不到标准的情况下仍与其签订了巨额订单。而南非国家运输公司（Transnet）历史上最大的收购案也

---

① 参见 The South African Social and Ethics Committee, 载ACCA网站（https://www.accaglobal.com/vn/en/student/exam-support-resources/fundamentals-exams-study-resources/f4/technical-articles/sasec.html），访问日期：2019年10月8日。

② 参见"State Capture": How The Gupta Brothers Hijacked South Africa Using Bribes Instead of Bullets, 载Vanity Fair网站（https://www.vanityfair.com/news/2019/03/how-the-gupta-brothers-hijacked-south-africa-corruption-bribes），访问日期：2019年10月8日。

存在腐败问题。2014年,该公司斥资数十亿美元从庞巴迪、通用电气等跨国企业手中购买机车。这些公司为了与南非国家运输公司达成协议,为古普塔家族的咨询公司支付了极高的咨询费。不仅如此,全球最大的商业软件公司之一SAP在2015年8月同意向古普塔公司支付10%的"销售佣金",以换取和南非国家运输公司的交易,而10%的佣金远远高于2%~3%的行业标准。为了回应舆论关注,这家德国软件公司已将4位高级管理人员停职,并就此展开调查。调查发现,SAP向与古普塔家族有关联的公司支付了9400万南非兰特,以确保获得与南非国家运输公司的合约,并且已就此向美国政府进行了报告。除了SAP,麦肯锡公司也曾经以"咨询费"的名义向古普塔家族控制的公司行贿。2018年7月,麦肯锡公司就通过与古普塔家族的合作赢得南非国家电力公司价值16亿南非兰特咨询合同之事公开道歉,并与南非检察官以及南非国家电力公司达成协议,返还非法获得的咨询费。

本应在企业反腐败合规中发挥监督作用的审计公司也深陷腐败丑闻。在古普塔家族引发众怒的那场婚礼中,到场的名流就包括毕马威负责南非业务的4位合伙人。对于明显涉及公共资金的洗钱和挪用问题,毕马威本应该发现,但负责Linkway Trading公司审计的毕马威却没有指出,签署了无保留审计的意见。该事件被媒体曝光后,毕马威南非分公司第一时间对此作出公开声明,否认卷入洗钱等相关指控。声明开篇就指出毕马威已经于去年辞退了该公司的相关审计师。不过,毕马威国际总部依旧对此事严肃处理:将毕马威南非分公司中包括CEO、主席等在内的全部管理层人员辞退。同样倒在古普塔家族的腐败攻势之下,违背职业道德的,还有著名的公关公司Bell Pottinger。因涉嫌贿赂总统祖马,钱权交易被揭发,古普塔家族找了Bell Pottinger以挽回家族形象。但这家公关公司采取的却是在古普塔家族的授意下用攻击媒体、开设假推特账户、制造假新闻以及修改维基百科等违背职业道德的做法。该公司已被英国公关行业协会勒令暂停资质5年。①

三、南非企业反洗钱合规

(一)反洗钱合规的法律渊源

南非的反洗钱实践是从打击毒品犯罪开始的。20世纪90年代,为了加大对毒品犯罪的打击力度,南非开始对因毒品交易而产生的非法收入进行整顿,与之密切相关的洗钱行为也遭到打击。1992年出台的《南非毒品与毒品交易法》(the Drugs and Drug Trafficking Act)将与毒品有关的洗钱行为规定为犯罪,但是由于上

---

① 参见Corrupt SAP Exposed, Gupta Bribery to Pull in US, German Authorities,载BIZ新闻网(https://www.biznews.com/guptaleaks/2017/07/11/sap-exposed-gupta-bribery-us-germany-authorities),访问日期:2019年10月8日。

游犯罪比较局限,效果也较为有限。1996 年,南非发布《南非犯罪收益法》(the Proceeds of Crime Act),将洗钱的上游犯罪扩大为"所有非法行为"。1998 年,上述法案都被 POCA 所取代。POCA 生效后的首个法定洗钱判决也于 2002 年 4 月 12 号宣布。① 2001 年,南非颁布《南非金融情报中心法》(FICA),成立打击洗钱犯罪的专门机构"金融情报中心"(FIC)和"反洗钱咨询委员会",并对相关责任人、报告人的责任和监督人的职权、法院的管辖权,以及与洗钱犯罪相关的罪名与刑罚等均作了具体规定。2003 年,《南非反洗钱条例》(AML)生效,条例要求金融机构根据 FICA 的规定,有义务确定和核实与他们开展业务的客户信息。这些受监管的金融机构,也被称为负责任的机构,在记录保存、客户特征分析、可疑交易报告以及在这些条例中建立内部规则等方面,都有详细的义务要求。② 2010 年,金融情报中心开始公开发行"公共合规通讯"丛书,以帮助所有企业对 FICA 有"更好的理解"。因此,该丛书的目的是帮助所有企业在实施 FICA 的过程中遇到合规性问题时,能对法律规定有更清晰的认识。FICA 第 4 条第 c 项规定,金融情报中心可以发布有关其对 FICA 解释的《指导说明》。金融情报中心还曾经公开表示,"公共合规通讯"丛书与《指导说明》具有相同的权威性地位,但不应解释为法律建议。③

2017 年 5 月,在内部反腐风暴的影响以及反洗钱金融行动特别工作组(FATF)的要求之下,南非通过修正案,对 2001 年版 FICA 进行了重大修正。相比旧版法案,2017 年版 FICA 能使南非更好地遵守 FATF 的要求与建议,并确保南非持续保持 FATF 成员国地位。为了进一步防止类似古普塔家族对政治有实际影响的人士谋取不正当利益,FICA 修正案规定了更广泛的客户尽职调查程序,要求银行和其他受监管机构对涉及的业务,尤其是对"国内知名人士"以及这些人士在南非的家庭成员和亲密伙伴的财富和资金来源持续严格监控。例如,2017 年版 FICA 第 21B 条要求,如果客户是法人,则负责机构必须通过确定每个自然人的身份来确定客户的实益拥有人的身份,或是否与他人一起在法人中拥有控股权。如果负责机构无法建立并验证客户或其他相关人员的身份,或无法合理确认在业务关系过程中将要进行的未来交易的信息是否与该机构对该潜在客户的了解相一致,要么进行持续的尽职调查(包括监视在业务关系过程中进行的交易,保留为建立和验证客户身份而更新的信息),要么该负责机构不得与客户建立业务关系或达成单一交易,不得在业务关系过程中完成交易或进行任何使单笔交易生效的行为,或者必须根据其风险管理和合规计划终止与客户的任何现

---

① See S v. Gayadin[Case no.41/900/01(Durban Regional Court) unreported].
② See South Africa, Regulations in Terms of the Financial Intelligence Centre Act [Regulations], 2003:1, 3.
③ See Christelle Ahlers, *The South African Anti-money Laundering Regulatory Framework Relevant To Politically Exposed Persons*, University of Pretoria, p. 50.

有业务关系。①

2001年版的FICA第42条规定由内部特定的机构执行内部规则,以履行其"了解客户"的义务。FICA修正案完全修改了此项规定,要求所有负责任的机构都有义务制订、记录、维持和执行反洗钱、反恐融资风险管理和合规方案(风险管理和合规方案)。然后,FICA修正案进一步为负责机构的风险管理和合规计划提出了一些要求。首先,负责机构的董事会、高级管理层或其他行使最高权力的人员或团体必须批准该机构的风险管理和合规计划,并确保其继续遵守规定的要求。其次,法人必须定期审核风险管理和合规计划,并应要求将描述其风险管理和合规计划的文件副本提供给金融情报中心或监管机构对该负责机构执行监管或监督职能的机构。责任机构如果未能做到以下几点,将受到行政处分:①根据2001年版FICA第42条的规定,制订、记录、维护和实施风险管理与合规计划,获得对其风险管理和合规计划的批准,定期审查风险管理和合规计划,向员工提供风险管理和合规计划;②根据2017年版FICA第42条的规定,向金融情报中心或监管机构提供其风险管理和合规计划的副本。②

(二)反洗钱合规案例

2017年开始,南非储备银行对数家本地和国际银行处以行政罚款,原因是其反洗钱合规机制薄弱以及打击资助恐怖主义不力。这些银行包括渣打银行、哈比卜海外银行(Habib Overseas Bank)以及中国建设银行约翰内斯堡分行。

中国建设银行于2000年10月在约翰内斯堡设立了分行。根据其网站显示,该分行专注于本地化,因此大部分客户是非洲公司,包括20多家南非上市公司、国有公司和国际公司。2009年,Firstrand与该分行合作,帮助两家公司在非洲赢得投资、企业和项目融资交易。2015年,南非工业发展公司(IDC)和该分行签署了战略合作协议,以促进南非和非洲其他地区的基础设施和工业发展。根据协议,该分行承诺与国际数据中心合作,向南非和非洲其他地区投资100亿南非兰特。两家机构还合作设立了一个20亿美元(2021年1月折合304.93亿南非兰特)的基金,为该国和非洲大陆的工业发展和基础设施项目提供资金。③

根据南非储备银行发布的公告显示,南非储备银行在一次检查中发现,中国建设银行约翰内斯堡分行未能遵守FICA,包括未遵守识别和核实客户信息、记录

---

① See the Financial Intelligence Centre Act, Section 21.
② 参见China Construction Bank Fined R75m By SA Reserve bank,载IOL网站(https://www.iol.co.za/business-report/companies/china-construction-bank-fined-r75m-by-sa-reserve-bank-13127853),访问日期2019年10月8日。
③ 参见South Africa Fines CCB USD 6.2 Million Over Lacking Money Laundering Measures,载YIC-AI网站(https://www.yicaiglobal.com/news/south-africa-fines-ccb-usd62-million-over-lacking-money-laundering-measures---),访问日期:2019年10月8日。

保存要求和现金门槛报告要求,以及未能制定和实施适当的流程和工作方法,未能对涉及恐怖主义及其相关活动的财产进行检测和报告,未遵守可疑和不寻常交易报告要求等。南非储备银行就此对中国建设银行约翰内斯堡分行罚款 7500 万南非兰特,并指示其就上述环节采取补救措施。

不过,公告特别指出,这一行政处罚并不是因为发现该分行参与了洗钱或恐怖融资交易,而是因为该分行在这方面的控制措施上存在弱点。同时,根据 FICA 相关条款,自 2017 年 11 月 28 日起,全部罚款中的 2000 万南非兰特将被暂缓执行,暂停期 3 年。最终缴纳与否视该分行对南非储备银行要求的执行情况而定。目前,该分行正在与南非储备银行合作,并已经开始着手解决那些被查明的合规缺陷和控制弱点。[①]

小　　结

在对以上六国的企业合规制度进行考察以后,我们不难发现,虽然各国的民族文化、经济水平、政治环境和法律传统存在重大差异,但是各国建立的企业合规制度有一些共性的基本原则和操作思路,例如设立合规专员。这些合规措施,并非靠哪一个国家的倡导或者强迫就可以被其他国家广泛接受,它们之所以拥有跨越政治制度乃至文化差异的力量,是因为这些原则和做法直接源自预防经济犯罪的经验。这些经验是人类在漫长的历史发展过程中,尤其是工业时代以来与经济犯罪斗争的产物,属于人类文明的优秀发展成果。

从巴西和南非的立法实践和司法实践中,我们可以清晰地发现"徒法不足以自行"这一法谚在企业合规上体现得尤为明显。就立法理念和规定的细致程度而言,巴西和南非的某些立法不可谓不先进,监督机构的设置也不可谓不充分,但都发生了涉及最高政治人物的企业腐败大案,大量本国的高级官员、企业领导和外国的跨国公司管理层都深度牵扯其中。这其中的原因非常复杂,但是充分昭示了合规工作的长期性和复杂性。

通过研究西方发达国家尤其是瑞士的合规制度,我们不难发现技术性手段在合规中的作用,例如会计制度和金融业相关操作制度中的某些规定。因为几乎所有的企业犯罪都涉及资本的流动,而资本的流动都依赖现代金融体系的支持,也都会在这个体系中留下相关痕迹。

---

① 参见 South Africa Fines CCB USD 6.2 Million Over Lacking Money Laundering Measures,载 YICAI 网站(https://www.yicaiglobal.com/news/south-africa-fines-ccb-usd62-million-over-lacking-money-laundering-measures---),访问日期:2019 年 10 月 8 日。

第八章 经合组织的企业合规制度

第一节 经合组织企业合规制度概述

一、经合组织及其影响

经济合作与发展组织(Organization for Economic Co-operation and Development, OECD,以下简称经合组织),成立于1961年,总部设在巴黎,其宗旨是促进成员国经济和社会的发展,推动世界经济增长;帮助成员国政府制定和协调有关政策,以提高各成员国的生活水准,保持财政的相对稳定;鼓励和协调成员国为援助发展中国家作出努力,帮助发展中国家改善经济状况,促进非成员国的经济发展。

经合组织的前身为1948年4月16日西欧十多个国家成立的欧洲经济合作组织。1960年12月14日,加拿大、美国及欧洲经济合作组织的成员国等共20个国家签署《经济合作与发展组织公约》,决定成立经济合作与发展组织。在公约获得规定数目的成员国议会的批准后,《经济合作与发展组织公约》于1961年9月30日在巴黎生效,经合组织正式成立。

目前,经合组织有38个会员国,包括20个创始会员国(美国、英国、法国、德国、意大利、加拿大、爱尔兰、荷兰、比利时、卢森堡、奥地利、瑞士、挪威、冰岛、丹麦、瑞典、西班牙、葡萄牙、希腊、土耳其)以及其后加入的18个会员国(括号内为加入年份):日本(1964年)、芬兰(1969年)、澳大利亚(1971年)、新西兰(1973年)、墨西哥(1994年)、捷克(1995年)、匈牙利(1996年)、波兰(1996年)、韩国(1996年)、斯洛伐克(2000年)、智利(2010年)、斯洛文尼亚(2010年)、爱沙尼亚(2010年)、以色列(2010年)、拉脱维亚(2016年)、立陶宛(2018年)、哥伦比亚(2020年)、哥斯达黎加(2020年)。

理事会是经合组织的决策机构,由每个成员国及欧洲委员会各派一名代表组成。理事会定期召开成员国驻经合组织大使级会议,并通过综合一致意见的方式进行决策。理事会每年举行一次部长级会议,讨论重要问题,并为经合组织的工作确定重点。理事会指定的工作则由经合组织秘书处的各个司局来完成。[①]

[①] 参见"经济合作与发展组织"词条,载百度百科网站(https://baike.baidu.com/item/%E7%BB%8F%E6%B5%8E%E5%90%88%E4%BD%9C%E4%B8%8E%E5%8F%91%E5%B1%95%E7%BB%84%E7%BB%87/3592824?fromtitle=%E7%BB%8F%E5%90%88%E7%BB%84%E7%BB%87&fromid=1109945&fr=aladdin),访问日期:2020年10月2日。

会员国代表组成专业委员会,就具体政策领域,如经济、贸易、科学、就业、教育及金融市场,提出建议并审议这些领域所取得的进展。经合组织共有约二百个委员会、工作组和专家小组。设在巴黎的秘书处和委员会的工作平行。秘书处由一名秘书长领导,四名副秘书长协助工作。秘书长还是理事会主席,是成员国代表团和秘书处之间的重要联系人。经合组织的职员都是成员国公民,但他们在经合组织任职期间以国际行政人员的身份工作,不代表各自国家。①

二、经合组织的合规制度

基于经合组织的宗旨,其非常重视企业管理、企业社会责任以及企业合规管理。经合组织理事会早在 1997 年 12 月签署的《关于打击国际商业交易中贿赂外国公职人员行为的公约》(Convention on Combating Bribery of Foreign Public Officials in International Business Transactions,以下简称《OECD 反贿赂公约》)中规定,"每一缔约方应依照其法律准则采取必要措施以确定法人因行贿外国公职人员而承担责任"(第 2 条),并特别指出,"为有效打击行贿外国公职人员的犯罪行为,每一缔约方应采取必要措施,在其有关账目管理、财务决算披露以及会计审计标准的法律法规框架内,禁止管辖范围内的公司设立账外账、进行账外或性质不明的交易活动、记录未发生的支出、记录无正确说明的债务以及使用虚假单据"(第 8 条)。

在 2006 年 6 月 27 日举行的经合组织部长级会议上,与会的 29 个成员国以及阿根廷等国通过了《OECD 跨国企业指南》②,对跨国公司依据相关法律所作的营业行为规定了自愿遵循的原则与标准,旨在保障这些公司的运营与当地政府的政策相协调,促进他们与当地社会之间的相互信任,以改善对外投资,增进跨国公司对可持续发展的贡献。该指南从信息披露、反对贿赂、环境、税收等不同侧面,对企业的合规经营提出了原则性要求。

例如,根据《OECD 跨国企业指南》的规定,跨国公司应当保证真实规范地进行信息披露,披露范围涉及其业务活动、企业组织、财物状况以及业绩等。而且,在合适的情况下,相关信息应当按照整体来进行披露,披露的方式应该在成本、商誉和其他竞争性业务方面符合企业的性质、规模以及所在地的要求。在上述信息之外,跨国公司也应披露如下重大信息:①公开的财务与经营业绩;②公司目标;③大股东及其投票权;④董事会成员和主要执行人员及其报酬;⑤可预见的重大风险要素;⑥关于雇员和其他股东的重大事项;⑦治理结构及其方针。

就环境问题,该指南要求跨国公司应当在其业务所在国的法律、规章和行政行为的框架下,并根据相关的国际条约、原则以及标准,以有助于实现可持续发展

---

① 关于经合组织的介绍与功能等,参见其官方网站:http://www.oecd.org/。
② 参见姚岚秋:《OECD 关于跨国公司社会责任的指南》,载《公司法律评论》2002 年第 1 期。

目标的方式,重视保护环境、公众健康与安全的需求。跨国公司在决策过程中应该评估并陈述可以预见的企业的生产过程,产品和服务可能对环境、人体与安全造成的影响。同时应该向雇员提供充分的关于环境、人体与安全方面的教育和培训,包括如何处理危险的原料以及防止环境意外事件,以及一般的环境管理方法,比如环境影响的评价程序,公共关系和环保的技术,而且应该促进具有环境意义和高效节能的公共政策的发展,例如,通过合作的方式或者主导的方式来提高环境意识和加强环境保护。

就反对贿赂的问题,《OECD 跨国企业指南》明确指出,跨国公司不应当直接或者间接地提供、承诺、给予或要求贿赂,或者以得到或保持经营上的或者其他方面的不正当优势为目的的不当利益,应当增强与贿赂和勒索行为作斗争的透明度,包括向公众作出反对贿赂和勒索的承诺,公开公司用来兑现上述承诺的管理制度,促进对公众的开放以及与公众之间的对话,以推动公众对其反贿赂和反勒索的理解与合作。此外,跨国公司应该通过适当的宣传方法和培训方案以及纪律程序,推动雇员对公司反对贿赂和勒索政策的理解以及贯彻。

另外,《OECD 跨国企业指南》对于消费者权益保护、科学与技术伦理、平等竞争以及诚实纳税等提出了具体要求。

虽然《OECD 反贿赂公约》和 1997 年 5 月 23 日 OECD 理事会《关于打击国际商业交易中贿赂的修订版建议》(以下简称《1997 年修订建议》)的执行已取得进展,但是贿赂外国公职人员的行为在国际商业交易(包括贸易与投资活动)中已成为一种普遍现象,在道德和政治方面引起了强烈关注,并破坏了善治和经济的可持续发展,扭曲了国际竞争条件。为进一步推动国际反腐努力,尤其是为推动批准和执行《联合国反腐败公约》,以有助于全面打击国际商业交易中贿赂外国公职人员的行为,经合组织理事会于 2009 年 11 月 26 日通过了《关于进一步打击国际商业交易中贿赂外国公职人员行为的建议》,并为会员国制定了《执行〈打击国际商业交易中贿赂外国公职人员公约〉具体条款的良好做法指南》与《内部控制、道德和合规良好实践指南》,供会员国参考。

以反对贿赂为切入点,经合组织理事会对于企业如何在相关领域制定与实施合规计划也提出了指导性意见,例如,2009 年 5 月 25 日经合组织理事会《关于进一步打击国际商业交易中贿赂外国公职人员行为的税收措施建议》[C(2009)64]、2006 年 12 月 14 日经合组织理事会《关于贿赂和官方支持的出口信贷问题的建议》[C(2006)163]、1996 年 5 月 7 日发展援助委员会《关于双边援助采购反腐败计划的建议》[DCD/DAC(96)11/FINAL],以及 2000 年 6 月 27 日《OECD 跨国企业指南》[C(2000)96/REV1],分别就如何通过加强税收和信贷问题管理以及为提高企业的合规经营提出了目标与要求。

第二节 经合组织合规建议

一、《关于进一步打击国际商业交易中贿赂外国公职人员行为的建议》

经合组织 2009 年 11 月 26 日通过的《关于进一步打击国际商业交易中贿赂外国公职人员行为的建议》(以下简称《OECD 反贿赂建议》)首先确定了全面审查、防微杜渐、课税减免、积极通报以及加强监督五项基本原则,继而在立法、出口信贷、国际合作以及与非成员国合作方面提出了具体的建议。

(一) 基本原则

1. 全面审查原则

《OECD 反贿赂建议》建议各成员国根据其管辖原则和其他基本法律原则,采取具体有效的措施,对以下方面进行审查或复查:①公共和私营部门为预防和查明海外贿赂行为而开展的认识活动;②依据《OECD 反贿赂公约》和《执行〈打击国际商业交易中贿赂外国公职人员公约〉具体条款的良好做法指南》的刑法适用;③依据 2009 年经合组织理事会《关于进一步打击国际商业交易中贿赂外国公职人员行为的税收措施建议》,消除任何间接支持海外贿赂的税法、条例和惯例;④确保对海外贿赂行为进行举报的规定和措施;⑤依据公司具体情况制订的商业会计、外部审计标准以及内部控制、道德操守和合规方案;⑥根据银行和其他金融机构制定的法律和法规实际保存完好的财务记录,以供调查审核;⑦公共补贴、许可证、公共采购合同、由官方发展援助供资的合同、官方支持的出口信贷,或其他公共有利条件,在适当的情况下,可以拒绝给予这些有利条件,作为对贿赂行为的制裁;⑧在民事、商业和行政管理方面打击海外贿赂行为的法律法规;⑨在案件侦查及其他法律程序中开展的国际合作。[①]

2. 防微杜渐原则

鉴于小额疏通费对可持续的经济发展和法治具有特别严重的腐蚀作用,《OECD 反贿赂建议》要求成员国:①承诺定期审查各自有关小额疏通费的政策和方法,以有效制止这一现象;②鼓励公司禁止或阻止在实施公司内部控制、道德操守和合规方案或措施方面使用小额疏通费,确认此类费用在支付国一般具有违法性,因此在任何情况下都必须通过公司账簿和财务记录予以准确记述,并敦促各国提高本国公职人员对国内行贿和索贿法律的认识,以阻止索取和收受小额疏通费的行为。

[①] See OECD, Recommendation of the Council for Further Combating Bribery of Foreign Public Officials in International Business Transactions, 2009.

3. 课税减免原则

《OECD反贿赂建议》敦促成员国立即全面执行2009年经合组织理事会《关于进一步打击国际商业交易中贿赂外国公职人员行为的税收措施建议》，特别建议"成员国和《OECD反贿赂公约》其他缔约国明令禁止对贿赂外国公职人员的贿资减税，并以一种有效的方式实现一切课税目的"，以及"根据他们的法律制度，建立有效的法律和行政框架并提供指导，以便利税务管理部门就其履行职责过程中查明的涉嫌海外贿赂行为向国内执法主管机构报告"，并支持委员会根据2009年理事会《关于进一步打击国际商业交易中贿赂外国公职人员行为的税收措施建议》的规定，对财政事务进行监测。

4. 积极通报原则

《OECD反贿赂建议》要求成员国确保根据各自的法律原则，协助有关部门向执法机关报告国际商业交易中涉嫌贿赂外国公职人员的行为，根据各自的法律原则采取适当措施，协助公职人员，特别是驻外公职人员，通过内部机制，向执法机关报告其在工作过程中查明的国际商业交易中涉嫌贿赂外国公职人员的行为，并采取适当措施，保护公共和私营部门员工出于善意和正当理由向主管机构举报国际商业交易中涉嫌贿赂外国公职人员的行为不受歧视或惩戒。

5. 加强监督原则

首先，《OECD反贿赂建议》敦促成员国依据各自的管辖原则和其他基本法律原则，适当考虑公司的具体情况，包括其规模、类型、法律结构、地理位置和产业部门运营方式，并采取必要措施，确保与会计标准、外部审计及内部控制、道德操守和合规有关的法律、法规和惯例符合下述原则，并得到充分执行，以预防和遏制国际商业活动中贿赂外国公职人员的行为。

其次，《OECD反贿赂建议》要求成员国根据《OECD反贿赂公约》第8条的规定，在各自关于账簿和记录保存、财务报表披露以及会计和审计标准的法律法规框架内采取必要措施，禁止受这些法律法规制约的公司设立账外账户、进行账外交易或账实不符的交易、虚列支出、登录负债账目时谎报用途，以及使用虚假单据，从而达到贿赂外国公职人员或掩盖此类贿赂行为之目的，要求公司在其财务报表中披露所有重大的或负债情况，并根据《OECD反贿赂公约》第8条的规定，对这些公司有关账簿、记录、会计和财务报表的不作为和弄虚作假行为规定有效、适度且具有劝阻性的民事、行政或刑事处罚。

再次，《OECD反贿赂建议》敦促成员国考虑要求公司提交外部审计报告的规定是否适当，要求外部审计员在发现涉嫌贿赂外国公职人员的迹象后，向管理部门进行报告，必要时向公司监控机构报告。鼓励各公司在从外部审计员处获得有关涉嫌贿赂外国公职人员行为的报告后，对这类报告做出积极有效的反应，并要求外部审计员在发现涉嫌贿赂外国公职人员的行为后，向独立于公司的主管机构（如执法或管制机构）报告，而许可进行此类报告的国家，应确保出于善意和正当理由报告贿赂行为的审计员不受法律起诉。

复次,《OECD 反贿赂建议》要求成员国鼓励公司组建独立于公司管理机构的监控机构,如董事会或监事会的审计委员会,制定和实施适当的内部控制、道德操守和合规方案或措施,以预防和查明海外贿赂行为,同时考虑《内部控制、道德和合规良好实践指南》,并鼓励公司管理部门在其年度报告中对其内部、道德操守和合规方案或措施加以说明,或以其他方式公布这些方案或措施,包括有助于预防和查明贿赂行为的方案和措施。

最后,《OECD 反贿赂建议》鼓励成员国要求公司通过交流和保护渠道,支持那些不愿为屈从上司的指令或压力而违背专业准则或职业道德规范的人员,以及出于善意和正当理由愿意举报公司内部违反法律、专业准则或职业道德规范行为的人员,并应鼓励公司根据举报的情况采取适当行动,并允许各自的政府机构在涉及国际商业交易的情况下,根据提供公共有利条件,包括给予公共补贴、许可证,提供公共采购合同、由官方发展援助供资的合同和官方支持的出口信贷的决策,适当考虑采取内部控制、道德操守和合规方案或措施。

(二) 具体建议

1. 立法方面

第一,成员国的法律法规应当允许主管机构适度暂停经确认已违反本国法律贿赂外国公职人员的企业参与竞争公共合同或其他公共有利条件,包括公共采购合同和由官方发展援助供资的合同。在成员国对经确认有贿赂本国公职人员行为的企业实施采购制裁的情况下,这种制裁对于贿赂外国公职人员的案件也同样适用。

第二,根据 1996 年发展援助委员会《关于双边援助采购反腐败计划的建议》,成员国应当要求在双边援助基金资助的采购中作出反腐败规定,促进反腐败规定在国际发展机构不折不扣地得到贯彻执行,在所有发展合作活动中,与发展伙伴密切合作打击腐败行为。

第三,成员国应当支持经合组织公共治理委员会实施 2008 年理事会《关于公共廉洁的建议》(Recommendation on Enhancing Integrity in Public Procurement) [C(2008)105] 中阐述的原则,以及其他国际政府组织,如联合国、世界贸易组织和欧盟加强公共采购透明度的工作,并应遵守相关的国际标准,比如世界贸易组织的《政府采购协议》。

2. 出口信贷方面

第一,《OECD 反贿赂公约》缔约国中的非经合组织成员国,应当遵守 2006 年经合组织理事会《关于贿赂和官方支持的出口信贷问题的建议》。

第二,成员国应当支持经合组织出口信贷与信贷担保工作对执行和监测执行 2006 年经合组织理事会《关于贿赂和官方支持的出口信贷问题的建议》中阐述的原则。

3. 国际合作方面

第一,在具体行贿案件的侦查或其他法律程序中,通过各种途径,如主动或应他方要求进行信息共享、提供证据、引渡嫌疑犯,以及确定、冻结、扣押、没收和追偿贿赂外国公职人员的收益等。与其他国家主管机构,并酌情与涉及成员国和非成员国的国际和地区执法网络进行协商和其他方面的合作。

第二,认真调查国际政府组织,如国际和地区开发银行,就贿赂外国公职人员行为向其提出可靠的指控。

第三,充分利用现行的国际法律互助协议或协定,必要时,缔结新的协议或协定。

第四,确保各国法律能够为这种合作提供充分的依据,尤其是根据《OECD反贿赂公约》第9条和第10条规定开展的合作。

第五,考虑采取措施促进成员国与非成员国之间就此类行贿案件开展法律互助,包括为一些成员国确定证据门槛。

4. 与非成员国合作方面

第一,呼吁作为主要出口商和外国投资者的非成员国加入和执行《OECD反贿赂公约》及《OECD反贿赂建议》,并参与任何体制化的后续行动或执行机制。

第二,要求国际商业交易中贿赂问题工作组设立一个与尚未加入《OECD反贿赂公约》的国家进行磋商的论坛,以进一步扩大《OECD反贿赂公约》和《OECD反贿赂建议》及其后续行动的参与范围。

二、《执行〈打击国际商业交易中贿赂外国公职人员公约〉具体条款的良好做法指南》

国际商业交易中贿赂问题工作组根据《OECD反贿赂公约》第12条的规定,计划采取系统的后续行动,监测和促进该公约的全面执行。根据工作组在计划中提出的结论和建议,确定了如下全面执行《OECD反贿赂公约》具体条款的良好做法。

(一)关于《OECD反贿赂公约》第1条:贿赂外国公职人员罪

在执行《OECD反贿赂公约》第1条的过程中,不应对外国公职人员的索贿行为规定开脱理由和例外情形。成员国应当开展提升公众认识的活动,并向公众提供具体的书面指导,以使公众了解执行《OECD反贿赂公约》的法律和评注,并酌情向各自的驻外公职人员提供有关信息和培训,以使其了解执行《OECD反贿赂公约》的法律,从而在本国海外公司面临索贿行为时,能够向这些公司提供基本信息和适当援助。

(二)关于《OECD反贿赂公约》第2条:法人责任

成员国有关国际商业交易中贿赂外国公职人员的法人责任制度,不应将责任限于犯有此类罪行的自然人被起诉或被定罪的情况。成员国有关国际商业交易中贿赂外国公职人员的法人应负责任制度应考虑下列内容:(1)行为会引起法人责任的人员可能享有不同等级的权力,说明法人决策制度存在很大问题;(2)在职能上与所述方式相同,但只有享有最高管理权力的人员,其行为才会引起法人责任,这涉及下列情况:①享有最高管理权力的人员提出、允诺或实施对外国公职人员的贿赂;②享有最高管理权力的人员指示或授权较低级别人员提出、允诺或实施对外国公职人员的贿赂;③享有最高管理权力的人员未能阻止较低级别人员贿赂外国公职人员的行为,包括疏于监督或者没有充分实施内部控制、道德操守和合规方案或措施。

此外,成员国应当确保,根据《OECD 反贿赂公约》第 1 条和第 2 条的规定,法人不得为逃避责任而由中间媒介和相关法人代其提出、允诺或实施对外国公职人员的贿赂。

(三)关于《OECD 反贿赂公约》第 5 条:执行

成员国应根据《OECD 反贿赂公约》第 5 条的规定,注意确保对国际商业交易中贿赂外国公职人员行为进行的调查和起诉不受国家经济利益、与他国关系的潜在影响或者相关自然人或法人身份等因素的左右,主管机构应对贿赂外国公职人员行为的控诉进行认真调查,对指控进行评估,并应向执法机构提供足够的资源,以有效调查和起诉国际商业交易中贿赂外国公职人员的行为。

三、《内部控制、道德和合规良好实践指南》

《内部控制、道德和合规良好实践指南》要求各公司确定并确保内部控制、道德操守和合规方案或措施的有效性,以预防和查明国际商业交易中贿赂外国公职人员的行为(以下简称"海外贿赂行为")。该指南还针对商业组织和专业协会,它们在协助公司开展这些工作方面起着重要作用。该指南确认,这些方案或措施只有与公司的整体履约框架相互关联才具有效力。作为无法律约束力的指南,旨在指导公司确定有效的内部控制、道德操守与合规方案或措施,以预防和查明海外贿赂行为。该指南较为灵活,可以由各个公司,特别是中小型企业,根据各自的具体情况,包括规模、类型、法律结构、地理位置和产业部门运营方式,以及它们运营所依据的管辖原则和其他基本法律原则进行调整。

《内部控制、道德和合规良好实践指南》要求公司在对具体情况进行风险评估,特别是对公司面临的海外贿赂行为风险(比如地理位置和产业部门运营方式)进行评估的基础上,制定有效的内部控制、道德操守和合规方案或措施,以预防和查明海外贿赂行为。对此类情况和风险应当定期进行监测、重新评估和必要调整,以确保公司内部控制、道德操守和合规方案或措施持续有效。公司尤其应当考虑下列良好做法,以确保内部控制、道德操守和合规方案或措施的有效性,从而预防和查明海外贿赂行为:

(1)高级管理部门对公司预防和查明海外贿赂行为的内部控制、道德操守和合规方案或措施给予有力、明确和明显的支持和承诺。

(2)推行明确可信的公司政策,禁止海外贿赂行为。

(3)规定公司各级人员均有义务贯彻落实禁止海外贿赂行为的政策以及相关的内部控制、道德操守和合规方案或措施。

(4)将监督实施道德操守和合规方案或措施制止海外贿赂行为,包括直接向独立监督机构如董事会、监理会、内部审计委员会报告有关事宜的权限,授予一名或多名公司高级职员,并在管理、资源和授权方面给予他们充分的自主权。

(5)为预防和查明海外贿赂行为制定的道德操守和合规方案或措施,应适用于所有董事、高级职员和员工,并适用于公司有效控制的所有实体,包括子公司,尤其涉及如下方面:①礼品;②招待费、娱乐费和其他开支;③客户旅行;④政治捐款;⑤慈善捐款和赞助;⑥疏通费。

(6)为预防和查明海外贿赂行为制定的道德操守和合规方案或措施,视情况并根据合同安排适用于第三方,诸如代理人和其他媒介、顾问、代表、经销商、承包商和供应商、财团以及合资伙伴(以下简称"商业伙伴"),尤其适用于下列重要方面:①根据有关证据对雇用风险进行认真调查,以及对商业伙伴定期进行适当监督;②告知商业伙伴公司承诺遵守有关禁止海外贿赂行为的法律,以及公司为预防和查明海外贿赂行为制定的道德操守和合规方案或措施;③要求商业伙伴作出对等承诺。

(7)制定系统的财务和会计程序,包括建立内部控制制度,以真正保持账簿、记录和会计的公正性和精确性,并确保它们不被用于海外贿赂行为或掩盖此类行贿行为的目的。

(8)制定有关措施,确保就公司防止海外贿赂行为的道德操守和合规方案或措施定期进行沟通,同时有计划地对公司各级人员进行培训,并酌情让子公司各级人员参加。

(9)采取适当措施,鼓励公司各级人员遵守防止海外贿赂行为的道德操守和合规方案或措施,并提供积极的支持。

(10)根据适当的纪律程序,在公司各个层面处理违反禁止海外贿赂行为的法律以及公司防止海外贿赂行为的道德操守和合规方案或措施的问题。

(11)采取有效措施:①就遵守公司道德操守和合规方案或措施的问题,向董事、高级职员和员工,以及适当时向商业伙伴提供指导和建议,包括在他们需要时提供缓解外国管辖困境的应急建议;②提供内部报告渠道,并在可能的情况下提供秘密报告渠道,保护那些不愿为屈从上司指令或压力而违背专业准则或职业道德规范的董事、高级职员和员工,酌情包括商业伙伴,以及出于善意和正当理由愿意举报公司内部违反法律、专业准则或职业道德规范行为的董事、高级职员和员工,酌情包括商业伙伴;③根据举报的情况采取适当行动。

(12)定期审查道德操守和合规方案或措施,以评估和增强它们在预防和查明海外贿赂行为方面的有效性,同时考虑该领域的相关发展情况,并逐步制定国际产业标准。

针对商业组织和专业协会的行动,《内部控制、道德和合规良好实践指南》指出,商业组织和专业协会可以发挥协助公司的重要作用,特别是协助中小型企业制定有效的内部控制、道德操守和合规方案或措施,以预防和查明海外贿赂行为。此类支持主要包括:

(1)传播有关海外贿赂问题的信息,包括国际和地区论坛的相关发展情况,以及提供相关数据库;

(2)采用培训、预防和尽职调查的方式以及其他可用的履约手段;

(3)就如何开展尽职调查提出一般性建议;

(4)提供抵制敲诈和索取的一般性建议和支持。

第三节 《OECD 公司治理原则》

一、《OECD 公司治理原则》的制定背景

1999 年爆发的亚洲金融危机,使得各国都意识到公司治理的重要性。立足于其目的与宗旨,经合组织于 1998 年 4 月 27 日至 28 日召开了部长级会议,强烈呼吁经合组织与各国政府、相关国际组织以及私有部门共同制定公司治理标准与指导方针。为此,经合组织专门成立了公司治理筹划小组,其工作成果之一,就是 1999 年出台的《OECD 公司治理原则》(the OECD Principles of Corporate Governance)。[①]

《OECD 公司治理原则》制定的基础之一,是公司治理政策的重要性。尤其是,公司治理政策对于投资者信心、资本形成和配置等广泛经济目标的实现发挥着重要作用。公司治理的质量影响公司获取其发展所需资金的成本,以及直接或间接的资金提供方对于是否能公平、合理参与并共享价值创造的信心。因此,公司治理规则和实践体系共同构成一个框架,有助于缩小居民储蓄存款与实体经济投资之间的差距。因此,良好的公司治理将使股东和其他利益相关者确信其权利受到保护,而且能够使公司降低资本成本,易于进入资本市场。

《OECD 公司治理原则》制定的又一基础,是虽然目前尚不存在良好公司治理的统一模式,但是,构成良好公司治理基础的一些要素是共通的。立足于这些要素,《OECD 公司治理原则》概括了现存的各种不同模式。例如,《OECD 公司治理原则》并没有倡导任何特定的董事会结构,其所使用"董事会"一词旨在包括各国不同结构模式下的董事会。在某些国家实行的典型双层委员会制度中,《OECD 公司治理原则》所用的"董事会"系指"监事会",而"关键高管"系指"管理董事

---

① 参见陆一:《与时俱进的经合组织:启动社会良知对资本权力的制约——简评 2004 版〈OECD 公司治理准则〉》,载《开放导报》2004 年第 5 期。

会"。在单层委员会制中,董事会由内部审计机构监督,参照适用双层委员会制中董事会适用的原则。由于"关键高管"一词的定义根据具体的情形(例如薪酬或关联交易等),可能会因在不同司法管辖区内有所差异,《OECD 公司治理原则》允许各司法管辖区对这一术语灵活地进行定义,以实现其致力于达到的结果。

《OECD 公司治理原则》的目的,在于帮助政策制定者评估并完善公司治理的法律、监管和制度框架,以保障经济效益、可持续发展和金融稳定,因此力求简明、易懂,并能在国际范围内通用。其适用对象主要是公众公司,无论是金融类公众公司,还是非金融类公众公司。如果《OECD 公司治理原则》被视为可适用于非公众公司,则其也可能会成为完善非公众公司之公司治理的有效工具。尽管相对于小型公司而言,《OECD 公司治理原则》中的某些原则可能更适用于大型公司,但是政策制定者或许也会希望凭借该原则来提高所有公司(包括小型公司和非上市公司)良好公司治理的意识。

为了实现上述目的,《OECD 公司治理原则》主张给予股东、董事会成员、高级管理人员以及金融中介机构和专业服务机构正确的引导,使其在分权制衡框架内履行各自职责。鉴于公司治理涉及公司管理层、董事会、股东和其他利益相关者之间的一系列关系,《OECD 公司治理原则》承认雇员和其他利益相关者的权益,以及其在促进公司长期成功和绩效方面发挥的重要作用。与公司决策流程相关的其他因素,例如环境问题、反腐问题或道德问题,也纳入《OECD 公司治理原则》进行考量,但是《OECD 公司治理原则》提及的许多其他文件,包括《OECD 跨国企业指南》《OECD 反贿赂公约》《联合国工商业与人权指引原则》和《国际劳工组织关于工作中基本原则和权利宣言》,对以上因素进行了更为明确的探讨。

《OECD 公司治理原则》分为六章:第一章为确保有效公司治理框架的基础;第二章为股东权利和公平待遇以及关键所有权功能;第三章为机构投资者、证券交易所和其他中介机构;第四章为利益相关者在公司治理中的作用;第五章为信息披露与透明度;第六章为董事会责任。每一章的标题对应的均为一个单项的原则,之后再对一些支持性的具体原则进行阐述。《OECD 公司治理原则》中的各项注释发挥补充作用,对各项公司治理原则进行说明,旨在帮助读者理解其背后的原理。该等注释也对主导趋势或新出现的趋势进行了说明,并提供可能增进该原则可操作性的替代实施方式和实例。经合组织的性质决定了《OECD 公司治理原则》不具有约束力,因此其未对各国立法作出详细规定,而是力求确定各种目标,并提出实现这些目标的各种手段。

自 1999 年发布以来,《OECD 公司治理原则》已成为全球范围内政策制定者、投资者、公司以及其他利益相关者的国际标准,并被金融稳定委员会采纳作为《健全金融体系关键标准》(Key Standards for Sound Financial Systems)之一,被世界银行视为《关于遵守标准和守则的报告》(ROSC)公司治理方面的根据。此外,虽然《OECD 公司治理原则》并不具有强制约束力,但是在全球各个司法管辖区被广泛适用。

二、《OECD 公司治理原则》的修订历程

为适应形势发展与时代需要,《OECD 公司治理原则》已经经历了两次修订。2004 年对《OECD 公司治理原则》的第一次修订,在原有基础上进行了补充和完善。2013—2015 年经合组织与二十国集团(G20)成员国一起对《OECD 公司治理原则》进行了第二次修订,形成了《G20/OECD 公司治理原则》(2015)。

(一)2004 年修订

如上所述,《OECD 公司治理原则》自 1999 年颁布之后取得了非常高的国际地位。然而在其后的数年内,美国、欧盟等许多国家和地区爆出一系列严重的公司丑闻以及经营失败事件,这使得人们对公司治理问题再度进行了深刻反思。因此,经合组织 2002 年部长级会议决定任命公司治理指导小组对《OECD 公司治理原则》进行评估与修订。2004 年 4 月,经合组织理事会通过了修订后的《OECD 公司治理原则》。

2004 年修订的关键在于三点:第一,加强了对中小股东的利益保护。公司治理小组通过对大量实际案例进行分析与研究之后发现,在许多国家,国有公司管理失败、经营困难的主要原因是大股东对中小股东利益的肆意侵犯。因此,强化对中小股东利益的保护成为本次修订的重点。为此,2004 年的修订,首先,要求规范董事会的选举过程,建议公司设立有独立董事参加的选举委员会,专门负责筹划、协调董事会选举活动;发挥机构投资者作用,为其参与候选人提名提供便利;向股东印发关于董事选举活动的文件、资料,对候选人的经验、经历予以充分宣传;设置有效程序,保证股东有机会实际考察候选人的能力与才干;建立累积投票制,便于中小股东集中支持特定候选人;等等。其次,建议规定股东表决回避制度,保障中小股东有效参与公司重大经营决策。第二,建议完善信息披露制度,提高公司治理的透明度。为此,2004 年修订扩大了信息披露的范围,要求充分发挥公司外部审计师的作用,并就规范金融服务机构的活动提出了要求,例如,建议各国制定详细的规则明确投资分析师的专家责任,充分披露金融服务机构与公司之间潜在的利益冲突,并在他们之间建立广泛而有效的利益防火墙,以有效预防他们对中小股东利益的共同侵害行为。[1] 第三,加强保护中小股东的相关利益,更加注重内外部的利益协调。就如有观点所言,"尽管 OECD 仍旧关注因所有权与控制权分离而引起的治理问题,但是已经开始从更倾向公司内部的权利关系的授予、监控、制约安排,向注重内外部的各种利益相关因素的协调转变。从更倾向于公司高层的权术安排游戏,而开始向企业员工和债权者等原来忽略的因

---

[1] 参见易仁涛、董菁菁:《论中小股东利益的法律保护——以〈OECD 公司治理原则〉之修订为例》,载《特区经济》2005 年第 2 期。

素倾斜"①。为此,2004 年的修订提出多种具体措施,例如,扩大"利益相关者"的范围,并加强对之的重视等。

总体而言,2004 年的修订反映出经合组织理事会"推广一种专业化的、符合伦理道德的价值文化,形成市场所依赖的健康机能"(《OECD 公司治理原则》前言)的追求。

(二)2015 年修订

为了吸取 2008 年国际金融危机中公司治理方面的教训,使公司治理政策框架更好地适应全球经济和资本市场的新变化,2013—2015 年经合组织与二十国集团成员国一起对《OECD 公司治理原则》进行了第二次修订,在更广泛国家参与和综合各方意见的基础上,形成了《G20/OECD 公司治理原则》(2015)(以下简称《2015 年原则》)。《2015 年原则》在诸多方面进行了创新和改进,它作为一个指导各国改善治理实践的政策工具,为新一轮的公司治理改革提供新的坐标和参考。

在第一章"确保有效公司治理框架的基础"中,《2015 年原则》补充了如下内容:①公司治理框架建立在法律法规及其有效监督和实施的基础上;②公司治理框架应有利于促进企业的经营效率;③监管机构应加大政策实施力度,提高对违规者施加强制力;④证券市场监管应支持公司治理的有效性;⑤跨境监管合作已成为加强公司治理有效监管的必要手段。

在第二章"股东权利和公平待遇以及关键所有权功能"中,《2015 年原则》支持提高股东对公司董事提名和董事高管薪酬的话语权,认为公司应该为股东有效参与关键公司决策创造便利条件。

在新增加的第三章"机构投资者、证券交易所和其他中介机构"中,《2015 年原则》明确提出:"公司治理框架应在整个投资价值链中提供有效的激励机制,并使证券市场在促进良好的公司治理中发挥功能。"

在第四章"利益相关者在公司治理中的作用"中,《2015 年原则》鼓励公司的利益相关方与公司进行积极的合作和沟通。在相互彼此认可的基础上,应尊重经法律和共同协议而确立的利益相关者的权利。利益相关者有权定期、及时地获得公司相关信息,当其权利受到侵害时,应能够获得有效补偿。

在第五章"信息披露与透明度"中,《2015 年原则》增加了如下三点:①在应披露的实质性信息方面,增加对非财务信息的披露要求;②在关联交易的信息披露方面,鉴于关联交易披露规则的核心是界定关联交易和关联人的范围,《2015 年原则》将可能利用关联关系间接实现的交易活动包括在内,以维护公平交易秩序;③在报告治理结构及其政策方面,《2015 年原则》要求上市公司以"遵守或解释"为基础,在定期报告中披露公司治理相关的信息。

---

① 陆一:《与时俱进的经合组织:启动社会良知对资本权力的制约——简评 2004 版〈OECD 公司治理准则〉》,载《开放导报》2004 年第 5 期。

在第六章"董事会责任"中,《2015 年原则》新增了董事会在风险管理、税收计划和内部审计方面的职责。

在董事提名和选举方面,《2015 年原则》要求董事会采取措施确保股东在提名董事中发挥作用。董事会应有专门委员会负责识别潜在的董事会成员是否具备专门的技术、知识和经验以增加公司的价值。在内部控制和风险管理方面,《2015 年原则》确定了更高的标准,要求董事会加强其内部控制和审计功能,董事会在确保公司财务报告的真实性方面负有最终责任。

总而言之,《2015 年原则》充分吸收了近年来公司治理领域最新研究成果并广泛采纳各国实践经验,特别是二十国集团的加入,极大地扩大了其在全球范围的影响力,因而对各国下一步完善公司治理政策框架具有良好的参考价值。[①]

三、《G20/OECD 公司治理原则》(2015)及其注解

(一)确保有效公司治理框架的基础

1. 总体要求

《2015 年原则》为公司治理提供了框架,有效地增强了市监场督的透明度和公平性,促进了资源的高效配置。要实现有效的公司治理,必须符合法治原则,必须存在健全的法律、监管和制度框架,供市场参与者在建立私有契约关系(private contractual relations)时能够依靠。这种公司治理框架,通常由法律法规、监管、自律安排、自愿承诺和商业实践这些要素构成,而这些要素往往受到一国特定的环境、历史状况以及传统习惯的影响。因此,法律法规、监管、自律安排、自愿承诺等的理想融合体,即公司治理框架,也因国而异。基于"遵循或解释"原则的公司治理准则等软性法律要素,能够对公司治理框架中法律和法规要素进行有益的补充,从而为公司提供弹性空间,并解决各个公司的特定问题。特定情况下对一个公司、投资者或利益相关者有效的措施,并不一定对其他运营情况或不同运营环境下的公司、投资者和利益相关者普遍适用。随着新经验的积累和商业环境的变化,应当审议公司治理框架的不同条款,而且必要时应当进行调整。

计划实施《2015 年原则》的国家应当监控本国的公司治理框架,包括监管要求、上市要求和商业实践,以保持并强化公司治理框架在市场完整性和经济绩效方面发挥的作用。在进行上述监控之时,重要的是要考虑公司治理框架内部不同要素之间的相互作用和互补关系,以及公司治理框架提升公司治理实践道德水准、责任性和透明度的整体能力。这种分析应被认为是建立有效公司治理框架过程中的重要工具。为此,有效、持续地征询公众意见是一个必要的环节。在某些司法管辖区,征询公众意见之时,可能需要辅以实施相关计划,将开展健全的公司

---

① 参见鲁桐:《〈G20/OECD 公司治理原则〉(2015)修订内容及其影响》,载《国际经济评论》2016 年第 6 期。

治理实践所带来的利益告知公司及其利益相关者。此外,在每个司法管辖区建立公司治理框架过程中,国家立法机关和监管机构应适时评估本国对有效的国际对话和合作的需求及其产生的效果。如果满足上述条件,公司治理框架将更有可能避免监管过度,支持创业实践,并降低私营部门和公共机构具有破坏性的利益冲突所带来的风险。

2. 建议与注解

(1)建立公司治理框架时,应当考虑其对整体经济绩效和市场完整性的影响,其为市场参与者创设的激励,以及其对透明、运作良好市场的促进作用。

> 注解:公司作为一种经济活动的组织形式,能带来强劲的经济增长动力。因此,公司运行的监管和法律环境对于整体经济发展有十分关键的作用。政策制定者也有责任确保治理框架的灵活性,充分满足在不同环境中运营的公司的需要,推动公司开拓新机遇,创造新价值,提高资源配置效率。治理框架应视情况允许公司按比例原则进行调整,尤其是根据上市公司的不同规模进行调整。不同公司在所有权、控制结构、业务地理分布、业务领域和发展阶段等方面的差异,都要求治理框架充分发挥灵活性。建立公司治理框架的过程中,政策制定者应始终以宏观经济绩效为核心目标,同时分析政策方案对市场运行主要变量(比如激励机制、自律体系的效率、系统性利益冲突的处理方式)的影响。如果市场更加透明、运作良好,市场参与者的行为也会更规范、更负责。

(2)影响公司治理实践的法律和监管要求应符合法治原则,并且是透明和可执行的。

> 注解:在某些情况下可能需要制定新的法律法规,比如用于弥补显著的市场缺陷,此时应保证法律法规被设计为对所有涉及的群体都可实施,并且能得到高效公平的执行。为实现这一目标,一个有效的途径就是由政府部门及其他监管机构,对公司、代表公司的组织或其他利益相关者进行意见征询。还要建立相应机制,维护不同咨询对象的权利。为避免监管过度、执行力低下的法律以及意外出现的结果妨碍或扭曲商业活动,政策措施的设计应着眼于整体成本和收益。
>
> 政府当局应具有足够的执行能力与惩罚权力,对不诚实行为构成威慑,促进完善的公司治理实践。私人诉讼(private action)同样可行,但不同司法管辖区的具体情况,会影响公共执行与私人执行之间相互平衡的状态。某些公司治理目标包含在并不具有法律法规地位的自愿行为准则(voluntary codes)和标准(standards)中。这类规范虽然能促进公司治理实践,但是其法律地位和执行过程存在不确定性,可能让股东和其他利益相关者产生疑惑。如果要以此作为国家标准或法律法规的补充,那么为维护市场诚信,应对其适用范围、执行、遵守和惩罚进行明确规定。

(3) 明确划分管理机构的责任,以便更好地为公众利益服务。

注解:公司治理的要求和实践往往受到各类法律法规的影响,如公司法、证券法规、会计和审计标准、破产法、合同法、劳工法和税法等。某些公司的治理实践还经常受到人权和环境法律的影响。因此,各类法律之间可能出现意外重叠甚至发生冲突,阻碍公司实现核心治理目标。政策制定者要认识到这种风险的存在,并采取相应的预防措施限制此种风险。为确保公司治理框架的有效执行,不同机构之间应明确划分监督、实施和执行方面的责任,以便互补的机构和组织(bodies and agencies)各自的权限得到充分尊重和有效利用。还应注意避免机构的不同目标之间存在潜在冲突,比如避免让一个机构同时负责招商引资和惩罚违规行为,这些应在治理要求中加以明确规范。不同司法管辖区的法律法规之间也可能出现重叠甚至冲突,需要加以关注,杜绝监管真空的出现和扩张(比如一些事项未被纳入任何机构的责任范围),争取将公司在多重体制下合规的成本降低。如果要把监管责任或监督权力委托给非公共机构(non-public bodies),则必须明确阐述原因,并规定在何种情形下宜于进行委托。政府部门还应制定并维护有效的保障措施,确保委托的职权履行过程中的公平性、连贯性和法制性。而接受委托的机构必须具有透明的管理结构,并以公共利益为核心追求。

(4) 证券交易所的监管应为有效的公司治理提供支持。

注解:通过有针对性地制定及执行交易所规则,证券交易所能够鼓励发行人进行有效的公司治理。同时,证券交易所为投资者创造了条件,让他们利用对公司股票的买入或卖出,表达对这家公司治理行为是否认同。证券交易所的规章制度不仅对公司上市提出要求,还起到规范市场交易活动的作用,因此同样是公司治理框架的重要组成部分。

传统意义上的"证券交易所"在今天已经发生了许多形式上的改变。现代证券交易所大多以盈利最大化为目的,而且交易所本身也是公开交易的股份制公司,与其他同样追求利益最大化的交易场所进行竞争。无论证券交易所的具体结构如何,政策制定者和监管部门都应当评估证券交易所及其他交易场所对于制定、监督和执行公司监管规则是否发挥了积极的作用。为进行有效评估,还应分析证券交易所的商业模式如何影响交易所实现上述功能的动力和能力。

(5) 应保证以监督、监管和执行为职责的部门履行适当的职责权,以正直的操守和负责的态度作出及时、透明、充分的裁定。

注解:被赋予监督、监管和执行责任的机构应当满足以下条件:运行独立;能为其履行职责和行使权力的相关行为承担责任;拥有足够的权力和所需要的资源;有能力履行其职责并行使其权力,包括与公司治理相关的职责和权力。许多国家为确保证券监督者不受政治干预,专门建立了正式的管理机构(董事会、理事会或委员会),并为其成员设定固定的任期。如果人员任命也能脱离政治影响,此类管理机构的独立性会进一步增强。还应确保上述管理机构在履行职责时不会发生利益冲突,并可以对其决定进行司法和行政审查。当监管范围内的公司事件增多、披露数量增加时,监督、监管和执行机构可能面临资源紧张的局面。为适应新形势,这些机构必须招收大量合格的员工,以提高其监督和调查能力,并需要充足的资金支持。如果这些机构能提供优厚的待遇,就能吸引更多人才,进而让机构的监管和执行质量更高、独立性更强。

(6)应增强跨境合作,利用双边及多边安排促进信息交换。

注解:大量跨境持股和交易行为的存在要求各国监管部门之间进行紧密的国际合作,包括利用双边和多边安排促进信息交换。许多公司在不同司法管辖区设立了上市或未上市的子公司,或在不同司法管辖区的多个证券交易市场挂牌,这些现象的出现使得国际合作对于提高公司治理水平的作用越来越突出。

(二)股东权利和公平待遇以及关键所有权功能

1. 总体要求

公司治理框架应保护和促进股东行使权利,确保全体股东的平等待遇,包括少数股东及外资股东。在权利受到侵犯时,应保障全体股东均有机会获得有效救济。

股票投资者拥有一定的财产权利,例如股份公开交易的公司的任何股份都可以被购买、出售或转让。任何股份都赋予投资者在承担不超过投资额的有限责任的前提下,分享公司利润的权利。此外,任何股份的所有权也提供了主要通过参与股东大会和投票的方式去了解公司信息和影响公司的权利。

然而实践中,公司不能由股东投票进行直接管理。持股人可以区分为个人和机构两种群体,他们的利益、目标、投资期限的长短和能力差异很大。而且公司管理要求公司必须能够快速作出商业决策。鉴于这些事实以及在快速、瞬息万变的市场中管理公司事务的复杂性,股东不应被期望承担管理公司事务的责任。公司战略和运营的责任往往掌握在董事会以及由董事会选择、激励和必要时更换的管理团队的手中。

影响公司股东权利行使的事项集中在一些基本事项上,例如选举董事会成员或影响董事会组成的其他手段、修订公司组织文件、批准特别交易以及其他由公司法和公司内部规章所规定的基本事项。本节可被视为对股东基本权利的声明,这些权利获得几乎所有经合组织成员国家的法律认可。对于如审计师遴选的批准、董事会成员的直接提名、质押股份的权利、利润分配的批准、董事会成员或关键高管的薪酬表决、重大关联交易的批准等其他权利,各个司法管辖区都进行了规范。

资本市场的发展和正常运行取决于一个关键因素:投资人相信他们所提供的

资本不会被企业管理者、董事会成员或有控制权的股东滥用或挪用。董事会、管理者和有控制权的股东有可能参与到损害无控制权的股东利益的活动中,以牟取其个人利益。为保护投资人利益,需要有效区分事前股东权利及事后股东权利。事前权利包括,例如,股份优先购买权和以特定多数表决方式进行某些决策的权利。事后权利则允许股东在权利受到侵犯时寻求救济。在法律法规框架执行力较弱的司法管辖区,可能应当加强股东的事前权利,例如,将有权提出股东大会议程项目所须达到的持股比例门槛设定在一个较低的水平,或者设置关于在作出某些重要决定时应适用股东绝对多数制的规定。《2015年原则》支持在公司治理中平等对待外资股东和国内股东,但不涉及对外直接投资的监管政策。

股东权利得以执行的渠道之一是其可对管理层和董事会成员提起法律和行政诉讼。经验表明,法律是否能提供有效措施,使股东可以在付出合理代价且不过度耗时的情况下获得救济,是股东权利保护程度的重要决定因素之一。当法律制度为少数股东提供适当的机制,使其在有正当理由认为其自身权利受到侵犯时可以提起诉讼,则少数股东的信心会增强。设置该等执法机制也是立法者和监管者的关键责任所在。

然而,如果法律制度允许任何投资人在法庭上对企业活动提出质疑,也会带来滥诉的潜在风险。因此,许多法律制度引入了保护管理层和董事会成员不受滥诉侵扰的办法,包括测试股东投诉的充分性,为管理层和董事会成员的履职行为建立所谓安全港[比如经营判断规则(business judgment rule)],在允许投资人在所有权被侵犯时能寻求法律救济的同时,避免滥诉。

2. 建议与注解

(1) 股东基本权利包括:①可靠的所有权登记方式;②股份转让;③定期、及时地获得公司相关的重大信息;④参加股东大会并投票;⑤选举和罢免董事会成员;⑥分享公司利润。

(2) 股东应有权批准或参与涉及公司重大变更的决策并为此获得充分的信息,这些变更如:①公司章程或类似治理文件的修改;②授权增发股份;③重大交易,包括事实上导致公司出售全部(或几乎全部)股份。

注解:公司应有对外建立合作关系、成立关联公司、向合作伙伴和关联公司转移运营资产、现金流权利和其他权利义务的能力,该等权利至关重要,可以使复杂组织具有业务灵活性,并确保其能进行责任委托。该等权利也允许公司剥离运营资产,从而成为单纯的控股公司。然而在缺乏适当制衡的情况下,这种权利也可能被滥用。

(3) 股东应获得有效参加股东大会和投票的机会,并应对股东大会议事规则(包括投票程序)知情。

第一,股东应充分、及时地获知关于股东大会召开的日期、地点和议程的信息,以及将在股东大会上作出决议的议题的全部信息。

第二,股东大会的流程与程序应考虑全体股东的公平待遇,公司程序不应使投票过于困难或成本过高。

  注解:参加股东大会是股东的基本权利。管理层和有控制权的投资人有时会阻挠无控制权的投资人或外资投资人对公司发展的方向施加影响。一些公司对股东投票收取费用。其他潜在的障碍包括禁止代理投票、要求股东亲自参加股东大会进行投票、在偏远地点举行大会,以及仅允许举手表决。不仅如此,其他的程序更使得股东几乎不可能行使所有者权益。股东可能在股东大会举行前很短的时间才收到投票材料,导致没有充分的时间进行思考和咨询。许多公司寻求更好的渠道与股东进行交流与决策。应当鼓励公司做出努力消除人为的壁垒,便于股东参加股东大会,公司治理框架应为不在场股东采用电子投票提供便利,包括通过电子手段发送代理材料及设置可靠的投票确认系统。在私人执法较弱的司法管辖区,监管者应能够做到遏制不公平投票行为。

第三,股东应有权向董事会提问(问题可涉及年度外部审计),有权在股东大会上提出议案、进行表决,但该等权利应受到合理限制。

  注解:为鼓励股东参与股东大会,许多司法管辖区提升了股东权利,允许他们通过一个简单明确的提交修改意见以及决议的流程,向股东大会提出议案,并在股东大会召开前提交问题,获得管理层及董事会成员的回复。股东还应能就外部审计报告提出问题。公司有正当理由采取措施确保股东不会滥用此等权利。比如公司要求只有持有特定市值或特定比例股份的股东,或拥有投票权的股东,才有权在股东大会上提出决议,就是一种合理的措施。这一门槛的设置应该对股权集中的程度予以考量,以确保少数股东能无障碍地提出议案。经股东大会批准且属于股东大会审议范围的议案,应当由董事会负责执行。

第四,应推进股东有效参与企业重要管理决策,例如提名和选举董事会成员。股东对董事会成员或关键高管的薪酬意见应通过包括股东大会投票等渠道表达。董事会成员和员工的薪酬计划中关于股权的部分应通过股东的审批。

  注解:选举董事会成员是股东的基本权利。为了有效开展选举流程,股东应有权参与提名董事会成员,对被提名的具体董事或不同的董事名单进行投票。因此,在防止权利滥用的前提下,许多国家的股东还有权获得向其提供的投票资料。关于董事候选人的提名,许多公司设立了提名委员会,以确保提名严格符合已有程序,并致力于促进董事会人员构成的均衡性与胜任力。独立董事在该委员会发挥关键作用是一种良好实践。为进一步改进遴选程序,《2015年原则》也提倡充分知情、及时披露董事会候选人的经验和背景以及任命的程序,以便于在信息充分基础上评估每位候选人的能力和适当性。披露被提名者担任的其他董事职位亦被视为良好的做法。在某些司管辖区还会公开候选人的其他被提名职位。

《2015年原则》提倡披露董事会成员以及关键高管的薪酬。甚为重要的是,股东需要了解薪酬政策以及根据该政策制定的薪酬安排总额。特别是对于股东,当他们在评估董事会的能力及被提名董事的素质时,股东需要特别关注薪酬和公司绩效之间是如何挂钩的。不同形式的薪酬表决权(事前制定、事后制定,包含董事会成员或关键高管、个体和/或整体的薪酬,薪酬政策和/或实际薪酬)在向董事会传递股东情绪的强度和态度的时候发挥着重要作用。尽管董事会和高管合同并非适合提交股东大会批准,但仍然应有股东可以表达观点的方式。在股权类的薪酬计划下,可能稀释股东的股权比例,对管理层的积极性产生相当的影响。不论是单个董事的薪酬还是整体的薪酬政策,都应当得到股东的批准。越来越多的司法管辖区要求,对现有方案的任何实质性改变都须经股东批准。

第五,股东应能亲自或由代理人投票。不论是亲自还是代理投票,都应具有相同效果。

注解:为了达到促进股东参与的目的,建议各司法管辖区公司应当在投票中更普遍地使用信息技术,包括在所有的上市公司实行电子投票。《2015年原则》建议普遍采用指示代理投票的制度。采用指示代理投票制度确实对于促进和保护股东权利很重要。公司治理框架应该确保代理人按照委托人的指示投票。在允许公司接受委托成为代理人的司法管辖区,披露股东大会主席(是公司获得的股东代理权的通常接受人)如何行使附属于无指示委托代理书的代理投票权是非常重要的。在董事会或管理层代理公司养老基金或员工持股计划持有委托投票权的情况下,应披露投票指示。

第六,应消除跨国投票障碍。

注解:外国投资者通常通过一系列中介机构持有股票,基本会将其所投资的上市公司股票存管在证券中介机构的账户中;如果所投资的上市公司位于第三国,那么这些中介机构又会在其他司法管辖区的其他中介机构和中央证券存管机构开有账户。这种跨国界的链条带来了两大挑战:首先难以确定外国投资者是否有权行使投票权,其次与外国投资者的沟通程序也难以保证畅通,加之商业实践中通知期限一般很短,就导致公司发布股东会召开通知之时留给股东的时间往往非常有限,要保证其在知情的基础上作出决策绝非易事,就容易导致跨国界投票出现困难。法律框架和监管框架应阐明,在跨国界情况下谁有权利控制投票权以及存管链(depository chain)的哪些环节有必要简化。此外,通知期限应确保外国投资者实际上拥有与国内投资者相同的行使所有权职能的机会。为了进一步便利外国投资者进行投票,法律、法规和公司实践应以无差别的方式允许通过电子技术手段参与投票。

(4)应当设置一定的股东权利(但为防止该等权利被滥用,其应受例外规定约束),从而使包括机构投资者在内的股东能就《2015年原则》中所界定的股东基本权利有关的事宜进行协商。

  注解:长期以来,人们认为在股权分散的公司,个体股东在公司的持股份额可能太少,因而,难以承担采取行动的成本,也难以投入资金监控绩效。而且,如果真有小投资者投入资源采取此类行动,其他人将不劳而获(即他们会"搭便车")。这就导致小投资者没有足够的积极性来监控所投资公司的绩效。不过,这个问题对机构投资者可能并不重要,特别是对于以信义(fiduciary)义务人身份开展活动的金融机构,当其决定是否增持某公司股权以便持有重大份额时或者是否要分散其投资时,情况更是如此。然而,影响机构投资者持有重大股权的其他情况,机构投资者不能作出持有重大股权的决定是因为这超出了他们的能力,抑或持有重大股权将会导致其需要把资产更多地投资于同一个公司,而这种集中投资的做法将失之谨慎。为了克服这种不对称现象,从而避免投资过于分散化,应允许甚至鼓励股东运用改善公司治理的各种手段,诸如在提名和选举董事会成员、提出提案、与公司直接讨论的过程中展开合作和相互协调。更普遍的做法是,应当允许股东彼此交流,而不是死板地遵守投票代理权委托书征集的正式手续。但是必须承认,如果没有收购或信息披露规则的制约,投资者之间的合作可能被用于操纵市场和获取公司的控制权,而且也可能以合作之名达到规避竞争法规的目的。然而,如果股东之间的合作不涉及获取公司控制权,也不会引发与市场效率和公平的冲突,就可以帮助股东更有效地行使其所有权。为了明确何种情况下股东之间可以合作,在制定收购规则与其他规则时,监管者可以针对股东之间进行协调的形式,就构成或不构成一致行动的协议发布指引。

(5)同类同级的所有股东都应享有同等待遇。对于使特定股东获得与其股票所有权不成比例的某种支配力或控制权的资本结构和安排,应当予以披露。

  第一,同类别的任何股份系列均具有相同的权利。所有投资者在购买股份之前,都应能够获得附带于各类各系列股份应享有权利的有关信息。经济权利或投票权的任何变更,都应获得受不利影响的那些各类股份持有者的同意。

  注解:公司的最佳资本结构最好在经股东批准的情况下由管理层和董事会决定。某些公司发行优先股(preferred shares, or preference shares),这种优先股具有优先获取公司利润的权利,但通常具有有限的投票权或无投票权。公司也可发行参与证(participation certificates)或具备有限投票权或无投票权的股票,其交易价格可能会不同于完整投票权股票的交易价格。在以符合公司利益的形式分配风险与回报,进行符合成本效益的融资时,所有这些结构都可能是有效的。

  投资者会期望在投资前获知有关其投票权的信息。一旦投资者投资,就不应当改变他们的权利,除非持有投票权的人员参与了改变股票所附权利的决策。变更不同系列和类别的股票投票权的提案，应由受影响的股票类别中带有投票权股份的特定多数持股人（通常情况下比例更高的）向股东大会提交申请。

第二，资本结构和控制安排的披露应当必不可少。

注解：某些资本结构允许股东在一定程度上对公司行使与其股票所有权不成比例的控制权。设置金字塔结构、交叉持股和带有有限或多重投票权（multiple voting rights）的股份，都会减弱非控股股东影响公司政策的能力。

除所有权关系外，其他因素也能影响公司控制权。不同的股东群体（这些股东个人可能持有比较少量的股权）要集结成大的股东群体，常见的手段就是达成股东协议。股东协议通常给予协议参加者购买其他协议参加者所出售股份的优先权。这些协议也可以包括要求协议参加者在特定时间段不出售其股份的条款。股东协议可以涵盖如何选举董事会成员或董事会主席等问题。这些协议也能促使协议方作出相同的表决。一些国家已经发现有必要加强对此类协议的监控并限制其存续期。

不管股东实际拥有多少股票，封顶投票权（voting caps）限制了单一股东可以投票的数量。因而封顶投票权起到了重新分配控制权的作用，并可能影响股东参与股东大会的积极性。考虑到这些机制能重新分配股东对公司政策的影响力，该等资本结构和安排的披露应当必不可少。与该等资本结构和安排相关的披露还可以使股东和潜在投资者在更充分知情的情况下作出决策。

(6) 关联交易的批准和执行，应当以确保对利益冲突进行适当管理，并以保护公司和其股东的利益的方式进行。

第一，关联交易中内在的利益冲突应当予以处理。

注解：在所有市场中，潜在的关联交易滥用是一个核心的政策问题，在公司所有权集中、盛行设立集团公司的市场尤为如此。禁止此等交易并非通常的解决之道，因为关联交易本身并没有任何问题，只要此等交易中固有的利益冲突得到充分的处理（包括通过适当的监督和披露）。当公司有较高比例的收入或成本来自关联交易时，妥当处理利益冲突尤为重要。各司法管辖区应当建立有效的框架来明确列举关联交易，包括对关联方进行广泛而精确的定义，并在非重大关联交易的情况下，将其中的某些交易排除在定义之外，因为此等交易并未超过事前禁止门槛（thresholds），可视为在可验证的交易条件（at verifiable market terms）下反复发生的交易，或者被视为与子公司开展但不存在关联方特定利益的交易。一经确定为关联交易，司法管辖区应以将交易潜在不良后果控制在低水平为目的，设定批准流程。绝大多数司法管辖区非常重视董事会的批准，独立董事通常在批准时发挥显著作用，或者要求董事会说明交易对公司的利益。在批准特定关联交易时，也可以给予股东发言权,但有利害关系的股东除外。

第二,董事会成员和关键高管应当按照规定向董事会披露他们是否在任何直接影响公司的交易或事务中有直接、间接或代表第三方的实质性利益。

注解:当董事会成员、关键高管[在某些司法管辖区,还有控制性股东(controlling shareholders)]在公司外部拥有的企业、家庭或其他特殊关系,可能会妨害他们对公司特定交易或事务的判断时,他们有义务告知董事会。上述的特殊关系包括高管和董事会成员通过与控制性股东联合而产生的特殊关系。如果董事会成员、关键高管、控制性股东已声明存在重大利益,其不得参与任何涉及该等交易和事务的决策,此外,相关决议应明确表示决策程序中排除了此等重大利益的参与,或者说明此等交易对公司带来的好处,并且,不论是排除利益或说明好处都应提及交易的条款。这些做法应视为良好实践。

(7)少数股东应受到保护,使其不受控制性股东直接或间接的滥用权力,或者他人为控制性股东的利益而滥用权力的侵害,并且应当享有有效的救济手段。滥用自我交易应当予以禁止。

注解:许多股份公开交易的公司存在具有控制权的大股东。虽然控制性股东能够通过密切监控管理层而降低代理滥用问题,但是法律和监管框架中的漏洞可能导致公司其他股东的利益遭受侵害。任何人(包括控制性股东)与公司关系紧密时,就可能利用这些关系来损害公司和投资者的利益,这就是滥用自我交易(abusive self-dealing)。

当法律制度允许且市场也接受这样的行为,即具有控制权的股东利用法律工具使所有权从控制权中分离出来(比如金字塔结构或多重投票权)从而行使过度的控制权,导致其控制权与其作为股东所承担风险的程度不对等,此时,潜在的滥用是很明显的。这种滥用可能以各种方式出现,包括通过向在本公司就职的家庭成员和亲戚支付高工资和高额奖金来进行直接的私人利益输送,不适当的关联交易,业务决策系统性地有所偏颇,以及通过向具有控制权的股东专门发行股份来改变资本结构。

除了信息披露,保护少数股东的另一关键是,明确规定董事会成员对公司和所有股东负有忠诚义务(duty of loyalty)。的确,在法律和监管框架内对于忠诚义务的规定较弱的国家,侵害少数股东的现象最为常见。在企业集团很普及、董事会成员的忠诚义务模糊不清甚至被解释为对集团的义务的某些司法管辖区,这个问题的重要性尤为明显。其中某些国家现已制定了一系列规则,以控制其产生的消极影响,包括规定某公司进行有利于集团内另一家公司的交易时,必须获得集团内其他公司给出的相当利益来抵消。

其他行之有效的保护少数股东的通用条款有:与股票发行有关的优先购股权(pre-emptive rights)、某些股东决策的特定多数制(qualified majorities)以及在选举董事会成员中采用累积投票制的可能性。在特定情况下,某些司法管辖区要求或允许具有控制权的股东以独立机构所估价格收购其余股东的股票。这在当控股股东决定一个企业退市(de-list)时特别重要。其他加强少数股东权利的手段包括派生诉讼(包括多重派生诉讼)和集体诉讼(class action law suits)。

某些监管机构已建立投诉处理机制,而且某些监管机构能够通过披露相关信息或相关经费为诉讼提供支持。尽管都以提高市场信用为目标,保护少数股东的条款选择与最终的设计还是取决于整体的监管框架和国家法律制度。

(8)应允许公司控制权市场以有效和透明的方式运行。

第一,有关资本市场中公司控制权收购、较大比例公司资本的出售以及类似于合并的特定类别交易(extraordinary transactions)的规则和程序,都应清楚详细并予以披露,以使投资者理解自己的权利和追索权。交易应在价格透明和条件公平下进行,以使各类股东的权利都受到保护。

第二,反收购工具(Anti-take-over devices)不应当成为管理层和董事会规避问责(accountability)的庇护工具。

注解:在某些司法管辖区,公司可以运用反收购工具。然而,投资者和证券交易所都担心,反收购规定的广泛应用可能会严重阻碍公司在市场的扩张。有时,抵御收购完全可以被管理层或董事会用于规避股东的监控。在采用任何反收购工具和处理收购要约时,有必要将董事会向股东和公司承担的信义义务(fiduciary duty)放在首要位置。某些司法管辖区在公司发生重大重组(包括兼并和合并)时,为持异议的股东提供退出选择。

(三)机构投资者、证券交易所和其他中介机构

1. 总体要求

公司治理框架应当在投资链条的每一环节中都提供健全的激励因素,并规定证券交易所的运行应当有利于促进良好公司治理实践。

在制定公司治理法律和监管框架时,为了使其有效发挥作用,必须考虑当地的经济实况。在许多司法管辖区,公司绩效和最终受益人的持股收入之间原本明确直接的关系在减弱,公司治理实践和所有权关系发生了变化。实际上,投资链往往长而复杂,在最终的受益人和公司之间存在很多的中介机构。作为独立决策者存在的中介机构,对投资者参与公司治理的诱因和能力产生影响。

机构投资者(比如共同基金、养老基金、保险公司和对冲基金)持有的股权投资份额已显著增长,其所拥有的很多资产由专业的资产管理人管理。机构投资者和资产管理人参与公司治理的能力和利益发生了很大变化。对某些机构投资者而言,参与公司治理,包括投票权的实施,是其经营模式的天然组成部分。但是,另外一些机构投资者向其受益人和客户提供的商业模式和投资战略可能就不

鼓励积极的股东参与,也不鼓励投入资源来支持积极的股东参与。如果股东参与并非机构投资者商业模式的一个要素,也非投资战略的组成部分,那么强制其参与(比如,通过投票)可能起不了任何作用,同时也容易导致参与行为流于形式。

《2015年原则》建议机构投资者披露与公司治理有关的政策。然而,在股东会行使投票权还是股东参与公司治理的唯一渠道。至于直接与董事会、管理层接触和对话,也是经常使用的其他股东参与公司治理的方式。近年来,某些国家已开始考虑采用要求机构投资者自愿签署参与治理的股东参与守则[股东尽职治理守则(stewardship codes)]。

2. 建议与注解

(1)作为信义义务人,机构投资者应当披露与其投资有关的公司治理及投票政策,包括决定使用投票权的相关程序。

注解:机构投资者的整个公司治理框架和公司监管的有效性及可信性,在很大程度上取决于机构投资者的意愿和能力,即其是否有意愿和能力基于充分信息行使其股东权利,并有效发挥其在所投资公司享有的所有权职能。虽然本项原则并不要求机构投资者一定要就其所持有之股权进行投票,但是要求机构投资者披露根据成本效率的考量以何种方式行使所有权。对于充当信义义务人的机构投资者而言,例如养老基金、集合投资计划、保险公司的某些业务和代其行事的资产管理机构,可以认为投票权也是其客户投资价值的一部分。不行使所有权可能会损害投资者利益,因此投资者应关注机构投资者遵循的政策。

在某些国家,向市场披露公司治理政策的要求相当具体,包括要求机构投资者设有明确的战略,指引其在何种情况下会对所投资的公司进行干预、此类干预所采取的方式、评估此类战略有效性的方法。对实际投票记录进行披露被视为良好实践,尤其是对于已经明确规定须行使投票权的机构而言,更是如此。披露要么向客户作出(该等披露仅针对每个客户所涉之证券),要么向市场作出(对于投资顾问向注册投资公司所作披露而言)。除了参与股东大会,还有一个补充的参与方法,就是与投资组合公司构建持续的对话机制。尽管公司在平等对待所有投资者上义不容辞,不应在未向市场披露时先向机构投资者泄露信息,但还是应鼓励机构投资者与公司之间开展此类对话。公司提供的补充信息通常包括公司经营所处市场的一般背景以及进一步详细说明已向市场披露的信息。

机构投资者已制定并披露了其公司治理政策后,政策执行的有效性要求其投入恰当的人力和资金资源,并按照符合受益人和投资组合公司要求的方式实施治理政策。对于实施积极公司治理政策的机构投资者的客户而言,机构投资者应当向其披露该等积极公司治理政策的性质和实际实施情况,包括人员配备。

(2) 存管人或代理人应按照股份受益所有人的指示进行投票。

注解:除非获得特定指示,否则代客户持有证券的托管机构不得就这些证券进行投票。在某些司法管辖区,虽然上市规则中大量列出存管人未经指示不得进行投票的事项,但是对于特定的常规项目,未经指示进行投票的可能性仍然存在。上市规则应当要求托管机构向股东及时提供信息,使股东对其投票权行使的相关选项作出充分考量。股东可以选择亲自进行投票,也可以选择向存管人委托全部投票权。此外,股东也可以选择获知所有将要进行投票的议题,可以决定自己投一部分票,并向存管人委托一部分投票权。

存托凭证(depository receipts)持有人应当获得与标的股票(underlying shares)持有人相同的最终权利和参与公司治理的实际机会。在股票直接持有人可能采用代理投票时,存管人、信托机构或同等实体应及时向存托凭证持有人发出投票代理权委托书。存托凭证持有人须有能力针对存管人或信托机构所持有股票发出有约束力的投票指示。

应当注意的是,本项原则不适用于受托人或其他人员接受某种特殊的法定授权(例如破产管理人和遗产执行人)而行使投票权的情况。

(3) 作为信义义务人,机构投资者应当披露如何管理可能会影响所投项目之关键所有权行使的重大利益冲突。

注解:在特定情况下,中介所有者(intermediary owners)投票和行使关键所有权职责的动力可能不同于直接所有者。这种差别有时从商业逻辑的角度来看是合理的,但也可能源于利益冲突。当信义义务人是另外一家金融机构的子公司或分公司时,利益冲突可能变得十分严重,特别是在综合性金融集团中。如果这类利益冲突是由某种重要的业务关系——例如通过协议安排来管理投资组合公司的资金——所引起,应明确识别该等利益冲突并加以披露。

与此同时,机构投资者应当披露为了将行使关键所有权的能力所受潜在负面影响最小化而采取了何种行动,这类行动可以包括分离因基金管理和因集团其他单位收购新业务而获得的奖金。资产管理和其他中介服务的收费结构应当保持透明。

(4) 公司治理框架应当要求委托投票代理顾问、分析师、经纪商、评级机构,以及为投资人决策提供分析或建议的其他人员,披露可能会有损前述分析或建议公正性的利益冲突,并将该等冲突控制在最低限度。

注解:投资链从最终的所有者开始,一环扣一环直至公司,其中不仅仅涉及多方中介所有者,还包括向中介所有者提供建议和服务的各种专业人士。投票代理顾问(proxy advisor)向机构投资者提供关于如何投票以及如何销售有利于投票过程的服务的咨询建议,从公司治理角度来讲,是其中最重要的一环。在某些情况下,投票代理顾问也向公司提供有关公司治理的咨询服务。其他的专业服务机构则会根据不同的公司治理标准评估公司。分析师、经纪商和评级机构都履行了相似的职能,并面临相同的潜在利益冲突。

考虑到公司治理中各种服务的重要性,以及某些情况下公司治理对各种服务的依赖性,公司治理框架应当促进专业人士的诚信,比如分析师、经纪商、评级机构和投票代理顾问。如果对此等服务进行恰当的管理,则可以在塑造良好的公司治理实践中发挥重要作用。与此同时,上述专业人士仍然可能会产生影响其判断的利益冲突,比如咨询建议的提供者也向公司提供其他服务时,或者服务机构对公司或其竞争者有直接的重大利益时,就可能产生利益冲突。许多司法管辖区已经通过规章,或提倡实施自律规范,来缓解此等利益冲突或与诚信有关的其他风险,并规定私人部门或公共部门对此进行监督。

在适当的情况下,投票代理顾问服务的提供者应当向其客户(即投资人)公开披露其咨询服务赖以做出的程序和方法,以及与客户相关的投票政策标准。

(5)内幕交易和市场操纵应当予以禁止,适用的规则应当予以执行。

注解:由于内幕交易会导致操纵资本市场,因此,内幕交易在大多数国家被证券法规、公司法和刑法所禁止。内幕交易被视为有悖于良好的公司治理,原因是它们违反了平等对待股东的原则。但是,该项禁止规定是否有效取决于执法行动是否严格。

(6)对于在创立地以外的司法管辖区上市的公司,应当明确披露其适用的公司治理法律法规。在交叉上市的情况下,关于如何承认第一上市所适用的上市规则,相关的标准和流程应当透明且以明文规定。

注解:公司在设立地以外的司法管辖区上市或交易其股票的情况日益普遍。这可能令投资者不确定应遵循哪种公司治理规章制度。这可能影响到公司治理事务的方方面面,如年度股东会的召开流程、地点和少数股东的权利。因此,公司应当明确披露适用哪一司法管辖区的规则。如果公司所适用的主要公司治理规定并非股票交易所在的司法管辖区的规定,而是另一个司法管辖区的规定,则应当披露两个司法管辖区的规定之间的主要差异。

已在某一证券交易所上市的公司在其他证券交易所再上市的盛行,即所谓交叉上市(cross listings),是证券交易所日益国际化和一体化催生的另一重要现象。交叉上市的公司通常受制于第一上市(primary listing)所在司法管辖区的监管和许可。在第二上市(secondary listing)的情况下,基于对公司第一上市所在地证券交易所的上市要求和公司治理法规的承认(recognition),通常会豁免公司遵守第二上市当地的上市规则。证券交易所应当明确披露适用于交叉上市公司的规则和程序,以及对当地公司治理规则豁免的规定。

(7)证券交易所应当发挥公平高效的价格功能,以利于改善公司治理效果。

  注解:有效的公司治理意味着,股东通过将市场相关信息与公司的前景和绩效信息相对比,能够监督和评估其对公司的投资。如果股东认为这是有利可图的,他们可以通过行使股东权利来影响公司行为,或者出售其股份(或增购股份),或者在其投资组合中重新评估公司股票。因此,市场信息的质量、获取(包括有关股东投资的公允高效的价格发现功能)对股东行使权利意义重大。

(四)利益相关者在公司治理中的作用

1. 总体要求

公司治理框架应承认利益相关者的各项经法律或共同协议而确立的权利,并鼓励公司与利益相关者之间在创造财富、就业以及促进企业财务的持续稳健性等方面展开积极合作。

公司治理的一个关键方面是确保外部资本以权益和债务两种形式流入公司。公司治理也努力寻找途径,去鼓励各类利益相关者对公司进行从经济角度上最优化的人力和实物资本投资。一个公司的竞争力和最终成功是众多不同资源提供者联合贡献的结果,包括投资者、员工、债权人、客户和供应商,以及其他利益相关者。公司应承认,对于打造富有竞争力和盈利能力的企业,利益相关者的贡献是一种宝贵的资源。因此,促进利益相关者之间开展创造财富的合作,是符合公司长期利益的。治理框架应承认利益相关者的利益及其对公司长期成功的贡献。

2. 建议与注解

(1)经法律或共同协议而确立的利益相关者的各项权利应该得到尊重。

  注解:利益相关者的权利经常是由法律(如劳动法、商法、环境法、贸易法和破产法)或契约关系加以规定的。公司必须尊重该项权利。然而,即使在对利益相关者的利益缺乏法律规定的地区,许多公司也不会因此而漠视利益相关者,反之会对其作出附加的承诺,并且,当公司重视自己的声誉和绩效时,往往也会认可利益相关者的更广泛的利益。对跨国公司而言,经合组织在某些司法管辖区,通过实施《OECD 跨国企业指南》规定的尽职流程来规范对利益相关者承诺的影响,可以实现这一点。

(2)在利益相关者的利益受法律保护的情况下,当其权利受到侵害时,应当有机会获得有效救济。

  注解:法律框架和程序应当透明,并且不应当妨碍利益相关者之间相互沟通以及权利受侵害时获得救济。

(3)应制定员工参与机制。

  注解:员工参与公司治理的程度取决于国家法律和实践,并因公司不同而有所不同。在公司治理中,员工参与机制可直接或间接地使公司受益,因为员工会有更大的积极性向公司投入特定技能。员工参与机制包括:员工代表列席董事会、在治理程序(如企业职工委员会)的特定关键决策中考虑员工意见。国际惯例和国内规范也承认员工的知情权、咨询权和谈判权。就绩效强化机制而言,在许多国家可以看到员工持股计划或其他利润共享机制的实施。养老金义务一般也是公司与退休员工和现有员工关系的一部分。当此类义务涉及成立一支独立基金时,受托人应独立于公司管理层并为所有受益人的利益管理基金。

(4)在利益相关者参与公司治理程序的情况下,他们应该有权定期、及时地获得相关的、充分的、可靠的信息。

注解:在法律和公司治理框架实践向利益相关者提供了参与公司治理机会的情况下,利益相关者能够获取履行其责任所需的信息是非常重要的。

(5)利益相关者(包括个体员工及其代表团体)应能向董事会以及主管政府机构自由地表达他们对于违法或不符合职业道德行为的不满,他们的各项权利不应由于他们的此种表达而受到影响。

注解:公司管理人员不符合职业道德和违法的行为,不仅会侵害利益相关者的权利,也会损害公司和股东的声誉,增加未来财务债务的风险。因此,应建立相关程序和安全港,使得员工(不论是员工个人还是通过其代表机构)和公司外部人员能投诉公司的违法和不符合职业的道德的行为,这种做法能维护公司及其股东的利益。法律或原则应当鼓励董事会保护此等员工个人和员工代表机构,给予他们秘密地接触董事会中独立董事的直接渠道,这些独立董事通常是审计或职业道德委员会的成员。某些公司已建立了调查官制度(ombudsman)来处理投诉,某些监管机构也已设置了机密电话和电子邮箱等工具来接收投诉。尽管某些国家的员工代表机构承担起向公司传递意见的任务,但也应使员工个人的独自行动不受阻碍并获得同等的保护。员工对违法行为作出投诉时,公司若未及时采取救济措施,或者公司的消极处理引发合理风险的,应当鼓励员工向相关的政府机构报告其善意投诉。许多国家还规定,举报人可以将违反《OECD跨国企业指南》规定的情况向国家联络机构(National Contact Point)反映。公司不应对这些员工或其代表机构采取歧视或惩戒性的行动。

(6)公司治理框架应当以富有成效并且高效率的破产制度框架和有效的债权人权利执行机制作为补充。

注解:债权人是重要的利益相关者,其向公司提供债权的期限、金额和种类,很大程度上依赖债权人的权利和执行能力。较之记录不良或者在透明度不足的市场经营的公司,有良好公司治理记录的公司一般能够借贷更大的金额并享受更优惠的条件。各国的公司破产框架差异很大,在某些国家,当公司临近破产时,法律框架规定董事有义务为债权人的利益行动,因而债权人可在该公司的治理中发挥显著作用。其他国家则制定了鼓励债务人及时披露公司困难信息的机制,以有利于债务人和债权人之间达成共同解决方案。

无论是有担保的债权人,还是无担保债权人,债权人的权利并无差异。破产程序通常要求建立协调不同类别债权人利益的有效机制。许多司法管辖区规定了特殊权利,比如通过规定"债务人持有资产"(debtor in possession)融资,为新资金流入破产企业提供激励措施和保护措施。

(五)信息披露与透明度

1. 总体要求

公司治理框架应确保及时准确地披露公司所有重要事务,包括财务状况、经济效益、所有权和公司的治理。在大多数国家,股份公开交易的公司和大型非上市公司,不论基于强制性规定或出于自愿,都编制了大量信息,并最终披露给广泛的使用者。

上市公司信息披露往往是必需的,至少每年一次,某些国家甚至要求每半年或每季度定期披露一次,在发生影响公司的重大事件时,披露须更加频繁。

公司为了对市场作出回应,经常主动披露信息,该等披露往往超过法定最低披露要求。

《2015年原则》提倡及时披露在定期报告期间发生的所有重大变化,也提倡对所有股东同时报告重大或必要信息,以确保他们得到平等对待。公司在与投资者和市场参与者保持密切关系时,必须足够谨慎,以避免违反平等对待的基本原则。

对信息披露的要求,不应使企业承担不合理的行政管理或成本负担,也不应迫使公司披露可能危害其竞争地位的信息,除非对于投资者作出知情决策和避免误导投资者确属必要。为了确定哪些信息属于应披露的最低限度的信息,许多国家采用了"重要性"(materiality)信息的概念。

重要性信息可以定义为,如果遗漏或虚假陈述这些信息,将影响信息使用者进行经济决策。重要性信息也可以被定义为理性投资者在作出投资或投票决策时会考虑的信息。健全的信息披露制度能够推动真正透明的产生,这是市场化公司监管的关键特征,也是股东得以在知情基础上行使股东权利的核心。经验表明,信息披露也是影响公司行为、保护投资者的强大工具。一个健全的信息披露制度有助于资本市场吸引资本和保持信心。相反,不充分的信息披露和不透明的实践会导致不符合职业道德的行为,损害市场诚信,付出巨大代价。不仅对公司和股东是如此,对整体经济也是如此。股东和潜在投资者要求获得定期、可靠、可比较和足够详细的信息,以评估管理层是否尽职治理公司,并对估值、所有权和投票作出知情决策。不充分或不透明的信息可能妨碍市场功能的发挥,增加资本成本,导致资源的低效配置。

信息披露也有助于加强公众对企业的组织和活动、有关环境和职业道德标准的公司政策和绩效以及公司与所在社区关系的理解。《OECD跨国企业指南》可能对许多司法管辖区的跨国企业具有借鉴意义。

2. 建议与注解

(1) 公司应披露的实质性信息包括不但限于以下九个方面：

第一，公司财务和经营成果。

注解：反映公司财务绩效和财务状况的经审计的财务报表（主要包括资产负债表、损益表、现金流量表和财务报表附注），是使用广泛的公司信息来源。该等财务报表使投资人能对公司开展适度监控，而且还有助于证券估值。管理层对经营的阐述和分析往往包含在年度报告中，投资者如能结合财务报表来阅读这种阐述和分析，效果是好的。投资者对可能反映企业未来绩效的信息特别感兴趣。

失败的治理往往与未能披露"全景"(whole picture) 信息有关，特别是当资产负债表外项目被用来在关联公司之间提供担保或类似承诺时更是如此。因此，按照国际公认的高质量标准披露整个企业集团的交易，包括关于有负债和资产负债表外交易，以及特殊目的实体的信息，尤为重要。

第二，公司目标和非财务信息。

注解：除披露商业目标外，还应鼓励公司披露与商业道德、环境以及对公司有重要意义的社会问题、人权和其他公共政策承诺相关的政策和绩效。这些信息可能对特定投资者和其他信息使用者很重要，有利于他们更好地评估公司与其经营所在社区之间的关系以及公司为实现目标所采取的措施。

在许多国家，大型公司必须作出该等信息披露，经常是作为管理层报告的内容，或者由公司主动披露非财务信息。该等信息披露的内容可能包括政治用途捐赠，尤其是该等信息无法通过其他披露途径轻易获取时。

某些国家要求大型公司作出额外的信息披露，例如按业务类型和业务所在国家逐一列明净营业额数据或缴付给政府的款项明细表。

第三，主要股权（包括受益所有人）和投票权。

注解：投资者的基本权利之一是获知关于企业所有权结构、自身权利和其他所有者权利的信息。这一信息获取权应该扩展到关于企业集团结构、集团内部关系的信息。此类披露应使集团目标、性质和结构保持透明。一旦持股超过一定的股权比例，应当披露股权数据。此类披露的内容可能包括特别投票权、股东协议、持有具有控制权的股份或大额股份、大比例的直接或间接地对公司实施重大影响或控制权的交叉持股 (cross shareholding) 关系和交叉担保 (cross guarantees) 等，或者可能直接或间接地对公司实施重大影响或控制权的主要股东和其他人。

披露董事（包括非执行董事）的持股情况也是一种良好实践。尤其为了便于相关规定的执行，以及为了识别潜在利益冲突、关联交易和内幕交易，记名股权的相关信息需要以最新的受益所有权信息作为补充。在主要股权 (major shareholdings) 通过中间结构或安排 (intermediary structures or arrangements)持有的情况下,至少要保证监管、执法机构可获得受益所有人的相关信息,或可通过司法程序获得受益所有人的信息。此外,经合组织的《获取受益所有权和控制权信息的可选方式》(Options for Obtaining Beneficial Ownership and Control Information)范本,以及反洗钱金融行动特别工作组的《透明度和受益所有权指引》(Financial Action Task Force's Guidance on Transparency and Beneficial Ownership)也可能有助于获得受益所有人的信息。

第四,董事会成员和关键高管的薪酬。

注解:董事会成员和关键高管的薪酬也是股东所关心的。特别让股东感兴趣的是薪酬和公司长期绩效之间的关联性。公司往往被要求披露董事会成员和关键高管的薪酬相关信息,以使投资者能够评估薪酬计划执行的成本和收益,以及激励方案(如股票期权计划)对公司绩效的贡献。具体到个体的信息披露(包括雇佣终止和退休的条款)已逐渐被认为是良好实践,并在许多国家强制实施。在这些情况下,某些司法管辖区要求对一定数量的获得高薪酬的高管的薪酬进行披露,而其他司法管辖区则仅限于披露特定职位的高管的薪酬。

第五,关于董事会成员的信息,包括其任职资格、选任流程、担任其他公司董事职位的情况,以及董事会独立性的认定。

注解:投资者要求获取董事会成员个体和关键高管的信息,以便评估其经验和任职资格,并考量是否存在影响其判断的潜在利益冲突。对于董事会成员而言,应当披露的信息包括任职资格、在公司中的持股、在其他董事会的任职、其他的高管任职,以及董事会是否认定其具有独立性。披露董事在其他董事会中的任职非常重要,因为这不仅这意味着董事的工作经验和该董事可能面临的工作时间上的压力,而且还可以揭露潜在的利益冲突,并披露与其他公司董事会之间利益交叉(inter-locking boards)的程度。

许多国家的原则和某些判例法对董事会成员中可认定为独立董事的人员规定了特定职责,并建议董事会成员的重要一部分(某些情况下是大部分)成员具备独立性。在许多国家,董事会必须说明为何某位董事会成员被视为是独立的。然后由股东,继而最终由市场来决定这些理由是否正当。若干国家已经规定公司应当披露董事的遴选过程,特别是要披露遴选过程是否对大量候选人开放。此等信息应当在股东大会作出任何决策之前提供,或者在情况发生重大变化时应持续提供。

第六,关联交易。

注解:为了使公司的运营能够适当地顾及所有投资者的利益,在市场中充分披露所有的重大关联交易及其各自的条款至关重要。在许多司法管辖区,这实际已成为一项法律要求。如果某一司法管辖区并未界定何谓重大关联交易,应当同时要求公司披露其采用的判定重大关联交易的政策标准。关联方应当至少包括对公司实施控制的实体,或与公司处于同一控制的实体,持有大量股份的股东(包括其家庭成员)和关键的管理人员。尽管国际公认的会计准则为关联方的定义提供了有益的参照,但是公司治理框架应当确保对全部的关联方进行适当的界定,并且当关联方存在特定利益时,也要披露该等关联方和子公司之间的重大交易。

直接或间接牵涉主要股东(或其近亲、关系密切的人等)的交易可能是难处理的交易类型。在某些司法管辖区,达到规定的持股比例门槛5%的股东有义务报告相关交易情况。应将控制关系的性质、关联交易的性质和金额合理分组披露。鉴于许多交易固有的不透明性,可能需要由受益人来承担向董事会报告交易的义务,然后再由董事会向市场作出披露。这不应当免除公司维持自我监督的责任,该责任也是董事会的一项重要任务。

为了提供有用的披露信息,某些司法管辖区按照关联交易是否属于重大交易以及交易条件对关联交易进行了区分。对重大交易要进行持续披露,但可能的例外是,对于按"市场条件"重复发生的交易仅须定期披露。为了有效披露信息,可能须主要根据定量标准制定披露门槛,但是不应当允许通过分割同一关联方的交易来避免披露的做法。

第七,可预见的风险因素。

注解:财务信息使用者和市场参与者需要获得合理预测的重大风险的信息,包括公司经营所在行业或地理区域的特定风险;对大宗商品的依赖;金融市场风险,包括利率或汇率风险;有关衍生品交易和资产负债表外交易的风险;商业行为风险;有关环境责任的风险。

《2015年原则》着眼于充分、全面披露公司信息,以充分告知投资者重大、可预见的风险。根据所涉公司和产业所作的有针对性的风险披露最为有效。关于风险监控和管理制度的披露逐渐被认为是良好实践。

第八,有关员工和其他利益相关者的问题。

注解:对与员工和其他利益相关者相关并可能对公司绩效或员工和其他利益相关者产生重大影响的关键问题,应鼓励公司提供与关键问题相关的信息,有些国家甚至将此规定为义务。披露内容包含与管理层员工的关系,其中包括薪酬、集体协议覆盖率、员工代表机制,以及与其他利益相关者(如债权人、供应商和当地社区)的关系。

有些国家要求广泛披露人力资源信息。人力资源政策(如人力资源开发和培训计划、雇员留任率和雇员股权计划等)能够向市场参与者传达关于公司竞争优势的重要信息。

第九,治理结构和政策,包括任何公司治理准则或政策的内容,以及实施流程。

注解:公司应报告自己的公司治理实践,应当要求公司在定期报告中强制披露这类信息。公司应当按照监管机构或上市监管机构(listing authority)规定或批准的公司治理原则,执行"遵循或解释"(comply or explain)的强制性报告制度或类似制度。披露治理结构和公司政策,包括对非经营性控股公司的重要子公司的治理结构和公司政策的披露,对公司治理的评估有重要意义,并应当涵盖股东、管理层和董事会之间的权力划分。公司应当明确披露首席执行官和董事会主席的不同的职能与义务,当某人兼任这两个职位时,应披露这种安排的原因。披露公司的章程、董事会章程以及专业委员会的结构和章程(若适用),也是一种良好的实践。

就透明性而言,股东会议程应确保正确统计和记录所有投票,并及时公布投票结果。

(2)应根据高质量会计、财务和非财务报告标准,编制并披露信息。

注解:使用高质量会计和披露标准可以提高报告的相关性、可靠性和可比性,从而加强对公司绩效的深入了解,大幅度提高投资者监督公司的能力。大部分的国家规定采用国际公认的财务报告标准,这有助于提升不同国家间会计报表和其他财务报告的透明度和可比性。这类标准应该通过开放、独立、公开的流程制定,纳入专业人员协会、独立专家等私营部门和其他有关部门及人士的意见。通过制定和实施与某一套国际公认的会计标准一致的规则,可以设立高质量的国内会计标准。许多国家要求上市公司遵守此类标准。

(3)年度审计应由独立、称职和有任职资格的审计师按照高质量的审计标准编制,以向董事会和股东提供外部的客观保证,即财务财告在所有重要方面均公允地陈述了公司的财务状况和绩效。

注解:除了证明财务报表公允反映公司财务状况,审计报告还应包含对财务报表的编制方法和列示方式的意见。这些意见应有利于公司内部控制环境的改善。在某些司法管辖区,外部审计师也被要求报告公司治理情况。

应当要求审计师具备独立性,该等审计师应接受股东的问责。根据独立审计监管机构国际论坛(the International Forum of Independent Audit Regulators, IFIAR)的核心原则,指定一个与审计行业保持独立性的审计监管者是提升审计质量的重要因素。外部审计师由董事会内独立的审计委员会或同等机构推荐,并由该委员会(机构)任命或直接由股东任命,被认为是良好实践。而且,国际证监会组织(IOSCO)发布的《审计师独立性原则及公司治理在监督审计师独立性中的作用》(Principles of Auditor Independence and the Role of Corporate Governance in Monitoring an Auditor's Independence)指出:"应当就审计师独立标准制定原则框架,并通过各种禁止性规定、限制性规定、其他政策、流程和披露要求对框架原则提供支持,上述各项至少能解决对独立性构成威胁的如下因素:私利、自我审查、推介、密切关系和胁迫。"

审计委员会或同等机构应监控内部审计活动,并负责监督与外部审计师的全部关系,包括审计师向公司提供非审计服务的性质。外部审计师向公司提供非审计服务,可能会严重削弱其独立性并可能导致其审计自己的工作。为了应对可能出现的激励扭曲,向外部审计师支付的非审计服务的费用应加以披露。其他可改善审计师独立性的规定包括如下示例:彻底禁止或严格限制审计师为审计客户提供非审计工作,或严格限制审计师为审计客户提供非审计工作的种类;强制性审计师轮换制度(无论是合伙人还是某些情况下审计合伙企业的轮换);设定审计师固定任期;联合审计;不允许被审计公司雇用前任审计师的暂时禁止期;禁止审计师或其家属在被审计公司持有财务利益或担当管理职位。某些国家采取更直接的监管措施,限制审计师从某一特定客户获得的非审计收入比重,或限制从同一客户获取的审计收入总比例。

某些司法管辖区则出现了另一问题,就是亟须确保审计行业的执业能力。通过注册程序确认审计师任职资格被认为是良好实践。然而,仍然需要持续培训和监督审计师的工作来作为补充,从而确保审计师具备相应的专业胜任力和职业怀疑能力(scepticism)。

(4)外部审计师应向股东负责,在审计中对公司负有职业审慎责任。

注解:外部审计师由董事会的独立审计委员会或同等机构推荐,并由该委员会(机构)任命或直接由股东会任命,这可被视为良好实践,因为这说明外部审计师应当向股东负责。同时也强调了外部审计师对公司负有职业审慎的责任,而不是对可能因工作目的而接触到的公司管理者个人或集体负有职业审慎(due professional care)的责任。

(5)信息传播渠道设置,应使用户平等、及时和低成本地获取有关信息。

注解:信息传播渠道与信息内容本身可以同等重要。虽然信息披露往往是法律要求的,但是信息的提交和获取可能既不方便又昂贵。在某些国家,通过使用电子编辑和数据检索系统,法定报表的提交效率已得到显著提高。OECD鼓励各国转向下一阶段,对公司信息的不同来源进行整合,包括股东提交的信息。公司网站也有助于提高信息传播水平。目前,有些国家要求公司开设网站,在网站公布公司的相关、重大的信息。

各国应当实施持续披露(ongoing disclosure)规定,包括定期披露和连续或更新披露(continuous or current disclosure),即临时性披露。关于连续/更新披露,良好的实践呼吁"立即"披露重要的发展状况,不论这是指"尽可能早"还是被定义为最晚必须在具体的天数内提交披露信息。国际证监会组织发布的《上市实体定期披露原则》(Principles for Periodic Disclosure by Listed Entities)针对在某一受监管市场上市的证券或获准交易证券的公司规定了定期报告指引,上述受监管市场指散户投资者可开展交易的市场。国际证监会组织发布的《上市实体的持续披露和重要发展情况报告原则》(Principles for Ongoing Disclosure and Material Development Reporting by Listed Entities)规定了上市公司持续披露和重要发展情况报告的通用原则。

(六)董事会责任

1. 总体要求

公司治理框架应确保董事会对公司的战略指导和对管理层的有效监督,确保董事会对公司和股东的问责制。

董事会的结构和流程在不同国家甚至一国内部均各有不同。某些国家采取"双层董事会制"(two-tier boards),由不同机构分别行使监督和管理职能。这种体制一般设置一个由非执行董事会成员组成的"监事会"(supervisory board)和完全由执行董事组成的"管理董事会"(management board)。另外一些国家则采取"单层董事会制"(unitary boards),将执行董事和非执行董事融合到一个董事会中。某些国家还设置承担审计职能的附加法定机构。《2015年原则》力求普遍适用于任何一种承担治理企业和监控管理层功能的董事会结构。

在指导公司战略的同时,董事会主要负责监控管理层绩效并为股东获取充足的回报,同时防止利益冲突,平衡各方面对公司的要求。董事会必须作出客观、独立的判断,以便有效地履行其职责。董事会的另一项重要职责是监督风险管理制度和公司设计的用以确保遵守所适用法律的体制,这些法律包括税法、竞争法、劳动法、环境法、均等机会法、健康和安全法。在某些国家,公司已普遍认为,明确规定董事会应承担的责任和管理层应负的责任十分有用。

董事会不仅对公司和股东负有责任,而且有责任为其谋求最佳利益。另外,董事会也应当重视并公平对待其他利益相关者的利益,包括员工、债权人、客户、供应商和地方社区等。

2. 建议与注解

(1)董事会成员应在充分知情的基础上,善意、尽职、谨慎地开展工作,最大限度地维护公司和股东的利益。

注解:在某些国家,法律要求董事会以公司利益为原则,兼顾股东、员工和公共机构的利益。为公司谋求最佳利益不应使管理层裹足不前。

该原则明确了董事会成员信义义务的两个关键因素:注意义务(duty of care)和忠诚义务(duty of loyalty)。注意义务要求董事会成员的行为是以充分知情、善意、尽职调查(due diligence)和审慎为基础的。某些司法管辖区对此设立了参考标准,即具备合理谨慎性的人员在相似环境下所展现的行为。几乎在所有司法管辖区,只要董事会成员不存在重大过失且决策是基于尽职调查作出的,注意义务并不适用于商业判断失误。《2015年原则》提倡董事会成员要在充分知情的情况下履行职权。根据良好的实践,这意味着董事会成员应当确保关键的公司信息和合规制度在根本上是健全的,并且董事会具有《2015年原则》所提出的关键的监控功能。该含义在多个司法管辖区已被认为是注意义务的有机组成部分,而在其他司法管辖区,该等要求则是由证券法规、会计原则等作出规定。忠诚义务至关重要,因为它是其他原则有效执行的基础,如关于平等对待股东、监控关联交易、制定关键高管和董事会成员的薪酬政策等原则。它也是在集团公司结构中任职的董事会成员的关键原则:尽管一个公司可能被另一公司所控制,董事会成员的忠诚义务应当是针对公司和所有股东的,而不是针对控制该集团的公司。

(2)当董事会决策可能对不同股东团体造成不同影响时,董事会应公平对待所有股东。

注解:在履行该等职责时,董事会不应被视为或作为不同利益派别的个人代表的集会。尽管特定的董事会成员可能实际上被特定的股东提名或选举(有时会招致其他股东的反对),但是董事会工作的重要特点是:董事会成员在履行职责时对所有的股东一视同仁。在具有控制权的股东事实上能够选举全部董事会成员的情形下,该原则的确立尤为重要。

(3)董事会应当适用严格的职业道德标准,应当考虑利益相关者的利益。

注解:董事会的核心作用之一是建立公司的职业道德环境,不仅要通过自己的行为,而且要在任命和监督关键高管(从而任命和监督管理层全体)中发挥这一作用。执行严格的职业道德准则符合公司的长远利益,是提升公司的可信度、可靠度的方式之一,不但有利于公司的日常运营,也有利于公司长期计划的实现。为了使董事会的目标清晰且具有操作性,许多公司已发现,在专业标准和广义的行为规范等基础上制定公司职业道德准则,并在公司宣传公司职业道德,这种实践非常有效。更宽泛的行为准则可能包括公司(包括其子公司)对遵循《OECD 跨国企业指南》[其反映了《国际劳工组织关于工作中基本原则和权利宣言》(ILO Declaration on Fundamental Principles and Rights at Work)包含的四个原则]的自愿承诺。同理,司法管辖区日益严格地要求董事会监督管理层有权实施的财务和税务规划管理,从而打击不符合公司和股东的长远利益并会引起法律和信誉风险的行为,例如积极避税的做法。

公司的职业道德准则是董事会和关键高管的行为标准,为在处理彼此有所差异甚至经常发生冲突的股东群体间的事务时,提供判断框架。公司的职业道德准则至少应当明确规定对追求个人利益的限制,包括公司股份的交易。遵守法律规定应当始终是基本的要求,公司的职业道德准则的整体框架应该远不止遵守法律的规定。

(4)董事会应当履行特定的关键职能,包括:

第一,审议、指引公司经营战略、重要的行政规划、风险管理政策和流程,以及年度预算和商业规划,设定绩效目标,监督战略实施和公司绩效,并审查重要的资本开支和流水。

注解:在董事会职能中,日益重要的一个领域是对公司风险管理工作的监督,这与公司战略紧密相连。风险管理工作的监督涉及对风险管理的问责机制与责任进行监督,明确公司在寻求达成业绩目标过程中所能承受的风险类型和程度,以及如何管理因其自身的运营和关系而导致的风险。鉴于管理层必须对公司风险进行管理才能达到公司希望达到的风险特征(risk profile),因此公司风险管理工作的监督对于公司管理层而言是一项关键的指引。

第二,监督公司治理实践的有效性,并在必要时加以调整。

注解:董事会对治理的监督也包括不断评估公司内部结构,以确保对整个组织中的各级管理层的责任有明确的界定。除了要求定期监督和披露公司治理实践,多个国家还建议甚至要求董事会开展绩效自我评估,并对董事会成员个人、董事会主席、首席执行官的绩效进行审评。

第三,在必要时,遴选、候补、监督、替换关键高管,并监督继任者。

注解:在大多数的双层董事会制度下,监事会同时负责任命管理董事会(management board),其通常包括了大多数的关键高管。

第四,使关键高管和董事的薪酬与公司和股东的长期利益相一致。

注解:董事会制定并披露涵盖董事成员和关键高管的薪酬政策声明,应当被视为良好实践。此等声明规定薪酬和绩效的关系,并包括可量化的标准,其注重公司的长远利益大于短期利益。薪酬政策声明通常对董事会成员职责范围之外的活动设定薪酬支付条件,比如咨询。薪酬政策声明通常也规定董事会成员和关键高管持有和交易公司股票需要遵守的条件,以及在授予期权并对期权重新定价时所遵循的流程。在有些国家,薪酬政策声明同时包括在雇用或解除高管的劳动合同时支付的金额。

在大型公司以下设置被视为良好实践:董事会设有专业委员会处理董事会成员和关键高管的薪酬政策和劳动合同,专业委员会全体或大部分由独立董事组成,但排除在彼此的薪酬委员会任职的高管,因为这可能导致利益冲突。扣回条款和追回条款(malus and claw-backprovisions)的引入应当被视为良好实践,其授权企业有权在出现经营欺诈或其他情况的时候,扣留或追回对高管的报酬,例如,由于严重不符合财务报告规定而要求企业重编财务报表的时候。

第五,确保制定正式、透明的董事会提名和选举流程。

注解:《2015年原则》促使股东在提名和选举董事会成员时发挥积极的作用。对于确保提名和选举流程得到遵守,董事会的作用至关重要。首先,尽管实际的提名流程在各国可能有所不同,但是董事会或提名委员会对确保流程的透明化和流程得到遵守都负有特殊的责任。其次,在公司需要提名董事的时候,应考虑候选人所具备的相关知识、胜任力和专长,是否与现有董事会的技能互补,然后界定董事会成员应普遍具备的素质或个体所应具备的素质,在此界定的过程中,董事会扮演着重要角色。最后,董事会或提名委员会负有义务辨识潜在的董事候选人是否具备所需的素质,并决定是否向股东推荐,或对有权提名董事候选人的股东所推荐的候选人作出审议。目前,人们不断要求将公开遴选的范围扩展至更广的范围。

第六,监督管理层、董事会成员和股东间的潜在利益冲突,包括滥用公司资产、滥用关联交易。

注解:董事会的一项重要职责是监督内部控制体系,包括财务报告、公司资产使用、防止滥用关联交易等。这些职责往往分配给内部审计师,内部审计师直接向董事会汇报。当总法律顾问等公司管理人员负责内部控制系统时,确保其承担与内部审计师类似的报告责任很重要。

在履行控制监督责任时,董事会应鼓励举报不符合公司行为准则的不合法行为,并保护举报人使其无须担心受到报复,这一点很重要。公司的职业道德准则应当促进控制监督流程的实施,并应当通过对相关的个人提供法律保护来巩固这一流程。审计委员会或者职业道德委员会或者同等机构应当设置举报联络人员,向公司报告不符合公司职业道德准则的可疑行为或不合法的可疑行为(此等行为可能也会损害财务报告的完整性)的员工可以直接联系该等联络人员。

第七,确保公司会计和财务报告系统(包括独立审计)的完整性,并确保适当的管理控制系统到位,特别是风险管理系统、财务和经营控制系统,以及合规系统。

注解:董事会应当体现其领导职能,以确保有效的监督措施到位。为了确保关键的报告和监督系统的完整性,董事会需要在整个组织内制定并执行清晰的责任制和问责制。董事会同时需要确保高管团队对公司享有适当的监督权。通常这意味着设立一个直接向董事会报告的内部审计系统很有必要。公司内部审计向董事会的独立审计委员会或向某个也负责管理与外部审计者关系的同等机构报告,通过这种方式,董事会可以在审计方面作出协调一致的回应,这应被视为良好实践。由审计委员会或同等的机构审查构成财务报告基础的重要会计政策,并向董事会报告此等会计政策,这也是一种良好的实践。但是,董事会应当对公司的风险管理系统的监督以及确保报告系统的完整性承担最终的责任。有些司法管辖区已规定董事会主席对内部控制流程进行报告。对于存在巨大或复杂的财务或非财务风险的公司(不仅是金融行业的公司),在进行风险管理时应当考虑引入类似的风险报告系统(包括直接向董事会报告风险)。

OECD同时也建议公司制定内部控制、职业道德准则以及合规计划措施,并确保其有效性,以遵守适用的法律法规和标准,包括《OECD反贿赂公约》要求制定的针对外国公职人员的刑事法律,以及其他形式的反贿赂和反腐败的规定。此外,合规计划还须涵盖其他法律法规中的合规内容,比如涉及证券法、竞争法和安全工作条件的法律。其他可能适用的法律包括有关税收、人权、环境、欺诈和洗钱的法律。此等合规计划也将成为公司职业道德准则的基础。为了有效发挥作用,业务的激励结构需要与公司的职业道德准则和专业标准相一致,以便对遵守此等价值理念的人员进行奖励,对违反人员加以告诫或惩罚。合规计划应当扩展至子公司,或者在可能情况下,扩展至第三方,比如代理人和其他中介、咨询公司、代表、承包商和供应商、企业联合体以及合资企业合作伙伴。

第八,监督披露和沟通流程。

注解:董事会需要明确规定董事会自身和管理层的披露和沟通的职责和义务。在某些司法管辖区,在大型上市公司任命一名直接向董事会报告的投资关系经理人(investment relations officer),被认为是一种最佳实践。

(5)董事会应当有能力对公司事务进行客观的独立判断。

注解:为了行使监控管理层绩效的职责,防止利益冲突,并平衡各方面对公司的相互冲突的要求,董事会是否能够进行客观判断非常关键,而进行客观判断首先意味着董事会相对于管理层的独立性和客观性,这就意味着董事会的组成和结构必须满足一定的要求。在这种情况下要实现董事会的独立性,通常要求董事会应有足够多的独立于管理层的成员。

在实行单层制的国家,董事会的客观性和相对于管理层的独立性可以通过分任首席执行官和董事会主席的角色而得以加强,这有助于实现合理的平衡权力、增强问责性和提高董事会独立于管理层的决策能力,因而被视为良好实践。在某些司法管辖区,指派一位首席董事(lead director)也被认为是良好实践的可选方法,前提是在管理层与公司明显存在利害冲突时,给予该角色充分的授权去领导董事会。这种机制也有助于确保高品质的企业治理和董事会职能的有效发挥。

在某些国家,董事会主席或首席董事可得到公司秘书的协助。在双层董事会制的情况下,如果存在管理董事会主席退休后成为监督董事会主席的传统,应当关注这种做法是否会导致公司治理问题的出现。

加强董事会客观性的方式也可能取决于公司的所有权结构。有控制权的股东有相当大的权力来任命董事会和管理层。然而在这种情形下,董事会仍然对公司和包括少数股东在内的所有股东负有受信义务(a fiduciary responsibility)。

不同国家各不相同的董事会结构、所有权模式和实践要求对董事会的客观性问题采取不同方法。在许多情况下,客观性意味着足够数量的董事会成员不受公司和子公司的雇用,并与公司或管理层没有密切的重大的经济、家庭或其他关系。这并不禁止股东成为董事会成员。在其他情况下,特别是在少数股东的事前救济权利非常薄弱且获取赔偿的机会很有限的情况下,客观性意味着需要强调董事会独立于控制性股东或其他控制性机构,有鉴于此,大多数司法管辖区的职业道德准则和法律已纷纷要求某些董事会成员独立于有控制权的股东,在这种情况下,董事会的独立性要求扩展到董事会成员不得成为有控制权的股东的代表,也不得与其产生密切的商业关系。在其他情况下,某些主体如特殊债权人也能够对公司施加重大影响。如果董事会中某一主体处于能够影响公司决策的特殊地位,应进行严格检验以确保董事会的客观决策。

在定义董事会成员的独立性时,某些国家的公司治理原则已经规定了相当详细的、常见于上市要求中的非独立性推定(presumptions for non-independence)。此等"否定"(negative)式标准(即对何种情况下某人被视为不具有独立性作出规定)给出了用于确定董事会成员独立性的必要条件,但是,当某个董事不具有独立性时,也可以通过能增强有效独立性概率的"肯定"(positive)式列举法,来对此等"否定"式标准进行有效的补充。

独立董事可对董事会的决策作出重大贡献。他们能够为董事会和管理层的绩效评估带来客观的观点。此外,他们也可在管理层、公司和股东利益有分歧的领域发挥重要作用,如高管薪酬、继任计划、公司控制权的变更、反收购防御、大型收购和审计职能等。为使其发挥这一关键作用,应由董事会宣布具备独立性的人士以及独立性的判断标准。有些司法管辖区要求定期召开单独的独立董事会议。

第一,董事会应考虑指派足够数量的、有能力独立判断的非执行董事负责存在潜在利益冲突的任务。像这类重要的任务有:确保财务和非财务财告的完整性、审核关联交易、提名董事会成员和关键高管、制定董事会的薪酬。

注解:尽管财务报告、薪酬和提名责任常常是董事会的整体责任,但是独立非执行董事会成员可以向市场参与者提供进一步的保证,使市场参与者更容易相信自身利益受到保护。董事会应当考虑设立专业委员会来对潜在利益冲突问题作出考量。应当要求这些专业委员会中非执行董事成员的最低人数,或者干脆要求全部由非执行董事组成。在某些国家,股东直接负责提名和选举非执行董事履行专业职能。

第二,董事会应当考虑创立专门委员会,以支持全部董事会成员履行职能,特别是在审计领域,以及风险管理和薪酬领域(取决于公司的规模和风险特征)。如果要创立专门委员会,董事会应当适当地界定并披露其任务、人员组成和工作流程。

注解:在符合公司规模条件且董事会同意的情况下,设置委员会可以改善董事会的工作水平。为了评估董事会专门委员会的价值,市场主体应对这些专门委员会的目的、责任和人员构成情况进行全面而明确的了解,这是一种重要的实践。在许多司法管辖区,董事会已经设立独立审计委员会,使其有权监督与外部审计师的关系,并使其在多数情况下有权独立履行职责,在这些司法管辖区,向市场主体提供关于独立审计委员会的信息尤其重要。审计委员会也可以监督内部控制系统的有效性和完整性。其他专门委员会还包括处理提名、薪酬以及风险的委员会。有时,在审计委员会之外再设立其他的专门委员会有助于避免审计委员会超负荷工作,并可以给董事会留出更多时间在董事会会议上处理相关问题。但是,应当明确界定董事会其他成员和董事会整体的问责制。披露要求不应该适用于所设立的诸如处理机密商业交易的委员会。

第三,董事会成员应能有效地承担其职责。

注解:董事会成员应能有效地承担其职责。服务于太多的董事会将妨碍董事会成员的绩效。某些国家已经限制同一人可担任的董事职位的数量。确保董事会成员在股东眼中具有合理性(legitimacy)和可信度是最关键的,这比设置具体的限制规定更加重要。

因此,向股东披露被提名董事在其他公司的董事任职情况也是一种重要的方法,能完善董事提名程序。此外,公布董事会成员个人的会议出席记录(例如他是否多次缺席会议)、其代表董事会承担的任何其他工作以及相关的薪酬,都可以有助于确保董事的合理性。

第四,董事会应当定期开展评估,对自身绩效做出评价,并评估其是否具备适当的背景和能力配置。

注解:为了提高董事会的业务水平和董事会成员的绩效,目前,越来越多的司法管辖区鼓励公司开展董事会培训,自愿进行符合个体公司需求的董事会绩效评估。尤其是在大型公司,董事会评估工作可以由外部专业人士主持,以促进董事会评估的客观性。绩效评估工作可能会包括要求董事会成员学习相应的技能(但董事会成员任命前即被要求具备的特定资格除外,比如金融机构的从业资格)。此后,董事会成员可以通过内部培训和外部培训详细了解新出台的相关法律法规,以及不断变化的商业风险和其他风险。为了避免小集团思想,为董事会的讨论带来多样化的思考方式,董事会应当考虑全体董事会成员的整体搭配是否确保其具备适当的背景和能力配置。很多国家可能需要考虑采取一些措施,比如自愿采取的指标、披露要求、董事会人员配额以及自行采取的措施等,来提高董事会和高管层的性别均衡化程度。

(6)为了履行其职责,董事会成员应有权获取准确的、相关的、及时的信息。

注解:董事会成员需要及时获得相关信息,以有利于其做出决策。非执行董事会成员一般不享有和公司的管理者同等的知情权。通过向非执行董事提供渠道接触公司的特定关键管理者,比如公司秘书、内部审计师,以及风险管理主管或首席风控官,或者通过公司付费诉诸的独立外部专业人士,非执行董事会成员对公司的贡献可以得到加强。为了履行职责,董事会成员应当确保获得准确、相关、及时的信息。若公司采用复杂的风险管理模式,董事会成员应当意识到此等模式可能出现的短板。

(7)如果在董事会中创设员工代表是一项强制规定,应当制定促进员工代表知情权和培训权的机制,以便员工代表有效地行使权利,最大限度地促进董事的能力、知情权和独立性。

> 注解:如果法律强制规定或集体劳资协议约定,或者企业主动决定在董事会中设置员工代表,员工代表的设置方式应当一定程度地促进董事的能力、独立性和知情权。员工代表应当享有与所有其他董事会成员相同的义务和责任,并应当以实现公司的最佳利益行事。
>
> 公司应当设立有利于员工代表获得信息、培训和专门知识的程序,以及有利于提高员工代表相对于首席执行官和管理层的独立程序。此等程序应当包括适当、透明的任命程序,定期向员工报告的权利(前提是董事会的保密规定得到充分的遵守),培训权以及管理利益冲突的明确程序。要使员工代表对董事会工作发挥积极的贡献,还需要董事会其他成员和管理层的认同以及有建设性的配合。

第四节 经合组织合规制度的核心要素

作为世界上最具影响力的经济组织之一,经合组织的上述合规文件对各国都有重要的影响。尤其是,经合组织明确要求各成员国的"公司制定和实施适当的内部控制、道德操守和合规方案或措施,以预防和查明海外贿赂行为",并就"法人责任"在《执行〈禁止在国际商业交易中贿赂外国公职人员公约〉具体条款的良好做法指南》中特别指出,成员国有关在国际商业交易中贿赂外国公职人员的法人应负责任的制度,应将"疏于监督或者没有充分实施内部控制、道德操守和合规方案或措施"规定为法人应该为贿赂外国公职人员行为承担责任的基础之一,这其实是直接将制定与实施合规计划作为一项强制性要求提了出来。

经合组织的相关合规文件虽然规定繁多且详细,但是从相关内容来看,其要求的合规制度必须围绕如下四个核心要素建立并实施。

第一,风险。一方面,法人在制定合规计划之际,必须针对其经营组织活动可能涉及的所有风险制定预防与制裁措施,以将风险置于可控的范围之内。另一方面,在实施合规计划的过程中,法人内部的合规计划应该根据可能存在的风险及时进行调整,以充分应对法人可能造成的风险。如果合规计划没有将实际发生的风险考虑在内,或者对明显可能发现的风险没有做出及时应对,则可能被认为无效。将风险作为合规计划有效性的核心判断要素之一,也符合风险社会的大环境要求。风险社会中的风险具有系统性、不可知性与全球性的特点,而法人作为风险的主要创造主体,总是会尝试利用其各种可支配的资源竭尽全力通过在工业中逐渐制度化的"反科学"的帮助来反驳对他们的指控,并试图提出其他导致祸根的原因,将风险从其本身转移至他处,如此导致了"有组织的不负责任"的社会现象。① 所以,以合规计划是否针对风险制定并调整,有助于强化法人自我预防的积极性与责任感。

第二,透明。首先,法人内部的合规计划、合规机构、处理程序等必须对法人的所有雇员透明,以让所有法人成员充分了解可能出现在法人内部的违法行为以及在知晓违法行为之际应该如何作为。其次,法人内部的合规计划应该对外部透明,以接受外部第三方机构的审计监督等,并通报给交易对象。最后,法人运营机构应该将其可能存在风险的经营管理行为及时通报给内部合规机构,由后者对风险进行评估与控制。

第三,内部监查与举报。合规计划的主要目的之一,是发现可能或者已经存在的违法行为,而这离不开或者说依赖内部举报。正因为如此,采纳合规计划的国家都非常注重鼓励与保护举报人。法国国家数据保护与自由委员会于2005年11月颁布了实施举报保护规定的指导文件②,要求法人严格遵守《法国数据保护法》(Data Protection Act),保护举报人。日本于2004年通过了《日本公益举报人保护法》(《公益通報者保護法》),美国于1989年通过了《美国举报人保护法》(Whistle-blower Protection Act),澳大利亚联邦议会于2013年通过了《澳大利亚公益公开法》(Public Interest Disclosure Act 2013),以加强对举报人的保护。③ 为了更好地发挥合规计划的作用,在采纳法人刑事责任和合规计划概念16年后,意大利在2017年通过的"第179号立法"中要求根据"第231号立法"实施合规计划的所

---

① 有组织的不负责任是指"尽管现代社会的制度高度发达,关系紧密,几乎覆盖了人类活动的各个领域,但是它们在风险社会因为人们无法准确地推算风险结果和破坏程度,这就必然导致风险责任主体模糊不清……责任主体的缺失常常使人们听任风险继续发展而无法防范,一旦风险真的来临了也无能力承担事后的责任"。参见张劲松:《论风险社会人造风险的政策防范》,载《天津社会科学》2010年第6期。

② See Eva E. Tsahuridu & Wim Vandekerckhove, Organisational Whistleblowing Policies: Making Employees Responsible or Liable?, *Journal of Business Ethics*, Vol. 82, 2008, p.108.

③ See Adan Neito Martin, Internal Investigations, Whistle-Blowing and Cooperation: the Struggle for Information in the Criminal Process, in Stefano Manacorda, Francesco Centonze & Gabrio Forti (eds.), *Preventing Corporate Corruption: The Anti-Bribery Compliance Model*, Springer, 2014.

有法人必须按照"第179号立法"的要求,全面制定、实施举报人保护程序。①

第四,合作。合规计划的立法本意在于通过外部压力,促进法人与执法机构合作,共同预防与控制其经营管理活动可能产生的风险。因此,将法人在违法行为发生之后以主动报告违法行为、提供证据材料、协助调查等形式与执法机构的合作情况视为合规计划有效性判决的核心要素之一是不言而喻的。

---

① See Adan Neito Martin, Internal Investigations, Whistle-Blowing and Cooperation: the Struggle for Information in the Criminal Process, in Stefano Manacorda, Francesco Centonze & Gabrio Forti (eds.), *Preventing Corporate Corruption: The Anti-Bribery Compliance Model*, Springer, 2014.

第九章 《欧盟一般数据保护条例》合规考察

第一节 《欧盟一般数据保护条例》立法背景

一、欧洲个人信息保护的立法:从公约到条例

德国纳粹党在第二次世界大战期间收集了完备而详细的个人信息资料,这些资料成为迫害反纳粹人士和犹太人的便利工具,这使得很多欧洲人产生了一个时至今日都具有重要影响的共识:对于个人信息,无论出于何种目的的收集,最终一定会被滥用。由于历史发展和地缘政治等因素,欧洲成为世界范围内对个人信息保护最为严格的地区。

1981年1月,欧洲理事会的各成员国在法国斯特拉斯堡签署了欧洲第108号公约,即《有关个人数据自动化处理的个人保护公约》①(以下简称《1981年个人信息保护公约》)以及关于监管机构和跨境数据流动的附加议定书。该公约及其附加议定书首次在欧洲层面尝试建立一个统一的个人信息法律保护制度。充分尊重和保护个人隐私、促进信息的自由流动是该公约的重要宗旨,该公约对个人信息的概念、保护原则和跨国传输等作了初步规定。但直至1989年年底仅有7个欧洲理事会成员国批准该公约,这些已经批准公约生效的成员国也未建立起配套的国内法规落实公约的实施。由于《1981年个人信息保护公约》并未取得良好的实践效果,各国的信息保护法发展差异同时也对欧洲市场的通信设备和服务发展等构成贸易障碍,欧洲委员会遂决定起草一个指令以提高欧洲个人信息保护法律的统一程度。②

1990年,欧洲委员发布了一份《关于保护个人信息安全的指令草案》③,该指令草案汲取了《1981年个人信息保护公约》中未能实现预期规范效果的经验,又加入了一部分精细可行的规则,使得该指令草案得到了参与各方的积极回应和探讨。这一指令草案的发布标志着欧洲正式开始了个人信息保护法律制度的一体化进程。

---

① See Convention for the Protection of Individuals with Regard to Automatic Processing of Personal Data.
② 参见刘云:《欧洲个人信息保护法的发展历程及其改革创新》,载《暨南学报(哲学社会科学版)》2017年第2期,第73页。
③ See Proposal for a Council Directive Concerning the Protection of Individuals in Relation to the Processing of Personal Data.

1993年11月1日,随着《欧洲联盟条约》(Treaty of Maastricht,即《马斯特里赫特条约》)的正式生效,欧盟诞生。1990年的《关于保护个人信息安全的指令草案》在历经了参与各方5年协商谈判之后,1995年10月,欧盟终于通过了《关于个人数据保护以及数据自由流通的指令(95/46/EC)》①(以下简称"95指令")。纵向看来,95指令是对《1981年个人信息保护公约》中个人数据保护立法宗旨的一次重要落实。尊重私人和家庭生活的权利等公约基本理念在95指令中得以具体实现,通过赋予个人数据主体更多的权利,从而保障数据主体能够得知与自身相关数据被何人或者何机构如何使用,并能够及时处理。同时95指令也规定了数据处理者、控制者的义务,对于数据的跨境传输也做出了相应的制度设计。因而,95指令也成为欧洲个人信息保护立法的里程碑。

在欧盟的立法体系中,指令(Directive)在成员国中不能直接适用,必须由成员国通过立法转化为国内法方可适用。所以各成员国对于95指令在其国内立法采取了不同的策略和解释,这不仅造成各成员国国内执法行政成本巨大,还使得整个欧盟内部个人信息保护的不确定性和复杂性增加。同时,自1995年至2012年的十几年间,网络与信息技术不断进步、发展,个人信息保护也出现了新技术所带来的诸多新问题,面临前所未有的新挑战。2012年欧盟启动了对95指令的修订工作,欧洲议会在当年1月即公布了《关于个人信息处理保护及个人信息自由传输的条例(草案)》②。经历了四年多的立法协商和探讨之后,2016年4月14日,欧洲议会通过了《欧盟一般数据保护条例》(General Data Protection Regulation,GDPR)。该条例于2016年5月24日生效,并于2018年5月25日开始在欧盟范围内正式全面实施。不同于欧盟的立法指令必须转化为成员国国内法才可以适用,条例(Regulation)可直接适用于欧盟各成员国。

GDPR的通过并实施在世界范围内都是数据和隐私保护领域备受瞩目的立法实践。全球诸多组织(包括政府、企业、国际组织等)都不得不重视GDPR的相关规定,尤其是快速发展的互联网跨国公司,对这些企业来说,要么符合GPDR的要求,要么就放弃欧洲市场。GDPR赋予了数据主体更多的个人数据操控权利,旨在于欧盟内建立一个统一的、回应数字时代发展的高水平个人数据保护框架。由于GDPR三个方面的特征——范围广(对个人信息保护范围广)、分得细(用户数据种类既全面又细致)、罚得狠(违规惩罚力度大),所以也被广泛认为是欧盟历史上最严格的数据管理法规。

---

① See Directive 95/46/EC of the European Parliament and of the Council of 24 October 1995 on the Protection of Individuals with Regard to the Processing of Personal Data and on the Free Movement of such Data.

② See Proposal for a Regulation of the European Parliament and of the Council on the Protection of Individuals with Regard to the Processing of Personal Data and on the Free Movement of such Data. 欧盟官方简称为 General Data Protection Regulation,GDPR。

二、欧洲刑事犯罪领域个人信息保护的立法实践

欧盟在刑事犯罪领域的个人信息保护起步也较早。2006 年 3 月 15 日,欧盟议会和欧盟委员会颁布的《数据存留指令》①(第 2006/24/EC 号指令)为追查犯罪的重要证据提供了法律依据,在执法部门应对严重犯罪和保护公共安全方面发挥了重要作用。但该指令于 2014 年 4 月 8 日被欧洲法院裁定无效。

2008 年,欧盟颁布了《关于在犯罪问题方面的个人信息保护和司法合作的政策框架》②(2008/977/JHA),这一框架旨在建立在警方和司法合作框架内有关刑事犯罪的预防、调查、起诉及相关活动中处理个人信息时的政策框架。

2016 年 4 月 14 日,欧洲议会通过了《2016 年刑事犯罪领域个人信息保护指令》(欧盟第 2016/680 号指令)③(以下简称"2016 指令"),该指令主要是为适格的机关在刑事犯罪或执行刑事处罚过程中在预防、调查、侦查和起诉时处理相关个人数据而设置的法律制度。2016 指令同时也废止了《关于在犯罪问题方面的个人信息保护和司法合作的政策框架》,2016 指令实质上是对此政策框架进行了修订并设置了具体实施方案。2016 指令于当年 5 月 5 日生效,并要求欧盟各成员国在 2018 年 5 月 6 日前将其转化为国内法并予以实施。

2016 年 5 月 4 日,GDPR 和 2016 指令分别在《欧盟官方公报》上发布,GDPR 为个人信息保护和促进个人信息自由流动设置了必要保护规范,其中第 10 条专门规定了"有关刑事定罪和犯罪的个人数据的处理",对于刑事犯罪相关的个人数据处理作了进一步的规定。2016 指令对于刑事犯罪和执行刑事处罚的公共机构提供了便利的法律依据和必要的限制,平衡了个人信息保护与公共安全对于相关数据的实际需要。二者是目前欧洲刑事犯罪领域关于个人信息保护重要的立法。

---

① See Directive 2006/24/EC of the European Parliament and of the Council of 15 March 2006 on the Retention of Data Generated or Processed in Connection with the Provision of Publicly Available Electronic Communications Services or of Public Communications Networks and Amending Directive 2002/58/EC.

② See Council Framework Decision 2008/977/JHA of 27 November 2008 on the Protection of Personal Data Processed in the Framework of Police and Judicial Cooperation in Criminal Matters.

③ See Directive (EU) 2016/680 of the European Parliament and of the Council of 27 April 2016 on the Protection of Natural Persons with Regard to the Processing of Personal Data by Competent Authorities for the Purposes of the Prevention, Investigation, Detection or Prosecution of Criminal Offences or the Execution of Criminal Penalties, and on the Free Movement of such Data, and Repealing Council Framework Decision 2008/977/JHA.

第二节 《欧盟一般数据保护条例》内容概述

一、GDPR适用范围及原则性条款

GDPR第1条规定,该法规主要包括与自然人权益保护有关的个人数据处理规则以及个人数据自由流动规则,以保护自然人的基本权利和自由为宗旨,特别是对个人数据权利的保护。但是,不得在涉及个人数据处理方面以对自然人的保护为由限制或禁止在欧盟范围内的个人数据的自由流动。个人数据权是一项基本权利,《欧盟基本权利宪章》第8条第1款以及《欧盟基础条约》第16条第1款为自然人的个人数据权利保护提供了法律依据。《欧盟基本权利宪章》第8条第1款规定,这些数据必须在当事人同意或其他法律规定的基础上,为特定目的而进行公正地处理,每个人都有权获取其被收集的个人数据,并有权修正这些数据。《欧盟基础条约》第16条第1款规定,欧盟议会和理事会按照一般立法程序,由欧盟机构及成员国的相关部门制定与个人数据处理保护有关的规则以及与数据自由流动相关的规则,以规制在欧盟法律适用范围内开展的活动。

GDPR第3条规定了该法适用的地域范围。其一,个人数据处理活动是数据控制者或处理者在欧盟范围内设立的机构所实施的,无论其处理行为是否发生在欧盟范围内。其二,数据主体在欧盟范围内,控制者或处理者在欧盟范围内没有设立机构,但是控制者或处理者的数据处理行为与向欧盟范围内的数据主体提供商品或服务有关(无论是否需要该数据主体进行支付),或者是对数据主体在欧盟范围内实施的行为进行了监控。其三,对于其他在欧盟范围内没有设立机构的控制者或处理者实施的个人数据处理行为,依据国际法规则,适用成员国国家的法律。

GDPR第5条规定了七项个人数据处理原则:第1款规定了前六项,即合法性、公平性和透明性(lawfulness, fairness and transparency);目的限制(purpose limitation);数据最小化(data minimization);准确性(accuracy);储存限制(storage limitation);完整性和机密性(integrity and confidentiality),第2款仅规定了一项问责制(accountability)原则。

合法性、公平性和透明性原则要求对于个人数据的处理应当合法、公正。对自然人来说,收集、使用、咨询或以其他方式处理有关个人数据,以及个人数据在多大程度上被处理或者将被处理都应当是透明的。其中,透明性原则还体现在凡是涉及个人数据处理的任何信息和通知都应易于获取和理解,并使用清晰明了的语言。自然人应了解与处理个人数据有关的风险、规则、保障和权利,以及知晓如何行使这些权利。目的限制原则和数据最小化原则要求数据控制者和处理者向数据主体提供有关控制者和处理者的身份、处理目的以及其他与进一步处理情形

相关的信息,以确保个人数据处理过程的公平性和透明度,保障个人用户获得通知和进行确认的权利。特别是,处理个人数据的具体目的应明确、合法,并在收集个人数据时就予以确定。准确性原则要求数据控制者和处理者应当采取一切合理步骤,以确保及时纠正或删除不准确的个人数据。储存限制原则要求所处理的个人数据充分相关,应仅限于处理目的所必需的数据范围,只有在处理目的不能通过其他方式合理实现时,方可处理个人数据。这尤其需要确保存储个人数据的时间严格限制在最低限度内。为确保个人数据的存储时间不超过必要的期限,控制者应设置删除或定期审查的时间限制。完整性和机密性原则要求数据处理应确保处理方式及处理设备的安全性和保密性,包括防止未经授权的访问或对个人数据的使用。问责制原则要求数据控制者应当承担相应的责任,并对其是否遵守前六项原则的规定负举证责任。

二、GDPR 中关于权利与义务的规定

(一)数据主体享有的主要权利

知情权:数据控制者必须以清楚、简单、明了的方式向个人说明其个人数据是如何被收集处理的。(GDPR 第 12、13、14 条)

访问权:数据主体在提供信息时,有权确认自己的数据是否正在被处理,并有权访问个人数据。数据控制者应为用户实现该权利提供相应的流程,且不能基于提供该服务而收费。(GDPR 第 15 条)

反对权:禁止采集的数据不得被数据控制者、处理者归集。对于以下两种情形,数据主体享有绝对的拒绝权:①有权拒绝数据控制者基于其合法利益处理个人数据;②有权拒绝基于个人数据的市场营销行为。(GDPR 第 21 条)

限制处理权:当数据主体提出投诉时(例如针对数据的准确性),数据主体并不要求删除该数据,但可以限制数据控制者不再对该数据继续处理。(GDPR 第 18、19 条)

反自动化决策权:当数据控制者和处理者仅仅依靠自动化处理作出决策,对数据主体产生重大影响时,数据主体有权不受其约束。(GDPR 第 23 条)

数据被遗忘权(删除权):当数据主体依法撤回同意或者数据控制者不再有合法理由继续处理数据等情形时,数据主体有权要求删除数据。(GDPR 第 17 条)

数据可携权:数据主体可以无障碍地将其个人数据从一个信息服务提供者处转移至另一个信息服务提供者。(GDPR 第 20 条)

(二)数据控制者和数据处理者承担的主要义务

数据控制者作为法律上的主体性概念,意指负有特定义务的法人实体;同时,作为实践中的关系性概念,体现不同实体之间围绕"个人数据"而形成的控制与被控制的关系。在现实的数字社会中,普通用户并没有接近或采集其数据的技

术能力,故普通用户并不能实际控制自己的个人数据,甚至连个人数据被谁控制都无法确知。正因为数据控制者处于实然的强势地位,数据主体处于现实的弱势地位,故 GDPR 通过赋予数据主体相应的数据权利,对数据控制者课以义务,并对数据监管机构设定职责等来加强数据主体对其个人数据的控制。数据控制者在 GDPR 中的法律地位表现为保护个人数据的义务主体,其主要义务可被划分为六大类:采取适当的技术和组织措施、指定特定的主体、如实记录和保存数据处理泄露情况、及时报告和告知数据泄露情况、进行数据保护影响评估和向监管机构事先咨询。①

通常情形下,数据控制者与数据处理者往往相同,特定个人或者团体在控制该数据的基础上对数据进行进一步的处理,但也存在数据控制者在控制数据后交由他人进行处理的情形,也即数据控制者与数据处理者相分离。与数据控制者不同,数据处理者处理的数据范围并非控制者所控制的全部数据,而是其中为满足处理目的所必需的部分数据。因此,在数据控制者未明确授权处理全部数据的前提下,数据处理者不得就任何逾越研究目的的其他数据进行任何处理。② GDPR 第四章"数据控制者和处理者"共五节,规定了数据控制者和数据处理者的主要义务,如表 9-1 所示:

表 9-1 数据控制者和数据处理者的主要义务

章节	标题	主要义务
第 1 节	一般义务	数据控制者或处理者的个人权利保护的义务、责任分配
第 2 节	个人数据的安全	数据控制者或处理者的对个人数据的安全保障义务
第 3 节	数据保护影响评估和事先咨询	数据控制者或处理者防范合规风险的两个机制
第 4 节	数据保护专员	依法设置数据保护专员的义务
第 5 节	行为准则与认证	数据控制者或处理者合规的两项重要措施

第三节 数据合规与隐私保护

在大数据背景下,特别是在 GDPR 实施后,爱尔兰作为欧盟成员国,在对个人

---

① 参见郑令晗:《GDPR 中数据控制者的立法解读和经验探讨》,载《图书馆论坛》2019 年第 3 期。
② 参见《欧盟 GDPR:数据处理者》,载搜狐网(http://www.sohu.com/a/253609120_100055948),访问日期:2019 年 10 月 5 日。

数据的收集、利用过程中不断涌现出新的问题,导致个人数据主体与数据控制者之间的矛盾不断。本节主要通过对爱尔兰数据保护委员(the Data Protection Commission,以下简称 DPC)在处理数据主体投诉工作中发现的新问题进行探讨,例如聊天记录发送错误、访问请求回应延迟、"在新闻中提及"功能使用中的弊端,以及对"Schrems 诉 DPC 案"所涉及的数据在跨境收集、调取中存在的隐私保护问题进行简要评析,以对爱尔兰当局在个人数据保护方面存在的行政、司法问题有更为清晰的认识和理解。

一、爱尔兰数据保护委员会(DPC)

(一)DPC 的主要职能

DPC 作为保护爱尔兰公民基本权利的国家独立机关之一,负责保护个人数据,同时也是爱尔兰的监督机构,负责监督数据法规的适用。在 GDPR 和《2018 年英国(UK)数据保护法案》(the Data Protection Act 2018)的法律框架之下,DPC 的核心职能进一步推进了 GDPR 在爱尔兰的实施,具体包括:推动数据控制者和处理者更好地遵守数据保护法;处理可能涉及侵犯其数据权利的个人投诉;就可能侵犯数据保护法规的事项进行询问和调查;提高组织机构和公众在处理个人数据方面对风险、规则、保障和权利的认知;与其他欧盟成员国的数据保护机构开展合作,负责应对涉及跨境数据处理的投诉以及涉嫌侵权的问题。DPC 还担任几项附加法律框架下个人数据处理的监督工作,例如对《欧盟法律执行指令》(the Law Enforcement Directive)的监督,该指令适用于具有执法职能的机构在预防、调查、侦查或起诉刑事犯罪以及执行刑事处罚方面所进行的个人数据处理活动。DPC 还负责《欧盟电子隐私条例》(e-Privacy Regulations)之下电子通信领域中与个人数据处理有关的某些监督及执行工作。

尽管 DPC 依据 GDPR 和《2018 年英国(UK)数据保护法案》对自 2018 年 5 月 25 日起发生的个人数据处理活动进行监管,其同时继续履行《1988 年英国(UK)数据保护法案》和《2003 年英国(UK)数据保护法案》中规定的监管职责,负责处理 2018 年 5 月 25 日之前的投诉以及对潜在侵权行为的调查工作,然而对于某些限定的其他类别的数据处理行为,无论发生在 2018 年 5 月 25 日之前还是之后,DPC 都有权处理与之相关的投诉及侵权行为。除数据保护的具体立法外,在个人数据处理方面,该区域还有涉及多个部门领域的 20 多个法规,DPC 必须执行这些法规赋予其的特定监督职能。

其中,DPC 持续关注着儿童数据权利的保护问题,公众可以就儿童个人数据的处理以及儿童作为数据主体的权利向其进行咨询。GDPR 实施之前,DPC 成立了一个儿童政策部,该部门隶属于法律部门。该部门由一名助理专员领导,向一名副专员(法律主管)报告,从 2018 年年初开始,DPC 一直在探索如何更好地提升对儿童个人数据处理问题的认识和理解,特别是 GDPR 下的儿童数据保护标准以及儿童作为数据主体的权利。根据 GDPR,所有数据保护监督机构(如 DPC)都有具体义务去促进公众对儿童数据处理活动中涉及的风险、规则、保障以及权利的认识和理解。在与一系列关于儿童权利、促进儿童利益以及儿童保护方面的利益攸关方进行接洽后,DPC 决定,鉴于 GDPR 下儿童问题的重要程度,有必要开展一项专门咨询工作,以收集所有利益相关方(最重要的是儿童)对这些议题的看法。整个 2018 年,咨询方面的准备工作一直在持续进行,一些工作人员在该项目上全职工作,以开发和测试咨询中使用的材料,DPC 迫切希望确保儿童作为关键利益相关方始终拥有发言权。[①]

(二)DPC 开展的国际合作

1. OSS 模式的建立

欧盟数据保护法律框架为欧盟数据保护、监管机构之间的合作开创了一个新纪元,DPC 已经从其所处的一个享有排他性权限的法制环境转变为在欧盟范围内为数据权利保护提供协调的法治环境。"一站式机制"(One-Stop-Shop mechanism,以下简称 OSS)是根据 GDPR 建立的,旨在精简在欧盟多个成员国开展业务或其他活动的组织机构与数据保护、监督机构之间的工作环节。在 OSS 模式下,DPC 是首要监督机构,负责监督许多跨国公司(包括技术和社交媒体公司)的个人数据跨境处理业务。[②]

在 GDPR 出台之前的几年里,鉴于许多大型技术跨国公司的欧洲总部都设在爱尔兰,DPC 在欧盟和全球层面上的数据监管作用越来越突出。自 2018 年 5 月 25 日以来,随着 OSS 的推出,DPC 已经在保障欧盟范围内数百万人的数据权利和法规执行方面发挥了重要作用。为了应对 GDPR,DPC 在 2018 年成立了一个新的 OSS 操作团队,以在 OSS 模式以及更广泛的国际背景下促进爱尔兰与其他成员国数据保护机构的协商,协调所有涉及欧盟数据保护委员会(the European Data Protection Board,以下简称 EDPB)的合作,与 EDPB 共享跨境案件的相关信息。这有利于 DPC 对跨境案件的积极追踪和报告,以及与其他监督机构的信息交换工作。[③]

此外,2018 年期间,DPC 积极参与欧盟大型 IT 系统监管机构的工作计划,具体包括欧洲刑警组织(European Police office,Europol)、欧洲发展援助委员会(Eurodac)、欧洲海关信息系统(Customs Information System)、欧盟创新药物倡议(IMI)数据库以及欧洲司法联合监督机构(the Joint Supervisory Body of Eurojust,JSB)等单位的工作。DPC 同时继续参与其作为申根签证信息系统(the Schengen and Visa Information Systems)观察员的协调监督工作。

---

① See Data Protection Commission, Annual Report, 25 May-31 December 2018, p. 6.
② See Data Protection Commission, Annual Report, 25 May-31 December 2018, p. 31.
③ See Data Protection Commission, Annual Report, 25 May-31 December 2018, p. 76.

2. 数据跨境处理中对首要监督机构的认定

OSS 的原则要求,在欧盟不同成员国拥有多个机构的组织仅受一个数据保护局(the Data Protection Authority)的监管,而非受各机构所在地的成员国的数据保护机构监管。这些组织在欧盟拥有一个主要机构(a main establishment),并从事跨境处理。一个组织的主要机构通常是其中央管理机构(例如其总部)所在地,然而,对于数据控制者而言,如果处理个人数据的决定是由其中央管理机构以外的欧盟范围内的其他机构作出的,那么该机构即为其主要机构;对于数据处理者而言,如果没有中央管理机构,那么主要机构是其在欧盟范围内进行主要数据处理活动的地方。①

在 GDPR 中,凡涉及以下两种情形之一的行为即构成数据的跨境处理。其一,在超过一个的成员国内建立数据控制器或处理器,并在超过一个的成员国内所属机构中进行数据处理活动;其二,数据控制器或处理器虽然仅在一个成员国内建立,但数据处理过程实质上影响到超过一个成员国的数据主体或可能对其产生实质性影响。②

在上述任何一种情况下,GDPR 下"主要机构"的概念将用于确定"首要监督机构"(the lead supervisory authority),主要负责与数据跨境处理相关的投诉或其他问题。根据 GDPR 的规则,跨国公司在成员国内主要机构(如上所述)所在地的数据保护局即为首要监督机构,如果跨国公司违反了 GDPR 中一项或多项规定,该跨国公司仅受一套监管准则的约束,而非不同成员国数据保护机构多重行动的约束。

3. DPC 与其他数据保护局的合作

首要监督机构的职责包括调查与跨境处理有关的投诉或涉嫌侵权的行为,并就此起草一份决定草案,然后在可能的情况下,必须与其他被视为"相关监管机构"(the concerned supervisory authorities)的欧盟数据保护机构在协调一致的情况下作出决定,例如最先收到跨境处理投诉的机构。这意味着,在起草决定草案时,首要监督机构不仅必须最大限度地考虑收到投诉的数据保护局的意见,而且在最终决定作出之前必须与所有相关监督机构分享决定草案,与其进行协商并考虑其意见。如果协商不一致,GDPR 规定了一个争议解决机制,最终将由 EDPB 的成员对决定草案中的争议问题作出多数决议。③

在 OSS 机制下,DPC 是主要机构位于爱尔兰境内的许多跨国公司的首要监督机构,包括大型技术公司和社交媒体公司。作为一个首要监督机构,DPC 现在不仅负责处理直接向 DPC 提出的个人投诉,而且需要处理最初向其他欧盟数据保护机构提出的投诉。2018 年 5 月 25 日至 12 月 31 日期间,DPC 通过 OSS 机制收到 136 起由个人向其他欧盟数据保护机构提出的数据跨境处理投诉。因为投诉人直

---

① See Data Protection Commission, Annual Report, 25 May-31 December 2018, p. 31.
② See Data Protection Commission, Annual Report, 25 May-31 December 2018, p. 31.
③ See Data Protection Commission, Annual Report, 25 May-31 December 2018, p. 6.

接与其所在地的数据保护局进行沟通,这一新的投诉受理渠道要求 DPC 与投诉所在地的其他数据保护局密切合作,进行信息交流。在实践中,这意味着,所有跨境处理投诉的新进展都必须由 DPC 发送给其他数据保护局,后者在需要时将更新内容翻译为相关国家的语言后再发送至投诉人。

二、DPC 对数据主体投诉的处理

(一)聊天记录的错误发送

DPC 收到一名数据主体的投诉,声称其与瑞安航空公司员工的网络聊天被瑞安航空在电子邮件中意外披露给了另一名使用瑞安航空公司网络聊天服务的客户。网络聊天记录包含了投诉人及其合伙人的姓名、电子邮件地址、电话号码以及飞行计划等详细信息。被投诉人告诉 DPC,他们已经收到了来自一名被错误发送网络聊天记录用户的警告。通过对该投诉的调查,DPC 确定瑞安航空公司的在线网络聊天服务由第三方提供,该第三方是瑞安航空公司的数据处理者。①

DPC 确认通过电子邮件方式发送网络聊天记录的系统具有自动填充功能,在该功能下,上次接收电子邮件的客户地址会自动填充到收件人地址的位置。在相关日期前后,数据处理者共收到四位瑞安航空公司客户的请求,要求他们提供网络聊天记录,且所有记录都由同一代理人处理。但是,该代理人在发送聊天记录副本时没有正确更新收件人的电子邮件地址,导致这些聊天记录发送到了错误的收件人那里。瑞安航空公司告诉 DPC,为了防止此问题再次发生,实时网络聊天系统中的自动填充功能已被数据处理者禁用,并向员工提供了 GDPR 培训。

DPC 收到的与在电子环境中未经授权披露个人数据的行为有关的许多投诉都源于软件自动填充功能的使用,例如,将包含个人数据的电子邮件发送错误。虽然数据控制者可能认为自动填充功能是一个在数据输入过程中有用的省时工具,但当它被用于填充收件人详细信息以实现传输个人数据的目的时,是存在固有风险的。因此,公司应谨慎使用自动填充功能,当数据控制者决定将此类功能整合到其软件中进行数据处理时,至少应部署其他安全措施,如通讯簿开头的虚拟地址或屏幕上出现"请再次检查收件人详细信息"的提示。

个人数据保护目标需要与数据保护相关的设计及默认程序相结合,这样当数据控制者和处理者在设计个人数据处理程序或软件的具体步骤时,尤其是在确保个人数据的完整性、安全性和保密性方面,能够建立起更高的个人数据保护标准。

(二)访问请求的延迟回应

1. 通话记录副本的提供

一名数据主体请求一家跨国技术公司的客户服务运营商提供其与自己的通

---

① See Data Protection Commission, Annual Report, 25 May-31 December 2018, pp. 21-22.

话记录,以便处理该数据主体的客户服务问题,之后该数据主体向 DPC 投诉,声称其根据 GDPR 第 15 条提交的访问请求未在 GDPR 规定的时限内进行处理。GDPR 对数据控制者规定了回复期限,以便在数据主体行使其权利时,数据控制者能够对其请求作出及时响应。在收到投诉后,DPC 联络到有关公司,使其了解该用户投诉内容,并就投诉中存在的问题询问该公司是否愿意采取相关措施。该公司对数据主体作出了回应,并提供了一份其所要求的通话副本。根据该案的具体情况,DPC 认为无须采取进一步的监管行动。最终,数据主体对投诉的友好解决感到满意。①

2. 闭路电视录像的访问请求

2018 年 11 月,DPC 收到了一个数据主体的投诉,涉及其向作为数据控制者的某高尔夫球俱乐部提出的对其个人数据的访问请求,其中包括请求该高尔夫球俱乐部提供特定日期和时间的闭路电视录像。数据主体向 DPC 提供了其与该高尔夫球俱乐部之间的初步通信,通信表明该高尔夫球俱乐部询问了该数据主体需要录像的原因,并随后通知他,由于发现闭路电视系统软件出现问题,无法向他提供所请求的录像。DPC 认为根据 GDPR 以及《2018 年英国(UK)数据保护法案》第 109 条的规定,本投诉有可能得到友好解决。②

作为纠纷解决程序的一部分,DPC 向该高尔夫球俱乐部寻求解释,要求其说明不能向投诉人提供所请求的闭路电视录像的原因。该高尔夫球俱乐部答复 DPC,其闭路电视系统在数据主体要求获取录像的日期内没有运行,并且是在其打算履行该访问请求时才发现这一点的。DPC 对这一笼统的解释不满意,要求其对闭路电视产生的问题作出更为详尽的书面解释,也可与投诉人分享。作为对这一要求的回应,DPC 收到了该高尔夫球俱乐部安保公司的一封信,其中概述了闭路电视系统存在的问题,包括闭路电视系统的硬盘出现故障,以及该系统在一段时间内没有使用过等具体事实。DPC 对所提供的技术解释感到满意,且该高尔夫球俱乐部同意与投诉人分享这封信。最终,投诉人对该解释同样感到满意,投诉得到友好解决。

这一案例说明,即使在努力促成投诉得到友好解决的过程中,DPC 仍希望数据控制者或处理者在某些方面承担相应的责任,例如对其不履行义务的原因及相关解释进行仔细审查,以确保其所提出的主张是可证实、可论证的。

(三)"在新闻中提及"功能的弊端

2018 年,DPC 收到了两份关于专业网络平台(数据控制者)功能方面的投诉,数据控制者通过该平台向某成员的联系人和粉丝发送电子邮件和通知,告知他们这些成员是否以及何时在新闻中被提及。第一项投诉于 2018 年 3 月提交给

---

① See Data Protection Commission, Annual Report, 25 May-31 December 2018, p. 25.
② See Data Protection Commission, Annual Report, 25 May-31 December 2018, p. 25.

DPC,是在 GDPR 实施之前提出的,第二项投诉于 2018 年 10 月向 DPC 提出,投诉均涉及数据控制者错误地将某些成员和与其无关的媒体文章联系在一起。在第一项投诉中,数据控制者向投诉人的联系人和粉丝分发了一篇媒体报道,详细说明了与投诉人同名的人的私生活以及不成功的职业生涯。投诉人向数据控制者提出了这一问题,但问题的解决令相关成员不满意,随后将投诉提交给 DPC。投诉人声称,该文章损害了他们的职业生涯,导致他们的业务合同遭受损失。第二项投诉涉及一篇文章的传播,投诉人认为这篇文章可能会对其未来的职业前景造成不利影响,而数据控制者没有对其进行适当审查。①

从投诉中可以明显看出,"在新闻中提及"功能的使用涉及个人数据处理的合法性、公平性和准确性,仅按姓名匹配是不充分的,这引起了数据保护方面的担忧。数据控制者未能正确识别该成员与第三方媒体报道中所提及的人物之间的匹配度,导致该成员和与其无关的负面新闻相关联。由于这些投诉和 DPC 的介入,数据控制者对该功能进行了审查,审查的结果是在欧盟范围内暂停该功能,等待下一步改进以保障个人数据。

综上,在 GDPR 及其他数据保护法规的框架下,在多重利益之间达至平衡已经成为数据治理的核心问题,想要实现对个人数据的有力保护需要构建一个以数据保护机构为主导,结合社会各个利益攸关方的综合治理体系。DPC 注意到数据收集、利用行为对个人数据主体造成的不利影响,在数据主体与数据控制者之间进行协调,及时处理投诉,化解矛盾,同时在涉及数据跨境处理问题时积极开展国际合作,这些策略值得他国借鉴。

三、数据跨境收集、传输中的隐私保护问题

(一)Schrems 诉 DPC 案概述

Schrems 诉 DPC 案(Maximillian Schrems v. Data Protection Commissioner)是由奥地利法学专业学生和民权倡导者 Maximilian Schrems 提起的,他试图质疑 Facebook 从爱尔兰(Facebook 的欧洲子公司总部所在地)向美国传输的国际数据,称这种做法侵犯了他的隐私权,因为美国政府可能会对其进行监控。DPC 驳回了 Schrems 的申诉,理由是 DPC 认为美国能够提供适当水平的隐私保护。Schrems 随后向爱尔兰高等法院提出上诉,最后爱尔兰高等法院将争议提交欧洲法院进行审理。

欧洲法院认为,DPC 应当认定美国依据其国内法或国际承诺是否能够确保对于基本权利的保护水平与其在欧盟范围内依据指令所作出的保证相当,而 DPC 没有作出这样的认定,仅仅审查了安全港协议。在没有确定该协议是否能够确保美国与其在欧盟范围内保证的权利保护水平基本相当的情况下,欧洲法院认为该协

---

① See Data Protection Commission, Annual Report, 25 May-31 December 2018, p. 52.

议仅适用于遵守协议的美国企业,而美国当局本身则不受该协议的约束。此外,美国的国家安全、公共利益和执法要求均优先于安全港协议,且可能与协议中的保护规则存在冲突,但在不受限制的情况下,美国企业有义务遵守此类要求。DPC 的决定中没有涉及在美国是否存在对于此类干涉行为的限制规则或者针对此类干涉行为能否寻求有效的法律保护。

欧洲法院认为,美国当局能够访问从欧盟成员国转移到美国的个人数据,特别是其对这些数据以与转移目的不相符的方式进行了处理,超出了国家安全保护的必要性和比例性。如果欧盟法对于所储存的个人数据从欧盟传输至美国没有法律限制,而美国当局对于获取数据及后续的使用行为同样缺乏客观标准,没有任何区别、限制和例外的话,个人数据权利将会遭到侵害。DPC 还注意到,有关人员没有行政或司法救济手段,缺乏对有关数据的获取、纠正或删除途径,而司法救济是法治的本质要求,如果法律没有为个人获取、纠正或删除这些与其有关的数据提供法律救济途径,这就损害到其获得有效司法保护的基本权利。①

最后,欧洲法院判决 DPC 的决定否定了国家机关的监督权。当有人质疑其决定不符合个人基本权利和自由的保护要求时,法院认为 DPC 没有权力以这种方式限制国家监管机构的权力。任何决定都不能阻止国家监管机构监督将个人数据转移到第三国的行为,国家监管机构在处理权利主张时,必须能够完全独立地审查将个人数据转移到第三国的行为是否符合指令规定的要求。欧洲法院指出,只有欧洲法院有权认定欧盟机构行为的效力,例如欧洲法院有权判定欧盟委员会的决定是无效的。因此,如果国家机关或向国家当局提出质疑的个人认为欧盟委员会的决定无效时,该机关或该个人必须向法院提起诉讼,最终由欧洲法院判决欧盟委员会的决定是否有效。出于所有这些原因,欧洲法院宣布 DPC 的决定无效。这一判决的结果是,DPC 需要对 Schrems 提出的诉求进行尽职调查,并在调查结束时决定是否由于美国没有提供充分的个人数据保护而暂停 Facebook 欧洲用户向美国的数据传输活动。

(二)隐私保护协议框架的构建

Schrems 诉 DPC 案的核心是欧盟与美国就《1998 年欧盟数据保护指令》(EU Data Protection Directive,DPD)达成的安全港协议(the Safe Harbor Agreement),该指令要求欧盟成员国制定包含特定隐私保护内容的法律,并且禁止将欧盟人员的数据传输给隐私保护措施不"充分"的非欧盟国家。② 该项条款的制定者有很好的

---

① See Communication from the Commission to the European Parliament and the Council entitled "Rebuilding Trust in EU-US Data Flows" [COM (2013) 846 final, 27 November 2013] and Communication from the Commission to the European Parliament and the Council on the Functioning of the Safe Harbour from the Perspective of EU Citizens and Companies Established in the EU [COM(2013) 847 final, 27 November 2013].

② 参见 U.S.-EU Safe Harbor Overview,载 Export Government 网站(http://www.export.gov/safeharbor/eu/eg_main_018476.asp),访问日期:2019 年 8 月 2 日。

意图,即加强对欧盟合作伙伴的隐私保护力度,但该协议使美国公司(其中许多公司当时是全球技术领导者,现在也一样)处境艰难,因为在安全港协议最终敲定之前,美国的隐私保护被认为不充分。① 安全港协议的出现在缓和大西洋两岸数据流动方面取得了很大成功,至少在 2013 年爱德华·斯诺登(Edward Snowden)披露之前是如此。② 斯诺登成功地揭示了美国的监听计划,这导致欧盟委员会提出了 13 项修改安全港协议的建议,为 Schrems 诉 DPC 案奠定了基础。③

欧洲法院在 Schrems 诉 DPC 案中指出,原本为美国国家安全、公共利益和执法等目的签署的安全港协议,却为美国国家安全局(NSA)执行棱镜计划(PRISM)等活动打开了大量收集数据的大门。欧洲法院认为:①美国大量收集个人数据侵犯了欧盟公民的隐私权;②欧盟公民没有机会质疑美国的这些做法,这就剥夺了他们获得司法审查的权利。最终,欧洲法院判决任何数量的自我认证都不能排除美国实施监听计划的嫌疑,这些做法与欧盟隐私保护规则不符(即使在该案判决之前美国通过了《美国自由法案》,欧洲法院仍认为这种大规模的数据收集违反了 DPD)。④ 欧洲法院还主张,在隐私保护问题上,只有欧洲法院有权决定欧盟委员会的决定是否有效。

展望未来,有两个主要选择,一是爱尔兰可以确定美国隐私保护事实上是充分的,这样做可以使这个问题消失。二是用 GDPR 取代 DPD,应对美国的数据传输问题。⑤ 然而,这些选择并不能解决欧洲法院在 Schrems 诉 DPC 案中的核心问题,特别是批量数据的收集、传输问题。因此,欧盟委员会需要在全球供应链、社交网络、电子商务和云服务公司遭到普遍不利影响之前,与各国政府就安全港协议的替代方案进行谈判。⑥ 如果都没有成果,那么无论是经济方面还是隐私保护方面的成本都会上升。欧洲和美国公司将不得不依赖昂贵、耗时的格式合同或其

---

① See Douglas K. Van Duyne Et Al., The Designof Sites 328 (2003).
② 参见 To Rethink Privacy Policies, Says FTC Commish,载 The Register 公司网站(http://www.theregister.co.uk/2015/10/23/ftc_eu_safe_harbor/),访问日期:2019 年 8 月 2 日。
③ 参见 Europe Needs to Rebuild a Safe Harbor for E-Commerce,载芝加哥论坛网站(http://www.chicagotribune.com/news/sns-wp-blm-bg-editorial-europe-dae5f7c4-7657-11e5-a5e2-40d6b2ad18dd-20151019-story.html),访问日期:2019 年 8 月 2 日。
④ 参见 ECJ Judgment of the Court in Case C-362/14,载 Curia Europa 网站(http://curia.europa.eu/juris/document/document.jsf?text=&docid=169195&pageIndex=0&doclang=EN&mode=req&dir=&occ=first&part=1&cid=111106),访问日期:2019 年 8 月 2 日。
⑤ 参见 DRAFT GENERAL DATA PROTECTION REGULATION OF THE EUROPEAN PARLIAMENT AND OF THE COUNCIL (2013),载 Janalbrecht 网站(http://www.janalbrecht.eu/fileadmin/material/Dokumente/DPR-Regulation-inofficialconsolidated-LIBE.pdf),访问日期:2019 年 8 月 2 日。
⑥ 参见 Peter Sayer, Privacy Watchdogs Give EU, U. S. Three Months to Negotiate New Safe Harbor Deal,载 Computer World 网站(http://www.computerworld.com/article/2994854/security/privacywatchdogs-give-eu-us-three-months-to-negotiate-new-safe-harbor-deal.html),访问日期:2019 年 8 月 2 日。

他协议来继续跨大西洋的数据传输。① 此外,考虑到美国国家安全局在海外(包括外国数据中心)进行监听会比其在美国境内所受的限制更少,这实际上可能会损害欧盟人员的隐私权。②

总之,制造法律冲突并不是最终的目的,而是要为相关国家与本国开展对话和磋商创造机遇,在对等、公平理念的基础上推动国际合作,以促使双方能够在一定程度上相互让渡数据主权,并在真正意义的互惠基础上确定数据披露的方式。③ 有学者认为,网络数据的调取收集并非一项单独的法律问题,而是涉及公法和私法领域的一系列法律问题,既包括私法层面的个人数据权利问题,也包括公法层面的对于数据主权的界定问题。④ 有关数据的法律法规、政策的制定需要认识到数据的流动性价值,在数据跨境流动的管控方面,必须考虑到数据跨境流动是互联网和大数据发展的必然要求,不能一味地追求数据本地化,同时应该强化对互联网企业和大数据公司合规的监管,进一步加强对个人数据权的保护,以应对数据技术对个人隐私的侵犯行为。⑤

第四节 责任与处罚

GDPR 实施后,企业面临着新的合规问题。如果欧盟当局认为企业在用户数据抓取、个性化广告服务、用户数据安全保护等方面的具体行为违反 GDPR 的规定,将会依据 GDPR 对企业判处罚款。本节主要通过对波兰 Bisnode 公司案、法国谷歌公司案以及德国 Knuddels 公司案进行分析,对欧盟当局的罚款依据以及相关企业的抗辩理由进行探讨,包括对通知义务及其豁免的具体适用、知情同意的判定因素、数据安全义务的违反等具体问题加以论述,进而为企业提出合理的建议,以应对 GDPR 下的数据合规问题。具体而言,如果一家企业想要在实现商业利益与用户数据保护之间寻求平衡点,需要遵守 GDPR 的规定,依规适当履行通知义务,及时采取补救措施,在实践中不断完善企业的合规策略。

---

① 参见 Etienne Drouard et al., Did the ECJ Kill the Safe Harbor Framework on E.U.-U.S. Data Transfers?, 载 K&L Gates 网站(https://files.klgates.com/files/publication/83dad4ea-c38c-4dae-962c-04cd980e0a58/presentation/publicationattachment/57e76341-8572-4c4e-9275-03f495bfb90f/didtheecjkillthesafeharbor-frameworkfinal.pdf),访问日期:2019 年 8 月 2 日。
② 参见 Jonathan Stray, FAQ: What You Need to Know About the NSA's Surveillance Programs, 载 Propublica 网站(http://www.propublica.org/article/nsa-data-collection-faq),访问日期:2019 年 8 月 2 日。
③ 参见梁坤:《美国〈澄清合法使用境外数据法〉背景阐释》,载《国家检察官学院学报》2018 年第 5 期。
④ 参见田旭:《美国〈云法案〉对跨境司法机制的新发展》,载《海关与经贸研究》2018 年第 4 期。
⑤ 参见翟志勇:《数据主权的兴起及其双重属性》,载《中国法律评论》2018 年第 6 期。

一、波兰公司在 GDPR 下遭受的第一次处罚

(一) 通知义务的豁免

1. 不成比例的努力之构成

2019年3月15日,波兰数据保护办公室(Urząd Ochrony Danych Osobowych,以下简称UODO)根据GDPR的规定,对一家信息经纪公司Bisnode处以22万欧元的行政罚款。GDPR下的信息义务适用于所有数据控制者,因此,UODO的决定可能不仅对收集公共数据的公司(尤其是数据经纪公司)有深远影响,而且对所有用户都有影响。Bisnode公司从公开的企业家名册中收集数据,随后根据这些数据向其客户提供商业报告。据UODO称,该公司的行为不符合GDPR第14条第1—3款的规定。依据GDPR第14条的规定,当个人数据并非从数据主体处获得时,数据控制者应当及时提供数据处理的目的及法律依据,涉及跨境处理时的具体情形,控制者自身的信息以及数据接收方的相关信息,并且还应当告知数据主体其具备的申诉权及数据保护局的联系方式。对于GDPR所要求的通知义务,该公司仅针对682439个数据主体正式履行,通过邮件发送了相关信息,而对于其他总计超过600万条数据记录的数据主体,UODO发现该公司在其网站上发布的信息条款并不充分。尽管该公司没有所有数据主体的邮件地址,但在UODO看来,其仍然可以通过电子邮件的方式向用户提供相关信息。

Bisnode公司引用GDPR第14条第5款第(b)项中的豁免规定表示,向每个数据主体通知他们的数据被处理的工作已经超过了公司对数据主体必须履行的通知义务的限度,构成"不成比例的努力"(disproportionate effort)。[①] GDPR第14条第5款第(b)项规定,第1款至第4款在以下情形不适用:"这些信息的提供是不可能的或将涉及不成比例的努力,特别是为了公众利益、科学或历史研究或统计目的而进行的归档处理,但须符合第89条第1款所述的条件和保障措施,或出现本条第1款所述的义务可能使处理目标无法实现或严重损害到目标实现的情形。在这些情况下,控制者应当采取合适的措施去保护数据主体的权利、自由以及合法利益(包括信息的公开)。"

在Bisnode公司看来,向数量极其庞大的数据主体履行这样一项义务,对公司而言是不成比例的。作为一项不成比例的要求,公司明白这意味着需要其在组织上和财务上采取全面措施,特别是需要安排为此目的而专门工作的员工,提供物质资源以及为通过邮件发送数百万条信息支付巨大费用。Bisnode公司辩称,通过传统邮件方式向600多万数据主体发送信息将产生超过3400万波兰兹罗提

---

① 参见 Focal Point Insights, The GDPR in 2019: Enforcement and Penalties Around the Globe,载数据风险聚焦网站(https://blog.focal-point.com/the-gdpr-in-2019-enforcement-and-penalties-around-the-globe),访问日期:2019年8月2日。

(2021年1月约749.28万欧元)的成本,而该公司2018年的财年收入仅约为3500万波兰兹罗提(2021年1月约771.34万欧元)。由于与公司的收入相比,邮件发送活动产生的潜在成本高昂,公司决定不向所有数据主体发送传统邮件。Bisnode公司承认独资企业主有权被告知其数据由公司进行了处理,但是Bisnode公司认为自己已经通过在其网站上发布信息的方式履行了GDPR第14条规定的义务。Bisnode公司质疑UODO对于"成比例的努力"的解释,Bisnode公司认为其在拥有67.9万个电子邮件地址的情况下,已经通过电子邮件发送了GDPR第14条规定的告知信息。但除此之外,如果Bisnode公司还被要求通过传统邮件或电话通知的方式告知570万个独资公司和公司主要成员,这将不符合"成比例的努力"。因此,该公司认为,其行为构成GDPR第14条规定的对数据主体通知义务的豁免。

还应指出,UODO的决定导致公司的实际成本远高于罚款本身,因为除罚款外,公司还必须支付通过传统邮件向数据主体发送信息的费用。尽管UODO表示不需要使用挂号信,但并没有显著减少公司的财政负担。Bisnode公司三个月内向600万人发送通知将使公司增加约800万欧元的成本。这会引来更多的关注和争议,即通过普通非挂号邮件的方式发送信息是否符合GDPR规定的责任原则。

但是,UODO不支持公司提出的主张,UODO认为在该案中,公司财务支出费用的负担不能构成其不履行GDPR第14条规定的向数据主体提供相关信息义务的抗辩理由。首先,该公司核心业务的运营是基于一个长期的实践,即从公开的注册信息中收集数据并进行处理。其次,在该案中,如果接受该公司依据GDPR第14条第5款第(b)项所提出的豁免抗辩,将不利于保护数据主体的权利和自由,UODO强调信息权利是GDPR规定的数据主体的核心权利之一。

UODO的罚款决定在波兰数据保护律师中被认为是非常有争议的,UODO虽然列出了罚款的理由,但并未提供详细论证来说明该罚款数额的合理性。UODO也没有澄清数据控制者何时可以依据GDPR第14条第5款第(b)项的规定提出豁免抗辩,这使得UODO错失了一个可以阐明"不成比例的努力"一词适用范围的机会。牛津大学技术与管理发展研究中心的独立网络安全及隐私顾问Lukasz Olejnik博士同样认为UODO的决定是激进的,对GDPR第14条的解释非常直白。就UODO的决定所产生的直接实际影响而言,Olejnik说,目前还不清楚这些问题,尤其是因为Bisnode公司计划尽可能地提起上诉,而上诉过程可能需要数年时间,所有这些细节将由法官来决定。如果公司就UODO的处罚决定向行政法院提起上诉,在这种情况下,行政法院可能会将这个问题提交欧盟法院(Court of Justice of the European Union,CJEU)进行初步裁决,Bisnode

公司表示,法院最终的裁判可能会影响全球数百家市场营销公司。① Olejnik 认为 GDPR 第 14 条第 5 款中规定的"不成比例的努力"是核心问题,法律论辩将围绕什么构成"成比例的努力"而展开。② 根据 GDPR 第 14 条的规定,应考虑数据主体的数量、合理期限以及已经采取的任何适当的保障措施,且对于数据主体数量的阐释应当与公司履行该信息义务的潜在财政支出相关联。

2. 其他豁免情形的判断

GDPR 第 14 条中还包含了一些例外,在特定情形下,数据控制者不必通知数据主体,但是这些规定显然与一些非商业用途相关,例如为了公众利益进行的归档处理,为科学、历史研究或统计目的而进行的数据处理,但对类似于 Bisnode 公司以营销为目的进行的处理而言,并不符合这些例外规定。UODO 认为,Bisnode 公司对于 GDPR 第 14 条的解释是出于自己的商业利益,而非为保护欧盟公民权利的目的。但是,如果公司要想做到尊重人们的隐私权以及在欧洲范围内开展合法业务,就必须以减少数据库营销为代价。如果欧盟用户应当知晓其个人数据被进行了怎样处理的合法权利遭到数据控制者的忽视,例如数据控制者只是为挑选某些类别的数据而进行筛选处理,那么这可能使数据保护框架出现很大的漏洞。

此外,GDPR 第 14 条规定如果通知将导致不能实现或严重损害数据处理目标时,则免除通知数据主体的义务。然而,正如在 Bisnode 公司以电子邮件方式进行通知后遭到的用户投诉所表明的那样:在了解到其数据被用于市场营销目的之后,虽然有一定比例的用户对此持反对意见,但是 UODO 引用的投诉统计数据显示,只有少数(约 13%)用户积极反对 Bisnode 公司使用他们的数据,这一数字看起来并没有大到"严重损害"公司整体商业目标的程度。

(二)履行方式的适当性

Bisnode 公司业务模式的一个核心部分就是处理抓取的数据,这也是许多市场营销公司的常见做法。UODO 认为,由于 Bisnode 公司的业务模式建立在处理抓取数据的基础上,因此它们有意决定在不通知数据主体的情况下处理数据。

在 Bisnode 公司案中,其从公开注册信息和其他公开数据库中获取了与数百万企业家及独资企业主有关的各种个人数据,包括他们的姓名、身份证号码以及与其商业活动有关的信息。注册地址和公司地址似乎在其收集的公开数据中是符合标准的,但其他关联数据的收集则不符合规定。Bisnode 公司只获取了一小

---

① 参见 Agnieszka Mencel & Szymon Sieniewicz, Poland's first fine under the GDPR,载 Linklaters 网站(https://www.linklaters.com/en/about-us/news-and-deals/news/2019/april/polands-first-fine-imposed-under-the-gdpr),访问日期:2019 年 8 月 2 日。

② 参见 Natasha Lomas, Covert Data-scraping on Watch as EU DPA Lays down "Radical" GDPR Redline,载 Techcrunch 公司网站(https://techcrunch.com/2019/03/30/covert-data-scraping-on-watch-as-eu-dpa-lays-down-radical-gdpr-red-line/),访问日期:2019 年 8 月 2 日。

部分人的电子邮件地址并通过向这些人发送电子邮件的方式履行了 GDPR 第 14 条规定的通知义务。但问题是，Bisnode 公司并没有向其他绝大多数人（大约 570 万人）发送短信或通过普通邮件方式进行通知，而是有意识地决定不直接联系他们。随后，Bisnode 公司在其网站上发布了一份声明，认为其履行了 GDPR 第 14 条规定的通知义务。

Bisnode 公司认为通过电子邮件、其他数字渠道或国内日报上的广告获得该信息对接收者和发送者来说都是更为可取的。[1] Olejnik 认为，虽然在某些情况下，仅在网站上公布相关信息可能是足够的，但不清楚这是否适用于该案的这种情况。很明显，大多数受到影响的用户都不知道他们的数据是否经过了处理。

UODO 认为履行义务的本质是以积极的方式行事，这意味着公司需要向数据主体提供信息，但 Bisnode 公司在其网站上发布通知的行为违背了这一本质，因为这样显然需要用户自己花费大量的精力来寻找通知信息。如果他们从一开始甚至都不知道自己的数据是否被抓取，也就不可能知道该去哪里寻找这样的通知，同样不太可能偶然在 Bisnode 公司的网站上发现该通知，并且 Bisnode 公司也没有对该通知的发布进行广而告之。UODO 还指出，在 Bisnode 公司通过电子邮件对其数据被抓取的用户直接进行通知之后，UODO 对反对 Bisnode 公司使用其数据的人数和比例进行了统计，结果发现在接到通知的 9 万人中，有 1.2 万多人都反对其数据被 Bisnode 公司进行处理。这就突显了这样一个事实，即告知人们有关其数据的商业营销用途，通常会遭到许多用户的拒绝，而这一结果将会与 Bisnode 公司等类似的市场营销公司所预期获得的利益不完全一致，Bisnode 公司显然希望能够最大限度地扩大其数据库的覆盖范围。该公司还公开表示，其不同的欧盟分支机构正在实施相同的行为，虽然没有引起数据监管部门的注意，但是需要制定某种形式的通知方式。Olejnik 认为这是一个有趣的先例，虽然这可能会让一些人感到震惊，但这是依据 GDPR 的执法行动，在执行之前，许多人会怀疑 GDPR 某些文本的真实含义，而在执法之后，其含义更为明确。

UODO 关于 Bisnode 公司案的最后一条注释有点奇怪，监管机构决定不公开这家公司的名字，而是通过编辑处罚决定文本中的某些细节来将其匿名化。UODO 的一位发言人表示，UODO 并不总是避免披露决定中涉及的实体名称，不清楚 UODO 这次为什么这么做，它隐藏这个名字的企图显然不是有效的，根据这一处罚决定所提供的信息，不用花太多时间就可以知道公司名称，这使得匿名化处理受到了质疑。Bisnode 公司随后选择公开对该案的反对意见，其他欧洲的数据保护部门也会将它们的处罚决定的目标作为一个一般规则来披露，所以这或许是波

---

[1] 参见 Natasha Lomas, Covert Data-scraping on Watch as EU DPA Lays Down "Radical" GDPR Red-line，载 Techcrunch 公司网站（https://techcrunch.com/2019/03/30/covert-data-scraping-on-watch-as-eu-dpa-lays-down-radical-gdpr-red-line/），访问日期：2019 年 8 月 2 日。

兰监管部门的独特选择。但 UODO 的负责人认为有关行政罚款及其理由的信息披露是充分的,该案中最重要的要素是向公众通报处罚的决定及其实质性内容,包括提供处罚决定作出过程中关键性处罚理由的细节。Olejnik 认为 UODO 不公开 Bisnode 公司的名称是一个值得怀疑的决定,公众有权在第一时间看到 UODO 的信息披露,匿名的决定是有争议的,至少,匿名化处理会阻碍用户了解案情以及公司实施的信息滥用行为,甚至可能阻碍用户去了解他们是否受到了影响。作为一个隐私监管机构选择保密一家公司的名字,而这家公司却没有通知大量的个人用户其秘密地保存了他们的数据,这或许是一个不小的讽刺。①

二、法国国家信息和自由委员会对谷歌公司判处高额罚款

(一)"知情同意"缺乏透明度

2019 年 1 月,法国国家信息和自由委员会(the Commission nationale de l'informatique et des libertés,以下简称 CNIL)依据 GDPR 的规定对谷歌公司判处了 5000 万欧元的罚款。根据 NOYB 公司和法国 La Quadrature du Net 集团的投诉,CNIL 表示已经调查了在安卓设备上设立谷歌账户的过程,CNIL 的结论是,谷歌公司在两方面违反了 GDPR 的规定:未能满足透明度和信息要求,以及数据处理没有法律依据。CNIL 裁定,作为搜索引擎巨头公司向用户提供的信息不充分,严重缺乏透明度,将其广告传播到多个页面,并且未能获得用户对于广告个性化服务的有效同意;根据 GDPR 第 83 条第 5 款的规定,可以判处高达 2000 万欧元或上一财政年度全球年营业额 4% 的罚款。CNIL 最终决定由谷歌公司承担 5000 万欧元的罚款。

CNIL 抨击谷歌缺乏透明度,并表示用户无法理解谷歌公司"大规模、侵入性"的数据处理活动。GDPR 第二章第 7 条对"同意的条件"(Conditions for consent)作出具体规定,进行数据处理的前提是已经获得数据主体的同意,且该同意应当是数据主体基于其自由意志所作出的。依据 GDPR 第 13 条的规定,数据控制者应当提供数据处理的目的及法律依据,涉及跨境处理时的具体情形,控制者自身的信息以及数据接收方的相关信息等内容,此外,还应告知数据主体其具备的申诉权及数据保护部门的联系方式。

根据 CNIL 的评估,为广告个性化收集数据而获得的用户同意是无效的,因为它是不具体、不明确的,并且用户获得的信息不充分。例如,谷歌提供的信息对用户来说是不容易获取的,当用户希望获得谷歌为个性化服务或地理追踪目的收集的有关其个人数据的完整信息时,需要多达五到六个步骤的操作才能访问。CNIL

---

① 参见 Natasha Lomas, Covert Data-scraping on Watch as EU DPA Lays Down "Radical" GDPR Redline,载 Techcrunch 公司网站(https://techcrunch.com/2019/03/30/covert-data-scraping-on-watch-as-eu-dpa-lays-down-radical-gdpr-red-line/),访问日期:2019 年 8 月 2 日。

表示,鉴于提供的服务数量和涉及的数据量,有关广告个性化处理过程的信息在多个文档中被稀释,用户无法完全理解谷歌处理数据的程度,数据处理的目的同样被描述得过于笼统和模糊。CNIL 认为,谷歌的用户同意都不是特定的,因为谷歌需要用户完全同意其隐私政策中的服务条款和数据处理条款,而没有将广告个性化或语音识别等为不同目的而进行的数据收集类别相互区分开来。此外,这些信息不仅隐藏在"更多选项"的按钮下,而且对于广告个性化的选择项是一个预先被勾选过的同意框,这不符合 GDPR 的规定,因为依据 GDPR,只有在用户清楚确认的情况下,"同意"才被认为是明确的。CNIL 承认,用户创建账户后,可以对其账户进行一些修改,但这并不意味着谷歌遵守了 GDPR 的规定。

CNIL 认为,该案不仅是企业因为违反 GDPR 的规定所承担的最高罚款,也是法国机构根据 GDPR 进行的首次处罚,当局明确表示,企业仅仅声称守法是不够的,这项举措因谷歌侵权行为的严重性而变得合理,因为谷歌一直在持续实施这些违规行为,而非一次性实施的、有期限的侵权行为。NOYB 公司的董事长 Max Schrems 对罚款结果也表示赞同,认为像谷歌这样的大公司只是简单地对法律作出不同的解释,而且往往只是表面上调整了它们的产品。[①]

与在线定向广告相关的"免费知情同意"不断产生类似问题,自从 2016 年 GDPR 生效以来,这已成为一个主要的法律问题,针对广告技术平台收集数据的投诉不断,核心广告技术处理过程也因未获得用户适当同意以及在缺乏充分有力的保护之下使用和分享个人数据而备受指责。截至 2017 年,由于 GDPR 实施还不到一年,在新的法规体系下,执行力度仍然缺乏,其他国家依据 GDPR 判处的罚款数额要少得多,葡萄牙医院为允许工作人员非法访问数据支付了 40 万欧元的罚款,德国 Knuddels 公司支付了 2 万欧元的罚款,奥地利公司为非法使用闭路电视支付了 4800 欧元。

(二)违规成本提升

不仅广告技术行业在如何获取个人数据方面进行模糊处理或者规避法律,即便那些最为系统的个人数据收集者同样计算出对用户进行充分通知的成本高昂。如果在个人信息利用方面,给用户提供一个真正的、完全知情的、自由的选择,公司会失去大部分商业营销力量,但这并不意味着它们可以规避法规的要求,任何潜在的不遵守法规的行为都将遭到制裁。目前还不清楚从互联网上抓取的个人数据与用户主动提供的个人数据二者各自所占的比例(尽管不一定是自愿提供的,例如,实质上属于 GDPR 所规定的"强制同意"的情形),Olejnik 认为要获得这样的比较数据是很困难的。

---

① 参见 Rebecca Hill, French Data Watchdog Dishes Out Largest GDPR Fine Yet: Google Ordered to Hand over €50m,载 Theregister 公司网站(https://www.theregister.co.uk/2019/01/21/google_50m_cnil_gdpr/),访问日期:2019 年 8 月 2 日。

但是,也不能忘记现在已经倒闭的政治数据公司 Cambridge Analytica 实施的可耻行为,该公司秘密地从 Facebook 平台上获取个人数据,以建立美国选民的心理特征画像,进而试图影响国内政治结果,这显然违反了 GDPR 第 14 条的规定。事实上,Facebook 公司长期以来一直未能正确保护用户数据。像 Cambridge Analytica 公司这样令人震惊的例子表明,通过对不受欢迎的数据滥用行为进行审查,GDPR 建立了一个保护用户个人信息不被公开使用的清晰逻辑框架。目前还不清楚 GDPR 是否能阻止其他像 Cambridge Analytica 公司这样的行为者,但是巨额罚款的确意味着数据搜集不再是自由的、免费的,至少在欧洲,现在秘密地大规模获取个人数据最终会面临严重的法律后果。例如 Facebook 公司仍在欧洲接受调查,DPC 就 GDPR 合规性问题对 Facebook 公司拥有的多家网络平台展开了数次公开调查。许多违规者在完全没有许可证的情况下进行在线数据抓取,以开展非法的垃圾邮件活动,或将其出售给计划进行网络诱骗活动的黑客。尽管不断增加的法律成本能够抑制那些较轻的网络罪犯,但在商业领域,为了应对法律问题,抓取和"提供"数据之间的界限经常被相关主体模糊化处理。因此,需要强有力的执法决定,且在法理学的支持下定义和确定数据处理的红线。

三、德国 Knuddels 公司案中的减轻处罚

(一)数据安全义务的违反

Knuddels 公司案是德国实施 GDPR 后的首个执法案例,2018 年 11 月,德国巴登—符腾堡州(Baden-Württemberg)的国家数据保护和信息自由机关(Landesbeauftragter für Datenschutz und Informationsfreiheit,以下简称 LfDI)依据 GDPR 对 Knuddels 公司进行了处罚,虽然 2 万欧元的罚款远低于人们的预期,但这为计划制定数据泄露应对策略的公司提供了经验教训。2018 年 7 月,德国社交平台 knuddels.de 的运营商 knuddels GmbH & Co.KG(以下简称"Knuddels 公司")遭受网络攻击,导致其 180 多万用户数据记录丢失(包括一个未加密的文件)。在向相关监管机构报告这一事件后,Knuddels 公司因违反 GDPR 的规定而受到调查。LfDI 认为公司的信息技术安全措施不是最先进的,而且具有很高的风险,最终对 Knuddels 公司处以罚款决定。①

Knuddels 公司用户的数据由犯罪分子在 2018 年 7 月份复制和发布,有人在 2018 年 9 月给 Knuddels 公司发送电子邮件警告,其用户数据已经在网站 pastebin.com(有 8000 名用户受到影响)和 mega.nz(遭到泄露的用户更多)上发布,Knud-

---

① Gepostet von Pressestelle, LfDI Baden-Württemberg verhängt sein erstes Bußgeld in Deutschland nach der DS-GVO,载国家数据保护和信息自由专员网站(https://www.baden-wuerttemberg.datenschutz.de/lfdi-baden-wuerttemberg-verhaengt-sein-erstes-bussgeld-in-deutschland-nach-der-ds-gvo/),访问日期:2019 年 8 月 2 日。

dels 公司及时通知了其用户和 LfDI。据德国《镜报在线》(Spiegel Online)报道,最严重的泄露是在 mega.nz 上发布的 80.8 万个电子邮件地址和 187.2 万多个带有相关密码的用户名,聊天平台称已经核实了 33 万封已发布的电子邮件。LfDI 认为,Knuddels 公司将密码以明文形式存储,属于明知违反 GDPR 下(特别是第 32 条)确保数据安全义务的情形,应当据此实施处罚。①

(二)减轻情节的考量

GDPR 第八章规定了与"补救措施,责任及处罚"(Remedies, liability and penalties)相关的内容,具体包括数据主体向监督机关提出投诉及获得司法救济的权利、数据控制者和处理者应承担的损害赔偿责任,以及监督机关对违规者判处行政处罚与罚款的情形等内容。监督机关在具体个案中判处的罚款应当符合有效性、比例性和劝阻性的要求。在作出罚款决定的过程中,监督机关应当对侵权行为的主客观要素及损害后果的严重性予以考虑,此外,如果侵权人愿意与监督机关合作,对侵权造成的损害后果进行及时补救,监督机关可以适当减轻处罚。

GDPR 规定的最高罚款额为 2000 万欧元或上一财政年度全球年营业额的 4%,且以金额较高者为准。然而,LfDI 对 Knuddels 公司仅处以 2 万欧元的罚款,罚款数额相对较低。在决定作出过程中,LfDI 考虑了几个关键因素:Knuddels 公司在意识到遭受攻击后,及时与 LfDI 合作,采取了全面措施,尽快实现完全透明,并且在改进公司信息技术、数据安全系统和策略方面进行了投资。LfDI 在处罚通知中指出,Knuddels 公司的行为有助于澄清案件细节,并在数据安全方面取得实质性的进展。Knuddels 公司没有从数据泄露中获得或打算获得任何经济利益的事实也被视为一个减轻处罚的因素。LfDI 还认为,公司的数据处理活动在过去没有引起任何反对意见,这对 Knuddels 公司而言也是有利因素。②除了认可 Knuddels 公司的合作,LfDI 负责数据保护和信息自由的专员 Stefan Brink 还表示这避免了公司进入"最高罚款竞争"的圈套,监管机关希望能够避免公司破产,除其他情况外,在评估罚款时,还考虑了公司的整体财务负担。③

根据 GDPR 的规定,罚款不仅应当有效且具有说服力,而且需要符合比例原

---

① 参见 Richard Chirgwin, "Cuddly" German Chat App Slacking on Hashing Given a Good Whacking Under GDPR: €20k Fine, 载 Theregister 公司网站(https://www.theregister.co.uk/2018/11/23/knuddels_fined_for_plain_text_passwords/),访问日期:2019 年 8 月 2 日。

② 参见 Latham & Watkins LLP, German GDPR Fine Proceedings Conclude Favourably for Defending Company, 载 Lexology 网站(https://www.lexology.com/library/detail.aspx?g=d56c250a-30e6-4616-a00c-18b6d8d32843),访问日期:2019 年 8 月 2 日。

③ 参见 Gepostet von Pressestelle, LfDI Baden-Württemberg verhängt sein erstes Bußgeld in Deutschland nach der DS-GVO, 载国家数据保护和信息自由专员网站(https://www.baden-wuerttemberg.datenschutz.de/lfdi-baden-wuerttemberg-verhaengt-sein-erstes-bussgeld-in-deutschland-nach-der-ds-gvo/),访问日期:2019 年 8 月 2 日。

则。Knuddels 公司与 LfDI 进行合作,有利于提高公司的透明度和执行力,通过这种方式,可以在很短的时间内显著提高社交媒体服务平台用户数据的安全性。考虑到已实施和公布的信息技术安全措施,以及在 LfDI 的协调下,用户数据的安全性在几周内进一步提升,LfDI 对 Knuddels 公司予以减轻处罚。LfDI 的决定是该行业的一个突破,以 Knuddels 公司案为例,很明显公司在计划和实施数据策略时,除了在信息技术安全方面进行常规投资,还应当考虑如何应对 IT 和数据安全事件,避免招致巨额罚款。

四、GDPR 下企业数据合规策略的完善

这些案例表明在 GDPR 合规方面没有快速的解决方案,遵守法规需要理解数据主体隐私保护重要性的整个团队不断努力。欧盟处罚的这些案件表明,有几个因素有助于企业避免或减轻处罚。

首先,遵守 GDPR 的规定是前提。尽管数据违规可能是我们所看到的高额罚款的来源,但这些案件表明,罚款也可能是审查期间发现的合规问题,或由数据主体的投诉引起的。因此,鉴于数据作为核心产品输入的需求不断增加,企业建立符合 GDPR 规定的隐私保护政策对于避免巨额罚款至关重要。

其次,依规履行通知义务是关键。如果数据控制者想要收集数据或者以后想对所收集的数据进行处理,则有义务依据 GDPR 第 14 条的规定发送通知,数据主体最迟必须在其信息被获取后一个月内得到通知。尤其是当数据将被用于直接营销活动时,必须告知数据主体,如果不能提早告知,也应当在第一时间进行沟通。数据控制者必须告知数据被搜集者其数据的拥有者是谁(包括与之共享数据的任何人,以及任何可能的国际转移情况)、获取数据的类型、获取数据的目的,以及处理数据的法律依据。数据控制者还必须告知数据主体其享有投诉的权利,以便当他们不喜欢收集者对其数据进行处理时可以提出反对。通知应当以适当有效的方式进行,确保用户能够及时获得相关信息。有关"知情同意"的设置应当公开透明,便于用户能够充分了解相关数据的利用情况。

最后,及时采取补救措施不容忽视。如德国 Knuddels 公司案所示,违规企业立即采取措施,向有关当局和自己的客户披露违规行为,可以帮助企业在相关数据保护或监管部门获得信誉。数据泄露通知要求在 GDPR 中规定得非常明确,数据控制者遵守 GDPR 第 33 条中 72 小时之内及时报告的规定对于避免巨额罚款至关重要。企业迅速采取行动纠正存在的问题或消除违规行为的根源同样有助于减轻罚款的数额。例如,在 Knuddels 公司案中,公司立即采取行动,证明其正在努力提高组织内部的数据安全性,这有助于减少处罚。相反,由于谷歌公司没有及时采取行动导致其受到处罚的问题,法国当局便提升了罚款数额。

GDPR 下的合规问题是复杂的,且欧盟内部的执法过程仍在不断发展,有许多法律问题有待进一步讨论,例如究竟何为"不成比例的努力"。总之,正如 LfDI 主

张的那样,作为数据保护局,处罚决定的罚款数额并不重要,重要的应是改善相关用户的数据保护环境和提升数据安全,罚款和处罚是确保数据主体的个人数据能够获得更高保护力度的一种手段。①

第五节 GDPR框架下中国企业数据保护的合规要点

随着全球经济的不断发展,经济和互联网服务的全球化趋势日益深化,继欧盟之后中国、美国、印度、巴西等多个国家或地区相继出台与个人数据保护相关的法律法规或迅速将其纳入立法计划。拥有跨国或跨区域业务的互联网企业将面临更为复杂、严格的合规挑战。中国企业(尤其是互联网企业)在全球经济网络中的份额日益增大,同样在欧盟GDPR框架之下的个人信息保护法规必然会给中国企业带来显著影响。对中国企业的影响当然包括积极影响和合规挑战,为了避免损失、节约成本,对于拥有跨国业务或者准备拓展跨国业务的中国企业来说,防患于未然,必须提前做好合规方面的工作。

中国企业的管理层要充分意识到数据保护的重要性,提升合规的优先级,及时掌握合规动态以及企业面临的风险。这就需要企业研究了解并把握GDPR及其相关的数据保护法律法规,结合自身业务进行适当调整,以此来更好地应对未来自身的发展、市场需求和政府监管的新变化。

合规是网络与信息技术领域无法规避的课题,以网络和信息技术企业为代表的中国企业想要在欧洲甚至全球范围内谋求更好的发展空间,就必须重视GDPR的合规审查。GDPR是一个系统的个人信息保护规范,条款较多(99条),合规关注点也较多,中国企业在GDPR框架下的合规审查要有所侧重,要特别关注以下几个要点。

一、个人数据收集的最小化原则

个人数据在GDPR中的定义是指与一个确定的或可识别的自然人相关的任何信息(数据对象)。可识别的自然人指可以直接或间接识别的人,特别是通过参考诸如姓名、身份证号码、位置信息、在线身份识别等标识符,或参考与该自然人的身体、生理、遗传、心理、经济、文化或社会身份有关的一个或多个因素。② 只要是能够直接或间接识别特定个人的信息,如浏览痕迹、cookie信息等间接数据也属于GDPR所认定的个人数据。在被称为全球首例GDPR诉讼案的"互联网名称与

---

① 参见Focal Point Insights, The GDPR in 2019: Enforcement and Penalties around the Globe,载数据风险聚焦网站(https://blog.focal-point.com/the-gdpr-in-2019-enforcement-and-penalties-around-the-globe),访问日期:2019年8月2日。
② 参见GDPR第4条第1款。

数字地址分配机构(ICANN)诉德国域名注册服务机构(EPAG)案"中,德国法院在 2018 年 5 月 30 日初审裁定依据 GDPR 第 5 条第 1 款第(c)项规定的个人数据收集的最小化原则,支持被告 EPAG 公司的立场,二审法院在 2018 年 8 月对原告 ICANN 的上诉再次予以驳回,维持原判。①

我国多数跨国或跨区域企业在提供网络服务或产品过程中难以避免对个人信息的收集和使用,尤其是在 GDPR 对个人信息如此之广的定义范围之下。ICANN 诉 EPAG 案给中国企业带来的提示是,为了降低企业的 GDPR 数据合规风险,符合"数据最小化原则"的要求,可以定期清理与自身业务领域不相关的个人数据,或者采取匿名化、加密等技术处理方式对个人数据进行匿名化处理,使处理过程中的信息无法识别到特定自然人。同时,GDPR 第 30 条规定数据的处理者和控制者对数据处理所有的活动进行记录并以书面形式保存。所以为符合 GDPR 的相关规定,企业应当注意对数据处理活动进行记录。

二、数据间接获取责任的划分

GDPR 第 26 条规定了联合控制者的责任,当由两个或两个以上的控制者共同决定处理的目的和手段时,他们就是联合控制者。② 当个人信息的联合控制者有中国企业且基于合作协议约定共同决定对数据的处理目的和手段时,应在合作协议中写明各自的责任划分;当中国企业作为第三方接入平台获取数据时,还应要求个人信息控制方在隐私条款和用户协议中向用户说明第三方的地位、作用以及接收数据的范围和目的。中国企业还可以参照 Facebook 公司在 2018 年 7 月由于违反相关个人信息保护规定而被英国信息专员办公室罚款 50 万英镑(2021 年 1 月约 440.15 万元人民币)后,对其隐私政策进行的改进。Facebook 公司修订后的隐私政策要求欧盟方面的合作企业明确告知数据主体其所获取的个人信息的共享范围,第三方(Facebook)对个人数据的保留时长、存储地点、安全机制等,还包括在用户协议中标明各方的责任划分等。

三、数据保护专门管理人员的设置

GDPR 第四部分(第 37、38 条)对数据保护官 (DPO)作出了明确规定。对于设在欧盟的政府部门及公共机构,由于处理个人数据属于日常性事务且数据规模较

---

① 原告 ICANN 向德国的法院申请禁令,要求法院强制 EPAG 履行此前双方签订的《注册服务机构认证协议》(Registrar Accreditation Agreement,RAA),继续收集 Admin-C 和 Tech-C 等数据,履行合同义务。被告 EPAG 公司提出抗辩意见,认为其继续履行该义务将会导致违反 GDPR 的规定;双方的合同也规定了合同履行应当建立在遵循法律的前提下。一审的争议焦点在于,EPAG 公司收集技术员和管理员的个人数据是否合法,是否符合 GDPR 的相关规定,是否符合数据收集的目的限制原则和最小化原则。

② 参见 GDPR 第 26 条第 1 款。

大,因此其属于必须设立数据保护官的法定情形。对于我国企业来说,视自身规模大小可以设置专职或者兼职的数据保护官或 GDPR 合规审查专职人员,从企业全局角度负责相关工作,把控合规风险。

四、数据泄露时的通知义务

数据的泄露通知是 GDPR 新增的运营者义务,数据泄露产生的不利影响会扩大,规定数据的泄露通知义务可以提醒被泄露数据的个人采取防范措施,这样有助于降低潜在的风险和伤害。[①] GDPR 第 33 条规定,在个人数据泄露的情况下,控制者应当至少在知道发生泄露之时起 72 小时内,根据 GDPR 第 55 条的规定向监管机构进行通知,除非个人数据的泄露不会导致对自然人权利和自由的损害。如果通知迟于 72 小时,需要对迟延原因进行解释。GDPR 第 34 条规定,当个人数据泄露可能对自然人权利和自由形成很高的风险时,控制者应当毫不延误地就个人数据的泄露与数据主体进行交流。如 2018 年 9 月 6 日,英国航空公司披露其网站遭到黑客的"恶意犯罪攻击",约有 38 万笔交易受到影响,但被盗数据不包括旅行或护照详情。2019 年 7 月 8 日,英国负责数据安全监管的部门——信息专员办公室(Information Commissioner's Office, ICO)宣布,将对英国航空公司开出 1.83 亿英镑(2021 年 1 月约合 16.2 亿元人民币)罚单,原因是 2018 年约 50 万用户登录该航空公司网站却被转移到一个虚假的欺诈型网站后,攻击者收集了这些用户的详细个人信息。在这一数据泄露案例中,虽然处罚的主要依据是 GDPR 第 32 条第 1 款的规定,但个人信息控制者英国航空公司存在延迟向客户和监管机构通知、报告数据泄露事件,也是监管机构对其进行处罚的重要事实依据。

因此,企业在发生个人信息泄露事件时,无论该事件是否会造成对自然人权利和自由的损害,都应及时作出回应,立即采取适当形式(网络公告、邮件、短信、App 通知推送等)通知监管机构和个人数据主体,避免因数据泄露对个人信息主体造成损失。

在向监管机构报告数据泄露事件时,还应注意数据泄露报告中至少应当包含以下内容:①对于所泄露的个人数据的性质进行描述,尽可能地包括相关数据主体以及个人数据记录的类别和大致数量;②告知数据保护专员的名称和联系方式或其他能够获取更多信息的联系方式;③描述个人信息泄露可能出现的情况;④描述控制者采取的或者计划采取的措施,以应对个人数据泄露,包括在适当情况下能够减轻可能的负面影响的措施。[②] 涉事企业还应记录泄露个人数据相关的事实、影响和已经采取的救济行为等信息,该记录也是监管机构核实企业是否遵

[①] 参见何治乐、黄道丽:《欧盟〈一般数据保护条例〉的出台背景及影响》,载《信息安全与通信保密》2014 年第 5 期。

[②] 参见 GDPR 第 33 条第 3 款。

守 GDPR 的重要依据。

五、数据的跨境处理

2018年10月,英国信息专员办公室(ICO)向加拿大公司 Aggregate IQ (AIQ)发出了英国首张 GDPR 执行通知,要求其删除与英国公民相关的个人数据,原因是 AIQ 在 GDPR 实施后仍持有英国公民的个人数据,ICO 认为这种留存英国公民数据的行为似乎对受影响公民造成了伤害,该公司违反了 GDPR 第5条第1款中的(a)(b)(c)三项条款。在此案例中,可以发现 GDPR 对数据留存和数据跨境传输的严格要求。

GDPR 第五章规定了将个人数据转移到第三国或国际组织的要求。可用于企业经营的跨境数据流动的合法性途径的条件主要包括:①充分性认定,即将国家、地区、国际组织列入"白名单"。②基于充足的安全保障,包括按照监管机构的规定,制定有约束力的企业规则;采用欧盟委员会通过的标准数据保护条款;采用成员国监管当局通过并经欧盟委员会批准的标准数据保护条款;遵守协会、不同类型的控制者、处理者组织编写并经批准的行为准则、经批准的认证及第三国控制者或处理者作出的承诺。③个人数据传输的例外,一种是数据主体充分认识缺失前两项规定的条件对数据主体造成的风险时,明示同意传输;另一种是数据主体是合同的一方,并且数据传输是履行合同所必需。

但我国并未被列入上述"白名单",目前也没有与欧盟签订相关的官方合作协议。因此,中国企业提供服务或产品时,若其服务器设在中国境内或者欧盟区域外的其他国家和地区,就应注意数据跨境传输过程中的 GDPR 合规问题。可采取以下合规措施规避风险:①选择欧盟委员会提供的标准合同条款(Standard Contractual Clauses),按相关规定采取措施保障数据安全,实现 GDPR 框架之下的合规要求。②依据 GDPR 第47条第2款的具体规定建立约束性公司规则(Binding Corporate Rule,以下简称 BCRs)。BCRs 为集团公司提供了便利,为企业内部信息流通提供了可以普遍使用的方案,这样一来,企业不需要针对不同的分支机构设计特定的合规方案,因此也可以降低企业的合规成本。

六、数据授权撤销程序

2018年 Facebook 公司在经历了由于个人信息处理制度不合规被英国信息专员办公室处罚事件后,在其官网上公布了一系列有关用户隐私保护的新措施,旨在让用户更容易查看和访问 Facebook 公司所拥有的个人数据,在需要时做出调整,并对数据的授权撤销渠道进行重新设置,以便用户轻松找到并执行操作。依据 GDPR 第7条第3款的规定,数据主体应当有权随时撤回其同意的授权,企业在设计产品或服务时,应给予个人数据主体自由以及便捷的数据撤销权,以保护其对信息数据的控制权,还应降低个人数据主体的撤销渠道和阻碍,不得要求企业采取发送邮件或邮寄书面通知等方式来增加用户负担。

七、未成年信息数据保护

在世界范围内,儿童信息都被作为个人信息保护的重点而备受重视。GDPR 第 8 条的规定就体现出对未成年人个人信息保护的特殊要求。该条第 1 款规定将 16 周岁作为判断儿童的标准,16 周岁以下的用户,其同意应当由父母或其他监护人作出。成员国可以根据各国情况将年龄限制下调,但不得低于 13 周岁。第 2 款规定,数据控制者应当采取合理努力,在可得的技术条件下,尽量对父母或其他监护人的同意进行验证。因此,企业在向欧盟成员国中多个国家提供产品或服务时,在设定儿童判断的年龄标准时可以针对不同国家的不同要求设定不同的隐私政策,也可以采取各国家年龄界线均值作为判断标准,但采取均值作为判断标准也存在违规风险,所以必须根据对应国家的规定取得单独明确的授权。

因此,中国企业在欧盟开展涉及对儿童信息收集的业务时,应格外注意各成员国关于儿童年龄判断的具体规定,在设定用户协议或者隐私政策时区分应对和设计。

第六节　中国企业对于 GDPR 的应对

对用户个人信息的保护是企业的责任,也是企业的发展动力和生存需要。海量的用户信息一旦发生泄露,可能会给社会公共利益和国家安全造成难以弥补的损害,所以,企业有效保护用户个人信息,不仅是企业的合规需求、生存发展需求,更是保障公共利益和国家安全应尽的社会责任。海量用户的支持使得中国互联网产业能够走在世界前列。因此企业也应当始终将用户的个人信息安全放在首位,提升用户体验,充分获得用户信任,这也是企业发展的生命线。

未来企业将面临更多与个人信息保护相关的合规问题,个人信息保护的程度将是企业的核心竞争力之一。企业将个人信息保护和数据安全作为企业发展的核心,并组建跨部门的合作团队,共同将 GDPR 的合规工作推进到一个更高水平。

所以,建立良好的合规体系,设立科学的风险评估制度,合理的组织架构、高效的执行、适当范围的培训与宣讲、严格的合规体系监督和审计,是保证中国企业在面对 GDPR 合规审查时重要的应对之举。

一、风险评估制度

风险评估并不只存在于企业自我合规审查的初期,而是贯穿于企业 GDPR 合规制度的始终。企业 GDPR 合规制度起始于风险评估,这一阶段企业进行 GDPR

风险评估的重点为以下方面。

（一）GDPR 对中国企业是否适用？

依据 GDPR 第 3 条的规定，GDPR 的管辖原则为影响主义原则，即"属地"+"属人"+"保护"等综合性的"影响性"普遍原则。因此，欧盟区域外的中国企业也可能落入 GDPR 的规制范围之内。

企业可以比照如下几项筛查，以判断自身是否属于 GDPR 监管对象：

(1) 判断企业是否属于设立于欧盟区域内的数据控制者或处理者。

第一，判断企业是否属于数据控制者或处理者。GDPR 第 4 条对数据"控制者"和"处理者"进行了单独定义。"控制者"是能单独或联合决定个人数据处理目的和处理方式的自然人、法人、公共机构、行政机关或其他非法人组织。"处理者"是指代表控制者处理个人数据的自然人、法人、公共机构、行政机关或其他非法人组织。

第二，判断企业是否设立在欧盟区域内。根据 GDPR 序言第(22)条规定："只要控制者或者处理者的营业地在欧盟区域内，任何个人数据的处理都应该遵守本条例规定，无论处理活动本身是否发生在欧盟区域内。营业地意味着能够稳定安排有效且真实地开展经营活动。这种安排的法律形式，是否通过具有法人人格的分支机构或子公司并不是决定性因素。"判断企业是否设立于欧盟区域内主要看是否设有分公司、代表处等实体机构，依据上述条款，该问题核心判断要素在于是否能够"稳定安排有效且真实地开展经营活动"。

第三，判断企业是否与欧盟区域内设立机构发生了相关的数据处理活动。如果欧盟区域内设立的机构所开展的活动涉及收集、记录、储存、使用等数据处理活动，不论该数据处理活动是否发生在欧盟区域内，企业都会受到 GDPR 的监管。

(2) 判断非欧盟区域内的数据控制者或处理者的数据处理是否受到 GDPR 监管。

GDPR 第 3 条规定，即使数据控制者或处理者没有设立在欧盟区域内，其数据处理行为发生在向欧盟内的数据主体提供商品或服务的过程中，无论此项商品或服务是否需要数据主体支付费用，也应当适用 GDPR 的规定。因此对于未设立在欧盟区域内的数据控制或处理的企业，首先，判断企业的网站或应用是否向欧盟区域内的数据主体提供商品或服务；其次，企业的数据处理是否与其向欧盟区域内的数据主体提供商品或服务相关。所以，欧盟区域外设立的企业处理的数据中有源自欧盟数据主体的与企业提供商品或服务的过程中获取的相关数据，也会受到 GDPR 的监管。

（二）对中国企业 GDPR 所涉业务领域进行梳理及分析

初步确定 GDPR 相对于中国企业自身的适用范围后，企业还需要进一步对自身的业务领域进行模块化梳理，并对相关数据的收集、使用、处理、保存和跨境传输的处理进行分析。同时比照 GDPR 各条款中所规定的基本原则、数据主体的权利以及数据控制者和处理者的义务,评估出企业数据处理周期中各个环节所可能存在的风险,从而锁定 GDPR 视域之下企业不同业务中风险较大的处理环节。

(1) 数据收集阶段。

数据收集是企业进行数据处理活动的起始阶段。该阶段比照 GDPR 中的下列要求,以确定企业在特定业务领域中的数据收集环节是否存在较大的风险。

数据收集前是否向数据主体清晰明确地充分告知,在此基础上是否已获得数据主体明示且自愿的同意。此外,GDPR 还规定了出于合同履行、履行法定义务、保护个人重要利益、维护公共利益以及追求正当利益的必要这五种数据收集和处理的合法事由。除数据主体的同意外,企业还可参照这些合法事由对自身的数据收集行为进行合规审查,保证其自身数据收集的合法性。

(2) 数据的使用和处理。

企业可以重点比照 GDPR 的要求,对自身业务领域相关数据处理环节所涉及的合规风险进行评估。首先,GDPR 第 4 条规定数据控制者或处理者处理的数据应符合收集时的目的。因此,企业在对业务领域的数据使用和处理环节进行核查时,注意比较数据使用的目的与收集数据时的目的是否有变化。其次,GDPR 第 5 条规定了数据控制者或处理者在处理数据时应当遵循准确、必要、及时等原则。因此,企业对业务领域的数据处理环节,要注意判断自身对数据的处理是否符合这些原则。再次,GDPR 第 18 条赋予数据主体有权要求控制者对数据处理进行限制。因此,企业应建立相应的机制或途径,确保数据主体在 GDPR 规定的情形下可以限制数据控制者对数据进行处理的权利。最后,GDPR 第 21 条规定数据主体有权反对数据控制者或处理者的特定数据处理活动。因此,企业应注意建立特定途径,确保数据主体在 GDPR 条文规定的情形下有权反对特定的数据处理活动。

(3) 数据的存储和传输。

GDPR 第 13 条规定了数据控制者和处理者对于个人信息的保存时限。因此,企业应及时识别存储到期的数据并对到期数据进行删除。GDPR 第 20 条规定在特定情形之下数据主体有权获得其提供给控制者的相关个人数据。企业应核查确保数据主体能够进行相关数据传输。此外,数据控制者或处理者对个人信息的传输应当采取特定的保护措施保障数据安全。

(4) 选择合规的合作第三方。

"第三方"指的是除数据主体、控制者、处理者、控制者或处理者直接授权其处理个人数据之外的自然人、法人、公共机构、行政机关或其他非法人组织。企业应当选择符合 GDPR 要求并且能够保障数据主体权利的第三方合作。企业在与第三方合作的合同文本中应标明 GDPR 的合规义务约定,这类合同和约定应当包括:处理者相对于控制者的责任、数据主体的类型、个人数据的类型、处理期限、处理性质与目的等。因此,企业要对合作的第三方签订的合同文本进行仔细筛查,务必达到前述要求。

二、建立 GDPR 合规组织架构

中国企业应对 GDPR 合规审查除了要开展风险评估,还要依靠有效的组织建构来保障合规工作顺利开展。

(一)管理层

企业管理层对数据合规的了解与重视是企业内部有效建立 GDPR 合规制度至关重要的前提。管理层的支持能为 GDPR 合规工作提供资源并有助于保证各部门之间的协调与配合,从而有利于企业 GDPR 合规制度的整体建设和具体实施。

企业高级管理人员充分了解企业所面临的 GDPR 合规风险,将有利于将 GDPR 合规风险的管控纳入企业的重大事项管理体系。企业还应在核心高级管理人员中选设专职或者兼职的数据保护合规管理人员,负责企业整体上的 GDPR 合规运营工作。企业还应结合具体的业务,制定具体的数据保护合规问责制度;将数据保护合规工作纳入考核并与员工的奖惩挂钩,推进 GDPR 合规方案的落实与推进。

(二)数据保护官

GDPR 第 37 条规定了数据控制者和数据处理者应当任命数据保护官的三种情形。① 除此之外,GDPR 并未强制规定企业必须设置数据保护官。但企业在条件允许的情况下应尽可能设置此岗位,企业数据保护官的设立不仅是企业内部完善的合规制度的体现,并且有利于企业 GDPR 合规工作甚至其他数据领域相关合规工作的开展。

企业的数据保护官要与企业现有组织架构衔接和整合,这样才能为企业的 GDPR 合规提供有效的保障。所以,企业在设置数据保护官时要充分利用企业内部的现有资源,确保数据保护官不应由与数据处理活动有关的人员担任,保障数据保护官与现有组织架构之间的独立性并给予数据保护官直接向董事会进行汇报的权力,保障数据保护官在企业数据相关问题上可不受他人影响地进行独立判断。以此,保证数据保护官在整体上对企业的 GDPR 合规情况进行有效监督。

三、GDPR 合规体系的设立与完善

中国企业开展 GDPR 合规业务,合规风险评估以及搭建组织架构是必要的前提,此外,企业还需要落实 GDPR 合规业务的具体要求。因此,企业应设立一套较

---

① 三种情形包括:①处理是公共机构或公共实体进行操作的,法庭在履行其司法职能时除外;②控制者或处理者的核心处理活动天然性地需要大规模地对数据主体进行常规和系统性的监控;③控制者或处理者的核心活动包含了 GDPR 第 9 条规定的对某种特殊类型数据的大规模处理和第 10 条规定的对与定罪和违法相关的个人数据的处理。

为具体的 GDPR 合规标准,除以上风险评估和组织架构的建设外,还应重点设立和完善以下合规机制,供内部统一参照执行。

(一)完善企业外部合作数据安全机制

GDPR 第 82 条规定,当不止一个控制者或处理者,或控制者与处理者同时涉及同一数据时,除非其能够证明免责,每个控制者或处理者都应当对损失负有连带责任,以便保证对数据主体的有效赔偿。因此,企业与外部机构的合作存在数据交互时要注意风险管控,否则将面临巨大的赔偿责任风险。

1. 保证企业接收数据的来源合法和数据共享的合规

很多企业在经营过程中都会从第三方获取用户信息,这不仅要保证数据的使用目的和方式已获得用户的授权,还要求保证数据来源的合法。GDPR 规定,数据处理除履行合同之必要和基于合法、正当的利用外,大部分情形需要用户明确、逐个的同意,从第三方获取的个人信息也遵循同样的规则。因此,企业在与第三方签订协议时必须要求对方保证其提供数据是合法获得的,这一应对方案可以使企业承担的数据安全责任在一定程度上得以豁免。

同样,企业如果将个人数据提供给第三方,也将无法管控第三方对数据如何处理。在向第三方提供个人数据之前应该采取适当的应对行动。所以,给对方提供的数据要遵循"最小共享原则",即只提供对方服务所必需的个人信息,同时数据共享的方式尽量选择企业可控的技术或方式,还要在合作前对第三方的数据安全管理进行尽职调查,将数据分享给符合 GDPR 规定标准的第三方。

2. 管理企业涉及数据处理的供应链

企业的数据安全与企业的产品和服务、生存和发展有着密切关联。所以,企业必须对涉及数据处理的供应链上的供应商进行严格的安全管控,以降低潜在的数据安全风险。对软件供应商应设立审查机制,对供应商的安全可控情况等信息进行登记,保证供应的服务和产品的质量和安全性。对硬件供应商建立硬件供应安全风险管理机制,包括硬件测试、采购管理、供应持续性保障、追溯管理等。

(二)个人数据出境管控

根据 GDPR 第五章的要求,企业对于正在处理或计划进行处理的个人数据,将其转移到第三国或国际组织、从第三国或国际组织转移到另一第三国或国际组织的,必须确保该第三国或国际组织系经欧盟委员会认定可以提供充分保护的第三国或国际组织,其中要严谨考察第三国或者国际组织是否具备充分的保护水平。因而,在企业内部的 GDPR 合规标准中就企业所掌握或处理的个人信息的出境管控应具体规定相应的标准。

(三)数据处理操作记录

GDPR 第 30 条规定,员工规模达到 250 人及以上的数据控制者和处理者应当对其数据处理操作制作登记册加以记录,包含相关处理操作的具体信息。数据控制者、处理者应不同的监管机构的要求还应当向对应监管机构提供该登记册。因此,在企业内部也应当建立相应的 GDPR 合规记录机制。

(四)企业内部工作人员的保密义务

GDPR 第 28 条对于被授权处理个人数据的工作人员规定了特定的保密义务。因此,企业应根据自身的实际需要设立对处理个人数据的工作人员的保密制度规定,并与参与个人数据处理的员工签订保密协议。

(五)个人数据泄露的处理机制

GDPR 第 33 条、第 34 条规定了数据控制者、处理者在发生个人数据泄露时的相应义务。因此,企业在制定 GDPR 内部合规标准中应包含个人数据发生泄露时的应急处理机制,以确保数据泄露后的影响的最小化。具体的处理机制应该包括:①个人数据处理者在发生数据泄露后立即通知数据控制者;②数据控制者应当在知晓数据泄露事件后 72 小时内向监管机构进行报告,报告应当明确泄露涉及的个人数据的种类和数量、数据保护官的姓名及联系方式、泄露可能导致的后果以及已经或可能采取的补救措施等,未能在 72 小时内进行通知的,应当对迟延理由加以说明;③若数据的泄露可能给自然人的权利与自由带来高风险时,控制者应当及时将泄露事件告知数据主体;④数据控制者应当完整记录泄露情况。

四、GDPR 合规培训

中国企业对董事、高管、雇员和第三方定期开展 GDPR 合规培训是企业有效防范 GDPR 合规风险的重要环节。相关的培训也是监管机构评估企业内部 GDPR 合规制度的重要关注点。为使 GDPR 合规培训实现最大化的作用,企业应针对不同的培训对象设置不同类型和层次的培训,建立更有针对性的、更符合合规工作需要的培训机制。

第一,强化管理层 GDPR 合规风险的意识,企业管理层应定期与数据保护官、GDPR 合规工作人员进行沟通,定期由相关部门的专业人士对管理层进行 GDPR 合规培训,并就涉及 GDPR 的案例和企业内部相关问题进行讨论,让 GDPR 合规风险意识在管理层得到充分的理解和重视。

第二,要对直接从事个人数据处理或与个人数据处理相关的企业员工依据职能的不同进行分类。针对合规工作参与较少的员工,要开展定期 GDPR 合规培训,确保相关员工了解 GDPR 的主要内容和影响,以及企业所面临的主要风险。对直接从事数据治理工作的人员开展专项 GDPR 合规培训,由于企业提供的产品与服务不同,其所面临的 GDPR 合规风险也自然有所不同,以此帮助员工在具体业务工作中识别并控制 GDPR 风险。

第三,企业可结合自身实际情况制作、上传线上培训课程,让管理层及员工不受时间和地点的困扰学习 GDPR 合规的相关内容,并设定一定方式检验学习成果。

企业除了对管理层和员工进行培训,还要重视对合作第三方的培训。第三方 GDPR 合规意识的强弱以及应对合规风险能力的大小也会对企业自身产生重要影响。因此,企业要主动重视与第三方的沟通,协调双方关系,定期开展 GDPR 合规业务交流和培训,提升第三方 GDPR 合规风险的意识和抵御能力。

五、GDPR 合规体系的监督和审计

设立较完善的内部 GDPR 合规制度后,中国企业的内部审计部门应对合规制度的执行进行监督和审计,并形成审计报告交由企业管理层,包括 GDPR 合规负责人、数据保护官等审阅。监督审计过程中发现内部 GDPR 合规制度存在的不足和问题,应及时进行改进和优化,避免再次出现。

企业审计部门对于相关合规制度执行及审计过程中所涉及的事项存在疑问的,可以先咨询企业 GDPR 合规的负责人或数据保护官,仍然认为无法判断定性且可能存在合规风险的问题,可经过相关负责人审查后咨询监管机构(数据保护局),以确定是否继续相关数据处理活动或就该事项采取整改应对措施。

面对用户的投诉和举报,企业应建立相应的投诉与举报应对机制,对企业自身业务中存在的合规风险进行排查,降低举报或投诉可能给企业带来的损害。企业应在收到投诉与举报后及时安排工作人员与投诉人或举报人展开沟通,了解投诉与举报的原因及其所依据的理由或证据,初步判断所举报或投诉事项的真实性。如果企业确定投诉或举报的事件真实存在,并需要展开调查,应由 GDPR 合规负责人员牵头,对该事项开展内部调查。

当监管机构展开对企业的 GDPR 合规调查时,企业应安排专门人员与监管机构进行对接,并记录调查机构的调查活动,了解监管机构的关注重点,以此积极开展企业内部的自查工作。对于监管机构经过合法调查发现的企业 GDPR 合规问题,企业要按照监管机构的要求及时整改。①

---

① 参见《欧盟 GDPR 合规指引》,载中国信息通信研究院网站(http://www.caict.ac.cn/kxyj/qwfb/zt-bg/201905/t20190527_200253.htm),访问日期:2019 年 9 月 25 日。

第十章　国际标准化组织企业合规制度

国际标准化组织(International Organization for Standardization,以下简称ISO)是一个独立的、非政府的国际组织,其前身是国际标准化协会(ISA),成立于1926年。随着"二战"的爆发,ISA被迫停止工作。"二战"结束后,大环境为工业恢复创造了条件,1946年10月14日至26日,来自中国、英国、法国、美国等25个国家的64名代表相聚于伦敦,决定成立一个国际性的标准化机构——国际标准化组织。截至2021年8月,ISO成员有165个国家标准化机构,共有797个国家技术委员会和小组委员会,有超过135人在瑞士日内瓦的ISO中央秘书处全职工作。该组织通过其成员汇集专家,分享知识,制定自愿、基于共识、与市场相关的国际标准,以支持创新并为全球挑战提供解决方案。该组织致力于为产品、服务和系统提供世界一流的规格,以确保产品和服务的质量安全、可靠和优质,它们有助于促进国际贸易的发展。ISO至今已经出版了超过23896个国际标准以及相关文件,涉及从技术到食品安全,到农业和医疗保健的几乎所有行业。① ISO来自希腊语isos,意思是相等,即无论国家或是语言的不同,对其标准始终是相同平等的。

ISO的标准是由需要这些标准的国家通过协商一致,并由来自世界各地的专家制定的,这些标准反映了丰富的国际经验和知识。对于企业来说,国际标准是一种战略工具,它们可以通过最大限度地减少浪费和错误以及提高生产率来降低成本。ISO中有3/4以上的成员来自发展中国家,国际标准帮助公司进入新的市场,为发展中国家创造公平的竞争环境,促进自由和公平的全球贸易。国际标准所反映的专门知识有助于发展中国家发挥其潜力,确保它们的需要得到考虑,ISO通过其发展中国家事务委员会支持发展中国家参与标准化工作。其宗旨是在世界上促进标准化及其相关活动的发展,以便于商品和服务的国际交换,在智力、科学、技术和经济领域开展合作。中国是ISO创始成员国之一,早期由于中华民国政府未按章交纳会费,1950年被ISO停止会籍。1978年9月中国恢复ISO成员身份,代表中国参加ISO的国家机构是中国国家技术监督局(CSBTS)。2008年10月第31届国际标准化组织大会上,按ISO贡献率排名第六的中国正式成为ISO常任理事国。

ISO中有关组织治理的标准涉及企业合规制度构建的,具有较大影响的主要是由ISO/TC 309秘书处直接负责的两个标准,一是ISO 19600:2014合规管理体系

---

① 参见ISO,载国际标准化组织网站(https://www.iso.org/about-us.html),访问日期:2019年9月3日。

指南,它属于国际标准确认;二是 ISO 37001:2016 反贿赂管理体系要求及使用指南要求,它属于国际标准公布。另外,ISO/CD 37301 合规管理系统的实用指南的要求,处于表决/评议期结束状态,也是由 ISO/TC 309 负责,每五年审查一次,现状是正在开发中。ISO/TC 262 发布过四个文件,分别是 ISO 31000:2018 风险管理指南(这是现在版本,以前是 ISO 31000:2009)、ISO/TR 31004:2013 风险管理实施指南、IEC[①]31004:2019 风险管理和风险评估技术、ISO/DIS 31022 风险管理和法律风险管理指南。严格来讲,ISO 中系统阐述企业合规制度的只有 ISO 19600:2014 和 ISO 37001:2016,下文将主要针对这两个标准化文件发布的背景和所涉内核做一些考察和阐释。

第一节　ISO 发布企业合规指南的全球背景分析

ISO 制定的标准并非强制性标准,只是推荐给各国使用,但由于其标准在世界范围内具有很强的权威性、指导性和通用性,其软法性质的标准对世界标准化进程起着十分重要的作用。随着经济全球化趋势的加强,国际贸易和商务活动的日益频繁,为引导各类组织建立、实施、评价和改进合规管理体系,ISO 在 2014 年 12 月 15 日发表了世界上第一个关于合规管理的国际标准,即《ISO 19600:2014 合规管理体系—指南》(以下简称《ISO19600:2014 指南》)。该指南没有规定要求,但是提供了合规管理体系指南以及推荐时间。该指南适用性强,组织可以根据自身规模以及成熟程度,还有具体环境、性质以及组织活动的复杂性进行适用,建立合规管理体系。它为实施合规管理体系或依照标准搭建自身的框架基准,提供全面的指导和有用且易于遵循的例子。《ISO 19600:2014 指南》成为大企业和小组织都在寻找的解决方案,它提供了有关组织内建立、发展、实施、评估、维护和改进有效的合规管理体系的相关指南,其合规管理体系的核心理念和原则即为关注合规义务、基于风险、整合、良好治理、合理适当、全员参与、倡导合规文化、透明性、持续改进。随后,为了应对贸易中出现的贿赂风险,ISO 于 2016 年制定了 ISO 37001:2016,为建立、实施、维护、审查和完善反贿赂管理系统提供了具体要求和指导,该指南不能保证与该组织有关的任何贿赂不发生,因为不可能完全消除贿赂的风险。然而,这份文件可以帮助该组织实施旨在预防、侦查和应对贿赂行为的合理和相称的措施。这两大国际标准对各国企业合规建设具有指导性意义,其制定、确认和公布与当时所处的全球背景有着密切的联系。

---

① 国际电工委员会(International Electrotechnical Commission,以下简称 IEC)成立于 1906 年,它是世界上成立最早的国际性电工标准化机构,负责有关电气工程和电子工程领域中的国际标准化工作。国际电工委员会的总部最初位于伦敦,1948 年搬到日内瓦。

一、经济全球化的客观需求

过去几十年,伴随着高科技的迅速发展,世界经济格局也发生了深刻的变化。全球化的进程为世界经济的发展带来机遇,也带来了挑战。传统产业结构不断更新重组,人们的传统观念也发生了深刻的变化,各国的文化在不同程度上受到各种因素的冲击。20世纪80年代以来,国际直接投资蓬勃发展,跨国公司最为活跃,全球经济形成不可分割的有机整体。商品和各类生产要素跨越国界大规模、高速度流动,各国、各地经济相互联系与依存、相互渗透与扩张、相互竞争与制约的程度日益加深,并呈现出不断向纵深发展的经济全球化态势、进程和趋势。经济全球化为世界经济一体化的制度建设提供了现实需求与客观条件,它使各国的经济联系和相互依赖空前紧密,但这并不等于各国的利益都能协调一致、互相合作。因而,经济全球化在加快世界经济发展,促进国与国之间经济技术合作的同时,其负面影响也日趋严重。南北差距、贫富悬殊、失业、自然资源破坏、生态环境恶化等严重社会问题正引起各国的严重关注和不安,各种非政府组织掀起一个又一个抗议浪潮。

经济全球化与世界经济一体化是既有区别又有联系的两个概念,世界经济一体化有赖于世界各国之间确立比较稳定和牢固的协调和合作关系,而经济全球化未必是制度的一体化,它更强调紧密的经济联系而非制度安排。可以说,经济全球化比世界经济一体化所包含的意义和范围更宽广,内容更丰富。在经济全球化时代,没有哪一个国家或地区能占有永久性的经济绝对优势。由于全球经济越来越多地依赖于技术进步,而世界上没有一个国家能够成为技术上永远的霸主,目前经济上后进的国家完全有可能通过技术的引进、吸收、再创造、独立创新而在某一经济技术领域取得突破,通过参与经济全球化过程而得到跳跃式的发展,从而在未来的世界经济格局中获得更加重要的位置。同时,也正是在这样的背景下,各国基于自身利益的考虑和客观需求,渴望建立一个遵守商业道德,尊重人权、劳工标准和环境方面的国际公认的原则和标准,以达到建立一个推动经济可持续发展和社会效益共同提高的全球机制,从而给世界市场以人道的面貌。

在这一动因的推动下,各国会在非政府组织中寻求制定统一的企业合规管理体系标准,以促进全球市场的健康发展。同时,在国际贸易中为了防止贿赂对整体市场环境造成致命性的打击,全球反腐败法也发挥了先锋作用,这是国际化进程中备受关注的领域。当然,有关反腐败法的产生及执法创新是否存在地方性,在全球范围内是否相互依赖,这种相互依赖是不是法律全球化的一种实验或全球互助的一种形式,也是存在质疑和争议的。① 但是作为企业合规精细化方向

---

① See Stefano Manacorda, Francesco Centonze & Gabrio Forti (eds.), *Preventing Corporate Corruption: The Anti-Bribery Compliance Model*, Springer, 2014, p. 275.

发展的反腐败合规计划的软法标准,并非强制法,却可以为各国提供一个指导性的适用标准或原则,恰好可以满足各国共同打造良好健康市场环境的客观需要和主观需求。

二、经济大国间的经济政策往来推动

冷战后,由于国际体系结构与美国国内政治结构分别出现单极化与两极化发展的趋势,地缘政治在美国对华政策制定中的重要性显著下降,国内政治的影响则迅速上升。与之相应,经济取代安全成为中美关系的首要议题。自奥巴马政府执政时起,随着中美步入战略竞争时代,地缘政治在美国对华政策制定中的重要性再一次凸显,并成为未来中长期中美双边战略互动的决定性变量。然而在这一宏观背景下,不同时期美国对华政策连同中美战略竞争的主题却是由美国国内政治所界定的:从奥巴马政府到特朗普政府,变化了的国内政治动因促使上述主题经历了从基于自由主义的规则约束与多边制度竞争到基于现实主义的合作型施压与双边经济竞争的演化。[1] 而拜登政府则是继承了特朗普政府视中国为主要战略竞争者的认知,将竞争作为对华关系的主基调,但是在竞争方式上,与特朗普政府存在重要区别,如强调"巧竞争",不排除与中国的必要合作等。[2]

美国国内政治逻辑从奥巴马政府时期到特朗普政府时期再到拜登政府时期发生了变化,这成为上述对华政策演化的动力根源。在奥巴马政府时期,美国面对中国崛起带来的地缘政治压力所采取的应对方式是制度竞争与规则约束,其根源在于民主党以东北部—太平洋沿岸政治联盟为核心的国内政治力量,促使奥巴马政府将维护美国主导的国际秩序视为首要对外战略利益,将主要精力和资源用于解决国内的经济和社会问题,减少军费开支,用最小的代价维护美国的霸权地位。基于此,奥巴马政府致力于运用经济、外交和军事等多种方式,以强化多边主义和国际合作主导权为手段同中国进行战略竞争,奉行基于自由主义的对华规制政策。特朗普政府执政以后,美国的对华政策从多边制度竞争转向双边经济竞争,其根源在于其国内以白人蓝领阶层为核心的选民群体的对外战略利益诉求在于减少美国的贸易逆差、扭转经济全球化进程给他们带来的不利冲击,最终增加就业岗位和经济福利。基于这一变化了的国内政治基础,特朗普政府对华政策的重心迅速转移到了经济贸易领域,开始奉行基于现实主义的对华合作型施压与跨议题联动政策。然而,在"双重极化"的分裂型政治结构下,美国国内主流的"建制派—全球主义"政治力量则开始日益突出对华政策中的地缘政治逻辑与安全维度,因而安全竞争有可能取代经济竞争成为下一阶段中美战略竞争的主题。面对

---

[1] 参见王浩:《从制度之战到经济之战:国内政治与美国对华政策的演变(2009—2018)》,载《当代亚太》2019年第1期。

[2] 参见吴心伯:《拜登执政与中美战略竞争走向》,载《国际问题研究》2021年第2期。

已成为第二经济大国的中国,美国当局持国家安全与经济安全威胁论的占主调。如负责刑事部门的助理总检察长本茨科夫斯基(Benczkowski)提出:"为了应对中国恶意经济入侵的威胁,刑事部门的检察官们正披星戴月地调查中国企业和个人盗窃美国商业秘密的行为,我们将与其他部门通力合作,维护全球经济体系的公平正义。"联邦调查局局长克里斯托弗·雷(Christopher Wray)表示:"中国,是美国在思想、创新和经济安全领域的头号威胁。中国政府十分渴望获取美国的基础。从投资、企业收购和网络入侵,到从美国企业雇员和前雇员那里获取企业内部信息,中国政府攫取美国技术的手段可谓花样百出,一旦中国收购了某家美国企业的核心技术,中国就会迅速成为相应产业的领头羊。这种事情不仅意味着被收购的美国企业将遭受严重的经济损失,而且可能威胁到美国的国家安全。"[1]不仅如此,美国对华政策智囊团也多持这一观点,如 2018 年 1 月,美国战略与国际问题研究中心(CSIS)推出一份由八位专家联合撰写的研究报告——《迎接中国挑战:应对中国的政府主导经济》。该报告认为,当前中国与世界的互动方式正严重影响美国的安全,要有效应对中国政府主导经济的挑战,美国的法律、政策以及与贸易、投资、出口等有关的规则都得重新修订,要使中国顺从西方的要求与关切,必须向中国持续、综合施压。这些专家分别从不同经济领域提出了如何应对中国经济挑战的政策建议。[2] 但是,自 2021 年拜登政府上台以来,必须处理特朗普政府留下的世界第一的疫情、前所未有的种族和社会分裂、经济陷入 1929 年大萧条以来的最大困境等情境,于是需要修正特朗普政府的刚性对华遏制政策,实行灵活务实的"弹性遏制战略",即希望在竞争中寻求合作,在合作中仍保留对抗。其中战略文化和安全目标选择仍是首要的,因而遏制中国发展的实质没有改变,包括利用其盟友体系、意识形态和国际规则等开展对华竞争。

受中美等经济大国间经济政策的往来推动,全球贸易经济更需要一个稳定和廉洁的健康环境。可以肯定的是,在未来一个较长时间内,在国际关系中,各国政府工作的目标仍将是最大限度地满足自身国家利益的需要。由于经济、政治实力的客观差异,各国在制定经济关系和国际贸易准则方面的发言权存在较大差异,"富国""大国"主导全球经济一体化的格局仍然难以打破,广大发展中国家仍将处于从属的地位。但是,只要发展中国家团结起来,在制定新的国际关系准则时,它们的利益需求仍有可能得到较大程度的满足。毕竟,世界经济一体化的动因在于一体化的可获利性。正是这一动因和其他多重外部条件的推动促使 ISO 制定企业合规制度方面的国际标准化文件。

---

[1] 《"中国是'全民皆盗'……"美 FBI 局长再出"雷言"渲染中国威胁》,载搜狐网(http://www.sohu.com/a/310934956_329822),访问日期:2020 年 5 月 14 日。

[2] 参见杨庆龙:《近年来美国战略思想界对华政策的观念转变及其成因分析》,载《国际观察》2018 年第 5 期。

三、"全球契约"计划的贡献

"全球契约"计划于2000年在联合国总部启动,其提出为企业成为对社会负责的公司,为企业参与经济全球化条件下国际事务提供一个机会,同时,也是企业扩大国际知名度、建立国际联系、寻找商业机会的一个机遇。参与"全球契约"计划的公司形式各异,代表了不同的行业和地区,但是却有两个共同的特征:它们都是带头人,致力于以一种负责的方式来推动全球经济的发展。这种方式注意兼顾范围广泛的相关者,包括雇员、投资者、顾客、舆论团体、商业伙伴和社区。参与"全球契约"计划的公司高管们一致认为:仅在几年前,许多人认为全球化是一种不可避免和无法阻挡的经济趋势;但事实上,它非常脆弱,其前景难以预测。实际上,全球化给发展中国家所带来的影响,如经济实力过于集中、收入不平等或社会动乱,已引起越来越多的人的担忧。这些担忧似乎表明现存的全球化模式是难以持续的。"全球契约"计划的创立就是帮助各组织制定新的发展战略及实施措施,以使全人类而非极少数人获益。[①] "全球契约"计划基于公司透明度和问责制两个原则,通过政策对话、学习、地方网络以及合作项目等数种机制提供学习和参与的机会,以促进所确立的原则在世界各地企业活动中成为主流,并推进更广泛的联合国发展目标。

全球契约(以下简称GC)在企业社会责任(以下简称CSR)战略中发挥了重要作用,主要是通过以下四种方式:一是规范性准则;二是地方网络参与式学习;三是与其他公司或利益相关者建立结构化的伙伴关系;四是积极主动地报告和传达企业社会责任。[②] 其中地方网络参与式学习被认为是GC在CSR战略中的最重要作用。有观点认为可以采纳"双轨"方法提高GC的性能和贡献,即在特定行业中调整本地网络学习来解决特定行业企业社会责任的问题,这些企业可以形成一个单独的网络,以讨论如何实施这些规范并分享经验。领先的公司本身既可以作为示例,也可以作为制定更雄心勃勃的CSR准则的典范。同时双轨制全球契约也可能引发GC参与者之间的某种形式的竞争,从而促使公司进入领先者群体并脱颖而出。[③] 这样学习与竞争兼具,正体现出GC对于推动CSR战略的重要贡献。也正是基于GC的这一贡献,各国为谋求企业的长远发展,谋求企业经营的良好国际市场秩序,致力于之后企业合规发展的标准文件的制定。

---

① 参见全球契约简介,载MBA智库·百科(https://wiki.mbalib.com/wiki/%E5%85%A8%E7%90%83%E5%A5%91%E7%BA%A6),访问日期:2019年9月28日。

② See Hens Runhaar & Helene Lafferty, Governing Corporate Social Responsibility: An Assessment of the Contribution of the UN Global Compact to CSR Strategies in the Telecommunications Industry, *Journal of Business Ethics*, Vol. 84, No. 4, 2009, pp. 479-495.

③ 参见United Nations Global Compact,载联合国网站(http://www.unglobalcompact.org/),访问日期:2019年9月28日。

四、CSR 的倡导及发展

世界经济全球化,要求企业将自己作为"企业公民"对待,要求企业的每一个员工接受社会伦理、道德、社会观念和哲学的约束,建立全新的企业文化,从而提高企业的社会地位和形象,赢得社会的广泛支持和认同。社会是企业之母,企业依靠社会而存在、发展和壮大,反过来企业发展壮大之后用自己的努力来回报社会,这是企业的良知和责任,如此方能促成企业与社会发展的良性循环。企业在追求经济效益和承担社会责任之间如何博弈和平衡是存有争议的。很多企业认为承担社会责任需要有成本付出,会影响其经济效益的产生,如安永会计师事务所 2016 年全球欺诈调查涵盖了近 3000 名高管,其中 42% 受访者表示,自己会为了达到财务目标而容许不道德行为。[①] 但是大部分公司更愿意将自己作为"企业公民"来对待,主要是源于以下两方面的原因:一是大公司更看重公众信任给其带来的实际效益,它们承受不起让公众失望的代价,公众潜在的不信任对其所造成的损失是长期甚至颠覆性的;二是当代企业之间的竞争就是人才的竞争。这些人才是公司的软实力,能够处理特定领域复杂性问题,并能够在详细审查下工作和进行团队协作,能够在明确目标和模糊现实中掌握平衡,最终成为社会运作不可或缺的一部分。而这些人才追求能够为其提供实现个人价值和社会价值平衡的工作环境。正是基于这两点考虑,也是为了企业自身的长远发展,大部分公司愿意主动选择成为"企业公民",成为一个对社会负责任的公司,即愿意承担 CSR。

CSR 过去通常具体表现为四种基本要求和形式:一是以合理价格为消费者提供优质产品;二是谋取利润并分配给股东;三是支付员工薪水并努力保持员工队伍稳定;四是承担公司税赋。当今 CSR 在此基本要求之外又不断地发展和扩展了,即公司应在遵守道德和观念的基础上谋求利润,公司要为社会改革负责。原先的 CSR 内涵已经不能适应当今发展要求,至少在 20 世纪 70 年代就已经出现过对这一问题的揣摩和质疑。如领导了"二战"后日本经济重建的吉田茂首相在《激荡的百年史》中宣称,"日本是一个充满冒险精神的民族,日本人的目光绝不狭隘,不会只局限于日本这个范围"。与此类似,日本企业家也同样有着"天下独尊、舍我其谁"的霸气,这种气质对建立在新教传统和欧洲骑士精神之上的欧美商业伦理造成了巨大的冲击,而缺乏协作性和共赢意识的全球竞争理念是不是之后造成日本公司十分孤立并陷入十余年成长低迷的肇因,至今还未有共识。[②] 现在许多美国公司和欧洲公司越来越重视企业对社会承担责任,如美国一向以弱肉强食、利润至上和股东第一的哲学而著名,现今却出现了许多新型经理,基于对社会

[①] 参见《合规思考:ISO19600-2014 合规管理体系指南》,载中国国际贸易促进委员会网站(http://www.ccpit.org/Contents/Channel_3386/2019/0702/1183717/content_1183717.htm),访问日期:2019 年 9 月 28 日。

[②] 参见吴晓波:《激荡三十年:中国企业 1978—2008(上)》(第 2 版),中信出版社 2014 年版,第 42 页。

负责的理念致力于将公司经营成能为社会做出贡献的公民公司。从这一点就可以看出,如果公司想要生存和发展,就必须吸收和实践责任、担当、合作等理念和精神。其中所蕴含的逻辑是,在当今时代如果一个公司对社会问题做出承诺和担当,并对社会改革做出贡献,那么它就会盈利,就能获得长远的发展。也正是基于CSR的担当与深远认识,各国为促进企业和社会的良性循环而有了后续有关企业合规管理体系的标准制定和确认。

第二节 《ISO 19600:2014 指南》

ISO是一个全球性网络,它确定企业、政府和社会的国际标准要求,与将使其付诸使用的部门合作开发这些标准,并将其交付世界各地实施。ISO标准尽可能广泛地从利益相关者中提炼出国际共识。专家的意见来自那些与标准密切相关的人,也来自执行标准的结果。基于这种方式,ISO标准虽然是自愿的,但在国际上得到了公共和私营部门的广泛尊重和执行。

《ISO 19600:2014 指南》的起源可追溯至1998年出版的《澳大利亚标准 AS 3806》,AS 3806于2006年修订,并于2009年被新西兰采用。2012年,澳大利亚提议以澳大利亚国家标准AS 3806为基础,开始制定符合标准的ISO标准。ISO成员接受了这一建议,并设立了一个项目委员会(PC)来制定该标准。ISO/PC 271"合规管理"由澳大利亚合规研究所所长Martin Tole主持,"ISO 19600合规管理体系—指南"草案供国际标准化组织成员表决和评论。2014年年底,该标准转化成《ISO 19600:2014 指南》。2014年12月15日,国际标准化组织发布《ISO 19600:2014 指南》,其目的是为公司、企业或其他任何一个组织设立一套行之有效的合规管理体系并对该体系的实施、评估、维护和改善提供指导。《ISO 19600:2014 指南》这一标准最近一次审查和确认是在2018年,因此,目前2014年版本仍然是最新的。但2019年11月3日至9日,ISO的TC309技术委员会第五次全体会议于印度新德里对包括《ISO 19600:2014 指南》等四个标准进行讨论制定、修改或批准,预计修订后的合规管理体系将不再是一个指南性标准,而是一个可以认证的标准。合规是一个组织履行其义务的结果,通过将其纳入组织的文化以及为其工作的人的行为和态度使组织发展变得可持续。在保持独立性的同时,最好将合规管理与组织的财务、风险、质量、环境和健康及安全管理流程及其业务要求和程序结合起来。该国际标准适用于增强其他管理系统中与合规性有关的要求,并有助于组织改进其所有合规性义务的整体管理。该国际标准可以与现有管理体系标准(例如 ISO 9001、ISO 14001、ISO 22000)和通用准则(例如 ISO 31000、ISO 26000)结合使用。《ISO 19600:2014 指南》对企业合规制度进行了定义和引导,有助于企业在日常经营中做出正确的决定。围绕合规和风险的管理规定,标准化正在改变投资管理领域的格局。

一、《ISO 19600:2014 指南》的宗旨、原则与特点

在国际标准定义中,合规不仅包括那些具有法律约束力的文件,还应包括更广义上的诚实廉正和公平交易的行为准则。遵守国际标准不仅能有效降低商业风险,更能优化企业结构,达到减少成本的效果。合规的企业首要目标是确保公司妥善履行职责和有效管理声誉风险的危害。这一国际标准为企业提供了全面的指导与帮助,且提供了易于遵守的例子,是帮助用户建立合规管理体系的框架性标准。在其帮助和指引下,企业部门可重新审视并改善所在组织的风险管理政策,以及企业风险架构和风险偏好。"ISO 19600:2014 有望作为合规的一把标尺。它甚至能够起到法律一般的评判作用。由于标准的可操作性,所有组织都能因遵守其而获益。"①《ISO 19600:2014 指南》的颁布预示着企业合规管理终将成为一项正式的国际技术规则,企业要实现跨国发展、运营海外业务、最终做大做强,只有坚持合规经营才可实现可持续发展。②

《ISO 19600:2014 指南》的宗旨是指导已建立合规管理体系的组织改进合规管理,指导未进行合规管理的组织确定、运行、评价和改进合规管理体系;帮助企业降低违规发生的风险;如果发生违规,企业和企业的管理者可以企业已经建立并实施了有效的合规管理体系作为减轻甚至豁免行政、刑事或者民事责任的抗辩,这种抗辩有可能被行政执法机关或司法机关所接受。这对于世界范围的企业无论是在国内还是在境外发展都尤为重要。该指南可以解决全球合规官员的难题,即监管期望和行为标准没有得到跨国界的协调,导致从一个法域到另一个司法管辖区实施全球合规方案的重点冲突和效率低下。日益受到关切的是,要求核查和确保采取适当措施,确保主要供应商、分销商和其他被认为是代表公司间接行事的代理人的行为符合规定。③ 虽然某些行业的一些监管机构对什么是有效的方案相当明确,但另一些则不太明确;许多行业对这一问题显然缺乏指导,而来自 ISO 的这一指南正好可以对这一问题做指导,这也是《ISO 19600:2014 指南》的宗旨所在,它为如何在组织中建立、发展、实施、评估、维护和改进一个有效和响应及时的合规管理体系提供了指引。在这一指引下,企业可以重新评估并改善企业的风险管理政策,不仅有助于企业有效降低商业风险,更能优化企业结构。

《ISO 19600:2014 指南》的核心理念和原则可以概括为九个关键词:关注合规

---

① 《新 ISO 19600 合规管理体系助企业降低风险且减少成本》,王雯雯译,载《中国标准导报》2015 年第 1 期。
② 参见杨涛、何璇:《ISO 19600〈合规管理体系—指南〉国际标准解读》,载《大众标准化》2017 年第 5 期。
③ See S. Bleker & D. Hortensius, ISO 19600: The Development of a Global Standard on Compliance Management, *Business Compliance*, 2014.

义务、基于风险、整合、良好治理、合理适当、全员参与、倡导合规文化、透明性、持续改进。该指南所涉主题领域涵盖：了解合规管理体系的范围和背景；预知关键定义；考察组织领导阶层发挥的决定性作用；了解合规义务的来源；将合规作为风险控制的工具；如何建立合规目标；通过培训增强员工合规意识，建立强大的合规文化；如何制定有效的沟通交流制度并建立文档；通过建立以管理为主导的控制标准，实现合规管理体系的组织所有权；如何实现对合规框架有效性的最佳监控；采取何种必要措施，保证合规计划的持续改进。《ISO 19600:2014 指南》的特点可以概括为六个方面：一是作为 ISO 发布的管理体系统一的高级结构，其具有便于合规管理体系与其他管理体系整合的特点；二是该指南指导组织在对其所面临的合规风险进行识别、分析和评价的基础之上，建立并改进合规管理流程，从而达到对风险进行有效的应对和管控，强调的是建立和改进两阶段，这只是就合规管理体系提供了指南和操作建议，并未对组织如何建立合规管理体系提出具体要求；三是该指南在组织架构中增加了"治理机构"，并明确了合规团队的职责和独立性；四是该指南明确指出合规文化建设的重要性；五是该指南对合规绩效的监视、测量、分析和评价进行了详细阐述，明确了合规绩效信息来源、收集方法、分析和分类、指标设定、合规报告制度和报告内容；六是该指南通过列举一些示例为组织建立合规管理体系提供了一些最佳实践，这正好给了企业建立合规管理体系以最大的操作空间和实践空间，兼具指导性和灵活性。

二、企业合规要素

《ISO 19600:2014 指南》所涉及内容主要框架为七大方面。(1) 组织环境：①了解组织及其环境；②了解相关方的需求和期望；③确定合规管理体系的范围；④合规管理体系和良好治理原则；⑤合规义务的识别和分析；⑥合规风险的识别、分析和评估。(2) 领导作用：①领导作用和承诺；②合规政策；③组织角色、职责和权限。(3) 计划：①合规风险的应对措施；②合规目标和实现计划。(4) 支持：①资源；②能力和培训；③意识；④沟通；⑤文件化信息。(5) 运行：①运行计划和控制；②建立控制措施和程序；③外包流程。(6) 效果评价：①监控、衡量、分析和评价；②审计；③管理层评审。(7) 改进：①不合格、不合规和纠正措施；②持续改进。合规是企业可持续发展的基石，它意味着企业遵守了相关的法律法规及监管规定，也遵守了相关标准、合同、有效治理原则或道德准则。反之，企业则可能遭受法律制裁、监管处罚、重大财产损失和声誉损失，由此造成的风险，即为合规风险。企业通过建立有效的合规管理体系防范合规风险，即在合规风险识别、分析和评估的基础之上，建立并改进合规管理流程，从而达到对风险的有效应对和管控，并有效施行。该指南适应性强，其具体应用取决于企业合规管理体系的规模和成熟度，包括企业合规政策和目标在内的企业活动的具体内容、性质和复杂性等因素。从其对企业合规管理体系的操作建议中可以提炼出企业合规要素包括以下五个方面。

(一)识别评估合规风险

《ISO 19600:2014 指南》首先对"组织"给出了明确的概念,是指具有自身职能,并具有责任、权限和关系以实现其目标的个人或团体,包括但不限于个体经营者、公司、集团、商行、企业、政府机关、合伙企业、慈善团体或事业单位或其中的部分或组合。无论是否组成法人组织,无关乎私有还是公有,在本章中笔者将其理解为企业。《ISO 19600:2014 指南》第 3.12 条明确指出"合规风险是指不确定性对合规目标(3.9)的影响",并注明"合规风险主要涉及事件发生的可能性以及不合规(3.18)的后果,不合规是指违反组织合规义务(3.16)"。对企业而言,任何不遵循法律、法规、道德准则、企业规则制度的经营行为都会造成一定程度的合规风险。尤其在国内国际合规风险形势愈演愈烈的情况下,如何正确快速地识别合规风险成为企业管理合规风险的首要条件。《ISO 19600:2014 指南》第 4.6 条对合规风险的识别和评估进行了相关说明,概括为:①企业应识别自身合规风险;②企业应明确合规风险及其原因和造成的后果;③风险评估时要分析流程中发现的合规风险等级,并考虑可接受的风险等级;④企业应定期评估合规风险;⑤风险评估的程度和水平的影响因素。

(二)建立合规制度

合规制度的建立是建立合规管理体系中很重要的一环,在合规制度建立的过程中要考虑国家、地区、行业、企业自身等层面上的风险特征、要求和现实情况,制定出一套既能保障企业履行合规义务,符合相关合规要求,又能帮助企业用正确的方式运营、发展、实现企业目标的合规制度。《ISO 19600:2014 指南》关于制定合规制度在第 4.1 条"了解组织及环境"、第 4.2 条"了解相关方的需求和期望"、第 5.2 条"合规政策"中对宏观上的制定原则作了指导说明,即准确识别合规风险,根据实际情况有的放矢制定合规政策,不盲目严苛,应控制在一个适度合理的范围,并能够根据企业所处的外部环境、内部发展的变化而灵活改进;另外合规政策应公平、公正、透明,企业所有员工都能迅速快捷地获取相关内容。

(三)强化合规职责

合规职责涵盖合规治理、合规管理机构、合规管理协调及领导者的作用等方面,强化合规职责其根本是强化合规的组织领导,这对于整个企业合规意识的树立,以及在建立高效的合规管理体系并做好顶层设计中起到至关重要的作用。合规的领导者是指组织的治理机构和最高管理层,比如董事会、监事会、经理级别的高级管理者等,领导者的决策对企业合规管理体系的建立、运行、完善起着至关重要的作用,这在《ISO 19600:2014 指南》第 5 条"领导作用"中作了详细阐述。合规职责不仅需要由合规制度做前提,还需要有能够推动合规行为的措施并有效实施。如在 EPA 诉 Great Southern Energy 案[①]中,被告公司因泄漏被多氯联苯

---

① 参见 Environment Protection Authority v Great Southern Energy [1999] NSWLEC 192 (31 August 1999),载澳大拉西亚法律信息研究所网站(http://www.austlii.edu.au/),访问日期:2019 年 9 月 28 日。

(PCBs)污染的油而被起诉。该公司认罪,但在评估罚款时,试图证明它是负责任的环境经营者,已花费超过 100 万澳元来获得 ISO 14001 环境管理体系的认证。但是,法院却认为,尽管被告在认证方面花了很多钱,但在事件发生时,被告所采用的系统或做法仍存在许多缺陷。所以法院显然将注意力转移到对环境的总体关注上,但被告似乎忽略了最基本的要求,即需要确保其雇员接受了所有处理、安全和紧急程序的充分培训,并熟悉被告的大量守则。事件发生前,相关员工虽已收到一份标题为《技术响应小组操作手册》的出版物,但未收到有关其内容或应用的指示。至少有一名操作员说,在收到手册之前,他没有收到任何有关漏油程序的书面说明,也没有接受过任何有关漏油响应的培训。没有证据表明该手册的内容曾通过特定的指示引起过员工的注意。没有在油处理作业周围提供捆绑物,法院也没有针对这种缺陷的解释。现场可用的泄漏工具包不足以解决漏油问题,也没有用于任何紧急情况的泵。法庭上没有证据表明该公司对应急设备进行了任何适当的审核,也没有员工对应急程序了解。[①] 这是环保领域以国际标准的认证为依据进行抗辩,却因其未有效履行而不被法院采纳的实例,这与不具认证标准只具指引功能的《ISO 19600:2014 指南》所蕴含的要求亦有相通之处。《ISO 19600:2014 指南》在引言中明确说明:"一个组织的合规管理方式最好由领导层打造,管理层应用组织核心价值观、普遍接受的企业治理、道德和社区标准进行合规管理。要想员工的行为合规,首先需要各个层级的领导以身作则,并要求组织有明确的价值观,此外还要认可并实施能够推动合规行为的措施。如果组织在各个层面无法实现上述目标,就存在不合规风险。"可见合规职责中除了要有合规制度,还要有推动合规行为的有效实施措施。同时,对合规管理机构的具体责任及分配责任的原则和条件、合规管理机构即合规团队、合规管理协调等则在《ISO 19600:2014 指南》第 5.3.4 条"合规职能部门"、第 5.1 条"领导作用和承诺"、第 5.2 条"合规政策"、第 5.3 条"组织角色、职责和权限"、第 7.4 条"沟通"章节中分别有说明。

(四)合规管理效果评估

合规管理体系建立并运行后应定期进行效果评估,不断促进合规管理体系的改进,以及时发现新的风险点并加以防范和应对。合规管理效果评估关键在于合规管理是否促进企业健康有序地发展,是否合理规避了可能存在的合规风险。《ISO 19600:2014 指南》第 9 条"效果评价"从三个方面说明合规管理效果评估的注意事项及流程。一是监控、衡量、分析和评价:企业应确定需要监控和评估的内容及原因,明确监控方法以确保有效的结果,把握监控、分析和评价的时间。二是审计:企业应至少在计划的时间间隔内进行定期审计以核实其合规管理体系的有

[①] See Stefano Manacorda, Francesco Centonze & Gabrio Forti (eds.), *Preventing Corporate Corruption: The Anti-Bribery Compliance Model*, Springer, 2014, p. 432.

效运行。三是管理层评审：最高管理层应按计划定期评审组织的合规管理体系，以确保其持续的适当性、充分性和有效性。总之，企业在合规管理体系执行过程中应不断地重复风险评估、风险控制以及效果评价过程，查找可能存在的漏洞，优化改进现有的合规管理体系，及时化解和防范企业风险。

（五）改进合规机制并持续推进

在合规管理效果评估的过程中，若发现合规目标与合规制度实施存在一定的差距和问题，就需要对该制度进行改进，这体现了《ISO 19600:2014 指南》强调"以风险为基础的方法"，即合规义务并不总是源于监管要求，还可产生于风险控制。因此它强调基于应对高风险领域对合规管理体系进行内部审核、审计和修改的必要性。《ISO 19600:2014 指南》第 10 条"改进"指出，当发生不合规时，组织应及时采取行动进行控制和纠正或管理后果；评估是否需要采取行动消除不合规的根本原因，避免再次发生类似情况。制度因具有共时性特征，决定了其不可能一直是一成不变、持续有效的，也可能随着时事的变迁而在内容上发生改变。改进合规制度是指在合规效果评估的过程中发现问题并深入分析，找出解决问题的方案并通过决策过程植入合规管理体系建设活动。合规管理体系的改进过程体现在对近期违规或发生合规管控失败的领域，或者是对合规框架具有实质性影响的监管要求有重大修改的领域，它呈螺旋上升式，通过对体系的持续监控及时且不断地发现问题、提出问题、找到解决问题的方法，将其与体系有机结合，使体系在循环往复运行过程中不断提高和持续推进。

如此通过五要素的层层递进，企业合规最终形成应对合规风险的三道防线，即业务和直接管理人员通过内部业务流程和控制措施的制定，形成应对违规行为的第一道防线；合规职能部门通过合规框架的建立和管理，构成第二道防线；内部审计，以维护和测试整个合规管理体系的有效性，成为最后一道防线。企业合规的宗旨和内核就在于预防。

三、CSR 对企业合规文化的要求

《ISO 19600:2014 指南》中强调运用培训增强合规意识，并在员工中建立强大的合规文化，这其实是该指南发布之前全球倡导企业社会责任的结果，企业合规文化是 CSR 的浓缩和精华。随着人们对公司治理和 CSR 的兴趣日益浓厚，ISO 消费者政策委员会（ISO/COPOLCO）开启了有关 CSR 管理体系标准可行性的讨论。21 世纪初期 CSR、公司治理、公司可持续性、公司公民、三重底线正成为确定"道德商业"含义的新兴的努力的代名词。并且理论界和实务界达成共识，将"道德商业"定义为满足以下三个底线的能力：经济、环境和社会。学界日益关注对 CSR 的框架搭建，其目的是在组织现实和运营环境中转变企业社会接口的复杂性和整体性，为企业争取良好的经济、环境和社会氛围。如表 10-1 就是致力于从这三个方面对 CSR 框架加以构建的实例。

表 10-1　CSR 构建①

评价指标	具体方面	说明
外部环境	社会责任与新机遇	致力于解决或减少社会问题
	社区关系	对组织内部人员以及(地方或国家)政府、利益相关者团体、行动团体、教堂、教育机构、医疗机构等的开放程度和支持程度
	消费者关系	对消费者开放的程度;承认消费者以下权利:安全、信息、自由选择和倾听
	供应商关系	对供应商的开放程度;承认供应商以下权利:信息、参与设计
	自然环境(例如污染和包装)及后代利益	执行法律要求,研究当前和未来的技术和环境发展,有关包装(回收)的环境问题。尊重生物多样性和后代的需求
	股东关系	对组织活动的社会影响(特别是在投资决策方面)的开放程度
内部环境	物理环境	安全;健康;人机工程学方面;结构和文化
	工作环境	有关招聘、甄选、晋升、兼职、加班、医疗、退休方面的需求
	少数群体/组织的组织结构和管理风格	对少数群体、多样性、多元文化主义的重视程度
	沟通与透明度	自上而下和自下而上的沟通;信息技术的使用;信息流的审查:相关性、及时性、细节、准确性
	劳资关系	关于社会中的期望、需求以及价值和规范进行交流的程度
	教育和培训	员工需求;当前和将来的知识和技能;培训预算审查;个人发展;培训过程的质量保证;培训结果评估
整体性	道德意识	要注意重视对发展和培训以及与工作和业务有关的道德方面的交流;员工参与制定行为守则,价值观,道德守则以及员工应对这些方面的方式;与各方进行广泛的道德讨论

---

① See Pavel Castka, Christopher J. Bamber & David J. Bamber etc., Integrating Corporate Social Responsibility(CSR) into ISO Management Systems—In Search of a Feasible CSR Management System Framework, *The TQM Magazine*, Vol. 16, No. 3, pp. 216-224, June 2004.

同时，ISO 倡议也对 CSR 标准化产生重大影响，这种影响的可能性是由于 ISO 作为标准化组织在全球企业中具有无可争议的影响力，尤其是在质量管理体系标准（ISO 9001:2000）和环境管理体系标准（ISO 14001:1996）中。为追求 ISO 的 CSR 管理体系标准的发展，ISO 还建立了消费者政策委员会。如表 10-2 中，CSR 的标准各有侧重，作为国际标准的 ISO 26000:2010 则应该关注利益相关者评估过程，并将其转化为 CSR 的目标和政策。具体需要回答几个问题，即①组织如何平衡"来自 CSR 的利润"与"对 CSR 的需求"？②什么影响决策过程？③如何分配和监督职责？④董事会在制定 CSR 目标和制定政策方面的作用是什么？⑤董事会的责任在哪里？⑥如何对 CSR 体系进行审核？⑦如何使信息能够接受公众审查？⑧如何在整个组织中垂直和水平地嵌入 CSR 系统？CSR 系统的目的就是开发 CSR 带来最大收益，然后寻求利润最大化与满足多个利益相关者对 CSR 的需求之间的平衡。从这一意义上说，CSR 是一种以对社会和环境负责任的方式经营组织以实现业务可持续性和利益相关者满意的盈利方式的概念。①

表 10-2 CSR 相关标准概述

名称	制定机构	描述	参考版本
AA 1000	社会与伦理责任研究所	旨在通过系统、个人的管理来改善组织的问责制和整体绩效行为及其对利益相关者的影响。AA 1000 是一项基本的责任标准，旨在为会计、审计以及道德和社会报告流程提供质量，以支持可持续发展道路	AA1000 (1999)
SA 8000	社会责任国际	SA 8000 处理工人的权利和工作条件以及童工。该标准规定了社会责任的要求，以使公司能够制定、维护和执行政策和程序，以监督这些问题，其可以控制或影响并向有关方面证明政策、程序和实践符合本标准的要求	SA 8000 (2001)
澳大利亚企业社会责任草案标准 DR 03028	澳大利亚标准委员会	DR 03028 提供了在组织内建立、实施和管理有效的 CSR 计划的基本要素	DR 03028 (2003)

---

① See Hens Runhaar & Helene Lafferty, Governing Corporate Social Responsibility: An Assessment of the Contribution of the UN Global Compact to CSR Strategies in the Telecommunications Industry, *Journal of Business Ethics*, Vol. 84, No. 4, 2009, pp. 479-495.

(续表)

名称	制定机构	描述	参考版本
SII 10000	以色列标准协会	关于社会责任和社区参与的标准草案；要求组织遵守以色列政府有关雇用工人以及与健康和安全有关的所有规章制度；满足 SA 8000 和 ISO 14001 的所有要求，制定道德规范或准备道德规范并发布社会报告。还建议该报告符合 GRI 准则（2002 年）和 AA 1000 的原则	IQNet (2003)
ISO CSR 管理体系标准	国际标准化组织	ISO 26000:2008 CSR 国际标准，倡导全球人类共有的基本伦理和道德，重视和满足全球社会多利益相关方的期望，强化超国界的供应链和价值链管理，为全球发展构建共同的基本行为准则，涉及组织治理、人权、劳工实践、环境、公平运作实践、消费者问题以及社会发展等方面。	ISO COPOLCO (2002)

  CSR 正是企业基于对经济、社会、环境都负责的立场和初衷，使其自身内部环境、外部环境和整体性要求都需要形成一种内化于心、外化于行的文化氛围，就是我们通常所说的合规文化。合规文化是价值观、道德准则和信仰在整个组织中的存在，并与组织的结构和控制系统相互作用，从而产生合乎规则的行为规范。《ISO 19600:2014 指南》指出企业的合规管理最好由领导层打造，管理层应用组织核心价值观、普遍接受的企业治理理念、道德和标准进行合规管理，建设并完善企业的合规文化，从而使企业的合规管理达到事半功倍的效果。在经营中没有注意合规方面的标准，没有正确把控企业文化可能意味着花费额外的数百万元罚款。致力于可持续发展的企业需要保持廉正和合规的文化，并考虑利益攸关方的需要和期望。因此，廉正和合规不仅是一个成功和可持续发展企业的基础，而且也是一个机会。Compliance 原意为遵守、服从，遵守是一个企业履行其社会责任的结果，通过将其纳入企业文化以及企业员工的行为和态度而变得可持续。

  一个有效的企业合规管理系统使一个组织能够表明其对遵守相关法律的承诺，包括立法要求、行业守则和组织标准，以及良好的公司治理标准、最佳做法、道德规范和社区责任履行。企业合规管理体系最佳实现方式是由应用组织核心价值观、普遍接受的企业治理理念、道德和标准的领导层形成，在一个企业全体员工的行为中嵌入合规首先取决于各级领导和组织的明确价值观，以及承认和执行促进合规行为的措施。如果一个组织的所有级别都不是这样，就会有不合规的风险。诚信和有效合规是良好、勤奋管理的关键要素，合规也有助于各组织对社负责的行为。这一国际标准虽是指引性指南，属于软性规则，但是在有些国家的司法管辖区，监管和司法机构可以受益于这一国际标准，即法院在确定违反相关法律的适当惩罚时，会考虑到企业通过其合规管理体系遵守规定的承诺与否以及效力如何。

第三节 《ISO 37001:2016 反贿赂管理体系要求及使用指南》

腐败是市场的一个扭曲因素，对公共和私人行政都有负面影响。它对高投资和高收入的国际公司产生了强烈的影响，也影响了经理和决策者的工作。对于面临危机并分析经济危机根源的国家来说，腐败一直是其关注的焦点，并且已经进行了大量的研究来了解它的经济影响。世界银行将腐败定义为"滥用公共职责产生私利"。透明国际提供了一个类似但更笼统的定义，即"滥用委托权力来产生私人利润"，它不仅限于世界银行中的公共部门，还扩展到了私人部门。一些研究强调了公司的腐败文化以及公司官员和高管使用他们的文化信息对腐败的态度如何影响公司的结构。该研究的主要发现是，公司腐败文化对公司的不当行为具有重大的正向影响，例如收益管理、会计欺诈和内部人的机会主义交易。这种影响在经济上也很重要：公司腐败文化中标准差的增加与不良商业行为的可能性增加大约存在2%~7%的相关。根据《全球腐败报告》，卫生部门是腐败最严重的部门。腐败是造成不同人群健康状况缺乏改善的原因。在军事领域，腐败的影响显而易见的是，军事支出的增长与腐败之间存在关联。这种情况表明经济增长与公共支出之间的关系小于支出本身，因此无法凭经验证明腐败的影响是正向的。尽管各个行业以不同的速度发展，但国际企业家精神正在发展并具有许多潜力。[①] 考虑到国际企业家精神的特点和管理人员的推动力，很明显，我们对行业的分析是基于复杂的业务结构，这些业务结构通常存在于不同地区，因此需要先进的风险评估工具。

总之，贿赂作为腐败的主要表现形式，已经引起了严重的社会、道德、经济和政治关切，破坏了善政，阻碍了发展，扭曲了竞争。它侵蚀正义，破坏人权，是减轻贫困的障碍。它还会增加商业成本，给商业交易带来不确定性，增加商品和服务的成本，降低产品和服务的质量，从而导致生命和财产损失，破坏对机构的信任，并干扰市场的公平和有效运作。因此，所有的研究和证据都致力于寻找一种可用于防止腐败，从而避免市场扭曲的工具，并且该工具必须阐明如何推广并适用于公共部门和私营部门，且能够与所有可能导致腐败的驱动程序互动并采取系

---

① See Valerio Brescia, Corruption and ISO 7001:A New Instrument to Prevent It in International Entrepreneurship, *World Journal of Accounting, Finance and Engineering*, Vol. 1, No. 1, 2017, pp. 1-14.

统性行动。

在国际上,打击贿赂斗争的重大变化始于 1977 年,当时美国根据《美国反海外腐败法》将贿赂外国官员定为犯罪。它仅适用于受美国管辖的个人和组织。在 20 世纪 90 年代的贿赂丑闻之后,经合组织发布了《OECD 反贿赂公约》。经合组织声称:"打击贿赂是经合组织的最高优先事项之一。"《美国反海外腐败法》和《OECD 反贿赂公约》均与跨国公司有关,并禁止在商业交易中贿赂外国官员。在国家一级,政府制定了反贿赂法。根据《欧洲善政守则》(the Code of Good Administrative Behavior),如果在立法之外形成道德标准,则将获得更大的利益,因为制定了规范有关各方对这些诉讼程序进行管理的规则,而惩罚并非来自法律,所以"不存在法律责任"。因此,建议在组织级别开展与腐败的斗争。一些公司已经建立了自己的反腐败策略,其他的政府组织则制定了相关管理系统,例如 ISO 9001:2000[1],CSR 或特定的反贿赂管理体系可以帮助减少公共组织中的腐败问题。[2]

各国政府通过《OECD 反贿赂公约》等国际协定在打击贿赂方面取得了进展。在大多数法域,个人参与贿赂是一种犯罪行为,使组织和个人都须承担受贿责任的趋势越来越明显。建立符合国际监管机构期望的反腐败管理体系,以避免不同外国监管机构和法院的分别解释,对于一个打算最有效地保护其资产的组织来说,是非常宝贵的。这就产生了一个共同的国际标准《ISO 37001:2016 反贿赂管理体系要求及使用指南》(以下简称《ISO 37001:2016 标准》),满足了美国、英国、意大利、德国、加拿大和世界各地其他司法当局的期望,这些当局多年来一直在实施本国立法(如《美国反海外腐败法》《英国反贿赂法》)。

《ISO 37001:2016 标准》是由 ISO/PC 278 技术委员会创建的,该委员会由来自世界各地的代表组成,尼尔·斯坦斯伯里担任主席。《ISO 37001:2016 标准》为建立、实施、维护、审查和完善反贿赂管理体系提供了具体要求和指导。该体系可以是独立的,也可以集成到一个整体管理体系中。使用反贿赂管理体系可以提高组织层面的反贿赂行为的效率。它可以为组织提供支持的工具,但是只有在高层管理人员真正参与的情况下,它才有效。为了真正有效,有必要改变整个组织的思想观念和腐败文化。ISO 37001:2016 可与其他管理体系标准一起使用,如 ISO 9001:2000、ISO 14001:2004、ISO/IEC 27001:2005 和 ISO 19600:2014 以及管理标准如 ISO 26000:2010 和 ISO 31000:2018。

---

[1] 质量管理体系(ISO 9001)是组织中最受欢迎的管理体系,它在公共管理中也很受欢迎。ISO 9001:2000 的主要目标是满足客户要求。标准中没有直接预防腐败的方法,但是有可能找到间接的方法,例如符合法律要求。ISO 9001:2000 中描述的改进过程允许在组织中使用此标准来应对腐败过程。质量管理体系的普遍性以及公共部门中不道德行为的问题导致了反贿赂管理体系的发展。

[2] See Piotr Kafel, Anti-bribery Management System As a Tool to Increase Quality of Live, International conference on Quality of Life, *Center for Quality, Faculty of Engineering, University of Kragujevac*, 2016.

一、《ISO 37001:2016 标准》的宗旨与特点

《ISO 37001:2016 标准》只适用于贿赂,其宗旨在于帮助企业预防、发现和应对贿赂并遵守适用于其活动的反贿赂法律和自愿承诺接受指导的管理体系。

《ISO 37001:2016 标准》的特点主要体现为:

首先,它并非专门针对与欺诈、卡特尔和其他反垄断/竞争犯罪、洗钱或其他与腐败行为有关的活动,它的适用范围可以交由企业选择。

其次,其要求是通用的,并打算适用于所有组织(或组织的一部分),不论活动的类型、规模和性质,无论是公共部门、私营部门还是非营利部门。这些要求的适用程度取决于第 4.1、4.2、4.5 条规定的因素。为了确定责任和采取的行动而使用的术语特别重要。表 10-3 用术语描述区分了该标准在其各个阶段的应用。

表 10-3 《ISO 37001:2016 标准》的主要定义

术语	定义
理事机构	对以下事项负最终责任的团体或机构:由高级管理人员领导的组织的活动,行政管理和政策,并控制高级管理人员的职责
高级管理人员	在最高级别指导和控制组织的个人或一群人
政策	由其自身的高级管理层或理事机构正式表达的组织的目标和策略
组织	具有职责、权限和关系以实现其目标的职能的个人或一群人
相关部门或利益相关者	能够影响,或被影响或认为自己受决策或活动影响的个人或组织
商业合作伙伴	组织拥有或计划与之建立任何商业关系的除表格内容之外的人或团体

再次,该标准作为"反贿赂管理体系要求及使用指南"是解决腐败的有用工具,它是一种可在所有国家/地区使用的工具,因此它回答了需要采用不同法律的问题。该标准可以单独使用,也可以与其他管理体系标准(例如 ISO 9001、ISO 14001、ISO/IEC 27001、ISO 19600)和其他管理标准(例如 ISO 26000、ISO 31000)结合使用。组织符合 ISO 37001 的管理体系要求并不意味着没有发生或可能发生任何腐败案件,而是意味着其已尽合理的可能(与组织的规模和风险成比例)防止腐败案件的发生。

复次,为公司提供了具有可操作性的反贿赂管理步骤。第一,计划:包括组织,角色和职责(例如,委派的决策),内部和外部环境分析,反贿赂政策,贿赂风险评估,要引入的行动计划的定义(行动计划),支持行动的(资源等)激励系统,该结构的组成部分必须具备的技能,信息和培训,归档系统。第二,执行:包括执行行

动计划,尽职调查(例如第三方、并购),财务和非财务控制,礼物,招待,捐赠和类似利益,举报,调查。第三,检查:包括监视和测量,内部审核,审查。第四,保障:持续改进。这些对功能、流程、步骤以及治理控制(包括个人必须具备的培训和特征)的分析,即使在复杂的结构和不同的市场和国际法规中,也可以适用于公司。

最后,该标准的实施将加强整个监管体系,从而将更多的资源集中于整个系统中受到较少保护的其他风险区域(例如反洗钱、有组织犯罪等)。但是该标准也有局限性,其要求将反腐败计划的许多方面记录在案,因为没有任何信誉良好的认证机构会对纸面计划的公司进行完全的认证。另外,即便有该标准的认证也不能完全保证其免予法律诉讼,如在美国或英国管辖范围内犯下的罪行,该标准的认证将是一个客观证据,对于证明《美国反海外腐败法》和《英国反贿赂法》的有效实施非常重要;在意大利,该标准的认证可作为在司法程序中一个强有力的减轻因素,可在法庭上用于证明对相应罪行的意大利第231/2001号法令的有效实施。①

二、反贿赂合规管理体系的要素

(一)制定反贿赂的政策和程序

《ISO 37001:2016标准》第5.2条规定"最高管理层应制定、评审并维护反贿赂政策",其中反贿赂政策应该包括禁止贿赂;要求遵守适用于组织的反贿赂法律;与组织宗旨相适应;提供制定审核与实现反贿赂目标的框架;对满足反贿赂管理体系要求的承诺;确保不会因举报而遭受报复;持续改进反贿赂管理体系的承诺;确保反贿赂合规职能部门权限的独立性;解释不遵守反贿赂政策的原因九项内容。反贿赂政策的制定程序应该以书面文件的形式提供,在组织内以恰当的形式进行沟通并向超过低贿赂风险的商业合作(或交易)伙伴传达,确保适用时可被利益相关方所知晓和获得。

(二)高层领导、承诺和责任

《ISO 37001:2016标准》第5.1.1条规定,"当组织有针对反贿赂管理体系的主管部门时,该部门应该通过相应的活动表明对反贿赂管理体系的领导作用和承诺,没有相应的主管部门时由最高管理层实施这些活动"。主管部门对反贿赂管理体系的承诺和责任包括批准反贿赂政策,定期接收和评审关于组织的反贿赂管理体系的内容和实时信息,确保反贿赂管理体系有效运行所需的恰当充足的资源得到分配,以及对由最高管理层执行的反贿赂管理体系实施和有效性进行合理监督。第5.1.2条就企业最高管理层对反贿赂管理体系的领导和承诺作了规定,即负

---

① 参见ISO 37001: scettici o entusiasti?,载GIAC意大利—全球基础设施反腐败中心网站(http://giacc-italy.org/),访问日期:2019年9月30日。

有13项职责:①确保反贿赂管理体系(包括政策和目标)得到建立、实施、维护、评审,以能够充分地应对和处置企业的贿赂风险;②确保将反贿赂管理体系的要求融入组织的整个业务流程;③为反贿赂管理体系的有效运行配置充足和适当的资源;④在企业内外沟通反贿赂政策;⑤在企业内传达有效反贿赂管理和满足反贿赂管理体系要求的重要性;⑥确保反贿赂管理体系取得预期结果;⑦指导与鼓励员工为反贿赂管理体系的有效性做出贡献;⑧在企业内营造适当的反贿赂合规文化;⑨促进持续改进;⑩支持其他相关管理岗位在其各自职责领域预防和发现贿赂;⑪鼓励员工举报潜在可疑和实际的贿赂;⑫确保员工不因善意或基于合理相信举报违反或涉嫌违反企业反贿赂政策的行为或拒绝参与贿赂而遭受报复、歧视或纪律处分;⑬定期向反贿赂合规主管部门汇报反贿赂管理体系的内容和运行以及与严重的系统性贿赂有关的指控情况。同时,最高管理层应承担实施和遵守第5.1.2条中所述的反贿赂管理体系的总体职责,最高管理层应确保相关角色的职责和权限在企业内部得到分配和沟通,各级管理者应确保其部门或职责运用和遵守了反贿赂管理体系的要求。主管部门、最高管理层和其他所有员工应该理解、遵守和运用与其角色相应的反贿赂管理体系要求。

(三)合规经理或合规职能部门的监督

《ISO 37001:2016标准》中"反贿赂合规职能部门"的内涵包含指导任务、系统说明,并向管理机构或高级管理层报告结果。管理机构必须根据组织的任务,批准、审查和禁止贿赂(主动或被动),为实现目标提供框架参考(例如与其他形式的预防贿赂相结合),鼓励善意举报涉嫌违规行为,确保反贿赂合规职能部门的独立性及其向上举报的路线。该策略必须作为文档信息提供,必须以适当的语言在内部和外部进行传达,并以适当的方式与利益相关者建立联系。该标准确定了三个负责人:执行机构、高级管理层和反贿赂合规职能部门,并区分了私营公司、上市公司和公共管理机构。各级管理人员必须负责要求在其部门或职能中应用并遵守反贿赂管理系统的要求(参见表10-4)。

表10-4 根据ISO37001:2016识别的3个负责任人

不同类型公司/机构的具体负责机构及职能	私营公司	上市公司	公共管理机构
执行机构	董事会/监事会	董事会	议会/市长
高级管理层	董事总经理/总指导	董事总经理/总指导	总书记
反贿赂合规职能	合规/内部审计	合规/内部审计	内部审计

上级监管部门必须规定反贿赂合规职能部门职责,这点在《ISO 37001:2016标准》第5.3.2条中有明确规定,具体包括:监督反贿赂管理体系的设计和实施,就反贿赂管理体系及贿赂相关问题向工作人员提供建议和指导,确保合规职能部门根

据《ISO 37001:2016 标准》的要求对反贿赂管理体系进行评估,起草反贿赂管理体系的绩效报告给管理机构(如果有)等。根据组织的复杂性,职能可以由一个人或具有相应地位、能力、权限和独立性的一组团队人员承担。该功能可以全部或部分委托给外部主体。但是,他们必须确保该人员或组织拥有相应的职能和权限。

(四)反贿赂合规培训

《ISO 37001:2016 标准》第 7.3 条对反贿赂合规培训和意识培养作了规定,即企业应当为员工提供充分和适当的反贿赂合规培训和意识培养,此类培训应在考虑贿赂风险评估结果的基础上妥善处理八个问题:一是企业的反贿赂政策、程序和反贿赂管理体系以及员工应遵守的责任;二是贿赂风险及贿赂可能对员工和企业造成的伤害;三是明示与员工职能相关的可能发生贿赂的情形,以及如何识别这些情形;四是员工如何预防和避免贿赂,并识别关键贿赂风险指标;五是员工对反贿赂管理体系有效性的贡献,包括提升反贿赂绩效及汇报可疑贿赂所带来的效益;六是不遵守反贿赂管理体系的要求所带来的影响和潜在后果;七是发现问题时如何汇报以及向谁汇报;八是可用的培训和资源信息。企业应根据员工的岗位、面临的贿赂风险以及不断变化的环境,定期为其提供反贿赂意识培训,企业应根据需要定期更新合规培训和意识培养的方案以反映相关的最新信息。同时,针对识别出的风险,企业还应对代表企业或为了企业利益且有贿赂风险的商业伙伴实施反贿赂调查和识别程序,前述培训应该提供该识别的内容和方法。企业应保留培训的程序、培训的内容和培训对象的文件信息,其中对商业伙伴的要求可以在交易合同或是类似文件中进行沟通协商,可以由企业、商业伙伴或是其他第三方机构来执行。

(五)对项目和业务伙伴的风险评估与尽职调查

对于《ISO 37001:2016 标准》来说,风险评估是一个复杂的过程,它考虑不同的因素,诸如组织规模和组织结构(如国外分支机构),组织运营所在的地区和部门,组织的活动和过程(中小型企业、跨国公司、地方政府、上市公司),业务伙伴,公共关系,违反的规章制度。风险管理过程的主要阶段分三步。第一步是背景分析:包括外部背景(外部环境的特征,例如领土的文化、犯罪学、社会和经济变量,可能有利于实体内部腐败现象的发生);内部环境(管理机构、组织结构、角色和职责);政策、目标和策略;资源、知识、系统和技术;人员素质和数量;组织文化,特别是道德文化;信息系统和流程、决策(正式和非正式);内部和外部关系。第二步是风险评估:包括风险识别、风险分析、风险加权;在确定危险区域之后,应通过访谈来评估风险状况,以避免确定过于笼统或不可行的预防措施。第三步是确定措施,制定应对处理计划:根据评估风险事件时特别优先考虑的补救措施和最适当的方法来预防风险,尤其是设计适当的可持续和可验证措施。

《ISO 37001:2016 标准》将对企业组织环境和项目的分析作为评估风险的起点,考虑组织相关的内部和外部因素(法定或合同的专业义务,决策权的结构和水平,其运作的规模和地点,受控实体或对组织施加控制的权利组织,与公职人员、商业伙伴的关系等)。该体系的范围需要根据外部和内部因素,以及对贿赂风险的评估来确定。企业的环境需要每天进行分析,因为有必要定期识别和评估(例如组织变更或市场业务)可以预期的风险和现有控制措施。在项目和业务伙伴的风险评估中,需要定义评估标准(如低、中、高),其中要考虑风险的性质、可能性和影响等因素;需要分析企业的规模、结构(如集中管理控制权或权力下放);需要分析其经营所在的部门和地区(如腐败指数);需要检查关联的业务实体(如供应商或代理商);需要检查与本国或外国公职人员互动的性质和频率;需要评估对上述因素的影响和控制的程度。同时,这种风险评估还必须以书面信息的形式展开。

《ISO 37001:2016 标准》第 8.2 条规定,当企业中出现高于低贿赂风险点的情形(事件或人员)时,需要启动尽职调查流程,即进行贿赂合规风险判定后,对处于中、高风险领域的事件或人员,均需要进行尽职调查。大多数尽职调查通过多收集信息的方式进行决策的判断。① 合规管理体系中,尽职调查应用最广泛的是对组织的合作方、商业伙伴和供应商等(以下统称"第三方")的尽职调查,其内容与对企业的环境和项目风险评估有重合的地方,包括对第三方基本信息的审核、对其政府背景信息的调查及调查需要有明确的结论。

(六)财务、采购、商业和合同控制

《ISO 37001:2016 标准》对于财务、采购、商业和合同控制的规定体现在第 8.3 条和第 8.4 条中,只是作了一个指引性说明,具体说明和指南还须结合其附录 A 中第 A.11 条和第 A.12 条的规定。

具体而言,财务控制是企业实施的管理体系和过程,以正确管理其财务交易,并准确、完整、及时地记录这些交易。根据企业和交易的规模,企业所实施的能够减少贿赂风险的财务控制,可包括但不限于以下九项:一是实施职责分离,这样可保证同一个人不能既发起又批准同一项支付;二是实施适当的支付审批权限分级(这样较大的交易需要更高级别的管理层批准);三是对收款人职位和从事工作或服务的验证需要企业相关审批机制的批准;四是付款审核要求至少有两个签名;五是要求付款审批附加适当的支持文件;六是限制现金的使用,实施有效的现金控制方法;七是要求账目中的分类和描述应是准确和清晰的;八是实施重大财务交易的定期管理评审;九是实施定期和独立的财务审计,并定期变更实施审计的人员或组织。

非财务控制是企业实施的管理体系和过程,以帮助确保其活动的采购、运行、商务和其他非财务方面得到适当管理。可以预见的是,不久的将来,《ISO 37001:

---

① 参见周涵:《如何实行反贿赂管理体系中的尽职调查》,载《质量与认证》2018 年第 11 期。

2016标准》会成为国际大型工程招标采购、国际大型公司选择供应商、政府招标采购的优先甚至是必备条件,当前一些专业领域认证标准已加入或者即将加入该标准的要求。根据企业和交易的规模,企业所实施的能够减少贿赂风险的采购、运行、商业和其他非财务控制可包括以下九个方面。一是使用批准的承包商、分包商、供应商和顾问,其要经受过评价其参与贿赂的可能性的资格审查过程,该过程可能包括尽职调查。二是进行风险评价,包括商业伙伴为企业提供服务的必要性和合法性,服务是否恰当实施,以及对于该服务给商业伙伴的任何支付是否合理且适当。为规避商业伙伴代表组织或为组织利益使用部分组织支付款项来行贿的风险,这样做尤为重要。例如,如果组织委托一个代理协助销售,组织会支付佣金或成功费给该代理,奖励其为组织签订合同。组织需要合理确信对于由代理实际实施的合法服务,佣金支付是合理且适当的。如果组织支付了过高的佣金或者成功费,代理不当使用部分款项来引诱公务人员或组织客户的员工与组织签订合同的风险会增加。组织还可以要求其商业伙伴提交服务已提供的证明文件。三是确保在公平、透明且至少有三个竞标人的竞争性招标过程发生后,再签订合同。四是要求至少两人评标和批准合同的签订。五是实施职责分离,这样审批合同安排的人不同于要求进行合同安排的人,并且与管理合同或按照合同验收已完成工作的人来自不同部门。六是在签订合同、变更合同条款、认可已完成工作或按照合同提交物资的文件上至少保证有两个人签字。七是对于潜在的高贿赂风险的交易设置较高水平的管理监督。八是通过限制对适当人员的接触,保护投标和其他价格敏感信息的完整性。九是提供适当的工具和模板辅助员工(如实践指导、行为准则、审批流程、检查清单、表格、IT工作流程)。

(七)报告、检测、调查和审查

《ISO 37001:2016标准》对反贿赂管理体系的报告、检测、调查和审查主要规定在第8.8、8.9、8.10、9条中。具体而言,在尽职调查之后发现反贿赂管理措施不足或存在贿赂风险时,如果是已经开展的项目、业务或交易关系,则根据项目、活动、业务或交易关系的风险和性质采取合适的措施;如果可以尽快终止、停止、暂停或撤销项目、活动、业务或交易关系的话,要尽快施行;如果是提议的新项目、活动、业务或交易关系,则可延迟或不再继续。反贿赂合规部门应该随时就管理体系提出问题,执行调查、审查、报告、检测程序,以使员工能够向反贿赂合规职能部门或其他合适的人汇报意图、可疑和实际的贿赂或任何违反反贿赂管理体系行为或体系的不足之处。同时,允许匿名汇报,并且除了需要进行调查或法律要求,组织应对举报信息进行保密,以保护举报人或该举报中牵涉的其他人员的身份信息。要保护员工在出于善意或基于合理怀疑举报意图、可疑和实际的贿赂行为或提出实施反贿赂管理体系存在的问题后免受报复行为,并禁止这种报复行为。确保员工在遇到一个可能涉及贿赂的问题或情况时能够从合适的人员那里得到咨询和帮助。鼓励员工使用汇报程序,组织应当帮助确保所有员工知晓和能够使用汇报程序,且了解该汇报程序赋予其的权利和保护渠道。在调查和处理贿赂时,组织应执行相应的程序,调查应由与调查对象不在同一岗位或部门的人员承担并向其汇报,组织可聘请其他组织开展调查并汇报调查工作。具体而言,对于汇报、发现或合理怀疑的贿赂、违反反贿赂政策或反贿赂管理体系的行为进行评估和适当的调查。调查中如果发现贿赂、违反反贿赂政策或反贿赂管理体系行为的,组织须采取适当的措施。要对调查者授权,并要求相关员工在调查中进行配合和合作。还要求将调查的情况和结果向反贿赂合规职能部门和其他合规人员进行汇报。

同时,组织还应评价反贿赂的绩效和反贿赂管理体系的有效性,并且保留作为方法和结果证据的适当文件信息,其中包括监视、测量、分析和评价的方法、动态数据及结果等信息。组织还应该按照计划的时间间隔开展内部审核,以确保反贿赂管理体系是否符合自身对其的要求和国际标准对其的要求,以及反贿赂管理体系是否得到有效的实施和维护。这种审核应该是合理、适当且基于风险考虑的,审核应该包括内部审核过程或其他程序,以检查程序、管控措施和体系是否出现贿赂或涉嫌贿赂,是否不遵守反贿赂政策或反贿赂管理体系的要求,是否存在商业伙伴未能遵守组织的可适用的空间,是否出现反贿赂管理体系的缺陷或改进的空间。对此,组织需要在审核之前,事先策划、建立、实施和维护包括频次、方法、责任、策划要求和报告等要素的审核方案,在此过程中应考虑相关过程的重要性和以往的审核结果;规定每次审核的准则和范围;挑选能够胜任的审核员进行审核,确保审核过程的客观性和公正性;确保审核结果报告给相关管理层、最高管理层和反贿赂合规职能部门;同时还要保留作为审核方案实施和审核结果证据的文件信息。另外,组织为了确保审核方案的客观性和公正性,还应确保审核者是为审核过程成立而任命的独立部门或人员,具有反贿赂合规职能。为确保反贿赂管理体系能持续稳定、适宜和有效地运行,最高管理层应当定期对反贿赂管理体系进行评审。最高管理层评审应该考虑以往管理评审提出措施的落实现状,与反贿赂管理体系相关的内外部因素的变化情况,反贿赂管理体系的绩效信息(诸如不符合项和改进措施、监视和测量结果、审核结果、贿赂报告、调查结果、组织面临的贿赂风险的性质和范围),解决贿赂风险所采取行动的效果以及持续改进反贿赂管理体系的机会。对于最高管理层评审结果的概要最终组织要向主管部门报告,并保留作为最高管理层评审结果证据的文件信息。同时,企业中反贿赂合规管理主管部门应基于最高管理层、反贿赂合规职能部门提供的信息及其可能获得的其他信息对反贿赂管理体系定期进行评审,且企业应该保留作为主管部门评审结果证据的文件信息的摘要。同时,反贿赂合规职能部门应该持续评估反贿赂管理体系是否有效以及是否有效得到实施。反贿赂合规职能包括应当定期(至少每年一次)和不定期向主管部门和最高管理层或合适的主管部门和最高管理层的委员会报告反贿赂管理体系的适当性和实施情况,包括调查和审核的结果。其中,只要组织能够将观察到的情况与组织的反贿赂合规职能部门进行适当的沟通,也可以让其他组织协助审查。

(八)纠正措施和持续改进

《ISO 37001:2016 标准》第 10 条对改进要素作了规定和指南,其中包括纠正措施和持续改进指南。当出现不符合规定的情况时,组织应该及时作出应对,采取控制措施纠正不符合规定的情况,并在适用中做好应对相应不良后果的措施;为了使不符合规定的情况不再发生,则需要通过评审确定不符合的原因,排查是否存在类似不符合或其发生的可能性,采取所必需的任何措施,注意评审所采取的纠正措施的有效性,以及在必要情况下甚至修改反贿赂管理体系等方式来评价消除不符合的原因。其中纠正措施应与所遇到的不符合情况的影响程度相适应,同时组织应保留文件信息,包括不符合项的性质和任何后续采取的措施、纠正措施的结果的证据。组织还应不断提高反贿赂管理体系的适宜性、充分性和有效性。

三、《ISO 37001:2016 标准》与国内法的相互作用分析

ISO 中有三种成员类别,即正式成员、代理会员、订阅者成员。其中正式成员(或成员机构)通过参加 ISO 技术和政策会议并投票来影响 ISO 标准的制定和战略,正式会员在全国范围内销售和采用 ISO 国际标准;代理会员可以在全国范围内销售和采用 ISO 国际标准;订阅者成员只更新 ISO 的工作,但不能参与,他们在全国范围内不销售或采用 ISO 国际标准。每个组织或成员都享有不同程度的准入资格,以及受到 ISO 系统不同程度的影响。ISO 中有多个技术委员会(Technical Committee,以下简称 TC)。截至 2019 年,法国作为 TC 成员参与的国际标准数为 735 项,排名第一;中国作为 TC 成员参与的国际标准数为 730 项,排名第三;美国排名第 17。① 中国现行国家标准 37007 项,其中废止标准 18801 项,即将实施 1231 项,总共 57039 项,这相比 2015 年统计的 32000 项增长了 78.24%。标准化发展水平、经济发展水平和人民生活水平三者不是割裂的而是有机整体。如传统意义上发达国家瑞士、德国等,GDP、人均 GDP 和国家标准文献数量都排世界前列。区域经济发展一体化进程对区域标准在区域内国家间的推广和采用具有至关重要的作用。

一些经济发达、标准化体制完善的国家如美国,其本身的国家标准在数量上并不具备优势,但是依靠其完备的法律体系(CFR),在社会生活、公共生活、公共安全、食品卫生等领域,起到了关键性的辅助作用。美国国家标准协会(ANSI)自 1918 年成立以来,在全球标准化论坛上代表了美国利益相关者的需

---

① 参见 ISO Standards Are Internationally Agreed By Experts,载 ISO 网站(https://www.iso.org/standards.html),访问日期:2019 年 9 月 30 日。

要和观点。ANSI 是 ISO 的美国成员机构，也是国际认证论坛（IAF）的成员，其指导原则"协商一致、正当程序和公开"得到了目前认证的 240 个不同实体的遵循，这些实体负责制定和维持超过 1 万项美国国家标准（ANS）。尽管所有 ANS 都是自愿文件，但美国联邦、州或地方机构越来越多地将 ANS 用于监管或采购目的。许多 ANS 也被采用了相关国际标准的国家所采纳。除了促进 ANS 的形成，ANSI 还在国际上推广 ANS 的使用，倡导美国在国际和地区标准组织中的政策和技术立场，并鼓励在满足用户需求的情况下采用国际标准作为国家标准。作为 ISO 的创始成员，ANSI 在其理事机构中发挥了强有力的领导作用，而美国通过美国标准化委员会（United States National Committee of the IEC，以下简称 USNC）在国际电工委员会（IEC）中的参与也同样强大。通过 ANSI 及 USNC，美国可以立即进入 ISO 和 IEC 标准的制定过程。ANSI 几乎参与了 ISO 和 IEC 的整个技术项目，并管理着许多关键的委员会和分组。作为 ISO 的美国成员机构，其部分职责包括认证美国技术咨询小组，其主要目的是通过 ANSI 开发和传递美国对国际技术委员会的活动和投票的立场。在许多情况下，ANS 通过 ANSI 或 USNC 被全部或部分作为国际标准，因此，ANSI 在制定支持产品全球销售的国际标准方面发挥了重要作用，这些标准可以防止地区使用当地标准来支持本地产业。由于业界和政府的志愿者，而不是 ANSI 的工作人员，开展国际技术委员会的工作，这些努力的成功往往取决于美国工业界和政府是否愿意投入必要的资源，以确保美国在国际标准进程中的有力参与。同时，美国的行业协会数量众多，社会分工精准明确，拥有大量的自愿性行业协会标准，同样在社会生活和指导生产方面发挥重要的作用。再如法国标准化协会（AFNOR）成立于 1926 年，是一个受 1901 年成立的非营利性社团法管辖的协会，由近 2500 家成员公司组成。其目的是领导和协调标准制定进程，并促进这些标准的应用。作为一家服务提供商，AFNOR 开发了各种交付品，特别是针对公司的交付品。AFNOR 提供从标准的分发到认证，甚至包括培训等服务，以实际的方式帮助将标准纳入公司的发展。但是，这两个示例国家的法律体系中都体现出公司刑事责任的上升趋势，越来越多的刑事司法系统体现出对公司实体的制裁，其所采取的监管方法是多方面的——即使在其他类似的刑事司法系统中也是如此。而且根据心理学研究成果，"腐败的企业文化"与员工腐败等犯罪行为之间确实存在很强的联系。这可以作为积极塑造合规"企业文化"必要性的经验证据，这种文化可能会受到国家的鼓励，因为它受到了企业刑事责任的威胁以及遵守有效合规计划的"胡萝卜"政策的激励。这也有必要密切注意刑事司法的域外执行，例如美国的普遍做法，它呼吁在刑事司法领域加强协调，可以从有限的通常在公司范围内犯下的普通罪行开始，即法律可以通过在公司内部从特定个人的意图中勾勒出公司犯罪意图的具体方式来解决推断集体意识的难题，并实现多方监管者的利益平衡。① 对此,美国和法国刑事立法和司法都做出了相应的努力。所以,法制健全能够极大地提升标准化发展水平,并能够使标准发挥更大作用。② 下文将根据不同国家对于 ISO 中有关企业合规制度和管理体系的两大标准的不同反应方式,对其进行类型化分析,既有积极回应,也有对此的保留争议,还有对其有着前期贡献并且后期仍致力于推进和发展的,以期对这类国际标准的软法性质和所作贡献有更为深入的认识和理解。

(一)国内积极立法推动和回应

对于全球反腐败斗争的国际标准,英国和美国的法律为其发展做出了前期立法推动上的卓越贡献(参见表 10-5),许多其他国家也将要或已经加强了其国内反腐败立法(参见表 10-6)。在表 10-5 中,前面关于两个规则的元素描述有助于理解对通用工具的需求;两项规则均源于采用并提出普通法制度的适用国。为了避免腐败,我们在很长一段时间里有着大量的国际标准。表 10-6 中,以 1960 年新加坡第一批国内预防法为例,整个国际监管动态是积极活跃的。

表 10-5 英国和美国规则的要素

1977 年《美国反海外腐败法》主要内容	2010 年《英国反贿赂法》主要内容
禁止外国公职人员(不是美国)的行为	它既包括公共腐败,也包括私人腐败
腐败概念:任何可能诱使外国官员帮助或非法获取、维持业务的行为	打击行贿者和受贿者
适用范围:美国问题、美国公司和其他支持在美国非法付款的人	禁止贿赂外国公职人员
账簿/登记册和内部控制:保存记录和内部控制制度,以避免故意篡改账簿和(或)会计记录	它指控组织无力防止相关人员的腐败事实
公司可能的辩护:在国外合法的股份,不正当的费用,不当的便利/付款	证明适当程序的辩护
——	监禁 10 年(个人);无限罚款(公司)

---

① See Dominik Brodowski, Manuel Espinoza de los Monteros de la Parra, Klaus Tiedemann & Joachim Vogel (eds.), *Regulating Corporate Criminal Liability*, Springer, 2014, pp. 4-16.

② 参见李景:《ISO 成员国国家标准文献数量对比分析》,载《中国标准化》2015 年第 z1 期。

表 10-6　国际监管动态表

国家(国际组织)	国内(际)对腐败规制的相关法规或法条
新加坡	《新加坡预防腐败法》(1960)
美国	《美国反海外腐败法》(1977)
沙特阿拉伯	《沙特阿拉伯反贿赂法(第 M/36 号皇家法令)》(1992)
日本	《日本不正当竞争防止法》(UCPL)(1993)
马来西亚	《马来西亚第 575 号反腐败法》(1997)
韩国	《韩国第 6494 号反腐败法》(2001)
G20	《反腐败行动计划》(2010)
英国	《英国反贿赂法》(2010)
斯洛伐克	《斯洛伐克刑法修正案》(2010)
西班牙	《西班牙刑法修正案》(2010)
中国	《中华人民共和国刑法修正案(八)》对《中华人民共和国刑法》第 164 条的修改(2011)
乌克兰	《乌克兰反腐败法》(2011)
意大利	《意大利反腐败法》(第 190/2012 号法令)(2012)
墨西哥	《墨西哥联邦公共工程招标反腐败法》(2012)
赞比亚	《赞比亚第 3 号反腐败法》(2012)
加拿大	《加拿大反外国公职人员腐败法》(CFPOA)(2013)
巴西	《巴西反腐败法》(2013)
印度	《印度预防腐败法案(修订案)》(2018)

对于在全球市场开展业务的国际公司而言,《ISO 37001:2016 标准》可以是一种创新工具,并且因其提供的系统化体系可以防止腐败和相关制裁,从而可以为同一家公司带来经济效益和竞争优势。该标准既适用于上市公司,也可无差别地适用于从自身需求和市场类型出发的私人团体和公司,并且能够影响与腐败现象有关的若干驱动因素。通过采用独特的语言和国际标准来预防腐败(鉴于其对《美国反海外腐败法》和《英国反贿赂法》的国际影响,这是非常有用的),可以识别出风险进而产生管理收益。与系统相关的优势涉及基于 SL 平台的单一语言,该语言用于其他管理体系(例如 ISO 9001),因此,在实施《ISO 37001:2016 标

准》的过程中,可以使用多个元素(例如策略、审核等)将这一体系整合进入公司管理体系而不影响整个公司管理的组织结构。例如,加强现有的控制协议,以防止针对公共行政/私人公民的主动腐败和/或公共行政内部的被动腐败(加强第一级/第二级控制)的举报系统;再如,加强对第三方(例如代理商、分销商、货运代理等)的控制协议。因此,除了例外的情形,内部控制模型与反腐败全球政策(例如FCPA/UKBA)之间的整合可能性会更大。即对于风险较大国家的第三方的风险状况,可以协调的方式要求他们获得《ISO 37001:2016 标准》的认证,并包含带有全球母公司的所有反腐政策上的指示。随着《ISO 37001:2016 标准》的实施,将加强第三级控制和/或监督机构,从而将更多地利用信息流将整个体系集中于受到较少保护的其他风险区域(例如洗钱和/或反洗钱、有组织犯罪等)[1]。有研究表明,美国公司对于《ISO 37001:2016 标准》的实施,书面上允许增加或加强其作为"法律抗辩"的证据。在经济层面上,可以利用采用《ISO 37001:2016 标准》作为定价要求的优势,以便在美国的每个州的控制下获得合法性评级,并有可能在品牌声誉方面(尤其是对国际客户)提供便利认证系统,也可以据此减少合同上的审核,但是第三方执行审核的事实可以增加该公司所陈述内容的自主性和真实性。[2] 可见,美国、英国的反腐败立法与国际标准之间的关系是互动的,相互影响并在司法领域会产生认证的效力,这是属于前期立法积极推动的典型例证,后期在国际标准认证上也积极结合本国司法特征作了积极回应。

在后期国内立法回应上,也有诸多例证。考虑本书前述部分有专门的国别企业合规制度的立法介绍,为了避免内容上的重复,本部分只介绍以中国和乌克兰为例的后期积极回应。

1. 中国国内政策和立法上的积极回应

2001 年 4 月,国务院决定成立中华人民共和国质量监督检验检疫总局(国家质检总局),将国家质量技术监督局(CSBTS)与原国家出入境检验检疫局(CIQSA)合并,同时设立中华人民共和国国家标准化管理委员会(SAC)和认可认证监督管理委员会(CNCA)。国务院授权的国有资产监督管理委员会(以下简称"国资委")的职能是对我国标准化工作实行统一管理、统一监督、统筹协调,履行行政职责。SAC 在 ISO、国际电工委员会(IEC)和其他国际和地区标准化组织中代表中国;SAC 负责组织 ISO 和 IEC 中国工作委员会的活动;SAC 批准和组织实施国际合作和交流标准化项目。2017 年 12 月,SAC 发布了《合规管理体系指南》(GB/T 35770—2017),并于 2018 年 7 月 1 日开始实施。2018 年 11 月 2 日,国务院

---

[1] See C.Rainero & V. Brescia, Corporate Social Responsibility and Social Reporting: The Model of Innaation Povmont Method, *International Journal Series in Multidisciplinary Research*, Vol. 2, No. 3, 2016, pp. 18-40.

[2] See Valerio Brescia1, Corruption and ISO 37001: A New Instrument to Prevent It in International Entrepreneurship, *World Journal of Accounting, Finance and Engineering*, Vol. 1, No.1, 2017, pp. 1-14.

国资委印发了《中央企业合规管理指引(试行)》,推动中央企业全面加强合规管理。2018年12月26日,发改委、外交部、商务部、中国人民银行、外汇管理局、中华全国工商业联合会共同制定发布《企业境外经营合规管理指引》。从合规管理体系建设国家标准到部委指引,再到国资委的《中央企业合规管理指引(试行)》,文件的目的都是同一个:推进企业建立有效的合规管理体系。专门针对企业反腐败的指引性文件,我国还处在探索阶段,没有出台国家标准,只有地方标准试点。作为我国反贿赂管理体系标准的试点城市,深圳于2017年6月16日由中共深圳市纪律检查委员会(深圳市监察局、深圳市预防腐败局)、深圳市标准技术研究院、中国国际海运集装箱(集团)股份有限公司、万科企业股份有限公司等联合编制公布了国内首个反贿赂合规管理地方标准,即《反贿赂管理体系—深圳标准》。

针对企业海外投资行为,国际社会尚不存在可直接适用的国际条约或公约,部分法律文件如《OECD跨国企业指南》等有一定的指导意义,但并不具有强制力,企业自身的社会责任意识尤为关键。以投资环保合规为例,我国企业在海外投资环保义务责任理念的认知和实践上与发达国家的公司相比还存有较大差距。一般来说,大型国有企业比中小型国企,尤其是私营企业,更容易接受东道国的环保合规审查。有学者认为,抵制、抗拒、反对环境改善的是中国的小私营公司与省、市政府下属的中型企业。[1] 而也有学者认为,东道国环境立法和政策的不确定性、海外投资企业环保责任意识淡薄、我国作为投资者母国监管乏力是"一带一路"倡议对外投资生态环境风险产生的主要原因。针对涉及环境保护的国际法律文件存在的问题,我国与"一带一路"沿线国签订国际条约时应当重新审视环境条款的纳入方式,防止"一般例外"条款被东道国滥用。我国有必要针对海外投资生态环境风险专项立法,专项立法应涵盖环境信息披露义务、环保合规管理、激励机制、"命运共同体"理念等内容。[2] 环保合规也好,反贿赂合规也好,都属于加强合规管理体系的范畴,这是顺应全球强化合规管理新趋势,国资委发布的《中央企业合规管理指引(试行)》是紧跟国内强化企业合规发展的新形势,开启了加快推进法治央企建设的新篇章。这一指引标准指南通过强化合规管理,有助于企业化解合规风险,再造企业管理体系,重构企业文化。也有助于我国企业走出去,与国际市场接轨,进而产生"级联效应",带来"示范效应",形成"杠杆效应"。

同时,中国对反贿赂合规管理体系国际标准的积极政策上的回应,也是应对美国对华实施的所谓"中国行动"计划(China Initiative)。"中国行动"计划由美国

---

[1] See Daniel Compagnon & Audrey Alejandro, China's External Environmental Policy: Understanding China's Environmental Impact in Africa and How It Is Addressed, *Environmental Practice*, Vol. 15, No. 3, 2013, pp. 220-227.

[2] 参见肖蓓:《中国企业投资"一带一路"沿线国家的生态环境风险及法律对策研究》,载《国际论坛》2019年第4期。

司法部时任部长杰夫·塞申斯于 2018 年 11 月 1 日提出,并任命司法部国家安全局局长约翰·德默斯领导并执行。《美国国家安全战略》报告将中国定位为"竞争对手"而不是"合作伙伴",从根本上动摇了经济接触战略的基础,即美国不会将不对等互惠施予一个"竞争对手"。这种共识体现在 2017 年年底至 2018 年年初,特朗普政府陆续发布的《美国国家安全战略》《美国国防战略报告》和《核态势评估报告》等政府文件中。① "中国行动"计划旨在加强推行特朗普总统提出的国家安全总体战略,充分反映了美国对于其认为的中国对美国国家安全威胁的重视。该计划拟借助《美国反海外腐败法》等美国法律,针对中国企业实施更广泛的长臂管辖,中国企业海外经营合规管理面临严峻挑战。美国政府认为中国经济崛起的威胁,主要来自由中国政府支持的国有企业以及大型民营企业,因此,可以通过正常途径达到调查与制裁双管并重的手段,只有《美国反海外腐败法》。迄今为止,尽管在美国司法部依据《美国反海外腐败法》调查起诉的外国公司中,针对中国公司和中国公民的案例数量很少(近期为发生于 2017 年 11 月的"何志平事件"),但随着美国相关机构加大调查力度并起诉针对中国企业的反海外腐败案件,中国企业(包括中国国有企业和大型民营企业)建立高标准的合规制度以应对上述风险,比以往任何时候更为重要和紧迫。在此背景下,以出口管制、经济制裁、《美国反海外腐败法》为代表的美国三大长臂管辖制度,是中国企业海外经营中,必须高度重视的主要合规风险。特别是美国的调查与制裁往往由政府牵头,美国司法部、商务部、财政部分别运用不同职能,各司其职并具体针对企业和个人实施逮捕、引渡和制裁。因此,如果中国企业没有建立完整且协调统一的应对调查和制裁的风险防范体系,就很难准确地预测并发现美国政府以商业间谍、盗取商业信息等为借口进行的调查及制裁的潜在风险。鉴于当前中美关系充满敌意和不确定性的气氛,在美国司法部《中国问题倡议书》下展开的针对中国企业的《美国反海外腐败法》国际联合执法行动,更将成为未来中国企业的重大威胁。而结合上述的趋势和动向与《美国反海外腐败法》的规定来看,如果企业没有反商业贿赂及腐败的政策与合规计划,那么企业就不可能在《美国反海外腐败法》国际联合执法行动面前获得相应的抗辩空间,从而难以规避与之相随的法律风险。一言以蔽之,构建和实施有效的反腐败企业合规计划,是中国企业应对上述危机的现实出路,是中国企业实现稳定、长远的海外发展的明智选择,也体现出了大国国际责任担当和合作意识。

---

① See The White House, National Security Strategy of the United States of America, December 2017; Department of Defense, 2018 National Defense Strategy of the United States of America: Sharpening the American Military's Competitive Edge, January 19, 2018; Department of Defense, Nuclear Posture Review, February 2018.

2. 乌克兰的反贿赂管理体系①

乌克兰国家反腐败局(National Anti-Bribery Agency,以下简称 NABU)是乌克兰第一个执法机构,也是欧洲和世界上最早的执法机构之一。乌克兰于 2019 年 4 月被确认其反贿赂管理制度完全符合《联合国反腐败公约》和《ISO 37001:2016 标准》的要求,并获得 ISO 的认证证书。该证书是基于对 NABU 反腐败管理系统的成功审计结果颁发的,该认证审核由 PECB Group Inc.集团公司在北约行政人员的倡议下,在欧洲联盟乌克兰反腐败倡议(EU Anti-Corruption Initiative, EUACI)的支持下进行。认证过程分为三个阶段:第一阶段(2018 年夏季),NABU 内部控制部的 4 名员工获得了执行《ISO 37001:2016 标准》的专家资格,这是为下一步调整 NABU 的管理和行政文件以符合国际标准的要求做准备。第二阶段(2018 年 11 月至 12 月),PECB 对反腐败系统进行了初步审计。结果,NABU 收到了专家对反贿赂管理系统发展现状和前景的客观评估。第三阶段(2019 年年初),专家认证审核证。该阶段专家对 NABU 所有机构部门的工作,特别是三个地区办事处的工作进行了审核。审计是以分析文件、相关管理流程和与 NABU 员工访谈的形式进行。审计结果后来发送至 PECB 集团(加拿大蒙特利尔)的中央办公室,PECB 集团公司最后决定,认为 NABU 的反腐败管理体系符合《ISO 37001:2016 标准》的要求,符合《乌克兰反腐败法》和《乌克兰国家反腐败调查局法》(Law of Ukraine on the National Bureau of Anti-Corruption of Ukraine)的要求。该认证证书的有效期为 3 年。然而,该组织每年都要以高标准和国际最佳实践做法为要求确认和检验乌克兰反贿赂管理体系的符合性。客观而言,该反腐败管理体系中若干法律法规适应了《ISO 37001:2016 标准》的要求,它改进了乌克兰国家反腐败局活动中的腐败风险评估程序,优化了腐败风险评估委员会的工作,实施了监测和控制其预防、打击腐败措施执行情况的其他机制。

(二)国内立法对此存有保留和争议

《ISO 37001:2016 标准》的发布无疑是与反贿赂相关的合规性和道德领域的一项重大发展,然而,它也在一些国家引起了相当大的争议。

首先,是关于其认证问题。公司可以使本公司的反贿赂管理体系获得《ISO 37001:2016 标准》的认证,这也是该标准存在的理由,但是 ISO 并不会执行认证,而是公司保留外部实体来审核其程序体系,以确定它们是否符合《ISO 37001:2016 标准》。

其次,是关于标准作为收入来源的问题。《ISO 37001:2016 标准》是唯一必须付费才能获得访问权限的反贿赂标准,这可能会严重限制访问,使副本在公司中广泛使用的可能性降低,给已经在努力控制开支的小型企业带来了成本,并可能

---

① 参见 Anti-bribery Management System of the NABU Meets the Requirements of ISO 37001:2016 Standard,载乌克兰国家反腐败局网站(https://nabu.gov.ua/en/novyny/anti-bribery-management-system-nabu-meets-requirements-iso-370012016-standard),访问日期:2020 年 5 月 14 日。

阻碍了公众分析和评论。① 也正因为成本和收费的问题，任何声称其获得《ISO 37001:2016 标准》认证的第三方都有风险，无论其合规计划的实际状态如何，都将获得潜在缔约方的通行证。

再次，关于《ISO 37001:2016 标准》发布目的到底是什么，也需要明晰两个问题。一是在合规性管理体系中还有一个国际标准涉及更广泛主题的《ISO 19600:2014 指南》，但是该指南只是指导性文件，不提供任何认证。该指南的起草者主要是私营部门的代表，虽然许多实体列为参与起草过程，但这并不意味着它们都参加或参加了所有会议。这就有一个受众的问题。二是《ISO 37001:2016 标准》所涵盖的主体不仅涉及管理还涉及处理犯罪行为。如果有一项政策或是培训，即使没有获得 ISO 认证，该标准也能使更多人和更多企业意识到合规是防止和发现不当行为的有效管理步骤的重点，那么这才是国际标准做出的有意义的贡献。②

最后，《ISO 37001:2016 标准》中的有关概念和称谓模棱两可，并不明确。如关于合规管理体系的《ISO 19600:2014 指南》至少在第 5.3.2 条中规定"许多组织都有专职人员（例如合规官）……"，但是《ISO 37001:2016 标准》和附件中并没有出现"合规官"的概念和称谓，它在称呼管理公司的重要人物时指"最高管理者"。事实上，在被控违反 FCPA 的所有人中，有超过 50% 是公司的首席执行官、总裁、副总裁或董事。③ 然而，《ISO 37001:2016 标准》几乎是在避免在标准或附件中提及执行合规计划的人员或高级管理人员，这种缺陷可能会破坏该标准的合规性工作。对于认证公司而言，尤其是如果其拥有大部分认证质量计划（根据 ISO 9001:2000）的经验，但是缺乏合规性或防止贿赂的深厚背景，并且意识到没有 ISO 标准明确提及的担任有关合规工作职位的高级管理人员，很可能会达到认证目的。尽管可能会有一些人在起草标准或与 ISO 进行其他方式的工作上存在强烈分歧，但不幸的是他们没有做出这些决定。要认证的内容将由不同国家/地区的审核员定期进行确定，然后有不同级别的质量控制，并在客户的压力下完成审核过程，而不会增加成本或干扰。这样是否真正达到合规的层级标准，以及获得认证的不同公司之间的反贿赂合规体系或对合规体系的认识之间也许会存在较大差异，可能有公司只专注合规标准的外部认证，而缺少对其预防意识的实质认识。这些都是这一国家标准受到争议的地方。

---

① 参见 J. Murphy, The ISO 37001 Anti-Corruption Compliance Program Standard: What's Good, What's Bad, and Why It Matters, 载 SSRN 网站（https://papers.ssrn.com/），访问日期 2020 年 5 月 14 日。

② 参见 Stansbury, The Purposes and Benefits of ISO 37001, 载伦理智能网站（https://www.ethic-intelligence.com/en/experts-corner/international-experts/43-the purposes and benefits of iso 37001.html），访问日期：2020 年 5 月 14 日。

③ 参见 Arent Fox FCPA Study Reveals C-Suite Increasingly at Risk, 载 Arent Fox 网站（https://www.arentfox.com/perspectives/press-releases/arent-fox-fcpa-study-reveals-c-suite-increasingly-risk），访问日期 2020 年 5 月 14 日。

正是存在上述争议,有一些国家在《ISO 37001:2016 标准》发布之后,即使也在积极推进企业合规建设,但在新修订的相关立法和政策中也并未参考这一标准。如意大利立法中虽然很早就关注公司责任,注重推进企业合规建设,尤其是环保合规领域。根据意大利第 231/2001 号法令,意大利根据法律将行政侵权的公司责任引入了法律体系。公司责任与犯罪行为有关,包括由法令本身明确规定的犯罪,由特定当事方(最高管理者或雇员)进行,需要其为公司的利益而作出合规承诺。但是新修订的意大利第 231/2001 号法令的规定中不包括参考《ISO 37001:2016 标准》,对此意大利全球基础设施反腐败中心(GIACC)认为这其实并不是只有坏处的。① 因为意大利国家反腐机关(ANAC)不希望《ISO 37001:2016 标准》给出可能会"削弱"ANAC 作用的固定的标准。由 ANAC 来判断订约当局是否实施了反腐败管理系统(而不仅仅是纸面),这样一来,《ISO 37001:2016 标准》才是"真正"和"有效"的实施。所以,由国家反腐当局自己去选择实施《ISO 37001:2016 标准》,并以自己的处事方式发挥其作用,达成逐步减少腐败,创造有利于竞争的市场环境,形成自己的本土合规文化才是最为关键的。因此,在意大利的反腐败法律体系中,《ISO 37001:2016 标准》缺乏正式位置,并且因为它是在意大利第 231/2001 号法令公布几个月后才发布的,故其不可能在守则中明确提及。

(三)国内立法后期推进与发展

关于对《ISO 37001:2016 标准》的后期国内立法推进与发展,很多国家都做出了贡献,尤其是对于这一国际标准确立有过前提立法推动贡献的国家,一直在持续坚持推进企业反贿赂管理体系建立并改进和完善的工作。本节只对前述章节中没有或是没有详细介绍的国家有关企业合规建设、推进与发展进行阐述,所以本部分主要对法国相关立法和政策做介绍。

法国反腐败立法一直关注美国和加拿大相关预防腐败的法律,尤其是对于美国制定关于预防腐败的合规方案和专业的合规体系非常重视。2016 年 12 月,法国宪法委员会批准通过了《萨宾第二法案》;2016 年 12 月 9 日(星期五),法兰西共和国总统通过了该法案。该法案明确要求企业建立合规制度,没有建立合规管理体系的企业可能面临承担处罚的风险与责任。该法案完全适用于法国海外公司和外国公司在法国境内从事全部或部分活动的腐败行为,检察官可有权对这些行为进行调查,不论罪行是否是根据不同于法国的当地法律进行的。它规定了法国公司"防止腐败"的严格义务。员工超过 500 人或年营业额超过 1 亿欧元的公司必须实施适当的反贿赂合规制度,否则公司及其董事将对公司及其董事的创建负

---

① 参见 The New Revision of the Italian Code of Public Contracts Doesn't Include the Expected Formal Reference to ISO 37001, But Is It Really Negative?,载 GIAC 意大利—全球基础设施反腐败中心网站(http://giacc-italy.org),访问日期:2020 年 5 月 14 日。

责。根据《萨宾第二法案》的规定,一家公司可能因不遵守反贿赂合规管理系统而受到处罚,而在没有犯罪行为的情况下,与英国和意大利的立法不同,法国不制裁未采用适当程序或组织、管理和控制模式的组织。所以,建立合规计划的责任将是管理层和公司本身,没有或无法设置合规程序可能导致一个对公司管理人员处以最高 20 万欧元的行政处罚,对公司处以最高 10 万欧元的行政处罚。① 值得注意的是,这一处罚并不是针对犯罪行为,而且执行这些建议的时间可能很长。因此,法国公司很可能不会受到过度鼓励,迅速制定合规计划。在法国,对于不符合强制性标准的较小公司(少于 500 名雇员或小于 1 亿欧元的营业额)来说,这一附加功能可能会抑制合规计划的实施。就刑罚制裁而言,法国是世界上法律最严厉的国家之一:对个人腐败行为处以 10 年监禁和 100 万欧元的罚款,最高可达到通过犯罪获得的利润的两倍。对公司的罚款可达到公司的腐败行为获取利润的 5 倍,处罚还包括公布判决、拒绝参与公开招标,甚至清算公司。另外,法国司法没有最终制裁任何跨国腐败公司的主要原因是程序的持续时间和获取证据的难度,因为不可能达成协议,所以必须将公司告上法庭,法国允许对完全在法国境外犯下的罪行进行起诉。同时,这项法律规定的一项新处罚是在反腐败局(不直接作为监督主体)的监督下建立有效的合规计划,最长时间为 3 年。

  总之,法国立法对于腐败的惩处是严厉的,并且它时刻提醒自己注意其他国家立法的严厉程度。严厉打击和惩处的目的是预防腐败的发生,这也是对反贿赂国际标准的强烈回应和推进。通过国内立法,结合国际标准化组织的软法《ISO 37001:2016 标准》,反贿赂合规管理体系将成为法国或法国公司经营的外国公司等公司的一种工具,目的是确定一种共同的语言,用以制定统一的行为规程和保障措施,使被捕获的风险贿赂比例尽可能低。这对于在法国经营的外国公司或与法国公司一起经营的外国公司来说,建立一种共同的语言来制定统一的行为规程和检查,使风险贿赂的百分比尽可能低也是有益的。

  由上所述,ISO 有关企业合规管理体系建设的推进主要是直接体现在 ISO 19600:2014 和 ISO 37001:2016 两个国际化标准上,前者是合规管理体系指南,后者是反贿赂管理体系要求及使用指南,这两个软法性标准虽然不具有强制施行的意义,但已经被很多国家采纳认可并吸收,对于推进各国企业合规建设做出了卓越的贡献。ISO 发布企业合规指南是经济全球化的客观要求,也是经济大国间经济政策外来的推动结果,其中也离不开"全球契约"计划的贡献,以及理论界、实务界、企业界对于企业社会责任的倡导和发展。企业合规蕴含的关键词是风险、透明、举报和合作,目的是在利益与风险中获得衡平,营造出健康良好的市场环

---

① 参见 Approvata definitivamente la Leegge Anticorruzione in Francia (Sapin Ⅱ),载领英官网(https://www.linkedin.com/pulse/approvata-definitivamente-la-legge-anticorruzione-sapin-strazzeri),访问日期:2020 年 5 月 14 日。

境,企业与国家共同受益和双赢。其中《ISO 19600:2014 指南》中所包含的企业合规要素有五个,即识别评估风险、建立合规制度、强化合规职责、合规管理效果评估、改进合规机制并持续推进。这一国际标准倡导的是企业合规文化,强调用核心价值观和普遍接受的公司治理、道德和社区标准在领导层形成直至全体员工中形成,在一个企业全体员工的行为中嵌入合规首先取决于各级领导和组织的明确价值观,以及承认和执行促进遵守行为的措施。《ISO 37001:2016 标准》中有关反贿赂管理体系的要素有八个,即制定反贿赂的政策和程序,高层领导、承诺和责任,合规经理或合规职能部门的监督,反贿赂合规培训,对项目和业务伙伴的风险评估与尽职调查,财务、采购、商业和合同控制,报告、检测、调查和审查,纠正措施和持续改进。不同国家对于 ISO 中有关企业合规制度和管理体系的两大标准有着不同的反应方式,对其进行类型化分析,既有积极回应,也有对此的保留争议,还有对两大国际标准的制定和发布的前期贡献以及后期的努力推进和发展。通过这些不同反应的类型化分析,更能从侧面清晰看出两大软法性质国际标准对全球企业合规制度建设和体系构建所做出的贡献,也能为今后各国该如何进一步推进企业合规,如何有效落实企业合规的实现路径(包括是否需要对其赋予刑事化意义)提供些许参考或是启示。

缩略语对照表

缩略语	全称	中译名
ABC Model	Anti-Bribery Compliance Model	反贿赂合规模式
ABMS	Anti-Bribery Management System	反贿赂管理系统
AktG	Aktiengesetz	《德国股份公司法》
AO	Abgabenordnung	《德国税法》
BCRs	Binding Corporate Rule	依据《欧盟一般数据保护条例》第47条第2款的具体规定建立约束性公司规则
BDSG	Bundesdatenschutzgesetz	《德国联邦数据保护法案》
BP 公司	BP p. l. c	英国石油公司
BSI	the British Standards Institute	英国标准协会
CFPOA	Corruption of Foreign Public Officials Act	《加拿大反外国公职人员腐败法》
CNIL	the Commission nationale de l'informatique et des libertés	法国国家信息和自由委员会
COSO	the Committee of Sponsoring Organizations of the National Commission of Fraudulent Financial Reporting	美国反虚假财务报告委员会发起人委员会
CSR	Corporate Social Responsibility	企业社会责任
DPA	Deferred Prosecution Agreement	暂缓起诉协议
DPC	the Data Protection Commission	爱尔兰数据保护委员会
DPD	EU Data Protection Directive	《1998年欧盟数据保护指令》
EDPB	the European Data Protection Board	欧盟数据保护委员会
FATF	Financial Action Task Force on Money Laundering	反洗钱金融行动特别工作组
FCPA	Foreign Corrupt Practices Act	《美国反海外腐败法》
FICA	the Financial Intelligence Centre Act	《南非金融情报中心法》
GC	Global Compact	全球契约

(续表)

缩略语	全称	中译名
GDPR	General Data Protection Regulation	《欧盟一般数据保护条例》
GwG	Geldwäschegesetz	《德国反洗钱法》
HSSE	Health, Safe, Security, Environment	健康、安全、安保、环境合规框架
ICC	International Chamber of Commerce	国际商会
ICO	Information Commissioner's	英国信息专员办公室
IDW	Institut der Wirtschaftsprüfer	德国法定审计师协会
IEC	International Electrotechnical Commission	国际电工委员会
ISO	International Organization for Standardization	国际标准化组织
KWG	Kreditwesengesetz	《德国银行法》
LfDI	Landesbeauftragter für Datenschutz und Informationsfreiheit	国家数据保护和信息自由机关
NABU	National Anti-Bribery Agency	乌克兰国家反腐败局
NPA	Non-Prosecution Agreement	不起诉协议
OECD	Organization for Economic Co-operation and Revelopment	经济合作与发展组织
PCCAA	the Prevention and Combatting of Corrupt Activities Act	《南非预防和打击腐败活动法》
POCA	the Prevention of Organised Crime Act	《南非预防有组织犯罪法》
RICO	the Racketeer Influenced and Corrupt Organizations Act	《美国反勒索及受贿组织法》
SCC	Swiss Criminal Code	《瑞士刑法典》
SEC	Securities and Exchange Commission	美国证券交易委员会
SOX 法案	Sarbanes-Oxley Act of 2002	《2002 年萨班斯—奥克斯利法案》
Spain II	La loi sur la transparence, la luttecontre la corruption et la modernisation de la vie économique	《关于提高透明度、反腐败以及促进经济生活现代化的 2016—1691 号法案》/《萨宾第二法案》
StPO	Strafprozeßordnung	《德国刑事诉讼法典》
Tax-CMS	Tax-Compliance Management System	税务合规管理系统

（续表）

缩略语	全　称	中译名
UODO	Urząd Ochrony Danych Osobowych	波兰数据保护办公室
USNC	United States National Committee of the IEC	美国标准化委员会
WGB	the Working Group On Bribery	欧洲理事会贿赂问题专家组
WpHG	Gesetz über den Wertpapierhandel	《德国证券交易法》

主题词索引

（按汉语拼音顺序排列）

A

安然公司　39,89,254

B

白领犯罪　56,63,92
不起诉协议　26,83,85

C

长臂管辖　85,105,109,321

D

单位犯罪　15,25,63,83

F

法人犯罪　24,79,322
反腐败合规　2,206,324,332,343,351
反贿赂管理　15,441,456
反垄断合规　1,116,308
反洗钱合规　230,244,337
犯罪预防　22,67,213
风险防控　2,37,178
风险管理　6,67,135,223,288,395
风险评估　16,52,97,117,295,433

G

高层承诺　96,107,111
关联人　95,100,372

H

合规成本　23,432
合规方案　13,174,180,309,367
合规风险　4,120,204,430,450
合规风险管理　6,68
合规官　6,53,168,285,308
合规管理　6,130,231,361
合规激励　32,243
合规监管　2,18,153
合规经营　30,361,448
合规目标　116,231,449
合规培训　125,438,461
合规审查　128,226,433
合规文化　6,32,45,117,145,309,452
合规性　72,107,260,473
合规义务　5,103,215,354
合规有效性　13,304
合规政策　102,320,450
合规组织　231,259,436
合作预防　9,12,21,24
环境法合规　347,348,349

J

尽职调查　10,97,113,310,461
举报人　75,262,346

L

利益冲突　69,227,374

M

《美国反海外腐败法》　4,39,457
《美国联邦商业组织起诉原则》　8,57,82
《美国组织量刑指南》　8,39,208

N

内部调查　34,242,316

内部控制　006, 023, 033, 047, 050, 051, 054, 064, 065, 068, 072, 076, 086, 100, 101, 113, 201, 221, 222, 223, 224, 225, 231, 242, 258, 325, 326, 346, 363, 364, 365, 367, 368, 369, 373, 398, 399, 401, 402, 467, 469, 472
内部审计　52, 152, 221, 439

Q

企业犯罪　22, 73, 273
企业文化　100, 144, 446
强制合规　19, 326

S

SOX 法案　45, 74, 231
《萨宾第二法案》　19, 321, 474
社会责任　22, 159, 216, 262, 433
社会治理　20, 25, 312
适格性审查　180
数据保护　232, 405, 433
数据合规　410, 419, 428
税务合规　177, 230, 245

T

替代责任　61, 88, 322, 350

X

西门子公司　210, 235, 253
行为准则　101, 260, 338, 448
刑事风险　8, 29, 150, 337

Y

严格责任　012, 015, 035, 044, 060, 095, 100, 101, 105, 106, 114, 310, 341
意大利第 231/2001 号法令　148, 170, 459
《英国反贿赂法》　15, 94, 231, 457
有效的合规计划　9, 34, 58, 226, 475
预防行贿失职罪　94, 95, 100

Z

暂缓起诉协议　26, 59, 82, 326
自我管理　27, 52, 69, 281
组织责任　25, 269, 312, 331

参考文献

一、中文文献

(一) 中文专著

1. [德]埃里克·希尔根多夫:《德国刑法学:从传统到现代》,江溯等译,北京大学出版社2015年版。
2. [德]乌尔里希·齐白:《全球风险社会与信息社会中的刑法:二十一世纪刑法模式的转换》,周遵友等译,中国法制出版社2012年版。
3. 李本灿等编译:《合规与刑法:全球视野的考察》,中国政法大学出版社2018年版。
4. [美]罗纳德·H.科斯:《企业、市场与法律》,盛洪、陈郁译校,格物出版社、上海三联书店、上海人民出版社2014年版。
5. [美]马歇尔·C.霍华德:《美国反托拉斯法与贸易法规——典型问题与案例分析》,孙南申译,中国社会科学出版社1991年版。
6. 汪明亮等:《公众参与犯罪治理之市场化途径》,复旦大学出版社2018年版。
7. 王君祥编译:《英国反贿赂法》,中国方正出版社2014年版。
8. 赵秉志主编:《走向科学的刑事法学:刑科院建院10周年国际合作伙伴祝贺文集》,法律出版社2015年版。
9. 《最新意大利刑法典》,黄风译,法律出版社2007年版。

(二) 期刊论文

1. 陈锋:《德国、新加坡商业银行合规管理对我国银行合规管理的启示》,载《金融纵横》2006年第1期。
2. 陈萍:《法国法人刑事责任归责机制的形成、发展及启示》,载《政治与法律》2014年第5期。
3. 陈泽环:《比较经济伦理学视野中的"企业社会责任"》,载《学海》2008年第1期。
4. 崔征:《2006年国际企业社会责任十大事件》,载《WTO经济导刊》2007年第1期。
5. 《德国违反秩序法》,郑冲译,载《行政法学研究》1995年第1期。
6. [德]托马斯·罗什:《合规与刑法:问题、内涵与展望——对所谓的"刑事合规"理论的介绍》,李本灿译,载《刑法论丛》2016 年第 4 期。

7. 丁茂中:《企业竞争合规的政府指引模式国际考察及中国选择》,载《社会科学研究》2015 年第 1 期。

8. 丁茂中:《英国竞争合规指引机制的考察与思考》,载《价格理论与实践》2014 年第 9 期。

9. 何治乐、黄道丽:《欧盟〈一般数据保护条例〉的出台背景及影响》,载《信息安全与通信保密》2014 年第 5 期。

10. 黄进喜、朱崇实:《美国反托拉斯法中的经济学理论发展及启示》,载《厦门大学学报(哲学社会科学版)》2010 年第 3 期。

11. 李本灿:《刑事合规理念的国内法表达——以中兴通讯事件为切入点》,载《法律科学(西北政法大学学报)》2018 年第 6 期。

12. 李波:《瑕疵产品生产、销售过程中不法集体决策问题的归因和归责——以德国"皮革喷雾剂案"为例》,载《中国刑事法杂志》2014 年第 2 期。

13. 李景:《ISO 成员国国家标准文献数量对比分析》,载《中国标准化》2015 年第 z1 期。

14. 梁坤:《美国〈澄清合法使用境外数据法〉背景阐释》,载《国家检察官学院学报》2018 年第 5 期。

15. 刘云:《欧洲个人信息保护法的发展历程及其改革创新》,载《暨南学报(哲学社会科学版)》2017 年第 2 期。

16. 鲁桐:《〈G20/OECD 公司治理原则〉(2015)修订内容及其影响》,载《国际经济评论》2016 年第 6 期。

17. 陆一:《与时俱进的经合组织:启动社会良知对资本权力的制约——简评 2004 版〈OECD 公司治理准则〉》,载《开放导报》2004 年第 5 期。

18. 〔美〕菲利普·韦勒:《有效的合规计划与企业刑事诉讼》,万方译,载《财经法学》2018 年第 3 期。

19. 钱小平:《英国〈贿赂法〉立法创新及其评价》,载《刑法论丛》2012 年第 2 期(总第 30 卷)。

20. 〔日〕佐藤孝弘:《社会责任对公司治理的影响——美国、日本、德国的比较》,载《东北大学学报(社会科学版)》2009 年第 5 期。

21. 孙禹:《论网络服务提供者的合规规则——以德国〈网络执行法〉为借鉴》,载《政治与法律》2018 年第 11 期。

22. 谭彪:《英国〈反贿赂法〉对跨国公司合规提出新挑战——严格责任及其抗辩》,载《企业经济》2012 年第 7 期。

23. 田旭:《美国〈云法案〉对跨境司法机制的新发展》,载《海关与经贸研究》2018 年第 4 期。

24. 万方:《企业合规刑事化的发展及启示》,载《中国刑事法杂志》2019 年第

2 期。

25. 王浩：《从制度之战到经济之战：国内政治与美国对华政策的演变（2009—2018）》，载《当代亚太》2019 年第 1 期。

26. 王世洲：《罪与非罪之间的理论与实践——关于德国违反秩序法的几点考察》，载《比较法研究》2000 年第 2 期。

27. 魏昌东：《英国贿赂犯罪刑法治理：立法发展与制度创新》，载《学习与探索》2013 年第 2 期。

28. 肖蓓：《中国企业投资"一带一路"沿线国家的生态环境风险及法律对策研究》，载《国际论坛》2019 年第 4 期。

29. 《新 ISO19600 合规管理体系助企业降低风险且减少成本》，王雯雯译，载《中国标准导报》2015 年第 1 期。

30. 杨大可、张艳：《论德国监事会合规职责的制度内涵》，载《同济大学学报（社会科学版）》2019 年第 3 期。

31. 杨庆龙：《近年来美国战略思想界对华政策的观念转变及其成因分析》，载《国际观察》2018 年第 5 期。

32. 杨涛、何璇：《ISO19600〈合规管理体系—指南〉国际标准解读》，载《大众标准化》2017 年第 5 期。

33. 姚岚秋：《OECD 关于跨国公司社会责任的指南》，载《公司法律评论》2002 年第 1 期。

34. 易仁涛、董菁菁：《论中小股东利益的法律保护——以〈OECD 公司治理原则〉之修订为例》，载《特区经济》2005 年第 2 期。

35. 查云飞：《德国对网络平台的行政法规制——迈向合规审查之路径》，载《德国研究》2018 年第 3 期。

36. 翟志勇：《数据主权的兴起及其双重属性》，载《中国法律评论》2018 年第 6 期。

37. 张冬阳：《索克斯法案——2002 年美国公司治理和会计制度改革法案》，载《财经政法资讯》2003 年第 3 期。

38. 张劲松：《论风险社会人造风险的政策防范》，载《天津社会科学》2010 年第 6 期。

39. 郑令晗：《GDPR 中数据控制者的立法解读和经验探讨》，载《图书馆论坛》2019 年第 3 期。

40. 钟宏武：《日本企业社会责任研究》，载《中国工业经济》2008 年第 9 期。

41. 周涵：《如何实行反贿赂管理体系中的尽职调查》，载《质量与认证》2018 年第 11 期。

42. 周振杰：《企业适法计划与企业犯罪预防》，载《法治研究》2012 年第 4 期。

43. 朱海珅：《日本学者视野里的企业社会责任研究》，载《现代日本经济》2011

年第 5 期。

44.《WTO 经济导刊》编辑部:《2010 年国际企业社会责任十大事件》,载《WTO 经济导刊》2011 年第 1 期。

(三)其他

1. 龚伟同:《帕玛拉特:意大利家族资本主义的坏蛋?》,载新浪网(http://finance.sina.com.cn/roll/20040115/1614604826.shtml),访问日期:2019 年 10 月 14 日。

2. 王春燕:《社会治理与社会管理有三大区别》,载《中国社会科学报》2014 年 3 月 21 日。

3.《西门子的合规体系——以管理层职责为核心的防范、监察和应对》,载西门子中国网站(https://new.siemens.com/cn/zh/company/sustainability/compliance.html),访问日期:2019 年 9 月 5 日。

4.《西门子拟就巨额行贿案起诉 11 名前高管》,载凤凰网(http://news.ifeng.com/c/7fYnDWmaHDR),访问日期:2019 年 9 月 6 日。

5. 杨朝华、祁成祥:《进一步完善债市信用评级制度》,载《金融时报》2017 年 12 月 23 日。

6.《意大利反腐艰难推进惩治腐败力度不增反降?》,载环球网(http://m.sohu.com/a/124363784_162522?clicktime=1570329610&enterid=1570329610),访问日期:2019 年 10 月 15 日。

7. 张远煌:《刑事合规是"共赢"理念在企业治理中的体现》,载《检察日报》2021 年 8 月 31 日。

8. 赵赤:《企业刑事合规:全球趋势与中国路径》,载《检察日报》2018 年 8 月 22 日。

9.《中国石化发布 HSSE 管理体系》,载中国集团公司促进会网站(http://www.cgcpa.org.cn/bhyw/hydt/2018-10-18/8631.html),访问日期:2019 年 5 月 30 日。

二、外文文献

(一)外文专著

1.〔日〕川崎友巳:《企业的刑事责任》,成文堂 2004 年版。

2.〔日〕铃木幸毅、百田义治:《企业社会责任研究》,中央经济社 2008 年版。

3.〔日〕田口守一、甲斐克则:《刑事合规计划的国际动向》,信山社 2015 年版。

4. Amanda Pinto Q. C. & Martin Evans, *Corporate Criminal Liability*, 3rd Edition, Sweet & Maxwell, 2013.

5. Colin Nicholls QC, Tim Daniel, Martin Polaine & John Hatchard, *Corruption and Misuse of Public Office*, 2nd Edition, Oxford University Press, 2011.

6. Emmanuel Dreyer, *Droit pénal général*, LexisNexis, 2012.

7. F. Centonze & S. Manacorda (eds.), *Historical Pollution: Comparative Legal Responses to Environmental Crimes*, Springer International Publishing AG, 2017.

8. Francis T. Cullen, Gray Cavender, William J. Maakestad & Michael L. Benson, *Corporate Crime Under Attack: The Fight to Criminalize Business Violence*, 2nd Edition, Routledge, 2015.

9. Frank E. Hagan, *Introduction to Criminology: Theories, Methods and Criminal Behavior*, Sage, 2011.

10. Hank J. Brightman, *Today's White-collar Crime, Legal, Investigative and Theoretical Perspectives*, Routledge, New York, 2009.

11. Howard Abadinsky, *Organized Crime*, 7th Edition, Thomson Wadsworth, 2003.

12. Jeremy Horder & Peter Alldridge (eds.), *Modern Bribery Law, Comparative Perspectives*, Cambridge University Press, 2013.

13. Larry J. Siegel, *Criminology: Theories, Patterns and Typologies*, 9th Edition, Thomson Wadsworth, 2007.

14. Lynn Fountain, *Ethics and the Internal Auditor's Political Dilemma: Tools and Techniques to Evaluate a Company's Ethical Culture*, CRC Press, 2017.

15. Mark Pieth, Lucinda A. Low & Nicola Bonucci (eds), *the OECD Convention on Bribery : A Commentary*, 2nd Edition, Cambridge University Press, 2014.

16. Martin R. Haskell & Lewis Yablonsky, *Criminology: Crime and Criminality*, Houghton Mifflin Company, 1983.

17. Michael Betts, *Investigation of Fraud and Economic Crime*, Oxford University Press, 2017.

18. Monty Raphael, *Blackstone's Guide to the Bribery Act 2010*, Oxford University Press, 2010.

19. Monty Raphael QC, *Bribery: Law and Practice*, Oxford University Press, 2016.

20. Piotr Kafel, *Center for Quality, Faculty of Engineering*, University of Kragujevac, 2016.

21. Rodney T. Stamler, Hans J. Marschdorf & Mario Possamai, *Fraud Prevention and Detection : Warning Signs and the Red Flag System*, CRC Press, 2014.

22. Stacy L. Mallicoat & Christine L. Gardiner, *Criminal Justice Policy*, Sage, 2014.

23. Stefano Caneppele & Francesco Calderoni, *Organized Crime, Corruption and Crime Prevention*, Springer, 2014.

24. Stefano Manacorda, Francesco Centonze & Gabrio Forti (eds.), *Preventing Corporate Corruption : The Anti-Bribery Compliance Model*, Springer, 2014.

25. Tony Morden, *Principles of Strategic Management*, 3rd Edition, Ashgate Publishing Company, 2007.

(二)期刊论文

1. A. Azadeh, I. M. Fam & J. Nouri etc., Integrated Health, Safety, Environment and Ergonomic Management System (HSEE-MS): An Efficient Substitution for Conventional HSE-MS, *Journal of scientific & Industrial Research*, Vol. 67, 2008.

2. A. Azadeh, I. M. Fam & M. Khoshnoud etc., Design and Implementation of a Fuzzy Expert System for Performance Assessment of an Integrated Health, Safety, Environment (HSE) and Ergonomics System: The Case of a Gas Refinery, *Information Sciences*, Vol. 178, 2008.

3. A. M. Vecchio-Sadus & S. Griffiths, Marketing Strategies for Enhancing Safety Culture, *Safety Sci.*, Vol. 42, 2004.

4. Alan D. Smith, Making the Case for the Competitive Advantage of Corporate Social Responsibility, *Business Strategy Series*, Vol. 8, No. 3, 2013.

5. Anca Iulia Pop, Criminal Liability of Corporations—Comparative Jurisprudence, *Digital Commons at Michigan State University College of Law*, Vol. 1, 2006.

6. Anne S. Tsui, Zhi-Xue Zhang & Hui Wang etc., Unpacking the Relationship Between CEO Leadership Behavior and Organizational Culture, *The Leadership Quarterly*, Vol. 17, No. 2, 2006.

7. Benjamin M. Greenblum, What Happens to a Prosecution Deferred? Judicial Oversight of Corporate Deferred Prosecution Agreements, *COLUM. L. REV.*, Vol. 105, No. 6, 2005.

8. Bill Dee, The Australian Approach to Competition Law Compliance Programs, *CPI Antitrust Chronicle*, Vol. 2, 2012.

9. Christopher M. Brown & Nikhil S. Singhvi, Antitrust Violations, *American Crime Law Review*, Vol. 35, 1998.

10. Daniel Compagnon & Audrey Alejandro, China's External Environmental Policy: Understanding China's Environmental Impact in Africa and How It Is Addressed, *Environmental Practice*, Vol. 15, No. 3, 2013.

11. Daniel Huynh, Preemption v. Punishment: A Comparative Study of White Collar Crime Prosecution in the United States and the United Kingdom, *Journal of International Business and Law*, No. 105, 2010.

12. Daniel S. Nagin & Greg Pogarsky, Integrating Celerity, Impulsivity, and Extralegal Sanction Threats into a Model of General Deterrence: Theory and Evidence, *Criminology*, Vol. 39, No. 865, 2001.

13. Edwin Sutherland, White-Collar Criminality, *American Sociological Review*, Vol. 5, No. 1, 1940.

14. F. Joseph Warin, Charles Falconer & Michael S. Diamant, The British Are

Coming!: Britain Changes Its Law on Foreign Bribery and Joins the International Fight Against Corruption, *Texas International Law Journal International*, Vol. 46, No.1, 2010.

15. Felicity Marie Frain, Peter Bell & Mark Lauchs, The Australian Wheat Board Scandal: Investigating International Bribery, *International Journal of Business and Commerce*, Vol. 2, No. 9, 2013.

16. Guy Stessens, Corporate Criminal Liability: A Comparative Perspective, *International and Comparative Law Quarterly*, Vol. 43, 1994.

17. H. Vatsikopoulous, R. Baker & N. McKenzie etc., Panel Discussion—Investigative Case Studies, *Pacific Journalism Review*, Vol. 18, No. 1, 2012.

18. Hens Runhaar & Helene Lafferty, Governing Corporate Social Responsibility: An Assessment of the Contribution of the UN Global Compact to CSR Strategies in the Telecommunications Industry, *Journal of Business*, Vol. 84, No. 4, 2009.

19. Jennifer Hill, Corporate Criminal Liability in Australia: An Evolving Corporate Governance Technique?, *Journal of Business Law*, 2003.

20. Joseph Savage & Christine Sgarlata Chung, Trends in Corporate Fraud Enforcement: A Calm During the Storm?, *Business Crime Bulletin*, Vol. 13, 2005

21. Joshua Joseph, Integrating Business Ethics and Compliance Programs, *Business and Society Review*, Vol. 107, No. 3, 2002.

22. Kadir Arifin, Kadaruddin Aiyub & Azahan Awang etc., Implementation of Integrated Management System in Malaysia: The Level of Organization's Understanding and Awareness, *European Journal of Scientific Research*, Vol. 31, No. 2, 2009.

23. Keith Davis, Understanding the social Responsibility Puzzle: What Does the Businessman Owe to Society?, *Business Horizon*, Vol. 10, No. 4, 1967.

24. Lucian E. Dervan, White Collar Over-criminalization: Deterrence, Plea Bargaining, and the Loss of Innocence, *Kentucky Law Journal*, Vol. 4, 2012.

25. Mansour Rahimi, Merging Strategic Safety, Health and Environment into Total Quality Management, *International Journal of Industrial Ergonomics*, Vol. 16, No. 2, 1995.

26. Mark S. Schwartz, Thomas W. Dunfee & Michael J. Kline, Tone at the Top: An Ethics Code for Directors?, *Journal of Business Ethics*, Vol. 58, 2005.

27. Michiya Morita, E. James Flynn & Shigemi Ochiai, Strategic Management Cycle: The Underlying Process Building Aligned Linkage Among Operations Practices, *International Journal of Production Economics*, Vol. 133, 2010.

28. Nicholas Luhmann, Operational Closure and Structural Coupling: The Differentiation of the Legal System, *Cardozo Law Review*, Vol. 13, No. 5, 1992.

29. Nick Lin-Hi & Igor Blumberg, The Relationship Between Corporate Govern-

ance, Global Governance, and Sustainable Profits: Lessons Learned from BP, *Corporate Governance,* Vol. 11, No. 5, 2011.

30. Pavel Castka, Christopher J. Bamber & David J. Bamber etc., Integrating Corporate Social Responsibility (CSR) into ISO Management Systems—in Search of a Feasible CSR Management System Framework, *The TQM Magazine,* Vol. 16, No. 3, 2004.

31. Peter Yeoh, The UK Bribery Act 2010: Contents and Implications, *Journal of Financial Crime,* Vol. 19, Issue 1, 2012.

32. Philip A. Wellner, Effective Compliance Programs and Corporate Criminal Prosecution, *Cardozo Law Review,* Vol. 27, No. 1, 2005.

33. Richard Alexander, The Bribery Act 2010: Time to Stand Firm, *Journal of Financial Crime,* Vol. 18, Issue 2, 2011.

34. Richard J. Maclaury, Compliance Programsunder the Robinson-Patman Act and Other Antitrust Laws—The Practical Effect of Such Programs or the Absence Thereof, *Antitrust L. J.,* Vol. 37, No. 1, 1967.

35. Sara Sun Beale, The Many Faces of Overcriminalization: From Morals and Mattress Tags to Overfederalization, *AM. U. L. REV.,* Vol. 23, No. 3, 2005.

36. Steven Shavell, Law Versus Morality as Regulators of Conduct, *AM. L. & ECON REV.,* Vol. 4, No. 2, 2002.

37. V. Brand, Legislating for Moral Propriety in Corporations? The Criminal Code Amendment (Bribery of Foreign Public Officials) Act 1999, *Company and Securities Law Journal,* Vol. 18, No. 7, 2000.

（三）其他

1. 〔日〕田口守一：《公司犯罪制裁制度的最新立法修改动向》，"经济犯罪的预防、侦查与制裁"国际研讨会论文（德国弗莱堡，2018年6月18日—21日）。

2. Anti-money Laundering and Fraud in Switzerland，载Lexology网站（https://www.lexology.com/library/detail.aspx?g=490bd840-05dc-4c02-8520-480f24decdbe），访问日期：2019年10月5日。

3. Brazil: Follow-up to the phase 3 report & Recommentions，载经合组织网（https://www.oecd.org/corruption/anti-bribery/Brazil-Phase-3-Written-Follow-Up-Report-ENG.pdf），访问日期：2019年10月5日。

4. Bundesimmissionsschutzgesetz (BImSchG)，载德国联邦司法部网站（https://www.gesetze-im-internet.de/bimschg/），访问日期：2019年9月10日。

5. Co-operative Tax Compliance，载经合组织网站（http://www.oecd.org/tax/co-operative-tax-compliance-9789264253384-en.htm），访问日期：2019年9月8日。

6. Competition and Consumer Act 2010，载澳大利亚政府网站（http://www.comlaw.gov.au/Details/C2011C00003），访问日期：2019年10月3日。

7. Competition Bureau's Corporate Compliance Bulletin,载加拿大律师协会网站(https://www.cba.org/CMSPages/GetFile.aspx? guid = f190d991-bf69-40e8-8995-76c7061cb446),访问日期:2019年10月3日。

8. Competition Compliance in Australia,载Lexology网站(https://www.lexology.com/library/detail.aspx? g=d9439f42-3a9f-45b7-9d7f-f279e0e7c500),访问日期:2019年10月3日。

9. Corporate Compliance Programs,载加拿大竞争局网站(https://www.competitionbureau.gc.ca/eic/site/cb-bc.nsf/eng/04297.html,访问日期:2019年10月3日。

10. Federal Data Protection Act (BDSG),载德国联邦司法部网站(https://www.gesetze-im-internet.de/englisch_bdsg/),访问日期:2019年9月4日。

11. H. Lovells, Italy's New Anti-corruption Law,载Lexology网站(https://www.lexology.com/library/detail.aspx? g=36b5d961-2724-4026-8a67-33e18be0bb8a),访问日期:2019年10月15日。

12. Implementingthe OECD Anti-Bribery Convention—Phase 4 Report: Germany,载经合组织网(http://www.oecd.org/corruption/anti-bribery/Germany-Phase-4-Report-ENG.pdf),访问日期:2019年9月10日。

13. ISO,载国际标准网站(https://www.iso.org/about-us.html),访问时间:2019年9月3日。

14. ISO Standards Are Internationally Agreed by Experts,载ISO网站(https://www.iso.org/standards.html),访问日期:2019年9月30日。

15. Italy Implements New Anti-Corruption Law,载Steele global网站(https://steeleglobal.com/italy-implements-new-anti-corruption-law/),访问日期:2019年10月15日。

16. Latham & Watkins LLP, German GDPR Fine Proceedings Conclude Favourably for Defending Company,载Lexology网站(https://www.lexology.com/library/detail.aspx? g=d56c250a-30e6-4616-a00c-18b6d8d32843),访问日期:2019年8月2日。

17. Promoting Compliance with Competition Law,载经合组织网(http://www.oecd.org/daf/competition/Promotingcompliancewithcompetitionlaw2011.pdf),访问日期:2019年9月15日。

18. Richard Chirgwin,"Cuddly" German Chat App Slacking on Hashing Given a Good Whacking Under GDPR: € 20k Fine,载Theregister公司网站(https://www.theregister.co.uk/2018/11/23/knuddels_fined_for_plain_text_passwords/),访问日期:2019年8月2日。

19. Transcript of Press Conference Announcing Siemens AG and Three Subsidiaries Plead Guilty to Foreign Corrupt Practices Act Violations,载美国司法部网站(http://www.justice.gov/opa/pr/2008/December/08-opa-1112.html),访问日期:2019年9

月 8 日。

20. Ulrich Sieber & Marc Engelhart, Prävention von Wirtschaftskriminalität, 载 MPG 网站(https://www.mpg.de/8247032/STRA_JB_2014.pdf),访问日期:2019 年 4 月 10 日。

后 记

《企业合规全球考察》一书，是在笔者统一规划和组织下团队合作的结果。初稿于2019年业已完成，因书中涉及大量外文文献资料，注释校对任务重，加之部分章节的多次修改及疫情影响等方面原因，时至今日方得出版。作为本书的策划者、组织者，此时方有如释重负之感。

感谢北京大学出版社编辑方尔埼老师在本书的修订及外文注释校对方面付出的认真与艰辛。蒋浩副总编辑对本书的撰写提出了独具匠心的建议，并在出版事宜上予以了鼎力支持，在此表示特别的感谢。

应邀参与本书撰写的各位作者均是在企业合规领域素有研究的学者或专事刑事合规方向研究的博士研究生，他们以严谨认真的态度和出色的工作保证了本书的完成；博士研究生刘昊除了撰写部分章节，还协助了本书的修改与注释校对工作，一并表示由衷的谢意。

除笔者撰写本书第一章，并对部分章节进行修改外，参与撰写本书的其他作者为（按撰写章节顺序）：

赵赤（法学博士，常州大学史良法学院教授），撰写本书第二章。

印波（法学博士，北京师范大学刑事法律科学研究院副教授），撰写本书第三章。

董妍（意大利米兰国立大学刑法学博士，北京师范大学刑事法律科学研究院博士后研究人员），撰写本书第四章。

刘昊（北京师范大学刑事法律科学研究院博士研究生），撰写本书第五章。

周振杰（法学博士，北京师范大学刑事法律科学研究院教授、副院长，博士生导师），撰写本书第六、八章。

秦开炎（北京师范大学刑事法律科学研究院博士研究生），撰写本书第七章。

王文华（法学博士，北京外国语大学教授，博士生导师，电子商务与网络犯罪研究中心主任），撰写本书第九章。

李东方（北京外国语大学法学院博士研究生），撰写本书第九章。

龚红卫（法学博士，天津社会科学院法学研究所助理研究员），撰写本书第十章。

张远煌
2021年10月26日